Essentials of
Services Marketing
서비스마케팅

서비스 마케팅 제4판

Essentials of Services Marketing

Jochen Wirtz 지음 | 이형재 · 조미혜 · 김혜란 · 김현철 · 안영주 · 김기현 옮김

Pearson

한빛아카데미 Hanbit Academy, Inc.

Pearson Education South Asia Pte.
3 Temasek Avenue #21-23,
Centennial Tower Singapore 039190

Pearson Education offices in Asia: *Bangkok, Beijing, Ho Chi Minh City, Hong Kong, Jakarta, Kuala Lumpur, Manila, Seoul, Singapore, Taipei, Tokyo*

3 2 1
26 25 24

Cover Images: koya979/Shutterstock, Zoya Zhuravliova/Shutterstock, Pensiri Saekoung/123rf.com, Boyko.Pictures/Shutterstock

발행일: 2024년 2월 26일
공급처: 한빛아카데미㈜(02–336–7112/question@hanbit.co.kr)
ISBN: 978–981–3350–80–9(93320)
가격: 39,000원

http://pearson.com/asia

역자 서문

세계 경제가 서비스 중심의 전환을 겪는 가운데 서비스 산업은 디지털 및 기술의 지속적인 혁신으로 계속 변화하고 있다. 이러한 역동적인 서비스 업계에서 서비스 마케팅의 중요성은 더욱 커지고 있다. 이 책은 최신 학술 연구와 관리적 사고를 통합하여 중요한 서비스 개념을 학습할 수 있도록 구성되었다.

이 책은 요헨 비르츠(Jochen Wirtz) 교수의 『Essentials of Services Marketing』 제4판을 번역한 것으로, 비르츠 교수와 크리스토퍼 로브록(Christopher Lovelock) 교수의 제3판을 개정한 것이다. 이번 개정판은 전판의 내용을 보완하고 수정한 것으로, 설명이 부족한 부분에 설명을 추가했으며, 정보통신 기술과 AI 및 빅데이터 같은 4차 산업 환경의 변화와 기업 조건을 반영했다. 또한 응용문제도 추가하여 학생들이 각 장의 개념과 이론을 실제 서비스 기업에서 적용할 수 있게 도와준다.

역자들은 번역을 수행하면서 원문의 의미를 최대한 충실하게 전달하려 노력했다. 그러나 다양한 국제적, 문화적 배경에서 기술된 서비스 마케팅의 개념과 사례를 독자가 완벽하게 이해하기 어려울 수 있으므로, 역자들은 이러한 어려움을 해결하려 노력했다. 또한 번역의 일관성을 높이기 위해 용어 일관성을 유지하려 노력했다.

이 책은 다음과 같은 체계로 구성되어 있다.

제1부: 서비스 시장, 상품, 고객 등 서비스의 기본 이해

제2부: 서비스에 전통적인 마케팅 4P 개념 적용

제3부: 프로세스, 수용 능력, 물리적 환경, 인력 등 고객 및 서비스 접점 관리

제4부: 고객 충성도, 고객 불평 처리, 서비스 회복 등 고객 관계 관리

제5부: 서비스 품질, 생산성 향상, 우수한 서비스 제공을 위한 조직의 문제

역자들은 원서의 내용을 정확하게 전달하려 노력했으나, 완벽하지 않을 수 있다. 독자 및 교수자들과의 지속적인 소통을 통해 이러한 문제를 해결할 것이다. 이 책은 글로벌 경제에서 주요한 역할을 하는 서비스 산업에 관심 있는 대학생과 기업 실무자들이 서비스 마케팅에 대한 지식과 흥미를 마음껏 경험하는 데 큰 도움을 줄 것으로 기대한다.

2024년 2월

역자 일동

저자 서문

서비스는 이전과는 다르게 확장되는 세계 경제를 지배하고, 기술은 계속 극적으로 발전하고 있다. 확고했던 산업과 오래되고 유명한 기업들은 쇠퇴하고 새로운 비즈니스 모델과 산업이 출현함에 따라 사라지기도 한다. 경쟁사의 행동은 맹렬하다. 이 책은 전 세계적으로 우리 경제가 서비스로 변혁함에 대응하고자 집필되었다. 서비스 마케팅과 관리 기법은 그 어느 때보다 명백히 중요해졌다.

서비스 마케팅의 영역이 발달함에 따라 이 책 역시 그러하다. 이번 새 개정판은 제3판 이후 크게 개정되었는데, 오늘날 세계의 현실을 포착하여 최첨단 서비스 개념들의 사례를 제시하면서 최근 학계와 산업계의 사고를 포함했다.

이 책은『Services Marketing: People, Technology, Strategy』제9판(World Scientific)에 기반하고 있으며, 서비스 마케팅의 핵심 주제들에 명쾌한 도입을 제시하기 위해 크게 간결하고 명확하게 정리되었다.

새롭게 개정된 내용

제4판은 크게 개정되었다. 서비스 경제의 지속적인 발전 및 기술의 극적인 발전과 새로운 연구 결과를 반영하고 있다.

새로운 주제, 새로운 연구

- 전체 15장의 각 장이 개정되었다. 모든 장은 **새로운 사례**와 **최신 학계의 연구 결과**를 수록했다.
- **새로운 기술의 적용**은 책 전반에 통합되어 서비스 로봇, 인공지능(AI), 인텔리전트 자동화(IA), 고객 간 공유 플랫폼과 디지털 비즈니스 모델을 다룬다.
- 3장 '경쟁 시장에서의 서비스 포지셔닝'에 **디지털 서비스**와 **플랫폼 비즈니스 모델**에 대한 새로운 절을 추가했다.
- 4장 '서비스 상품과 브랜드 개발'에서는 **서비스 상품화**(즉 성과의 묶음)에 더 집중하여 서비스 브랜딩에 관한 절을 확장했으며, 서비스 디

자인 사고에 관한 새로운 절을 추가했다.

- 8장 '서비스 프로세스 설계와 관리'에서는 **서비스 로봇**과 **AI 기반 셀프서비스 기술**(SST)을 새로이 심층적으로 다룬다.
- 14장 '서비스 품질과 생산성 향상'에서는 **고객 피드백 시스템**과 **수집 도구**에 관한 절을 크게 개정했는데, 자연 언어 프로세싱 및 이미지 프로세싱과 다른 기술을 사용하는 분석뿐만 아니라 자동 평가 시스템, 후기 사이트의 사용자 제작의 콘텐츠와 제3자(소셜) 미디어의 빠른 발전을 반영했다.
- 15장 '세계 최고 수준의 서비스 조직 구축'에서는 **비용 효율적인 서비스 우수성**(CESE)과 **지출 할당 규칙**에 관한 새로운 절을 추가했다.

이 책의 활용

이 책은 대학 학부생을 대상으로 하는 수업에 적합하다. 이 책은 더 넓은 일반 경영의 맥락에서 마케팅 이슈를 다루며, 서비스 분야에서 경영진이나 관리자 수준의 경력을 추구하는 학생들에게 매력적인 내용을 담고 있다.

서비스 산업에서 어떤 직업이든 서비스 기업의 마케팅, 운영, IT와 인적자원을 연결하는 긴밀한 관계를 이해해야 한다. 그러한 관점을 염두에 두고, 이 책은 교수자가 장을 선택하여 서비스 마케팅 또는 서비스 관리 강의에서 적합한 길이와 형식으로 강의할 수 있도록 구성되어 있다.

이 책의 특징

- 이 책은 **강한 실무적 관점**으로 기술되었지만, **굳건한 학문적 연구 결과**에 **기초**하여 기억할 만한 개념적 프레임워크로 보완했다.
- 각 장 앞에는 **그림 형태의 간결한 개요**를 제공한다.
- 모든 노력을 기울여 **명확하고 가독성이 있는 집중된 문장**으로 기술했다.
- 중요한 개념을 **쉽게 읽을 수 있는 문장**으로 기술했으며, 이는 시각적인 자료와 잘 결합되

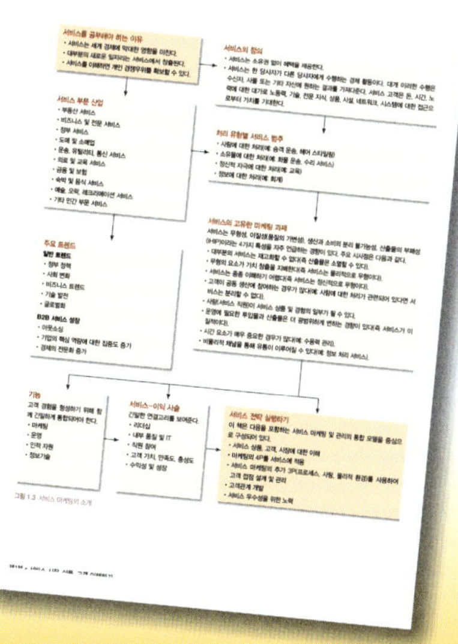

어 있다.

- 전 세계의 사례를 주의 깊게 선택하여 **글로벌 관점**을 함양하고 있다.
- **체계적인 학습 접근법**을 확보하기 위해 각 장은 명확한 학습목표, 각 장의 내용과 논증의 **짧은 개요를 제시하는 조직화된 프레임워크**를 수록했으며, 각 장의 핵심 개념과 메시지를 압축하는 **요약**을 제공한다.
  - 각 장에는 **도입 사례**와 **서비스인사이트**가 수록되어 있어 학생들의 관심을 모으고 수업 중 토론의 기회를 제공하도록 구성되었다.
- 각 장 마지막 부분에 학습한 내용의 복습을 돕기 위해 주요 용어 및 개념을 강화해주는 **학습 키워드**와 **서비스 마케팅 연습문제 및 응용문제**를 수록했다.

저자 소개

요헨 비르츠(Jochen Wirtz)

싱가포르국립대학교(NUS)의 MBA 프로그램 부학장이자 마케팅 교수이다. 그는 또한 스웨덴 칼스타드대학교의 서비스리서치센터의 국제연구원, 미국 코넬대학교 건강한 미래연구소(Institute for Healthy Futures, CIHF)의 학자, 미국 애리조나주립대학교 서비스리더십센터의 국제교수이다.

UCLA-NUS 복수학위 Executive MBA 프로그램의 개설 책임자로 재직한 경력이 있으며, 옥스퍼드대학교의 사이드경영대학에서 부교수로 근무한 적도 있다. 또한 NUS 티칭아카데미(교육 문제에 관한 NUS 싱크탱크)의 창립회원 중 하나였다.

런던비즈니스스쿨에서 서비스마케팅 전공 박사학위를 취득했으며, 서비스 분야에서 25년 이상의 경력을 가지고 있다. 서비스 마케팅을 중점적으로 연구하면서 300여 편의 학술 논문, 저서 챕터, 산업 보고서를 발표했다. 또한 20여 권의 저서를 저술했는데, 그중에서 『Services Marketing—People, Technology, Strategy』(2022)는 이 책과 함께 세계적으로 선도하는 서비스마케팅 교재로서 26개 이상의 국가와 지역에서 번역되어 약 100만 부 이상 판매되었다. 또한 『Intelligent Automation: Learn How to Harness Artificial Intelligence to Boost Business & Make Our World More Human』(2021)과 『Winning in Service Markets』(2017)를 저술했다.

비르츠 교수는 우수한 강의와 연구로 2019년에 권위 있는 상인 Christopher Lovelock Career Contributions to the Services Discipline Award(American Marketing Association, 서비스 커뮤니티의 최고 등급)와 2012년에 Academy of Marketing Science(AMS) 마케팅 강의상(전 세계 AMS의 탁월한 강의 최고 등급)을 비롯한 50여 개의 상을 수상한 바 있다. 또한 Emerald Group Publications로부터 2010년에 최초의 서비스 연구자상과 2009년에 Best Practical Implications Award를 수상했다. 그리고 「Journal of Service Management」, 「Journal of Service Research」, 「Cornell Hospitality Quarterly」의 편집위원과 「Journal of Academy of Marketing Science」, 「Journal of Marketing」의 심사위원으로 활발하게 활동하고 있으며, 2019년에는 American Marketing Association's Frontiers in Services 학회와 2005년에는 SERVSIG 학회를 개최했다.

또한 과거에 은행 업계에서도 활동한 바 있으며, 뮌헨의 상공회의소에서 은행 관련된 시험을 치렀다. 서비스 분야의 전략 컨설턴트로 활동한 경험이 있으며, 액센츄어(Accenture), 아서디리틀(Arthur D. Little), KPMG 등 국제 컨설팅 기업과 협력한 경력도 있다. 데이터스위프트(Dataswift, www.dataswift.io)와 트랜스크라이브미(TranscribeMe, TranscribeMe.com)를 비롯한 다수의 스타트업과 관련된 활동을 하고 있다.

그는 독일에서 아시아로 이주하기 전에 런던에서 7년간 거주한 경험이 있으며, 현재는 아시아, 미국, 유럽을 오가며 생활하고 있다. 더 많은 정보는 www.JochenWirtz.com에서 확인할 수 있다.

요약 차례

차례

PART I

ESM 프레임워크

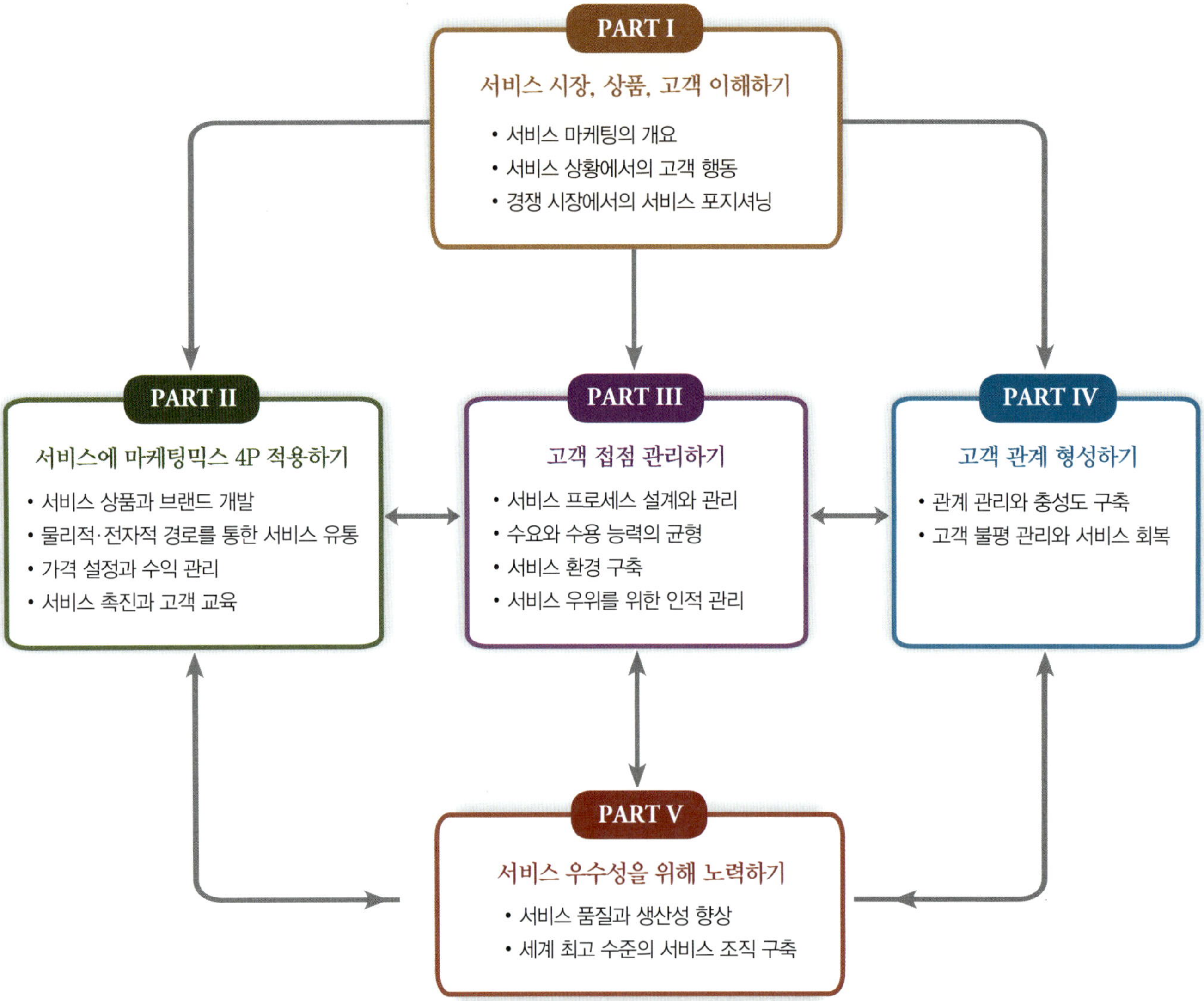

PART I

서비스 시장, 상품, 고객 이해하기

- 서비스 마케팅의 개요
- 서비스 상황에서의 고객 행동
- 경쟁 시장에서의 서비스 포지셔닝

PART II

서비스에 마케팅믹스 4P 적용하기

- 서비스 상품과 브랜드 개발
- 물리적·전자적 경로를 통한 서비스 유통
- 가격 설정과 수익 관리
- 서비스 촉진과 고객 교육

PART III

고객 접점 관리하기

- 서비스 프로세스 설계와 관리
- 수요와 수용 능력의 균형
- 서비스 환경 구축
- 서비스 우위를 위한 인적 관리

PART IV

고객 관계 형성하기

- 관계 관리와 충성도 구축
- 고객 불평 관리와 서비스 회복

PART V

서비스 우수성을 위해 노력하기

- 서비스 품질과 생산성 향상
- 세계 최고 수준의 서비스 조직 구축

PART I

서비스 시장, 상품, 고객 이해하기

서비스를 공부하고 효과적인 서비스 마케터가 되는 방법을 배우기 위한 기초를 다지는 1부는 3개 장으로 구성되어 있다.

1장 서비스 마케팅의 개요

우리 경제에서 차지하는 서비스의 중요성을 강조한다. 또한 서비스의 본질을 정의하고, 소유권 이전 없이 고객을 위한 가치를 어떻게 창출하는지 설명한다. 이 장에서는 서비스 마케팅과 관련된 몇 가지 특수한 과제를 강조하고, 서비스 마케팅의 7P를 소개한다.

앞 페이지의 프레임워크는 4개 부 각각의 기반이 되므로 각 부마다 제시한다. 이 프레임워크는 다양한 유형의 서비스에 대한 마케팅 전략을 개발하는 데 필요한 내용을 체계적으로 설명하며, 이 장에서 이 프레임워크를 자세히 소개한다.

2장 서비스 상황에서의 고객 행동

서비스와 관련된 고객의 니즈와 행동을 이해하는 기초를 제공한다. 이 장에서는 고객이 서비스 대안을 검색 및 평가하고, 구매를 결정하고, 서비스 대면을 경험하고 반응하며, 서비스 성과를 평가하고, 충성도를 개발하는 3단계 서비스 소비 모델을 설명한다.

3장 경쟁 시장에서의 서비스 포지셔닝

고객 중심 서비스 마케팅 전략을 개발하는 방법과 기업의 경쟁우위를 창출하는 방식으로 가치 제안을 포지셔닝하는 방법에 대해 설명한다. 보통 3C라 일컫는 고객(customer), 경쟁사(competitor), 기업(company)을 기업의 포지셔닝 전략과 연관 지으며, 포지셔닝의 3가지 핵심 요소로 흔히 STP라 일컫는 시장 세분화(segmentation), 표적 시장 선정(targeting), 포지셔닝(positioning)에 초점을 맞춰 정리한다. 기업이 어떻게 서비스 시장을 세분화하고, 가치 제안을 포지셔닝하며, 표적 시장을 공략하는 데 집중할 수 있는지 설명한다.

CHAPTER 1

서비스 마케팅의 개요

학습목표

- 01 서비스가 국가 경제에 어떻게 기여하는지 이해한다.
- 02 서비스 부문의 주요 산업을 파악한다.
- 03 서비스 시장을 변화시키는 강력한 힘을 확인한다.
- 04 B2B 서비스가 어떻게 개별 기업의 생산성을 향상하고 경제 발전을 주도하는지 이해한다.
- 05 비소유 프레임워크를 사용하여 서비스를 정의한다.
- 06 서비스의 4가지 광범위한 '처리' 범주를 확인한다.
- 07 서비스의 특성과 이에 따른 고유한 마케팅 과제를 이해한다.
- 08 서비스에 적용되는 전통적인 마케팅 믹스의 구성 요소를 이해한다.
- 09 고객 접점을 관리하는 확장된 마케팅 믹스의 구성 요소를 설명한다.
- 10 마케팅, 운영, 인적자원 관리, 정보기술 기능이 서비스 비즈니스에 긴밀하게 통합되어야 한다는 점을 인식한다.
- 11 서비스 관리에서 서비스-수익 사슬의 의미를 이해한다.
- 12 효과적인 서비스 마케팅 전략 개발을 위한 5가지 프레임워크를 파악한다.

rawpixel\123rf

그림 1.1 고등교육은 인생에서 구매하는 가장 큰 서비스 중 하나일 수 있다.

도입 사례

서비스 마케팅의 세계 소개

이 책의 모든 독자와 마찬가지로 여러분은 서비스 소비를 경험한 사람이다. 여러분은 매일 다양한 서비스를 이용하지만 전화 통화, 신용카드 사용, 버스 탑승, 음악 스트리밍, ATM에서 돈 인출 등 어떤 서비스는 너무 일상적이어서 무언가 문제가 생기지 않는 한 거의 알아차리지 못할 수도 있다. 크루즈 휴가 예약, 재무 상담, 건강 검진 등 어떤 서비스는 구매할 때 더 많은 생각이 필요하고 더욱 기억에 오래 남을 수 있다.

대학에 등록하는 것은 여러분이 지금까지 해온 가장 큰 서비스 구매 중 하나일 수 있다. 전통적인 대학은 교육 서비스뿐만 아니라 도서관, 학생 기숙사, 의료 서비스, 운동 시설, 박물관, 보안, 상담, 경력개발 서비스 등을 제공하는 복합 서비스 기관이다.

이러한 서비스를 사용하는 것은 개인 또는 기업 대 소비자(B2C) 수준에서의 서비스 소비 사례이다. 조직은 또한 많은 B2B(기업 간) 서비스를 이용하며, 일반적으로 개인이나 가정에서 구매하는 것보다 훨씬 더 큰 규모의 구매에 참여한다.

안타깝게도 소비자는 자신이 받는 서비스의 품질과 가치에 항상 만족할 수 없다. 개인과 기업 소비자 모두 약속 위반, 낮은 가성비, 무능한 직원, 불편한 서비스 시간, 관료적인 절차, 시간 낭비, 복잡한 웹사이트, 고객의 요구사항에 대한 이해 부족 등에 대해 불만을 토로한다.

종종 치열한 경쟁에 직면하는 서비스 공급자는 매우 다른 문제를 가지고 있는 것으로 보인다. 많은 사람이 숙련되고 의욕적인 직원을 찾고, 비용을 낮추고 수익을 창출하며, 때때로 불만을 토로하는 고객을 만족시키는 일이 얼마나 어려운지에 대해 불평한다. 다행히도 고객을 만족시키는 동시에 생산적이고 수익성 있는 운영을 하는 서비스 기업이 있다.

여러분은 아마도 평소에 즐겨 이용하는 서비스 기업이 몇 군데 있을 것이다. 그들이 어떻게 고객의 기대에 부응하고 때로는 그 이상의 서비스를 제공하는 데 성공했는지 생각해본 적이 있는가? 이 책은 고객을 만족시키는 동시에 수익을 창출하기 위해 서비스 비즈니스를 어떻게 관리할 수 있는지 보여줄 것이다. 서비스 마케팅의 핵심 개념, 체계적 프레임워크, 전략적 수단에 대한 학습과 더불어 미국 및 전 세계 기업의 다양한 사례도 소개한다. 이러한 기업의 경험을 통해 점점 더 경쟁이 치열해지는 서비스 시장에서 성공하는 방법에 대한 중요한 교훈을 얻을 수 있다.

Pavel L Photo and Video\Shutterstock

그림 1.2 크루즈 휴가를 즐기며 행복해하는 여행객

서비스를 공부해야 하는 이유
- 서비스는 세계 경제에 막대한 영향을 미친다.
- 대부분의 새로운 일자리는 서비스에서 창출된다.
- 서비스를 이해하면 개인 경쟁우위를 확보할 수 있다.

서비스의 정의
- 서비스는 소유권 없이 혜택을 제공한다.
- 서비스는 한 당사자가 다른 당사자에게 수행하는 경제 활동이다. 대개 이러한 수행은 수신자, 사물 또는 기타 자산에 원하는 결과를 가져다준다. 서비스 고객은 돈, 시간, 노력에 대한 대가로 노동력, 기술, 전문 지식, 상품, 시설, 네트워크, 시스템에 대한 접근으로부터 가치를 기대한다.

서비스 부문 산업
- 부동산 서비스
- 비즈니스 및 전문 서비스
- 정부 서비스
- 도매 및 소매업
- 운송, 유틸리티, 통신 서비스
- 의료 및 교육 서비스
- 금융 및 보험
- 숙박 및 음식 서비스
- 예술, 오락, 레크리에이션 서비스
- 기타 민간 부문 서비스

처리 유형별 서비스 범주
- 사람에 대한 처리(예: 승객 운송, 헤어 스타일링)
- 소유물에 대한 처리(예: 화물 운송, 수리 서비스)
- 정신 자극에 대한 처리(예: 교육)
- 정보에 대한 처리(예: 회계)

주요 트렌드

일반 트렌드
- 정부 정책
- 사회 변화
- 비즈니스 트렌드
- 기술 발전
- 글로벌화

B2B 서비스 성장
- 아웃소싱
- 기업의 핵심 역량에 대한 집중도 증가
- 경제의 전문화 증가

서비스의 고유한 마케팅 과제

서비스는 무형성, 이질성(품질의 가변성), 생산과 소비의 비분리성, 산출물의 소멸성(IHIP)이라는 4가지 특성을 자주 언급하는 경향이 있다. 주요 시사점은 다음과 같다.
- 대부분의 서비스는 재고화할 수 없다(즉 산출물은 소멸할 수 있다).
- 무형의 요소가 가치 창출을 지배한다(즉 서비스는 물리적으로 무형이다).
- 서비스는 종종 이해하기 어렵다(즉 서비스는 정신적으로 무형이다).
- 고객이 공동 생산에 참여하는 경우가 많다(예: 사람에 대한 처리가 관련되어 있다면 서비스는 분리할 수 없다).
- 사람(서비스 직원)이 서비스 상품 및 경험의 일부가 될 수 있다.
- 운영에 필요한 투입물과 산출물은 더 광범위하게 변하는 경향이 있다(즉 서비스가 이질적이다).
- 시간 요소가 매우 중요한 경우가 많다(예: 수용 능력 관리).
- 비물리적 채널을 통해 유통이 이루어질 수 있다(예: 정보 처리 서비스).

기능

고객 경험을 형성하기 위해 함께 긴밀하게 통합되어야 한다.
- 마케팅
- 운영
- 인적 자원
- 정보기술

서비스-수익 사슬

긴밀한 연결고리를 보여준다.
- 리더십
- 내부 품질 및 IT
- 직원 참여
- 고객 가치, 만족도, 충성도
- 수익성 및 성장

서비스 전략 실행하기

이 책은 다음을 포함하는 서비스 마케팅 및 관리의 통합 모델을 중심으로 구성되어 있다.
- 서비스 상품, 고객, 시장에 대한 이해
- 마케팅의 4P를 서비스에 적용
- 서비스 마케팅의 추가 3P(프로세스, 사람, 물리적 환경)를 사용하여 고객 접점 설계 및 관리
- 고객 관계 개발
- 서비스 우수성을 위한 노력

그림 1.3 서비스 마케팅의 소개

왜 서비스를 공부해야 하는가

▶ **학습목표 1**
서비스가 국가 경제에 어떻게 기여하는지 이해한다.

우리는 서비스 중심 경제에 살고 있지만 대부분의 비즈니스 스쿨은 여전히 제조 관점에서 마케팅을 가르치고 있다. 이미 마케팅 과정을 수강했다면 서비스보다 제품에 대한 마케팅에 대해 배웠을 것이다. 다행히도 이 책의 저자를 포함하여 점점 더 많은 학자, 컨설턴트, 교육자 그룹은 서비스 마케팅에 집중하고 있다. 이 책은 미래의 비즈니스 환경에서 필요하고 관련성이 높은 지식과 기술을 제공하는 것을 목표로 한다.

그림 1.3은 1장의 개요를 보여준다. 이 장에서는 끊임없이 변화하는 오늘날의 서비스 경제를 설명하고, 서비스의 본질을 정의하며, 서비스 마케팅과 관련된 몇 가지 과제를 강조한다. 서비스 마케팅 전략을 개발하고 실행하기 위한 프레임워크로 이 장을 마무리한다. 이 프레임워크는 이 책의 구조도 제공한다.

서비스가 세계 경제를 지배한다

전 세계 거의 모든 국가에서 서비스 부문의 규모가 증가하고 있다. 경제가 발전함에 따라 농업, 산업, 서비스업의 상대적 고용 비중은 급격히 변화한다. 신흥 경제국에서도 서비스 생산량은 국내총생산(GDP)의 절반 이상을 차지한다. 그림 1.4는 1인당 소득이 증가함에 따라 시간이 흐르면서 경제가 점점 더 서비스 중심으로 변화하는 과정을 보여준다. 그림 1.5에서는 서비스 부문이 이미 전 세계 GDP의 거의 3분의 2를 차지하고 있음을 알 수 있다.

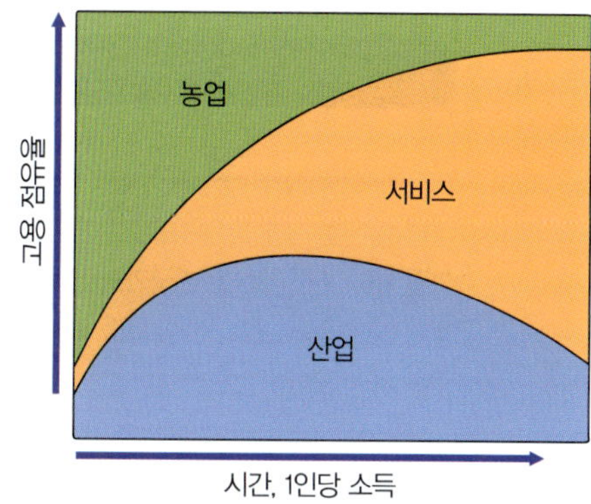

그림 1.4 서비스 마케팅의 소개
출처: International Monetary Fund, 1997.

그림 1.6은 다양한 대기업과 중소기업에서 서비스 부문의 상대적 규모를 보여준다. 대부분의 선진국에서 서비스 부문은 GDP의 65~80%를 차지하며, 제조업 중심 국가인 한국은 예외적으로 서비스 부문이 GDP에서 차지하는 비중이 58%에 불과하다. 저지, 바하마, 버뮤다 등 경제 구조가 비슷한 작은 섬나라들은 서비스 지향적인 국가이다. 룩셈부르크(87%)는 유럽연합(EU)에서 가장 서비스 지향적인 국가이다. 파나마(82%)의 강세는 파나마 운하 운영뿐만 아니라 금융 서비스, 보험, 관광 이외 컨테이너 항구, 기항 등록, 자유무역지대 등 관련 서비스를 반영한다(그림 1.7).

반대편에 있는 중국(52%)은 제조업 부문의 호황으로 빠르게 성장하는 경제대국이다. 그러나 중국의 경제 성장은 이제 비즈니스 및 고객 서비스에 대한 수요 증가로 이어지고 있다.

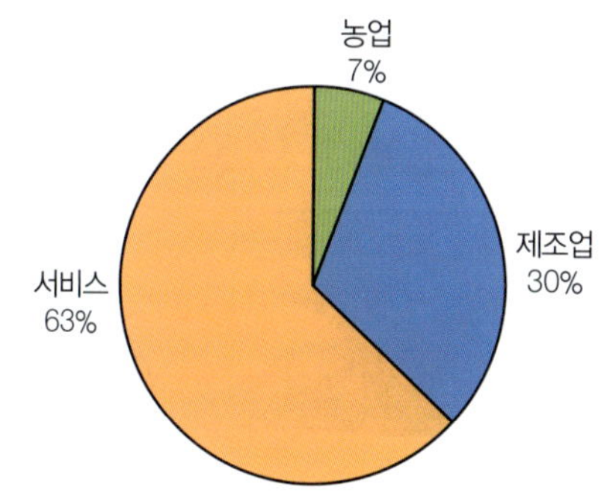

그림 1.5 전 세계 GDP에 대한 서비스 산업의 기여도
출처: Central Intelligence Agency, *The World Factbook 2020*, www.cia.gov (January 9, 2022).

대부분의 새로운 일자리는 서비스에서 창출된다

전 세계 거의 모든 국가에서 서비스 부문이 빠르게 성장함에 따라 새로운 일자리 창출은 주로 서비스업에서 이루어지고 있다. 서비스 일자리는 상대적으로 저임금인 일선 직종만을 의미하는 것이 아니다. 실제로 가장 빠른 경제 성장을 보이는 분야는 전문직 및 비즈니스 서비스, 교육, 의료와 같은 지식 기반 산업이며, 이러한 고임금 일자리는 양질의 교육을 필요로 하고 매력적인 커리어를 제공한다.

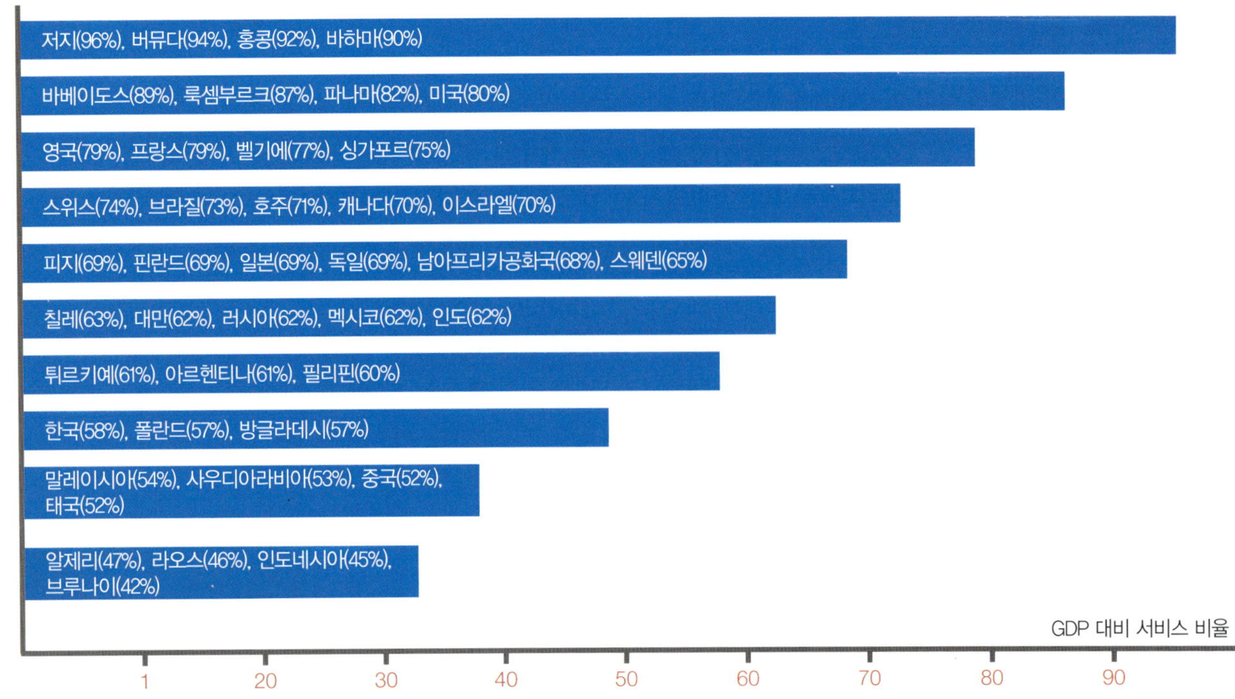

그림 1.6 GDP 대비 일부 국가의 서비스 부문 규모 추정치

출처: Central Intelligence Agency, *The World Factbook 2020*, www.cia.gov (January 9, 2022).

그림 1.7 파나마 운하는 파나마 서비스 경제의 중추를 형성한다.

서비스에 대한 이해는 개인의 경쟁우위를 제공한다

이 책은 전 세계적으로 경제가 서비스 중심으로 변화하는 추세에 대응하기 위한 내용으로 구성되어 있으며, 서비스의 고유한 특성과 서비스가 고객 행동 및 마케팅 전략에 미치는 영향에 대해 설명한다. 여러분은 직장 생활의 대부분을 서비스 조직에서 보내게 될 가능성이 높다. 이 책을 공부하면서 얻은 지식은 여러분의 경력에 경쟁우위를 만들어낼 수도 있고, 어쩌면 여러분 자신의 서비스 사업을 시작하도록 독려할 수도 있다.

서비스 부문의 주요 산업은 무엇인가

학습목표 2

서비스 부문의 주요 산업을 파악한다.

서비스 산업을 구성하는 산업은 무엇이며, 가장 큰 산업은 무엇인가? 이 다양한 부문에는 비즈니스 고객(B2B)을 대상으로 하는 많은 서비스가 포함되어 있기 때문에 후자는 처음에 상상한 것과는 다를 수 있다. 이 중 일부는 해당 업계에서 일하지 않는 한 눈에 잘 띄지 않는다.

국내 총생산에 대한 기여도

그림 1.8을 보면 각 주요 서비스 산업군이 미국 GDP에 기여하는 가치를 확인할 수 있다. 부동산, 대여(rental), 임대(leasing)가 미국에서 가장 큰 영리 서비스 산업 부문으로 2018년

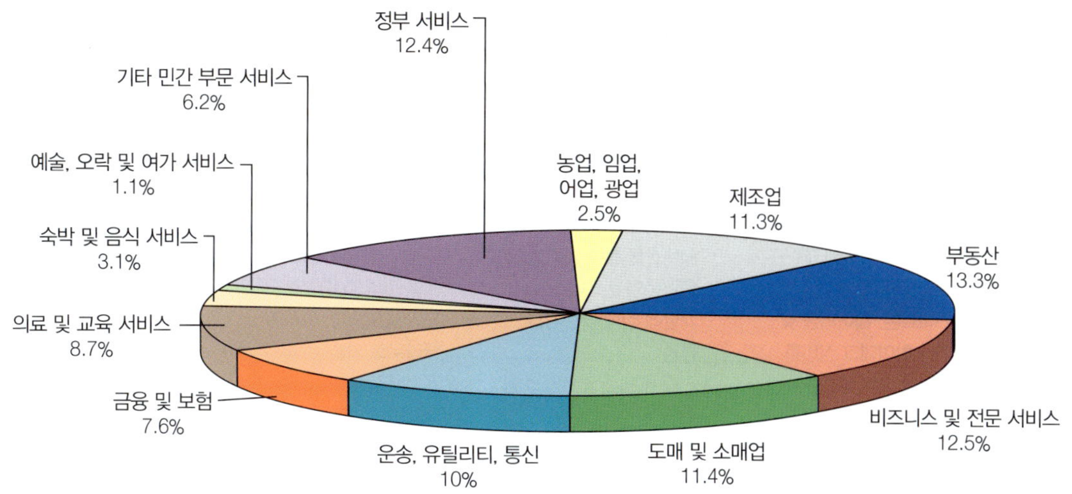

그림 1.8 미국 GDP에 대한 서비스 산업 범주별 부가가치

출처: U.S. Department of Commerce, Bureau of Economic Analysis, GDP by Industry Accounts for 2018, www.bea.gov (January 9, 2022).

GDP의 13.3%(거의 8분의 1)를 차지한다는 사실을 짐작이나 했는가? 이 중 90% 이상이 주거용 또는 상업용 부동산 임대, 구매, 판매, 대여를 촉진하는 부동산 서비스 제공, 부동산의 상태와 가치를 결정하는 부동산 감정 등의 활동에서 비롯된다. 나머지 10%는 중장비(운전자 포함 또는 미포함)부터 사무용 가구, 텐트, 파티용품에 이르기까지 다양한 기타 제품을 대여하거나 임대하는 활동과 관련이 있다. 빠르게 성장하는 클러스터는 GDP의 12.5%를 차지하는 전문 및 비즈니스 서비스이다. 또 다른 대규모 서비스 클러스터는 실제 제품의 유통을 제공한다. 도매업과 소매업은 GDP의 약 11.8%를 차지한다.

기타 중요한 산업 부문 또는 하위 부문으로는 운송과 유틸리티 및 통신(10%), 의료 및 교육(8.7%), 금융 및 보험(7.6%)이 있다. 숙박 및 음식 서비스는 GDP의 3.1%를 차지한다. 스포츠 관람, 피트니스 센터, 스키 시설, 박물관 및 동물원, 공연예술, 카지노, 골프장, 계류장(marinas), 테마파크와 같은 인기 있는 고객 서비스를 포함하는 예술, 오락 및 레크리에이션 부문은 총 GDP의 1.1%에 불과하다. 그럼에도 불구하고 20조 6,000억 달러가 넘는 경제 규모에서 이 마지막 서비스 그룹의 가치는 2019년에 2,270억 달러로, 여전히 인상적인 수준이다.

서비스 시장을 변화시키는 강력한 힘

 **학습목표 3**

서비스 시장을 변화시키는 강력한 힘을 확인한다.

서비스 부문이 이렇게 빠르게 성장하는 요인은 무엇일까? 정부 정책, 사회 변화, 비즈니스 트렌드, 세계화, 정보기술 및 통신의 발전, 세계화는 오늘날의 서비스 시장을 변화시키는 강력한 힘이다(그림 1.9). 이러한 요인이 종합적으로 작용하여 수요와 공급, 심지어 고객의 서비스 구매 및 사용 방식까지 재편하고 있다.

특히 현재 진행 중인 디지털 및 기술 혁명은 매우 흥미롭다. 우리는 18세기에 시작된 제조업의 산업혁명과 유사한 생산성 향상 및 서비스 산업화에 관한 변곡점을 맞이할 수 있

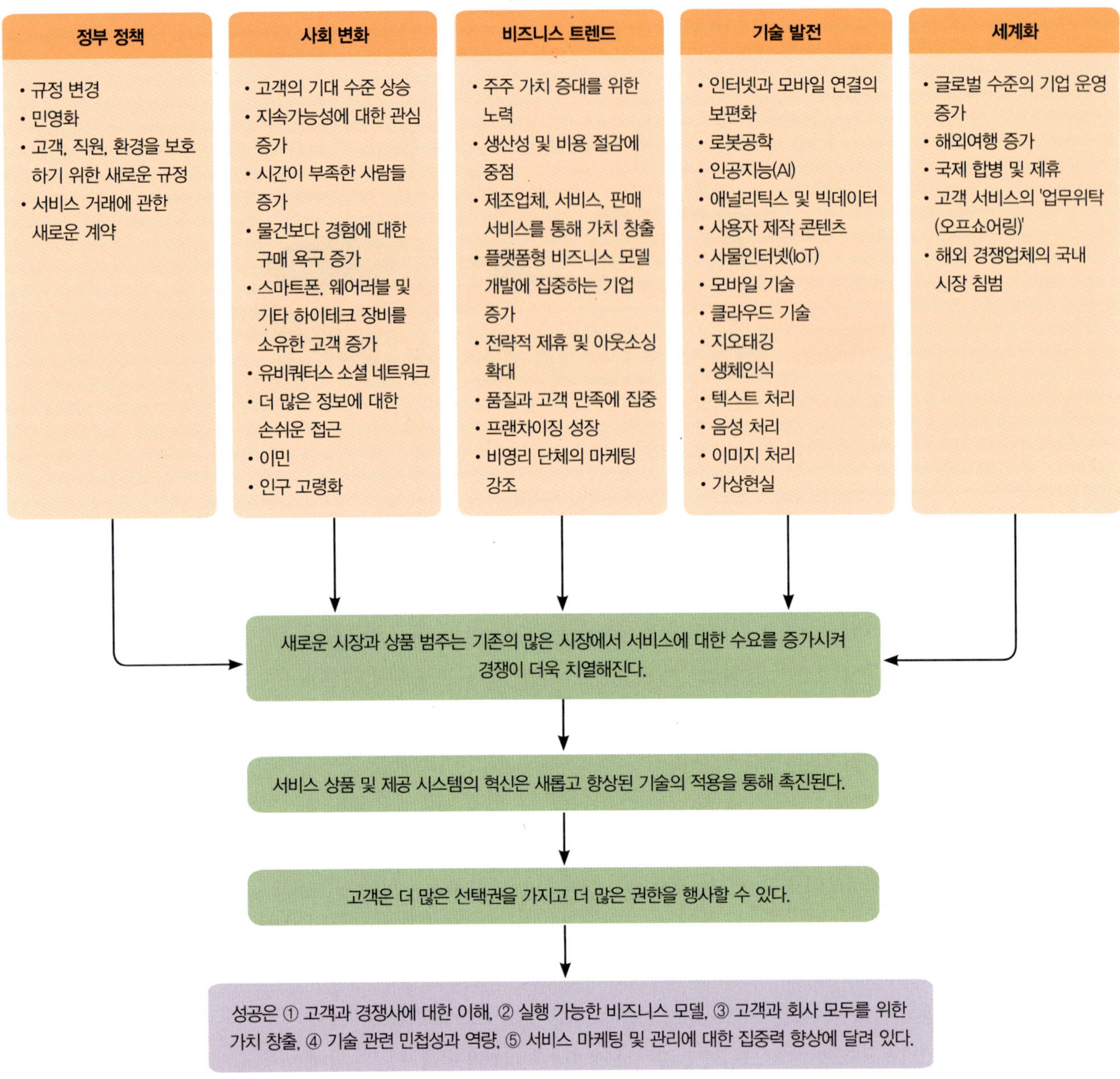

그림 1.9 서비스 경제의 변화를 촉진하는 요인

다. 특히 로봇공학, 인공지능(AI), 분석, 빅데이터, 사물인터넷(IoT), 모바일, 지오태깅(geo tagging), 생체인식, 텍스트, 음성 및 이미지 처리, 가상현실 관련 기술이 빠르게 더 똑똑해지고, 더 작아지며, 더 저렴해지고 있다.

이러한 기술은 고객 경험, 서비스 품질, 생산성을 동시에 획기적으로 개선할 수 있는 광범위한 혁신으로 이어질 것이다. 로봇과 AI가 제공하는 서비스는 발생하는 비용의 대부분이 개발 기반이기 때문에 전례 없는 규모의 경제와 범위의 경제를 보여줄 가능성이 높다. 물리적 로봇은 사람 인력의 일부에 불과하며, 가상 로봇은 무시할 수 있는 수준의 증분 비용(negligible incremental cost)으로 사용할 수 있다. 예를 들어, 안내 카운터에서 서비스를 제공하는 홀로그램 기반의 휴머노이드로봇(humanoid robot)은 프로젝터, 스피커, 카메라, 마이크와 같은 저렴한 구성 요소만 필요하며, 음성 기반 채팅봇과 같은 완전 가상로봇은 이미 증분 비용이 거의 들지 않는다.

산업혁명 때 장인 수공업에서 대량 생산으로의 전환이 시작된 것과 유사하게 서비스 부문에서도 모듈식 셀프서비스 기술(SST), 로봇공학, AI 기반 비즈니스 모델로의 전환이 가속화될 것이다. 제조업과 마찬가지로 장인 정신에 입각한 비즈니스 모델은 계속해서 실행 가능한 비즈니스 모델을 제공하겠지만 높은 가격대를 형성할 것이다. 많은 서비스의 대중시장은 보다 비용 효율적인 서비스 모델로 전환될 가능성이 높다.[1] 이러한 기술은 거의 모든 서비스 부문을 변화시킬 것이다.[2]

그림 1.10 로봇공학은 오늘날 서비스 시장을 변화시키는 기술 분야 중 하나이다.

경제 발전의 핵심 엔진으로서의 B2B 서비스[3]

학습목표 4
B2B 서비스가 어떻게 개별 기업의 생산성을 향상하고 경제 발전을 주도하는지 이해한다.

경쟁력 있고 혁신적인 첨단 비즈니스 서비스 생태계는 성공적인 경제의 핵심 원동력이다. "비즈니스 서비스가 제조 기업과 경제 전반의 생산성을 향상하는 이유는 무엇인가?"라고 질문할 수 있다. 제조회사가 식재료 구매, 조리, 설계, 주방 프로세스 운영, 조리사 감독, 구내식당의 품질 및 비용 관리를 얼마나 잘하고 있다고 생각하는가? 일반적인 대답은 아마도 구내식당 운영은 규모가 작고 전체 비즈니스에서 차지하는 중요도가 낮아서 훌륭한 음식을 만들 수 없다는 것이다.

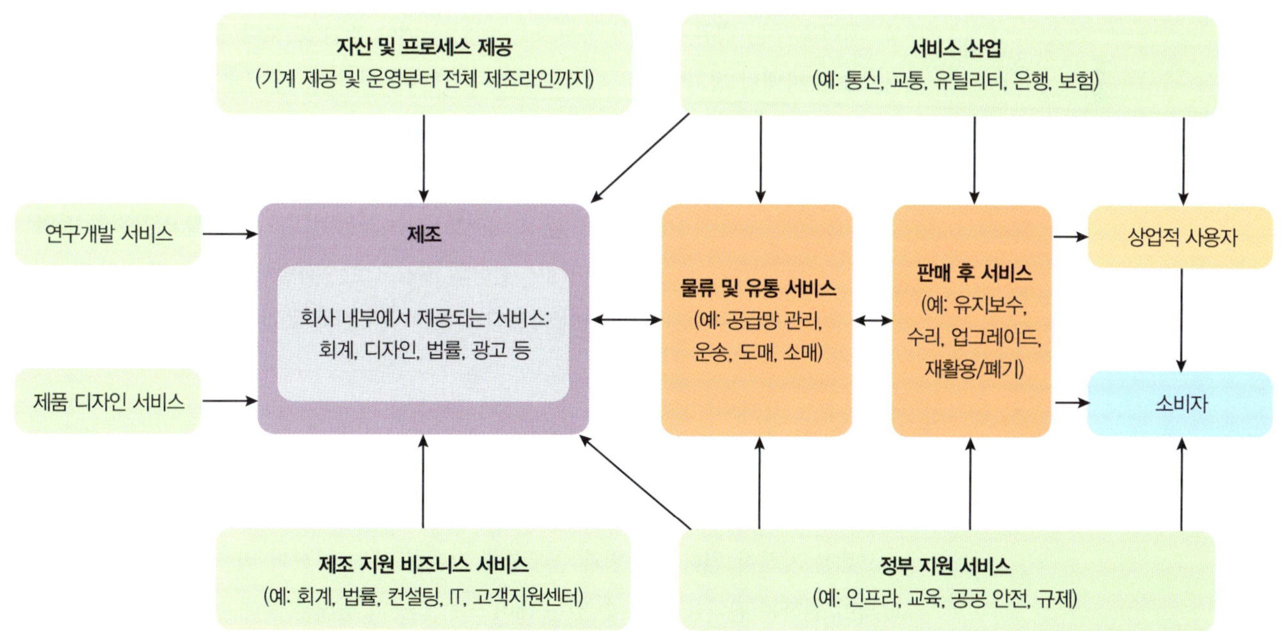

그림 1.11 아웃소싱은 서비스 부문의 성장을 이끄는 중요한 원동력이다.

Used with permission by Randy Glasbergen

그림 1.12 오늘날 많은 서비스를 더 저렴한 곳으로 아웃소싱할 수 있다.

많은 제조회사가 이러한 문제를 인식하고 일반적으로 몇 년마다 갱신되는 입찰 프로세스를 통해 구내식당 운영을 아웃소싱한다. 이 입찰에서 낙찰자는 여러 현장 또는 지점에서 구내식당과 주방을 전문적으로 운영하는 업체일 가능성이 높다. 그 업체는 비용 효율적인 구조로 고품질의 음식 및 기타 서비스를 제공하는 데 중점을 둔다. 또한 여러 현장에서 이익을 얻을 수 있으므로 프로세스 개선 및 R&D에 투자하는 것이 합리적이다. 따라서 제조 기업에서는 소홀히 여겨졌던 지원 활동이 이제 독립 서비스 제공업체의 핵심 역량이 된다. 거의 모든 비핵심 활동, 자산, 제품, 서비스에도 같은 논리가 적용된다. 그림 1.11은 기업이 제3자 공급업체로부터 더욱 비용 효율적으로 서비스를 조달할 방법을 보여준다. 이러한 발전은 전반적인 생산성과 생활 수준을 크게 향상하면서 경제 전문화를 촉진한다(그림 1.12 참조).

학습목표 5
비소유 프레임워크를 사용하여 서비스를 정의한다.

서비스란 무엇인가

지금까지 서비스에 대한 논의는 다양한 유형의 서비스 산업과 발전에 초점을 맞췄다. 이제 '서비스란 정확히 무엇인가?'라는 질문을 던질 차례이다.

비소유의 편익

서비스는 매우 다양하고 복잡한 활동을 포괄하기 때문에 정의하기가 어렵다. **서비스**라는 단어는 원래 하인이 주인을 위해 하는 일과 관련이 있었다. 시간이 지나면서 이 용어는 "봉사, 도움, 혜택을 주는 행위, 타인의 복지 또는 이익을 위한 행위"로 보다 광범위하게 정의할 수 있다.[4] 초기 마케팅 정의에서는 서비스를 "행동, 행위, 성과, 노력"으로 설명하며, "성품, 장치, 원재료, 물건, 사물"로 정의되는 제품과는 다른 특성을 가지고 있다고 주장한다.[5] 그러나 이 책에서는 서비스를 재화와의 관계보다는 그 자체로 정의할 필요가 있다고 간주한다. 흔히 반복되는 "사고팔 수 있지만 발로 밟고 떨어뜨릴 수 없는 것"[6]과 같이 짧고 간결한 정의는 재미있고 기억에 남을 수 있지만, 마케팅 전략의 지침으로는 특별히 도움이 되지 않을 수 있다. 여기서는 서비스 구매 시 소유권이 이전되지 않는다는 점에 초점을 맞춰 서비스를 정의할 것이다.

지난 주말에 묵었던 호텔 방의 소유권을 취득하지 않았고, 다친 무릎을 치료해준 물리치료사에 대한 소유권을 취득하지 않았으며, 방금 참석한 콘서트의 소유권을 받지 못했다고 생각해보자. 서비스를 구매한 최종 순간에도 소유권을 이전받지 못했다면 무엇을 구매한 것인가?

고객은 자신이 원하는 경험과 솔루션에 가치를 두고 기꺼이 비용을 지불한다. 서비스는 고객이 원하는 편익을 얻을 수 있는 **대여** 또는 **접근**의 형태를 통해 이들을 제공한다. 비소유 프레임워크 내에서 다음과 같은 접근 및 사용에 초점을 맞춰 5가지 범주[7]를 구분할 수 있다.

1. **노동력, 기술, 전문지식 대여:** 고객이 직접 할 수 없거나 하지 않기로 선택한 작업을 다른 사람을 고용하여 수행한다. 예를 들면 다음과 같다.
    - 자동차 수리
    - 건강 검진
    - 경영 컨설팅
2. **유형 재화의 임대:** 고객은 이러한 서비스를 통해 소유하고 싶지 않은 유형 제품을 사용할 수 있는 독점적 권리를 일시적으로 획득할 수 있다. 예를 들면 다음과 같다.
    - 보트
    - 파티복
    - 건설 및 굴착 장비
3. **특정 공간 및 시설 임대:** 고객이 건물, 차량, 지역과 같은 더 큰 시설의 특정 부분을 사용하는 경우로, 일반적으로 다른 고객과 이 시설을 공유한다. 이러한 유형의 임대의 예는 다음과 같다.
    - 항공기의 좌석
    - 사무실 건물의 사무실 공간
    - 창고의 보관 컨테이너
4. **공유 시설에 대한 접근:** 고객은 시설의 사용을 공유할 수 있는 권리를 임대하며, 이러한 시설은 실내, 실외 및 가상 공간의 조합일 수 있다. 예를 들면 다음과 같다.
    - 테마파크
    - 골프클럽
    - 유료 도로(그림 1.13)

Stacy Walsh Rosenstock/Alamy Stock Photo

그림 1.13 고객은 유료 도로를 사용할 수 있는 권리를 임대한다.

5. **네트워크 및 시스템에 대한 접근과 사용:** 고객은 지정된 네트워크에 참여할 수 있는 권리를 임대한다. 서비스 제공업체는 고객의 니즈에 따라 다양한 접근과 사용 조건을 제공한다. 예를 들면 다음과 같다.
    - 통신
    - 공공시설(예: 수도, 전기 등) 및 금융(뱅킹)
    - 소셜 온라인 네트워크 및 게임(예: 〈리그 오브 레전드〉)

소유권과 비소유권의 차이는 마케팅 전략에 큰 영향을 미친다. 예를 들어, 무언가를 소유하는 대신 대여하는 경우 고객의 서비스 선택 기준이 달라진다. 하와이에서 휴가를 보내기 위해 렌터카를 이용하려는 고객은 예약의 용이성, 대여 위치와 시간, 서비스 직원의 업무 능력, 차량의 유지 보수에 중점을 둘 것이다. 그러나 차량을 소유하려는 고객이라면 가격, 브랜드 이미지, 유지관리의 용이성, 운영 비용, 디자인, 색상, 외장과 같은 요소를 고려할 가능성이 높다.

서비스 정의

서비스의 비소유적 개념에 근거하여 서비스를 다음과 같이 포괄적으로 정의할 것을 제안한다. 서비스를 양 당사자 간의 **경제 활동**으로 정의하며, 이는 시장에서 판매자와 구매자 간의 가치 교환을 의미한다. 서비스를 가장 일반적으로 **시간 기반의 성과**로 설명한다. 구매자는 **원하는 결과**를 얻기 위해 서비스를 구매한다는 점을 강조한다. 실제로 많은 기업이 서비스를 잠재 고객의 니즈에 대한 '솔루션'으로 명시적으로 마케팅한다. 마지막으로 고객이 **돈, 시간, 노력**에 대한 대가로 서비스 구매를 통해 **가치를 얻기**를 기대한다는 점을 강조하여 정의한다. 이러한 **가치는 소유권 이전이 아닌 다양한 가치 창출 요소에 대한 접근**에서 비롯된다.

서비스 정의

서비스는 한 당사자가 다른 당사자에게 수행하는 경제 활동이다. 대개 시간 단위로 수행되는 이러한 활동은 수신자, 대상 또는 기타 자산에 원하는 결과를 가져다준다.

고객은 돈, 시간, 노력에 대한 대가로 노동력, 기술, 전문지식, 상품, 시설, 네트워크, 시스템에 대한접근의 가치를 기대하며, 일반적으로 관련된 물리적 요소에 대한 소유권은 얻지 않는다.[8]

서비스 상품 대 고객 서비스 및 애프터서비스

서비스 경제가 성장하고 제품에 부가가치를 높이는 서비스가 강조됨에 따라 서비스와 제조업의 경계가 점차 모호해지고 있다. 자동차 제조업체인 도요타(Toyota)와 항공우주 엔진 생산업체인 GE, 롤스로이스(Rolls-Royce)부터 첨단장비 제조업체인 삼성과 지멘스(Siemens)에 이르기까지 많은 제조 기업이 서비스 비즈니스에 적극적으로 진출하고 있다. 이제 많은 기업은 단순히 보충 서비스를 실제 제품에 묶음으로 제공하는 대신 특정 서비스 요소를 강화하여 독립형 서비스로 마케팅하고 있다(그림 1.14의 삼성 사례 참조).[9]

서비스 마케팅에서 논의되는 원칙은 제품의 서비스 구성 요소를 늘리는 제조 기업에도 동일하게 적용된다. 시어도어 레빗(Theodore Levitt)은 오래전 "서비스 산업 같은 것은 존재하지 않는다. 서비스 구성 요소가 다른 산업보다 크거나 작은 산업만 있을 뿐이다. 모든 사람은 서비스업에 종사하고 있다"[10]고 언급한 바 있다. 최근 **서비스 우위(service-dominant, S-D) 논리**에 따르면 모든 제품은 제공하는 서비스에 따라 가치가 평가되며, 물리적 재화에서 파생되는 가치는 재화 자체가 아니라 소비 중에 제공하는 서비스, 즉 **사용가치**(value-in-use)에 있다고 한다.[11]

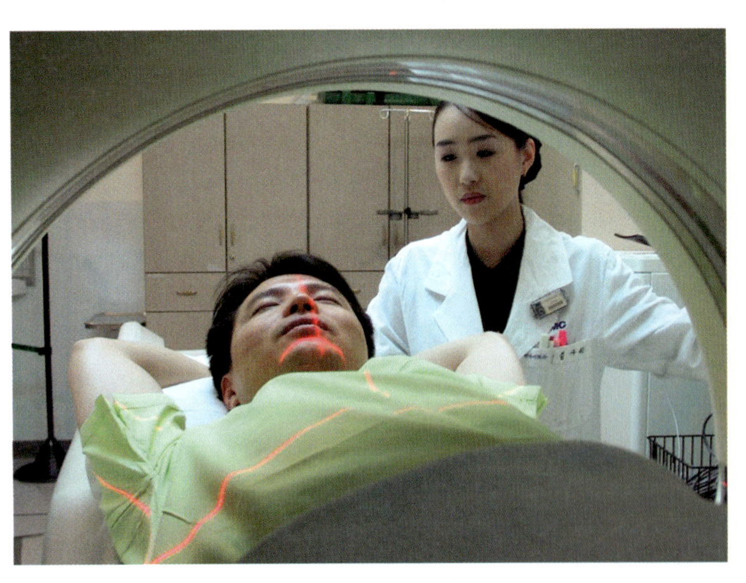

Medicshots/Alamy Stock Photo

그림 1.14 제조 기업의 거인 삼성은 삼성의료원에서 첨단의료 서비스를 제공한다.

서비스 행위의 본질	서비스의 직접 수혜자는 누구 또는 무엇인가? 사람	소유물
유형적 행위	**사람에 대한 처리** (사람의 신체를 대상으로 하는 서비스) • 헤어 스타일리스트 • 여객 운송 • 건강 관리	**소유물에 대한 처리** (물리적 소유물을 대상으로 하는 서비스) • 화물 운송 • 세탁 및 드라이클리닝 • 수리 및 유지보수
무형적 행위	**정신 자극에 대한 처리** (사람의 마음을 대상으로 하는 서비스) • 교육 • 광고 홍보 • 심리치료	**정보에 대한 처리** (무형 자산을 대상으로 하는 서비스) • 회계 • 은행 업무 • 법률 서비스

그림 1.15 서비스의 4가지 범주

4가지 광범위한 서비스 범주: 처리 관점

학습목표 6
서비스의 4가지 광범위한 '처리' 범주를 확인한다.

서비스의 정의에서 임대와 접근을 통한 가치 창출뿐만 아니라 서비스 수혜자가 얻을 수 있는 바람직한 결과도 강조하고 있다는 것을 눈치챘는가? 처리되는 대상에 따라 서비스에는 큰 차이가 있다. 서비스는 사람, 물리적 대상물, 데이터를 '처리'할 수 있으며, 처리는 유형 또는 무형일 수 있다. 유형의 작업은 사람의 신체 또는 물리적 소유물에 대해 수행된다. 무형의 작업은 사람들의 마음이나 비물리적 자산에 대해 수행된다. 따라서 서비스를 크게 **사람에 대한 처리**(people processing), **소유물에 대한 처리**(possession processing), **정신 자극에 대한 처리**(mental stimulus processing), **정보에 대한 처리**(information processing)의 4가지 범주로 분류할 수 있다(그림 1.15).[12] 이 4가지 유형의 프로세스가 마케팅, 운영 및 인적자원 관리에 고유한 영향을 미치는 이유를 살펴보자.

사람에 대한 처리

오래전부터 사람들은 교통, 음식, 숙박, 건강 회복, 미용 등 자신을 위한 서비스를 찾았다(그림 1.16). 이러한 서비스를 받으려면 고객은 사람이나 기계(또는 둘 다)가 서비스 편익을 창출하고 고객에게 전달하는 물리적 현장인 **서비스 공장**에 들어가야 한다. 때때로 서비스 제공업체는 필요한 도구를 고객이 원하는 장소로 가져다주기도 한다. 사람에 대한 처리 서비스의 의미는 다음과 같다.

- 서비스 생산과 소비가 동시에 이루어지므로 고객이 서비스 공장에 물리적으로 존재해야 한다.
- 고객의 적극적인 협조가 필요하다. 예를 들어, 매니큐어 서비스를 받으려면 고객은 자신이 원하는 것을 직원에게 정확히 전달해야 하고, 조용히 앉아 있어야 하며, 직원이 요청할 때 각 손가락을 제시하는 등 직원과 협력해야 한다.

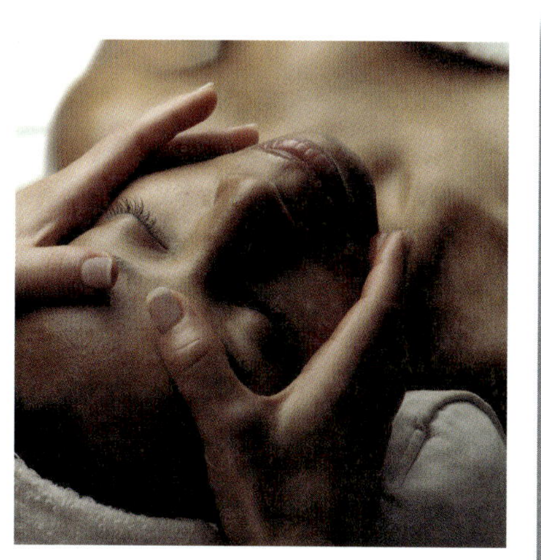
gosphotodesign/Shutterstock

그림 1.16 더 아름답게 보이기 위해 관리받는 고객

- 고객의 (이동) 시간 및 정신적, 신체적 노력과 같은 비금전적 비용을 고려하고 이상적으로 최소화해야 한다.
- 관리자는 서비스 운영 위치, 서비스 프로세스 및 서비스 환경 설계, 수요 및 수용 능력 관리에 대해 신중하게 생각할 필요가 있다.

소유권에 대한 처리

고객은 종종 서비스 조직에 벌레가 침입한 집, 고장 난 엘리베이터, 스마트폰의 깨진 화면, 다른 도시로 보내야 하는 소포, 아픈 반려동물과 같은 물리적 소유물에 대한 가시적인 처리를 요청한다(그림 1.17).

이러한 서비스의 의미는 다음과 같다.

- 생산과 소비가 반드시 동시에 이루어질 필요는 없다. 따라서 서비스 회사는 비용 효율성을 위해 이러한 서비스를 설계할 때 더 큰 유연성을 가질 수 있다.
- 고객은 이러한 서비스에 덜 관여하는 경향이 있다. 고객의 참여는 물품을 맡기거나 수거하는 것으로 제한될 수 있다. 이러한 경우 생산과 소비는 **분리 가능한** 것으로 설명할 수 있다. 그러나 경우에 따라 고객이 서비스 제공 중에 서비스 현장에 있기를 원할 수도 있다. 예를 들어, 울타리를 절단하는 것을 감독하거나 동물병원에서 주사를 맞히는 동안 현장에서 반려견을 위로하고 싶을 수 있다.

Jeff Gilbert/Alamy Stock Photo

그림 1.17 런던 지하철의 선로 수리는 소유물에 대한 처리 서비스이다.

정보에 대한 처리

정보는 정보통신 기술(ICT) 또는 전문가에 의해 처리될 수 있다. 정보는 가장 무형적인 형태의 서비스 결과물이다. 그러나 편지, 보고서, 책, 파일 같은 보다 영구적이고 유형적인 형태로 변환될 수 있다. 정보의 효과적인 수집과 처리에 크게 의존하는 일부 서비스는 회계(그림 1.18), 법률, 마케팅 리서치, 경영 컨설팅, 의료 진단과 같은 금융 및 전문 서비스이다.

때때로 정보에 대한 처리 서비스와 정신 자극에 대한 처리 서비스의 차이를 구분하기 어려울 수 있다. 예를 들어, 주식 중개인이 고객의 중개 거래를 분석하는 것은 정보 처리처럼 보인다. 그러나 분석 결과가 가장 적합한 투자 전략을 추천하는 데 사용되면 정신 자극에 대한 처리처럼 보인다. 따라서 단순하게 보면 정신 자극에 대한 서비스와 정보에 대한 서비스는 **정보 기반 서비스**라고 표현할 수 있다.

Ldprod/Shutterstock

그림 1.18 새 주택 구입을 위해 재정 자문을 받는 젊은 부부

정신 자극에 대한 처리

정신 자극에 대한 처리 서비스에는 교육, 뉴스 및 정보, 전문적인 조언 및 일부 종교활동이 포함되며, 고객은 이러한 서비스의 이점을 최대한 활용하기 위해 시간과 정신적 노력을 투자해야 한다. 그러나 고객이 반드시 서비스 공장에 물리적으로 존재해야 하는 것은 아니다. 예를 들어, 승객은 비행 중에 잠을 자도 원하는 목적지에 도착할 수 있다. 하지만 온라인 강의를 듣다가 잠이 든다면 강의가 끝났어도 강의를 시작할 때보다 지식수준이 향상되지 못할 수도 있다.

이 범주에 속하는 서비스의 핵심 콘텐츠는 정보 기반이기 때문에 디지털화하여 다운로드를 통해 제공할 수 있다. 예를 들어 클래식 음악 콘서트에 라이브로 참석하거나, 실시간으로 보거나 들을 수 있고, TV로 사전 녹화하거나, 디지털 음반으로 판매할 수 있다(그림 1.19). 이러한 종류의 서비스에서 발생하는 몇 가지 주요 시사점은 다음과 같다.

- 고객이 서비스 공장에 실제로 있을 필요가 없다. 필요할 때만 원격으로 정보에 접근한다.
- 이 범주의 서비스는 생산 후 나중에 소비하기 위해 '재고화'될 수 있다. 예를 들어 동일한 성능을 반복적으로 소비할 수 있다.

그림 1.19 오케스트라 콘서트는 정신 자극과 즐거움을 제공한다.

© chrisstockphoto/Alamy Stock Photo

학습목표 7

서비스의 특성과 이에 따른 고유한 마케팅 과제를 이해한다.

서비스는 고유한 마케팅 과제를 제시한다

제조회사에서 개발된 마케팅 개념과 관행을 소유권 이전이 이루어지지 않는 서비스 조직에 그대로 적용할 수 있을까? 답은 '아니다'인 경우가 많다. 서비스는 보통 IHIP로 알려진 4가지 특성인 무형성(*i*ntangibility), 이질성(*h*eterogeneity, 품질의 가변성), 생산과 소비의 비분리성(*i*nseparability), 산출물의 소멸성(*p*erishability)[13] 등에서 유형 상품과 다른 특징을 보인다. 표 1.1은 이러한 서비스의 특성과 서비스와 유형 상품 간의 다른 일반적인 차이점을 설명한다. 이러한 차이점으로 인해 서비스 마케팅은 몇 가지 중요한 측면에서 제조업의 마케팅과 다르다.

이러한 차이점은 유용한 일반화이지만 모든 서비스에 동일하게 적용되지 않는다는 것을 인지하는 것이 중요하다. 예를 들어 무형성은 유형성이 높은 경우와 무형성이 높은 경우로 폭넓게

표 1.1 서비스의 8가지 공통 기능에 대한 관리적 시사점

차이점	시사점	마케팅 관련 주제
대부분의 서비스 상품은 재고 관리가 불가능하다(즉 생산은 부패하기 쉽다).	• 고객이 발길을 돌리거나 기다려야 할 수도 있다.	• 프로모션, 동적 가격 책정, 예약을 통해 수요를 원활하게 한다. • 운영팀과 협력하여 수용 인원을 조정한다.
무형적 요소는 일반적으로 가치 창출을 지배한다(즉 서비스는 물리적으로 무형적이다).	• 고객은 이러한 요소를 맛보거나 냄새를 맡거나 만질 수 없으며, 보거나 듣지 못할 수도 있다. • 서비스를 평가하고 경쟁사와 구별하기가 더 어렵다.	• 물리적 단서를 강조하여 서비스를 실체화한다. • 광고와 브랜딩에 구체적인 은유와 생생한 이미지를 사용한다.
서비스는 시각화하거나 이해하기 어려운 경우가 많다(즉 무형 서비스이다).	• 고객은 더 큰 위험과 불확실성을 인식한다.	• 고객이 올바른 선택을 할 수 있도록 교육하고, 무엇을 찾아야 하는지 설명하며, 성과 및 보증을 문서화한다. • 회사의 경험, 전문성, 자격 증명에 대한 신뢰를 구축한다.
고객이 공동 생산에 관여할 수 있다(즉 처리하는 사람이 관여하는 경우 서비스는 분리할 수 없다).	• 고객은 공급자의 장비, 시설, 시스템과 상호작용한다. • 고객이 작업을 제대로 수행하지 못하면 생산성이 저하되고 서비스 경험이 손상되며 혜택이 줄어들 수 있다.	• 사용자 친화적인 장비, 시설, 시스템을 개발한다. • 고객이 효과적으로 업무를 수행할 수 있도록 교육하고 고객 지원을 제공한다.
사람이 서비스 경험의 일부가 될 수 있다.	• 서비스 직원과 다른 고객의 외모, 태도, 행동은 경험을 형성하고 만족도에 영향을 줄 수 있다.	• 계획된 서비스 콘셉트를 강화하기 위해 직원을 채용하고, 교육하며, 보상한다. • 적시에 적절한 고객을 표적화하고 고객 행동을 형성한다.
운영 투입과 산출이 더 광범위하게 변화하는 경향이 있다(즉 서비스가 이질적이다).	• 일관성, 신뢰성, 서비스 품질을 유지하거나 생산성을 높여 비용을 낮추기가 더 어렵다. • 서비스 장애로부터 고객을 보호하기가 어렵다.	• 고객의 기대치를 기반으로 품질표준을 설정하고 제품 요소를 단순화 및 장애 방지를 위해 재설계한다. • 우수한 서비스 복구 절차를 수립한다. • 고객과 서비스 제공업체 간의 상호작용을 자동화하고 고객이 부재 중일 때도 업무를 수행한다.
시간 요소는 종종 매우 중요한 요소로 간주된다.	• 고객은 시간을 현명하게 사용해야 할 희소 자원으로 여기고, 기다리는 데 시간을 낭비하는 것을 싫어하며, 편리한 시간에 서비스받기를 원한다.	• 배송 속도를 경쟁하고, 대기 부담을 최소화하며, 서비스 시간을 연장할 수 있는 방법을 찾아야 한다.
유통은 비물리적 채널을 통해 이루어질 수 있다.	• 정보 기반 서비스는 인터넷이나 음성통신 같은 전자 채널을 통해 전달할 수 있지만, 신체 활동이나 상품과 관련된 핵심 상품은 전달할 수 없다.	• 사용자 친화적이고 안전한 웹사이트, 앱, 무료전화 연결 서비스를 구축한다. • 모든 정보 기반 서비스 요소를 웹사이트 및/또는 앱에서 다운로드할 수 있게 한다.

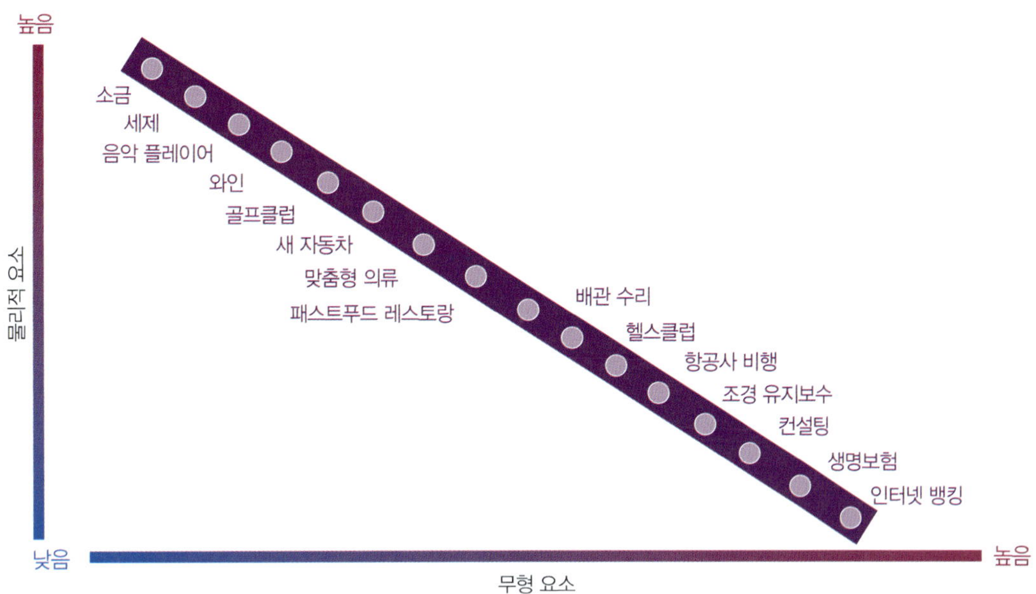

그림 1.20 상품 및 서비스에서 물리적 요소와 무형 요소의 상대적 가치

출처: Lynn Shostack, "Breaking Free from Product Marketing," in *Journal of Marketing* 41 (April 1977): 73–80.

나타난다(다양한 예시를 제시하는 척도는 그림 1.20 참조).[14] 앞서 논의한 4가지 서비스 범주 사이에도 주요 차이점이 존재한다. 예를 들어, 고객은 서비스 직원과 직접 접촉하는 경우에만 서비스 경험의 일부가 되는 경향이 있다. 이는 일반적으로 사람에 대한 처리 서비스의 경우로, 온라인 뱅킹 같은 많은 정보에 대한 처리에는 해당하지 않는다.

서비스 마케팅의 7가지 요소

▶ **학습목표 8**
서비스에 적용되는 전통적인 마케팅 믹스의 구성 요소를 이해한다.

제품을 마케팅하는 전략을 개발할 때 마케터는 일반적으로 제품(*p*roduct), 장소(*p*lace, 또는 유통), 가격(*p*rice), 프로모션(*p*romotinon, 또는 커뮤니케이션)의 4가지 기본 요소를 다룬다. 이를 보통 마케팅 믹스의 '4P'라고 한다. 표 1.1에서 볼 수 있듯이 서비스의 본질은 다른 마케팅 과제를 제시한다. 따라서 유형 상품 마케팅의 4P는 서비스 마케팅에서 발생하는 문제를 다루기에 적절하지 않으며, 이를 조정해야 한다. 따라서 이 책에서는 전통적인 마케팅 믹스의 4P를 재검토하여 서비스별 이슈에 초점을 맞출 것이다.

또한 전통적인 마케팅 믹스는 고객 접점을 다루지 못하므로 서비스 제공과 관련된 3가지 P, 즉 프로세스(*p*rocess), 물리적 환경(*p*hysical environment), 사람(*p*eople)을 추가하여 마케팅 믹스를 확장해야 한다.[15] 총체적으로 이 7가지 요소를 서비스 마케팅의 '7P'라고 한다. 이제 7가지 요소를 각각 간략히 살펴보자.

서비스에 적용되는 전통적인 마케팅 믹스

상품 요소

서비스 상품은 기업의 마케팅 전략의 핵심이다. 상품이 제대로 설계되지 않으면 나머지 7P가

Stephen Coburn/Shutterstock

그림 1.21 시간이 생명이다. 서비스 제공업체는 고객과의 상호작용에서 신속하고 현명해야 한다.

잘 실행되더라도 고객에게 의미 있는 가치를 창출하지 못한다. 따라서 첫 번째 단계는 고객에게 가치를 제공하고 경쟁 대안보다 고객의 요구를 더 잘 충족시킬 수 있는 서비스 상품을 만드는 것이다. 상품은 일반적으로 고객의 주요 니즈를 충족하는 핵심 상품과 고객이 핵심 상품을 보다 효과적으로 사용할 수 있도록 지원하는 다양한 보조 요소로 구성된다. 보조서비스 요소에는 정보 제공, 재문, 주문수령, 환대, 예외적 서비스 처리 등이 포함된다.

유통과 시간

서비스 유통은 서비스의 성격에 따라 물리적 채널 또는 전자 채널(또는 둘 다)을 통해 이루어진다(표 1.1 참조). 예를 들어, 오늘날 은행은 고객에게 은행 지점 방문, ATM 네트워크 사용, 전화 업무, 데스크톱 온라인 뱅킹, 스마트폰 앱 사용 등 다양한 유통 채널을 제공한다. 특히 많은 정보 기반 서비스는 인터넷에 접속할 수 있는 전 세계 어느 곳에서나 거의 즉각적으로 제공될 수 있다. 기업은 최종 사용자에게 직접 서비스를 제공하거나 판매, 서비스, 고객 접촉과 관련된 특정 작업을 수행하기 위해 사용료 또는 수수료를 받는 중개 조직을 통해 서비스를 제공할 수도 있다. 기업은 고객에게 서비스 요소를 제공할 수 있는 장소와 시기, 사용할 수 있는 방법과 채널을 결정해야 한다.

Kullapol/Shutterstock

그림 1.22 서비스 원가를 측정할 때 금전적인 면만 고려하는 것은 아니다.

가격 및 기타 사용자 지출

지불은 가치 교환이 이루어질 수 있도록 하는 데 매우 중요한 요소이다. 기업의 가격 책정 전략은 수익 창출에 직접적인 영향을 미친다. 가격 전략은 매우 역동적이며 수익 관리 도구를 사용하여 고객의 유형, 배송 시간 및 장소, 수요 수준 및 이용 가능한 생산 능력과 같은 요인과 시간에 따라 가격 수준을 조정한다.

고객의 관점에서 보면 가격은 원하는 편익을 얻기 위해 필수적으로 지출해야 하는 비용의 핵심 부분이다. 특정 서비스가 '그만한 가치가 있는지' 계산하려면 돈을 넘어서 얼마나 많은 시간과 노력이 필요한지 평가할 수도 있다. 서비스 마케터는 표적 고객이 기꺼이 지불할 수 있는 가격을 설정해야 할 뿐만 아니라 고객이 서비스를 사용하면서 발생하는 기타 비용을 이해하고 가능한 한 최소화해야 한다. 여기에는 추가 금전적 비용, 소요 시간, 원치 않는 정신적 및 육체적 노력, 부정적인 감각 경험에 대한 노출이 포함될 수 있다.

프로모션 및 교육

효과적인 커뮤니케이션 없이 성공할 수 있는 마케팅 프로그램은 거의 존재하지 않는다. 커뮤니케이션은 ① 필요한 정보와 조언을 제공하고, ② 표적 고객이 서비스 상품을 구매하도록 설득하며, ③ 특정 시점에 행동을 취하도록 장려하는 중요한 역할을 수행한다. 서비스 마케팅에서 대부분의 커뮤니케이션은 본질적으로 교육적인 성격을 띠며, 특히 신규 고객에게는 더욱 그렇다. 공급업체는 고객에게 서비스의 이점, 서비스를 언제 어디서 받을 수 있는지, 최상의 결과를 얻기 위해 서비스 프로세스에 참여하는 방법에 대해 가르칠 필요가 있다.

서비스는 무형의 요소가 가치 창출을 지배하는 경향이 있기 때문에 시각화하거나 이해하기 어려운 경우가 많으므로, 서비스 기업의 커뮤니케이션에서 직원의 전문성뿐만 아니라 기업의 경험과 자격 증명에 대한 신뢰를 구축하는 것이 중요하다. 이를 위해 서비스 기업은 물리적 이미지와 은유를 사용하여 서비스 혜택을 홍보하고 역량을 입증할 수 있다(그림 1.23).

그림 1.23 서비스 및 상품 제안은 물리적 이미지와 은유를 통해 진달할 수 있다.

고객 접점 관리를 위한 확장된 서비스 마케팅 믹스

프로세스

현명한 관리자는 서비스가 관련된 곳에서 기업이 무엇을 하는 것만큼이나 어떻게 하는지가 중요하다는 것을 알고 있다. 따라서 서비스 생산 및 제공을 위한 효과적인 프로세스를 설계하고 구현하는 것이 필요하다. 서비스 프로세스가 잘못 설계되면 느리고 비효율적인 서비스가 제공되며, 시간 낭비, 실망스러운 고객 경험으로 이어진다. 다음 세 절에서 서비스 프로세스가 제조 프로세스와 어떻게 다른지 살펴보자.

운영상의 투입과 산출은 매우 폭넓게 변화한다. 서비스의 경우 운영상의 투입과 산출은 더 광범위하게 변화하는 경향이 있다. 이 때문에 고객 서비스 프로세스 관리가 어렵다(표 1.1 참조). 서비스가 대면으로 전달되고 소비되는 과정에서 최종 '조립'이 실시간으로 이루어져야 한다. 그러나 운영이 수천 개의 장소 또는 지점에 분산되어 있는 경우가 많다. 이러한 경우 서비스 조직이 안정적인 배송을 보장하고 품질을 관리하며 생산성을 개선하기는 어렵다. 전직 패키지 상품 마케터가 '홀리데이인(Holiday Inn)'의 새로운 직책으로 옮긴 후 다음과 같이 관찰한 바 있다.

학습목표 9
고객 접점을 관리하는 확장된 마케팅 믹스의 구성 요소를 설명한다.

> 우리는 프록터엔드갬블(Procter and Gamble) 생산 라인의 엔지니어만큼 상품의 품질을 잘 관리할 수 없습니다. … 세탁 세제인 타이드(Tide) 한 상자를 구매하면 옷을 깨끗하게 하는 데 효과가 있을 것이라고 99와 44/100%만큼 확신할 수 있겠지만, 홀리데이인의 객실을 예약할 때 호텔에서 일어나는 다툼이나 옆방의 소음 없이 좋은 하룻밤을 보낼 것이라 확신하기란 훨씬 어렵습니다.[16]

그런데도 최고의 서비스 기업은 표준화된 절차의 채택, 서비스 품질에 대한 엄격한 관리, 직원에 대한 철저한 교육, 인력에 의존하던 업무의 자동화 등을 통해 서비스 변동성을 줄이도록 발전해왔다.

그림 1.24 서비스 공동 생산. 개인 트레이너의 지시에 따라 고객이 헬스장에서 운동한다.

고객이 공동 제작에 참여하는 경우가 많다. 일부 서비스는 고객이 서비스 상품 공동 생산에 적극적으로 참여해야 한다(표 1.1 참조). 예를 들어, 고객은 은행의 투자담당 직원에게 고객의 니즈, 감내할 수 있는 위험의 종류, 예상 수익이 어느 정도인지 등을 이해시킬 필요가 있다. 이를 통해 은행원은 투자 대상에 대해 조언할 수 있다. 점점 더 많은 고객의 참여가 셀프서비스의 형태를

Naka-stockphoto/Shutterstock

그림 1.25 환대는 깔끔한 옷을 입고 준비된 미소를 짓는 직원들을 통해 표현된다.

띠고 있으며, 종종 스마트 기기, 통신, 인터넷이 제공하는 셀프서비스 기술(SST)을 사용한다. 따라서 서비스 제공을 원활하게 하려면 잘 설계된 고객 서비스 프로세스가 필요하다.

수요와 수용 능력 간의 균형이 필요하다. 제조업은 사용 가능한 재료와 부품의 재고를 확보함으로써 원활한 공정 흐름을 보장할 수 있다. 서비스도 마찬가지이다. 서비스 프로세스에 따라 고객이 기다리는 시간이 길어질 수 있다. 따라서 효과적인 서비스 프로세스 관리에는 수요와 수용 능력의 균형, 대기 시스템 설계, 고객 심리에 영향을 주는 대기 관리와 밀접한 관련이 있다.

물리적 환경

고객이 서비스 공장에 들어가야 하는 서비스 비즈니스에 종사하는 경우 '서비스케이프'의 설계에 대해서도 시간을 투자해야 한다.[17] 건물, 조경, 차량, 실내 가구, 장비, 직원의 유니폼, 간판, 인쇄물 및 기타 눈에 보이는 단서는 회사의 서비스 품질에 대한 유형적 증거를 제공한다. 또한 서비스케이프는 서비스 제공을 쉽게 하고 서비스 프로세스를 통해 고객을 안내한다. 서비스케이프는 고객 만족도와 서비스 생산성에 큰 영향을 미칠 수 있으므로, 서비스 기업은 이를 신중하게 관리해야 한다.

사람

기술의 발전에도 불구하고 많은 서비스에는 항상 고객과 서비스 직원의 직접적인 상호작용이 필요하다(표 1.1 참조). 서비스 공급업체의 차이는 직원의 태도와 기술에 있다는 것이 잘 알려져 있다. 서비스 기업은 인적자원(HR) 부서와 긴밀히 협력하고 서비스 직원의 선발, 교육 및 동기 부여에 특별한 주의를 기울여야 한다(그림 1.25 참조). 서비스 직원은 필요한 기술을 보유하는 것 외에도 좋은 대인관계 기술과 긍정적인 태도가 필요하다.

학습목표 10

마케팅, 운영, 인적자원 관리, 정보기술 기능이 서비스 비즈니스에 긴밀하게 통합되어야 한다는 점을 인식한다.

마케팅은 다른 관리 기능과 통합되어야 한다

서비스 마케팅 7P를 생각해보면 서비스 업무에 종사하는 마케터가 다른 부서의 관리자와 분리되어서는 성공적인 운영을 기대할 수 없다는 사실을 금방 알 수 있을 것이다. 마케팅, 운영, 인적자원 관리(HR), 정보기술(IT)은 서비스 고객의 요구를 충족하는 데 핵심적이고 상호 연관된 역할을 하는 4가지 관리 기능이다. 그림 1.26은 이러한 상호 의존성을 보여준다.

운영 부서는 주로 장비, 시설, 시스템, 고객 접점 직원이 수행하는 많은 작업을 통해 서비스 제공을 관리하는 역할을 담당한다. 대부분의 서비스 조직에서 운영 관리자는 제품 및 프로세스 설계와 생산성 및 품질 향상을 위한 프로그램 구현에 적극적으로 관여한다.

인적자원 관리는 종종 직무 정의, 채용, 교육, 보상 시스템, 직장 생활의 질을 담당한다. 그러나 잘 관리된 서비스 업무/비즈니스의 인적자원 관리자는 이러한 활동을 전략적 관점으로

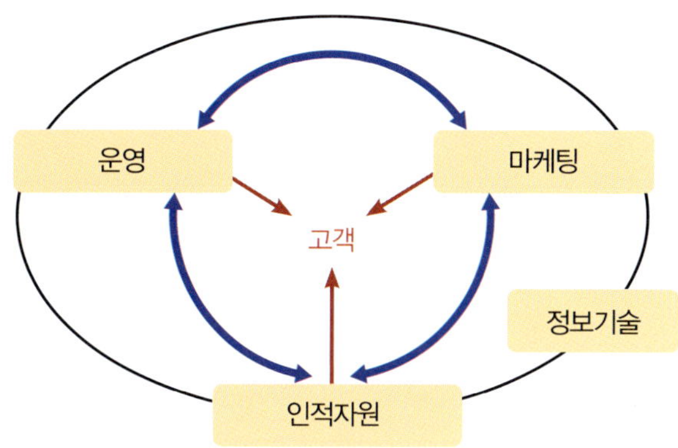

그림 1.26 마케팅, 운영, 인적자원, IT는 고객에게 서비스를 제공하기 위해 협력해야 한다.

본다. 그들은 일선의 품질과 헌신이 경쟁우위를 확보하는 데 중요하다는 것을 이해한다. 서비스 조직은 고객을 이해하지 못하는 HR 전문가를 고용할 여유가 없다. 마케팅 및 운영 활동은 직원들이 고객 만족을 창출하고 유지하는 데 필요한 기술과 교육을 받을 때 성공할 가능성이 더 높다.

많은 서비스 프로세스가 정보를 많이 필요로 하기 때문에 정보기술(IT)은 핵심 기능이며, 거의 모든 고객 접점에서 고객 데이터부터 가격, 수용 능력에 이르기까지 실시간 정보를 필요로 한다. 운영, 인적자원 관리, 마케팅은 각자의 기능을 관리하고 조직의 고객을 위한 가치를 창출하기 위해 정보기술에 절대적으로 의존한다. 이러한 이유로 이 책에서는 마케팅에만 국한하여 다루지 않는다. 많은 장에서 서비스 운영, 인적자원 관리 및 정보기술에 대해서도 언급한다.

서비스-수익 사슬

학습목표 11
서비스 관리에서 서비스-수익 사슬의 의미를 이해한다.

서비스-수익 사슬(Service-Profit Chain)은 성과가 높은 서비스 조직에서 마케팅, 운영, 인적자원, 정보기술이 어떻게 통합되는지를 보여주는 개념적 프레임워크로, 서비스 기업이 직원과 고객을 최우선으로 생각하면 성공을 관리하고 측정하는 방식에 큰 변화가 생긴다고 주장한다. 서비스-수익 사슬을 채택하는 기업은 수익성, 고객 충성도, 고객 만족도를 생산적인 직원이 창출하고, 고객과 직원 중심의 운영 및 기술로 뒷받침되는 가치와 연관시킨다.

> 뛰어난 서비스 조직의 최고경영진은 수익 목표를 설정하거나 시장점유율에 집중하는 데 거의 시간을 소비하지 않는다. … 대신 그들은 새로운 서비스 경제에서는 일선 직원과 고객이 경영 관심의 중심이 되어야 한다는 것을 이해한다. 성공적인 서비스 관리자는 수익성을 높이는 요소, 즉 사람에 대한 투자, 일선 직원을 지원하는 기술, 채용 및 교육 관행 개선, 모든 직급의 직원에 대한 성과와 연계된 보상 등에 주의를 기울인다.
>
> 성공적인 서비스 조직에 대한 분석을 통해 개발된 서비스-수익 사슬은 '실제 직무와 직접적으로 관련된(hard)' 가치를 '직무와 직접적으로 관련 없지만 실제로 업무 능률을 향상시키는 데 기여하는(soft)' 요소로 측정한다. 이를 통해 관리자는 경쟁우위를 극대화하는 서비스 및 만족도 수준을 개발하기 위해 새로운 투자 목표를 설정하고, 서비스 리더와 그저그런 경쟁업

표 1.2 서비스-수익 사슬의 연결고리

1. 고객 충성도가 수익성과 성장을 견인한다.
2. 고객 만족은 고객 충성도를 높인다.
3. 가치가 고객 만족을 이끈다.
4. 품질과 생산성이 가치를 창출한다.
5. 직원 충성도가 서비스 품질과 생산성을 주도한다.
6. 직원 만족도가 직원 충성도를 높인다.
7. 운영 및 정보기술이 제공하는 내부 품질이 직원 만족도를 높인다.
8. 최고경영진의 리더십이 사슬의 성공을 뒷받침한다.

출처: J. L. Heskett, T. O. Jones, G. W. Loveman, W. E. Sasser Jr., and L. A. Schlesinger, "Putting the Service-Profit Chain to Work" (Harvard Business School, 1994).

체 간의 격차를 확대할 수 있다.[18]

표 1.2에는 서비스 리더가 조직을 효과적으로 관리하기 위해 해야 할 일이 요약되어 있다. 연결고리 1과 연결고리 2는 고객에 초점을 맞추고 있다. 고객의 니즈를 파악하고 이해하며, 고객 유지를 위해 투자하고, 고객과 직원 모두의 만족도 및 충성도 같은 변수를 추적할 수 있는 새로운 성과 측정 방법을 채택해야 한다는 점을 강조한다. 연결고리 3은 서비스 개념이 창출하는 고객 가치에 집중하고 서비스 품질과 생산성을 지속적으로 향상하기 위한 투자의 필요성을 강조한다.

또 다른 서비스 리더십 행동(연결고리 4~7)은 직원과 관련된 것으로, 최전선에 대한 조직의 집중을 포함한다. 직무를 설계할 때 직원에게 더 많은 자유를 제공하고, 잠재력을 가진 관리자를 개발해야 한다. 이 범주 또한 더 높은 임금을 지급하면 이직률이 감소하여 인건비를 절감하고 생산성과 품질을 높일 수 있다는 점을 강조한다. 이 사슬의 성공(연결고리 8)의 근간에는 최고경영진의 리더십이 있다. 서비스-수익 사슬은 이 책의 중요한 기본 철학이며, 핵심 장에서는 이를 성공적으로 구현하는 방법을 설명한다.

학습목표 12
효과적인 서비스 마케팅 전략 개발을 위한 5가지 프레임워크를 파악한다.

효과적인 서비스 마케팅 전략 개발을 위한 프레임워크

7P와 서비스-수익 사슬은 이 책의 보다 넓은 조직 프레임워크에 통합되어 있다. 그림 1.27은 ① 서비스 시장, 상품 및 고객 이해, ② 마케팅 4P의 서비스 적용, ③ 고객 접점 관리(즉 서비스 마케팅의 추가 3P), ④ 고객 관계 개발, ⑤ 서비스 우수성을 위한 노력의 다섯 부분으로 구분되는 이 구성 프레임워크를 제시한다. 이 모델에서 서로 다른 상자는 화살표로 연결되어 있으며, 이는 각 부분 간의 상호 의존성을 강조한다. 한 영역에서 내린 결정은 다른 영역에서 내린 결정과 일관성이 있어야 각 전략 요소가 나머지 요소를 상호 강화할 수 있다.

이 책은 5부로 구성되어 있으며, 주요 내용은 다음과 같다.

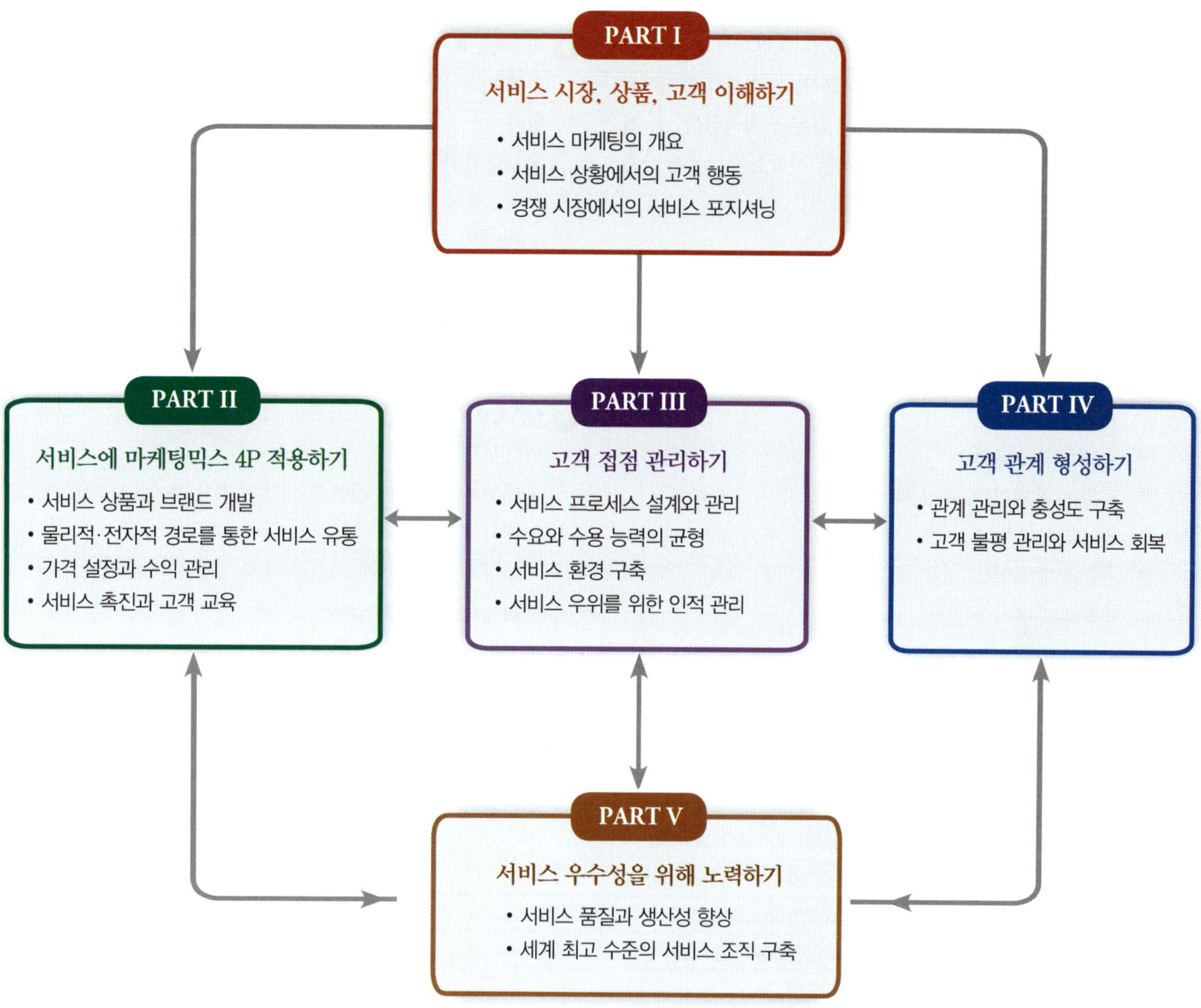

그림 1.27 서비스 마케팅의 통합 모델

요약

학습목표 1 서비스는 전 세계 대부분의 경제에 막대한 영향을 미치고 점점 더 많이 기여하고 있다. 경제가 발전함에 따라 서비스는 GDP에서 가장 큰 부분을 차지한다. 전 세계적으로 대부분의 새로운 일자리는 서비스 부문에서 창출된다.

학습목표 2 서비스 부문의 주요 산업은 다음과 같다(GDP 기여도 순서).

- 부동산 서비스
- 비즈니스 및 전문 서비스
- 정부 서비스
- 도매 및 소매업
- 운송, 유틸리티, 통신 서비스
- 의료 서비스
- 금융 및 보험
- 숙박 및 음식 서비스
- 예술, 오락, 레크리에이션 서비스

학습목표 3 많은 힘이 경제를 변화시켜 서비스 지향적으로 만들고 있다. 여기에는 정부 정책, 사회 변화, 비즈니스 트렌드, 정보기술의 발전, 글로벌화(세계화) 등이 포함된다.

학습목표 4 비즈니스 서비스를 통해 제조회사 및 기타 서비스 조직은 비핵심 활동, 프로세스, 자산을 아웃소싱할 수 있다. 여기에는 다음과 같은 이점이 있다.

- 규모와 범위의 경제성, 고품질 및 생산성 수준 향상
- 엄격한 비용 및 품질 관리(많은 곳에서 성능을 벤치마킹할 수 있음)
- 프로세스 개선 및 R&D 적용

비즈니스 서비스의 급속한 성장은 선진국 경제의 전문화 증가로 이어져 전반적인 생산성과 생활 수준이 크게 향상되었다.

학습목표 5 서비스란 정확히 무엇인가? 서비스의 가장 큰 특징은 소유가 아닌 대여의 형태라는 점이다. 서비스 고객은 인력의 노동력, 기술, 전문성을 고용하거나, 물리적 물건이나 공간을 사용하거나, 공유 시설, 네트워크, 시스템에 접근할 수 있는 권리를 얻는다. 서비스는 고객이 원하는 결과 또는 경험을 가져다주는 행위(performance)이다.

학습목표 6 서비스는 매우 다양하고 기본 프로세스의 특성에 따라 분류할 수 있으며, 크게 4가지 범주로 분류할 수 있다.

- 사람에 대한 처리
- 소유물에 대한 처리
- 정신 자극에 대한 처리
- 정보에 대한 처리

정신 자극과 정보 처리를 통칭하여 정보 기반 서비스라고 할 수 있다.

학습목표 7 서비스는 제품과 다른 고유한 특성을 가지고 있다.

- 대부분의 서비스 상품은 재고 관리가 불가능하다(즉 부패하기 쉽다).
- 무형적 요소가 일반적으로 가치 창출을 지배한다(즉 물리적으로 무형적이다).
- 서비스는 종종 시각화 및 이해가 어려운 경우가 많다(즉 정신적으로 무형이다).
- 고객이 공동 생산에 참여할 수 있다(즉 사람이 처리하는 경우 서비스는 분리할 수 없다).
- 사람이 서비스 경험의 일부가 될 수 있다.
- 운영상의 투입 및 산출은 폭넓게 변화하는(달라지는) 경향이 있다(즉 이질적이다).
- 시간 요소가 매우 중요하게 작용하는 경우가 많다.
- 비물리적 경로를 통해 유통이 이루어질 수 있다.

학습목표 8 서비스의 고유한 특성으로 인해 4P의 전통적인 마케팅 믹스를 수정할 필요가 있다. 몇 가지 중요한 수정사항은 다음과 같다.

- **제품**(Product) 요소에는 핵심 요소뿐만 아니라 상담이나 환대 제공 또는 예외 처리와 같은 부가적인 서비스 요소도 포함된다.
- **장소 및 시간**(Place and time) 요소는 고객에게 상품 요소를 전달하는 것을 의미한다.
- **가격**(Pricing)에는 고객의 비금전적 비용과 수익 관리 고려사항이 포함된다.
- **프로모션**(Promotion)은 광고 및 판촉에만 초점을 맞추는 것이 아니라 고객에게 서비스 프로세스를 안내하는 커뮤니케이션 및 교육의 한 형태로도 간주된다.

학습목표 9 서비스 마케팅에는 고객 접점 관리를 포함하는 추가적인 3P가 필요하다.

- 프로세스(Process)는 수요 및 수용 능력 관리, 고객 대기 시간 관리를 포함한 고객 서비스 프로세스의 설계 및 관리를 의미한다.
- 물리적 환경(Physical environment, 서비스케이프)은 프로세스 제공을 수월하게 하고 기업의 이미지와 서비스 품질에 대한 가시적인 증거를 제공한다.
- 사람(People)은 서비스 품질과 생산성을 제공하기 위한 서비스 직원의 채용, 교육, 동기 부여를 다룬다.

학습목표 10 성공하려면 마케팅, 운영, 인적자원 및 정보기술(IT) 관리 기능이 긴밀하게 통합되어야 한다. 통합은 다양한 기능의 주요 결과물과 목표가 호환될 뿐만 아니라 상호 강화된다는 것을 의미한다.

학습목표 11 서비스-수익 사슬은 성공적인 서비스 기업이 어떻게 주요 관리 기능을 통합하고 여러 관련 영역에서 고품질의 성과를 제공하는지 보여준다.

- 고객 관계를 효과적으로 관리해야 하며, 충성도를 구축하고 유지하기 위한 전략이 있어야 한다.
- 표적 시장 고객이 자사의 서비스를 경쟁사보다 우수하게 인식하도록 가치를 창출하고 전달해야 한다.
- 서비스 품질과 생산성은 더 나은 프로세스, 시스템 및 도구, 정보기술을 통해 지속적으로 개선되어야 한다.
- 서비스 직원의 역량을 강화하고 동기를 부여해야 한다.
- 최고경영진의 리더십은 서비스-수익 사슬의 모든 구성 요소를 주도하고 지원해야 한다.

학습목표 12 서비스 마케팅 전략을 위한 프레임워크는 이 책의 기본 구조를 형성한다. 이 프레임워크는 다음과 같이 서로 연결된 다섯 부분으로 구성되어 있다.

- 제1부에서는 서비스 기업이 시장, 고객, 경쟁을 이해해야 하는 이유를 알아본다.
- 제2부에서는 전통적인 4P를 서비스 마케팅에 적용하는 방법을 보여준다.
- 제3부에서는 확장된 서비스 마케팅 믹스의 3P를 다루고 고객 접점(인터페이스)을 관리하는 방법을 이해한다.
- 제4부에서는 충성도 바퀴(The Wheel of Loyalty)와 고객 관계 관리(CRM)부터 효과적인 불평 관리 및 서비스 보증에 이르기까지 다양한 도구를 통해 지속적인 고객 관계를 발전시키는 방법을 설명한다.
- 제5부에서는 서비스 품질과 생산성을 개선하는 방법에 대해 설명한다. 마지막으로 변화 관리와 리더십을 통해 기업이 서비스 리더로 도약할 수 있는 방법에 대해 논의한다.

학습 키워드

학습목표 1
- 지식 기반 산업
- 서비스 부문
- 서비스 중심 경제

학습목표 2
- 서비스 산업의 원칙
- GDP 기여도

학습목표 3
- 기술
- 비즈니스 트렌드
- 글로벌화(세계화)
- 정부 정책
- 사회 변화

학습목표 4
- 비즈니스 서비스
- 비핵심 활동
- 관리 초점
- 규모의 경제
- 비용 및 품질 관리
- 프로세스 개선 및 R&D
- 선진국형 전문화

학습목표 5
- 행위
- 행동
- 경제 활동
- 노력
- 비소유
- 성과
- 대여

학습목표 6
- '재고화'
- 정보 처리
- 정보 기반 서비스
- 무형적 행위
- 정신 자극에 대한 처리
- 사람에 대한 처리
- 소유물에 대한 처리
- 유형적 행동

학습목표 7
- 이질성
- 비분리성
- 무형성
- 무형적 특성 우위
- 소멸성
- 유형적 특성 우위

학습목표 8
- 7P
- 핵심 상품
- 장소 및 시간
- 가격
- 상품 요소
- 프로모션 및 교육
- 서비스 상품
- 사용자 지출

학습목표 9
- '서비스케이프'
- 수용 능력
- 공동 생산
- 수요
- 운영 투입
- 인력
- 물리적 환경
- 프로세스

학습목표 10
- 마케팅 기능
- 운영 기능
- 인적자원 기능
- 정보기술
- 기능 간 통합

학습목표 11
- 고객 충성도
- 고객 만족도
- 생산적인 직원
- 수익성
- 서비스-수익 사슬
- 주주 가치
- 최고경영진 리더십

학습목표 12
- 서비스 마케팅의 통합 모델

서비스 마케팅 용어를 얼마나 잘 알고 있나요? 퀴즈를 풀어보세요!

본문을 참조하지 않고도 기억할 수 있는 각 키워드에 대해 1점을 매기고 점수를 합산하여 서비스 마케터라고 불릴 자격을 갖추었는지 확인하세요.

점수

01~12 서비스 마케팅이 여러분에게 해악을 끼치나요?
13~24 밤늦도록 공부가 필요합니다.
25~36 학기 내내 여러분이 무엇을 하지 않았는지 알고 있습니다.
37~48 거의 도달하려고 합니다.
49~60 바로 마케터로 출발하세요.
61~73 여러분의 이름을 딴 마케팅 콘셉트가 나와야 합니다.

서비스 마케팅 연습문제

1. 전 세계 주요 경제에서 서비스 부문의 비중이 증가하는 주된 이유는 무엇인가?
2. 서비스 환경을 변화시키는 5가지 강력한 힘은 무엇이며, 서비스 경제에 어떤 영향을 미치는가?
3. 비즈니스 서비스의 성장이 개별 기업과 전체 경제의 생산성 향상에 도움이 되는 이유는 무엇인가?
4. "서비스는 소유하는 것이 아니라 임대하는 것이다"라는 말은 무슨 뜻인가? 이 진술이 무엇을 의미하는지 설명하고, 예를 들어 설명을 뒷받침하라.
5. 서비스의 4가지 광범위한 '처리' 범주를 설명하고, 각각에 대한 예를 제시하라.
6. 서비스 마케팅에 특별한 접근법이 필요한 이유는 무엇인가?
7. "4P가 바로 마케팅 관리자가 서비스 비즈니스의 마케팅 전략을 수립하는 데 필요한 모든 것이다"라는 진술에 반대하는 주장을 준비하고, 예를 들어 이를 뒷받침하라.
8. 서비스 조직에서 마케팅, 운영, 인적자원 관리, 정보기술 기능이 긴밀하게 조율되어야 하는 이유는 무엇인가?
9. 서비스 관리에서 서비스-수익 사슬의 의미는 무엇인가?
10. 효과적인 서비스 마케팅 전략을 개발하기 위한 프레임워크의 핵심 요소는 무엇인가?

서비스 마케팅 응용문제

1. 다음 국가 통계청 웹사이트를 방문하라. 미국 경제분석국(www.bea.gov), 유로스타트(ec.europa.eu/eurostat), 그리고 여기에 언급되지 않은 경우 해당 국가의 해당 웹사이트를 방문하라. 각각의 경우 (a) GDP 대비 서비스 비율, (b) 서비스가 차지하는 고용 비율, (c) 이러한 두 통계를 산업 유형별로 분류하고, (d) 서비스 수출이 수입을 확대하는 최신 동향에 대한 데이터를 구하라. 이러한 추세를 살펴볼 때 이들 경제의 주요 부문과 특정 서비스 부문에 대한 결론은 무엇인가?
2. 인공지능, 애널리틱스, 로봇공학, 앱, 모바일 기술(예: 모바일커머스 및 앱)이 당신이 사용하는 서비스 중 일부를 어떻게 변화시켰는지 예를 들어 설명하라.
3. 잘 알고 있는 서비스 회사를 선택하여 그 회사의 서비스 상품 중 하나에 서비스 마케팅 믹스 7P가 각각 어떻게 적용되는지 설명하라.
4. 1장의 개념이 종교 기관이나 세계자연기금(World Wildlife Fund)과 같은 비영리 단체의 마케팅과 어떻게 관련되는지 설명하라.

미주

1. Jochen Wirtz, Paul Patterson, Werner Kunz, Thorsten Gruber, Vinh Nhat Lu, Stefanie Paluch, and Antje Martins, "Brave New World: Service Robots in the Frontline," *Journal of Service Management* 29(5) (2018): 907–931; and Jochen Wirtz and Valarie Zeithaml, "Cost-Effective Service Excellence," Journal of the Academy of Marketing Science 46(1) (2018): 59–80.
2. Roland T. Rust and Ming-Hui Huang, "The Service Revolution and the Transformation of Marketing Science," Marketing Science 33(2) (2014): 206–221; and Ming-Hui Huang and Roland T. Rust, "Artificial Intelligence in Service," *Journal of Service Research* 21(2) (2018): 155–72.
3. This section is based on Jochen Wirtz and Michael Ehret, "Service-Based Business Models: Transforming Businesses, Industries and Economies," in Raymond P. Fisk, Rebekah Russell-Bennett, and Lloyd C. Harris (eds.), *Serving Customers: Global Services Marketing Perspectives* (Melbourne: Tilde University Press, 2013), pp. 28–46. For firms' motivation to use non-ownership services, see also Kristina Wittkowski, Sabine Möller, and Jochen Wirtz, "Firms' Intentions to Use Non-Ownership Services," *Journal of Service Research* 16(2) (2013): 171–85.
4. Lesley Brown (ed.), *Shorter Oxford English Dictionary*, 5th edition (2002).
5. John M. Rathmell, "What Is Meant by Services?," *Journal of Marketing* 30 (October 1966): 32–36.
6. Evert Gummeson (citing an unknown source), in "Lip Service: A Neglected Area in Services Marketing," *Journal of Consumer Services* 1 (Summer 1987): 19–22.
7. Christopher H. Lovelock and Evert Gummesson, "Whither Services Marketing? In Search of a New Paradigm and Fresh Perspectives," *Journal of Service Research* 7 (August 2004): 20–41.
8. Adapted from a definition by Christopher Lovelock (identified anonymously as Expert 6, Table II, p. 112) in Bo Edvardsson, Anders Gustafsson, and Inger Roos, "Service Portraits in Service Research: A Critical Review," *International Journal of Service Industry Management* 16(1) (2005): 107–21.
9. Wolfgang Ulaga and Werner J. Reinartz, "Hybrid Offerings: How Manufacturing Firms Combine Goods and Services Successfully," *Journal of Marketing* 75(6) (2011): 5–23; Bernhard Dachs, Sabiene Biege, Martin Borowiecki, Gunter Lay, Angela Jäger, and Doris Schartinger, "Servitisation of European Manufacturing: Evidence from a Large Scale Database," *The Service Industries Journal* 34(1)(2014): 5–23; Andreas Eggert, Jens Hogreve, Wolfgang Ulaga, and Eva Muenkhoff, "Revenue and Profit Implications of Industrial Service Strategies," *Journal of Service Research* 17(1) (2014): 23–39; and Brett W. Josephson, Jean L. Johnson, Babu John Mariadoss, and John Cullen, "Service Transition Strategies in Manufacturing: Implications for Firm Risk," *Journal of Service Research* 19(2) (2016): 142–157.
10. From Theodore Levitt, *Marketing for Business Growth* (McGraw-Hill, 1974).
11. Stephen L. Vargo and Robert R. Lusch, "Evolving to a New Dominant Logic for Marketing," *Journal of Marketing* 68(1) (2004): 1–17; Stephen L. Vargo and Robert R. Lusch, "Service-Dominant Logic: Continuing the Evolution," *Journal of the Academy of Marketing Science* 36(1) (2008): 1–10.
12. These classifications are derived from Christopher H. Lovelock, "Classifying Services to Gain Strategic Marketing Insights," *Journal of Marketing* 47 (Summer 1983): 9–20.
13. Valarie A. Zeithaml, A. Parasuraman, and Leonard L. Berry, "Problems and Strategies in Services Marketing," *Journal of Marketing* 49 (Spring 1985): 33–46.
14. G. Lynn Shostack, "Breaking Free from Product Marketing," *Journal of Marketing* 41 (April 1977): 73–80.
15. An expanded 7 Ps marketing mix was first proposed by Bernard H. Booms and Mary J. Bitner, "Marketing Strategies and Organization Structures for Service Firms," in J.H. Donnelly and W.-R. George (eds.), *Marketing of Services* (Chicago: American Marketing Association, 1981), pp. 47–51.
16. From Gary Knisely, "Greater Marketing Emphasis by Holiday Inns Breaks Mold," *Advertising Age* (January 15, 1979).
17. The term "servicescape" was coined by Mary Jo Bitner, "Servicescapes: The Impact of Physical Surroundings on Customers and Employees," *Journal of Marketing* 56 (April 1992): 57–71.
18. From J. L. Heskett, T. O. Jones, G. W. Loveman, W. E. Sasser Jr., and L. A. Schlesinger, "Putting the Service-Profit Chain to Work," (Harvard Business School 1994).

A meta-analysis of 576 independent datasets confirmed all core relationships of the service-profit chain (SPC). However, additional important direct effects and moderators were found. For example, internal service quality not only has direct effects on employee satisfaction but also direct positive effects on employee productivity, external service quality, and firm profitability. Furthermore, customer responses do not only depend on external service quality. Rather, customer responses are also directly determined by employee satisfaction and employee productivity. See the full study with its extensive online appendices for details: Jens Hogreve, Anja Iseke, Klaus Derfuss, and Tönnjes Eller, "The Service-Profit Chain: A Meta-Analytic Test of a Comprehensive Theoretical Framework," *Journal of Marketing* 81(3) (2017): 41–61.

CHAPTER 2

서비스 상황에서의 고객 행동

학습목표

01 서비스 소비의 3단계 모델을 이해한다.

02 고객이 어떻게 서비스 대안을 평가하고 선택하는지 이해하기 위해 다속성 모델을 사용한다.

03 고객이 서비스를 평가할 때, 특히 많은 경험과 신용 속성을 가진 서비스를 평가하는 데 어려움을 겪는 이유를 알아본다.

04 서비스를 구매할 때 고객이 직면하는 지각된 위험과 이를 감소시킬 수 있는 기업의 전략에 대해 학습한다.

05 고객은 어떻게 기대를 형성하며, 그 기대를 구성하는 요소가 무엇인지 이해한다.

06 서비스 과정에서 '진실의 순간'의 의미를 이해한다.

07 고객이 어떻게 고접촉 서비스와 저접촉 서비스를 경험하고 평가하는지에 대한 차이점을 알아본다.

08 서비스 생산 모델을 학습하고, 서비스 경험을 창출하는 상호작용을 학습한다.

09 연극 무대 장면으로 연출된 서비스 대면 과정을 관찰한 후 느끼는 통찰을 토론한다.

10 역할 이론, 대본 이론, 지각된 통제 이론으로 서비스 대면 과정을 어떻게 설명할 수 있는지 학습한다.

11 고객이 서비스를 어떻게 평가하고, 고객 만족에 영향을 미치는 요인은 무엇인지 설명한다.

12 서비스 품질, 서비스 차원, 서비스 측정을 이해하고, 서비스 품질이 고객 충성도와 어떤 관련이 있는지 이해한다.

13 고객 충성도가 우수한 서비스 경험의 중요한 결과인 이유를 알아본다.

그림 2.1 뉴욕대학교는 수전 먼로와 같은 학생에게 더 밝은 미래로 향하는 관문이다.

Tonobalaguer/123RF

도입 사례

서비스 고객 수전 먼로[1]

경영학과 4학년에 재학 중인 수전 먼로는 아침식사를 하고 날씨를 확인하기 위해 인터넷에 접속했다. 비가 내릴 것이라는 일기예보를 듣고 아파트를 나서기 전에 우산을 챙겼다. 버스 정류장으로 가는 길에 우체통에 편지 한 통을 넣었다. 버스는 정시에 도착했다. 버스 운전기사는 통학카드를 보이는 그녀를 알아보며 상쾌한 인사를 건넸다.

목적지에 이르자 수전은 버스에서 내려 경영대까지 걸어갔다. 다른 학생들 무리에 끼어 그녀는 마케팅 수업이 있는 대형 강의실에 자리를 잡았다. 수전은 수업시간 중 토론에 참여했으며, 다른 학생들의 분석이나 의견을 통해 많은 것을 배웠다고 느꼈다.

수업이 끝난 후 수전과 그녀의 친구들은 최근 리모델링한 학생회관에서 점심식사를 했다. 학생회관에는 작은 점포들이 모여 있는 밝고 다채롭게 장식된 푸드코트가 있었는데, 다양한 음식을 제공하는 브랜드 패스트푸드 체인과 현지 공급업체가 입점되어 있다. 수전은 샌드위치를 먹고 싶었지만 서브웨이(Subway) 매장의 줄은 너무 길었다. 그래서 그녀는 친구들과 버거킹(Burger King)에 합류하여 가까운 자바 커피(Java Coffee)에서 카페라테를 마음껏 즐겼다. 비 때문인지 푸드코트는 유난히 사람들로 붐볐다. 마침내 수전과 친구들은 겨우 빈 테이블을 찾았는데, 더러운 쟁반들을 치워야 했다. 수전의 친구 마크는 앞서 테이블에 앉았던 사람들을 '게으름뱅이들!'이라고 비난했다.

점심식사 후 수전은 현금인출기에 들러 카드를 넣고 돈을 찾았다. 그녀는 이번 주말에 구직 면접이 있다는 사실을 기억하고는 미용실에 전화를 걸어 예약할 수 있었다. 그녀가 학생회관을 떠날 즈음이 되자 비가 그치고 해가 나고 있었다.

수전은 미용실에 가는 것을 손꼽아 기다렸다. 밝은 분위기와 최신 유행하는 인테리어로 꾸며진 미용실에는 친절한 미용사들이 근무하고 있었다. 안타깝게도 미용사가 늦어지는 바람에 수전은 20분을 기다려야 했다. 수전은 그 20분 동안 인사관리 강의를 복습했다.

마침내 샴푸를 하고, 미용사는 그녀의 생각과는 약간 다른 머리 스타일을 제안했다. 수전은 그 의견에 동의했지만, 한 번도 해본 적이 없고 또 어떻게 보일지 모르는 밝은 색으로 염색하라는 의견은 거부했다. 특히 구직 면접을 바로 앞두고 있는 터라 모험을 하고 싶지 않았다. 그녀는 얌전히 앉아 거울로 진행되는 상황을 지켜보았다. 미용사가 머리 손질을 위해 고개를 돌리라고 요청하자 시키는 대로 했다. 수전은 결과에 만족했고, 미용사에게 칭찬을 아끼지 않았다. 미용사에게 팁을 주고, 계산대에서 계산했다.

수전은 집으로 가는 길에 이전에 맡긴 옷을 찾으려 세탁소에 들렀다. 세탁소는 약간 어두웠고 세제 냄새가 났으며, 벽은 다시 칠을 해야 할 것처럼 보였다. 실크 블라우스는 약속대로 세탁이 완료됐지만 면접에 입고 갈 정장은 아직 준비가 덜되어서 짜증이 났다. 더러운 손톱의 세탁 보조원이 솔직하지 못한 어조로 중얼거리듯 사과했다. 세탁소는 편리하고 세탁도 잘되는 편이었지만 수전은 직원들이 불친절하고 도움이 되지 않는다고 생각했으며 서비스가 불만족스러웠다. 그러나 주변에 다른 세탁소가 없었으므로 수전은 그 세탁소를 이용할 수밖에 없었다.

수전은 아파트로 돌아와서 로비에 있는 우편함을 열고 보험회사에서 보낸 청구서를 확인했다. 그녀의 마스터카드(MasterCard) 계좌에서 보험회사가 청구한 결제금액이 자동으로 공제된 것을 확인하고 별도의 조치를 하지 않았다. 그녀는 다른 광고 우편물을 버리려다가 근처에 새롭게 문을 연 세탁소를 홍보하는 전단지와 할인쿠폰을 발견했다. 그녀는 새로운 세탁소를 이용하기로 결정하고 쿠폰을 보관했다.

서비스 고객으로서 수전의 하루에 대한 이 이야기는 서비스 관련 고객 행동의 개념과 이론을 설명하기 위해 이 장 전체에서 걸쳐 설명할 수 있다.

Christo\Shutterstock

그림 2.2 수전은 밖에서 수많은 서비스를 접하는 고객일 뿐이다.

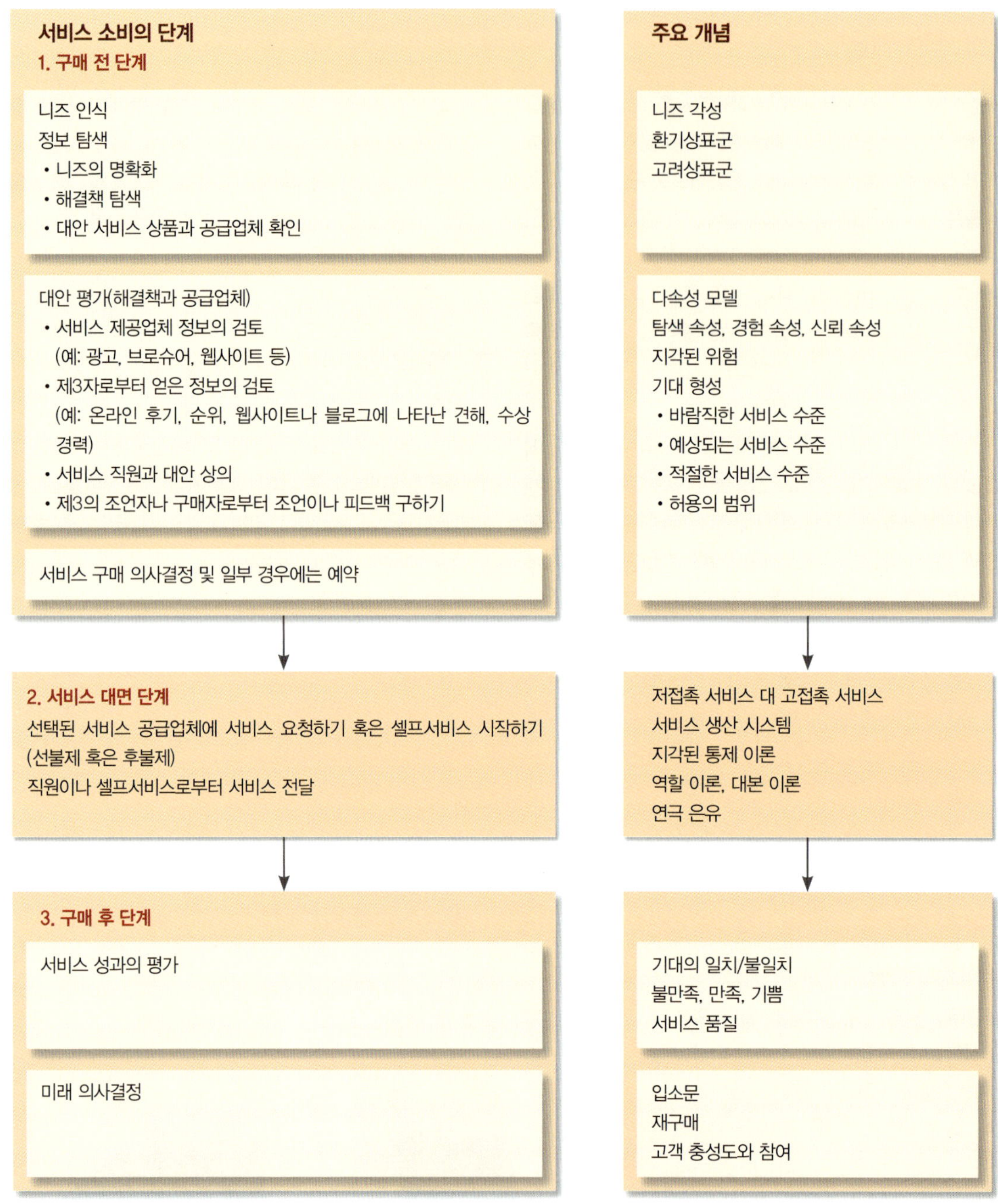

그림 2.3 서비스 소비의 3단계 모델

서비스 소비의 3단계 모델

▶ **학습목표 1**
서비스 소비의 3단계 모델을 이해한다.

수전 먼로의 이야기는 다양한 상황과 단계에서의 고객 행동을 보여준다. 마케팅에서는 고객이 왜 그런 방식으로 행동하는지를 이해하는 것이 중요하다. 서비스의 구매와 사용에서 고객은 어떻게 의사결정을 하는가? 상품을 소비하고 난 후 만족에 영향을 주는 요인은 무엇인가? 이러한 이해가 없다면 어떠한 기업도 고객을 만족시키는 서비스를 창출하고 전달할 수 없다.

서비스 소비는 구매 전 단계, 서비스 대면 단계, 구매 후 단계의 3단계로 나눌 수 있다. 그림 2.3은 각 단계가 다시 여러 단계로 나누어져 있음을 보여준다. 구매 전 단계에는 니즈 인식, 정보 탐색, 대안 평가, 서비스 구매 의사결정 단계가 있다. 다음으로 서비스 대면 단계는 고객이 서비스를 시작하고 경험하며 소비하는 단계이다. 마지막으로 구매 후 단계는 서비스 성과를 평가하는데, 이는 동일 기업 서비스에 대한 재구매와 친구에게 추천 같은 미래 의사결정에 영향을 미친다. 이 장은 서비스 소비의 3단계와 관련된 핵심 개념을 중심으로 구성되어 있다.

구매 전 단계

구매 전 단계는 **니즈 인식**으로 시작하여 정보를 탐색하고, 대안을 평가하며, 특정 서비스의 구매 여부를 결정하는 과정으로 끝난다.

니즈 인식

개인이나 조직의 서비스 구매나 사용은 잠재되어 있는 니즈나 **니즈 각성**으로 촉발된다. 니즈 인식은 의사결정에 도달하기 전에 정보 탐색과 대안 평가 과정으로 이어진다. 니즈 인식은 다음과 같은 요인에 의해 발생한다.

- 사람들의 무의식(예: 개인의 정체성과 열망)
- 신체적 상태(예: 배고픔이 결국 수전 먼로를 버거킹으로 이끈 것)
- 외부적 요소(예: 소셜 미디어와 기업의 마케팅 활동)

예를 들어, 헤어 스타일링에 대한 필요성은 수전 먼로가 주말에 구직 면접이 있다는 것을 기억했을 때 촉발되었다. 그녀는 면접에 최선을 다하고 싶었기 때문이다. 이와 같이 필요와 니즈는 지속적으로 발전한다. 한 가지 예는 패러글라이딩 같은 익스트림 스포츠를 포함하여 새롭고 혁신적인 서비스 경험에 대한 수요가 증가한다는 것이다(그림 2.4 참조).

Mikadun/Shutterstock

그림 2.4 패러글라이딩과 같은 여가활동이 대중화되면서 이러한 익스트림 스포츠를 제공하는 서비스 기업이 증가하고 있다.

정보 탐색

니즈나 문제가 인식되면 고객은 니즈를 만족시키는 해결책을 찾으려고 한다. 이때 고객의 머릿속에는 몇 가지 의사결정을 위한 대안이 떠오르는데, 이는 **환기상표군**(evoked set)을 형성한다. 이러한 환기상표군은 과거의 경험이나 소셜 미디어, 온라인 후기 및 검색, 광고, 매장 진열, 뉴스 이야기, 서비스 제공 직원, 친구 및 가족의 추천 같은 외부 정보원으로부터 나올 수 있다. 그러나 고객은 의사결정을 위해 환기상표군에 있는 모든 대안을 사용하지는 않는다. 대신 고객은 환기상표군을 진지하게 고려하는 소수의 대안으로 좁히는데, 이 대안들의 집합을 바로 **고려상표군**(consideration set)이라고 한다. 예를 들어 수전에게 간단한 점심식사에 대한 고려상표군은 샌드위치 가게와 버거킹이었다. 검색 과정에서 고객은 고려해야 할 서비스 속성에 대해 학습하게 되고, 고려상표군에 있는 서비스 기업이 그러한 속성을 어떻게 구현할지 기대한다(그림 2.4 참조).

서비스 대안의 평가

고려상표군과 속성을 이해하면 고객은 일반적으로 구매 의사결정을 한다. 마케팅에서는 종종 다속성 모델(multi-attribute model)을 이용하여 고객의 의사결정을 확인해볼 수 있다.

학습목표 2

고객이 어떻게 서비스 대안을 평가하고 선택하는지 이해하기 위해 다속성 모델을 사용한다.

다속성 모델

이 모델은 고객이 자신의 고려상표군에서 대안을 평가하고 비교하는 데 사용하는 중요한 상품 속성을 보여준다. 각 속성은 중요도 가중치를 가지고 있다. 높은 가중치를 가진 속성이 더 중요하다는 것을 의미한다. 예를 들어, 수전이 고려상표군에서 세탁소에 대한 3개의 대안을 가지고 있다고 가정하자. 표 2.1은 대안과 그들을 비교하는 데 사용하는 속성이다. 표에 따르면 세탁의 질이 수전에게 가장 중요하며, 위치의 편리성, 그다음이 가격이다. 수전의 의사결정은 매우 단순한 선형적 보상규칙(linear compensatory rule)이나 좀 복잡하지만 더욱 현실적인 결합규칙(conjunctive rule)에 따라 이루어질 것이다. 동일한 정보로 다른 의사결정 규

표 2.1 고객의 선택 모델: 수전 먼로의 세탁소 선택 다속성 모델

	현재 세탁소	캠퍼스의 세탁소	새로운 세탁소	중요도
세탁의 질	9	10	10	30%
위치의 편리성	10	8	9	25%
가격	8	10	8	20%
영업시작 시간	6	10	9	10%
정시 배달의 신뢰성	2	9	9	5%
직원의 친절성	2	8	8	5%
매장 디자인	2	7	8	5%
총점	**7.7**	**9.2**	**9.0**	**100%**

칙을 사용하면 다른 대안을 선택할 수 있다. 그러므로 기업은 신중한 시장 조사를 통해 표적 고객이 어떤 규칙을 사용하는지 이해해야 한다.

선형적 보상규칙을 사용하는 경우 수전은 1부터 10까지 범위의 점수로 각 세탁소의 총점을 머릿속으로 계산한다. 이 점수는 세탁소의 속성 점수에 각 속성의 중요도를 곱하고, 곱해진 점수를 더해서 얻는다. 예를 들어, 현재 세탁소의 점수는 세탁의 질에 대해 9 × 30%, 위치의 편리성에 대해 10 × 25%, 가격에 대해 8 × 20% 등의 점수를 얻는다. 3개의 모든 대안을 이러한 방법으로 계산하면 현재 세탁소의 점수는 7.7점, 캠퍼스의 세탁소는 9.2점, 새로운 세탁소는 9.0점이다. 따라서 선택은 캠퍼스의 세탁소가 될 것이다.

결합규칙을 사용하는 경우 하나 이상의 속성에 대한 최소 성과 수준을 결합한 총점에 기초하여 결정한다. 예를 들어 수전이 멀리 있는 세탁소에 가고 싶지 않다면 위치의 편리성에 최소 9점을 받은 세탁소를 고려할 것이다. 이 경우 현재 세탁소와 새로운 세탁소 중에서 고민할 것이며, 두 곳 중에 총점이 더 높은 새로운 세탁소를 선택할 것이다. 결합규칙을 따를 때 모든 기준을 충족하는 대안이 없을 경우 수전은 선택을 연기하거나 결정규칙을 변경하거나 혹은 기준을 수정할 수 있다.

서비스 제공업체는 선택될 가능성을 높이기 위해 표적 고객의 의사결정 과정에 영향을 미치려 노력할 수 있다.

- 기업은 자사의 서비스를 고려상표군에 포함되도록 노력해야 한다. 고려되지 않는 상표군은 선택되지 않기 때문이다. 이는 광고나 입소문 마케팅을 통해 가능하다(7장 참조).
- 기업은 고객의 인식을 변화시키거나 교정할 수 있다. 예를 들어, 고객은 개인 맞춤형 진료와 특별 진료에 탁월한 전문성을 가진 병원에 대해 모를 수 있다. 이러한 경우 병원은 고객의 인식을 변화시키기 위한 커뮤니케이션에 초점을 맞춰야 한다.
- 기업은 자사의 우수한 속성의 가중치를 높이고, 약한 속성을 덜 강조하는 메시지를 전달하여 기업의 중요도를 변화시킬 수 있다.
- 렌터카 회사 허츠(Hertz)가 친환경 자동차를 광고한 것처럼 기업은 새로운 속성을 도입할 수 있다. 환경을 생각하는 고객은 렌터카 회사를 선택할 때 환경적인 측면을 고려할 것이다.

서비스 속성

학습목표 3
고객이 서비스를 평가할 때, 특히 많은 경험과 신용 속성을 가진 서비스를 평가하는 데 어려움을 겪는 이유를 알아본다.

다속성 모델은 고객이 구매 전에 모든 속성을 평가할 수 있다고 가정한다. 그러나 종종 이렇게 할 수 없는 경우가 있다. 어떤 속성은 다른 속성보다 평가하기 어렵기 때문이다. 속성에는 3가지 유형이 있으며, 다음과 같다.[2]

- **탐색 속성**(search attribute)은 고객이 구매 전에 평가할 수 있는 유형적 속성이다. 예를 들어 식당의 탐색 속성에는 음식의 종류, 식당의 위치와 유형, 가격 등이 있다. 이러한 유형의 탐색 속성은 고객이 서비스를 더 잘 이해하고, 평가하며, 구매와 관련된 불확실성과 위험을 줄이는 데 도움이 된다.
- **경험 속성**(experience attribute)은 구매 전까지는 평가될 수 없는 속성이다. 신뢰성,

Natalia Bratslavsky/Shutterstock

그림 2.5 캐나다 요호 국립공원에 있는 에메랄드 호수에서 카누를 타는 관광객

이용 편리성, 고객 지원과 같은 속성을 평가하려면 고객은 서비스를 반드시 '경험'해야 한다. 예를 들어, 음식, 웨이터가 제공하는 서비스, 식당 분위기는 실제로 서비스를 이용하기 전까지는 정확히 알 수 없다.

휴가(그림 2.5), 라이브 공연, 심지어 많은 의료 절차는 경험 속성이 높다. 휴양지를 소개하는 웹사이트를 탐색하고, 여행 전문가나 과거 경험자의 후기를 읽어보고, 가족이나 친구들의 경험에 귀를 기울일 수 있지만, 이를 테면 캐나다 로키산맥에서 하이킹하거나 카리브해에서 스노클링을 직접 경험해보지 않고는 하이킹이나 이러한 활동과 관련된 극적인 아름다움을 실제로 평가하거나 느낄 수는 없다. 마지막으로 후기 및 추천은 모든 상황별 상황을 설명할 수 없다. 예를 들어, 훌륭한 요리사가 휴가 중이거나 옆 테이블에서 떠들썩한 생일파티가 열린다면 레스토랑에서 촛불을 켜고 낭만적인 저녁식사를 할 수 없다.

- **신뢰 속성**(credence attribute)은 고객이 서비스를 경험하고 나서도 평가하기 어려운 속성이다. 고객은 특정 과업이 약속된 품질 이상으로 수행되었다고 믿을 수밖에 없다. 신뢰 속성은 주방의 위생 상태와 재료의 신선도를 포함한다(예: "요리할 때 정말로 더 비싼 올리브 오일을 사용하는가?").

고객이 자동차의 수리 및 유지보수의 품질을 판단하는 것은 쉽지 않으며, 환자는 일반적으로 치과의사가 복잡한 치료 과정을 잘 수행했는지 평가할 수 없다. 상담, 수술, 법률 자문 등 전문 서비스의 구매를 생각해보면 고객은 해당 분야의 지식이 부족하기 때문에 전문 분야의 서비스 지원을 필요로 한다. 작업이 최고로 수행되었는지 어떻게 확신할 수 있는가? 때로 이는 서비스 제공업체의 기술과 전문성에 대한 신뢰의 문제로 귀결된다.

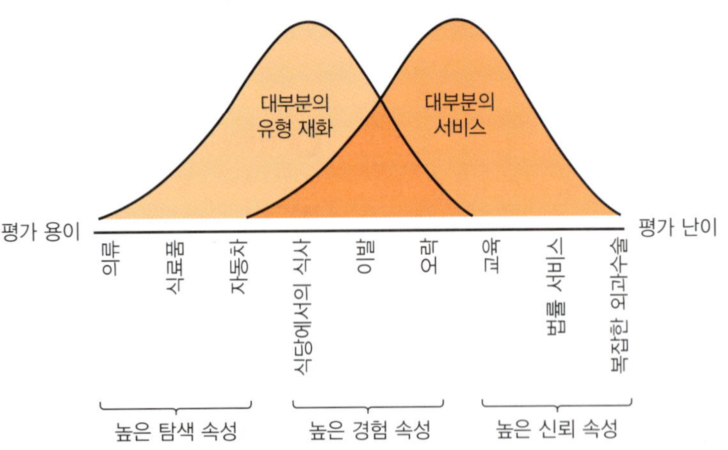

그림 2.6 제품 특성은 평가의 용이성에 어떤 영향을 주는가?

출처 : James H. Donnelly, et al., *Marketing of Services* , reproduced with permission of the American Marketing Association.

모든 제품은 탐색 속성, 경험 속성, 신뢰 속성에 따라 '평가하기 쉬움'에서 '평가하기 어려움'의 연속선상에 있다. 그림 2.6에서 볼 수 있듯이 대부분의 실제 제품은 탐색 속성이 높기 때문에 연속선상의 왼쪽에 위치해 있다. 대부분의 서비스는 경험 속성과 신뢰 속성이 높기 때문에 연속선상의 중간이나 오른쪽에 위치한다.

서비스를 평가하기 어려울수록 구매 의사결정과 관련된 위험은 높아진다. 이제 지각된 위험을 논의해보자.

지각된 위험

학습목표 4

서비스를 구매할 때 고객이 직면하는 지각된 위험과 이를 감소시킬 수 있는 기업의 전략에 대해 학습한다.

불만족스러운 유형의 제품을 구매했다면 그 제품을 반품하거나 교체할 수 있다. 수전은 이전에 머리 염색을 해본 적이 없기 때문에 그 결과가 어떨지에 대해 확신할 수 없었다. 그래서 미용사가 그녀에게 밝은 색으로 염색하는 것을 제안했을 때 그녀는 고민했고, 결국은 거절했다. 불확실성은 고객의 지각된 위험을 증가시킨다. 지각된 위험은 일반적으로 경험과 신뢰 속성이 높은 서비스에서 더 크며, 처음 사용자는 더 큰 불확실성을 경험할 가능성이 높다. 익숙하지 않은 서비스, 특히 대학이나 건강보험 선택처럼 중요한 결과를 가져오는 서비스에 대해 처음 결정을 내려야 했을 때 어떤 느낌이었는지 생각해보면 아마도 최선의 선택을 하지 못할 수도 있다고 걱정했던 것을 떠올릴 수 있을 것이다. 가능한 결과가 부정적일수록 지각된 위험은 높아진다. 표 2.2는 지각된 위험의 7가지 범주를 나타낸다.

고객은 일반적으로 지각된 위험에 대해 불편함을 느끼며 위험을 줄이기 위해 다음과 같은 다양한 방법을 사용한다.

- 가족이나 친구, 동료처럼 믿을 만한 사람들로부터 정보를 얻는다.
- 서비스 비교, 서비스의 구매 후기, 서비스 순위에 대해 인터넷을 통해 알아본다.

표 2.2 서비스 구매 시와 사용 시의 지각된 위험

위험의 종류	고객 관심의 예시
기능적(불만족스러운 결과)	• 이 연수 과정이 좋은 직장을 얻는 데 필요한 기술을 얻게 해줄까? • 이 신용카드는 언제 어디서든지 구매하려고 할 때 사용이 가능할까? • 이 자켓에 있는 얼룩을 세탁소가 제거할 수 있을까?
재무적(재정적 손실, 예상 밖의 비용)	• 내 증권 중개인이 추천한 투자를 했다가 돈을 잃을까? • 온라인 구매를 했다가 내 신용을 도난당할까? • 기존의 예상보다 차 수리비가 더 많이 나올까?
시간적(시간 낭비, 지연의 결과)	• 전시회 관람을 위해 줄을 서야 할까? • 식당의 서비스가 느려서 오후 회의에 늦을까? • 친구가 우리집에 묵기 전에 욕실 개조가 끝날까?
신체적(소유물에 대한 손해나 개인적 부상)	• 이 리조트에서 스키를 타면 부상을 입을까? • 소포 안의 내용물이 우편으로 보내면 손상될까? • 휴가 때 외국으로 여행 갔다가 아프면 어쩌지? • 렌터카에 세균이 많을까?
심리적(개인 공포나 감정)	• 이 항공기가 충돌하지 않을 거라는 보장 있나? • 상담자가 나를 멍청하게 생각하지는 않을까? • 의사의 진단이 나를 속상하게 할까?
사회적(사람들의 생각이나 반응)	• 싼 모텔에 묵었던 사실을 친구들이 알면 나를 어떻게 생각할까? • 내 친척들은 가족 모임을 위해 선택한 이 식당을 좋아할까? • 잘 알려지지 않은 법률 회사를 선택한 것에 대해 팀 동료들이 반대하지는 않을까?
감각적(오감에 대한 원치 않았던 효과)	• 식당 테이블에서 해변이 아닌 주차장이 보일까? • 옆방 손님의 소음 때문에 잠을 잘 수 없는 것은 아닐까? • 방에서 담배 찌든 냄새가 날까?

Tony Tallec/Alamy Stock Photo

그림 2.7 상을 받는 것은 서비스 우수성의 유형적 단서이다.

- 좋은 평판을 가진 기업에 의존한다.
- 품질 보증에 대해 알아본다.
- 구매 전에 서비스 기관을 방문하거나 서비스의 여러 측면을 시용해본다. 서비스 환경의 분위기나 기업의 수상 경력 같은 유형의 증거를 조사한다(그림 2.7).
- 서비스에 대해 많이 아는 직원에게 경쟁 서비스에 대한 자문을 구한다.

고객은 위험을 회피한다. 모든 조건이 동일하다면 고객은 좀 더 낮은 위험을 가진 서비스를 선택한다. 그러므로 기업은 적극적으로 고객의 지각된 위험을 줄이도록 노력해야 한다. 기업은 서비스의 본질에 따라 적당한 전략을 사용하는 것이 필요하다. 적합한 전략은 서비스의 특성에 따라 다른데, 다음은 서비스의 지각된 위험을 줄이기 위한 몇 가지 전략의 예이다.

- 잠재 고객은 구매 전 웹사이트와 비디오(동영상)를 통해 서비스를 미리 확인하고 서비스 시설을 방문할 수 있게 한다.
- 높은 경험 속성을 가진 서비스는 무료 샘플을 제공한다. 많은 외식업체와 레스토랑은 결혼식을 앞둔 잠재 고객에게 결혼 예식 피로연을 예약하기 전에 무료로 음식을 시식할 수 있게 한다(그림 2.8).
- 광고는 신뢰도가 높고 고객 참여가 높은 서비스에 중요하며, 서비스의 혜택과 사용법, 고객이 최상의 결과를 누릴 수 있는 방법을 전달하는 데 도움이 된다. 예를 들어, 보험회사인 취리히(Zurich)는 광고를 통해 고객에게 취리히가 어떤 일을 하는지 이해시켰다(그림 2.9).
- 전문가들은 자격 증명서를 전시한다. 의사나 건축가, 변호사처럼 많은 전문가는 전문적인 서비스를 제공하는 데 자격이 있다는 것을 고객에게 알리기 위해 종종 그들의 학위와 자격증을 전시한다(그림 2.10). 많은 전문 기업의 웹사이트는 잠재 고객에게 많은 정보를 제공하는 데 큰 관심을 기울이며, 그들의 전문성을 강조하고, 과거의 성공사례를 공개하기도 한다.
- 기업의 목표 이미지와 가치 제안을 보여주는 일관된 증거를 고객에게 제시한다. 조직화된 접

Langstrup/123RF

그림 2.8 많은 케이터링 업체에서켰는 무료 시식회를 개최한다.

그림 2.9 취리히는 광고를 통해 고객에게 무엇을 할 수 있는지 보여준다.

그림 2.10 의사는 자신의 자격을 전달하기 위해 허가증을 전시해놓았다.

근 방식인 증거 관리는 기업의 가구 비치나 장비, 시설의 외형, 직원의 의상이나 행동을 사용하는 조직화된 접근을 포함한다. 예를 들어 수전이 방문했던 미용실의 밝고 유행에 맞는 분위기의 인테리어는 그녀가 처음으로 미용실을 선택하는 결정에 영향을 미쳤을 수 있다. 또한 그녀는 머리를 자르기 위해 20분을 기다렸지만 그것은 아마도 결국에는 만족감에 기여했을 것이다.

- ▶ 확신과 신뢰를 주는 가시적인 안전 절차를 구축한다.
- ▶ 주문 과정의 진행 상황을 고객이 인터넷에서 확인할 수 있도록 온라인 정보에 접근이 가능하게 한다.
- ▶ 기업은 환불제도와 성능보증제도 같은 서비스 품질 보증서를 제공한다.

기업이 잠재 고객의 지각된 위험을 잘 관리하면 고객의 불확실성은 감소한다. 이는 곧 고객이 선호하는 서비스 제공업체로 선택될 가능성이 높아진다는 것을 의미한다.

서비스 기대

학습목표 5

고객은 어떻게 기대를 형성하며, 그 기대를 구성하는 요소가 무엇인지 이해한다.

기대는 검색과 의사결정 과정에서 형성되며, 특히 서비스 기대는 정보 검색과 대안 평가에 의해 형성된다. 서비스에 대한 이전 경험이 없는 경우 온라인 검색과 후기, 입소문, 뉴스 기사, 기업의 자체 마케팅 활동을 통해 구매 전 기대가 형성된다.

기대는 이상적 서비스, 적절한 서비스, 예상된 서비스를 모두 포함하며, 원하는 서비스 수준과 적절한 서비스 수준 사이에 속하는 허용 범위를 비롯한 여러 요소가 포함된다.[3] 그림

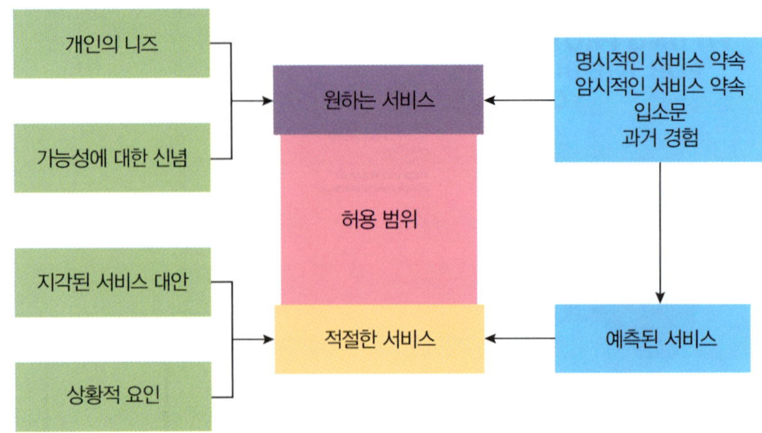

그림 2.11 서비스에 대한 고객 기대에 영향을 미치는 요인

출처 : Valarie A. Zeithaml, Leonard L. Berry, and A. Parasuraman, "The Nature and Determinants of Customer Expectations of Service," *Journal of the Academy of Marketing Science* 21(1) (Spring 1993): pp. 1–12.

2.11의 모델은 고객 기대에 영향을 미치는 다양한 수준의 요소를 보여준다. 이러한 요인은 다음과 같다.

- **원하는 서비스**(desired service) 고객이 받기를 원하는 서비스 유형을 말한다. 이는 고객이 희망하는 서비스 수준이며, 고객의 개인적 니즈에 기반하여 고객이 믿을 수 있는 서비스와 전달되어야 한다고 생각하는 서비스의 결합이다. 또한 원하는 서비스는 서비스 제공자의 명시적이고 암시적인 약속, 입소문, 과거의 경험에 영향을 받는다.[4] 그러나 대부분의 고객은 현실적이다. 그들은 항상 원하는 서비스의 수준이 가능하지 않다는 사실을 알고 있다. 그러므로 예측된 서비스 수준 외에도 적절한 서비스라고 하는 기대 수준의 임계값이 있다.
- **적절한 서비스**(adequate service) 불만족 없이 고객이 받아들일 수 있는 최소 수준의 서비스를 말한다.
- **예측된 서비스**(predicted service) 고객이 실질적으로 받게 될 것이라고 기대하는 서비스이다. 예측된 서비스는 서비스 제공업체와의 약속, 입소문, 과거 경험에 영향을 받는다(그림 2.12). 예측된 서비스의 수준은 그 상황에서 그들이 어떻게 '적절한 서비스'를 정의 내리는가에 영향을 미친다. 고객이 좋은 서비스를 예측했다면 나쁜 서비스를 예측했을 때보다 적절한 서비스의 정도가 높아질 것이다.

서비스에 대한 고객의 기대는 종종 상황 특수적이다. 예를 들어, 과거 경험으로부터 여름날에 박물관을 방문한 고객은 날씨가 나쁠 때보다 좋을 때 사람이 더 붐빌 것이라고 예측할 수 있다. 그래서 여름에 선선하고 비가 오는 날에 티켓을 사기 위해 10분을 기다리는 것은 적절한 서비스 수준 이하로 떨어지지 않을 것이다.

Courtesy of Singapore Airlines

그림 2.12 이 사진은 싱가포르 항공의 비즈니스 클래스에 대한 기대를 높인다.

▶ **허용 범위**(zone of tolerance) 많은 서비스 전달 경로, 수많은 서비스 직원의 모든 접점에서 일관된 서비스 전달을 달성하는 일은 어렵다. 심지어 동일한 직원의 서비스 성과도 매일매일 달라진다. 허용 범위란 고객이 받아들일 수 있는 서비스 전달의 변동 정도를 말한다. 고객의 기대 이하로 서비스를 수행하는 것은 고객의 좌절과 불만족을 야기하는 반면, 원하는 서비스 수준을 넘어 서비스를 수행하게 되면 놀라움과 기쁨을 주게 된다. 허용 범위를 보는 또 다른 방법은 고객이 서비스 수행에 특별한 주의를 기울이지 않는 서비스의 범위이다.[5] 서비스가 이러한 범위를 벗어나게 되면 고객은 긍정적이거나 부정적으로 반응한다.

예측된 서비스 수준은 고객의 선택 과정에서 가장 중요한 수준이다. 원하는 적절한 수준과 허용 범위는 고객 만족을 결정하는 중요한 요소이다.

Songquan Deng/Alamy Stock Photo

그림 2.13 고객은 더 좋은 좌석을 위해 더 높은 가격을 지불할 가치가 있는지 확인해야 한다.

구매 결정

고객은 기업 간 경쟁하는 서비스 제공의 수행을 비교하고, 각각 제공된 서비스에 대한 지각된 위험을 평가한다. 이어서 고객이 희망한 서비스, 적절한 서비스, 예측된 서비스 수준의 기대를 형성하여 가능한 대안을 평가한 후 가장 선호하는 것으로 선택할 준비가 된다.

자주 사용하는 서비스에 대한 구매 결정은 일반적으로 매우 간단하며, 많은 생각 없이 빠르게 내릴 수 있다. 지각된 위험이 낮고 대안이 명확하며 이전에 사용했기 때문에 특성을 쉽게 이해할 수 있다. 그러나 많은 경우 구매 결정에는 비용과 편익을 계산하는 과정이 포함되는데, 구매 가격은 핵심 요소이다. 예를 들어, 호텔의 경치가 좋은 큰 객실에 많은 비용을 지불할 가치가 있는지와 연극 공연에서 VIP 좌석의 구매를 위한 높은 가격에 대해 제공되는 편익을 고려한다(그림 2.13).

보다 복잡한 결정의 경우 다속성 모델을 기반으로 한 고객 선택에서 비용과 편익에는 다양한 선택 속성이 포함될 수 있다. 일단 구매 결정이 내려지면 고객은 서비스 대면 단계로 들어간다.

서비스 대면 단계

▶ **학습목표 6**
서비스 과정에서 '진실의 순간'의 의미를 이해한다.

구매 결정이 이루어지면 고객은 서비스 경험의 핵심 단계로 들어간다. 서비스 대면은 고객이 서비스 기업과 상호작용할 때를 의미한다. 서비스를 대면하는 동안에 고객이 서비스를 소비하고 경험할 때 고객의 행동을 좀 더 잘 이해할 수 있는 많은 모델과 체계가 있다.

Motmot/Shutterstock

그림 2.14 여기에서 서비스 제공자는 서비스 대면을 능숙하게 관리하는 투우사이다.

서비스 대면은 '진실의 순간'이다

'진실의 순간'이라는 비유는 투우에서 유래되었는데, 고객과의 접점의 중요성을 보여주기 위해 차용된 것이다(그림 2.14).

> 서비스 고객과 서비스 제공자가 경기장에서 만나는 순간인 진실의 순간에 지각된 품질이 실현된다고 말할 수 있다. 이 순간에 그들은 자신의 역할에 최선을 다한다. … 기업의 대표(서비스 직원)가 사용하는 기술, 동기, 도구와 고객의 기대 및 행동이 모여 같이 서비스 전달 과정이 창출되는 것이다.[6]

투우에서 소 또는 투우사(또는 양쪽 모두)의 생명은 위기에 처해 있다. 이와 마찬가지로 서비스 상황에서의 메시지는 '진실의 순간'에서 고객과 기업 간의 관계가 위기에 있다(매우 중요하다)는 것이다.

SAS(Scandinavian Airlines System)의 전 회장인 얀 칼슨(Jan Carlzon)은 '진실의 순간'이라는 은유를, SAS를 운영 중심의 기업에서 고객 중심의 항공사로 변화시키는 기준으로 사용했다. 칼슨은 그의 항공사에 대해 다음과 같은 견해를 밝혔다.

> 지난 해 우리의 1,000만 고객이 대략 5명의 SAS 직원과 접촉했고, 이 접촉은 평균 각각 15초 정도 지속되었습니다. 그러므로 SAS는 1년 동안 한 번에 15초 정도 되는 5,000만 번의 시간을 '창출'해낸 것입니다. 5,000만 번의 '진실의 순간'은 SAS가 회사로서 성공할 것인지 실패할 것인지를 궁극적으로 결정하는 순간이었습니다. 이러한 순간은 SAS가 고객에게 최선의 대안이라는 것을 입증하는 순간이었습니다.[7]

학습목표 7

고객이 어떻게 고접촉 서비스와 저접촉 서비스를 경험하고 평가하는지에 대한 차이점을 알아본다.

서비스 대면은 고접촉과 저접촉의 범위를 가지고 있다

서비스에는 서비스 운영과의 다양한 수준의 접촉이 포함된다. 그림 2.15에서 고객 대면 서비스를 3가지 수준으로 구분하고 있다. 이는 고객과 서비스 담당자, 고객과 물리적 서비스 요소, 고객과 둘 다(서비스 담당자와 물리적 서비스 요소) 간의 상호작용하는 정도에 따라 제시된다. 고접촉과 저접촉에서 차이점을 비교한 설명은 다음과 같다.

- **고접촉 서비스** 고접촉 서비스를 사용한다는 것은 서비스 전달 과정에서 고객과 기업 간에 직접적인 접촉이 있다는 것을 의미한다. 예를 들어 고객의 테마파크 방문은 하루 종일 지속될 수 있다. 서비스 제공 과정에서 고객은 일반적으로 건물의 외부 및 내부, 장비 및 비품, 서비스 직원의 외관 및 행동, 심지어 다른 고객을 포함하여 조직에 대한 많은 물리적 단서에 노출된다. 수전의 경우 침울한 분위기의 인테리어나 페인트 칠이 필요한 벽 등과 같이 세탁소의 단서들이 좋지 않은 서비스 경험에 기여했다. 기업의 마케팅 과제는 실제 환경과 서비스 직원과의 상호작용 모두에서 고객에게 매력적인 순간

을 만드는 것이다.

▶ **저접촉 서비스** 스펙트럼의 반대편에 있는 저접촉 서비스에서는 고객과 서비스 제공업체 간의 물리적인 접촉이 매우 적다. 대신 전자적 혹은 물리적 유통 경로를 통해 접촉이 원격으로 이루어진다. 예를 들어, 고객은 온라인을 통해 은행 거래를 하거나 킨들(Kindle)에서 e북을 다운로드할 수 있다. 서비스 공급자의 관점에서 편의성은 고객 선택과 비용 효율성에서 더욱 중요해지는 급속한 성장 추세의 일환으로, 많은 고접촉 및 중접촉 서비스는 챗봇, AI, 서비스 로봇을 일부 활용하여 저접촉 서비스로 전환되고 있다.[8] 여기서 마케팅 과제는 고품질 서비스를 알리는 동시에 상호작용을 최대한 직관적이고 쉽고 편리하게 만드는 것이다.

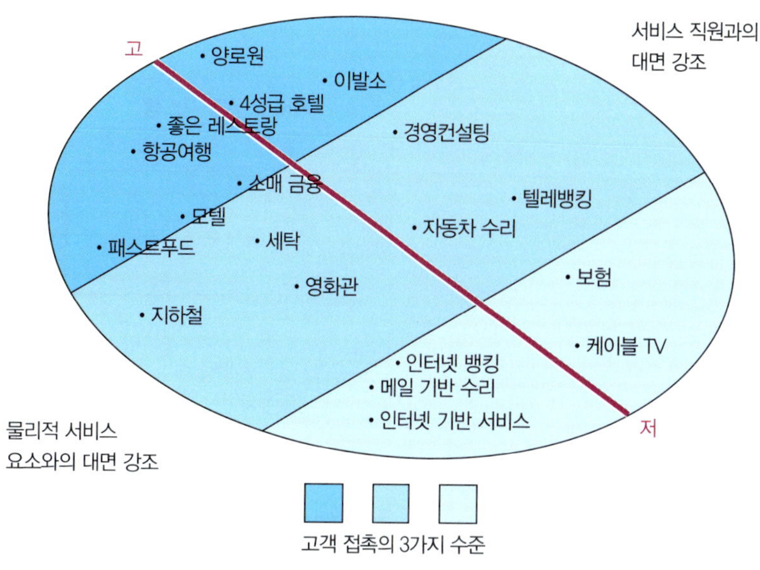

그림 2.15 서비스 회사와 고객의 접촉 수준

서비스 생산 시스템

서비스 생산 시스템(servuction system, 'service'와 'production'의 결합어)은 마케팅, 운영, 고객을 통합한 시스템으로서 서비스 비즈니스를 개념화한 것으로, 고객이 경험하는 서비스 조직의 물리적인 환경 부분이다.[9] 그림 2.17의 서비스 생산 모델은 고접촉 서비스에서 일반적 고객 경험을 형성하는 모든 상호작용을 나타낸다. 고객은 서비스를 대면하는 동안 서비스 환경, 서비스 직원, 심지어는 다른 고객과도 상호작용한다. 모든 종류의 상호작용은 가치를 창출하는(쾌적한 환경, 친절하고 능숙한 직원, 구경하느라 바쁜 고객) 동시에 파괴시키기도 한다(영화관에서 관람을 방해하는 다른 고객). 기업은 고객이 원하는 서비스 경험을 선사하기 위해 모든 상호작용을 조화롭게 조정해야 한다.

그림 2.16 기술을 통해 온라인 또는 물리적 유통 채널 어디에서나 쉽게 서비스의 수행이 가능해졌다.

▶ **학습목표 8**
서비스 생산 모델을 학습하고, 서비스 경험을 창출하는 상호작용을 학습한다.

서비스 생산 시스템은 고객의 눈에 보이지 않는 기술적 핵심과 고객의 눈에 보이는 서비스 전달 시스템, 고객의 경험으로 구성되어 있다.

▶ **기술적 핵심**(technical core)은 투입 요소가 처리되고 서비스 상품 요소가 창출되는 것을 의미한다. 이 기술적 핵심은 대체로 무대 뒤(후방)에 있으며 고객에게 보이지 않는다(예: 식당의 주방). 연극처럼 눈에 보이는 요소는 '무대 위(전방)' 또는 '프론트 오피스'라

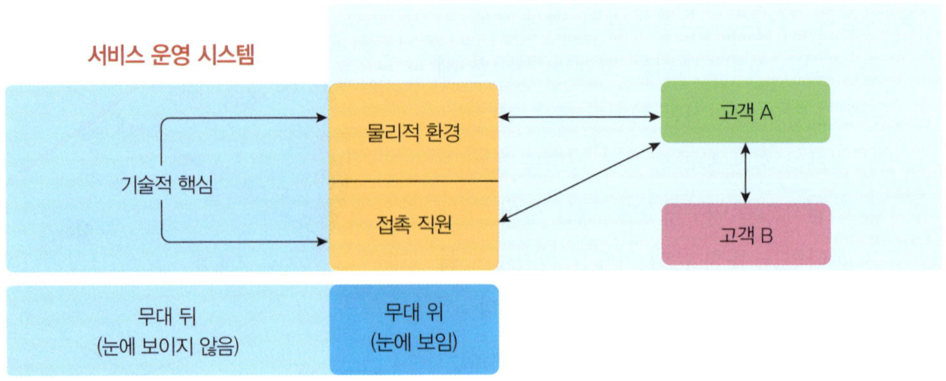

그림 2.17 서비스 시스템

출처: Eric Langeard and Pierre Eiglier.[10]

그림 2.18 후방 업무 운영은 고객이 볼 수 없다.

고 하고, 반면에 **보이지 않는 요소**는 '무대 뒤(후방)' 또는 '백 오피스'라고 한다.[11] 고객은 무대 뒤에서 어떤 일이 일어나는지에 대해서는 관심이 없다(그림 2.18). 그러나 무대 뒤에서 일어나는 일이 무대 앞 활동 품질에 영향을 주는 경우 고객은 알게 될 것이다. 예를 들어, 주방에서 주문서를 잘못 읽게 되면 저녁식사를 하러 온 고객은 화가 날 것이다.

▶ **서비스 전달 시스템**(service delivery system)은 최종 '조립'이 이루어지고 제품이 고객에게 전달되는 것이다. 이 하위 시스템은 서비스 운영 시스템의 가시적인 부분이 포함된다. 연극에 비유한다면 눈에 보이는 프론트 오피스는 고객을 위해 서비스 경험을 무대에 올리는 라이브 연극과 같다.

전반적인 서비스 운영에서 고객에게 보이는 비율은 고객과의 접촉의 정도에 달려 있다. 고접촉 서비스에서 서비스 운영은 많은 서비스의 경우 전체 서비스 운영의 가시적 구성 요소가 중요한 경향이 있다. 반대로 저접촉 서비스는 일반적으로 대부분의 서비스 운영 시스템이 무대 뒤에 있다. 무대 위 요소는 온라인, 챗봇, 전화, 메일 연락으로 제한된다. 고객은 일반적으로 작업이 수행되는 '공장'을 보지 않기 때문에 이러한 시설의 설계 및 관리가 훨씬 용이하다. 예를 들어, 신용카드 고객은 실제 은행을 방문할 필요가 없다. 온라인으로 거래하고 문제가 있는 경우에 전화로 서비스 직원과 대화할 수 있다.

학습목표 9

연극 무대 장면으로 연출된 서비스 대면 과정을 관찰한 후 느끼는 통찰을 토론한다.

서비스 전달에 대한 은유: 연극

서비스 제공은 고객이 성과로 경험하는 일련의 행사('고객 여정')로 구성된다. 고접촉 서비스 제공업체인 연극의 경우 서비스 시스템을 통한 서비스 경험의 생성을 이해하기 위한 좋은 사

Bo Nymann/Xinhua/Alamy Stock Photo

그림 2.19 서비스 시설과 인력이 모두 갖춰지면 고객에게 기억에 남을 만한 서비스 수행을 위한 무대가 마련된다.

View Stock/Alamy Stock Photo

그림 2.20 화려한 유니폼을 입은 호텔 직원이 고객을 위해 준비한 공연에 참여하고 있다.

레이다(그림 2.19).[12] 무대(예: 서비스 시설)와 출연진(예: 전방 서비스 직원)에 대해 살펴보자.

- **서비스 시설**: 서비스 시설을 드라마가 펼쳐지는 무대로 상상해보자.
- **직원**: 무대 위 직원들은 드라마의 배우 역할을 하며, 무대 뒤 프로덕션 팀의 지원을 받는다(그림 2.20).

연극으로의 은유에는 무대에서 배우의 역할과 그들이 따라야 하는 대본도 포함되며, 이에 대해서는 다음에 논의할 것이다.

역할 이론 및 대본 이론

학습목표 10
역할 이론, 대본 이론, 지각된 통제 이론으로 서비스 대면 과정을 어떻게 설명할 수 있는지 학습한다.

연극의 배우는 대본과 자신이 연기하는 역할에 대해 잘 알고 있어야 한다. 마찬가지로 서비스 대면에서 역할 이론 및 대본 이론에 대한 지식은 조직이 서비스 대면 동안 직원과 고객의 행동을 모두 더 잘 이해하고 설계하고 관리하는 데 도움이 될 수 있다.

역할 이론(role theory) 연극의 관점에서 서비스 전달을 본다면 직원과 고객 모두 미리 정해진 역할에 따라 공연에서 각자의 역할을 수행한다. 역할은 "목표 달성에서 최대 효과를 달성하기 위해 특정 사회적 상호작용에서 개인이 수행하는 경험과 의사소통을 통해 학습된 일련의 행동 유형"으로 정의된다.[13] 또한 역할은 특정 환경이나 맥락에서 행동을 안내하는 사회적 단서 또는 기대의 조합으로 정의된다.[14] 서비스 대면에서 서비스 직원과 고객은 모두 수행해야 할 역할을 가지고 있다. 만약 어느 한쪽이라도 역할이 불편하다고 느끼거나 역할에 적합하지 않은 연기를 하게 되면 직원과 고객 모두의 만족과 생산성에 영향을 미칠 것이다. 직원은 고객을 만족시키지 못하는 위험을 줄이기 위해 고객의 기대 수준을 참조하여 자신의 역할을

Wavebreakmedia/Shutterstock

그림 2.21 학생과 교수는 강의 시간 동안 잘 정의된 역할을 수행한다.

수행해야 한다. 마찬가지로 고객은 회사, 직원 및 다른 고객에게 문제를 일으키지 않으려면 '규칙에 따라 행동'해야 한다.

대본 이론 영화 대본과 마찬가지로 서비스 대본은 서비스 제공 동안 직원과 고객이 따라야 하는 일련의 행동을 명시하고 있다. 직원이 정식 교육을 받는 동안 고객은 자신의 경험, 타인과의 커뮤니케이션, 설계된 커뮤니케이션 및 교육을 통해 대본을 배운다.[15] 알려진 대본에서 벗어나면 고객과 직원 모두 당황할 수 있다.

많은 서비스의 대본은 꼼꼼히 짜여 있다(비행기 이코노미 클래스를 위한 승무원 대본처럼). 이는 변동성을 줄이고 일관된 품질을 보장해준다. 그러나 모든 대본이 서비스의 수행에 대해 꼼꼼히 짜여진 것은 아니다. 디자이너, 교육자, 컨설턴트처럼 고객화의 수준이 높은 서비스의 대본은 유연하며, 상황과 고객에 따라 달라진다.

역할 이론과 대본 이론은 서비스 대면 중에 고객과 직원 행동 모두를 이해하는 데 서로 보완적이다. 예를 들어 현재 수강하고 있는 수업에서 교수와 학생의 역할을 생각해보자. 무엇이 교수의 역할인가? 보통은 그날에 할당된 중요한 주제에 초점을 맞추고 학생들이 토론에 참여하도록 잘 구성되고 흥미로운 강의를 제공하는 것이다. 학생의 역할은 무엇인가? 기본적으로 준비된 강의에 정시에 도착하고, 수업을 잘 들으며, 토론에 참여하고, 수업을 방해하지 않는 것이다(그림 2.21).

그에 반해 강의를 위한 공개된 대본에는 교수와 학생이 취해야 할 구체적인 행동을 설명한다. 예를 들어 학생은 강의가 시작되기 전에 강의에 도착해야 하고, 자리를 선택해서 착석해야 하며, 노트북을 펴야 한다. 교수는 수업에 들어와 노트북을 테이블 위에 놓고, 노트북과 LCD 프로젝터를 켜고, 학생들에게 인사를 하고 필요한 내용을 사전에 공지를 하고, 제시간에 수업을 시작한다. 이렇듯 역할 이론과 대본 이론은 서비스 대면 중의 행위를 두 가지 관점에서 설명한다.

지각된 통제 이론[16]

지각된 통제 이론은 고객이 서비스를 대면하는 동안 통제의 필요성을 느낀다고 설명한다. 서비스 상황에서 지각된 통제 수준이 높을수록 만족도도 높아진다.[17] 통제에 대한 인식은 행동적, 결정적, 인지적일 수 있다.

행동 통제를 통해 고객은 기업에 일반적인 제안을 고객화하도록 요청하여 서비스 상황을 변경할 수 있다(예: 일선 직원에게 낭만적인 촛불 만찬을 위한 특별 준비 요청). 결정적 통제

(decisional control)는 고객이 두 옵션 중 하나(예: 식당에서 두 테이블 중 선택)를 선택하는데, 변경 없이 둘 이상의 표준화된 옵션 중에서 선택할 수 있음을 의미한다. 인지적 통제(cognitive control)는 고객이 어떤 일이 발생하는 이유를 이해하고(예: 항공기에 기술적인 문제가 있기 때문에 비행이 지연됨) 다음에 무슨 일이 일어날지 알 때(예측 제어라고도 함; 예: 지연 시간에 대한 정보 지식) 실행된다. 서비스 제공자가 상황에 대해 계속 알려줄 때 우리는 종종 기분이 상하기도 한다.[18]

지각된 통제 이론은 온라인 서비스에도 적용된다. 온라인 서비스 사용자는 자신이 웹사이트에서 어디에 있는지, 거래가 처리되고 있는지, 사이트가 작동되는지 알기를 원한다(그래서 웹사이트에는 일반적으로 움직이는 아이콘이나 처리 막대가 있어 거래를 진행하고 있음을 시각적으로 보여준다). ATM과 같은 셀프서비스 기계도 사용자가 통제권을 느끼도록 설계되었다. ATM에서 카드를 처리하는 중이며 단순히 카드를 삼킨 것이 아님을 나타내는 소리가 난다는 사실을 알고 있을 것이다. 이러한 소리는 종종 칩에 의해 생성되는데, 이는 기계 자체가 대부분의 진행(처리하는) 동안 조용하기 때문이다.

요약하면 서비스 대면 안에 지각된 통제를 설계하는 것이 중요하다. 진행, 대본, 역할이 엄격하게 정의되면 기업은 고객에게 많은 행동 통제를 제공할 수 없다. 그러나 기업은 여전히 결정적 통제(예: 2개 이상의 고정 옵션 제공), 인지적 통제(예: 의료와 같은 고관여 서비스에서 수행 중인 작업과 수행 이유에 대해 자세히 설명), 예측된 통제(예: 대기 중인 고객에게 예상 대기시간을 항상 안내)를 제공할 수 있다. 지각된 통제는 주로 보상적 부가물이며, 행동 통제의 감소가 더 높은 결정적 및 인지적 통제를 통해 보상될 수 있음을 의미한다.

구매 후 단계[19]

학습목표 11

고객이 서비스를 어떻게 평가하고, 고객 만족에 영향을 미치는 요인은 무엇인지 설명한다.

서비스 소비의 마지막 단계는 서비스 경험에 대한 고객의 태도와 행동 반응을 포함하는 구매 후 단계이다. 여기에는 고객 만족, 서비스 품질 인식, 반복 구매, 고객 충성도가 포함된다.

고객 만족

서비스 소비의 구매 후 단계에서 고객은 자신이 경험한 서비스의 성과에 대해 평가하고, 구매 전 기대와 비교한다.

만족도의 기대 불일치 모델 만족은 일련의 고객과 제품의 상호작용에 대한 평가이다. 고객 만족에 대한 대부분의 연구는 만족도의 기대 불일치 모델에 기반을 두고 있다(그림 2.22).[20] 이 모델에서 고객 기대의 일치 또는 불일치는 만족의 중요한 결정 요소이다.

만족도 모델에서 서비스 기대는 어디에서 오는가? 의사결정 과정에서 고객은 서비스 제공과 관련된 속성과 위험을 평가한다. 또한 고객이 선택한 서비스가 어떻게 수행될 것인지에 대해 기대하게 된다(예: 예측, 희망, 적정 서비스 수준). 의사결정 과정에서 고객의 기대가 중요한 선택 속성과 관련된 경우에는 서비스의 허용 영역은 좁고 확고할 수 있다. 예를 들어, 고객이 경유지가 4시간인 항공편을 선택하는 대신 직항 항공편에 대해 350달러의 프리미엄을 지

그림 2.22 만족도의 기대 불일치 모델

출처: Richard L. Oliver, *Satisfaction: A Behavioral Perspective on the Consumer*, 2nd edition (New York: Armonk, M.E. Sharpe, 2010), p. 120.

불한다면 항공편이 6시간 지연되는 경우 이를 결코 가볍게 여기지 않을 것이다.

소비 중에 그리고 소비 후에 고객은 서비스의 성과를 경험하고, 이를 자신의 기대와 비교한다. 만족도 판단은 이러한 비교에 기초하여 그때 형성된다. 만약 지각된 성과가 기대보다 나쁘면 **부정적 불일치**(negative disconfirmation)라고 한다. 세탁소에서 수전은 부정적인 불일치를 경험했다. 그녀의 옷이 세탁이 완료되지 않아 가져 갈 수 없었기 때문이다. 이는 그녀에게 불만족을 주며, 차후에 다른 세탁소를 이용할 의도를 만들어낸다. 그러나 서비스가 기대 이상이라면 **긍정적 불일치**(positive disconfirmation)라고 하며, 더 간단히 **기대 일치**(confirmation of expectation)라고도 한다.

고객은 지각된 성과가 허용 범위 내에 있으면, 즉 적절한 수준보다 높으면 합리적으로 만족할 것이다. 지각된 성과가 바람직한 수준에 근접하거나 넘으면 고객은 기쁨을 느끼게 된다. 만족한 고객은 반복 구매하게 되고, 공급업체에게 충성적으로 남게 되며, 긍정적인 입소문을 퍼뜨린다. 그러나 서비스 경험이 고객을 충족시키지 못하면 고객은 나쁜 서비스에 대해 불만을 느끼게 되고, 불만족스러운 서비스에 대해 벙어리 냉가슴 앓듯 하거나 미래에는 서비스 제공업체를 전환한다.

의사결정 과정에서 사용된 속성이 만족도 평가에서 다시 사용되는 것을 볼 수 있다. 개별 속성에 대한 만족도 판단은 고객에 의해 전체 고객 만족도 평가에 집계된다. 다속성 모델은 고객 만족이 어떻게 생성되는지 이해하는 데 도움을 준다. 특히 기업 관리자가 고객의 전반적인 만족도에 큰 영향을 미치는 속성을 식별하는 데 도움이 된다. 고객이 일부 속성에 만족하지만 다른 속성에는 불만족하는 경우 다속성 모델을 통해 고객 만족도에 영향을 미치는 속성을 알 수 있음은 매우 중요하다. 이를 이해하면 관리자는 기업 서비스의 강점을 강화하고 가장 중요한 부분에 개선 노력을 집중할 수 있다.

학습목표 12

서비스 품질, 서비스 차원, 서비스 측정을 이해하고, 서비스 품질이 고객 충성도와 어떤 관련이 있는지 이해한다.

서비스 품질

서비스의 무형적 특성으로 인해 제품보다 평가하기가 더 어렵다. 또한 서비스 제공 프로세스와 서비스의 실제 결과 간에 구분이 필요하다.[21] 이 책에서는 우수한 서비스 품질을 고객 기대를 일관되게 충족시키거나 능가하는 높은 수준의 성능으로 정의한다. 그림 2.23의 카페 사진에서 유머러스하게 나타난 것처럼 서비스 품질은 본질적으로 실패가 가시적으로 보여질 때 관리하기 어려울 수 있다. 그럼에도 불구하고 입소문, 재구매, 충성도를 포함하여 중요한 고객 행동의 핵심 동인이기 때문에 서비스 품질을 개선하고 높은 수준으로 유지하는 것이 중요하다.

CREATISTA/Shutterstock

그림 2.23 서비스 품질은 관리하기 어렵다.

고객 만족 대 서비스 품질 고객 만족과 서비스 품질은 모두 고객의 기대와 지각된 성과를 비교하여 결정된다. 그러나 만족도와 서비스 품질은 매우 다른 구조이다. 특히 만족도는 단일 소비 경험에 대한 평가이다. 이는 그 경험에 대한 직접적이고 즉각적인 반응이며, 덧없는 판단으로 보일 수 있다. 반대로 서비스 품질은 기업에 대한 상대적으로 안정적인 태도와 신념을 의미한다. 예를 들어, 좋아하는 스타벅스 매장을 방문했을 때 불만족스러웠을 수도 있지만 여전히 이 카페가 환상적이고 훌륭한 서비스를 제공한다고 생각한다. 물론 만족과 품질은 연결되어 있다. 기업의 전반적인 서비스 품질에 대한 인식은 비교적 안정적이지만 거래 관련 세부적인 만족도 평가는 시간이 지남에 따라 변할 수도 있다.[22]

때때로 사람들은 거래 품질(예: 음식의 품질, 서버의 친절함, 레스토랑의 분위기)을 언급하기도 하며, 이는 속성 만족도(예: 레스토랑의 음식 및 서비스에 대한 만족도)와 관련된다. 둘 다 거래에 따라 다르며 전반적인 고객 만족도를 결정하고, 이는 시간이 지남에 따라 서비스 품질 신념(속성 수준 또는 전체 수준)을 주도한다. 사람들을 혼란스럽게 하는 것은 이러한 용어를 서로 바꿔서 사용할 수 있다는 점이다. 그러나 거래별 판단, 지속적 신념, 태도를 구별할 때 의미의 차이가 분명해진다.

고객의 재구매 의도는 특정 소비 경험 동안이나 후에 형성되는 개별 거래별 만족도 판단보다는 기업의 서비스 품질에 대한 일반적인 신념에 영향을 받는다. 고객은 다음 서비스 거래가 얼마나 좋을지 예측하려고 한다. 예를 들어, 고객은 미용실의 마지막 방문에서 만족하지 않았더라도 미용사가 일반적으로 매우 기술이 좋다고 생각한다면 다시 방문할 수 있다. 고객은 좋지 않은 경험을 예외적인 것으로 볼 수 있다. 그러나 두 번째 또는 세 번째 불만스러운 경험에 대한 평가는 회사의 전반적인 지각된 서비스 품질을 낮춰 고객의 재방문에 부정적 영향을 미칠 수 있다(그림 2.24).

서비스 품질 차원 발레리 A. 자이사믈(Valarie A. Zeithaml), 레너드 베리(Leonard Berry), A. 파라수라만(A. Parasuraman)은 서비스 품질에 대한 집중적인 연구를 수행했으며, 서비스 품질을 평가할 때 고객이 사용하는 다음과 같은 5가지 광범위한 차원을 제시했다(표 2.3).

- 유형성(물리적 요소의 외관)
- 신뢰성(신뢰할 수 있고 정확한 성능)

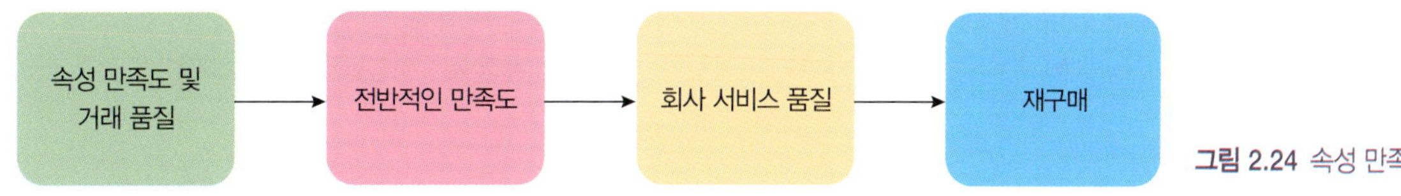

그림 2.24 속성 만족에서 재구매까지

▶ 반응성(신속성 및 유용성)

▶ 확신성(신뢰성, 안전성, 역량, 예절)

▶ 공감성(쉬운 접근성, 원활한 커뮤니케이션, 고객 이해)[23]

서비스 품질 측정 SERVQUAL은 서비스 품질을 측정하기 위한 설문 조사 도구이다.[24] 이는 고객이 서비스에 대한 지각을 자신의 기대와 비교하여 회사의 서비스 품질을 평가한다는 전제에 기반한다. SERVQUAL은 광범위한 서비스 산업에 적용할 수 있는 일반적인 측정 도

표 2.3 고객이 서비스 품질을 평가하는 데 사용하는 일반적인 차원

서비스 품질 차원	정의	사례
유형성	물리적 시설, 장비, 인력, 홍보물의 외관	호텔 시설은 매력적인가? 전담 직원의 복장은 적합한가? 은행 명세서는 이해하기 쉬운가?
신뢰성	약속된 서비스를 신뢰할 수 있고 정확하게 수행할 수 있는 능력	약속된 시간에 변호사가 다시 전화해주는가? 전화 요금에는 오류가 없는가? TV를 처음에 제대로 수리했는가?
반응성	고객을 돕고 신속한 서비스를 제공하려는 의지	문제가 발생했을 때 이를 신속하게 해결하는가? 주식 중개인은 질문에 기꺼이 답변하는가? 케이블 TV 회사의 설치기사가 방문 시간을 알려주는가?
확신성 • 신뢰성	서비스 제공업체의 신용, 믿음, 정직성	병원의 평판이 좋은가? 주식 중개인이 거래하라는 압력을 가하지 않는가? 수리업체가 작업을 보증하는가?
• 안전성	위험과 의구심이 없음	밤에 은행 ATM 기기를 사용해도 안전한가? 신용카드가 사기로부터 안전한가? 보험이 완전한 보장을 제공한다고 확신할 수 있는가?
• 역량	서비스를 수행하는 데 필요한 기술과 지식의 보유	은행 직원은 더듬거리지 않고 거래를 처리할 수 있는가? 건강보험에서 필요한 정보를 전화로 얻을 수 있는가? 치과 의사는 유능해 보이는가?
• 예절	서비스 직원의 공손함, 존중, 배려, 친근함	승무원의 태도는 유쾌한가? 전화 교환원은 전화 응답에서 일관되게 예의가 있는가? 배관공이 카펫을 밟기 전에 진흙 묻은 신발을 벗는가?
공감성 • 접근성	접근성과 접촉 용이성	문제가 있을 때 감독자와 이야기하는 것이 수월한가? 항공사에 24시간 무료로 연결이 가능한 고객센터가 있는가? 호텔은 편리한 위치에 있는가?
• 커뮤니케이션	고객의 말에 경청하고 고객이 이해할 수 있는 언어로 정보를 제공	관리자는 불만사항을 기꺼이 들어주는가? 의사는 기술적인 전문용어를 사용하여 설명하는가? 전기 기술자는 예정된 약속을 지킬 수 없을 때 전화로 알려주는가?
• 고객 이해	고객과 고객의 요구사항을 파악하기 위해 노력	호텔 직원은 나를 단골 손님으로 인식하는가? 재정 컨설턴트는 구체적인 재정 목표를 결정하려고 노력하는가?

출처: Valarie A. Zeithaml, A. Parasuraman, and Leonard L. Berry, *Delivering Quality Service* (New York: The Free Press, 1990).

구로 간주된다. 기본 형식에서 응답자는 다양한 특정 산업에 대한 서비스 특성에 대해 기업의 기대를 측정하는 21개의 질문에 응답한다(표 2.4). 이후 그들은 사용한 서비스를 제공하는 특정 회사에 대한 지각에 대해 일치하는 일련의 질문에 응답한다. 지각된 성과 등급이 기대보다 낮으면 서비스 품질이 낮은 것이며, 기대보다 높으면 서비스 품질이 좋다는 것을 의미한다.

SERVQUAL은 표 2.4에 나타난 것과 같이 일반적으로 널리 사용되고 있다. 그러나 많은 기업 관리자들은 이 측정이 특정 산업 및 상황에 맞게 조정될 경우 더 많은 통찰력을 제공한다는 것을 알았다. 따라서 대부분의 연구자들은 서비스 품질을 측정하는 데 사용되는 진술(응

표 2.4 SERVQUAL 척도

SERVQUAL 척도에는 유형, 신뢰성, 반응성, 확신성, 공감성이라는 5가지 차원이 포함된다. 각 차원 내에서 여러 항목이 측정된다. 다양한 형식이 사용되고 있으며, 예시로 이상적인 지각된 은행 업무에 대한 가장 기본적인 21개 항목을 제시한다. 이 진술에는 '매우 동의하지 않음 = 1'부터 '매우 동의함 = 7'까지 7점 척도를 함께 제공한다.

회사의 성과는 동일한 항목을 다시 표현하여 측정한다(예: 아래 표의 항목 1: "XYZ 회사는 현대적인 장비를 보유하고 있다"). 각 항목, 차원, 전체 서비스 품질에 대한 점수의 차이를 회사의 서비스 품질 수준을 나타내는 지표를 사용하여 다음과 같이 계산한다.

인터뷰 중 시간 제약으로 인해 이상적인(또는 예상) 성과 지각과 실제 지각된 성과를 모두 측정할 수 없는 경우 동일한 21개 항목(예: '현대식 장비')과 '내가 원하는 서비스 수준보다 높다', '원하는 서비스 수준과 같다', '원하는 서비스 수준보다 높다' 등의 스케일 앵커를 사용하여 두 측정값을 결합할 수도 있다.

유형성
- 우수한 은행은 현대적인 장비를 갖추고 있다.
- 우수한 은행의 물리적 시설은 시각적으로 매력적이다.
- 우수한 은행 직원은 외모가 단정하다.
- 우수한 은행의 서비스와 관련된 자료(예: 브로슈어, 명세서)는 시각적으로 매력적이다.

신뢰성
- 우수한 은행은 특정 시점까지 약속한 것을 지킨다.
- 우수한 은행은 처음부터 서비스를 올바르게 수행한다.
- 우수한 은행은 약속한 시점에 서비스를 제공한다.
- 우수한 은행은 기록에 오류가 없음을 주장한다.

반응성
- 우수한 은행 직원은 고객에게 서비스가 언제 수행되는지 정확하게 알려준다.
- 우수한 은행 직원은 고객에게 신속한 서비스를 제공한다.
- 우수한 은행 직원은 항상 고객을 돕기 위해 기꺼이 노력한다.
- 우수한 은행 직원은 고객의 요청에 응답할 수 없을 만큼 절대 바쁘지 않다.

확신성
- 우수한 은행 직원의 행동은 고객에게 신뢰를 심어줄 것이다.
- 우수한 은행의 고객은 거래에서 안전함을 느낄 것이다.
- 우수한 은행 직원은 항상 고객에게 친절하다.
- 우수한 은행 직원은 고객의 질문에 답변할 수 있는 지식을 가지고 있다.

공감성
- 우수한 은행은 고객에게 개별적인 관심을 기울일 것이다.
- 우수한 은행은 모든 고객에게 편리한 영업시간을 제공한다.
- 우수한 은행에는 고객에게 개인적인 관심을 기울이는 직원이 있다.
- 우수한 은행은 고객의 이익을 최우선으로 생각한다.
- 우수한 은행 직원은 고객의 구체적인 요구사항을 이해한다.

출처: A. Parasuraman, V.A. Zeithaml, and L. Berry, "SERVQUAL: A Multiple–Item Scale for Measuring Consumer Perceptions of Service Quality."[25]

답) 목록을 생략, 추가 또는 변경하여 사용하고 있다.[26]

학습목표 13
고객 충성도가 우수한 서비스 경험의 중요한 결과인 이유를 알아본다.

고객 충성도

충성도는 장기적으로, 바람직하게, 독점적으로 기업을 계속 후원하려는 고객의 의지이다. 고객 충성도는 구매 행동을 넘어 기업을 좋아하고, 선호하며, 향후 구매 의도를 포함한다. 고객 참여(customer engagement)라는 용어는 기업 제품을 친구에게 추천하고, 다른 고객의 구매를 돕고, 피드백을 제공하며, 리뷰를 작성하는 등 재구매와는 직접적인 관련되지 않은 충성 행동까지 모두 포함하여 사용된다.[27]

충성도는 고객 만족의 중요한 결과이다. 고객은 본질적으로 특정 기업에 충성하지 않는다. 오히려 기업이 고객에게 구매 이유를 제공하고 고객과 함께 있어야 한다. 고객을 만족시키고 서비스 품질 인식을 구축하는 훌륭한 서비스 경험을 제공하는 것은 충성도 높은 고객 기반을 구축하기 위한 첫 번째이자 아마도 가장 중요한 단계이다. 이 책의 뒷부분에서는 충성도를 높이는 데 주요 동인이 되는 여러 가지 전략과 도구에 대해 논의할 것이다. 여기에는 12장의 충성도 바퀴와 13장의 불평 관리 및 서비스 회복이 포함된다.

요약

학습목표 1 서비스 소비는 ① 구매 전 단계, ② 서비스 대면 단계, ③ 구매 후 단계의 3단계로 나누어진다.

- 구매 전 단계는 ① 니즈 인식, ② 정보 탐색, ③ 대안 평가, ④ 구매 의사결정의 4단계로 이루어진다.

학습목표 2 다음 이론은 구매 전 단계의 고객 행동을 이해하는 데 도움이 된다.

- 니즈는 고객이 니즈를 충족시킬 수 있는 대안을 탐색하게 한다. 몇몇 대안이 마음속에 떠오르면 이는 환기상표군을 형성한다. 이러한 환기상표군은 심각하게 고려하는 소수의 대안을로 좁혀지는데, 이를 고려상표군이라고 한다.
- 탐색 과정 중에 고객은 서비스 속성에 대해 알게 된다. 고객은 이러한 속성을 고려해야 하며, 또한 기업이 어떻게 이러한 속성에 대해 고려상표군 내에서 성과를 보여줄지 기대를 형성한다.
- **다속성 모델**: 많은 의사결정이 여러 속성 간에 복잡한 상쇄를 수반한다. 다속성 모델은 고려상표군 내에서 각 기업에 대한 고객의 속성 성과에 대한 기대와 각 속성의 중요도를 결합하여 평가점수를 만들어낸다.
- 다속성 모델에서 2개의 일반적인 고객 의사결정 규칙이 있는데, 하나는 선형적 보상규칙이며, 다른 하나는 결합 규칙이다. 같은 속성 평가라고 하더라도 다른 의사결정 규칙이 적용되면 다른 의사결정에 도달한다.
- 기업은 자사의 서비스가 선택될 가능성을 높이기 위해 다속성 모델에서 중요한 변수를 적극적으로 관리한다.

학습목표 3 **서비스 속성**: 사람들은 종종 서비스 속성이 낮은 비중의 탐색 속성과 서비스의 평가를 어렵게 만드는 높은 비중의 경험 속성 및 신뢰 속성을 가지고 있기 때문에 구매 전에 서비스를 평가하는 데 어려움을 느낀다.

유형의 단서들이 중요해지며, 기업은 고객의 기대를 형성하고 고객의 경험과 지각된 신뢰 속성을 형성하기 위해 이들을 주의 깊게 관리할 필요가 있다.

학습목표 4 **지각된 위험**: 많은 서비스는 평가하기 어렵기 때문에 고객은 서비스를 구매할 때 위험을 지각한다. 고객은 위험을 감수하는 것을 싫어하므로 기업은 무료 사용, 보증과 같이 지각된 위험을 줄이기 위한 전략을 사용해야 한다.

학습목표 5

- 서비스 기대: 정보 탐색과 서비스 속성에 대한 평가를 통해 형성된다. 서비스 기대의 구성 요소에는 원하는 서비스, 적절한 서비스, 예측된 서비스가 포함된다. 원하는 서비스와 적절한 서비스 사이에는 허용 범위가 있으며, 이는 변동성이 높은 서비스 수준에 대해 고객이 인내할 수 있는 서비스 수준의 범위를 의미한다.
- 구매 결정: 구매 전 단계의 결과는 주로 서비스 수준 기대와 지각된 위험을 기반으로 형성되는 구매 결정이다. 많은 결정에는 일반적으로 가격을 포함한 여러 속성에 따른 복잡한 거래가 포함된다.

학습목표 6 서비스 대면 단계에서 고객은 서비스를 시작하고 경험하고 소비한다. 다양한 개념과 모델은 이 단계에서 고객 행동을 더 잘 이해하는 데 도움이 된다.

- '진실의 순간'이라는 비유는 고객 관계를 성사시키거나 깨뜨릴 수 있는 고객 접점을 의미한다.

학습목표 7 고접촉 서비스와 저접촉 서비스를 구분한다. 고접촉 서비스는 접촉 지점과 관리해야 할 진실의 순간이 많기 때문에 어렵다. 반대로 저접촉 서비스는 대부분 앱, 웹사이트, 챗봇, 셀프서비스 기계(예: ATM) 또는 고객 상호작용이 적은 고객센터를 통해 제공된다.

학습목표 8

- 서비스 생산 모델은 기술적 핵심과 서비스 제공 시스템을 포함한다.
- 기술적 핵심은 무대 뒤에서 고객에게 보이지 않지만, 무대 뒤에서 일어나는 일은 무대 위 활동의 질에 영향을 미칠 수 있다. 그러므로 후방 활동은 전방 활동과 조화를 이루어야 한다.
- 서비스 전달 시스템은 고객에게 보여지는 무대 위 활동이다. 이는 서비스 경험을 창출하는 모든 상호작용을 포함한다. 고접촉 서비스에는 서비스 환경, 서비스 직원, 다른 고객들과의 고객 상호작용이 모두 포함된다. 각 유형의 상호작용은 가치를 창출하거나 파괴할 수 있다. 기업은 고객 서비스 만족 경험을 창출하기 위해 이러한 모든 상호작용을 조율해야 한다.

학습목표 9 연극은 서비스 전달에 대한 은유로 사용될 수 있다. 기업은 자사의 서비스를 소품과 배우가 함께하는 공연의 '무대'로 보고, 그에 따라 관리할 수 있다. 소품은 서비스 시설 및 장비이다. 배우는 서비스 직원과 고객이다.

학습목표 10

- 배우들이 맡은 역할을 잘 수행하기 위해서는 자신의 역할과 대본을 잘 이해해야 한다. 기업은 역할 이론과 대본 이론을 활용하여 직원과 고객의 행동을 더 효과적으로 설계, 교육, 전달, 관리할 수 있다.
- 고객은 자신이 통제하고 있다고 느낄 필요가 있다. 서비스 대면에 설계될 수 있는 3가지 유형의 통제가 있다. 행동 통제(고객은 개인 선호도에 따라 서비스 상황을 변경할 수 있다), 결정적 통제(고정된 옵션 중에서 선택할 수 있다), 인지적 통제(무슨 일이 왜 일어나고 있는지 이해하고 다음에 무슨 일이 일어날지 알고 있다. 후자를 예측 제어라고도 한다)가 그것이다.
- 그러나 과정, 대본, 역할이 엄격하게 정의되어 있으므로(예: 패스트푸드나 소비자 금융) 행동 통제 범위가 제한된다. 여기서 기업은 고객에게 더 많은 결정력, 인지적, 예측적 통제력을 제공하는 데 집중할 수 있다.

학습목표 11 서비스 구매 후 단계에서 고객은 서비스 성과를 평가하고 이를 자신의 서비스 성과와 비교한다.

- 만족도의 기대 불일치 모델은 서비스 기대와 지각된 성과를 비교하여 만족 판단이 형성된다는 주장이다.
- 만족도는 큰 만족에서 깊은 불만족까지 이어지는 연속체이다. 인지된 성과가 허용 범위(즉 적절한 서비스 수준 이상) 내에 있는 한, 고객은 합리적으로 만족할 것이다. 지각된 성과가 원하는 수준에 근접하거나 초과된 경우 고객은 매우 만족할 것이다. 성과가 적절한 서비스 수준 이하일 경우에는 불만족을 초래할 것이다.

학습목표 12

- 우수한 서비스 품질은 기업이 지속적으로 고객의 기대를 충족하거나 기대 이상이라는 것을 의미한다.
- 고객 만족은 거래별로 이루어지며 단일 서비스 경험을 의미하는 반면, 서비스 품질은 기업의 일반적인 성과에 대한 고객의 신념과 태도를 의미한다.
- 고객은 서비스 품질을 평가하기 위해 ① 유형, ② 신뢰

성, ③ 응답성, ④ 확신, ⑤ 공감이라는 5가지 광범위한 차원을 사용한다.

- 고객 만족도와 서비스 품질이 어긋나는 상황(예: "회사는 전반적으로 훌륭하지만 마지막 거래는 형편없었습니다")에서 고객은 다음 구매에 대한 성과 기대를 형성하기 위해 서비스 품질에 대한 상대적으로 안정적 인식을 사용한다. 그러나 두 번째, 세 번째 불만족 평가는 기업의 전반적인 서비스 품질 인식을 더욱 극단적으로 감소시키고 재방문을 저해하는 위험 요소로 작용할 것이다.
- SERVQUAL은 서비스 품질의 5가지 차원을 측정하기 위해 개발된 21개 항목의 척도이다. 이 척도는 인터넷 쇼핑과 온라인 서비스를 포함한 특별한 서비스의 특정 상황에 맞게 적용될 수 있다.

학습목표 13 충성도는 장기적으로, 바람직하게는 독점적으로 회사를 계속 후원하려는 고객의 의지이다. 고객 충성도는 행동을 넘어 선호도, 호감도, 향후 의도 등을 포함한다. 고객 참여라는 용어는 친구나 동료에게 회사를 추천하고, 다른 고객을 돕고, 피드백을 제공하고, 리뷰를 작성하는 등 재구매와 관련되지 않은 충성도 행동을 지칭하는 데 점점 더 많이 사용되고 있다. 충성도는 고객 만족의 중요한 결과이다.

서비스 마케팅 연습문제

1. 서비스 소비의 3단계에 대해 설명하라.
2. 고려상표군 내에 있는 서비스에서 고객의 선택은 어떻게 모델화될 수 있는가?
3. 선형적 보상규칙과 결합규칙의 차이는 무엇인가?
4. 탐색 속성, 경험 속성, 신뢰 속성을 예를 들어 설명하라.
5. 고객이 유형 제품에 비해 서비스를 평가할 때 더 어려운 이유를 설명하라.
6. 고객에게 지각된 위험이 서비스를 선택하고 구매하고 사용하는 데 중요한 이유를 설명하라. 기업은 고객의 지각된 위험을 줄일 수 있는 방법은 무엇인가?
7. 고객의 기대는 어떻게 형성되는가? 최근 경험한 서비스 경험을 예로 들어 고객이 원하는 서비스와 적절한 서비스의 차이점이 무엇인지 설명하라.
8. '진실의 순간'이란 무엇인가?
9. 고접촉 서비스와 저접촉 서비스의 차이를 설명하라. 그리고 그 둘 간에 고객 경험의 본질이 어떻게 다른지 설명하라.
10. 연극 비유, 역할 이론, 대본 이론은 서비스를 대면하는 동안 고객 행동에 대한 통찰력을 제공하는 데 어떤 도움을 줄 수 있는가?
11. 지각된 통제란 무엇이며, 지각된 통제가 중요한 이유는 무엇인가?
12. 고객 기대와 고객 만족의 관계에 대해 설명하라.
13. 서비스 품질은 무엇인가? 서비스 품질은 고객 만족도와 어떻게 다른가?
14. 서비스 품질의 5가지 차원은 무엇인가?
15. 서비스 품질은 어떻게 측정될 수 있는가?
16. 고객 충성도와 고객 참여의 의미를 설명하라.

학습 키워드

학습목표 1
- 고려상표군
- 대안 평가
- 환기상표군
- 정보 탐색
- 니즈 각성
- 니즈 인식
- 구매 전 단계
- 서비스 대면 단계
- 구매 후 단계
- 구매 결정
- 서비스 소비

학습목표 2
- 결합규칙
- 선형적 보상규칙
- 다속성 모델

학습목표 3
- 신뢰 속성
- 경험 속성
- 탐색 속성

학습목표 4
- 증거 관리
- 재무적 위험
- 기능적 위험
- 시간적 위험
- 신체적 위험
- 심리적 위험
- 감각적 위험
- 사회적 위험
- 일시적 위험

학습목표 5
- 적절한 서비스
- 원하는 서비스
- 예측된 서비스
- 구매 결정
- 서비스 기대
- 허용 범위

학습목표 6
- 진실의 순간'

학습목표 7
- 고접촉 서비스
- 저접촉 서비스

학습목표 8
- 무대 뒤
- 무대 위
- 서비스 전달 시스템
- 서비스 생산 시스템
- 기술적 핵심

학습목표 9
- 성과
- 직원
- 서비스 시설
- 은유로서의 연극
- 고객 여정

학습목표 10
- 역할 이론
- 대본 이론
- 지각된 통제 이론

학습목표 11
- 기대 확인
- 만족도의 기대 불일치 모델
- 부정적 불일치
- 긍정적 불일치
- 만족도

학습목표 12
- 서비스 품질
- 서비스 품질의 5가지 차원
- SERVQUAL

학습목표 13
- 고객 충성도
- 고객 참여

서비스 마케팅
용어를 얼마나
잘 알고 있나요?
퀴즈를 풀어보세요!

본문을 참조하지 않고도 기억할 수 있는 각 키워드에 대해 1점을 매기고 점수를 합산하여 서비스 마케터라고 불릴 자격을 갖추었는지 확인하세요.

점수

01~09 서비스 마케팅이 여러분에게 해악을 끼치나요?
10~18 밤늦도록 공부가 필요합니다.
19~27 학기 내내 여러분이 무엇을 하지 않았는지 알고 있습니다.
28~36 거의 도달하려고 합니다.
37~45 지금 바로 마케터로 출발하세요.
46~58 여러분의 이름을 딴 마케팅 콘셉트가 나와야 합니다.

서비스 마케팅 응용문제

1. 중요한 가족 모임을 위해 3개의 다른 레스토랑을 비교할 수 있는 다속성 모델을 구성하라. 서로 다른 2개의 결정규칙을 적용하여 앞서 구성한 다속성 모델에 기초한 선택을 결정하라.
2. (a) 자동차 수리 시설, (b) 항공사, (c) 대학, (d) 컨설팅 회사의 후방(무대 뒤) 요소는 무엇인가? 어떤 상황에서 고객이 이러한 후방 요소 중 일부를 볼 수 있도록 허용하는 것이 적절하거나 바람직할 수 있는가? 이는 어떻게 진행할 수 있는가?
3. 동종 업계(예: 은행, 레스토랑, 주유소)에서 서비스에 대한 접근 방식이 서로 다르다고 생각되는 두 경쟁 서비스 회사의 시설을 방문하라. 이 장의 적절한 프레임워크를 사용하여 그들의 접근 방식을 비교하고 대조하라.
4. 선택한 서비스에 대본 이론 및 역할 이론을 적용하라. 경영에 도움이 될 만한 통찰력은 무엇인가?
5. 기업은 서비스 접점에서 지각된 통제 이론의 원리를 어떻게 구현할 수 있는가? 기업을 선택하여 대면 서비스와 온라인 서비스 경험에 적용해보라.
6. 최근에 (a) 앱, 챗봇, 전화, 이메일을 통해 저접촉 서비스 제공업체와, (b) 고접촉 서비스 제공업체에서 경험한 불만족스러운 서비스를 설명하라. 불만을 야기한 서비스 경험에 대한 주요 요인은 무엇이었는가? 각 경우에 대해 서비스 제공업체는 서비스 개선을 위해 무엇을 할 수 있는가?
7. 휴대전화나 전력회사에서 제공하는 문의/정보 서비스에 대한 '우수한 서비스 품질'을 어떻게 정의할 수 있는가? 서비스 조직에 전화하여 겪은 서비스 경험을 토대로 당신이 정의하는 서비스 우수성에 반대되는 서비스를 평가하라.

미주

1. Adapted and updated from Christopher Lovelock and Lauren Wright, *Principles of Services Marketing and Management*, 2nd edition (Upper Saddle River, NJ: Prentice Hall, 2001).
2. Valarie A. Zeithaml, "How Consumer Evaluation Processes Differ between Goods and Services," in J. A. Donnelly and W. R. George (eds.), *Marketing of Services* (Chicago: American Marketing Association, 1981), pp. 186–190.
3. Valarie A. Zeithaml, Leonard L. Berry, and A. Parasuraman, "The Behavioral Consequences of Service Quality," *Journal of Marketing* 60 (April 1996): 31–46; R. Kenneth Teas and Thomas E. DeCarlo, "An Examination and Extension of the Zone-of-Tolerance Model: A Comparison to Performance-Based Models on Perceived Quality," *Journal of Service Research* 6(3) (2004): 272–286.
4. Cathy Johnson and Brian P. Mathews, "The Influence of Experience on Service Expectations," *International Journal of Service Industry Management* 8(4) (1997): 46–61.
5. Robert Johnston, "The Zone of Tolerance: Exploring the Relationship between Service Transactions and Satisfaction with the Overall Service," *International Journal of Service Industry Management* 6(5) (1995): 46–61.
6. From Richard Normann, "Service Management: Strategy and Leadership in Service Business." 2nd edition (John Wiley & Sons, 1991).
7. From Jan Carlzon, "Moments of Truth" (Ballinger Publishing Company, 1987).
8. For an overview of the likely role of AI and robotics in service delivery, see Jochen Wirtz, Paul Patterson, Werner Kunz, Thorsten Gruber, Vinh Nhat Lu, Stefanie Paluch, and Antje Martins, "Brave New World: Service Robots in the Frontline," *Journal of Service Management* 29(5) (2018): 907–931; M. Čaić, D. Mahr, and G. Odekerken-Schröder, "Value of Social Robots in Services: Social Cognition Perspective," *Journal of Services Marketing* 33(4) (2019): 463–478; M. Čaić, G. Odekerken-Schröder, and D. Mahr, "Service Robots: Value Co-creation and Co-destruction in Elderly Care Networks," *Journal of Service Management* 29(2) (2018): 178–205; Emanuel de Bellis and Gita Venkataramani Johar, "Autonomous Shopping Systems: Identifying and Overcoming Barriers to Consumer Adoptions," *Journal of Retailing* 96(1) (2020): 74–87.
9. Pierre Eiglier and Eric Langeard were the first to conceptualize the service business as a system that integrates marketing, operations, and customers, and they coined the term servuction system; see Pierre Eiglier and Eric Langeard, "Services as Systems: Marketing Implications," in Pierre Eiglier, Eric Langeard, Christopher H. Lovelock, John E. G. Bateson, and Robert F. Young (eds.), *Marketing Consumer Services: New Insights* (Cambridge, MA: Marketing Science Institute, Report 77–115, November 1977), pp. 83–103; Eric Langeard, John E. Bateson, Christopher H. Lovelock, and Pierre Eiglier, *Services Marketing: New Insights from Consumers and Managers* (Marketing Science Institute, Report # 81–104, August 1981).
10. Adapted and expanded from an original concept by Eric Langeard and Pierre Eiglier, "Services as Systems: Marketing Implications," in Pierre Eiglier, Eric Langeard, Christopher H. Lovelock, John E. G. Bateson, and Robert F. Young (eds.), *Marketing Consumer Services: New Insights* (Cambridge, MA: Marketing Science Institute, Report 77–115, November 1977), pp. 83–103; Eric Langeard, John E. Bateson, Christopher H. Lovelock, and Pierre Eiglier, *Services Marketing: New Insights from Consumers and Managers* (Marketing Science Institute, Report # 81–104, August 1981).
11. Richard B. Chase, "Where Does the Customer Fit in a Service Organization?" *Harvard Business Review* 56 (November–December 1978): 137–142; Stephen J. Grove, Raymond P. Fisk, and Joby John, "Services as Theater: Guidelines and Implications," in Teresa A. Schwartz and Dawn Iacobucci (eds.), *Handbook of Services Marketing and Management* (Thousand Oaks, CA: Sage, 2000), pp. 21–36.
12. Stephen J. Grove, Raymond P. Fisk, and Joby John, "Services as Theater: Guidelines and Implications," in Teresa A. Schwartz and Dawn Iacobucci (eds.), *Handbook of Services Marketing and Management* (Thousand Oaks, CA: Sage, 2000), pp. 21–36; Steve Baron, Kim Harris, and Richard Harris, "Retail Theater: The 'Intended Effect' of the Performance," *Journal of Service Research* 4 (May 2003): 316–332; Richard Harris, Kim Harris, and Steve Baron, "Theatrical Service Experiences: Dramatic Script Development with Employees," *International Journal of Service Industry Management* 14(2) (2003): 184–199.
13. Stephen J. Grove and Raymond P. Fisk, "The Dramaturgy of Services Exchange: An Analytical Framework for Services Marketing," in L. L. Berry, G. L. Shostack, and G. D. Upah (eds.), *Emerging Perspectives on Services Marketing* (Chicago, IL: The American Marketing Association, 1983), pp. 45–49.
14. Michael R. Solomon, Carol Suprenant, John A. Czepiel, and Evelyn G.

Gutman, "A Role Theory Perspective on Dyadic Interactions: The Service Encounter," *Journal of Marketing* 49 (Winter 1985): 99–111.
15. Richard Harris, Kim Harris, and Steve Baron, "Theatrical Service Experiences: Dramatic Script Development with Employees," *International Journal of Service Industry Management* 14(2) (2003): 184–199.
16. Parts of this section were adapted from K. Douglas Hoffman and John E. G. Bateson, *Services Marketing: Concepts, Strategies, & Cases*, 4th edition. (Mason, USA: South-Western Cengage Learning, 2011), pp. 100–101.
17. Michael K. Hui and John E. G. Bateson, "Perceived Control and the Effects of Crowding and Consumer Choice on the Service Experience," *Journal of Consumer Research* 18(2) (1991): 174–184; Michael K. Hui and Roy Toffoli, "Perceived Control and Consumer Attribution for the Service Encounter," *Journal of Applied Psychology* 32(9) (2006): 1825–1844. Recent research highlights the importance of perceived control during service failure situations in which customers are "trapped"; see Sabine Fliess and Maarten Volkers, "Trapped in a Service Encounter: Exploring Lock-in and Its Effect on Well-Being and Coping Responses during Service Encounters," *Journal of Service Management* 31(1) (2020): 79–114.
18. Richard B. Chase and Sriram Dasu, "Experience Psychology—A Proposed New Subfield of Service Management," *Journal of Service Management* 25(5) (2014): 574–577.
19. For an excellent and comprehensive review of the extant literature on customer satisfaction and its outcomes see: Richard L. Oliver, *Satisfaction: A Behavioral Perspective on the Consumer*, 2nd edition (New York: Armonk, M.E. Sharpe, 2010).
20. Richard L. Oliver, "A Cognitive Model of the Antecedents and Consequences of Satisfaction Decisions," *Journal of Marketing Research* 17 (November 1980): 460–469; Eugene W. Anderson and Mary W. Sullivan, "The Antecedents and Consequences of Customer Satisfaction for Firms," *Marketing Science* 12 (Spring 1993): 125–143.
21. Christian Grönroos, *Service Management and Marketing*, 3rd edition (Chichester, NY: Wiley, 2007).
22. William Boulding, Ajay Kalia, Richard Staelin, and Valarie A. Zeithaml, "A Dynamic Process Model of Service Quality: From Expectations to Behavioral Intentions," *Journal of Marketing Research* 30(1) (1993): 7–27; A. Palmer and M. O'Neill, "The Effects of Perceptual Processes on the Measurement of Service Quality," *Journal of Services Marketing* 17(3) (2003): 254–274.
23. Valarie A. Zeithaml, A. Parasuraman, and Leonard L. Berry, *Delivering Quality Service* (New York: The Free Press, 1990). See also Valarie A. Zeithaml, Mary Jo Bitner, and Dwayne D. Gremler, *Services Marketing: Integrating Customer Focus across the Firm* (New York: McGraw Hill, 2013), pp. 49–105.
24. A. Parasuraman, Valarie A. Zeithaml, and Leonard Berry, "SERVQUAL: A Multiple Item Scale for Measuring Consumer Perceptions of Service Quality," *Journal of Retailing* 64 (1988): 12–40.
25. Ibid.
26. See, for instance, Anne M. Smith, "Measuring Service Quality: Is SERVQUAL Now Redundant?" *Journal of Marketing Management* 11 (Jan/Feb/April 1995): 257–276; Francis Buttle, "SERVQUAL: Review, Critique, Research Agenda," *European Journal of Marketing* 30(1) (1996): 8–32; Terrence H. Witkowski and Mary F. Wolfinbarger, "Comparative Service Quality: German and American Ratings across Service Settings," *Journal of Business Research* 55 (2002): 875–881; Lisa J. Morrison Coulthard, "Measuring Service Quality: A Review and Critique of Research Using SERVQUAL," *International Journal of Market Research* 46 (4) (2004): 479–497.
27. For an excellent overview of cutting-edge knowledge on customer engagement, refer to Linda D. Hollebeek and David E. Sprott (eds.), *Handbook of Research on Customer Engagement* (Cheltenham, UK: Edward Elgar Publishing, 2019).

CHAPTER 3

경쟁 시장에서의 서비스 포지셔닝

학습목표

- 01 고객, 경쟁사, 기업, 즉 3C에 대한 분석이 고객 중심의 서비스 마케팅 전략을 개발하는 데 어떤 도움을 주는지 이해한다.
- 02 포지셔닝 전략의 주요 요소(세분화, 표적화, 포지셔닝, 즉 STP)를 이해하고, 이러한 요소가 서비스 기업에게 중요한 이유를 설명한다.
- 03 세분 시장을 알아내고 프로파일하는 데 일반적인 요인을 이용하기 전에 니즈를 기준으로 고객을 세분화한다.
- 04 세분화에 중요하고 결정적인 속성 요인의 차이를 구분한다.
- 05 세분 시장을 위해 다른 서비스 수준을 적용한다.
- 06 경쟁우위를 위한 4가지 집중 전략을 이용하여 서비스 고객을 표적화한다.
- 07 경쟁자와 차별화할 수 있도록 서비스를 포지셔닝한다.
- 08 포지셔닝 맵을 어떻게 이용하는지 이해하고 경쟁 전략을 개발한다.
- 09 디지털 서비스와 플랫폼 비즈니스 모델에 포지셔닝을 어떻게 적용하는지 이해한다.
- 10 효과적인 포지셔닝 전략을 개발한다.

Tyler Olson\Shutterstock

도입 사례

경쟁력 있는 어린이집 체인 포지셔닝[1]

경영관리 컨설턴트 경력을 가지고 있는 로저 브라운과 린다 메이슨은 비즈니스 스쿨에서 만났다. 졸업 후에 그들은 캄보디아의 난민 아이들을 위한 프로그램을 운영했고, 동아프리카에서 '세이브 더 칠드런(Save the Children)'이라는 구호활동 기구를 운영했다. 미국으로 돌아온 그들은 부모에게 자녀의 복지를 보장할 수 있는 교육 환경을 갖춘 어린이 돌봄센터가 필요하다고 생각했다.

조사를 통해 그들은 어린이집 산업의 많은 문제점을 발견할 수 있었다. 어린이집 시장은 산업에 대한 법규도 부족했고, 진입장벽이 없었다. 이익은 매우 낮으며 규모의 경제도 낮았다. 노동 집약적인 산업이었으며, 브랜드 차별화는 명확하지 않았다. 브라운과 메이슨은 이러한 문제를 참고하여 자신들의 회사인 브라이트호라이즌스(Bright Horizons)를 위해 어린이집 시장에서 강점이 지닌 서비스 콘셉트를 개발했다. 그들은 부모와 같은 어린이집 고객에게 서비스를 직접 마케팅하지 않는 대신 어린아이가 있는 직원을 위해 직장 내 어린이집 운영을 원하는 기업과 파트너십을 체결했다. 이러한 대응은 다음과 같은 장점이 있었다.

- 강력하면서도 저렴한 마케팅 채널을 확보할 수 있다.
- 어린이집 시설을 갖추고 있거나 어린이집을 건립할 자금을 제공할 수 있는 파트너는 브라이트호라이즌스가 고품질 서비스를 제공하는 데 도움을 줄 수 있다.
- 부모는 직장과 가까워서 아이를 데려다주는 시간을 절약할 수 있고, 마음이 놓인다는 점에서 다른 경쟁사보다 브라이트호라이즌스 센터에 매력을 느낀다.

브라이트호라이즌스는 고임금과 매력적인 복지 정책으로 최고의 직원을 구한 덕분에 다른 경쟁사가 갖추지 못한 고품질의 서비스를 제공할 수 있었다. 일반 어린이집은 적절한 교육계획을 가지고 있지 않았고, 엄격하고 획일적인 교육방식으로 수업을 진행했기에 브라이트호라이즌스는 '마음대로 움직이는 세상(world at their fingertips)'이라는 유연한 방식의 교육계획을 개발했다. 이 계획은 대략의 윤곽만을 제시하며 매일 수업에 대한 결정권은 선생님에게 맡긴다.

브라이트호라이즌스는 미국유아교육협회(NAEYC)의 인증을 받고자 적극적으로 노력했다. 또한 정부가 요구하는 기준에 상응하거나 상회하는 서비스를 제공하기 위해 서비스 품질을 강조했다. 결과적으로 규제의 부족은 브라이트호라이즌스에게 위협이 아닌 기회로 작용했고, 경쟁적 우위에 서게 되었다.

브라이트호라이즌스는 많은 하이테크 기업을 포함한 고객의 후원과 도움으로 다양한 혁신적인 기술을 개발했다. 부모의 스마트폰으로 수업을 실시간 동영상으로 전송하거나, 미술작품, 식단표, 달력, 학생 평가, 온라인 학생 평가 결과 등을 게시했다. 이런 스마트폰 앱은 부모가 스케줄을 관리하거나, 가능한 시간을 커뮤니케이션하거나, 스케줄을 할당하거나, 어린이집 센터와의 커뮤니케이션을 간소화할 수 있다. 이런 모든 것으로 브라이트호라이즌스를 차별화할 수 있었고, 이는 경쟁우위에 남을 수 있게 해주었다.

브라이트호라이즌스는 직원을 경쟁우위 요소로 판단하고, 최적의 인력을 선발 및 유지하려고 노력한다. 2020년에는 「포천(Fortune)」이 선정한 미국에서 일하고 싶은 100대 기업 중에 19번째로 선정되었다. 브라이트호라이즌스는 포천지가 선정한 500대 기업 리스트에서 어린이 돌봄 기관으로는 유일하며, 전 세계에 약 30,000명이 넘는 직원이 근무하고(경쟁사와 10배 차이가 난다), 미국, 캐나다, 유럽에서 1,000명이 넘는 고객사와 어린이집을 운영하고 있다. 주로 세계적인 기업, 병원, 대학, 정부기관 등에서 어린이집을 운영 중이다. 이들 고객사가 브라이트호라이즌스와 파트너십을 맺고 싶어 하는 이유는 믿을 수 있는 직원이 있기 때문이다.

Sharomka\Shutterstock

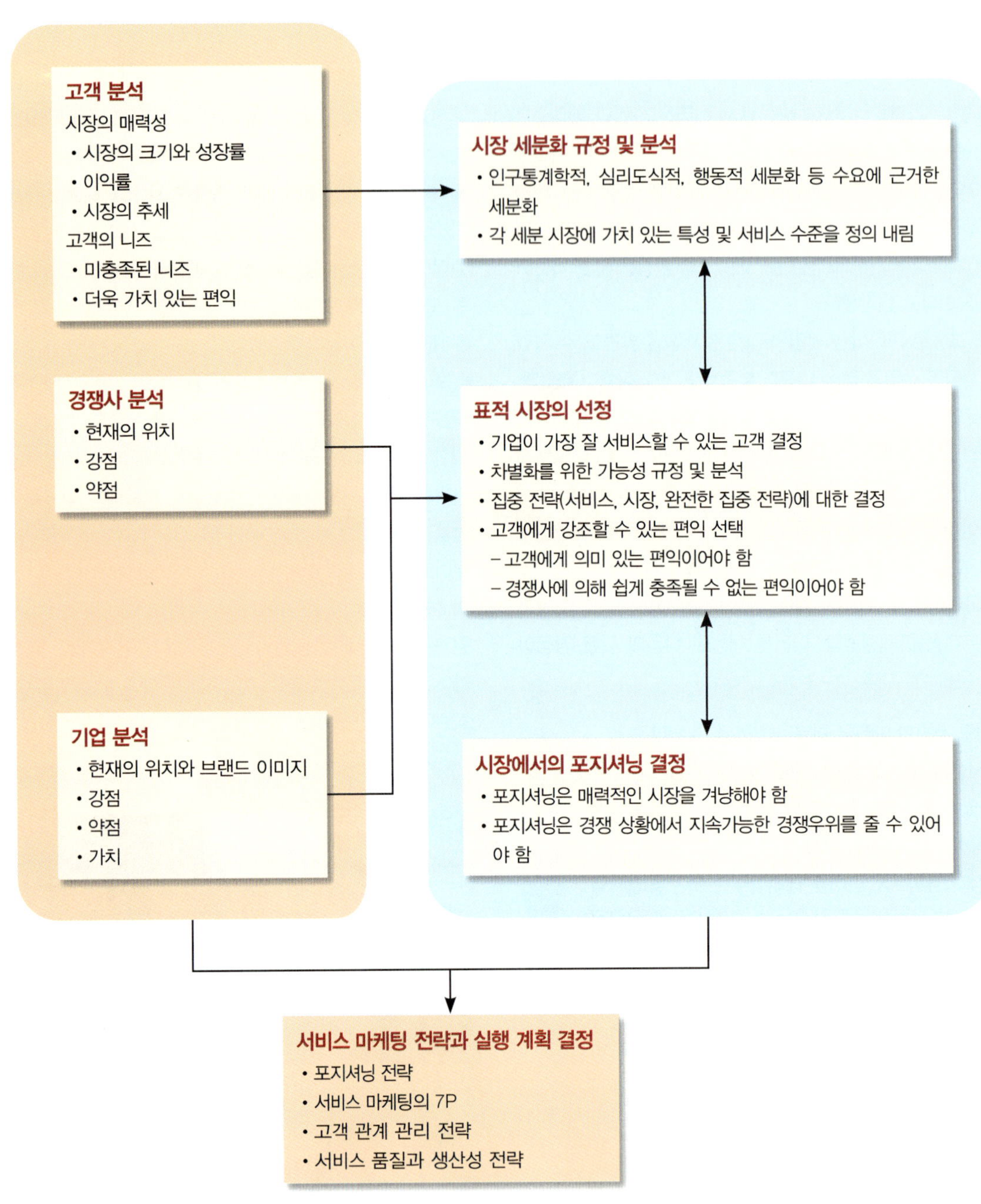

그림 3.1 서비스 마케팅 포지셔닝 전략 개발

고객 중심의 서비스 마케팅 전략

 **학습목표 1**

고객, 경쟁사, 기업, 즉 3C에 대한 분석이 고객 중심의 서비스 마케팅 전략을 개발하는 데 어떤 도움을 주는지 이해한다.

진입장벽이 낮고 경쟁자가 많은 시장에서 브라이트호라이즌스는 틈새시장을 발견했고, 다른 비슷한 회사와 차별화했다. 결과는 드라마틱했다.

서비스 분야에서 경쟁이 치열해짐에 따라 서비스 기업은 고객에게 의미 있도록 상품을 차별화하는 것이 매우 중요해지고 있다. 이는 관리자가 서비스의 모든 면에 대해 체계적으로 생각하고, 표적 시장의 고객에게 가치 있다고 여겨지는 서비스 속성에 대해 경쟁우위에 있다는 것을 강조할 필요가 있음을 시사한다. 이를 위한 체계적인 방법은 3C, 즉 고객(*c*ustomer), 경쟁사(*c*ompetitor), 기업(*c*ompany)에 대한 분석으로 시작된다. 이는 기업이 서비스 포지셔닝 전략의 주요 요소를 결정하는 데 도움을 주는데, 주요 요소는 시장 세분화(*s*egmentation), 표적 시장 선정(*t*argeting), 포지셔닝(*p*ositioning)으로, 마케팅 전문가는 이를 흔히 STP라고 한다. 적절한 시장 포지셔닝을 식별하는 기본 단계가 그림 3.1에 나타나 있다.

고객 분석, 경쟁사 분석, 기업 분석(3C)

고객 분석

고객 분석은 일반적으로 가장 먼저 수행되며, 시장의 전반적 측면에 대한 조사가 이루어진다. 고객의 니즈에 대한 깊이 있는 조사와 더불어 관련 고객의 특성이나 행동을 심층적으로 탐색한다.

시장 분석은 전반적 시장의 매력도와 시장 내 잠재된 세분 시장을 발견하기 위해 이루어진다. 특히 시장의 전반적 규모와 성장력, 이익률, 잠재적 이익, 수요 수준, 시장에 영향을 줄 만한 변화 등을 관찰한다. 예를 들면, 여행 산업에서 에어비앤비(Airbnb)와 원파인스테이(Onefinestay) 같은 P2P(peer-to-peer) 공유 플랫폼은 빠르게 성장하고 있다. 그러나 여행에 관심이 있지만 너무 부담스럽지 않은 개인 가이드와 여행 일정이 포함된 맞춤형 투어를 원하는 부유한 퇴직자 시장이 성장하고 있다. 기업은 시장을 세분화하는 다양한 방법을 고려해야 하고, 각기 다른 세분 시장의 규모와 잠재력을 평가해야 한다.

고객 니즈 분석은 몇 가지 질문에 대한 답과 관련이 있다 인구통계학적, 심리학적 측면에서 시장의 고객은 누구인가? 그들의 니즈와 문제는 무엇인가? 고객의 관점에서 수행해야 할 작업은 무엇인가?[2] 잠재적으로 다른 니즈를 가진 고객이 있는가? 다른 서비스 상품을 요구하거나 다른 수준의 서비스를 요구하는가? 이들 각각의 집단이 중요하게 여기는 서비스 편익은 무엇인가? 앞의 예를 사용하면 부유한 퇴직자는 편안하고 안전한 여행을 원하며, 젊은 나이대의 가족 여행자보다 가격에 덜 민감하다. 이런 면에서 기존 공급업체는 그들의 니즈를 충족시키지 못한다.

경쟁사 분석

경쟁사 분석은 기업이 경쟁자의 장점과 약점을 이해할 수 있게 한다(그림 3.2). 이러한 분석 결과를 기업 분석과 연결하여 차별화와 경쟁우위의 기회를 제안할 수 있어야 한다. 경쟁사 분석은 또한 관리자가 어떤 표적 시장에 서비스의 어떤 편익을 강조해야 하는지 결정할 수 있게 도와준다.

레거시서비스(Legacy service)는 기존 사업이 잠식되는 것을 꺼리며 저비용, 종종 앱 기반과 AI 기술을 활용한 서비스로 진출할 기회를 열어준다. 예를 들어, 많은 핀테크 기업은 로보어드바이저(금융 전문가를 대체), 다국화 전자지갑(높은 외환 스프레드를 가진 신용카드를 대체), 외화 이체 앱(은행의 비싼 송금 서비스 대체) 같은 시장은 좁지만 간단하며 저비용의 서비스를 제공한다. 하지만 핀테크식 해결책을 수용한 일부 은행이 이러한 시장에 직접 진출하여 최신 IT 부서, 인프라 시설, 네트워크를 갖춘 소규모 신규 경쟁업체에 심각한 위협 요소가 되고 있다.

Jan Mikš/123RF

그림 3.2 SWOT 분석은 비즈니스에서 널리 사용되는 방법이다.

기업 분석

기업 내부 분석의 목적은 현재의 브랜드 포지셔닝과 이미지, 조직의 자원(예: 기술, 플랫폼, 데이터 및 분석, 인력과 노하우, 재정 자원)과 관련한 조직의 강점을 규정하는 것이다. 또한 조직의 한계와 제약사항을 살펴보고 사업 방식을 통해 기업 가치를 형성하는 방법을 분석한다. 이러한 분석으로 얻은 통찰을 이용하여 경영진은 기존 서비스나 새로운 서비스를 제공할 제한된 수의 표적 세분 시장을 선택할 수 있어야 한다. 결국 핵심 질문은 기업과 서비스가 각각의 세분 시장에서 직면하는 고객의 니즈와 문제를 얼마나 잘 다룰 수 있는가이다.

학습목표 2

포지셔닝 전략의 주요 요소(세분화, 표적화, 포지셔닝, 즉 STP)를 이해하고, 이러한 요소가 서비스 기업에게 중요한 이유를 설명한다.

시장 세분화, 표적 시장 선정, 포지셔닝(STP)

고객 분석과 경쟁사 분석을 기업 분석과 연계하면 서비스 조직은 효과적인 포지셔닝 전략을 만들 수 있다. 적절한 시장 위치를 찾아내고 전략을 개발하는 것과 관련된 기본 단계는 다음과 같다.

Witthaya Prasongsin/123RF

그림 3.3 많은 핀테크 기업은 고객이 파워풀한 스마트 앱을 이용해서 온라인으로 거래를 할 수 있게 돕는다.

- **시장 세분화:** 고객 그룹을 여러 개의 소그룹으로 나누는 것을 의미한다. 같은 세분 시장 내에 존재하는 고객들은 공통된 서비스 관련 특성, 니즈, 구매 행동, 그리고/또는 소비 패턴을 보인다. 유사한 니즈를 가진 고객으로 분류된 고객 그룹은 인구통계학적, 지리학적, 심리학적, 행동적 변수를 사용하여 설명할 수 있다. 같은 세분 시장으로 구분된 고객들은 유사한 니즈를 가지고 있어야 하고, 비슷한 특성을 보이며, 다른 세분 시장으로 구분된 고객들은 최대한 다른 니즈를 가지고 있어야 한다.
- **표적 시장 선정:** 전체 고객이 세분 시장으로 분류되

표 3.1 서비스 포지셔닝 전략의 요소와 주요 개념

포지셔닝 전략의 요소	주요 개념
시장 세분화	• 서비스 시장의 세분화 • 세분화와 관련 있는 서비스 속성과 수준 – 중요한 속성과 결정적 속성 – 서비스 수준의 설정
표적 시장 선정	• 4가지 집중 전략을 통해 서비스 시장을 선정 – 완전한 집중 – 시장 집중 – 서비스 집중 – 비집중
포지셔닝	• 경쟁 시장에서의 포지셔닝 서비스 • 경쟁 전략을 세우기 위해 포지셔닝 맵 사용 • 디지털 서비스와 플랫폼 포지셔닝 • 효과적인 포지셔닝 전략 개발

변 기업은 각 세분 시장의 매력도를 파악하고, 어떤 세분 시장이 해당 서비스에 가장 관심을 보일지 결정해야 하며, 그들에게 서비스를 잘 제공하는 방법에도 집중해야 한다.

▶ **포지셔닝**: 기업 또는 기업 서비스가 고객의 마음속에 자리잡고 있는 독특한 위치를 의미한다. 기업은 자사의 서비스로 고객의 마음속에 특정 위치를 마련하기 전에 먼저 경쟁사들의 서비스와 차별화할 수 있는 방법을 생각해야 한다.

표 3.1은 서비스 포지셔닝 전략의 주요 요소뿐만 아니라 관련 개념도 제시한다. 이 장의 나머지 부분에서 각 개념을 설명할 것이다.

서비스 시장의 세분화

학습목표 3

세분 시장을 알아내고 프로파일하는 데 일반적인 요인을 이용하기 전에 니즈를 기준으로 고객을 세분화한다.

시장 세분화(segmentation)는 마케팅에서 가장 중요한 개념 중 하나이다. 서비스 기업들은 다양한 유형의 고객에게 서비스할 수 있는 다양한 능력을 가지고 있다. 따라서 기업은 전체 시장에서 경쟁하기보다는 시장 세분화 전략을 채택해야 한다. 기업이 가장 잘 서비스할 수 있는 특정한 세분 시장을 정해야 한다.

시장을 세분화하는 방법은 여러 가지가 있으며, 마케팅 전문가는 일반적으로 여러 방법을 합치거나 통합한다. 전통적으로 **인구통계학적 세분화**(예: 나이, 성별, 소득 수준)가 자주 사용되었다. 그러나 정확히 동일한 인구통계적 특성을 가진 고객이라도 다른 구매 행동을 보일 수 있으므로, 인구통계학적 세분화가 항상 의미 있는 세분화를 보여주는 것은 아니다. 결과적으로 **심리학적 세분화**를 기준으로 한 세분화가 사람들의 라이프스타일이나 태도, 열망을 반영하기 때문에 더 많이 선호된다. 심리학적 세분화는 브랜드 정체성을 강화하거나 브랜드와 정서적 연결을 만들 때 매우 유용하지만, 고객 행동과 구매 등을 정확히 예상하기는 어렵다. **고객 행동 기준 세분화**는 비사용자, 적게 또는 많이 사용하는 고객처럼 관찰 가능한 행동에 초점을 맞추기 때문에 이러한 단점을 보완할 수 있다. **니즈 기준 세분화**는 고객이 서비스에서 진정으로 원하는 것에 초점을 두기 때문에 2장에서 다루었던 다속성 의사결정 모델에 근거하여 이미지 맵을 그릴 수 있다.

사람들은 다음과 같은 다양한 니즈와 의사결정 기준을 가진다는 점을 인식해야 한다.

- 서비스 이용 목적
- 의사결정자
- 사용 시간(일자, 주일, 계절 등)
- 고객이 서비스를 개인으로 혹은 단체로 이용하는지 여부와 단체로 이용할 경우 그룹의 성격

시장을 효과적으로 세분화하려는 기업은 고객의 니즈(즉 니즈 기준 세분화)를 깊게 이해하는 것부터 시작하는 것이 가장 최상의 방법이다. 빅데이터 활용과 클라우드 마케팅 애널리틱스는 마케터가 개인 고객 수준의 정확하고 자세한 정보를 수집할 수 있다. 이를 통해 매우 자세하고 구체적인 세분화 분석을 할 수 있다.[3] 마케터는 이러한 이해를 통해 얻은 지식을 인구통계학적, 심리학적, 구매 행동적, 구매 상황 변수와 결합하여 시장의 주요 세분 시장을 더욱 잘 정의하고 구분할 수 있다.[4]

콘티키투어(Contiki Tour)는 우선적으로 고객 니즈를 기준으로 시장을 세분화하고, 다른 형태의 세분화를 사용하여 미세 조정을 하는 대표적인 기업이다. 콘티키투어는 홀로 여행하

Iryna Rasko\Shutterstock

그림 3.4 콘티키투어는 즐거움을 추구하는 젊은 여행자를 표적화한다.

는 사람은 가족 단위 여행객과 함께하는 것을 원치 않는다는 사실을 알게 되었고, 그들이 자신과 유사한 선호(니즈 기준 세분화)를 가진 사람들과 만날 수 있는 휴가를 선호한다는 것을 파악하여 이런 특별한 성격을 가진 고객 그룹에 다가설 수 있었다. 콘티키투어는 18~35세 연령층(인구통계학적 세분화)을 위한 휴가 서비스 분야의 세계적인 선두주자이다(그림 3.4). 그들의 휴가 패키지 상품은 즐거움을 추구하는 젊은 고객을 겨냥한다. 콘티키투어는 다양한 라이프스타일과 저렴한 이용 요금(심리학적 세분화)에 대한 니즈를 충족시키기 위해 패키지 상품을 더 세분화했다. 예를 들어, 유럽을 여행하는 고객은 '캠핑'(매우 외향적이며 험난한 경험을 꺼리지 않는 여행자를 위한 상품)과 '콘셉트/실속(Concept/Budget)'(시간과 돈을 절약하고 싶은 배낭여행자를 위한 상품), '휴식/최상급(Time out/Superior)'(많은 볼거리, 자유 시간, 추가 관광, 고급 호텔 숙박 등을 선호하는 여행자를 위한 상품) 상품 중에 선택할 수 있다.

중요한 서비스 속성과 결정적 서비스 속성

 **학습목표 4**

세분화에 중요하고 결정적인 속성 요인의 차이를 구분한다.

고객은 대부분 대체 서비스 상품들의 차이점을 인식하고 서비스를 선택한다. 그러나 **중요한 속성**(important attribute)은 경쟁 서비스를 구별하는 속성이 아닌 경우가 많다. 예를 들면, 많은 여행객은 항공 서비스를 선택할 때 '안전성'을 가장 중요한 요인으로 꼽는다. 고객은 안전에 문제가 있다는 평판을 듣는 항공사를 피할 것이다. 그러나 그런 문제가 될 만한 대안을 제외하면 대부분의 항공 서비스는 기본적으로 안전에서 동등한 수준의 서비스를 제공할 것이라고 기대하므로, 안전이라는 속성은 최종 선택에 큰 영향을 미치지 못한다.

결정적 속성(determinant attribute, 특정 대안을 결정하게 만드는 속성)이 의사결정에 중요한 서비스 특성 목록 하단에 있는 경우도 발생한다. 그러나 이는 고객이 경쟁 대안의 중요한 차이라고 여기는 속성이다. 예를 들어 출발과 도착 시간의 편리성(그림 3.5), 마일리지 및 관련 혜택의 이용 가능성, 기내 서비스 수준, 예약 용이성 등은 비즈니스석을 이용하는 여행자가 항공사를 선택할 때 결정적인 속성으로 작용한다. 반대로 저가 예산형 여행자에게는 가격이 결정적인 속성이 될 수 있다.

2장에서 중요한 속성이 동일할 경우 고객이 다른 의사결정 규칙을 사용하여 결과적으로 다른 선택을 하는 것을 볼 수 있었다. 예를 들어 표 2.1에서 가장 중요한 속성은 세탁의 질이다. 그러나 고객이 결합 규칙을 사용하면 최소 점수 항목에 따라 세 번째로 중요한 속성인 가격이 결정적 속성이 될 수도 있다. 고객의 마음속에 기업의 서비스가 두드러지도록 만드는 효과적 포지셔닝을 하려면 결정적 속성을 알아내는 것이 가장 중요하다.

HONGQI ZHANG\123rf.com

그림 3.5 편리한 출발 시간은 비즈니스 여행객에게는 결정적 속성이다.

학습목표 5

세분 시장을 위해 다른 서비스 수준을 적용한다.

서비스 수준에 따른 세분화

세분화에 사용되는 속성을 정의한 후에는 각 속성에 제공할 서비스 수준에 대한 결정도 내려야 한다. 어떤 서비스 속성은 쉽게 정량화할 수 있지만, 어떤 속성은 정성적이다. 예를 들어 가격은 정량적 속성이다. 반면에 호텔의 개인 서비스 품질이나 호화스러움과 같은 속성은 정성적 속성을 많이 지니고 있다. 고객은 종종 저렴한 가격을 위해 일정 수준의 서비스를 포기하는 정도에 따라 분류할 수도 있다. 가격에 덜 민감한 고객은 자신에게 중요한 속성에 대해 높은 수준의 서비스를 받기 위해 비교적 높은 가격을 기꺼이 지불한다. 반대로 가격에 민감한 고객은 대부분의 중요한 속성에서 낮은 수준의 서비스가 제공될 것임이 예상됨에도 불구하고 저렴한 서비스를 찾을 것이다.

학습목표 6

경쟁우위를 위한 4가지 집중 전략을 이용하여 서비스 고객을 표적화한다.

표적 서비스 시장 선정

시장에 있는 모든 잠재 고객을 대상으로 서비스하려고 노력하는 것은 현실적이지 못하다. 고객은 니즈, 구매 행동, 소비 패턴이 다양하기 때문이다. 게다가 수가 너무 많으며 지리적으로 멀리 떨어져 있기도 하다. 또한 서비스 회사마다 장점과 단점이 크게 다른 경향이 있다. 따라서 경쟁우위를 달성하기 위해 회사가 집중할 수 있고 최고의 서비스를 제공할 수 있는 **표적 시장 세분화**에 노력을 집중하는 것이 바람직하다.[5]

집중을 통한 경쟁우위 달성

마케팅 용어 중 **집중**(focus)은 특정 시장에 상대적으로 좁은 상품 믹스를 제공하는 것을 의미한다. 기업에서 전략적으로 서비스 운영에 중요한 요소를 알아내고 그곳에 중요한 자원을 집중하는 것이다. 기업의 집중 정도는 시장 집중과 서비스 집중이라는 두 가지 차원으로 설명할 수 있다.[6] **시장 집중**(market focus)은 기업이 활동하는 시장의 수가 많고 적은 정도를 나타내고, **서비스 집중**(service focus)은 기업이 제공하는 서비스 폭이 넓고 좁은 정도를 의미한다. 이 두 차원은 4가지 기본 집중 전략을 정의하며, 다음과 같다(그림 3.6).

그림 3.6 서비스의 기본 집중 전략

출처: Robert Johnston, "Achieving Focus in Service Organizations," in *The Service Industries Journal* 16(1): 10–20, Published by Taylor and Francis, © 1996.

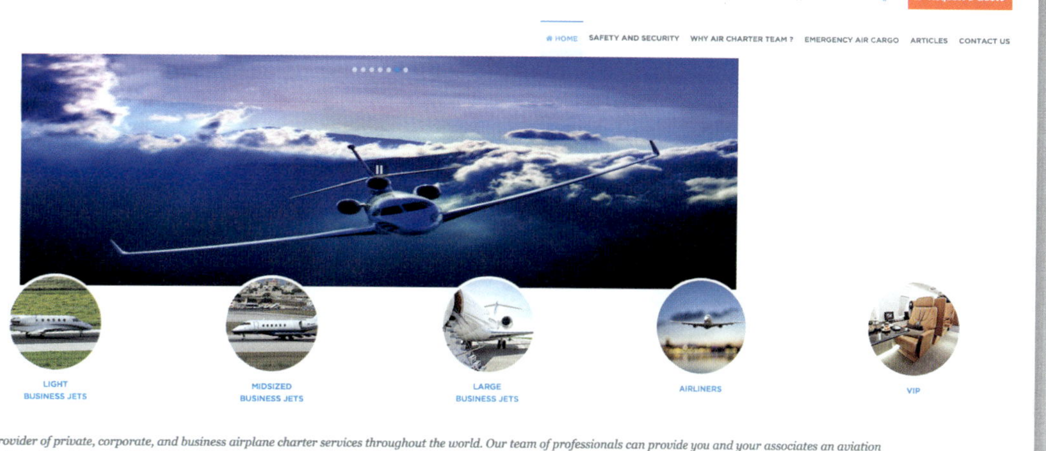

그림 3.7 VIP를 위한 개인 전세비행기 서비스

- **완선 집중**(fully focused): 완전 집중을 하는 기업은 좁고 특정한 시장에 제한된 범위의 서비스(아마도 하나의 핵심 상품)를 제공한다. 예를 들어, 개인 전세비행기 서비스는 초부유층이나 기업에 집중할 것이다(그림 3.7). 기업이 특정 시장에 특화된 전문집단이라는 이미지를 만드는 데 성공하면 이는 잠재 경쟁자 진입에 대한 보호장치 역할을 할 것이고, 기업은 높은 가격을 유지할 수 있을 것이다. 숄다이스병원(Shouldice Hospital)은 완전 집중 전략의 예로, 이 병원은 탈장 문제만 있는 건강한 40~60대 환자의 수술에만 집중한다. 이러한 집중 덕분에 병원의 외과수술과 서비스 수준의 질은 최상급으로 평가받는다.[7]

  가장 큰 위험은 시장 규모가 너무 작아서 재무적인 성공에 필요로 하는 최소한의 사업 규모를 가질 수 없는 것이다. 대체재의 등장이나 경기 침체로 서비스에 대한 수요가 줄어들 위험도 존재한다.

- **시장 집중**(market focused): 시장에 집중하는 기업은 좁은 세분 시장에 집중하지만 폭넓은 서비스를 제공한다. 서비스인사이트 3.1에서는 B2B 서비스 제공업체인 렌토킬이니셜(Rentokil Initial)의 사례를 살펴본다. 렌토킬이니셜은 시설 관리와 관련 아웃소싱 서비스가 증가하는 추세에 따라 수익을 올렸고, 그 결과 고객을 위해 광범위한 서비스를 개발할 수 있게 되었다.

  시장 집중 전략을 채택하는 것은 기업이 한 고객에게 다양한 서비스를 판매할 수 있기 때문에 매력적으로 보인다. 이 전략은 영업 노력이 집중되는 B2B 시장에서 매력적으로 보일 수 있다. 그러나 이러한 전략을 선택하기 전에 관리자는 회사가 선택한 다양한 서비스를 각각 효율적으로 제공할 수 있는지 확인해야 한다.

- **서비스 집중**(service focused): 서비스에 집중하는 기업은 아주 넓은 시장에 좁은 범위의 서비스를 제공한다(그림 3.8). 매우 표준화된 상품으로 광범위한 고객에게 서비스하는 라식수술 병원이나 스타벅스 커피 같은 매장은 서비스 집중 전략을 따르며 대체로

그림 3.8 아마존 풀필먼트센터는 넓은 시장에 물류 서비스를 제공한다.

표준화된 상품으로 광범위한 고객 기준 서비스를 제공한다. 이 전략은 특히 B2B 시장에서 시장 집중 전략에 비해 마케팅 커뮤니케이션에 많은 투자가 필요하고 광범위한 영업을 요구하기도 한다.

- **비집중(unfocused)**: 많은 서비스 기업은 넓은 시장과 다양한 범위의 서비스를 제공하려고 노력하다 보면 결국 비집중 기업이 되기도 한다. 이 전략의 위험은 비집중 기업이 종종 어느 시장에서도 지배적인 위치를 차지하지 못하는 어중간한 위치에 놓일 수 있다는 것이다. 일반적으로 비집중 전략은 좋은 아이디어라고 할 수 없지만 공공사업이나 정부기관에는 이러한 전략이 필요할 수 있다.

기업은 세분 시장이나 서비스 부문 등 특정한 곳에 집중하는 전략을 추천받는다. 그러면 3가지 '집중' 전략 중에 어떤 것을 선택해야 하는가? 이러한 결정은 3C, 시장 세분화, 표적 시장 분석과 관련이 있다. 완전 집중 전략은 특정 세분 시장에 ① 매우 특정한 니즈가 있거나, ② 서비스 환경, 서비스 프로세스, 회사의 일선 직원과 상호작용에 대한 특별한 설계가 필요하다면 저렴한 비용으로 우수한 품질을 제공할 수 있다.

예를 들어, 시장 집중 전략은 ⓐ 고객이 원스톱 쇼핑의 편리함에 더 가치를 둘 경우, ⓑ 기업이 이러한 다양한 서비스를 경쟁사보다 더 잘 제공할 수 있는 경우, ⓒ 동일 고객에게 다수의 서비스를 판매할 경우(B2B 서비스에서 흔히 발생하는 경우로, 서비스인사이트 3.1의 렌토킬이니셜 사례 참조) 적절하며, 고객에게 더 나은 서비스 혹은 더 저렴한 가격을 제공할 수 있다.

서비스 집중 전략은 기업이 특정 서비스를 매우 훌륭하게 또는 저렴한 비용으로 제공할 수 있는 고유한 역량과 자원을 보유하고 있을 경우 가장 잘 작동할 수 있다. 그러한 기업은 보다 넓은 시장(즉 동시에 많은 고객 세분화)에 서비스를 제공할 기회를 얻길 바란다.

트레이드 오프는 집중과 우수성을 내재하고 있다. 서비스 조직에는 모든 면에서 최고여야 한다고 생각하는 영웅적인 사람이 많다. 하지만 그러한 시도는 대부분은 평범한 결과로 이어질 것이다. 우수함은 희생을 요구하며(집중을 바라보는 또 다른 관점), 서비스 회사는 그런 문제를 뛰어넘어야 한다. 예를 들면, 메이오클리닉(Mayo Clinic)은 환자가 의사와 진료 일정을 잡고, 진료를 받고, 진단을 받는 데 걸리는 시간을 24시간 이내로 줄이는 것에 초점을 맞춘다. 이는 최대한 빨리 무엇이 잘못되었는지 알고 싶어하는 불안한 환자에게 중요한 일이다. 그러나 속도에만 집중하면 환자는 자신이 원하는 특정 의료진을 선택할 수 없다. 회사가 꼭

SERVICE INSIGHTS 3.1

2020년에 28억 파운드(약 4조 6,000억 원)의 이익을 낸 렌토킬이니셜(Rentokil Initial)은 세계에서 가장 큰 비즈니스 지원 서비스 기업 중 하나이다. 'Rentokil'과 'Initial' 브랜드는 혁신과 전문성, 일관된 고품질 서비스를 대표하며, 80개국 이상에서 약 3만 6,000명의 직원을 고용하고 있다. 영국에 본사를 둔 이 회사는 처음에는 쥐약과 삼림을 파괴하는 벌레를 죽이기 위한 살충제를 만드는 회사로 시작하여 성장하고 발전했는데, 제품을 판매하는 것보다 설치류를 제거해주는 서비스를 제공하는 것이 더 많은 돈을 벌 수 있다는 것을 깨닫고 해충 방제 및 박멸 서비스 회사로 전환했다.

렌토킬이니셜은 유기적 성장과 다른 회사 인수를 통해 점검, 안전 서비스, 보안, 패키지 배송, 실내식물 조경(열대식물 판매 또는 임대 포함), 전문 청소 서비스, 해충 방제, 유니폼 대여와 세탁, 병원 쓰레기 수거와 처리, 인력 서비스, 화장실 청소 서비스 등 다양한 서비스를 제공한다. 이 회사의 핵심 경쟁력은 '다른 사업장에서 고품질 서비스를 제공하기 위해 잘 채용되고 잘 훈련되었으며 의욕이 넘치는 직원'이라고 생각한다.

기존 고객에게 추가 서비스 사용을 장려하는 것이 회사 전략의 중요한 부분이다. 이니셜 통합 서비스(Initial Integrated Service)는 고객에게 완전한 '통합' 서비스를 제공한다. 고객은 다양한 서비스를 이용하지만 '한 명의 관리자와 하나의 송장으로 단일 창구에서 단일 계약을 진행하여 하나의 동기부여된 서비스팀'이라는 독특한 부문별 솔루션 서비스를 이용하게 된다.

이 기업의 전 최고경영자였던 클리브 톰슨(Clive Thomson)은 다음과 같이 말했다.

> 우리 기업의 목표는 선순환을 만드는 것이었습니다. 우리는 동일한 브랜드 이름 아래 산업 및 상업적 영역에서 고품질 서비스를 제공하므로, 하나의 렌토킬이니셜 서비스에 만족한 고객이 잠재적으로 또 다른 서비스 영역에서 만족하는 고객이 될 수 있습니다. … 처음 빌딩 인테리어용 열대식물 공급 및 관리 사업에 뛰어들 당시에 사람들은 우리가 이상한 결정을 내렸다고들 했습니다. 그러나 이러한 결정을 내린 이유 중 하나는 의사결정자(잠재 고객)에게 우리 브랜드를 보여주기 위함이었습니다. 식물을 관리하는 우리 직원이 (고객) 기업의 정문을 통해 들어가 고객 눈에 띌 수 있습니다. 이는 우리가 실패하지 않는 한 우리의 존재를 쉽게 인식할 수 없는 해충 관리 서비스와는 대조됩니다. … 우리 브랜드는 정직, 신뢰성, 꾸준함, 통합성, 기술적인 리더십을 상징합니다."

연구개발에 대한 투자는 많은 서비스 분야의 지속적 개선을 가져왔다. 예를 들어, 레이더(RADAR)라는 아주 지능적인 쥐덫을 만들었는데, 밀폐된 공간으로 쥐를 유인해 이산화탄소를 주입하는 잔인해 보이지 않는 방법으로 죽인다. 렌토킬이니셜만의 독특한 '페스트커넥트(PestConnect)' 기술을 사용하여 설치류를 덫으로 잡으면 고객과 지사에 메시지를 발송한다. 또한 렌토킬이니셜 기술자는 어떤 장치가 활성화되었는지와 정확한 위치를 알려주는 메시지를 받는 즉시 사체를 제거하고 향후 이러한 기능을 더 잘 제어할 수 있도록 조치한다.

최근 개발 중인 페스트컨트롤(pest control) 솔루션은 바퀴벌레 몸 표면에 부착되는 곰팡이 포자를 활용한다. 이런 포자는 곤충 몸 내부에 증식하고 결국에는 죽임으로써 작용한다. 이러한 방법은 효율성이 매우 높고 화학물질을 이용하지 않아 환경에 미치는 영향을 줄일 수 있으며, 인간 및 다른 포유동물에게 미치는 독성이 없기 때문에 흥미로운 개발이다.

렌토킬이니셜은 뛰어난 고객 관리 서비스를 제공하고 기술적으로 가장 진보된 서비스와 제품을 사용하는 핵심 브랜드 가치를 구축했으며, 이러한 기업의 핵심 브랜드 가치를 이용하여 많은 사업적·상업적 서비스를 포지셔닝하는 능력으로 성공할 수 있었다. 눈에 띄는 유니폼, 차량 색깔, 기업 로고의 사용과 같은 물리적 증거 등을 통해 브랜드 이미지를 더욱 강화할 수 있었다.

출처: Clive Thompson, "Rentokil Initial: Building a Strong Corporate Brand for Growth and Diversity," in F. Gilmore (ed.), *Brand Warriors* (London: HarperCollinsBusiness, 1997), pp. 123–124 ; http:// www.rentokil-initial.com/, January 13, 2022.

수행하지 않아도 되는 영역을 결정할 필요가 있다(즉 고객이 크게 신경 쓰지 않는 서비스 측면). 이러한 지식을 통해 자원을 최대한 탁월하게 활용함으로써 표적 시장에서 더 중요한 부분에 집중할 수 있다.[8]

학습목표 7
경쟁자와 차별화할 수 있도록 서비스를 포지셔닝한다.

서비스 포지셔닝의 원칙

포지셔닝 전략은 기업이 장기적인 관계로 발전시키고 싶어 하는 고객이 주목하고 가치 있게 여길 만한 명확한 차별성을 창출하고, 의사소통하며, 유지하는 것과 관련이 있다. 잭 트라우트(Jack Trout)는 포지셔닝의 본질을 다음과 같은 4가지 원칙으로 정리했다.[9]

1. 기업은 표적 고객의 마음속에서 특정 위치를 차지해야 한다.
2. 위치는 단일해야 하며, 단순하면서도 일관된 메시지를 지녀야 한다(그림 3.9).
3. 위치는 경쟁사와 차별화되어야 한다(그림 3.10).
4. 기업은 모든 사람에게 받아들여질 수는 없다. 따라서 노력을 집중해야만 한다.

이러한 원칙은 고객을 놓고 경쟁하는 어떤 유형의 기업에도 적용 가능하다. 기업은 경쟁력 있는 위치를 구축하기 위해 포지셔닝 원칙을 이해해야 한다. 효과적인 포지셔닝 전략을 위해 서비스 관리자는 먼저 기업이 현재 고객에게 어떻게 받아들여지는지 분석한 후 다음에 제시하는 6가지 질문에 답할 수 있어야 한다.

1. 우리 기업은 현재 고객과 잠재 고객의 마음속에서 어떤 의미로 받아들여지고 있는가?
2. 우리 기업은 현재 어떤 고객에게 서비스를 제공하고 있으며, 미래에는 어떤 고객을 목표로 하고 있는가?
3. 현재 자사 서비스 상품의 포지셔닝은 얼마나 가치 있으며, 어떤 세분 시장을 목표로 하

Jenny Matthews/Alamy Stock Photo

그림 3.9 비자는 국제적으로 하나의 단순한 메시지만 전달한다.

Used with permission by Randy Glasbergen

그림 3.10 강력한 포지셔닝을 위해 기업은 경쟁사와 차별화되어야 한다.

고 있는가?

4. 자사의 서비스 상품은 경쟁사의 제품과 어떻게 차별화되고 있는가?
5. 자사의 서비스 상품은 표적 시장 고객의 니즈를 얼마나 충족시킨다고 생각하는가?
6. 표적 시장에서 경쟁적 위치를 강화하려면 서비스 상품을 어떻게 변화시켜야 하는가?

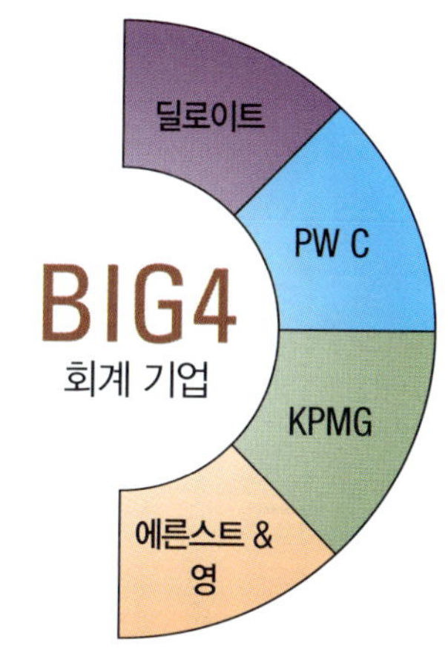

그림 3.11 세계 4대 회계 기업은 프라이스워터하우스쿠퍼스, 딜로이트, 에른스트앤드영, KPMG이다.

포지셔닝 전략을 개발하는 데 고려해야 할 것 중 하나는 쉽게 모방할 수 있는 차별성에 너무 많이 투자하는 함정을 피하는 것이다. 어린이집 체인인 브라이트호라이즌스의 창업자인 로저 브라운과 린다 메이슨은 서비스 콘셉트와 비즈니스 모델을 개발하면서 해당 산업을 면밀히 살펴보았다. 어린이집이 수익을 내려면 저비용 전략을 채택해야 한다는 것을 발견하고는 경쟁사가 모방하기 어려운 다른 전략을 선택하게 되었다.

이전에는 회계감사 서비스가 필요한 대기업들은 전형적으로 4대 회계 기업(그림 3.11) 중 하나와 거래를 했었다. 요즘에는 많은 기업이 좀 더 나은 서비스, 저렴한 비용 등을 찾아서 '2순위'에 있는 새로운 회계 기업으로 거래를 전환하고 있다.[10] 해당 산업에서 5위 기업인 그랜트손튼(Grant Thornton)은 쉽게 접근할 수 있고 '회계 비즈니스에 열정'을 가지고 있는 기업으로 포지셔닝하는 데 성공했다. 이 회사의 광고는 "연간 매출 120억 달러 이상인 기업들을 상대로 감사 서비스를 제공하는 회계 기업 중 가장 높은 성과를 보여준 기업"으로 J.D. 파워스에서 수상한 것을 홍보하고 있다.

포지셔닝맵을 사용하여 경쟁 전략 수립하기

학습목표 8

포지셔닝 맵을 어떻게 이용하는지 이해하고 경쟁 전략을 개발한다.

포지셔닝 맵(positioning map)은 서비스 마케팅 전략의 주요 측면에 따라 회사의 경쟁적 포지셔닝을 시각화하고, 시간 경과에 따른 발전을 도식화하며, 잠재적인 경쟁사의 대응 시나리오를 개발하는 데 유용한 도구이다. 포지셔닝 맵(지각 매핑)을 개발하는 것은 경쟁 제품에 대한 고객의 인식을 도식적으로 표현하는 유용한 방법이다.

지도에는 일반적으로 2가지 속성이 있지만 3차원 모델을 사용하여 3가지 속성을 표시할 수도 있다. 시장에서 제품의 성과를 보여주기 위해 3개 이상의 속성이 필요하다면 한꺼번에 보여주기 불가능하므로 개별적인 지도를 그려야 한다.

Rawpixel/Shutterstock

그림 3.12 경쟁 분석을 하고 있는 경영진

호텔 산업의 포지셔닝 맵 적용 사례

호텔 산업은 특히 객실의 공급이 수요를 초과하는 계절에는 매우 경쟁이 치열하다. 대도시를 방문하는 고객은 여러 등급의 호텔 중에서 객실을 선택하는 데 몇 가지 옵션이 있다는 것을 알게 된다. 어떤 고객은 화려함과 편안함의 정도를 기준으로 선택할 것이고, 어떤 고객은 위치, 안전, 청결, 단골 고객 우대 등과 같은 속성에 근

그림 3.13 두바이의 버즈알아랍 호텔은 개인 서비스, 시설의 화려함, 위치 같은 다양한 결정적인 속성에서 유리한 위치에 포지셔닝되어 있다.

거하여 선택하기도 한다(그림 3.13).

실제 상황에서 포지셔닝 맵을 어떻게 적용하는지 살펴보자. 성공적인 4성급 호텔인 팔라스(Palace) 호텔의 경영진은 자사 호텔과 경쟁 호텔을 나란히 표시하는 포지셔닝 맵을 개발했다. 이는 벨빌이라는 대도시에서 영업하는 호텔의 현재 시장 위치와 미래의 위협 요소에 대해 잘 이해할 수 있도록 도와준다.

급성장하고 있는 금융 지구 끝에 위치한 팔라스 호텔은 몇 년 전에 상당히 많은 부분을 개조하여 현대화한 우아하고 유서 깊은 호텔이다. 팔라스 호텔의 경쟁사로는 8개의 4성급 호텔과 도시에서 가장 오래된 5성급인 그랜드(Grand) 호텔이 있다. 팔라스 호텔은 최근 몇 년 동안 평균 이상의 객실 점유율을 보이며 수익성이 매우 높다. 연중 여러 달 동안 주말에 100%의 예약률을 달성하고 있다. 이러한 결과는 여행자나 컨퍼런스 참석자에 비해 높은 객실료를 기꺼이 지불하는 비즈니스 여행객들이 팔라스 호텔을 선호하기 때문이다. 그러나 경영진은 앞으로의 문제를 예상하고 있다. 앞으로 도시에 4개의 큰 호텔이 신설될 예정이며, 그랜드 호텔은 호텔 공간을 확장하는 신규 건물 건설 및 대대적인 개조 및 확장공사를 시작했다. 이로 인해 고객에게 팔라스 호텔이 경쟁에서 뒤쳐지는 것처럼 인식될 위험이 생긴 것이다.

경쟁 위협의 실상을 더 잘 이해하고자 호텔의 경영진은 전문 컨설턴트와 협력하여 새로운 경쟁이 시작되기 전과 후에 비즈니스 여행객 시장에서 팔라스 호텔의 위치를 보여주는 도표를 준비했다. 객실 가격, 개인 서비스 수준, 시설의 호화로움, 위치라는 4가지 속성이 연구에 반영되었다.

자료원 이 예시에서 팔라스 호텔의 경영진은 새로운 소비자 조사를 실시하지 않았다. 대신 다음과 같은 다양한 정보원을 통해 고객 의견에 대한 자료를 수집했다.

- ▶ 출판된 정보
- ▶ 과거 호텔 설문조사를 통해 얻은 데이터
- ▶ 여행사 및 소비자와 자주 접촉하여 정보가 많은 호텔 직원들의 보고서

경쟁 호텔에 대한 정보는 이미 위치가 파악되었기 때문에 얻기 쉬웠다. 정보는 다음과 같은 방법을 통해 수집했다.

- ▶ 유형의 시설물은 방문하여 평가
- ▶ 영업부에서 경쟁사의 가격 정책과 할인 정책에 대해 지속적으로 알림
- ▶ 서비스 수준 측정을 위해 직원 대비 객실의 비율 사용. 객실 수와 고용데이터는 시당국

을 자료를 통해 쉽게 계산할 수 있었다.

- 여행사를 대상으로 실시한 팔라스 호텔의 조사 결과를 활용하여 경쟁사의 개인 서비스 품질에 대한 추가 정보 확보

척도와 호텔 평가 각 속성에 대한 척도를 만들어 속성에 따라 각 호텔을 평가하여 포지셔닝 맵을 그렸다.

- 가격은 간단하게 비즈니스 여행객을 위한 표준 싱글룸의 평균 가격을 비교하여 각 호텔의 가격 등급을 계산했다.
- 서비스 수준은 직원당 객실 수 비율을 사용했다. 비율이 낮을수록 고품질 서비스를 의미한다. 이 척도는 주요 경쟁사가 제공하는 실제 서비스 품질에 대한 정보에 따라 약간 조정되었다.
- 호화로움 수준에 대한 판단은 주관적으로 진행했다. 관리팀은 최고 호텔로 그랜드 호텔을 선정했고, 최저 호텔로 에어포트플라자(Airport Plaza) 호텔을 선정했다. 이 두 호텔을 양극단의 기준점으로 하여, 나머지 4성급 호텔의 속성을 등급화했다.
- 위치는 금융 지구 중심부에 있는 주식거래소 건물을 기준으로 삼았다. 과거 조사에 따르면 팔라스 호텔의 비즈니스 고객 대부분은 금융 지구 내의 목적지를 방문하기 위해 머물렀다. 10개의 경쟁 호텔은 모두 반경 6.4킬로미터 안에 위치하며, 이 지역은 주식거래소에서부터 컨벤션센터가 위치한 쇼핑 지역을 지나 가까운 근교 지역과 공항까지를 포함한다.

현재의 경쟁 상황을 묘사하기 위해 2개의 포지셔닝 맵이 만들어졌다. 첫 번째(그림 3.14)

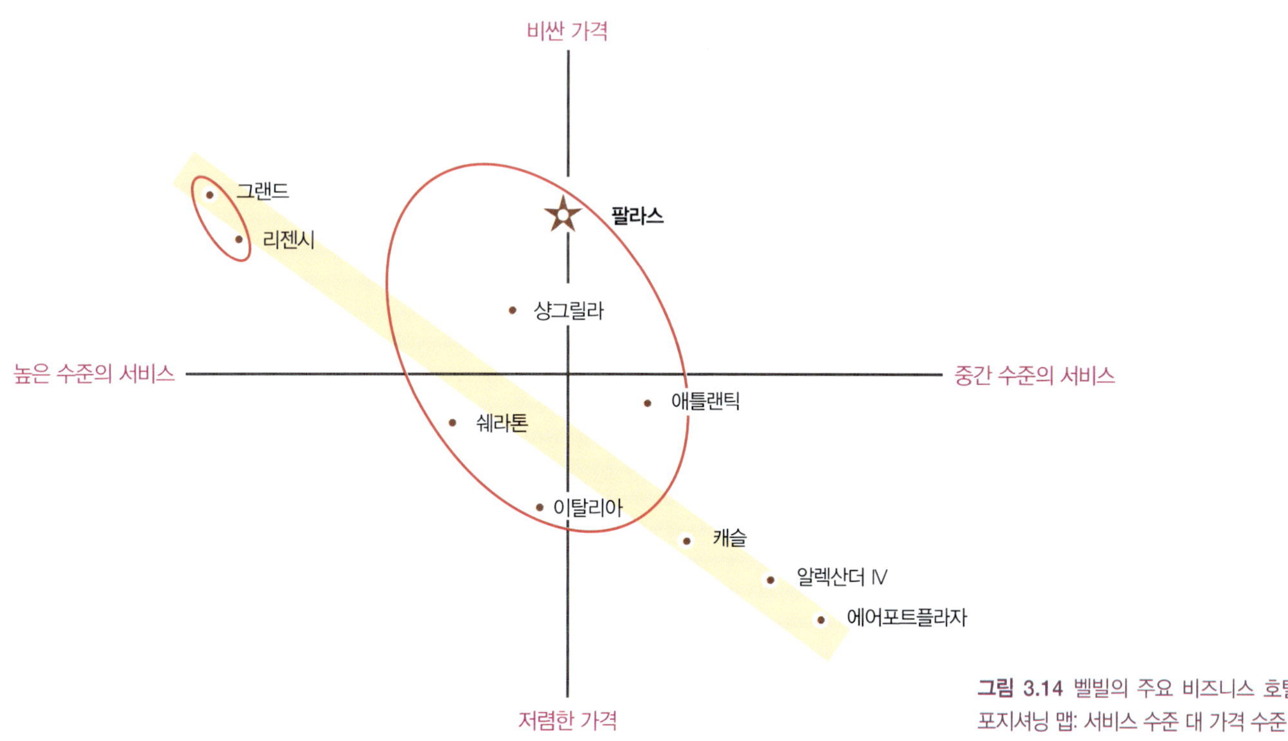

그림 3.14 벨빌의 주요 비즈니스 호텔 포지셔닝 맵: 서비스 수준 대 가격 수준

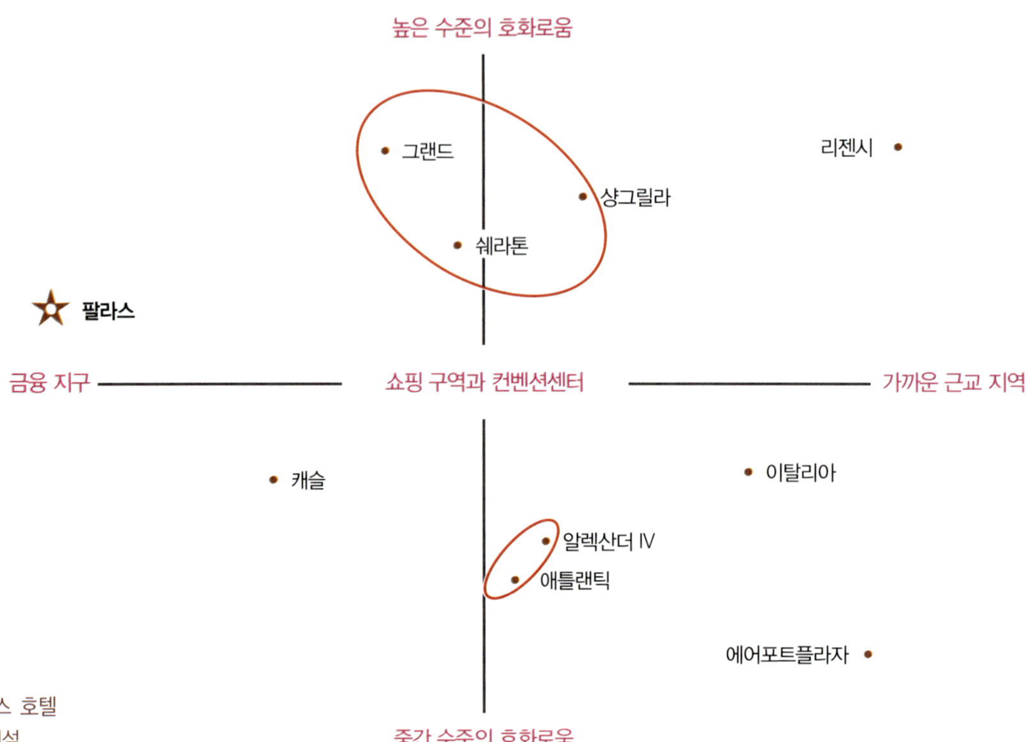

그림 3.15 벨빌의 주요 비즈니스 호텔 포지셔닝 맵: 위치 대 호화로운 시설

는 가격과 서비스 수준이라는 차원에서 10개 호텔의 위치를 보여준다. 두 번째(그림 3.15)는 위치와 호화로운 시설 정도에 따른 각 호텔의 위치를 보여준다.

결과 몇몇 결과는 다소 직관적이었지만 귀중한 통찰력을 제공한 결과도 있었다.

- 첫 번째인 그림 3.14는 가격과 서비스 속성의 명확한 관련성을 보여준다. 높은 수준의 서비스를 제공하는 호텔은 비교적 비싼 요금을 받는다. 좌측 위에서 우측 아래로 이어진 막대 모양은 이러한 관계를 의미하는데, 이는 놀라운 결과가 아니다(그리고 계속해서 대각선으로 아래로 내려가면 3성급 호텔과 더 낮은 등급호텔이 위치해 있다).
- 추가 분석에 따르면 고급 시장을 목표로 하는 호텔은 이미 3개의 그룹으로 형성되어 있는 것으로나타났다. 최고 그룹에는 4성급인 리젠시(Regency) 호텔이 5성급의 그랜드 호텔 근처에 있다. 중간 그룹에는 팔라스 호텔이 다른 4개 호텔과 함께 있다. 나머지 3개 호텔은 별도의 하위 그룹을 형성한다. 이 맵에 따르면 팔라스 호텔은 서비스 수준에 비해 더 많은 요금을 받는 것으로 보인다. 그러나 고객들은 팔라스 호텔의 점유율이 매우 높기 때문에 이러한 금액을 기꺼이 지불하는 것으로 보인다.
- 그림 3.15는 위치와 호화로운 시설의 차원에서 팔라스 호텔의 위치를 보여준다. 두 가지 차원은 이전 그림과는 달리 서로 관련된 것처럼 보이지 않는다. 팔라스 호텔은 맵에서 비교적 빈 공간을 많이 차지하는 것(경쟁자가 없는 것)으로 나타난다. 금융 지구 내에 있는 유일한 호텔이기 때문이다. 이러한 사실은 서비스 수준(혹은 호텔의 호화로움 정도)에 비해 더 높은 요금을 받을 수 있는 부분을 설명해준다.

▶ 쇼핑 지역과 컨벤션센터 주변에는 2개의 호텔 그룹이 존재한다(그림 3.15). 그랜드 호텔을 선두로 한 3개의 고급 호텔 그룹이 존재하고 중간 정도의 시설을 가진 두 번째 그룹은 2개의 호텔로 이루어져 있다.

그림 3.16 몬트리올 컨벤션센터의 만화경 같은 유리창은 호텔과 다른 서비스 업체를 위한 거대한 인기장식물이다.

잠재적인 경쟁 대응을 찾기 위한 미래 시나리오 맵

팔라스 호텔 경영진은 그랜드 호텔의 재포지셔닝뿐 아니라 벨빌에 건설되는 4곳의 새로운 호텔(만다린 호텔, 헤리티지 호텔, 메리어트 호텔, 콘티넨탈 호텔)의 위치를 예상해보았다(그림 3.17과 3.18 참조). 새로운 호텔들의 위치를 예상하는 일은 현업에 있는 전문가에게는 그리 어려운 일이 아니었다. 호텔들이 들어설 위치는 이미 정해져 있었다.

두 호텔은 금융 지구 내에, 다른 두 호텔은 확장 중에 있는 컨벤션센터 인근에 들어설 것이다. 그랜드 호텔은 배포된 홍보자료를 통해 호텔의 향후 관리 의도를 명시했다. '새로운' 그랜드 호텔은 규모가 더 커질 뿐 아니라 리모델링을 통해 더욱 고급스러워졌으며 새로운 서비스도 추가될 예정이다. 새로 진입하는 호텔 중 세 곳은 국제적인 체인과 연결되어 있다. 그들이 향후 구사할 전략은 최근 다른 도시에서 오픈한 동일 체인의 호텔을 살펴보면 짐작할 수 있다. 두 호텔의 소유주는 5성급 호텔을 추구한다고 선언했다.

가격은 새로운 호텔의 건설 비용을 토대로 예측하기 쉬웠다. 팔라스 호텔의 관리자들은 새로 건설되는 4곳의 호텔이 그랜드 호텔이나 리젠시 호텔보다 높은 가격을 받을 수밖에 없다

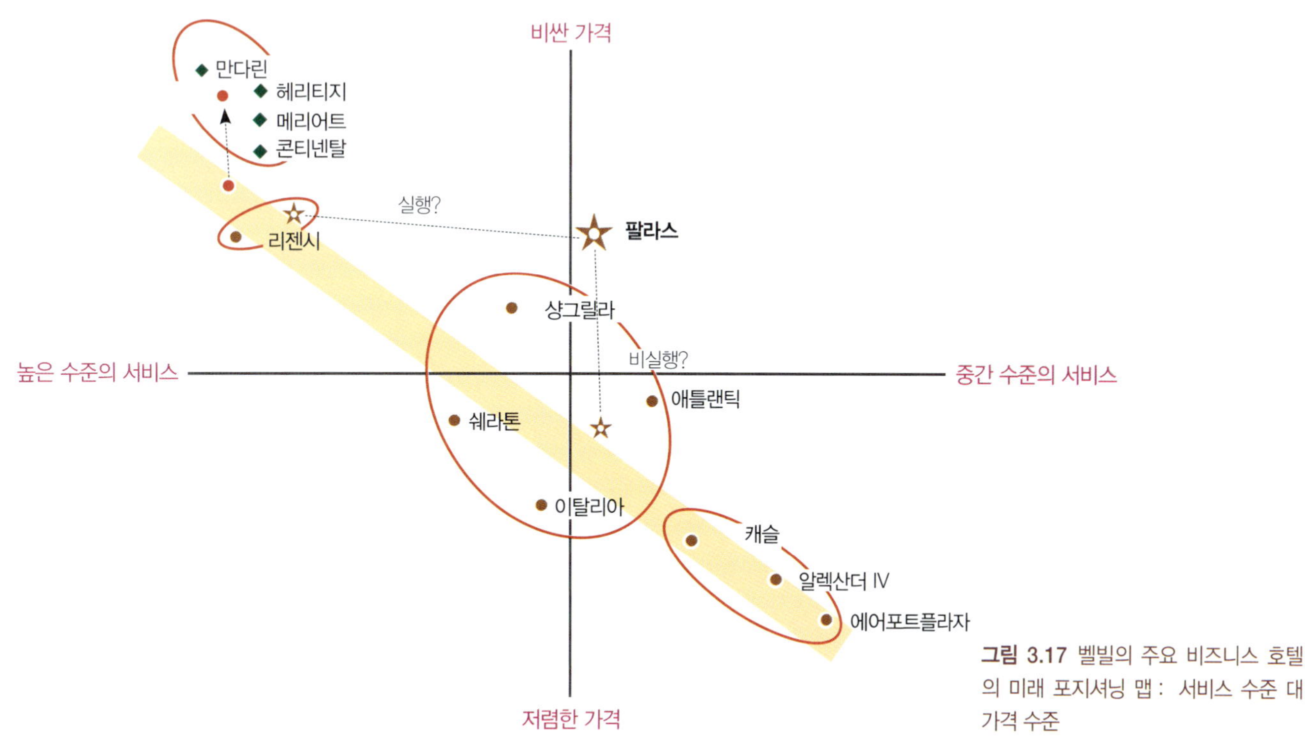

그림 3.17 벨빌의 주요 비즈니스 호텔의 미래 포지셔닝 맵 : 서비스 수준 대 가격 수준

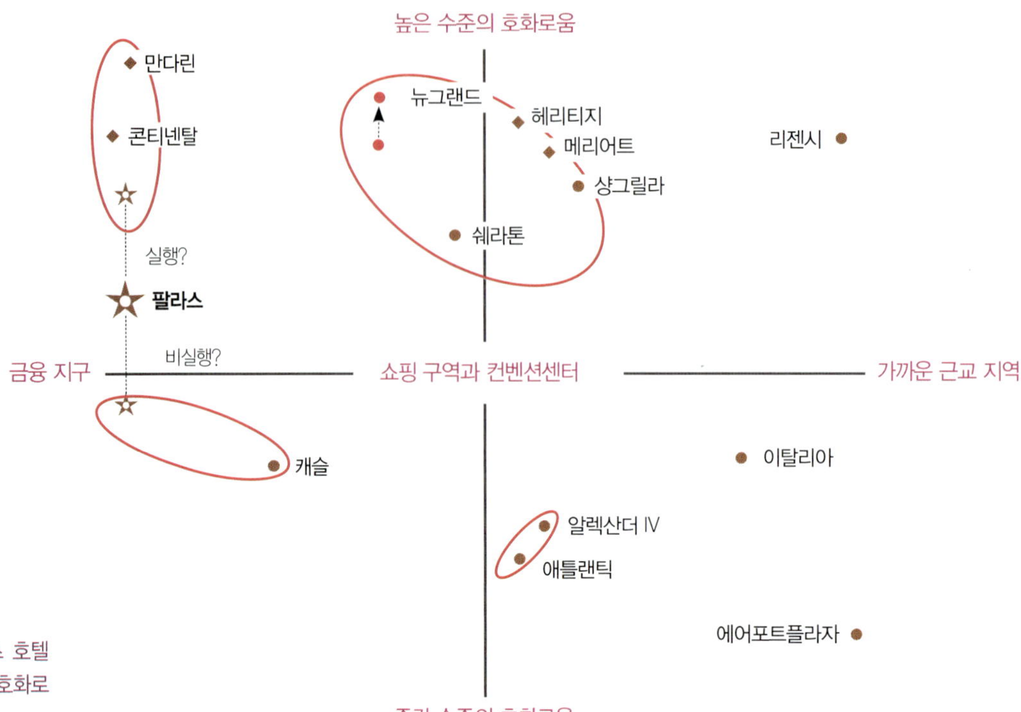

그림 3.18 벨빌의 주요 비즈니스 호텔의 미래 포지셔닝 맵 : 위치 대 호화로운 시설

고 결론 내렸다. 그러면 **가격우산**(price umbrella)이 형성됨으로써 신규 호텔의 가격이 기존의 가격 수준을 상회하게 되고, 따라서 기존 경쟁 호텔들은 가격을 높일 수 있는 옵션을 갖게 된다. 새로운 호텔들은 상대적으로 높은 가격을 정당화하기 위해 고객에게 경쟁 호텔보다 더 높은 수준의 서비스와 시설을 제공해야 한다. 새롭게 단장하는 그랜드 호텔도 리모델링과 새 건물, 서비스 수준을 재고하기 위해 종전 가격을 높일 것으로 예상된다(그림 3.17).

팔라스 호텔과 다른 기존의 호텔이 변하지 않는다는 가정하에 시장에 새로운 경쟁 호텔이 등장하는 것은 팔라스 호텔에 큰 위협이 될 것이다.

- 가까운 장래에 2개의 신규 호텔이 금융 지구 내에서 영업할 것이므로, 팔라스 호텔은 고유한 특징이었던 입지적 이점을 잃을 것이다(그림 3.18).
- 영업 직원들은 팔라스 호텔의 기존 고객 중 상당수가 콘티넨탈 호텔과 만다린 호텔에 관심을 가질 것이며, 이들이 제공하는 더 높은 수준의 서비스를 받기 위해 더 많은 요금을 기꺼이 지불할 것으로 믿고 있다.

새로 생기는 다른 두 호텔은 쇼핑 구역과 컨벤션센터 그룹에 속하는 샹그릴라(Shangri-La) 호텔, 쉐라톤(Sheraton) 호텔, 뉴그랜드(New Grand) 호텔에 더욱 위협이 될 것으로 보인다. 결국 뉴그랜드 호텔과 새로운 진입자들은 고급 시장에서 고가격 및 고품질 서비스 그룹을 만들 것이고, 리젠시 호텔은 다른 호텔들과 구분되는 공간에 있으며, 경쟁에서 방어할 수 있는 공간에 위치할 것으로 예상된다.

경영자가 전략을 시각화하는 데 도움을 주는 포지셔닝 맵

포지셔닝 맵을 이용하여 경쟁 환경을 파악하는 것이 사업의 큰 그림을 이해하는 데 도움을 준다는 것을 팔라스 호텔의 사례로 살펴보았다. 팔라스 호텔의 경영팀은 경쟁 환경에서 예상되는 미래 변화가 현재 포지셔닝 맵을 어떻게 바꿔놓을지를 관찰했고, 자사가 위치상의 장점을 잃어버리면 현재와 같은 위치에 머무를 수 없다는 사실을 알게 되었다. 시설과 서비스 수준을 개선하고, 그러한 개선을 위해 적극적으로 움직이지 않으면(요금 수준을 상향 조정하지 않으면), 호텔은 낮은 가격경쟁의 함정으로 떨어질 것이며, 그러한 상황은 연쇄적으로 호텔 서비스와 시설 수준을 현재와 같은 정도로 유지하는 것조차 어렵게 만들 것이다.

디지털 서비스와 플랫폼 포지셔닝

학습목표 9

디지털 서비스와 플랫폼 비즈니스 모델에 포지셔닝을 어떻게 적용하는지 이해한다.

디지털 서비스와 플랫폼도 앞서 논의한 것과 같은 방식으로 포지셔닝해야 하는지 궁금할 것이다. 대개 앱, 플랫폼, 공유 경제, 서비스 생태계, 융합 분야 같은 디지털과 AI 임파워드된 서비스라는 완전히 새로운 범주에 포함된다. 이 범주는 로보어드바이저, 크라우드펀딩, 공유 플랫폼과 같은 서비스를 포함한다. 개념적으로 새로운 디지털 서비스의 포지셔닝은 이 장에서 공부한 것과는 조금 동떨어져 있다. 그럼에도 불구하고 주목해야 할 중요한 차이점이 있다.

포지셔닝을 위한 디지털 서비스의 속성

디지털 서비스의 속성

전통적인 서비스와 달리 대부분의 디지털 서비스는 확장 가능한 서비스를 목표로 하며, 이를 위해서는 AI와 셀프서비스에 의존해야 할 뿐만 아니라 잠재적으로 커뮤니티의 지원도 필요하다. 대부분 디지털 서비스 제공업체는 고객 서비스 인력이 제한되어 있다[우버(Uber) 또는 에어비앤비(Airbnb)의 고객서비스센터와 연락을 시도해보면 알 수 있다]. 또한 이러한 서비스는 대부분 기업이 포지셔닝할 수 있는 물리적 서비스 환경이나 도구가 없다. 그 대신 스마트폰이나 고객이 소유하거나 사용하는 노트북만 있으면 서비스를 이용할 수 있다. 이는 디지털 서비스가 포지셔닝할 수 있는 속성의 수는 줄어들 수 있으며, 중요한 속성은 몇 개에 불과할 수 있다는 것을 의미한다. 예를 들면, 사용 편의성, 편리한 초보 매뉴얼, 직관적인 사용법이 매우 중요하다.

문제는 포지셔닝할 속성이 적을 경우 여러 서비스 제공업체가 대부분 동일한 가치를 제안할 수 있다는 것이다. 그럼에도 불구하고 디지털 서비스가 특정 니즈를 충족시키고 더 우수한 해결책을 제공하며 (틈새) 세분 시장에 서비스를 제공할 경우 여전히 차별화가 가능하다.

생태계 결집과 지배

많은 디지털 서비스는 많은 서비스 제공업체를 조화롭게 결집시키는 것이 필요한 플랫폼과 생태계를 기반으로 한다. 예를 들면, 일부 플랫폼은 신규 사용자를 분류하고 평가 시스템을 갖추며 품질마크(예: 에어비앤비의 '슈퍼호스트')를 통해 서비스 제공업체를 문제가 있는 고객으로부터, 일을 제대로 처리하지 못하는 서비스 제공업체로부터 고객을 보호한다. 또한 이러한 결집은 환불해주거나 서비스 회복 같은 실패한 부분을 회복할 수 있게 해준다. 이러한 방식으로 플랫폼이 가치를 강화하고 위험을 낮출 수 있다면 서비스 제공업체들은 차별화 요인을 가질 수 있다.

직접 네트워크 효과와 간접 네트워크 효과

많은 디지털 서비스와 생태계는 우월한 서비스와 강력한 차별화를 유도할 수 있는 네트워크 효과를 가지고 있다. 그러나 모든 유형의 플랫폼에 적용되는 것은 아니다. 두 가지 유형의 네트워크 효과를 구분하는 것이 중요하다.[11]

첫째, **직접 네트워크 효과**는 많은 사용자가 참여할수록 사용자에 대한 가치가 증가하는 것을 의미한다. 예를 들어, 페이스북(Facebook), 틱톡(TikTok), 인스타그램(Instagram)은 가족 및 친구 등 사용자와 관련된 사람들이 참여할수록 가치가 강화된다. 이러한 직접 네트워크 효과는 특히 소셜 미디어와 커뮤니케이션 플랫폼(그림 3.19)에 특히 큰 영향을 미치고, 소규모 플랫폼에서는 네트워크 규모가 효과적인 경쟁력을 갖는 데 방해 요인이 될 수 있다.

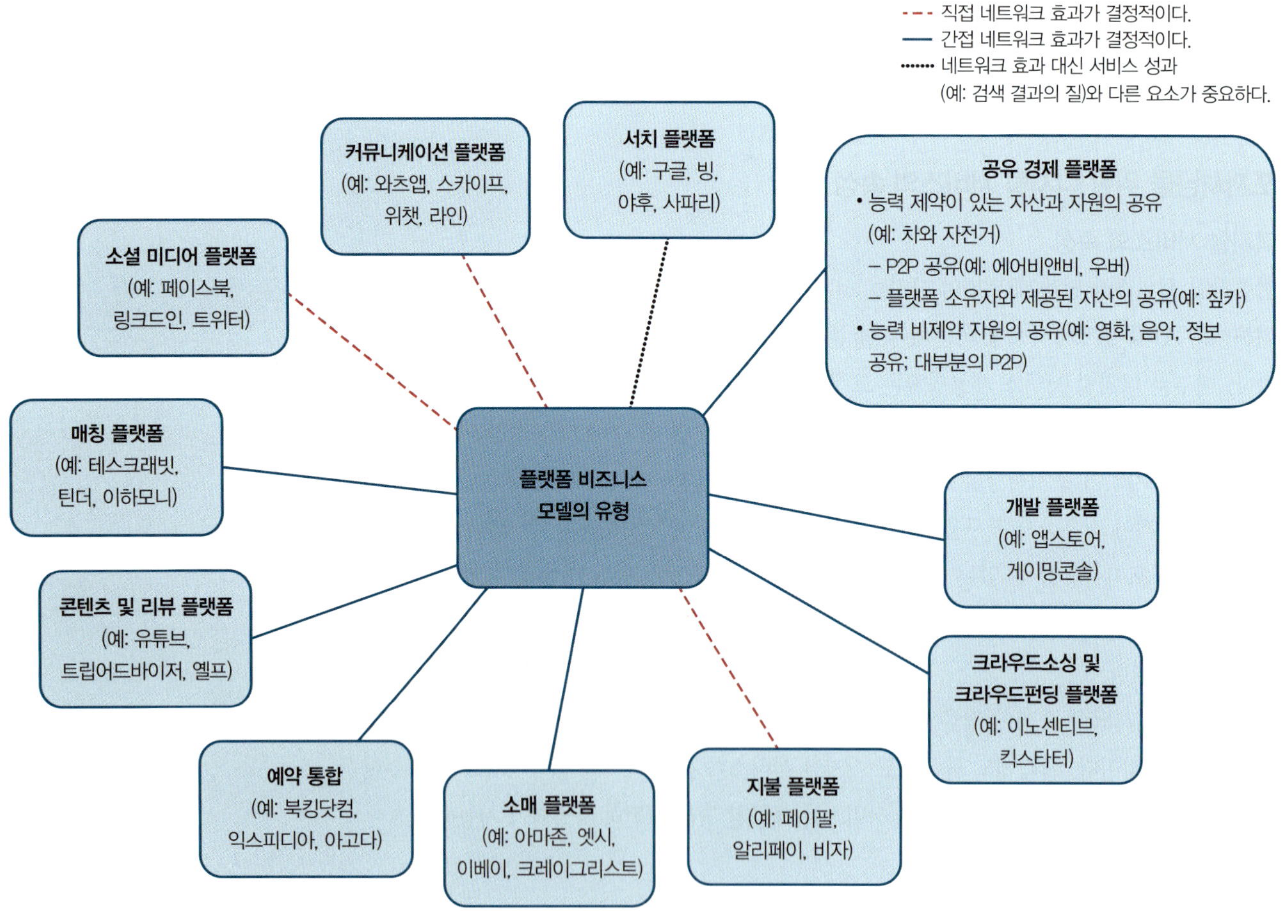

그림 3.19 직접 네트워크 효과는 모든 플랫폼에 경쟁력 있는 장점을 제공하지는 않는다.

출처: Jochen Wirtz, Kevin Kam Fung So, Makarand Mody, Stephanie Liu, and Helen Chun, "Platforms in the Peer-to-Peer Sharing Economy," *Journal of Service Management* 30(4) (2019): 452–483

둘째, **간접 네트워크 효과**는 사용자가 플랫폼에 다른 '그룹'에 들어갈수록 사용자에 대한 가치가 증가하는 플랫폼과 관련이 있다. 예를 들면, 우버에 신규 운전기사가 들어올수록 승객이 더 쉽고 빠르게 이동할 수 있으므로 가치가 더 생성된다. 마찬가지로 새로운 승객이 늘어나면 운전기사들은 잠재적으로 수입이 증가할 수 있으므로 가치가 높아진다.

그림 3.20 차량공유 서비스에서는 운전자 수의 증가가 차량 이용객에게 더 많은 가치를 제공하며, 반대의 경우도 마찬가지이다.

양쪽은 상호 의존적인 관계이므로, 규모 조정은 동시에 수행되어야 한다. 한쪽에 사용자가 많아지면 다른 쪽 사용자를 위한 가치가 창출되어 플랫폼의 전체 가치는 상승됨으로써 더 많은 사용자를 유치하게 되고, 이는 기존 사용 기존 사용자에게 부가가치를 만들어낸다.[12] 그러나 직접 네트워크 효과인 소셜 미디어 플랫폼의 경우와 달리 간접 네트워크 효과인 경우 포화점이 있어서 충분한 선택이 이루어질 경우 품질 유지를 위해 사용자가 증가하는 것을 멈추게 해야 한다.

예를 들면, 이 책의 저자인 요헨(Jochen)은 출근할 때 차량공유 서비스를 가끔 이용한다. 운전자 중 한 사람은 그에게 자신은 집에서 직장으로 갈 때 한 번, 직장에서 집으로 갈 때 한 번, 이렇게 하루에 2번 운전한다고 이야기했다. 플랫폼에 대한 그의 제안은 상당히 특이하다. 즉 그는 아침 특정 시간에 집에서 가까운 곳에서 출발하고 직장 근처에서 내리는 것이다(그리고 저녁에는 반대로 한다). 동시에 운전자는 동등하게 구체적인 니즈가 있다. 이 차량공유 플랫폼의 매칭 품질은 탑승 제안 속성과 사용자 니즈 간 중요한 차이점의 측면에서 승객과 운전자 모두에게 작용할 수 있다(예: 사용자의 대기 시간이 유연한지, 탑승 요청으로 인해 운전자는 더 긴 시간 운전해야 하는지). 유동성(또한 시장 두께)이 충분히 높아서 핵심 속성의 가중치 차이가 최소가 되면 네트워크 규모를 추가해도 사용자에게 가치가 더이상 추가되지 않는다.[13]

마지막으로 어떤 플랫폼에는 중요한 네트워크 효과가 없다. 예를 들면, 고객은 검색 엔진에 얼마나 많은 사용자가 있느냐보다는 검색 엔진의 결과와 품질에 신경을 쓴다. 또한 새로운 검색 엔진의 가치 제안과 포지셔닝은 다른 속성을 기반으로 해야 한다. 예를 들면, 스타트업 사용자가 창출한 광고 수익을 해당 사용자와 공유하는 것을 고려한다고 하자. 검색 결과의 품질도 좋다면 이는 적어도 어떤 사용자 시장에는 흥미로운 제안이 될 것이다.

요약하면 마케터가 디지털 서비스에 대한 포지셔닝 전략을 개발할 때 물어봐야 할 근본적인 질문은 포지셔닝할 속성이 아주 적은 서비스의 경우를 제외하고는 동일하다. 즉 3C와 STP에 집중해야 하며 네트워크 효과는 중요한 차별화를 가능하게 한다.

효과적인 포지셔닝 전략 개발

학습목표 10
효과적인 포지셔닝 전략을 개발한다.

이제 집중의 중요성, 포지셔닝의 원리, 경쟁적 포지셔닝을 시각화하기 위한 포지셔닝 맵 사용을 이해했으므로 효과적인 포지셔닝 전략을 개발하는 방법에 대해 논의해보자. 이 장의 시작

wavebreakmedia/Shutterstock

그림 3.21 포지셔닝 맵에 있는 관련 기업과 경쟁사를 배치하는 것은 다양한 위치에 가장 효과적인 접근 방식이나 전략을 찾는 데 도움을 준다.

부분에 있는 그림 3.1은 서비스 마케팅 전략과 실행 계획에 STP가 어떻게 3C(고객, 경쟁사, 기업) 분석과 연결되어 있는지 보여준다. 이 정보는 서비스 기업이 "우리의 서비스 상품은 무엇인가? 우리의 고객은 누구인가? 우리는 무엇이 되기를 원하는가? 우리가 그곳에 도달하려면 어떤 조치를 취해야 하는가?"라는 질문에 답하는 포지셔닝 선언문을 작성하는 데 사용할 수 있다.

예를 들어, 링크드인(LinkedIn)은 전문 네트워킹 공간에 집중하고 페이스북 같은 다른 소셜 네트워크와 차별화하기 위해 노력했다. 링크드인은 파티 사진이나 여행 사진 저장소보다는 사용자의 경력 프로파일을 만들 수 있도록 시도했다(그림 3.22). 링크드인은 온라인 이력서와 유사한 깔끔한 레이아웃을 선택했다. 이런 집중은 전문가들을 주요 고객으로 만들고 채용 담당자가 회원 정보에 접근하기 위해 지불을 하는 수익 창출 모델로 연결시켰다. 광고주는 다른 채널에는 접근하기 어려운 상급 관리자와 전문가를 대상으로 표적 시장에 광고할 수 있었다.[14] 이런 전략의 성공은 증명되었다. 2020년 150개국의 약 6억 9,000만 명 이상의 회원을 보유하고 있으며, 링크드인은 각각 7,000만 명

From LinkedIn.com. © LinkedIn Corporation.

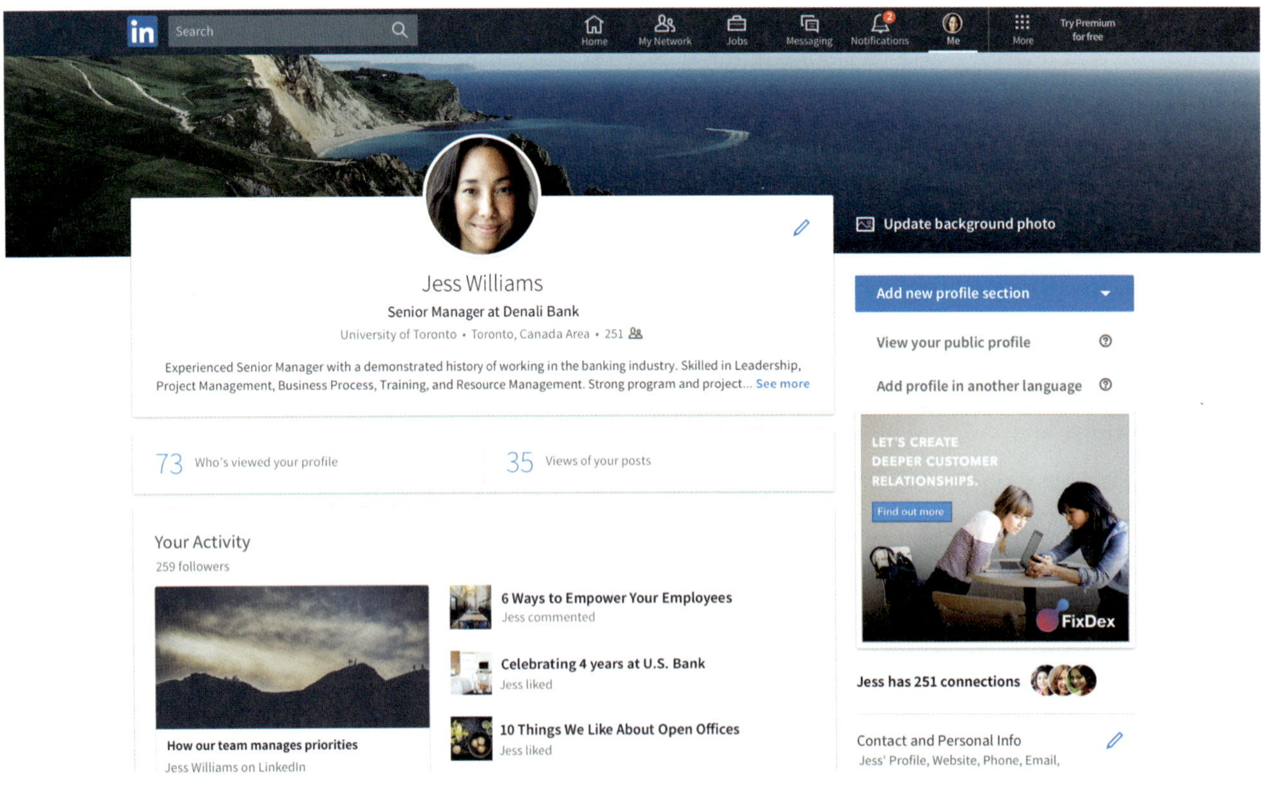

그림 3.22 링크드인은 전문적인 네트워크 및 경력 개발에만 집중하여 다른 소셜 네트워크와 차별화하는 포지셔닝을 했다.

과 2,000만 명 이상의 회원을 보유하고 있는 다른 경쟁사인 비아데오(Viadeo, 프랑스)와 싱(XING, 독일)보다 훨씬 앞서 있다.

좋은 포지셔닝 선언문을 작성하는 4가지 기본적인 요소가 있다. 이를 링크드인의 예로 살펴보자.

- 표적 고객: 브랜드를 판매하거나 서비스를 제공할 특정한 그룹(예: 1차 표적 고객인 전문가, 2차 표적 고객인 고용주 및 광고주)
- 참고 프레임: 브랜드가 경쟁할 범주(예: 소셜 네트워킹 공간)
- 차별화: 브랜드가 경쟁사에 비해 우월하게 앞설 수 있는 가장 경쟁력 있는 장점(예: 경력을 발전시키고 비즈니스 통찰력 및 업계 지식을 개발하는 데 도움이 되는 최대 규모의 전문가와 채용 담당자 네트워크)
- 신뢰의 이유: 브랜드가 약속한 혜택을 제공할 수 있다는 증거(예: 경쟁사보다 몇 배 더 큰 네트워크 보유)

3C와 STP 분석을 통합한 결과는 시장에서 기업이 원하는 위치를 정의하는 포지셔닝 선언문으로 나타낼 수 있다. 이러한 이해를 바탕으로 마케터는 서비스 마케팅의 7P, 고객 관계 관리 및 충성도 전략, 서비스 품질 및 생산성 전략에 따른 포지셔닝 전략을 포함해 구체적인 실행 계획을 세울 수 있다. 이 책의 나머지 장에서는 이를 수행하는 방법을 알아볼 것이다.

요약

학습목표 1 효과적인 포지셔닝 전략을 개발하려면 3C, 즉 **고객 분석, 경쟁사 분석, 기업 분석**을 연계시켜야 한다.

- **시장 분석**은 시장의 매력도(시장 규모, 성장률, 추세 등), 고객의 니즈(바람직한 서비스 수준, 접촉 수준, 유통 채널, 소비 시간, 가격 민감도 등)를 관찰한다.
- **경쟁자 분석**은 기업의 기회를 발견하기 위해 경쟁자의 현재 위치, 강점, 약점을 파악한다.
- **기업 분석**은 기업의 브랜드 포지셔닝, 이미지, 기업의 장단점 등을 알아보고 기업의 가치가 사업 방식에 어떤 영향을 주는지에 초점을 맞춘다.

학습목표 2 고객 지향 서비스 마케팅 전략을 개발하는 주요 요소는 일반적으로 STP라고 하는 **시장 세분화, 표적 시장 선정, 포지셔닝**이다.

학습목표 3 **시장 세분화**는 시장을 소그룹으로 분할하는 것이다. 같은 세분 시장 내 고객은 동일한 서비스 관련 니즈를 공유한다. 시장 세분화는 종종 우선적으로 고객 니즈에 기초하여 이루어진다. 고객이 진정으로 원하는 것이 무엇이고, 그들이 구매하도록 이끄는 요인에 대해 기업이 집중하게 한다. 그 외에도 주요 세분 시장을 정의하거나 설명할 때 인구통계학적, 심리학적, 행동적 변수를 사용한다.

학습목표 4 고객의 구매 결정에 중요한 속성과 결정적 속성의 차이를 이해하는 것이 고객을 세분화하는 데 중요하다.

- 고객에게 **중요한 속성**이 실제 구매 시에는 중요하지 않을 수도 있다(예: 안전은 중요하다. 그러나 모든 항공기 여행자는 안전을 당연한 것으로 여긴다). 이런 경우라면 그런 속성이 세분화의 기준으로 사용될 수 없다.
- **결정적 속성**은 고객에게 중요한 서비스 속성 목록에 들어가지 못할 수도 있다. 그러나 경쟁적 대안과 차별화되는 속성이 될 수 있으며, 상품 구매에 결정적 역할을 할 수 있다. 그러므로 결정적 속성에 대한 고객 간 차이는 시장 세분화에서 중요하다.

학습목표 5 중요한 속성과 결정적 속성을 이해한 관리자는 각 속성에 대해 고객들이 어느 수준을 선호하는지 결정해야 한다. 고객이 가격과 서비스 수준 중 어떤 것을 더 중요시하는가에 따라 서비스 수준은 고객을 세분화하는 데 사용되기도 한다.

학습목표 6 기업은 가장 잘 서비스할 수 있는 고객(표적 시장)에게 노력을 집중해야 한다. 기업은 표적 시장에서 중시되는 속성에 대해 경쟁우위를 가지고 있어야 하며, 이를 달성하려면 집중이 필요하다. 기업이 경쟁우위를 달성하기 위해 따라야 하는 3가지 집중 전략은 다음과 같다.

- **완전 집중**: 기업은 좁은 표적 시장(예: 숄다이스병원)에 제한된 영역의 서비스(대부분 한 가지)를 제공한다.
- **시장 집중**: 기업은 좁은 표적 시장에 집중하지만 해당 시장의 다양한 니즈를 충족시키기 위해 넓은 영역의 서비스를 제공한다(예: 렌토킬이니셜).
- **서비스 집중**: 기업은 매우 넓은 시장을 대상으로 한 가지 좁은 영역의 서비스만을 제공한다(예: 라식수술 병원, 스타벅스 카페).
- **비집중**: 비집중 전략은 경쟁력을 유지하기 위해 자신의 서비스를 너무 광범위하게 확산시키기 때문에 권장할 만한 옵션은 아니다.

학습목표 7 결정적 속성과 관련된 서비스 수준을 이해한다면 시장에서 자사의 서비스를 가장 잘 위치시키는 결정을 할 수 있다. **포지셔닝**은 기업이 제공하는 서비스와 관련하여 시장에서 구분되는 위치를 확립하고 유지하는 것이다. 포지셔닝의 본질은 다음과 같다.

- 기업은 표적 고객의 마음속에서 특정 위치를 차지해야 한다.
- 위치는 단일해야 하며, 단순하면서도 일관된 메시지를 지녀야 한다.
- 위치는 경쟁사와 차별화되어야 한다.
- 기업은 모든 사람에게 받아들여질 수는 없다. 따라서 노력을 집중해야만 한다.

학습목표 8 기업의 포지셔닝 전략 개발을 도와주는 중요한 도구인 **포지셔닝 맵**은 조사 결과를 시각적으로 요약해주며, 경쟁사들이 결정적 속성에서 어떤 성과를 보여주는지를 알려준다. 이는 기업이 재포지셔닝해야 할 위치를 알려주며 경쟁사의 행동을 예측하는 것을 돕는다.

학습목표 9 디지털 서비스와 플랫폼 비즈니스 모델(즉 대개 앱과 온라인 플랫폼을 통해 AI 임파워드된 서비스를 제공하는 곳)은 3C와 STP를 이용하여 포지셔닝할 수 있다.

- 디지털 서비스는 확장 가능한 서비스를 목표로 하며, 이를 위해서는 AI와 셀프서비스에 의존해야 할 뿐만 아니라 잠재적으로 커뮤니티의 지원도 필요하다. 그리고 (많은) 서비스 직원, 서비스 환경, 도구를 사용하지 않는다. 디지털 서비스가 포지셔닝할 수 있는 속성의 수는 줄어들 수 있으며, 중요한 속성은 몇 개에 불과할 수 있다는 것을 의미한다. 예를 들면, 사용 편의성, 편리한 초보 메뉴얼, 직관적인 사용법이 매우 중요하다.
- 디지털 서비스는 플랫폼과 생태계를 기반으로 한다. 이러한 방식으로 플랫폼이 가치를 강화하고 위험을 낮출 수 있다면 서비스 제공업체들은 차별화 요인을 가질 수 있다.
- 네트워크 효과는 우월한 서비스와 강력한 차별화를 유도할 수 있다. 그러나 모든 플랫폼 유형에 적용할 수 없다. 두 가지 형태의 네트워크 효과의 차이점을 구분하는 것이 중요하다.
  - 직접 네트워크 효과는 많은 사용자가 참여할수록 사용자에 대한 가치가 증가하는 것을 의미한다. 예를 들어, 페이스북, 틱톡, 인스타그램은 가족 및 친구 등 사용자와 관련된 사람들이 참여할수록 가치가 강화된다.
  - 간접 네트워크 효과는 사용자가 플랫폼에 다른 '그룹'에 들어갈수록 사용자에 대한 가치가 증가하는 플랫폼과 관련이 있다. 예를 들면, 우버에 신규 운전기사가 들어올수록 승객이 더 쉽고 빠르게 이동할 수 있으므로 가치가 더 생성된다. 그러나 사용자가 추가되어도 품질이 크게 향상되지 않으면 경쟁업체도 필요한 수준으로 확장할 수 있으므로 이러한 간접 네트워크 효과는 강력한 경쟁우위를 제공하지 못한다.

학습목표 10 분석을 통합한 결과로 시장에서 기업이 원하는 포지션을 정의하는 **포지셔닝 선언문**을 작성할 수 있다. 이런 이해를 바탕으로 마케터는 서비스 마케팅의 7P, 고객관계 관리, 충성도 전략, 서비스 품질 및 생산성 전략에 따라 포지셔닝 전략을 수행하여 구체적인 실행 계획을 세울 수 있다.

학습 키워드

학습목표 1
- 고객 분석
- 기업 분석
- 경쟁사 분석
- 고객 니즈 분석
- 내부 기업 분석
- 시장 분석

학습목표 2
- 시장 위치
- 포지셔닝
- 포지셔닝 전략
- 시장 세분화
- 표적 시장 선정

학습목표 3
- 고객 행동 기준 세분화
- 인구통계학적 세분화
- 니즈 기준 세분화
- 심리학적 세분화

학습목표 4
- 경쟁적 대안
- 의사결정 규칙
- 결정적 속성
- 중요한 속성
- 서비스 속성

학습목표 5
- 정성적 속성
- 정량적 속성
- 서비스 수준

학습목표 6
- 경쟁우위
- 집중
- 집중 전략
- 완전 집중 전략
- 시장 집중 전략
- 서비스 집중 전략
- 표적 시장
- 비집중 전략

학습목표 7
- 구분되는 차별화
- 포지셔닝 서비스

학습목표 8
- 경쟁적인 반응
- 미래 시나리오
- 지각 매핑
- 포지셔닝 맵
- 포지셔닝 지도
- 시각화 전략

학습목표 9
- AI 임파워드된 서비스
- 디지털 서비스의 속성
- 직접 네트워크 효과
- 생태계 결집
- 간접 네트워크 효과
- 디지털 서비스 포지셔닝
- 강력한 차별화

학습목표 10
- 효과적인 포지셔닝 전략
- 참고 프레임
- 차별화
- 포지셔닝 선언문
- 신뢰의 이유
- 표적 고객

서비스 마케팅 용어를 얼마나 잘 알고 있나요? 퀴즈를 풀어보세요!

본문을 참조하지 않고도 기억할 수 있는 각 키워드에 대해 1점을 매기고 점수를 합산하여 서비스 마케터라고 불릴 자격을 갖추었는지 확인하세요.

점수

01~08 서비스 마케팅이 여러분에게 해악을 끼치나요?
09~16 밤늦도록 공부가 필요합니다.
17~24 학기 내내 여러분이 무엇을 하지 않았는지 알고 있습니다.
25~32 거의 도달하려고 합니다.
33~40 바로 마케터로 출발하세요.
41~52 여러분의 이름을 딴 마케팅 콘셉트가 나와야 합니다.

서비스 마케팅 연습문제

1. 고객 중심 서비스 마케팅 전략 요소는 무엇인가?
2. 시장 세분화에 어떤 기준을 많이 사용하는가? 각 기준에 대한 예를 들어보라.
3. 고객의 구매 의사결정에서 중요한 속성과 결정적 속성의 차이는 무엇인가?
4. 서비스 기업이 집중해야 하는 이유는 무엇인가? 기본 집중 전략을 설명하고, 집중 전략이 어떻게 작동하는지 예를 들어보라.
5. 효과적인 포지셔닝 전략을 개발하기 위한 6가지 질문은 무엇인가?
6. 포지셔닝 맵은 관리자가 경쟁 역학을 이해하고 대응하는 데 어떤 도움을 주는가?
7. 디지털 서비스와 플랫폼에도 3C와 STP를 적용하는가? 이러한 서비스에 포지셔닝 전략은 어떻게 작동하는가?
8. 포지셔닝 전략이란 무엇이며, 시장, 고객, 기업 내부, 경쟁 분석은 포지셔닝 전략과 어떤 관련이 있는가?

서비스 마케팅 응용문제

1. 한 회사를 선택하여 그 회사가 고객을 세분화하는 데 사용한 요인을 알아보라. 그 회사의 사례를 통해 답을 뒷받침하라.
2. 서비스 수준(항공사, 호텔, 렌터카 회사 제외)으로 상품을 차별화하는 서비스 회사의 두 가지 예시를 들어보라. 하나의 서비스를 포지셔닝하는 차별화된 서비스 수준과 결정적 속성 요인을 설명하라.
3. 이 장에서 논의한 4가지 집중 전략을 각각 설명하는 기업의 예시를 찾아보라.
4. 팔라스 호텔에 조언을 주는 컨설턴트로 고용되었다고 상상해보자. 포지셔닝 맵(그림 3.17과 3.18)에 있는 4가지 요인을 바탕으로 호텔이 직면한 선택사항을 고려해보라. 팔라스 호텔에 어떤 조치를 추천하겠는가? 이에 대해 설명하라.
5. 국내 시장에 있는 2개 이상의 차량공유 플랫폼의 포지셔닝 전략을 조사해보자. 승객 및 운전사에 대한 포지셔닝을 어떻게 차별화할 것인가? 한 기업을 선택해서 개선된 포지셔닝 전략을 제안해보라.
6. 익숙한(예: 휴대전화 서비스, 신용카드, 음악 스트리밍 등) 하나의 산업을 선택하라. 그리고 그 산업에 있는 다른 서비스 제공업체와의 경쟁 위치를 보여주는 지각 매핑을 해보자. 결정적 요인이라고 생각하는 속성을 이용하자. 시장에서 나타난 문제점을 찾아보고 잠재적 '블루오션' 전략을 위한 아이디어를 생각해보자.

미주

1. Roger Brown, "How We Built a Strong Company in a Weak Industry," *Harvard Business Review* (February 2001): 51–57; www.brighthorizons.com, accessed January 16, 2022.

2. The jobs-to-be-done framework provides an easy step-by-step approach to market segmentation; Tony Ulwick, *Jobs to Be Done: Theory to Practice* (Idea Bite Press, 2016). A free copy of the book is available at https://jobs-to-be-done-book.com/, accessed June 2, 2020. See also Tony Ulwick, "Outcome-Based Market Segmentation Outperforms Milkshake Marketing," (2018), https://jobs-to-be-done.com/outcome-based-market-segmentation-outperforms-milkshake-marketing-2eadf3d07b23, accessed January 16, 2022.

3. Roland Rust and Ming-Hui Huang, "The Service Revolution and the Transformation of Marketing Science," *Marketing Science* 33(2) (2014): 206–221.

4. Daniel Yankelovich and David Meer, "Rediscovering Marketing Segmentation," *Harvard Business Review* 84(2) (2006): 122–131.

5. George S. Day, *Market Driven Strategy* (New York: The Free Press, 1990), p. 164.

6. Robert Johnston, "Achieving Focus in Service Organizations," *The Service Industries Journal* 16 (January 1996): 10–20.

7. The power of a fully focused service strategy is especially apparent for many standard healthcare services; see Jochen Wirtz, "Cost-Effective Service Excellence in Healthcare," *AMS Review* 9(1–2) (2019): 98–104.

8. Frances Frei and Anne Morriss, *Uncommon Service: How to Win by Putting Customers at the Core of Your Business* (Boston, MA: Harvard Business Review Press, 2012).

9. Jack Trout, *The New Positioning: The Latest on the World's #1 Business Strategy* (New York: McGraw-Hill, 1997).

10. Nanette Byrnes, "The Little Guys Doing Large Audits," *BusinessWeek* (August 22/29, 2005): 39.

11. Andrei Hagiu and Simon Rothman, "Network Effects Aren't Enough," *Harvard Business Review* 64–71 (April 2016): 66. See also David S. Evans and Richard Schmalensee, *The Matchmakers: The New Economics of Multisided Platforms* (Boston, MA: Harvard Business Review Press, 2016).

For excellent discussions of platform business models, see Tor W. Andreassen, Line Lervik-Olsen, Hannah Snyder, Allard C. R. Van Riel, Jillian Sweeney, and Yves Van Vaerenbergh, "Business Model Innovation and Value-Creation: The Triadic Way," *Journal of Service Management* 29(5) (2018): 883–906; Allard C.R. Van Riel, Jie J. Zhang, Lee Phillip McGinnis, Mohammad G. Nejad, Milos Bujisic, and Paul A. Phillips, "A Framework for Sustainable Service System Configuration," *Journal of Service Management* 30(3) (2019): 349–368

For access-based service platforms (e.g., bike- or car-sharing), see *Journal of Service Research* 23(3) (2020): 368–385.

12. Catherine Tucker and Juanjuan Zhang, "Growing Two-sided Networks by Advertising the User Base: A Field Experiment," *Marketing Science*, 29(5) (2010): 805–814; Benedict G. C. Dellaert, "The Consumer Production Journey: Marketing to Consumers as Co-producers in the Sharing Economy," *Journal of the Academy of Marketing Science*, 47(2) (2019): 238–254.

13. Arvind Rangaswamy, Nicole Moch, Claudio Felten, Gerrit van Bruggen, Jaap E. Wieringa, and Jochen Wirtz, "The Role of Marketing in Digital Business Platforms," *Journal of Interactive Marketing* 51 (August 2020): 72–90.

14. Robert Simons, "Choosing the Right Customer: The First Step in a Winning Strategy," *Harvard Business Review* 92(3) (2014): 49–55; http://www.linkedin.com/company/linkedin, accessed January 16, 2022.

PART II

ESM 프레임워크

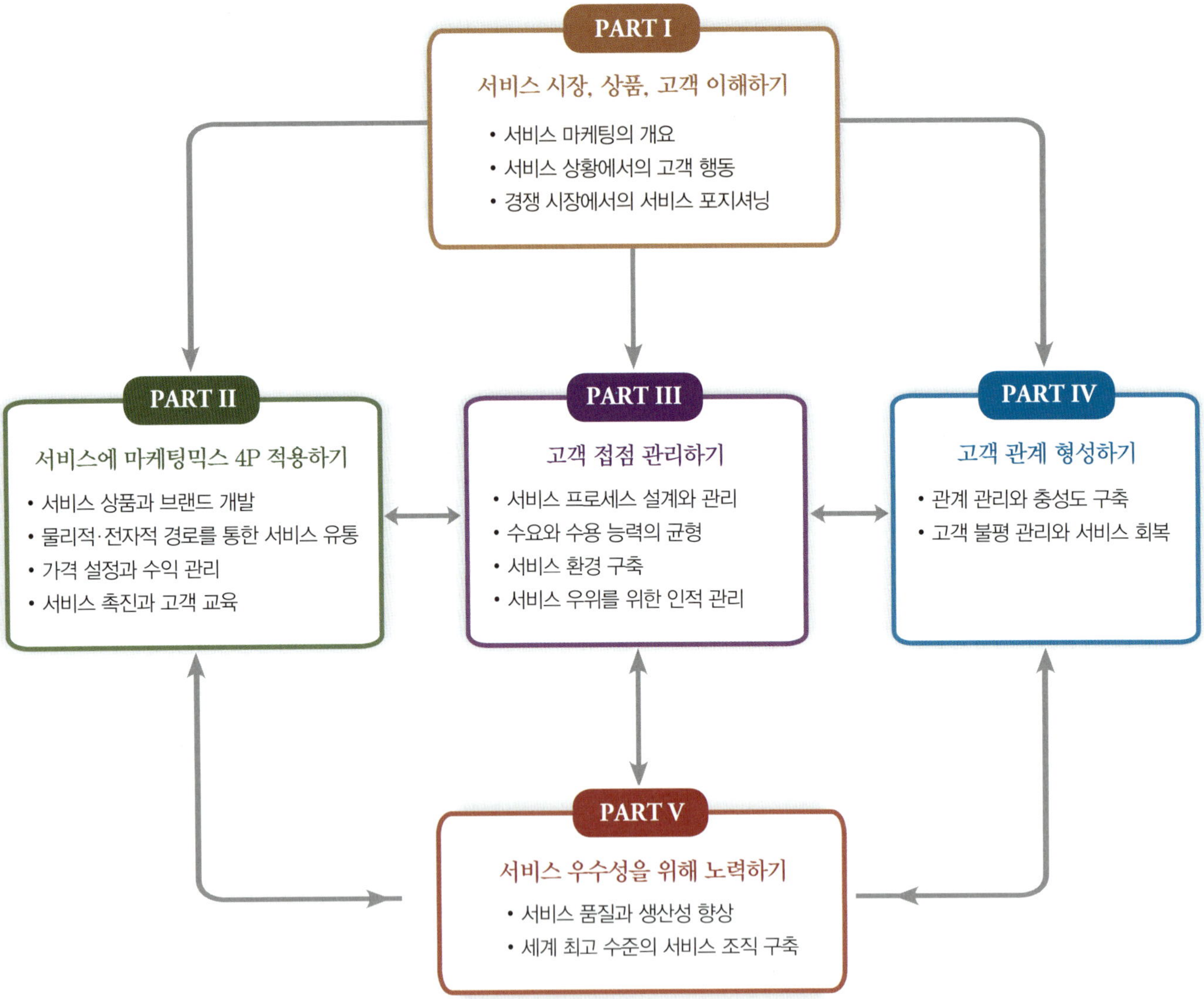

PART I

서비스 시장, 상품, 고객 이해하기

- 서비스 마케팅의 개요
- 서비스 상황에서의 고객 행동
- 경쟁 시장에서의 서비스 포지셔닝

PART II

서비스에 마케팅믹스 4P 적용하기

- 서비스 상품과 브랜드 개발
- 물리적·전자적 경로를 통한 서비스 유통
- 가격 설정과 수익 관리
- 서비스 촉진과 고객 교육

PART III

고객 접점 관리하기

- 서비스 프로세스 설계와 관리
- 수요와 수용 능력의 균형
- 서비스 환경 구축
- 서비스 우위를 위한 인적 관리

PART IV

고객 관계 형성하기

- 관계 관리와 충성도 구축
- 고객 불평 관리와 서비스 회복

PART V

서비스 우수성을 위해 노력하기

- 서비스 품질과 생산성 향상
- 세계 최고 수준의 서비스 조직 구축

PART II

서비스에 마케팅믹스 4P 적용하기

전통적인 마케팅 믹스의 4P(제품, 장소, 가격, 프로모션)를 다시 살펴본다. 그러나 4P는 상품 마케팅과 차별화되는 서비스의 구체적인 특성을 고려하여 확장되었다. 2부는 4개 장으로 구성되어 있다.

4장 서비스 상품과 브랜드 개발

핵심 요소와 보완 요소를 모두 포함하는 의미있는 서비스 개념을 논의한다. 보완 요소는 핵심 서비스 제공을 촉진하고 향상시킨다. 또한 이 장에서는 브랜딩 및 등급화된 서비스 상품을 포함하고 서비스 회사가 어떻게 브랜드 자산을 구축할 수 있지에 대해 설명한다.

5장 물리적 및 전자적 경로를 통한 서비스 유통

시간과 장소에 대한 요소를 조사한다. 제조업체는 일반적으로 제품 이동을 위해 물리적 유통 경로가 필요하다. 그러나 일부 서비스 기업은 전자적 경로를 사용하여 서비스 요소 전체(또는 적어도 일부)를 제공할 수 있다. 고객이 실제로 존재하는 가운데 실시간으로 제공되는 서비스에 있어서 장소 및 시간의 속도와 편리성은 효과적인 서비스 제공을 결정하는 중요한 요소가 된다. 또한 이 장에서는 중개자, 프랜차이즈, 국제 유통, 시장 진입의 역할에 대해서도 논의한다.

6장 가격 설정과 수익 관리

기업과 고객의 관점에서 가격 설정에 대한 이해를 제공한다. 기업의 경우 가격 전략이 소득 창출을 결정한다. 서비스 회사는 주어진 시간에 수용 능력에서 창출할 수 있는 수익을 극대화하기 위해 수익 관리를 구현해야 한다. 고객의 관점에서 볼 때 가격은 원하는 혜택을 얻기 위해 지출해야 하는 비용의 핵심 부분이다. 그러나 고객이 부담하는 비용에는 상당한 비금전적 비용도 포함되는 경우가 많다. 이 장에서는 또한 서비스 가격 설정의 윤리 및 공정성과 효과적인 가격 설정 전략을 개발하는 방법에 대해 설명한다.

7장 서비스 촉진과 고객 교육

기업이 판촉 및 교육을 통해 서비스에 대해 고객과 소통하는 방법을 다룬다. 고객은 공동 생산자이고 다른 고객들이 서비스 성과를 경험하는 방식에 기여하기 때문에 서비스 마케팅에서 많은 커뮤니케이션은 서비스 과정을 통해 효과적으로 진행되는 방법을 고객에게 알려주는 교육적 특성이 있다. 이 장에서는 온라인, 모바일, 소셜 네트워크를 통한 커뮤니케이션을 포함한 서비스 마케팅 커뮤니케이션 믹스에 대해 다룬다.

CHAPTER 4

서비스 상품과 브랜드 개발

학습목표

01 서비스 상품이 무엇인지 이해한다.

02 잘 정의된 서비스 상품의 편익을 이해한다.

03 서비스 상품의 3가지 구성 요소를 설명한다.

04 서비스 플라워 모델에 대해 설명한다.

05 보충 서비스 촉진이 핵심 상품과 어떤 관련이 있는지 알아본다.

06 보충 서비스 강화가 핵심 상품과 어떤 관련이 있는지 파악한다.

07 서비스 브랜딩을 이해한다.

08 기업 수준에서 4가지 브랜드 구축 방안을 알아본다.

09 개별 서비스와 경험을 브랜딩하는 방법을 이해한다.

10 서비스 상품을 계층화하는 데 활용하는 브랜딩 방법을 이해한다.

11 기업이 브랜드 자산을 구축하는 방법에 대해 논의한다.

12 브랜드 서비스 경험을 제공하는 데 필요한 것을 이해한다.

13 단순한 스타일 변경에서 주요 혁신에 이르기까지 신규 서비스 개발의 범주를 나열한다.

14 디자인 사고를 새로운 서비스 설계에 적용한다.

15 기업이 신규 서비스 개발에서 성공할 수 있는 방법을 설명한다.

Johner Images/Alamy Stock Photo

도입 사례

스타벅스

스페셜티 커피 브랜드를 생각할 때 가장 먼저 떠오르는 이름은 바로 스타벅스(Starbucks)이다. 스타벅스의 신데렐라 성공 스토리는 3가지 핵심 구성 요소에 기반을 둔다. ① 세계 최고 품질의 커피라는 믿음, ② 문을 통과할 때마다 기분 좋은 경험을 제공하는 것을 목표로 하는 고객 서비스, ③ 고급스러우면서도 오래 머물기를 원하는 사람들을 위한 매력적인 매장 분위기이다. 기업 사명 선언문에서 스타벅스는 고객에 초점을 맞춘 웅장하고 희망적인 목표를 지닌 라이프스타일 브랜드로 자리매김했다. 즉 개인 고객과 지역사회에 서비스를 제공함으로써 인간 정신을 풍요롭게 하는 것을 목표로 한다.

PjrTravel/Alamy Stock Photo

그림 4.1 전통 차를 즐기는 고객도 스타벅스 컵을 사용할 정도로 스타벅스는 친숙한 브랜드이다.

그러나 스타벅스는 커피와 전혀 관련이 없는 많은 소매 및 서비스 혁신을 만들었다. 전 세계 많은 매장에서 무료로 무선 광대역 서비스를 제공하는 최초의 커피 체인 중 하나였다. 이후 스타벅스는 모바일 앱을 출시했는데, 이 앱을 통해 고객이 카페를 찾고, 선주문하고, 줄을 서지 않고, 결제하고, 별점을 확인하고, 보상을 사용하고, 바리스타에게 디지털 팁을 남기고, 맞춤형 제안을 찾아 사용하고, 메뉴 선택 및 영양 정보 등을 볼 수 있게 되었다. 예를 들어, 스타벅스는 모바일 앱에 스포티파이(Spotify)를 통합하여 바리스타와 고객이 매장에서 재생되는 노래를 선택할 수 있게 했다. 스타벅스 모바일 앱을 통해 스포티파이에서 재생 목록에 접근할 수 있으며, 고객은 스마트폰에서 언제 어디서나 음악을 스트리밍할 수 있다. 스타벅스의 전 CEO인 하워드 슐츠(Howard Schultz)는 다음과 같이 말했다. "스포티파이의 세계적 수준의 스트리밍 플랫폼을 세계적 수준의 매장과 디지털 생태계에 연결함으로써 우리는 수백만 명의 고객이 음악을 찾는 방식을 재창조하고 있습니다."

스타벅스는 서비스 혁신을 크게 성공시킨 기업으로, 최근에는 세계에서 가장 혁신적인 기업 중 하나로 선정되기도 했다. 그러나 경쟁이 치열하므로 스타벅스는 우위를 유지하기 위해 계속 혁신해야만 한다.[1]

Realimage/Alamy Stock Photo

Cartoon Resource/Shutterstock

"그래, 그래, 시저 만세… 들어봐,
나 9시에 써디힐에서 회의가 있는데, 커피 옵션은 뭐야?"

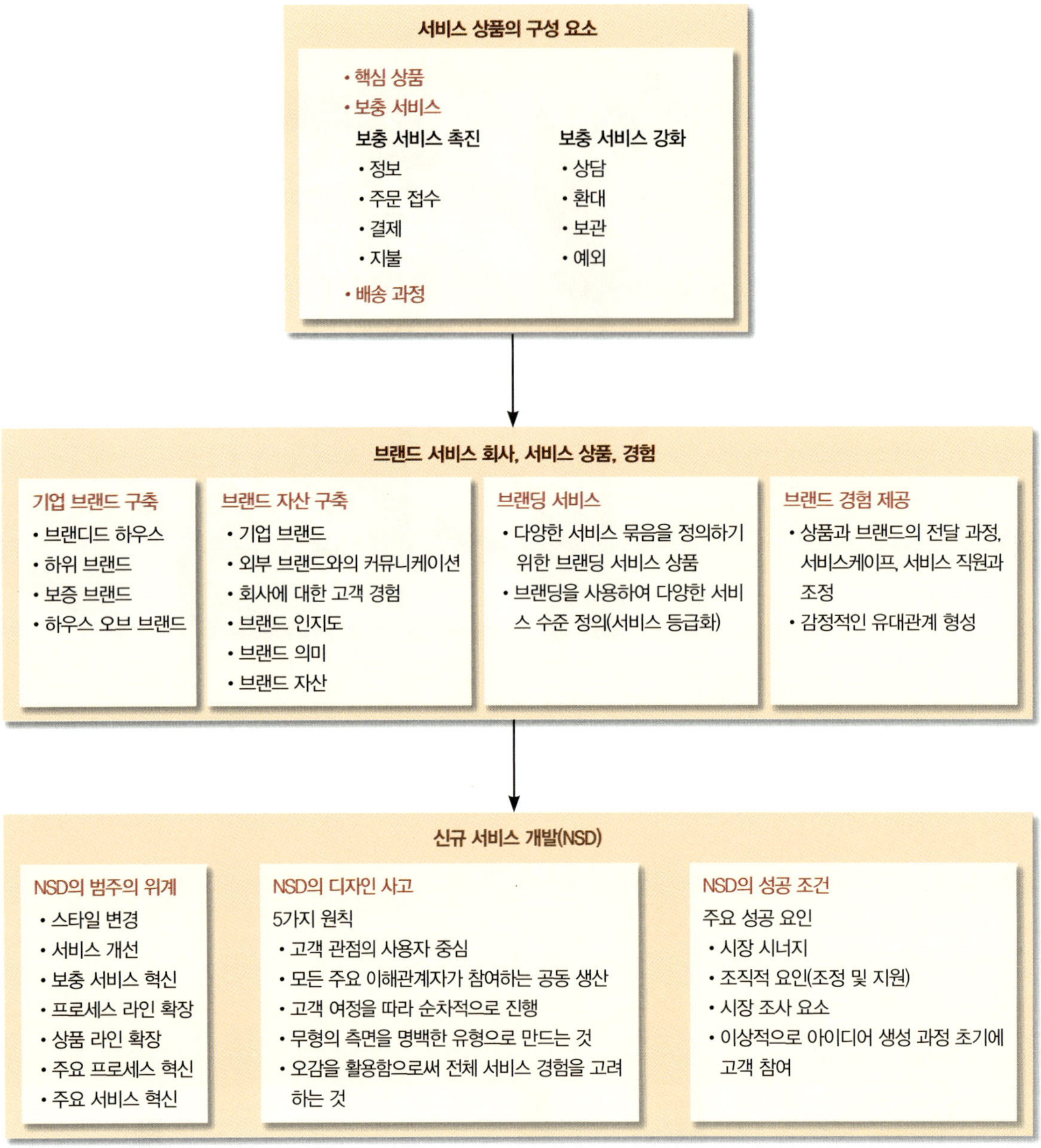

서비스 상품의 구성 요소

- 핵심 상품
- 보충 서비스

보충 서비스 촉진	보충 서비스 강화
• 정보	• 상담
• 주문 접수	• 환대
• 결제	• 보관
• 지불	• 예외

- 배송 과정

↓

브랜드 서비스 회사, 서비스 상품, 경험

기업 브랜드 구축
- 브랜디드 하우스
- 하위 브랜드
- 보증 브랜드
- 하우스 오브 브랜드

브랜드 자산 구축
- 기업 브랜드
- 외부 브랜드와의 커뮤니케이션
- 회사에 대한 고객 경험
- 브랜드 인지도
- 브랜드 의미
- 브랜드 자산

브랜딩 서비스
- 다양한 서비스 묶음을 정의하기 위한 브랜딩 서비스 상품
- 브랜딩을 사용하여 다양한 서비스 수준 정의(서비스 등급화)

브랜드 경험 제공
- 상품과 브랜드의 전달 과정, 서비스케이프, 서비스 직원과 조정
- 감정적인 유대관계 형성

↓

신규 서비스 개발(NSD)

NSD의 범주의 위계
- 스타일 변경
- 서비스 개선
- 보충 서비스 혁신
- 프로세스 라인 확장
- 상품 라인 확장
- 주요 프로세스 혁신
- 주요 서비스 혁신

NSD의 디자인 사고

5가지 원칙
- 고객 관점의 사용자 중심
- 모든 주요 이해관계자가 참여하는 공동 생산
- 고객 여정을 따라 순차적으로 진행
- 무형의 측면을 명백한 유형으로 만드는 것
- 오감을 활용함으로써 전체 서비스 경험을 고려하는 것

NSD의 성공 조건

주요 성공 요인
- 시장 시너지
- 조직적 요인(조정 및 지원)
- 시장 조사 요소
- 이상적으로 아이디어 생성 과정 초기에 고객 참여

그림 4.2 4장의 개요

서비스 상품 이해하기

학습목표 1

서비스 상품이 무엇인지 이해한다.

서비스는 무형이기 때문에 제대로 정의되지 않는 경우가 많다. 이로 인해 고객은 서비스 상품을 이해하기 어렵고, 결과적으로 기업이 서비스 상품을 포지셔닝하고, 차별화하며, 전달하고, 판매하는 것이 어려워진다. 우리는 불분명하고, 제대로 이해할 수 없으며, 제대로 전달받지 못한 모호한 상품이 아닌 구체적이고 확실한 서비스 상품을 원한다.[2] 강력한 서비스 상품을 개발하여 브랜딩하면 이러한 과제를 해결할 수 있다(이 과정을 서비스 상품화라고도 한다). 이 장에서는 서비스 상품과 해당 구성 요소, 브랜딩, 새로운 서비스 개발에 대해 설명한다. 이 장의 구조에 대한 개요는 그림 4.2에 나와 있다.

서비스 상품이란 무엇인가

서비스 '상품'이란 무엇을 의미하는가? 서비스 수행(performance)은 소유하는 것이 아니라 경험하는 것이다. 음식(즉시 소비), 심장박동기, 자동차 교체부품 등 고객이 소유권을 가진 물리적 요소가 있는 경우에도 고객은 전문적 노동력과 특수 장비의 사용을 포함한 서비스 요소에 추가된 가치를 위해 상당한 가격을 지불한다. 서비스 상품은 고객의 가치 창출을 위한 물리적 및 무형적 서비스 수행에 대한 모든 요소를 구성한다.

상품이라는 용어는 이전에는 주로 공산품과 관련하여 사용했지만, 최근에는 점점 더 많은 서비스 기업에서 사용하기 시작했다. (서비스) 상품은 '성과의 묶음(bundle of output)'으로 정의되는데, 다른 서비스 상품과 차별화되는 것뿐만 아니라 품질을 유지하는 것이 중요하다. 제조 기업의 제조 환경에서 상품의 개념은 이해하고 시각화하기 쉽다. 그러나 서비스 기업은 다양한 상품의 '모델'까지 제공해야만 제조 기업과 마찬가지로 그들의 서비스 상품을 차별화할 수 있다. 예를 들어, 패스트푸드 레스토랑은 고객이 볼 수 있도록 상품 메뉴를 제공한다.

보다 무형적인 서비스 제공업체는 다양한 제품의 '모델'도 제공한다. 일반적으로 이는 핵심 상품을 중심으로 세심하게 규정된 부가가치 보충 서비스의 집합체를 나타낸다. 예를 들어, 신용카드 회사는 각기 다른 혜택과 수수료를 제공하는 다양한 카드를 개발하기도 한다. 마찬가지로 보험회사는 다양한 유형의 보험 상품을 제공하고, 대학에서는 필수 과정과 선택 과정이 혼합된 다양한 학위 프로그램을 제공한다. 상품 개발의 목적은 뚜렷하고 다른 상품과 쉽게 구별될 수 있는 성과 묶음을 설계하는 것이다.

잘 개발된 서비스 상품의 편익은 무엇인가

잘 정의된 서비스 상품의 편익을 이해한다.

서비스 상품을 설계하는 것은 추상적인 서비스를 교환 가능한 구체적인 객체로 변환하는 것이다. 예를 들어, 전문 서비스 맥락에서 고객은 자신에게 필요한 것이 무엇인지, 회사가 제공할 수 있는 것이 무엇인지 명확하게 이해하지 못하는 경우가 많다. "(서비스 상품 개발의) 공통 목표는 이해하기 쉬운 간단하고 실질적인 제품을 만드는 것이다."[3]

이상적으로 서비스 상품은 지정된 기능으로 잘 개발되고, 설명이 잘되어 있으며, 명확한 가치 제안을 제공하고, 브랜드를 가지고 있으며, 가격 구조와 구매 방법이 정해져 있어야 한다. 이 모든 것은 기업의 마케팅 자료, 웹사이트, 소셜 미디어, 판매를 포함한 기업의 외부 홍보에서 잘 제시되어 있어야 한다. 이를 통해 고객은 서비스에 수반되는 내용과 서비스의 고유한 기능이 무엇인지 더 잘 이해할 수 있다. 이러한 편익은 디지털 마케팅 커뮤니케이션 서비스를 판매하는 관리자의 다음 인용문에 잘 나타나 있다. "우리는 서비스에 브랜드 이름을 부여하고 콘텐츠, 가격, 배송 시간까지 명확하게 설명했습니다. 일러스트레이션과 슬로건을 통해 서비스의 본질적인 편익을 전달하는 홍보 자료를 개발했습니다. … 이러한 작업은 판매 상황에서 고객을 유치하는 첫 번째 과정으로 여겨집니다."[4] 즉 잘 설계된 서비스 상품을 통해 고객은 서비스가 무엇으로 구성되어 있는지(예: 핵심 요소가 무엇인지), 서비스가 어떻게 생성되는지(예: 프로세스의 주요 단계 및 경험은 무엇인지, 언제 무슨 일이 일어날지), 그리고 어떤 가치를 받게 되는지(예: 무엇이 전달되는지, 경험과 결과는 무엇인지, 왜 효과가 있는지, 무엇이 그렇게 특별한지) 잘 이해할 수 있다.

마지막으로 잘 설계된 서비스 상품을 보유하는 것은 직원에게 도움이 된다. 그들은 이러한 서비스 상품을 더 잘 이해하고, 더 효과적으로 설명할 수 있으며(예: 거의 모든 스타벅스 직원이 열정과 자신감을 가지고 고객에게 주요 상품을 설명할 수 있다), 시스템 전체에 걸쳐 일관성 있게 고품질의 서비스를 제공하는 방법을 알 수 있다.

학습목표 3
서비스 상품의 3가지 구성 요소를 설명한다.

서비스 상품 설계

서비스 상품을 설계하려면 어떻게 해야 할까? 서비스 상품은 고객에게 가치를 창출하는 물리적, 무형적 서비스 성과의 모든 요소로 구성된다. 숙련된 서비스 마케터는 고객이 희망하는 경험을 위해 전체 서비스 수행에 대한 총체적인 관점을 가질 필요성을 인식하고 있어야 한다. 즉 서비스 상품을 만들려면 3가지 구성 요소, 즉 ① **핵심 상품**, ② **보충 서비스**, ③ **전달 과정**을 설계하고 통합해야 한다.

핵심 상품 핵심 상품은 고객이 기본적으로 구매하는 '무엇'이다. 호텔의 1박을 구매할 때 핵심 서비스는 숙박과 보안이다. 택배 비용을 지불할 때 핵심 서비스는 정확한 주소로 완벽한 상태에서 적시에 배송되는 것이다. 따라서 핵심 상품은 고객이 추구하는 주요 혜택, 해결, 경험을 제공하는 핵심 구성 요소이다. 일부 핵심 상품은 무형이다. 신용카드 및 여행보험 상품의 기능, 혜택, 가격의 혁신적인 설계를 생각해야 한다.

보충 서비스 핵심 상품의 제공에는 일반적으로 당사가 보충 서비스라고 부르는 다양한 기타 서비스 관련 활동이 수반된다. 보충 서비스는 핵심 상품의 사용을 촉진하고 가치를 향상시켜서 핵심 상품의 경쟁력을 높이는 데 도움을 준다. 산업이 성숙하고 경쟁이 심화됨에 따라 핵심 상품은 고객 지향적으로 되는 경향이 있다. 경쟁우위를 확보하기 위해 기업은 경쟁 서비스와 핵심 상품의 차별화를 위해 중요한 역할을 하는 보충 서비스를 강조한다.

전달 과정 서비스 개념 설계의 세 번째 구성 요소는 핵심 상품과 보충 서비스를 제공하는 데 필요한 전달 과정이다. 서비스 제공의 설계는 다음 문제를 해결해야 한다.

- 다양한 서비스 구성 요소가 고객에게 전달되는 방법
- 전달 과정에서 고객 역할의 종류

▶ 제공될 예측 서비스 수준 및 유형

서비스 플라워[5]

> **학습목표 4**
> 서비스 플라워 모델에 대해 설명한다.

서비스 플라워는 두 구성 요소인 핵심 상품(core product)과 보충 서비스(supplementary service)를 가지고 있다. 잠재적으로 수십 가지의 다양한 보충 서비스가 있지만 거의 모두 표 4.1에 표시된 8개 클러스터 중 하나로 분류할 수 있다. 이러한 각 클러스터는 촉진 또는 강화로 구분된다. 보충 서비스를 **촉진**(facilitating)하는 것은 서비스를 제공하기 위해 또는 핵심 상품의 사용을 도와주기 위해 필요하다. 보충 서비스를 **강화**(enhancing)하는 것은 고객에게 추가적인 가치와 매력이 된다(표 4.1 참조). 예를 들어, 상담과 환대는 헬스케어 상황에서 매우 중요한 보충 서비스가 될 수 있다.

> **학습목표 5**
> 보충 서비스 촉진이 핵심 상품과 어떤 관련이 있는지 알아본다.

그림 4.3에서는 8개의 클러스터가 꽃 중앙을 둘러싸는 꽃잎으로 표시된다. 꽃잎은 고객이 접할 가능성이 높은 '정보'부터 시계 방향으로 배열된다. 잘 설계되고 잘 관리된 서비스 상품은 꽃잎과 심 부분이 싱싱하고 잘 형성되어 있다. 잘못 설계되거나 잘못 전달된 서비스는 꽃잎이 없거나 시들거나 변색된 꽃과 같다. 핵심이 완벽하더라도 꽃은 매력적이지 않다.

표 4.1 보충 서비스 촉진과 보충 서비스 강화는 핵심 상품에 가치를 제공한다

보충 서비스 촉진	보충 서비스 강화
• 정보(information)	• 자문(consultation)
• 주문 접수(order-taking)	• 환대(hospitality)
• 청구(billing)	• 보관(safekeeping)
• 지불(payment)	• 예외(exception)

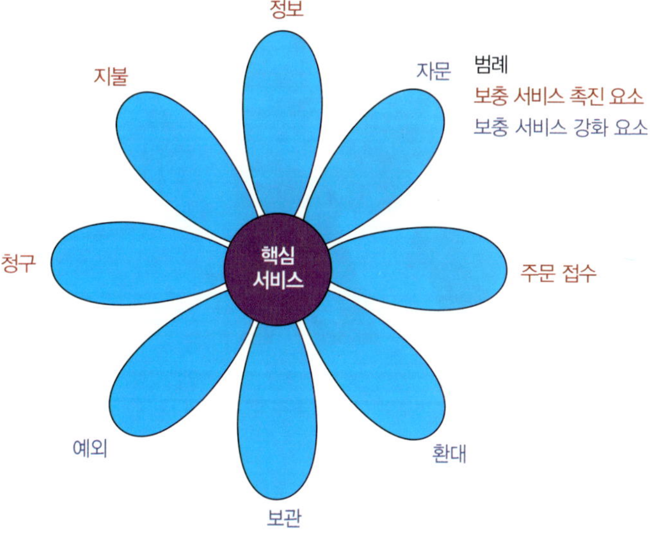

그림 4.3 서비스 플라워 : 보충 서비스 클러스터로 둘러싸인 핵심 상품

보충 서비스 촉진

정보

제품이나 서비스에서 완전한 가치를 얻으려는 고객은 관련 정보가 필요하다. 그 정보는 다음을 포함한다.

- ▶ 서비스 장소에 대한 안내
- ▶ 일정/서비스 시간
- ▶ 가격
- ▶ 판매/서비스 이용약관(그림 4.4)
- ▶ 서비스에서 최대한의 가치를 얻는 방법에 대한 조언
- ▶ 경고사항
- ▶ 예약 확인
- ▶ 영수증 및 티켓
- ▶ 변경 안내
- ▶ 계좌 상태 요약

Twitter.com © Twitter Inc.

twitter

서비스 조건

이 서비스 조건은 서비스들과 트위터 웹사이트, 서비스에 업로드되거나 다운로드된 어떤 문장, 그림, 사진 또는 다른 형태에 대한 당신의 접근과 사용을 관장한다. 서비스에 대한 접근, 사용은 당신이 이들 조건을 얼마나 잘 받아들이고 순응하느냐에 달렸다. 서비스에 접근하고 사용하면 당신은 이들 조건에 동의하는 것이다.

기본 조건

당신은 서비스의 사용 및 서비스에 직접 올린 내용들, 그 결과 초래되는 결과 모두에 책임이 있다. 귀하가 제출하거나 올렸거나, 노출된 내용은 서비스의 다른 사용자들이 볼수 있으며 제3의 서비스나 웹사이트를 통해서도 볼 수 있다[당신의 내용을 보는 사람을 통제하고 싶다면 고객설정(account setting)으로 가라]. 당신은 이러한 조건하에 다른 사람들과 편안하게 공유할 수 있는 내용들만 제공해야 한다.

Tip What you say on Twitter may be viewed all around the world instantly. You are what you Tweet!

그림 4.4 트위터는 사용자에게 서비스 조건을 제시한다.

고객에게 정보를 제공하는 전통적 방법으로 회사 웹사이트, 모바일 앱, 일선 직원, 셀프서비스 기계, 표지판, 인쇄된 공지, 브로슈어를 사용하는 것이 포함된다. 많은 비즈니스 물류회사는 발송인에게 고유 식별번호가 할당된 물류의 이동을 추적할 수 있는 기회를 제공한다(그림 4.5). 예를 들어, 아마존(Amazon)은 고객에게 상품을 추적하고 상품이 언제 도착할지 알 수 있도록 참조번호를 제공한다.

Tyler Olson/Shutterstock

그림 4.5 소포는 식별번호로 전 세계를 추적할 수 있다.

주문 접수

고객이 구매할 준비가 되면 주요 보조 요소인 주문 접수가 시작된다. 주문 접수는 다음과 같은 것을 포함한다.

- ▶ 주문 입력
  - 현장 주문 입력
  - 온라인/모바일 앱/전화/이메일/우편 주문
- ▶ 예약 또는 체크인
  - 좌석/테이블/룸
  - 차량 또는 장비 대여
  - 전문 서비스 이용(그림 4.6)
- ▶ 앱
  - 클럽/프로그램 멤버십(회원제)
  - 구독 서비스(예: 유틸리티)
  - 등록 기반 서비스(예: 금융, 신용, 대학 등록)

Corepics VOF/Shutterstock

그림 4.6 전문 DJ의 서비스는 예약되어 있어야 한다.

주문 접수는 영업사원, 전화, 이메일, 온라인 같은 다양한 매체를 통해 받을 수 있다(그림 4.7). 주문 접수 과정이 공손하고 신속하며 정확해야만 고객이 시간을 낭비하지 않고 불필요한 정신적·신체적 노력을 소모하지 않게 된다.

예약(약속 및 체크인 포함)은 고객에게 특정 서비스 단위에 대한 권한을 부여하는 특별한 유형의 주문이다.

기술을 사용하면 고객과 공급업체 모두가 주문 접수와 예약을 더 쉽고 빠르게 할 수 있다. 예를 들어, 항공사는 모바일 앱과 이메일을 기반으로 한 항공권이 없는 시스템을 활용하고 있다. 고객은 예약 시 확인번호를 받게 되며, 공항에서 신분증(또는 모바일 앱에 표시된 항공권)만 제시하면 좌석이 지정된 탑승권을 받을 수 있다.

은행, 보험 등 특정 기업에서는 관련 정보를 수집하고 기본 등록기준을 충족하지 못하는 사람들을 걸러낼 수 있도록 잠재 고객에게 신청 절차를 거치도록 요구하기도 한다.

Angellodeco/123RF

그림 4.7 일부 레스토랑에서는 고객이 단순한 클릭만으로 기존의 전화 및 예약 경험을 우회할 수 있도록 하여 식사 예약을 완전히 새로운 수준으로 끌어올렸다.

청구

청구는 거의 모든 서비스(무료가 아니라면)에서 당연히 발생하는 것이다. 계산은 시의적절해야 고객이 빨리 지불할 수 있다. 청구의 형태는 다음과 같다.

- 정기적 계좌 상태 확인
- 개인 거래 청구서
- 지불액 구두 전달
- 고객이 지불 거래 금액을 직접 온라인이나 기계로 조회

고객은 일반적으로 청구서가 명확하고 유익하게 총액이 계산된 방법을 보여주는 방식으로 항목별로 분류되어 있기를 기대한다. 설명할 수 없는 추상적인 상징기호는 고대 이집트의 상형문자만큼 모호하여 서비스 기업에 호의적인 인상을 주지 않는다.

바쁜 고객이라면 호텔, 식당, 렌터카 매장에서 계산서가 발행되는 시간을 기다리는 것을 싫어할 것이다. 많은 호텔이나 렌터카 회사는 급행처리 계산옵션(express check-out option)을 만들고 있다. 미리 고객의 신용카드 정보를 받아놓고 나중에 이메일로 부과된 요금을 알려주는 것이다. 그러나 정확성은 필수이다. 고객이 시간을 절약하기 위해 급행처리 계산을 이용했다 하더라도 나중에 정정하거나 돈을 되돌려받기 위해 시간을 낭비하는 것을 원하지 않기 때문이다. 한 렌터카 업체는 그 대안이 되는 급행처리계산 과정을 사용하고 있다. 고객이 자동차를 반납하러 방문하면 체크아웃 전담 직원이 기름과 거리 등을 체크한 후 그 자리에서 무선 단말기를 통해 바로 계산서를 발급해준다(그림 4.8).

Supavadee butradee/Shutterstock

그림 4.8 무선 단말기를 사용하면 렌터카 청구서를 그 자리에서 인쇄할 수 있다.

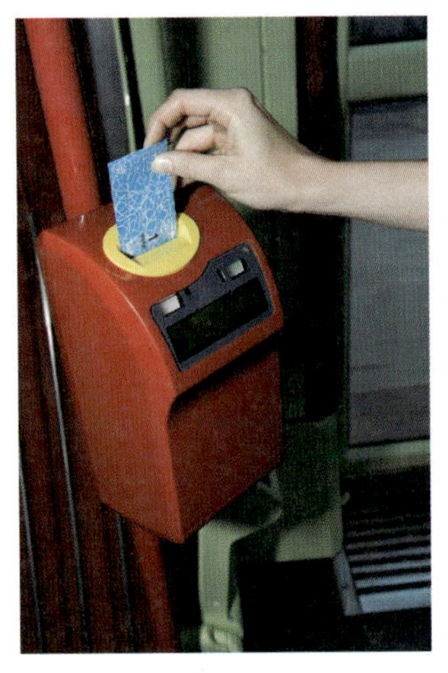
Jules Selmes/Pearson Education Ltd.

그림 4.9 토큰, 카드, 티켓을 사용하면 셀프서비스 결제가 가능하다.

지불

대부분의 경우 계산서는 고객이 지불 행동을 할 것을 요구한다. 예외가 있다면 고객 계좌에서 인출한 여러 수수료에 대해 은행이 발급해주는 계산서 정도일 것이다.

고객이 지불하는 방법은 여러 가지가 있지만 모든 고객은 지불 과정이 더 쉽고 편리해지길 기대한다. 예를 들어 셀프서비스 결제 시스템에서는 동전, 지폐, 토큰, 카드를 기계에 삽입하거나 모바일 결제를 위해 인터넷 연결이 필요하다. 장비 고장은 이러한 시스템의 전체 목적을 파괴하므로 적절한 유지 관리와 신속한 문제해결이 필수적이다. 대부분의 지불은 아직까지 현금이나 신용카드의 형태를 띠고 있다. 다른 대체적인 형태가 바우처, 쿠폰, 선불 티켓 등이다. 페이팔(Paypal)과 같은 전자적 형태의 지불은 온라인 쇼핑 시 간편하고 안전한 지불 방법을 제공한다.

학습목표 6

보충 서비스 강화가 핵심 상품과 어떤 관련이 있는지 파악한다.

보충 서비스 강화

자문

가장 기초적인 수준의 자문은 고객이 니즈에 대한 해결책을 물어볼 때 서비스 제공자가 제시하는 즉각적인 조언이다. 예를 들어 미용실에서 고객이 다른 헤어스타일을 원할 경우 미용사가 제시하는 조언이 이에 해당한다. 효과적인 자문은 적절한 행동을 제안하기 전에 각 고객이 현재 직면하고 있는 상황에 대한 정확한 이해를 필요로 한다. 자문의 예는 다음과 같다.

- 맞춤형 조언
- 개인 자문
- 제품 사용에 대한 교습/훈련
- 경영 혹은 기술 자문(그림 4.10)

상담(counseling)은 고객이 처한 상황을 쉽게 이해할 수 있게 도와서 고객이 직접 해결책을 수립할 수 있게 하는 데 관여하기 때문에 자문보다 덜 직접적이다. 이러한 접근은 건강 관리 같은 서비스에서 유용할 것이다. 가장 힘든 부분은 고객에게 생활방식을 변경하고 건강하게 살도록 유도하는 것이므로 고객이 직접 참여하지 않으면 성공하기 어렵다(그림 4.11). 예

Lisa F. Young\Shutterstock

그림 4.10 상담가는 상담 과정에서 인간적인 접촉을 제공한다.

Cartoon Resource/Shutterstock.

그림 4.11 스트레스 감소를 위한 상담은 자문의 한 유형이다.

를 들어 웨이트와처(Weight Watcher) 같은 식이요법센터는 고객이 식이요법 이후에도 체중이 늘지 않도록 고객의 생활양식을 변화시키는 상담을 제공하고 있다.

환대

이론적으로 고객 환대 서비스는 새로운 고객을 기쁘게 맞이해야 하고, 기존 고객이 재방문했을 때 반갑게 인사해야 한다. 잘 관리된 서비스 기업은 직원이 고객을 초대손님처럼 대우하도록 확신시켜야 한다. 고객 니즈에 대한 존중과 배려는 대면 서비스와 전화 상담 모두에 요구된다. 환대는 다음과 같은 요소를 포함한다.

- 인사
- 음식과 음료
- 화장실과 세면실
- 대기실과 편의시설
  - 라운지, 대기실, 의자
  - 날씨 관련 장비
  - 잡지, 오락, 신문
- 교통

환대는 면대면 서비스에서 더욱 분명하게 나타나는 요소이다. 어떤 상황에서 환대는 고객을 위한 셔틀버스를 제공하는 것에서부터 시작한다. 고객이 서비스를 제공받기 위해 건물 외부에서 기다릴 경우 사려 깊은 서비스 제공자라면 날씨를 고려한 대비책을 고객에게 제공할 것이다. 고객이 건물 내부에서 기다린다면 고객이 기다리는 시간 동안 앉아서 쉴 수 있는 대기 장소나 시간을 보낼 수 있는 오락거리(TV, 신문, 잡지)가 제공되어야 한다. 세계적인 의류 유통업체인 아베크롬비앤드피치(Abercrombie & Fitch)의 쇼핑객들은 아무것도 사지 않아도 매장에 들어오고 나갈 때 유쾌한 "안녕하세요" 또는 "감사합니다"라는 인사말을 듣게 된다(그림 4.12).

RIEGER Bertrand/hemis.fr/Alamy Stock Photo

그림 4.12 아베크롬비앤드피치는 미소로 환대를 제공한다.

회사가 제공하는 환대 서비스의 품질은 고객 만족도를 결정하는 데 중요한 역할을 한다. 사람들은 핵심 서비스가 제공되는 동안 서비스 시설에 머무르기 때문에 서비스를 수행하는 과정에서 환대 서비스의 품질은 매우 중요하다. 사립병원은 좋은 호텔에서 기대할 수 있는 수준의 객실 서비스를 제공하면서 병원의 차별화를 강조하는 경우가 많다(그림 4.13).

Craig Washburn/Glasshouse Images/Alamy Stock Photo

그림 4.13 고급 병원 체인은 5성급 호텔 체인과 같은 서비스와 객실을 제공한다.

보관

서비스를 제공받는 동안 고객은 자신의 소지품이 안전하게 보관되길 원한다. 실제로 안전하고 편리한 주차 서비스 같은 보관 서비스를 제공하지 않는 업체에는 방문하지 않는 고객도 있다. 서비스 장소에서 제공되는 보관 서비스는 다음과 같은 품목을 대상으로 한다.

- 아이와 반려동물 돌봄(그림 4.14)
- 주차장 제공, 주차 대행
- 외투 보관
- 여행가방 운반
- 짐 보관
- 안전금고
- 보안요원
- 온라인 보안(예: 와이파이 사용 동안)
- 개인정보

책임 있는 기업은 회사를 방문하는 고객의 안전과 보안에 대한 많은 주의를 기울인다. 웰스파고 은행(Wells Fargo Bank)은 자사의 ATM기를 홍보하는 책자를 보낼 때 고객의 안전을 배려하고 있다는 내용을 알리고 있다. 책자에는 ATM 카드의 도난과 고객의 신변 안전에 대한 보호 방식을 명시하고 있다. 또한 은행은 CCTV가 설치되어 있어 눈에 잘 띄고 조명이 밝은 장소에 기계를 설치하고 있는지 확인한다.

마찬가지로 민감한 정보를 다루는 많은 서비스 기업(예: 의료 서비스 제공자, 금융 서비스)은 고객의 무형 금융 자산과 개인정보가 신중하게 보호되도록 해야 한다(그림 4.15).

Gelpi/Shutterstock

그림 4.14 반려동물 관리 서비스는 일종의 보관 서비스이다.

Jirkaejc/123RF

그림 4.15 보안 기능은 온라인 거래의 안전을 보장한다.

예외

예외에는 일반적인 서비스 제공 범위를 벗어나는 추가 서비스가 포함된다. 신속한 기업은 그러한 예외를 예상하고 사전에 비상 계획과 지침을 개발하여 고객이 특별한 도움을 요청할 때 직원이 무기력하거나 놀란 것처럼 보이지 않을 것이다 절차가 잘 정의되어 있으면 직원이 신속하고 효과적으로 대응하기 쉽다(그림 4.16). 예외에는 다음과 같은 영역이 포함된다.

그림 4.16 맥도날드의 잘 확립된 절차를 통해 직원은 고객의 요청에 현명하게 대응할 수 있다.

- **특별 요청** 고객은 정상적인 운영 절차에서 벗어난 서비스를 요청할 수 있다. 일반적인 요청은 자녀 돌보기, 식이요법 요구, 의료적 요청, 종교 준수, 개인 장애를 포함한 개인적인 요청과 관련이 있다. 이러한 요청은 특히 여행 및 숙박 산업에서 흔히 발생한다.
- **문제해결** 고객이 상품을 사용하는 과정에서 발생한 사고, 지연, 설비의 고장, 어려움 등으로 인해 정상적인 서비스 제공(또는 제품 성능)이 원활하게 이루어지지 않는 경우가 있다.
- **불평/제안/칭찬의 처리** 보상 활동에는 잘 정의된 절차가 필요하다. 고객이 불만을 표현하고, 개선을 제안하고, 칭찬을 전하는 것이 쉬워야 한다. 마찬가지로 서비스 제공자도 신속하게 적절한 대응을 할 수 있어야 한다(불만 처리 및 서비스 회복에 대해서는 13장 참조).
- **원상 회복** 많은 고객은 심각한 성능 장애에 대한 보상을 기대한다. 보상은 보증에 따른 수리, 법적 해결, 환불, 무료 서비스 제공, 기타 현물 지급 형태로 이루어질 수 있다.

관리자는 예외 요청 수준을 주시해야 한다. 요청이 너무 많으면 표준 절차를 개선해야 한다는 의미일 수 있다. 예를 들어, 식당에서 메뉴에 없는 특별 채식 요리에 대한 요청을 자주 받을 경우 특별 채식 요리를 최소한 1~2가지 포함하도록 메뉴를 수정 및 보완해야 할 수 있다. 예외에 대한 유연한 접근 방식은 고객 요구에 대한 대응을 반영하므로 일반적으로 좋은 아이디어이지만, 예외가 너무 많으면 안전이 위협받고 다른 고객에게 부정적인 영향을 미치며 직원에게 과도한 부담을 줄 수 있다.

서비스 플라워 관리

서비스 플라워를 구성하는 8가지 보충 서비스는 핵심 상품의 품질을 향상시킬 수 있는 여러 가지 좋은 대안을 제공한다. 대부분의 보충 서비스는 고객 요구에 대한 응답을 나타내야 한다. 앞서 살펴본 대로 어떤 보충 서비스(정보와 예약)는 고객이 핵심 상품을 잘 사용할 수 있도록 촉진시킨다. 또한 어떤 보충 서비스는 핵심 상품의 가치를 증대시키거나 비금전적 비용을 감소시키는 역할(예 : 식사, 잡지, 오락 등은 시간을 보내는 데 도움을 주는 환대적 요소)을 한다. '정보'와 '자문' 플라워는 이 책에서 서비스 고객과의 의사소통에 교육과 홍보의 필요성을 강조하고 있음을 보여준다(7장의 서비스 촉진 및 고객 교육 참조).

서비스 제공자가 부과하는 청구나 지불 같은 보충 서비스는 고객이 원하는 것은 아니지만 전반적인 서비스 경험의 일부분을 형성한다. 잘 처리되지 못한 보충 서비스는 고객의 서비스 품질 지각에 부정적인 영향을 미칠 것이다.

기업의 시장 포지셔닝 전략은 어떤 보충적인 서비스가 추가되어야 하는지 결정하는 데 도움을 준다. 서비스 품질에 대한 고객의 인식을 높이려는 전략을 가진 기업은 낮은 가격으로 승부하려는 기업보다 더 많은 보충적인 서비스를 요구할 것이고, 각 보충 서비스에서는 높은 수준의 성과를 요구할 것이다. 일반적인 상품일지라도 높은 수준의 보충 서비스를 공격적으로 제안하면 자사의 상품을 차별화하는 데 도움이 된다. 항공사에서 제공하는 다양한 클래스의 좌석 제공이 이에 해당된다.

기존의 핵심 상품을 증가시키거나 새로운 제안을 설계하는 새로운 방법을 계속 찾을 때 서비스 플라워와 꽃잎들은 체크리스트로 활용할 수 있다. 기업이 어떤 보충적인 서비스를 제공할지 결정하든 잘 고안된 서비스 수준을 충족시키려면 각 꽃잎의 모든 요소에 세심한 주의를 기울여야 한다. 그래야만 꽃(서비스 상품)은 항상 신선하고 매력적인 모습을 유지할 수 있다.

학습목표 7
서비스 브랜딩을 이해한다.

서비스의 브랜딩

브랜딩은 서비스에서 중요한 역할을 한다고 설명하며 레너드 베리(Leonard Berry)는 다음과 같이 말했다.

> 강력한 브랜드를 통해 고객은 무형 제품을 더 잘 시각화하고 이해할 수 있습니다. 브랜드는 구매 전에 평가하기 어려운 서비스를 구매할 때 고객이 지각하는 금전적, 사회적 또는 안전의 위험을 줄여줍니다. 회사가 만질 수 있는 옷감도 제공하지도 않고, 착용해볼 의상도 제공하지 않고, 미리 품질을 평가할 수 있는 과일도 없고, 시운전할 자동차도 제공하지 않아도 강력한 브랜드는 이를 대신할 수 있게 합니다.[6]

브랜딩은 거의 모든 서비스 비즈니스의 기업, 상품, 서비스 계층, 서비스 경험 수준에서 사용될 수 있다. 잘 관리된 회사에서 기업 브랜드는 쉽게 인식될 뿐만 아니라 특정 비즈니스 방식을 나타내기 때문에 고객에게도 의미가 있다. 개별 제품에 브랜드 이름을 적용하면 회사는 특정 서비스 개념과 관련된 독특한 경험과 편익을 목표 시장에 전달할 수 있다.

학습목표 8
기업 수준에서 4가지 브랜드 구축 방안을 알아본다.

기업 수준의 서비스 브랜드 전략[7]

많은 대규모 서비스 조직에는 비즈니스 포트폴리오가 있다. 결과적으로 이러한 조직은 그림 4.17에 스펙트럼으로 표시된 4가지 광범위한 브랜딩 대안 중에서 선택해야 한다. 이 스펙트럼의 극단에는 브랜디드 하우스(즉 모든 제품에 하나의 브랜드를 사용하는 것)와 하우스 오브 브랜드 전략(즉 각 제품에 대해 별도의 독립형 브랜드를 사용하는 것)이 있다. 하위 브랜드와 보증 브랜드는 모두 이 두 가지 극단의 조합이다.

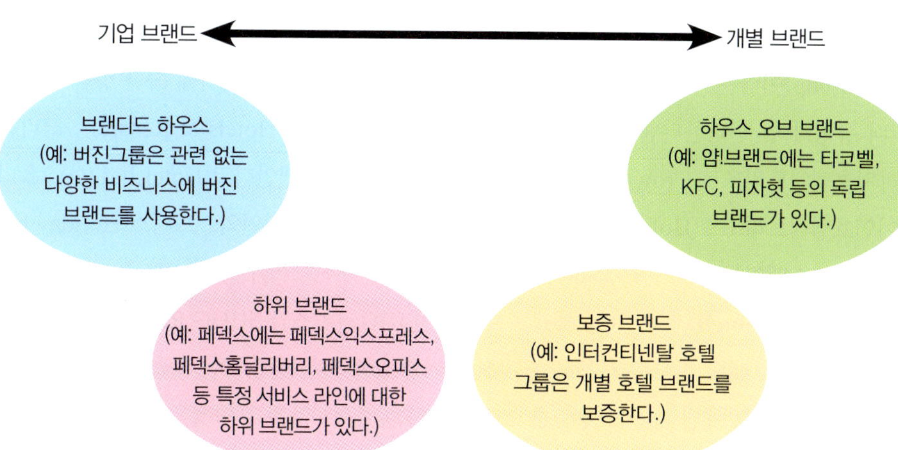

그림 4.17 브랜드 대안의 스펙트럼

출처: James Devlin, "Brand Architecture in Services: The Example of Retail Financial Services," *Journal of Marketing Management* 19(9–10) (2003): 1046.

브랜디드 하우스 브랜디드 하우스(branded house)라는 용어는 회사가 모든 제품을 포괄하기 위해 단일 브랜드(일반적으로 기업 브랜드)를 사용하는 전략을 설명한다. 관련이 없는 분야일 수도 있다. 예를 들어, 버진그룹(Virgin Group)의 핵심 사업 영역은 여행, 엔터테인먼트, 라이프스타일이지만 금융 서비스, 의료, 미디어 및 통신 서비스도 제공한다. 이 전략의 이점은 전반적인 브랜드 인지도 향상, 마케팅과 커뮤니케이션 비용의 절감, 상품 간 긍정적인 파급 효과 등이다. 이러한 브랜딩 전략의 위험성은 브랜드가 과도하게 확장되고 약화되면 한 상품의 문제가 전체 브랜드로 파급될 수 있어 평판 리스크가 높아진다는 점이다.

하위 브랜드 하위 브랜드(sub-brand)의 경우 기업 또는 마스터 브랜드가 주요 기준점이지만 각 상품에도 고유한 이름이 있다. 페덱스(FedEx)는 하위 브랜드 전략을 성공적으로 사용했다. 회사가 인수한 지상 배송 서비스의 브랜드를 변경하기로 결정했을 때 페덱스그라운드(FedEx Ground)라는 이름을 선택하고 표준 로고의 대체 색상(보라색과 주황색이 아닌 보라색과 초록색)을 개발했다. 목표는 항공 서비스와 관련된 신뢰성과 적시성에 대한 긍정적인 이미지를 보다 저렴한 소형 패키지 지상 서비스로 전환하는 것이었다. 이후 잘 알려진 항공 서비스는 페덱스익스프레스(FedEx Express)라는 브랜드로 변경되었다. 회사가 '페덱스 계열사'라고 부르는 다른 하위 브랜드에는 페덱스홈딜리버리(FedEx Home Delivery, 미국 거주 주소로 배송), 페덱스프라이트(FedEx Freight, 지역 내에서 중량 무게의 배송물), 페덱스커스텀크리티컬(FedEx Custom Critical, 시간이 중요한 논스톱 발송물, 택배 배송), 페덱스트레이드네트웍스(FedEx Trade Networks, 통관 중개, 국제화물 운송 및 무역), 페덱스서플라이체인(Fedex Supply Chain, 제품 이동을 동기화하는 포괄적인 솔루션 제품군), 페덱스오피스(Fedex Office, 도시 및 교외의 소매점 모두에 위치한 사무실 및 인쇄 서비스, 기술 서비스, 배송용품 및 포장 서비스)가 포함된다.[8]

보증 브랜드 보증 브랜드(endorsed brand)에서는 상품의 브랜드가 지배적인 위상을 가지고 있지만 기업의 브랜드도 여전히 고유한 특색을 보여준다. 많은 호텔 기업이 이러한 전략을 사용하여 보증 브랜드 집단을 보유한다. 예를 들어 인터콘티넨탈호텔그룹(Intercontinental Hotel Group)이라는 기업은 브랜드 자체도 잘 알려져 있다. 하지만 거기에 속한 상품 브랜드가 더 유명하며, 인터콘티넨탈호텔앤드리조트(Intercontinental Hotels & Resorts), 크라운플라자호텔앤드리조트(Crowne Plaza Hotels & Resorts), 호텔인디고(Hotel Indigo), 홀리데이인호텔앤드리조트(Holiday Inn Hotels & Resorts), 홀리데이인익스프레스(Holiday Inn Express), 스테이브리지스위트(Staybridge Suites), 캔들우드스위트(Candlewood Suites), 이븐호텔(Even Hotels)과 그의 충성도 프로그램인 IHG리워즈클럽(IHG Rewards Club) 등이 있다. 보증 브랜드 전략을 사용하는 이점은 기업 브랜드의 긍정적인 파급 효과가 지각된 위험을 감소시키고 개별 제품 브랜드를 포지셔닝하는 데 더 많은 유연성을 허용한다는 것이다. 또한 기업 브랜드에 대한 부정적 파급 위험도 줄어든다.

이 전략이 성공하려면 보증된 각 브랜드가 서로 다른 고객 부문을 대상으로 하는 독특한 가치 제안을 약속해야 한다. 어떤 경우에는 상황에 따라 세분화된다는 점에 유의하는 것이 중요하다. 동일한 고객이 다른 상황에서 다른 니즈를 가질 수 있다. 예를 들어, 가족과 함께 여행하거나 출장을 갈 때와 같이 상황에 따라 요구사항(또는 지불 의향)이 다를 수 있다. 다중 브랜드 전략은 고객이 브랜드 제품군 내에서 계속 구매하도록 장려하는 것을 목표로 한다. 고객 충성도 프로그램(loyalty program)은 고객의 지속적 구매 행동을 강화하는 데 사용된다. 예를 들어, 출장 시 한 하위 브랜드에서 마일리지(loyalty point)를 수집하고 휴가 여행 시 다른 하위 브랜드에서 사용할 수 있게 하는 것이다.

하우스 오브 브랜드 스펙트럼의 한쪽 끝에는 독립형 브랜드를 사용하는 하우스 오브 브랜드(house of brand) 전략이 있다. 이 전략은 제품 브랜드가 표적 시장 세분화와 포지셔닝이 다를 때 사용한다 좋은 예로 얌!브랜드사(Yum! Brands Inc.)가 있다. 이 기업은 125개국에 걸쳐 4만 3,000개 이상의 레스토랑을 보유하고 있다. 많은 사람이 얌!브랜드를 낯설게 느끼겠지만 그들이 보유한 타코벨(Taco Bell), KFC, 피자헛(Pizza Hut), 해빗버거그릴(The Habit Burger Grill), 윙스트리트(WingStreet)와 같은 레스토랑 브랜드에는 익숙할 것이다. 이러한 브랜드는 각각 개별적으로만 촉진 활동을 한다(그림 4.18).

Cbsigns\Alamy Stock Photo

Robert Convery\Alamy Stock Photo

그림 4.18 KFC와 피자헛은 얌!브랜드 소속의 인기 패스트푸드 브랜드 중 일부일 뿐이다.

브랜딩 서비스 상품 및 경험

학습목표 9

개별 서비스와 경험을 브랜딩하는 방법을 이해한다.

특정 서비스 브랜드 내에서도 대부분의 서비스 조직은 단일 상품뿐만 아니라 일련의 서비스 제공(예: 특정 부문을 대상으로 하는 특정 기능을 갖춘 신용카드), 묶음(예: 학생을 위한 금융 서비스 상품군)을 제공한다. 당좌 계좌, 신용카드, 당좌 대월 조항 및 전체 서비스의 일부인 특정 경험(예: 아래 설명된 시네마천국)을 제공한다. 브랜딩(branding, 상표화)은 하나의 산출물을 다른 산출물과 차별화하는 데 도움을 줄 수 있다.

럭스* 리조트앤드호텔(LUX* Resorts & Hotels)은 체인 수준에서 강력한 기업 브랜드와 명확한 가치 제안(예: "사람들이 삶을 축하하도록 돕습니다")을 하고 있다. 또한 럭스*는 특정 목적지[예: 모리셔스의 럭스*벨마르 리조트(LUX* Belle Mare resort)]에서 특정 고객 니즈(예: '웨딩'과 같은 결혼식 및 커플을 위한 다양한 패키지) 및 리조트에서의 특별한 개인 경험[예: 시네마천국 및 카페 럭스*(Café LUX*) 브랜드]을 특화하기 위해 각 리조트에 대한 하위 브랜드를 개발했다.

©LUX* Resorts & Hotels

그림 4.19 럭스* 리조트의 카페 럭스* 매장

럭스*는 서비스 상품을 차별화하기 위해 개별 경험 수준의 브랜드를 활용했다. 내부적으로는 '럭스*로 전환하는 이유(Reasons to Go to LUX*)', 즉 줄여서 RTG라고 한다. RTG는 고객이 색다르고 특별한 느낌을 받을 수 있도록 고안된 브랜드 경험이다. 예를 들어, 시네마천국은 해변에서 브랜딩된 영화를 관람하는 체험이며, 카페 럭스*는 공정무역으로 공급된 자체 커피 블렌드(coffee blend)를 보유하고 있으며, 신선하게 로스팅되어 카페 럭스* 매장에서 바로 제공된다. 두 RTG 모두 전 세계 모든 리조트에 전달된다. 그렇다면 다른 5성급 리조트에서 제공하는 다양한 영화 상영 서비스와 고급 커피와의 차이점은 무엇인가?

브랜드 서비스 경험의 혁신, 전달, '판매'를 보면 그 차이가 분명해진다. 럭스*는 각 리조트에 RTG 개발을 담당하는 팀을 두고 있다. 이들 팀은 고객을 관찰하고 대화를 나누며 인터넷을 검색하고 다른 리조트들이 무엇을 하는지 살펴보는 식으로 수많은 아이디어를 창출해낸다. 그중 하나는 "해변에서 영화를 상영하는 서비스를 개발해보는 것은 어떨까?"였다. 아이디어를 개발하는 데는 '시네마천국'이라는 이름의 서비스 상품에 무엇이 포함될 것인지를 지정하는 것이 포함되었다. 예를 들어, 어린이를 위한 이른 저녁 상영과 이후 성인을 위한 야간쇼가 포함되었다. 영화 체험에는 어린이를 위한 팝콘과 아이스크림, 저녁 상연을 위한 와인 한 잔이 포함된다. 해변에 누울 수 있는 자리와 편안한 쿠션, 다른 투숙객을 방해하지 않고 야외에서 고품질 오디오 경험을 제공하는 무선 헤드폰 등이 포함되었다. 다른 리조트의 야외 영화 상영과의 차이점은 럭스*에서는 팀이 함께 모여 이 경험을 혁신적으로 개발하고, 구체화하고, 테스트하고, 세부 조정한다는 것이다. 하나 이상의 사전 파일럿 지역에서 '적합한' 것으로 간주되면 시스템 전체에 출시된다. 결과적으로 모든 럭스* 리조트

©LUX* Resorts & Hotels

그림 4.20 럭스* 리조트앤드호텔의 시네마천국 예시

에는 동일한 고품질의 혁신적인 시네마천국이 있다.

더욱이 이러한 브랜드 서비스 경험은 상품을 마케팅하고 판매하는 것이 더 수월하게 한다. 직원은 이러한 서비스 경험을 더 잘 이해하고 더 효과적으로 설명할 수 있다. 예를 들어, 거의 모든 럭스* 직원은 다양한 서비스 경험을 설명할 수 있다. 직원은 열정과 자신감을 가지고 고객에게 RTG를 제공하고 시스템 전반에 걸쳐 고품질로 일관되게 제공하는 방법을 알고 있다. 이러한 브랜드 경험은 마케팅 자료, 웹사이트, 소셜 미디어를 통해 고객과 소통하는 데 사용할 수 있다. 그 결과 고객은 서비스가 무엇인지, 서비스의 특징이 무엇인지 더 잘 이해할 수 있게 된다. 고객은 실제로 소셜 미디어 게시물 및 기타 동료 커뮤니케이션에서 이러한 브랜드 서비스를 언급하며 브랜드 사진 배경 등을 통해 쉽게 브랜드 경험을 전달한다.

학습목표 10

서비스 상품을 계층화하는 데 활용하는 브랜딩 방법을 이해한다.

브랜딩을 통한 서비스 등급화

많은 서비스 산업에서 브랜딩은 핵심 상품을 차별화하기 위해서뿐만 아니라 서비스 수준을 명확히 차별화하기 위해서도 사용된다. **서비스 등급화**(service tiering)라고 불리는 이 방법은 호텔, 항공사, 렌터카, 컴퓨터 하드웨어 및 소프트웨어 지원 등에 일반적으로 이용된다. 표 4.2는 이러한 산업의 주요 등급화 예시를 보여준다. 등급화의 또 다른 예는 각각 별도로 가격이 책정되는 옵션으로, 광범위한 **일품요리**(a la carte menu) 메뉴를 제공하기보다는 제한된 수로 구성한 패키지에 서비스 요소를 포함하여 판매하는 방식이 있다.

항공 산업에서는 각 서비스 등급에 따라 어떤 수준의 서비스가 제공될지에 대해 개별 항공사가 결정을 한다. 혁신적인 항공사는 새로운 서비스를 추가하려고 지속적으로 노력한다. 서비스 등급화의 하위 브랜드에 대한 가장 종합적인 사례는 다양한 항공 여행 상품을 제공하는 영국 항공(British Airways, BA)인데, 퍼스트(디럭스 서비스), 클럽월드(장거리 국제선 항공편의 비즈니스 클래스), 클럽월드런던시티(런던 시티와 뉴욕 JFK 간의 독점 전체 비즈니스 클래스 서비스), 클럽유럽(유럽 내 항공편의 비즈니스 클래스), 월드트레블러플러스(프리미엄 이코노미 클래스), 월드트레블러(장거리 국제선 항공편의 이코노미 클래스), 유로트레블

표 4.2 서비스 등급화의 사례

산업	등급화	등급화에 사용되는 주요 서비스 속성과 물리적 요소
숙박	별, 다이아몬드 순위(5~1)	건축양식, 경관, 방 크기, 가구, 장식, 식당과 메뉴, 룸서비스 시간, 서비스 종류와 오락시설, 직원 수준, 직원의 능력과 태도
항공	클래스(인터콘티넨탈) : 퍼스트, 비즈니스, 프리미엄 이코노미, 이코노미[a]	좌석 앞뒤 간격, 좌석 폭, 등받이 각도조절 정도, 식사와 음료 서비스, 직원 비율, 체크인 속도, 출발과 도착 라운지, 화물 회수 속도
렌터카	차량의 등급[b]	차량의 크기에 따라(초소형부터 대형), 고급의 정도에 따라, 특정한 차량 유형에 따라(미니밴, SUV, 컨버터블)
하드웨어와 소프트웨어 지원	지원 수준	서비스의 시간과 날짜, 반응 속도, 교체부품의 전달 속도, 기술자 전달 서비스 대 자가 서비스 조언, 추가적인 서비스 가능성

[a] 최대 4개 등급의 대륙 간 서비스를 제공하는 항공사는 소수에 불과하다. 국내 서비스에는 일반적으로 1~2개의 클래스가 있다.

[b] 아비스(Avis)와 허츠(Hertz)는 크기와 호화로움을 기준으로 7가지 등급과 여러 특수 차량 유형을 제공한다.

러(유럽 내 항공편의 이코노미 클래스), UK 도메스틱(영국 내 항공편의 이코노미 클래스) 등이 있다.

어떤 노선에서는 특정 항공편을 타고 여행하는 모든 승객이 동일한 핵심 상품(예: 로스앤젤레스에서 런던까지 10시간 비행)을 받지만, 각 하위 브랜드화된 서비스 등급에 따라 지상과 공중에서 제공되는 보충 서비스 요소의 특성과 범위는 크게 다르다. 예를 들어, 클럽월드의 승객은 더 좋은 물리적 요소(예: 좌석 크기)에 대한 혜택을 받을 뿐만 아니라 항공사 직원으로부터 개인화된 서비스를 받을 수도 있다. 또한 체크인 시 지상에서의 신속한 체크인 서비스, 런던의 여권 심사 시 특별 창구 사용, 우선 처리된 하물 검색 서비스를 누릴 수 있다. 일등석 승객은 더욱 더 환대를 받는다.[9]

B2B 환경의 많은 기업은 등급화된 서비스 지원을 명확하게 구분하여 제공한다. 예를 들어, 한 회사는 플래티넘에서 브론즈까지 하위 브랜드로 분류되는 4가지 지원 수준으로 전체 범위에서 등급화된 하드웨어 및 소프트웨어 지원을 제공한다. 프로그램에 있는 4단계의 지원 중 고객은 자사 조직의 필요와 지불 수준에 적합한 서비스를 선택할 수 있다. 지원 서비스는 기업 수준에서 임무에 특화된 지원을 받을 수 있는 비싼 플래티넘서비스플랜부터 비교적 덜 비싸면서 셀프 관리로 운영되는 지원 서비스인 브론즈서비스플랜까지 존재한다.

- 플래티넘: 연중무휴 현장 서비스 및 2시간 내 응답 및 임무 특화된 지원 가능
- 골드: 월~금요일, 오전 8시~오후 8시까지 방문 지원되며, 사업 특화된 지원 가능, 전화는 일주일 내내 24시간 가능, 4시간 안에 응대
- 실버: 월~금요일, 오전 8시~오후 5시까지 방문 지원되며, 기본 지원 가능, 전화는 월~금요일 오전 8시~오후 8시 가능, 4시간 안에 응대
- 브론즈: 오전 8시~오후 5시까지 통화를 통한 의한 자가 정비

브랜드 자산 구축

학습목표 11
기업이 브랜드 자산을 구축하는 방법에 대해 논의한다.

이제 서비스의 브랜딩을 이해했으므로, 강력한 브랜드를 구축하는 방법과 브랜드 자산에 기여하는 것이 무엇인지 이해해야 한다. 브랜드 자산은 브랜드에 수반되는 가치 프리미엄으로, 브랜드가 없는 유사한 서비스에 비해 브랜드 서비스에 대해 고객이 지불할 의사가 있는 추가 금액이다. 다음 6가지 주요 구성 요소를 제시한다.

- **기업 브랜드**: 주로 광고, 서비스 시설 및 인력을 통해 회사가 제시하는 브랜드
- **외부 브랜드 커뮤니케이션**: 회사의 통제 범위를 벗어난 입소문 및 홍보를 통한 외부 브랜드 커뮤니케이션
- **회사에 대한 고객 경험**: 고객이 회사를 후원할 때 겪는 경험
- **브랜드 인지도**: 단서가 제공될 때 브랜드를 인식하고 회상하는 능력
- **브랜드 의미**: 브랜드가 언급될 때 고객의 마음속에 떠오르는 것
- **브랜드 자산**: 브랜드의 경쟁사 대비 마케팅 우위의 정도

회사의 마케팅과 외부 커뮤니케이션이 브랜드 인지도 구축에 도움이 된다는 것을 알 수 있

다. 그러나 브랜드 자산을 구축하는 데 더 강력한 것은 브랜드에 대한 고객의 실제 경험이다.

 학습목표 12

브랜드 서비스 경험을 제공하는 데 필요한 것을 이해한다.

브랜드 서비스 경험 제공

서비스 마케터의 중요한 역할은 고객 경험의 모든 측면을 잘 알고, 이를 형성하는 브랜드 챔피언이 되는 것이다. 서비스 플라워 꽃잎 각각의 색상과 질감의 일관성 있는 유지에 대한 필요성을 강조함으로써 브랜드 서비스 경험의 개념을 서비스 플라워의 비유와 연관시킬 수 있다.

훌륭한 서비스 상품을 설계하고 브랜드 이름을 부여하는 것 외에 브랜드 서비스 경험을 전달하려면 무엇이 더 필요할까? 우선 서비스 상품과 브랜드 제안을 서비스케이프, 서비스 직원 및 가격뿐만 아니라 제공 프로세스에 맞춰 조정해야 한다. 이를 위해서는 다음 사항을 갖추는 것이 중요하다. 훌륭한 프로세스가 제공되어야 한다(8장 서비스 프로세스 설계와 관리 참조). 또한 서비스에 대한 정서적 경험은 서비스케이프를 통해 효과적으로 생성될 수 있다(10장 서비스 환경 구축 참조). 정서적 경험을 만드는 데 가장 어려운 부분은 고객과 직원 사이에 신뢰가 구축되는 대인관계를 구축하는 것이다.[10] 따라서 고객 충성도를 창출하는 브랜드 경험을 전달할 수 있는 훌륭한 직원에게 투자해야 한다(11장 서비스 우위를 위한 인적 관리 참조). 마지막으로 7장에서는 마케팅 커뮤니케이션 전략의 맥락에서 브랜딩에 대한 논의를 제공한다.

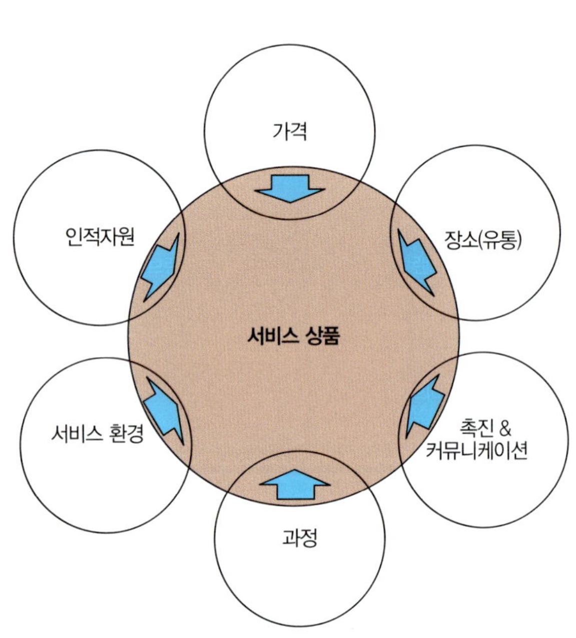

그림 4.21 서비스 마케팅의 모든 P는 서비스 상품을 지원하고 원하는 서비스 경험을 제공해야 한다.

그림 4.21은 기업이 브랜드 서비스 경험을 제공할 수 있으려면 서비스 상품과 그 가치 제안을 중심에 두고, 이를 서비스 마케팅의 다른 6P와 일치시켜야 함을 보여준다. 서비스 상품은 브랜드 서비스 경험을 개발하고 전달하기 위한 지침을 제공하며, 다른 모든 6P는 고객이 원하는 서비스 경험을 지원하는 데 필요하다.

 학습목표 13

단순한 스타일 변경에서 주요 혁신에 이르기까지 신규 서비스 개발의 범주를 나열한다.

신규 서비스 개발

극심한 경쟁과 갈수록 높아지는 고객의 기대는 서비스 산업 전반에 영향을 미치고 있다. 따라서 훌륭한 브랜드는 기존 서비스만 잘 제공하는 것뿐 아니라 혁신을 통해 지속적으로 개선해야 하고 서비스에 대한 새로운 접근을 시도해야 한다.

신규 서비스 범주의 위계

서비스 제공자가 혁신하기 위해서는 많은 방법이 있을 수 있다. 다음은 단순한 스타일 변경에서 주요 혁신까지 7가지 신규 서비스의 유형이다.

1. 스타일 변경(style change)은 혁신의 가장 단순한 형태이며, 통상적으로 프로세스나 성과에 대한 변화는 포함하지 않는 형태이다. 그러나 스타일 변경은 종종 쉽게 눈에 띌 수 있으며, 열정을 불러일으키는 동시에 직원에게 동기부여를 제공하곤 한다. 예로 매장의

색을 새롭게 칠하거나 자동차 외관을 새롭게 하거나, 서비스 직원을 위해 유니폼의 디자인을 바꾸거나, 은행 수표 도안을 새롭게 하거나, 직원을 위해 서비스 매뉴얼의 작은 부분을 수정하는 것 등을 들 수 있다.

2. **서비스 개선**(service improvement)은 혁신의 가장 일반적인 형태이다. 서비스 개선은 현재 상품의 성과에 대한 작은 변화를 포함해서 핵심 상품이나 보충 서비스의 개선까지도 포함한다. 문제가 되는 것은 작은 부분이지만 고객이 인지하고 있는 부분이다. 예를 들어, 스톡홀름의 리드마르 호텔(Lydmar Hotel)의 엘리베이터에는 버튼을 선택하여 개러지(garge, 팝음악 장르 중 하나), 펑크, 리듬앤블루스 음악을 선택할 수 있다. 아주 간단한 개선일 수도 있지만 고객에게는 독특하고 놀라운 경험을 선사해준다.
3. **보충 서비스 혁신**(supplementary service innovation)은 기존 핵심 서비스에 촉진 보충 서비스나 가치 증대 보충 서비스 요소를 추가하거나, 기존 보충 서비스를 상당히 개선하는 형태이다. 기존 서비스에 대한 작은 기술 혁신은 매장에 주차 공간을 추가하거나 스마트폰을 통해 결제를 수락하는 것만큼 간단할 수 있다.
4. **프로세스 라인 확장**(process line extension)은 자주 기존 서비스의 새로운 전달 방법을 보여준다. 주요 목적은 기존 고객에게 새로운 편리함이나 색다른 경험을 제공하거나, 전통적 접근에 식상한 신규 고객에게 어필하기 위해서이다. 온라인이나 앱 기반 셀프서비스 옵션 등 기존의 접촉이 많은 채널에 접촉이 적은 유통 채널을 추가하는 작업이 포함된다.
5. **상품 라인 확장**(product line extension)은 기존 상품 라인에 신규 상품 라인을 추가하는 것을 의미한다. 이런 형태의 제품을 시장에 첫 선을 보인 기업은 '혁신가'처럼 보일 것이다. 이러한 새로운 서비스는 기존 고객의 다양한 니즈를 충족시키기 위해 개발되거나, 서로 다른 니즈를 가진 신규 고객에게 어필하기 위해 개발된다. 예를 들어, 한 식당은 개와 주인이 같은 장소에서 식사할 수 있도록 개를 위한 메뉴를 제공하여 상품 라인을 확장시켰다.
6. **주요 프로세스 혁신**(major process innovation)은 새로운 편익이 추가된 새로운 방식으로, 기존 핵심 상품을 전달하는 새로운 프로세스를 의미한다. 예를 들어, 핀테크, 로보어드바이저, 온라인 강좌는 최첨단 기술, 인터넷, 스마트 기기를 사용하여 각자의 산업을 변화시키고 있다. 또 다른 교육 분야에서의 사례는 온라인 강좌가 인터넷, 스마트 기기 등의 기술을 사용해 고등교육을 변화시키고 있다는 것이다(그림 4.22). 서배스천 스런(Sebastian Thrun)은 스탠퍼드대학교에서 종신교수로 재직하던 2012년에 영리 목적의 우다시티(Udacity)를 시작했다. 또한 스탠퍼드 출신인 앤드루 응(Andrew Ng)과 대프니 콜러(Daphne Koller)는 교육을 완전히 재설계하기 위해 대규모 공개 온라인 강좌(MOOCS)를 사용하는 비영리 경쟁업체인 코세라(Coursera)를 출시했다.

그림 4.22 기업은 반려동물을 위한 메뉴를 제공하는 레스토랑 등 상품 라인을 확장하여 서비스 혁신을 제공할 수 있다.

온라인 강좌를 효과적이고 성공적으로 만들기 위해서는 대대

insta_photos/Shutterstock

그림 4.23 온라인 강좌와 MOOCS는 계속해서 교육을 변화시키고 있다.

적인 재설계가 필요했다. 오늘날 이러한 과정은 온라인 비디오, 간단한 평가 작업, 시뮬레이션, 토론 포럼의 상호작용을 최대한 활용한다. 학생들은 콘텐츠를 숙지할 때까지 원하는 만큼 강좌의 어느 부분이든 시청하고 작업할 수 있다. 온라인 교육은 분명히 전 세계 대학에 대격변을 의미할 것이다.

7. 주요 서비스 혁신(major service innovation)은 이전에 없던 전혀 새로운 핵심 상품의 등장을 의미한다. 여기에는 일반적으로 새로운 서비스 특성은 물론 새로운 디지털 기술, 전체 서비스 생태계 및 플랫폼의 개발, AI 및 로봇공학이 가져오는 급진적인 새로운 프로세스가 포함된다. 에어비앤비(Airbnb)와 같은 새로운 공유 경제 비즈니스 모델부터 준궤도 우주관광에 대한 수요 창출을 희망하는 우주여행까지 다양하다. 우주비행 산업의 선두 기업인 스페이스어드밴처(Space Adventures)는 이미 2001년에 러시아 소유즈 우주선으로 최초의 우주 관광객을 국제 우주 정거장까지 비행하게 했다. 현재 이 회사는 달 탐사, 궤도 우주비행, 준궤도 우주비행, 우주 유영 프로그램 등 다양한 우주 경험을 제공하고 있다. 이러한 경험은 저렴하지 않다. 10만 달러 이상의 준궤도 우주비행부터 좌석당 1억 달러나 하는 달 탐사까지 매우 고가이다.[11]

David Lyon\Alamy Stock Photo

그림 4.24 버진갤럭틱의 스페이스십2와 같은 차량은 우주관광을 위해 특별히 설계되었다.

주요 서비스 혁신은 상대적으로 매우 드문 현상이다. 일반적으로 기존 서비스를 새로운 방식으로 제공하고, 새로운 보충 서비스를 향상 또는 생성하며, 프로세스 재설계를 통해 기존 서비스의 성능을 크게 향상시키기 위해 신기술을 사용하는 것이다. 하지만 기술이 너무 빨리 발전하고 있어서 곧 대대적인 서비스 혁신을 보게 될 것이다. 이에 대해서는 서비스인사이트 4.1에서 설명하고 있다.

학습목표 14

디자인 사고를 새로운 서비스 설계에 적용한다.

신규 서비스 개발에서의 디자인 사고

디자인 사고(design thinking)는 신규 서비스 개발에 핵심적인 접근 방식이다. 잘 적용하면 상호 연관된 활동의 복잡성을 해결할 수 있다. 서비스 디자인 사고는 "전체적인 서비스 경험 창출을 중심으로 다양한 내부 및 외부 이해관계자를 조정하여 서비스 전략과 혁신적인 서비스 아이디어를 생활에 적용하는 것"으로 설명할 수 있다.[12] 다음 5가지 원칙은 서비스 디자인 사고의 핵심으로 간주된다.[13]

- **사용자 중심:** 서비스는 고객의 관점과 경험에서 보아야 한다. 다양한 고객층과 그들의 요구사항을 고려해야 한다.[14]
- **공동 생산:** 고객, 일선 직원 및 리더, IT, 재무 및 법무 부서, 외부 당사자(해당되는 경우)를 포함하여 모든 주요 이해관계자가 설계 프로세스에 참여해야 한다.
- **순차적:** 서비스는 상호 연관된 단계, 활동 및 접점(예: 고객의 동선 또는 여정)의 순서로 시각화한다.
- **명백함:** 서비스의 무형적 측면은 고객이 보고 만질 수 있는 물리적 단서를 통해 유형으로

SERVICE INSIGHTS 4.1

기술을 통한 주요 서비스 혁신

우버(Uber)의 택시, 자가용 및 차량공유 서비스(www.uber.com), 사람들이 휴가나 단기 체류를 위해 집을 임대할 수 있는 에어비앤비의 플랫폼(www.airbnb.com) 같은 주요 서비스 혁신의 최근 성공을 생각해보자. 이와 같은 디지털 스타트업은 놀랍도록 다양한 서비스로 등장하여 우리 경제의 구석까지 침투하여 전체 산업을 재편하고 있다. 실리콘밸리 벤처 투자가인 마크 앤드리슨(Marc Andreessen)에 따르면 "소프트웨어가 세상을 장악하고 있다"고 한다. 이러한 디지털 열풍은 런던에서 베를린과 싱가포르, 상하이까지 대부분의 대도시가 상당한 규모의 스타트업 생태계를 보유하는 등 세계적인 움직임을 불러일으켰다. 카페인에 중독된 20~30대가 노트북 앞에 웅크리고 앉아 일하는 곳에 수백 개의 스타트업 학교(즉 액셀러레이터)와 수천 개의 공동 작업 공간이 있다. 이러한 스타트업 생태계는 고도로 상호 연결되어 있으며 글로벌 군중을 형성한다. 사람들은 도시에서 도시로 여행하며, 그들 중 일부는 세계를 항해하는 배에 탄 스타트업 액셀러레이터인 '언리즈너블앳시(Unreasonable at Sea)'에서 한 학기를 보내고, 이들 승객은 비즈니스 모델을 연구하고 코드를 작성한다. 런던의 벤처 투자가인 사이먼 르벤(Simon Levene)은 다음과 같이 말했다. "코드를 쓰는 사람은 세계 어느 곳이나 기업가가 될 수 있다."

오늘날의 기업가 붐은 탄탄한 기초 위에 있다. 이는 가까운 미래에도 계속될 가능성이 높다. 디지털 서비스의 기본 구성 요소[또는 하버드 경영대학원의 조시 러너(Josh Lerner)의 말을 빌리자면 "스타트업 생산을 위한 기술"]는 매우 발전되고 저렴하며 어디에나 존재하므로 쉽게 결합하고 구축할 수 있으며 재구성되었다. 이러한 구축 블록에는 인터넷에서 자유롭게 복사할 수 있는 코드 조각이 포함되어 있다. 배우기 쉬운 프로그래밍 프레임워크(예: 루비), 개발자 찾기(업워크), 코드 공유 플랫폼(깃허브), 사용성 테스트 플랫폼(유저테스팅닷컴)을 위한 서비스, API(애플리케이션 프로그래밍 인터페이스)와 RPA(로봇 프로세스 자동화) 도구 등이 있다. 추가 구축 블록에는 음성 통화(트윌리오), 지도(구글) 및 결제(페이팔)와 같이 입력으로 사용할 수 있는 서비스가 포함된다. 마지막으로 핵심 구축 블록에는 스타트업 서비스(예: 아마존의 클라우드 컴퓨팅)를 호스팅하고 이를 배포(애플, 삼성, 구글의 앱 스토어)하며 마케팅(페이스북, 트위터, 링크드인)할 수 있는 플랫폼 서비스가 포함된다.

Akio Kon/Bloomberg/Getty Images

그림 4.25 일본 헨나 호텔에서 26개의 로봇이 손님을 응대하고 있다.

인터넷 덕분에 스타트업을 구축하는 방법에 대한 정보를 쉽게 얻을 수 있게 되었다. 투자 기한부터 사업 계획서까지 스타트업과 관련된 모든 것에 글로벌 기준이 등장하고 있다.

혁신은 가상 세계에서 멈추지 않는다. 프로세서와 카메라부터 센서까지 하드웨어는 점점 더 좋아지고 작아지며 저렴해지고 있다. 로봇, 드론, 웨어러블 컴퓨터 및 센서, 자율주행차, 가상현실, 음성인식, 생체인식, 인공지능, 인터넷 등의 기술은 고객 경험, 서비스 품질, 생산성을 획기적으로 향상시키는 광범위한 서비스 혁신의 기회를 가져올 것이다.

예를 들어, 일본 나가사키의 헨나 호텔(Henn-na Hotel)은 로봇이 운영하고 있다. 비용을 절감하고 편안함을 보장하기 위해 출입(포터) 서비스, 객실 청소, 프론트 데스크, 기타 서비스를 포함하여 호텔 서비스의 90%를 로봇이 제공하는 것을 목표로 한다(그림 4.25). 호텔, 객실, 기타 시설에 대한 접근을 제공하기 위한 안면 인식의 사용은 번거로운 객실카드 시스템을 효과적으로 대체하기도 한다.

기술 발전이 이렇게 빠르고 광범위했던 적은 없었다. 이러한 기회를 잘 설계된 서비스 상품으로 전환하려면 서비스 고객 및 서비스 마케팅에 대한 깊은 지식을 갖춘 고도로 숙련된 관리자가 필요하다.

출처 : "A Cambrian Moment," *Economist* (January 18, 2014): January 22, 2022 4; "The Third Great Wave," *The Economist* (October 4, 2014): 3; Jochen Wirtz, Paul Patterson, Werner Kunz, Thorsten Gruber, Vinh Nhat Lu, Stefanie Paluch, and Antje Martins, "Brave New World: Service Robots in the Frontline," *Journal of Service Management* 29(5) (2018): 907-931; "Startup Ecosystem," https://en.wikipedia.org/wiki/Startup_ecosystem, January 22, 2022.

만들어져야 한다.

- **종체적**: 오감(예: 고객이 보고 듣고 느끼고 맛보는 것)을 통한 전체 서비스 경험을 고려해야 한다.

서비스 디자인 사고에 사용되는 주요 도구에는 서비스 청사진, 고객 동선 지도화, 스토리텔링, 페르소나 및 스토리보드 사용, 경험 프로토타입 제작 등이 있다.[15] 최근 연구에서는 센터에서 빠른 실험, 신속한 프로토타이핑, 학습, 개선을 도입하고 있다.[16]

학습목표 15
기업이 신규 서비스 개발에서 성공할 수 있는 방법을 설명한다.

신규 서비스 개발의 성공 조건

소비재는 실패율이 매우 높아서 매년 새로 소개된 제품 3만 개 중에서 90% 이상이 실패로 끝나게 된다.[17] 서비스도 역시 높은 실패율을 보이고 있다. 예를 들어, 델타 항공(Delta Airlines)은 제트블루(Jet Blue)나 사우스웨스트 항공(Southwest Airlines) 등과 같은 저가 항공사와 경쟁하기 위해 별도의 저가 상품을 기획하여 출시한 대형 항공사 중 하나였으나 그런 시도는 모두 성공하지 못했다. 은행 산업에서 많은 은행은 기존 고객과의 수익적 관계를 좀 더 증가시키고자 보험 상품을 판매하려고 시도했지만 이러한 연장 상품의 대부분도 실패했다.

실패에는 다양한 이유가 있다. 고객의 니즈를 충족시키지 못했거나 비용이 수익보다 더 많이 들었거나 시도가 서툴렀을 수도 있다. 식당 사업에 대한 연구 결과 첫해에 약 26%가 실패하게 되고, 3년 이내 실패율은 거의 60%까지 올라가게 된다.[18] 그렇다면 어떻게 하면 새로운 서비스를 성공적으로 개발할 수 있을까? 많은 연구에 따르면 신규 서비스 개발의 성공에 가장 큰 영향을 미치는 요소는 다음 3가지로 나타났다.[19]

- **시장 시너지**: 새로운 서비스는 회사의 기존 이미지, 전문성, 자원과 잘 어울려야 한다. 회사가 고객을 잘 이해하고 있기 때문에 고객의 니즈를 충족시키는 측면에서 경쟁 서비스보다 좋을 수 있다. 또한 출시 도중과 출시 후에도 회사와 지점으로부터 강력한 지원을 받아야 한다.
- **조직적 요인**: 강력한 내부 기능 간 협력과 조정이 필요하다. 개발 인력은 자신이 참여하는 이유와 회사의 신규 서비스에 대한 중요성을 충분히 알고 있어야 한다.
- **시장 조사 요소**: 상세하고 과학적으로 설계된 시장 조사 연구는 획득할 정보 유형에 대한 명확한 아이디어를 바탕으로 개발 프로세스 초기에 수행되어야 한다. 현장 조사를 수행하기 전에 서비스 개념에 대한 올바른 정의가 개발되어야 한다.

또한 연구자들은 아이디어 창출 단계에서 전문 서비스 개발자가 만든 것인지, 고객이 만든 것인지에 따라 제출된 아이디어의 성격이 크게 다르다는 사실을 발견했다. 고객의 아이디어는 보다 독창적이고 고객이 인지하는 가치가 더 높은 것으로 판단되었다. 그러나 이러한 아이디어는 일반적으로 상용 서비스로 전환하기가 더 어려웠다.[20] 혁신 파트너로서 온라인 크라우드소싱 플랫폼의 출현은 서비스 개발에서 새로운 돌파구를 가져올 수 있는 비용 효율적인 혁신에 대한 추가적인 기회를 제공했다.[21] 프로세스 설계에 관한 8장과 서비스 품질 및 생산성 향상에 관한 14장에서 (새로운) 서비스 개선 및 개발에서 고객 피드백의 역할에 대해 더 자세히 알아볼 것이다.

요약

학습목표 1 서비스 상품은 고객을 위한 가치를 창출하는 물리적, 무형적 서비스 성과의 모든 요소로 구성된 '성과의 묶음'이다.

학습목표 2 잘 정의된 서비스 상품의 주요 이점은 다음을 포함한다.

- 고객은 서비스가 무엇으로 구성되어 있는지(예: 핵심 요소가 무엇인지), 서비스가 어떻게 생성되는지(예: 주요 단계와 경험이 무엇인지, 언제 일어날지), 어떤 가치를 받게 되는지(예: 무엇이 전달되는지, 경험과 결과는 무엇인지, 왜 효과가 있는지, 무엇이 그렇게 특별한지)와 구매 구조 및 방법 등 서비스와 서비스의 가치 제안을 더 쉽게 이해할 수 있다.
- 잘 설계된 서비스 상품은 직원이 서비스 상품을 이해하고 더 나은 서비스를 제공할 수 있도록 도와준다.

학습목표 3 서비스 상품은 3가지 구성 요소로 구성된다.

- 핵심 상품은 고객이 추구하는 주요 편익과 솔루션을 제공한다.
- 보충 서비스는 핵심 상품을 촉진하고 향상시킨다.
- 전달 과정은 핵심 및 보충 서비스 요소가 고객에게 제공되는 방식을 결정한다.

학습목표 4 서비스 플라워는 두 가지 구성 요소로 구성된다.

- 핵심 상품
- 부가 서비스

핵심 상품이 상품화되는 경우가 많기 때문에 보충 서비스는 핵심 상품을 차별화하고 포지셔닝하는 데 중요한 역할을 할 수 있다.

학습목표 5 서비스 플라워의 개념은 보충 서비스를 촉진과 강화로 분류한다.

- 서비스 제공이나 핵심 상품을 사용하는 데 도움을 주기 위해 보충 서비스를 촉진하는 것이 필요하다. 여기에는 정보, 주문 접수, 청구, 지불이 포함된다.

학습목표 6 보충 서비스를 강화하면 고객에게 가치가 더해진다. 여기에는 상담, 환대, 보관, 예외가 포함된다.

학습목표 7 강력한 브랜드를 통해 고객은 서비스를 더 잘 시각화하고 이해할 수 있다. 브랜딩은 기업, 상품, 경험, 서비스 수준에서 사용될 수 있다. 좋은 브랜드는 쉽게 인식될 뿐만 아니라 특정 비즈니스 방식을 대표한다는 점에서 고객에게 의미가 있다.

학습목표 8 기업은 기업 수준에서 다음 4가지 브랜드 구축 옵션을 사용할 수 있다.

- **브랜디드 하우스:** 종종 관련이 없는 여러 서비스(예: 버진 그룹)에 브랜드를 적용한다.
- **하위 브랜드:** 특정 서비스 브랜드(예: 페덱스의 지상 서비스)와 함께 마스터 브랜드(회사 이름)를 사용한다.
- **보증 브랜드:** 제품 브랜드가 지배적임에도 기업 브랜드를 표시한다(예: 인터콘티넨탈호텔그룹의 홀리데이인).
- **하우스 오브 브랜드:** 기업 브랜드 없이 자체 브랜드 이름으로 개별 서비스를 홍보한다(예: 얌!브랜드의 KFC).

학습목표 9 서비스는 개별 서비스, 경험, 서비스 수준에서 브랜딩될 수 있다.

- 개별 서비스 상품의 브랜딩은 기업이 한 묶음의 결과물을 다른 묶음과 차별화하는 데 도움이 된다. 대부분의 서비스 회사는 다양한 제품 라인을 제공하며, 각 상품은 서로 다른 서비스 속성과 성능 수준의 조합을 가지고 있다. 개별 서비스 상품의 브랜딩은 서비스 제공 및 가치 제안의 유형성을 높이는 데 사용된다.
- 더 확장된 서비스의 일부로서 개별 경험은 브랜딩되고 차별화를 제공할 수 있다(예: 럭스*의 시네마천국).

학습목표 10 많은 산업에서 브랜딩은 서비스 등급화라고 불리는 서비스 수준을 차별화하는 데 사용한다. 호텔, 항공사, 신용카드 등 서비스 등급화가 일반적인 일부 산업이 있다. B2B 서비스 지원은 최고 수준의 응답성과 더 높은 고급 기술자가 제공하는 '플래티넘' 서비스로 등급화되는 경우가 많다.

학습목표 11 브랜드 자산 구축은 단지 독특한 브랜드 이름과 시장 커뮤니케이션에 관한 것이 아니다.

- 서비스 회사가 제시하는 브랜드(예: 광고를 통해)는 브랜드 자산보다 브랜드 인지도 구축에 더 효과적이다.
- 브랜드에 대한 고객의 서비스 경험(즉 진실의 순간)은 궁극적으로 브랜드 자산을 구축하는 데 더욱 강력하다.

학습목표 12 브랜드 서비스 경험을 제공하려면 일련의 서비스 요소와 과정을 일관되고 인식 가능한 서비스 경험으로 전환해야 한다. 훌륭한 브랜드를 구축하려면 기업은 브랜드 포지셔닝과 함께 과정, 서비스케이프, 인적자원을 조정해야 한다. 서비스 마케팅의 나머지 P(가격, 유통, 커뮤니케이션)도 포지셔닝을 지원해야 한다.

학습목표 13 기업은 경쟁우위를 유지하기 위해 신규 서비스를 개선하고 개발해야 한다. 신규 서비스 범주의 위계의 7개 수준은 다음과 같다.

- **스타일 변경:** 흥미를 유발하는 눈에 띄는 변경을 도입하지만 일반적으로 서비스 성능이나 과정의 변경은 포함하지 않는다.
- **서비스 개선:** 현재 상품의 성능에 약간의 변화를 도입한다.
- **보충 서비스 혁신:** 새로운 촉진 또는 강화 서비스 요소를 크게 개선하거나 추가한다.
- **프로세스 라인 확장:** 기존 서비스 상품을 제공하는 데 셀프서비스 옵션을 만들고 AI 기반을 제공하는 것과 같은 새로운 방법을 개발한다.
- **상품 라인 확장:** 일반적으로 동일한 핵심 서비스를 제공하지만 다양한 요구사항에 맞는 신규 서비스를 추가한다.
- **주요 프로세스 혁신:** 전통적인 강의실 강의에서 온라인 강의로 전환하는 것과 같이 새로운 과정을 사용하여 현재 상품을 제공한다.
- **주요 서비스 혁신:** 이전에 정의되지 못한 시장을 위한 신규 핵심 상품을 개발한다. 주요 서비스 혁신은 상대적으로 드물다. 더욱 일반적인 것은 기존 기술을 제공하기 위해 새로운 방식으로 서비스를 제공하고, 새로운 보충 서비스를 강화하거나 창출하며, 과정 재설계를 통해 기존 서비스의 성능을 크게 향상시킨다. 그러나 디지털 스타트업은 하드웨어(프로세서, 카메라부터 센서까지)를 빠르게 개선하고 로봇, AI, 가상현실, 음성 처리, 사물인터넷 등 신기술을 통해 고객 경험, 서비스 품질, 생산성을 획기적으로 향상할 수 있는 서비스 혁신의 기회를 창출한다.

학습목표 14 서비스 디자인 사고는 혁신적이고 총체적인 서비스 경험 창출을 중심으로 주요 내부 및 외부 이해관계자를 조정하는 효과적인 접근 방식이다. 다음 5가지 원칙은 서비스 디자인 사고의 핵심이다.

- 고객 관점의 사용자 중심
- 모든 주요 이해관계자가 참여하는 공동 생산
- 고객 여정을 따라 순차적으로 진행
- 무형의 측면을 명백한 유형으로 만드는 것
- 오감을 활용하여 전체 서비스 경험을 고려하는 것

학습목표 15 신규 서비스 개발의 성공 가능성을 높이는 핵심 요소는 다음과 같다.

- **시장 시너지:** 신규 서비스는 회사의 기존 이미지, 전문성, 자원과 잘 어울린다. 경쟁 서비스보다 고객의 요구사항을 더 잘 충족하며, 서비스의 출시 과정과 출시 이후 경영진과 직원으로부터 강력한 지지를 받는다.
- **조직적 요인:** 회사의 다양한 기능 영역 간에 강력한 협력이 있다. 직원은 새로운 서비스의 중요성을 인식하고 있다. 그들은 새로운 서비스와 서비스의 기본 과정을 이해한다.
- **시장 조사:** 고객 아이디어와 연구는 새로운 서비스 설계 과정의 초기 단계에 통합된다. 획득할 정보의 유형에 대한 명확한 아이디어가 있다.

학습 키워드

학습목표 1
- 서비스 상품
- 성과의 묶음

학습목표 2
- 잘 설계된 서비스 상품
- 외부 소통
- 가치 제안

학습목표 3
- 전달 과정
- 핵심 상품
- 보충 서비스

학습목표 4
- 서비스 플라워
- 보충 서비스 촉진
- 보충 서비스 강화

학습목표 5
- 청구
- 정보
- 주문 접수
- 지불
- 예약

학습목표 6
- 자문
- 예외
- 상담
- 환대
- 보관
- 특별 요청

학습목표 7
- 브랜딩
- 기업 브랜딩
- 서비스 상품 브랜딩

학습목표 8
- 브랜드디드 하우스
- 보증 브랜드
- 하우스 오브 브랜드
- 하위 브랜드

학습목표 9
- 브랜드 서비스 경험
- 브랜드 서비스 수준

학습목표 10
- 서비스 등급화

학습목표 11
- 브랜드 자산
- 브랜드 인지도
- 브랜드 커뮤니케이션
- 브랜드 의미
- 기업 브랜드

학습목표 12
- 일관되고 인식 가능한 서비스 경험
- 모든 P의 지원

학습목표 13
- 신규 서비스 개발(NSD)
- 주요 프로세스 혁신
- 주요 서비스 혁신
- 프로세스 라인 확장
- 상품 라인 확장
- 서비스 개선
- 스타일 변경
- 보충 서비스 혁신

학습목표 14
- 서비스 디자인 사고
- 공동 생산
- 명백함
- 총체적
- 신규 서비스 개발
- 순차적
- 사용자 중심

학습목표 15
- 신규 서비스 개발의 성공
- 시장 시너지
- 조직적 요인
- 시장 조사 요소

서비스 마케팅 용어를 얼마나 잘 알고 있나요? 퀴즈를 풀어보세요!

본문을 참조하지 않고도 기억할 수 있는 각 키워드에 대해 1점을 매기고 점수를 합산하여 서비스 마케터라고 불릴 자격을 갖추었는지 확인하세요.

점수

01~09 서비스 마케팅이 여러분에게 해악을 끼치나요?
10~18 밤늦도록 공부가 필요합니다.
19~27 학기 내내 여러분이 무엇을 하지 않았는지 알고 있습니다.
28~36 거의 도달하려고 합니다.
37~45 지금 바로 마케터로 출발하세요.
46~58 여러분의 이름을 딴 마케팅 콘셉트가 나와야 합니다.

서비스 마케팅 연습문제

1. 서비스 상품이란 무엇인가?
2. 고객과 일선 직원을 위해 잘 개발된 서비스 상품의 이점은 무엇인가?
3. 핵심 상품과 보충 서비스의 의미를 설명하라.
4. 서비스 플라워의 개념을 설명하고 각 꽃잎을 식별하라. 이 개념은 서비스 마케터에게 어떤 통찰력을 제공하는가?
5. 보충 서비스 강화와 보충 서비스 촉진의 차이점은 무엇인가? 각각의 예를 들어보라.
6. 마케팅 서비스에서 브랜딩은 어떻게 사용되는가? 메리어트와 같은 기업 브랜드, 다양한 숙소와 호텔 체인의 이름, 특정 상황을 위한 패키지 솔루션(예: 결혼 축하 및 신혼여행용), 구체적인 특징(예: 웨스틴의 시그니처인 '헤븐리베드')의 차별화는 무엇인가?
7. 브랜드를 사용하여 서비스 수준을 등급화한다는 것은 무슨 의미인가?
8. 서비스 기업은 어떻게 브랜드 자산을 구축할 수 있는가?
9. 기업이 새로운 서비스를 혁신하고 강화하며 창출하기 위해 취할 수 있는 접근 방식은 무엇인가?
10. 새로운 서비스가 자주 실패하는 이유는 무엇인가? 성공적인 신규 서비스 개발과 관련된 요소는 무엇인가?

서비스 마케팅 응용문제

1. 친숙한 특정 서비스 상품을 선택하고, 해당 상품의 핵심 상품과 보충 서비스를 파악하라. 경쟁 서비스를 선택하고 핵심 상품과 보충 서비스 측면에서 두 서비스의 차이점을 분석하라.
2. 금융 서비스에서 브랜딩의 두 가지 예(예: 특정 유형의 소매 은행 계좌 또는 보험 증권)를 식별하고 그 특성을 정의하라. 이러한 브랜드는 고객에게 얼마나 의미가 있는가?
3. 성공적이고 강력한 브랜드 자산을 보유한 서비스 회사를 선택하고, 몇 가지 인터뷰를 통해 고객이 서비스를 어떻게 경험하는지 알아보라. 조사 결과를 사용하여 서비스 기업이 강력한 브랜드 자산을 구축하는 데 도움이 된 요소를 식별하라.
4. 우수하다고 생각하는 서비스 브랜드를 선택하고, 훌륭하다고 생각하는 이유를 설명하라. 또한 이 브랜드의 약점도 살펴보라. 잘 알고 있는 조직(기관)을 선택하라.
5. 친숙한 회사를 활용하여 현재 및/또는 새로운 시장에 대한 상품 라인 확장을 창출하기 위해 어떤 기회가 있을 수 있는지 분석하라. 이러한 확장이 현재 서비스에 어떤 영향을 미칠 수 있는가?
6. 실패한 새로운 서비스 개발 두 가지를 확인하고, 실패 원인을 분석하라.

미주

1. Joseph A. Michelli, *The Starbucks Experience: 5 Principles for Turning Ordinary into Extraordinary* (New York: McGraw Hill, 2007); www.starbucks.com, accessed January 22, 2022.
2. Jochen Wirtz, Jochen Wirtz, "Viewpoint: Service Products, Development of Service Knowledge and Our Community's Target Audience," *Journal of Services Marketing* 35(3) (2021): 265–270, https:// doi.org/10.1108/JSM-03-2020-0086.
3. Elina Jaakkola, "Unraveling the Practices of "Productization" in Professional Service Firms," *Scandinavian Journal of Management* 27 (2011): 224.
4. Ibid., p. 226.
5. The "Flower of Service" concept was first introduced in Christopher H. Lovelock, "Cultivating the Flower of Service: New Ways of Looking at Core and Supplementary Services," in P. Eiglier and E. Langeard (eds.), *Marketing, Operations, and Human Resources: Insights into Services* (Aix-en-Provence, France: IAE, Université d'Aix-Marseille III, 1992), pp. 296–316.
6. From Leonard L. Berry, "Cultivating Service Brand Equity," *Academy of Marketing Science* 28(1) (2000): 128–137, © 1994 Academy of Marketing Science.
7. This section draws on James Devlin, "Brand Architecture in Services: The Example of Retail Financial Services, *Journal of Marketing Management* 19 (2003): 1043–1065; James Devlin and Sally McKechnie, "Consumer Perceptions of Brand Architecture in Financial Services," *European Journal of Marketing* 42(5–6) (2008): 654–666; Elisio Carolino Sousa Santos Junior, "Brand Portfolio Strategy and Brand Architecture: A Comparative Study," *Cogent Business & Management* 5(1) (2018).
8. www.fedex.com, accessed January 22, 2022.
9. www.britishairways.com, accessed January 22, 2022; Easy Voyage, "What You Can Expect from Each Class on British Airways," https://www.easyvoyage.co.uk/report/british-airways-getting-to-know-the-airline/what-you-can-expect-from-each-class-on-british-airways-1253, accessed July 2021.
10. Sharon Morrison and Frederick G. Crane, "Building the Service Brand by Creating and Managing an Emotional Brand Experience," *Brand Management* 14(5) (2007): 410–421.
11. http://en.wikipedia.org/wiki/ Space_tourism, accessed July 7, 2021.
12. Amy L. Ostrom, Mary Jo Bitner, Stephen W. Brown, Kevin A. Burkhard, Michael Goul, Vicki Smith-Daniels, Haluk Demirkan, and Elliot Rabinovich, "Moving Forward and Making a Difference: Research Priorities for the Science of Service," *Journal of Service Research* 13(1) (2010): 4–36.
13. Mark Stickdorn and Jakob Schneider, *This Is Service Design Thinking* (Amsterdam: Wiley, 2010), pp. 34–35.
14. Jakob Trischler, Simon J. Pervan, Stephen J. Kelly, and Don Scott, "The Value of Codesign: The Effect of Customer Involvement in Service Design Teams," *Journal of Service Research* 21(1) (2018): 75–100; Chris Storey and Christine Larbig, "Absorbing Customer Knowledge: How Customer Involvement Enables Service Design Success," *Journal of Service Research* 21(1) (2018): 101–118.
15. An excellent integration and synthesis of the service design literature is provided by Eun Yu and Daniela Sangiorgi, "Service Design as an Approach to Implement the Value Cocreation Perspective in New Service Development," *Journal of Service Research*, Vol. 21(1) (2018): 40–58. For an overview and modelling of the service design and innovation literature see David Antons and Christoph F. Breidbach, "Big Data, Big Insights? Advancing Service Innovation and Design with Machine Learning," *Journal of Service Research* 21(1) (2018): 17–39.
16. Jukka Ojasalo and Katri Ojasalo, "Lean Service Innovation," *Service Science* 10(1) (2018): 25–39.
17. Clayton M. Christenson, Scott Cook, and Taddy Hall, "Marketing Malpractice: The Cause and the Cure," *Harvard Business Review* (December 2005): 4–12.
18. H. G. Parsa, John T. Self, David Njite, and Tiffany King, "Why Restaurants Fail," *Cornell Hotel and Restaurant Administration Quarterly* 46 (August 2005): 304–322.
19. Scott Edgett and Steven Parkinson, "The Development of New Financial Services: Identifying Determinants of Success and Failure," *International Journal of Service Industry Management* 5(4) (1994): 24–38; Michael Ottenbacher, Juergen Gnoth, and Peter Jones, "Identifying Determinants of Success in Development of New High-Contact Services," *International Journal of Service Industry Management* 17(4) (2006): 344–363.
20. Peter R. Magnusson, Jonas Matthing, and Per Kristensson, "Managing User Involvement in Service Innovation: Experiments with Innovating End Users," *Journal of Service Research* 6 (November 2003): 111–124; Jonas Matthing, Bodil Sandén, and Bo Edvardsson, "New Service Development: Learning from and with Customers," *International Journal of Service Industry Management* 15(5) (2004): 479–498.
21. Kevin J. Boudreau and Karim R. Lakhani, "Using the Crowd as an Innovation Partner," *Harvard Business Review* 91(4) (2013): 61–69.

CHAPTER 5

물리적 및 전자적 경로를 통한 서비스 유통

학습목표

01 서비스 유통 전략의 기초가 되는 4가지 질문인 '무엇을? 어떻게? 어디서? 언제?'에 대해 이해한다.

02 무엇이 유통되고 있는지를 보여주는 3가지 상호 연관된 흐름을 설명한다.

03 3가지 주요 옵션을 사용하여 서비스를 유통하는 방법을 알고, 핵심 서비스와 보충 서비스의 유통을 구분하는 것이 중요한 이유를 이해한다.

04 전자 경로를 통한 서비스 제공의 문제를 인식하고, 사이버 공간을 통한 서비스 전달의 성장을 촉진한 요인에 대해 논의한다.

05 고객의 경로 선호도 결정 요인을 이해한다.

06 경로 통합의 중요성을 이해한다.

07 물리적 경로의 위치(장소) 결정에 대해 설명하고, 전략적 및 전술적 위치의 고려사항을 이해한다.

08 물리적 경로의 운영 시기(시간) 결정과 운영시간 연장을 결정하는 요인에 대해 설명한다.

09 서비스 유통 중계업체의 역할, 이점, 비용에 대해 이해한다.

10 프랜차이징이 최종사용자에게 서비스를 제공하는 일반적인 방법인 이유를 파악한다.

11 대규모 국내 시장에서 유통의 어려움을 이해한다.

12 서비스 기업이 해외로 진출하는 동인을 이해한다.

13 국제적으로 서비스를 유통할 때의 특별한 과제를 이해한다.

14 글로벌 시장 진출 전략의 결정 요인을 설명한다.

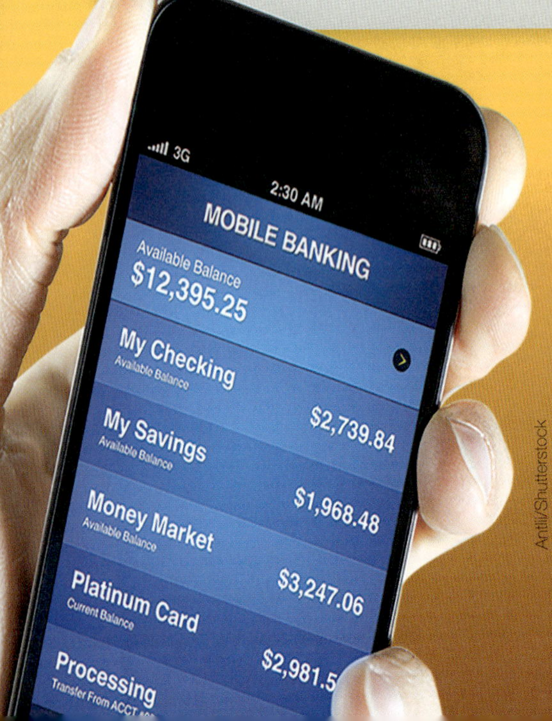

Antlii/Shutterstock

도입 사례

글로벌화는 즉시 가능한가? … 아니면 오래 걸리는가?

Nippon News/Aflo Co. Ltd./Alamy Stock Photo

어떤 서비스는 산불처럼 맹렬한 속도로 퍼진다. 예를 들어, 짧은 동영상 앱인 틱톡(TikTok)은 출시 직후부터 입소문을 타기 시작해 12개월 만에 1억 명 이상의 사용자를 확보했다. 이와 비슷한 방식으로 넷플릭스(Netflix), 에어비앤비(Airbnb), 코세라(Coursera) 같은 다양한 비즈니스 모델도 몇 년 만에 전 세계로 진출했다.

그러나 다른 서비스들은 글로벌 유통을 달성하는 데 수십 년이 걸릴 수도 있다. 스타벅스나 페덱스(FedEx) 또는 DHL 같은 공급망 솔루션 제공업체가 글로벌 입지를 확보하는 데 걸린 시간을 생각해보라. 이러한 대조적인 사례는 서비스 부문의 다양성과 정보 처리 및 사람 또는 소유물 처리 서비스를 차별화하는 것이 얼마나 중요한지를 보여준다. 전자는 빠르게 유통할 수 있지만, 후자는 존재감을 드러내기 원하는 모든 시장에 시설을 개발해야 한다. 또한 성장하는 기업은 현지 노동, 건물, 식품 위생 규정 외에 많은 것을 처리해야 하기도 한다. 여기에는 많은 재정과 관리 시간이 필요하다. 스타벅스가 전 세계에서 서비스를 제공하기 위해 내려야 했던 모든 결정을 생각해 보라.

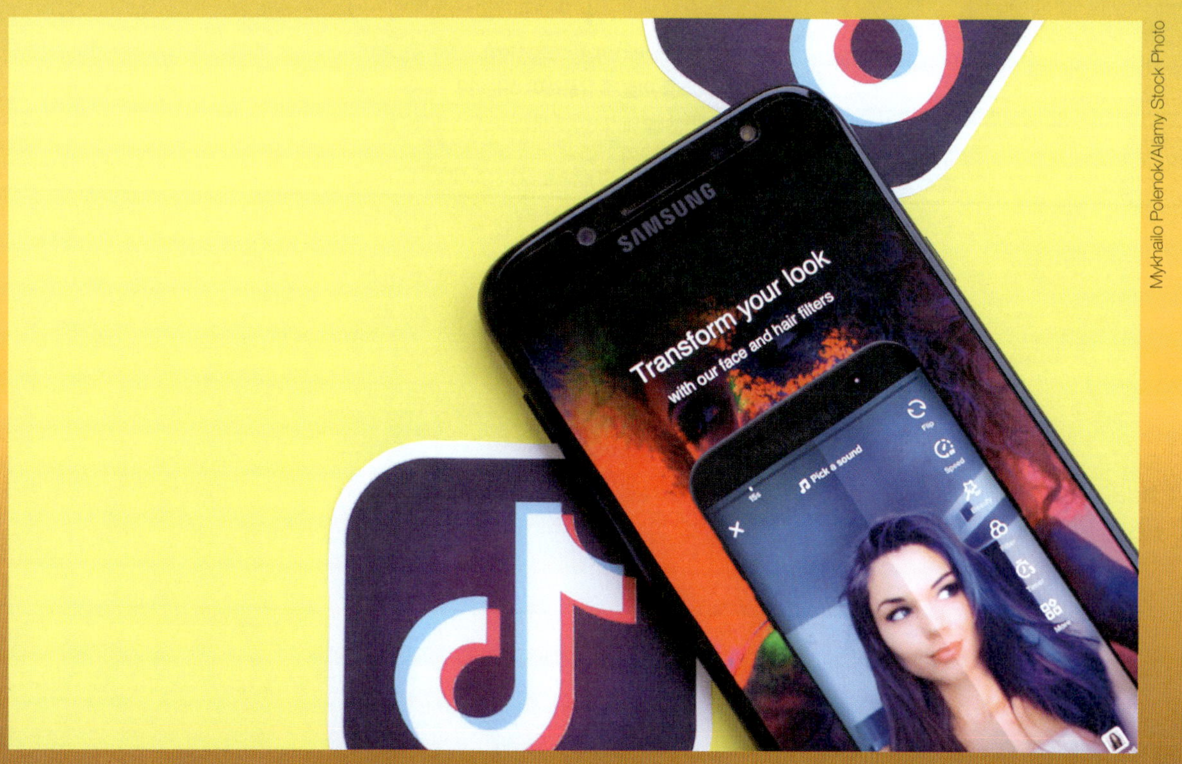

Mykhailo Polenok/Alamy Stock Photo

그림 5.1 틱톡은 전 세계적으로 빠르게 인기를 얻었으며, 현재 많은 서비스에서 틱톡을 사용하여 전 세계로 확장하는 데 박차를 가하고 있다.

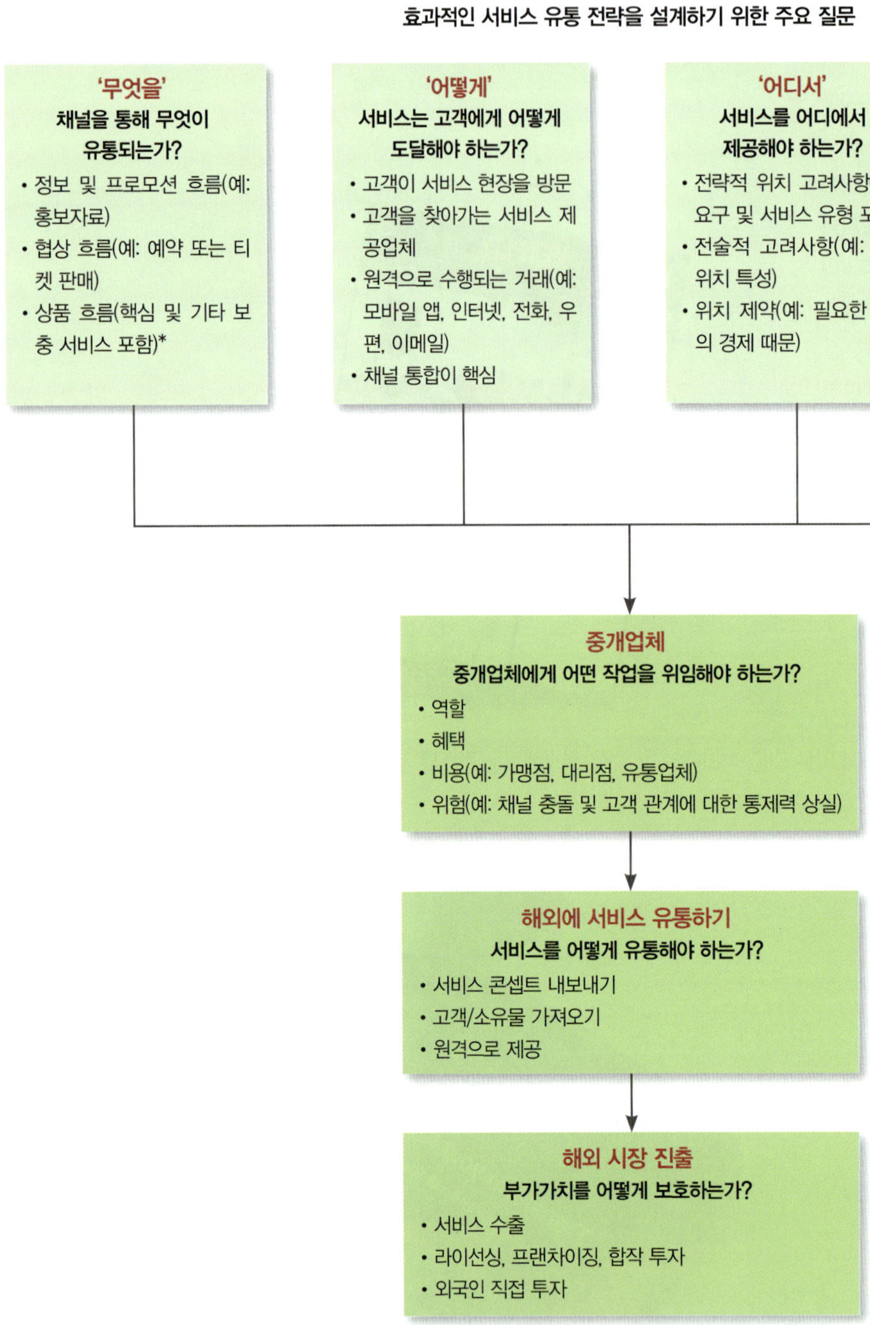

효과적인 서비스 유통 전략을 설계하기 위한 주요 질문

'무엇을'
채널을 통해 무엇이 유통되는가?
- 정보 및 프로모션 흐름(예: 홍보자료)
- 협상 흐름(예: 예약 또는 티켓 판매)
- 상품 흐름(핵심 및 기타 보충 서비스 포함)*

'어떻게'
서비스는 고객에게 어떻게 도달해야 하는가?
- 고객이 서비스 현장을 방문
- 고객을 찾아가는 서비스 제공업체
- 원격으로 수행되는 거래(예: 모바일 앱, 인터넷, 전화, 우편, 이메일)
- 채널 통합이 핵심

'어디서'
서비스를 어디에서 제공해야 하는가?
- 전략적 위치 고려사항(고객 요구 및 서비스 유형 포함)
- 전술적 고려사항(예: 특정 위치 특성)
- 위치 제약(예: 필요한 규모의 경제 때문)

'언제'
서비스를 언제 제공해야 하는가?
- 고객 니즈
- 영업시간 증가에 따른 경제성(고정 비용 대 변동 비용)
- 노동력 가용성
- 셀프서비스 시설 사용

↓

중개업체
중개업체에게 어떤 작업을 위임해야 하는가?
- 역할
- 혜택
- 비용(예: 가맹점, 대리점, 유통업체)
- 위험(예: 채널 충돌 및 고객 관계에 대한 통제력 상실)

↓

해외에 서비스 유통하기
서비스를 어떻게 유통해야 하는가?
- 서비스 콘셉트 내보내기
- 고객/소유물 가져오기
- 원격으로 제공

↓

해외 시장 진출
부가가치를 어떻게 보호하는가?
- 서비스 수출
- 라이선싱, 프랜차이징, 합작 투자
- 외국인 직접 투자

*정보 및 협상은 보충 서비스의 한 유형이지만, 모든 서비스 유통 전략에서 중요성을 강조하기 위해 별도로 나열했다.

그림 5.2 서비스 유통의 흐름 모델

서비스 상황에서의 유통

▶ 학습목표 1

서비스 유통 전략의 기초가 되는 4가지 질문인 '무엇을? 어떻게? 어디서? 언제?'에 대해 이해한다.

'무엇을? 어떻게? 어디서? 언제?' 이러한 4가지 질문에 대한 답은 서비스 유통 전략의 근간을 형성한다. 이러한 질문은 고객의 서비스 경험을 결정하며, 이는 서비스 플라워(4장 참조)의 다양한 요소가 물리적 및 전자적 경로를 통해 어떻게 유통되고 전달되는지에 따라 달라진다. 그림 5.2의 서비스 유통의 흐름 모델(Flow Model of Service Distribution)에 이러한 질문이 요약되어 있다. '무엇'은 유통 경로를 통해 정확히 무엇이 흘러갈지(즉 정보, 협상, 핵심 서비스, 보충 서비스)를 결정한다. 유통 전략은 이러한 각 흐름에 대해 '어떻게, 어디서, 언제'라는 나머지 3가지 질문을 다뤄야 한다. 이 모델은 이 장의 구성 프레임워크이며, 다음 절에서는 각 구성 요소에 대해 설명한다.

무엇이 유통되는가

▶ 학습목표 2

무엇이 유통되고 있는지를 보여주는 3가지 상호 연관된 흐름을 설명한다.

유통에 대해 언급하면 많은 사람이 최종사용자에게 판매하기 위해 물리적 채널을 통해 유통업체 및 소매업체로 상자를 이동하는 것을 생각할 가능성이 높다. 하지만 서비스 분야에서는 옮겨야 할 것이 없는 경우가 많다. 경험, 성능, 솔루션은 물리적으로 배송되고 저장되지 않는다. 한편 정보 거래는 전자 채널을 통해 점점 더 많이 이루어지고 있다. 그렇다면 서비스 상황에서 유통은 어떻게 이루어지는 것일까? 일반적인 서비스 판매 주기에서 유통에는 무엇이 유통되는지에 대한 질문을 부분적으로 해결하는 3가지 상호 연관된 흐름이 포함된다.

- ▶ **정보 및 촉진 흐름:** 서비스 제공과 관련된 정보 및 촉진 자료의 유통을 의미한다. 고객이 서비스 구매에 관심을 갖게 하는 것이 목표이다.
- ▶ **협상 흐름:** 구매 계약을 성사하도록 서비스 기능 및 구성과 제안 조건 합의에 도달해야 한다. 종종 서비스 사용 권리를 판매하는 것이 목표이다(예: 예약 또는 티켓 판매).
- ▶ **상품 흐름:** 많은 서비스, 특히 사람이 처리하거나 소유권을 처리하는 서비스에는 배송을 위한 물리적 시설이 필요하다. 여기서 유통 전략은 로컬 사이트의 네트워크 개발이 필요하다. 인터넷 뱅킹 및 온라인 원격 학습과 같은 정보 처리 서비스의 경우 상품 흐름은 하나 이상의 중앙 집중식 사이트를 사용하는 전자적 경로를 통해 이루어질 수 있다.

핵심 서비스(core service)와 보충 서비스(supplementary service)의 유통을 구분하는 것이 중요하다. 많은 핵심 서비스에는 물리적 위치가 필요하므로 유통이 심각하게 제한된다. 예를 들어, 클럽메드홀리데이즈(Club Med holidays)는 클럽메드빌리지(Club Med Villages)에서만 이용할 수 있고, 브로드웨이 쇼의 라이브 공연은 맨해튼의 극장에서 (투어가 시작될 때까지) 진행되어야 한다. 그러나 많은 보충 서비스는 다른 수단을 통해 광범위하고 비용 효율적으로 유통할 수 있다. 클럽메드의 잠재 고객은 여행사 직원을 직접 만나거나 온라인, 전화, 이메일을 통해 정보 및 상담을 받을 수 있다. 그런 다음 이러한 경로 중 하나를 사용하여 예약할 수 있으며, 마찬가지로 극장 티켓은 실제 시설에 직접 방문하지 않고도 모바일 앱을 통해 구매할 수 있다.

표 5.1 서비스 제공을 위한 6가지 옵션

고객과 서비스 기업 사이의 상호작용 유형	서비스 지점의 유무	
	단일 지점(사이트)	여러 지점(사이트)
고객이 서비스 기업을 방문	• 극장 • 자동차 정비소	• 카페 • 렌터카 체인
서비스 기업이 고객을 방문	• 하우스 페인팅 • 이동식 세차	• 택배 서비스 • 오토클럽 로드 서비스
이메일이나 우편	• 카드사 • 지역 텔레비전 방송국	• 방송망 • 모바일 서비스 공급업체

학습목표 3

3가지 주요 옵션을 사용하여 서비스를 유통하는 방법을 알고, 핵심 서비스와 보충 서비스의 유통을 구분하는 것이 중요한 이유를 이해한다.

서비스를 어떻게 유통해야 하는가

여기서 중요한 질문은 다음과 같다. 서비스 또는 기업의 포지셔닝 전략에 따라 고객이 기업의 인력, 장비, 시설과 직접 물리적으로 접촉해야 하는가? (1장에서 살펴본 바와 같이 사람에 대한 처리 서비스에서는 불가피하지만 다른 범주에서는 필요하지 않을 수도 있다.) 그렇다면 고객이 서비스 기업의 시설을 방문해야 하는가, 아니면 서비스 기업이 고객의 현장으로 인력과 장비를 보내야 하는가? 또는 통신 또는 물리적 유통 경로를 사용하여 제공업체와 고객 간의 거래를 완료할 수 있는가? (표 5.1의 첫 번째 열에 3가지 가능한 옵션이 나와 있다.) 이 3가지 옵션 각각에 대해 기업은 단일 판매처만 유지해야 하는가, 아니면 서로 다른 위치의 여러 판매처를 통해 고객에게 서비스를 제공해야 하는가?

Frank L Junior/Shutterstock

그림 5.3 조경 서비스는 고객을 방문해야 가능한 서비스이다.

고객이 서비스 기업을 방문하는 경우

고객이 서비스 현장을 방문해야 하는 서비스의 경우 기업은 비용(예: 임대료), 고객 수용 지역, 고객의 서비스 매장 위치 편의성, 운영시간 등의 주요 요소를 고려해야 한다. 정교한 통계 분석(소매 중력 모델 포함)은 기업이 미래 고객의 집과 직장을 기준으로 슈퍼마켓이나 유사한 대형 매장을 어디에 위치시킬지 결정하는 데 도움이 된다.

서비스 기업이 고객을 방문하는 경우

일부 유형의 서비스의 경우 서비스 제공업체가 고객을 방문하는데, 언제 방문하는가?

- 조경 서비스(그림 5.3)나 해충 방제 처리가 필요한 집처럼 서비스 대상이 움직일 수 없는 유형적인 물건인 경우 고객 현장 방문이 불가피하다.
- 개인 방문이나 택배의 편리함에 프리미엄을 기꺼이 지불하는 개인에게 서비스를 제공하는 데 수익성 있는 틈새 시장이 있을 수 있다. 도미

노 피자(Domino Pizza)의 배달 서비스나 스타벅스(Starbucks)의 오피스 빌딩 배달 서비스를 생각해보라. 후자는 2015년에 맨해튼과 시애틀에서 시작되었으며, 엠파이어스테이트빌딩의 직원들이 가장 먼저 좋아하는 에스프레소 프라푸치노 블렌디드 커피와 기타 에너지 부스터를 그들의 책상으로 직접 배달해주는 편리함을 누렸다.

또 다른 예로, 한 젊은 수의사가 아픈 반려동물을 위한 왕진 서비스를 시작했다. 그녀는 고객이 다른 동물과 걱정스러운 보호자로 가득 찬 복잡한 동물병원에서 기다리는 것보다 시간을 절약할 수 있을 뿐 아니라 반려동물에게 스트레스를 주지 않는 서비스에 기꺼이 더 많은 돈을 지불한다는 사실을 발견했다.

- 알래스카나 캐나다의 북서쪽 경계처럼 먼 지역의 고객은 서비스 기업을 방문하기 힘들기 때문에 서비스 기업이 비행기를 이용하여 고객을 방문하는 경우가 많다. 호주의 로열플라잉 의료 서비스(Royal Flying Doctor Service)는 오지에 있는 농장이나 목장의 요청 시 왕진을 가는 것으로 유명한 서비스이다.
- 일반적으로 서비스 기업은 개인 고객의 자택보다 기업 고객을 방문하는 경우가 더 많다. 이는 B2B(기업 간 거래)와 관련된 더 큰 규모를 반영한다.

서비스 유형의 성장은 특별한 상황, 혹은 성수기에 생산량 증대 욕구가 있는 고객의 니즈에 부응해서 장비나 노동력을 임대해주는 서비스로까지 확장되었다. 서비스인사이트 5.1은 전 세계에 발전설비와 냉장설비를 대여해주는 글로벌 기업인 아그레코(Aggreko)의 B2B 서비스에 관한 내용이다.

서비스 거래가 원격으로 수행되는 경우

 **학습목표 4**

전자 경로를 통한 서비스 제공의 문제를 인식하고, 사이버 공간을 통한 서비스 전달의 성장을 촉진한 요인에 대해 논의한다.

온라인 기술, 통신 및 정교한 물류 솔루션의 발전으로 서비스 제공에 대한 새로운 접근 방식이 많이 생겨났다. 원격 거래를 통해 기업과 거래할 때 고객은 서비스 시설을 직접 보거나 서비스 직원을 직접 만나지 않을 수 있다. 고객 문의 센터, 채팅, 이메일, 트위터, 우편을 통해 서비스 직원을 만날 가능성이 더 높다. 실물 제품, 문서 또는 기타 유형물(예: 신용카드 또는 멤버십 카드)을 고객에게 전달해야 하는 경우 물류 제공업체는 서비스 기업에 통합적이고 안정적이며 비용 효율적인 솔루션을 제공한다. 다음은 서비스 거래의 몇 가지 예이다.

- 소형 장비에 대한 수리 서비스를 받으려면 고객이 제품을 유지보수 시설로 배송하여 서비스를 받은 후 반송해야 하는 경우가 있다. 많은 서비스 제공업체가 페덱스, DHL, UPS 같은 통합 물류회사의 도움을 받아 솔루션을 제공한다. 이러한 솔루션은 항공기용 예비 부품의 보관 및 특급 배송(B2B 배송)부터 고객의 집에서 결함이 있는 휴대폰을 픽업하여 수리된 휴대폰을 고객에게 반환하는 것[B2C 픽업 및 배송, '역물류(reversed logistics)라고도 한다]에 이르기까지 다양하다.

그림 5.4 인터넷을 통해 재무 자문을 제공할 수 있다.

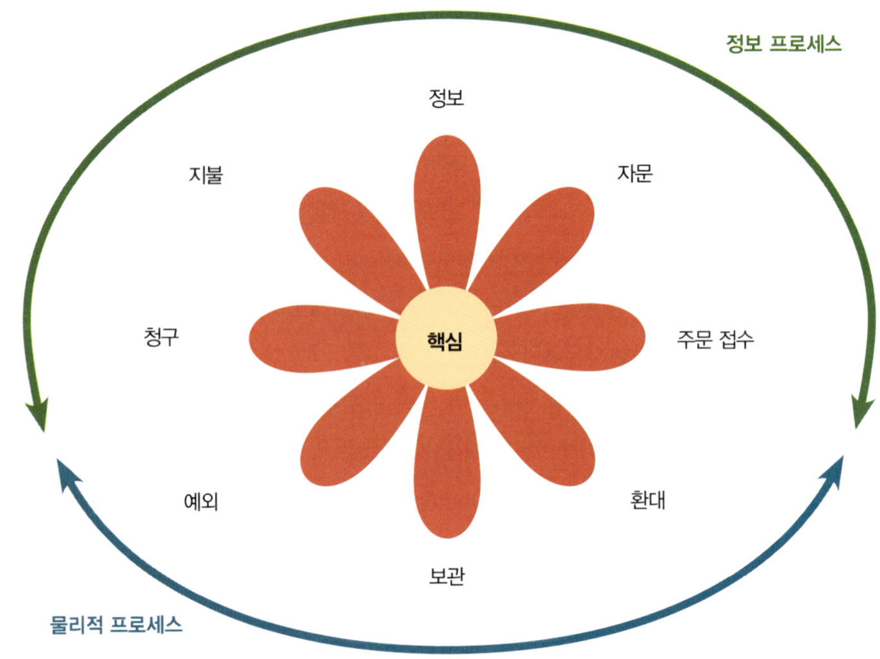

그림 5.5 서비스 플라워의 정보 및 물리적 프로세스

- 모든 정보 기반 상품은 인터넷을 통해 휴대폰이나 태블릿과 같은 스마트 기기의 앱으로 즉시 전달될 수 있다(그림 5.4).

서비스 플라워의 8가지 꽃잎을 살펴보면 5가지 이상의 보충 서비스가 정보 기반 서비스임을 알 수 있다(그림 5.5). 정보, 자문, 주문 접수, 청구, 지불(예: 신용카드)이 모두 온라인 채널을 통해 전달될 수 있다. 소매업체와 수리업체처럼 물리적인 핵심 상품을 다루는 서비스 업체도 오프라인 지점을 폐쇄하고 많은 보충 서비스를 인터넷으로 전환하고 있다. 이들은 신속한 비즈니스 물류에 의존하여 고객과의 근거리 거래 전략을 실현한다(그림 5.6).

웹 및 앱 제공 서비스는 점점 더 정교해지고 사용자 친화적으로 변하고 있으며, 고객이 관심을 가질 만한 상품으로 고객을 안내함으로써 정보에 능통한 판매 도우미 서비스를 시뮬레이션하는 경우가 많다. 일부는 유용한 고객 서비스 담당자 또는 채팅봇과 '실시간' 대화의 기회를 제공하기도 한다. 고객을 온라인 서비스로 끌어들이는 중요한 요소는 다음과 같다.

- 편의성
- 검색의 용이성(정보 획득 및 원하는 상품이나 서비스 검색)
- 더 넓은 선택권
- 더 나은 가격의 잠재력
- 신속한 배송이 가능한 연중무휴 서비스. 이는 바쁜 일상으로 인해 시간이 부족한 고객에게 특히 매력적이다.

호텔, 항공, 렌터카 업계와 같은 일부 글로벌 서비스 산업

그림 5.6 많은 기업이 고객을 온라인 채널로 이동시켰다.

SERVICE INSIGHTS 5.1

전력과 공조시설 임대

전력은 원거리에 있는 발전소로부터 공급되며, 공조 시스템은 고정된 설비로 생각할 수 있다. 그렇다면 다음과 같은 문제에 어떻게 대처할 수 있을까?

- FIFA 월드컵 개최국은 12개 개최 도시에서 열리는 64개 경기를 전 세계 30억 명 이상에게 중계하기 위해 임시 전력이 필요하다.
- 열대성 저기압이 서호주의 작은 광산마을인 판나위니카를 강타하여 전선을 포함한 모든 것이 파괴되었으며, 마을과 인프라를 재건하기 위해서는 가능한 한 빨리 전력을 복구해야 한다.
- 암스테르담에서 열리는 실내 윈드서핑 월드챔피언십의 조직위원회는 시속 32~48km/h의 바람을 만들기 위해 거대한 실내 풀 주변에 설치된 27개의 풍력 터빈에 전력공급이 필요하다.
- 미 해군 잠수함은 노르웨이의 외딴 항구에 정박할 때 육상 기반 전원이 필요하다.
- 오클라호마주의 한 대형 발전소는 전날 토네이도로 파괴된 냉각탑 중 하나를 대체할 임시 전력을 찾고 있다.
- 카리브해의 보네르섬은 산불로 인해 주 발전소가 손상되고 광범위한 정전이 발생하자 전력망을 안정화하기 위해 임시 발전소가 필요하다.

© Olympics Birdsnest\Aggreko Plc

이는 '임시 유틸리티 임대 솔루션 분야의 세계 리더'라고 스스로를 소개하는 아그레코(Aggreko)라는 회사가 직면하고 해결한 과제이다. 전 세계 고객에게 서비스를 제공하며 20억 달러 이상의 수익을 창출하는 아그레코는 이동식 발전기, 무급유 공기 압축기, 냉각기, 산업용 에어컨에서 대형 히터, 제습기에 이르는 온도 제어 장치로 구성된 '설비'를 렌탈한다.

아그레코의 고객층은 대기업과 정부기관이 주를 이루고 있다. 비즈니스의 대부분은 계획된 공장 유지보수나 〈제임스 본드〉 영화 촬영 중 백업 작업과 같이 예측된 수요에서 비롯되지만, 비상사태나 자연재해로 인해 예기치 않게 발생하는 문제도 해결할 준비가 되어 있다.

이 회사의 임대 장비 대부분은 고객이 요구하는 특정 유형과 전력 출력 또는 기후 제어 기능을 생성하기 위해 전 세계 어디로든 배송할 수 있는 수준의 방음 처리된 상자 모양의 구조에 포함되어 있다. 상담, 설치 및 지속적인 기술 지원은 핵심 서비스에 가치를 더한다. 단순히 장비를 대여하는 것이 아니라 고객의 문제를 해결하는 데 중점을 둔다. 자신의 요구사항을 미리 파악하고 있는 고객도 있지만, 고유한 문제에 대한 혁신적이고 비용 효율적인 솔루션을 개발하는 방법에 대한 조언이 필요한 고객도 있다. 또 어떤 고객은 예기치 못한 재해로 인해 손실된 전력을 복구하기 위해 필사적이다. 이럴 때 공장이 가동을 중단하면 막대한 비용을 초래할 수 있고 아그레코의 신속한 대응에 따라 생명이 좌우될 수 있으므로 속도가 필수적이다.

서비스를 제공하기 위해 아그레코는 장비를 고객 현장으로 배송해야 한다. 판나위니카 사이클론이 지나간 후 아그레코의 서호주팀은 60~750kVA 범위의 발전기 30대와 케이블, 급유 유조선 및 기타 장비를 신속하게 설치하기 위해 움직였다. 발전기는 각각 13미터 트레일러 3대를 견인하는 대형 트랙터로 구성된 4대의 운반차로 운송되었다. 기술자와 추가 장비는 두 대의 허클리스 항공기로 비행했다. 아그레코 기술자들은 6주 동안 현장에 머물며 마을이 재건되는 동안 연중무휴 24시간 서비스를 제공했다.

출처: Aggreko's "International Magazine," 1997, www.aggreko.com, January 3, 2022.

B Christopher/Alamy Stock Photo

그림 5.7 소피텔 호텔앤드리조트는 고객에게 원스톱 경험을 제공하기 위해 글로벌 수준의 통합 경로를 관리한다.

에서는 정보, 자문, 주문 접수(또는 예약 및 티켓 판매)의 유통이 매우 정교한 수준에 도달하여 주요 고객 세분 시장을 대상으로 하는 여러 가지 세심하게 통합된 경로가 필요하다. 예를 들어, 아코르(Accor)나 메리어트(Marriott) 같은 대형 호텔 체인은 수많은 브랜드와 수천 개의 호텔을 관리하고 있으며, 전 세계에 글로벌 영업 사무소(세일즈 오피스, GSO)를 통해 고객의 유통 경로 선호도 결정 요인을 파악하고, 주요 글로벌 고객과의 고객 관계를 관리한다(그림 5.7). 각 GSO는 기업 여행 기획자, 도매업체, 회의 기획자, 사내 인센티브 여행 기획자(incentive house), 주요 여행 관련 기관에 원스톱 솔루션을 제공한다. 또한 이러한 체인은 모든 시간대와 주요 언어를 사용하는 고객의 요구사항을 충족하기 위해 전 세계에 전략적으로 배치된 고객서비스센터를 운영한다. 모든 호텔을 예약하려면 무료 전화번호(toll-free) 하나로만 전화하면 된다. 또는 웹사이트와 앱을 포함한 전자적 경로를 통해 객실을 예약할 수도 있다.

학습목표 5
고객의 경로 선호도 결정 요인을 이해한다.

고객마다 다른 유통 경로 선호도

동일한 서비스를 제공하더라도 서로 다른 경로를 사용하면 고객의 서비스 경험에 큰 영향을 미칠 수 있다. 전자 셀프서비스 경로가 가장 비용 효율적인 경향이 있지만, 모든 고객이 이 경로를 선호하는 것은 아니므로 고객을 새로운 전자 경로로 이동시키려면 고객 세분 시장별로 다른 전략이 필요할 수 있다.[1] 또한 일부 고객은 그들이 선호하는 방식인 접촉이 빈번한 전통적 서비스 전달 방식을 절대 포기하지 않을 것을 간과해서는 안 된다. 최근 연구에 따르면 고객이 인적, 비인적, 셀프서비스 경로 중에서 선택하는 방식을 조사한 결과 다음과 같은 주요 요인이 선택에 영향을 미치는 것으로 나타났다.[2]

Kevpix/Alamy Stock Photo

그림 5.8 여행이 잦은 여행객은 혼잡함을 피하기 위해 셀프 체크인을 이용하고자 하는 경우가 많다.

- 복잡하고 지각된 위험이 높은 서비스의 경우 사람들은 인적 경로에 의존하는 경향이 있다. 예를 들어, 고객은 원격 경로를 사용하여 신용카드를 신청하는 데는 만족하지만 주택담보대출을 받을 때는 대면 거래를 선호한다.
- 서비스 및/또는 경로에 대한 신뢰도와 지식이 높은 개인일수록 비인적 경로와 셀프서비스 경로를 사용할 가능성이 높다(그림 5.8).
- 거래의 기능적 측면을 고려하는 고객은 편의성을 더 선호한다. 이는 종종 비인적 채널과 셀프서비스

채널의 사용을 의미하며, 사회적 동기를 가진 고객은 인적 채널을 사용하는 경향이 있다.

▶ 편의성은 대다수의 고객이 채널을 선택하는 핵심 요인이며, 고객의 편의성 추구는 핵심 상품 구매에만 국한되지 않는다. 이는 편리한 시간과 장소, 정보, 예약, 문제해결과 같은 보충 서비스에 대한 손쉬운 접근에까지 확장된다.

경로 통합이 핵심

학습목표 6
경로 통합의 중요성을 이해한다.

경로 통합은 다수의 경로(멀티 경로)를 통한 성공적인 서비스 제공을 위해 필수적이다.[3] 이제 소비자는 전통적인 경로(예: ATM, 지점, 콜센터)뿐만 아니라 스마트 기기도 사용한다. 따라서 서비스 조직은 모든 경로에서 원활하고 일관된 사용자 경험을 제공하는 것이 중요하다. 새로운 배송 경로는 많은 고객에게 일관되지 않고 단절된 경험을 제공하는 경우가 많다.

마지막으로 서비스 제공업체는 채널별 가격이 서로 다를 때 주의해야 한다. 점점 더 많은 고객이 채널과 시장 간의 가격 차이를 이용하는 전략을 채널 경로 차익(channel arbitrage)이라고 한다.[4] 예를 들어, 고객은 고가의 풀서비스 브로커에게는 자문만 구하고 소량의 주문을 한 다음 훨씬 저렴한 할인 브로커를 통해 대부분의 거래를 수행할 수 있다. 서비스 제공업체는 적절한 채널을 통해 가치를 제공하고 수익을 창출할 수 있는 효과적인 가격 전략을 개발해야 한다.

서비스 시설은 어디에 위치해야 하는가[5]

학습목표 7
물리적 경로의 위치(장소) 결정에 대해 설명하고, 전략적 및 전술적 위치의 고려사항을 이해한다.

물리적인 사업장 위치에는 상당한 투자와 장기적인 노력이 필요하다. 사업장(site)에는 장기 임대와 높은 투자가 수반되는 경우가 많으므로, 기업은 다른 사업장으로 쉽게 이전할 수 없다. 매몰 비용을 상각하더라도 다른 위치로 이전하면 충성도 높은 고객과 직원의 일부를 잃을 수 있다.

그렇다면 서비스 관리자는 서비스 제공 **장소**에 대한 결정을 어떻게 내려야 하는가? 흔히 2단계 접근 방식이 사용된다. 첫 번째 단계에서는 서비스 기업이 목표로 해야 하는 일반적인 위치 유형을 식별하는 데 도움이 되는 전략적 위치 고려사항을 개발한다. 두 번째 단계에서는 전술적 고려사항을 사용하여 전체 입지 전략에 맞는 유사한 유형의 특정 위치(장소) 중에서 선택한다.

전략적 위치의 고려사항

입지 전략을 개발하려면 먼저 고객의 니즈와 기대, 경쟁 활동, 서비스 운영의 특성을 이해하는 것부터 시작해야 한다. 앞서 언급했듯이 일부 보충 서비스에 사용되는 유통 전략은 핵심 상품을 제공하는 데 사용되는 전략과 다를 수 있다. 예를 들어, 고객은 스포츠 또는 엔터테인먼트 이벤트에 참석하기 위해 특정 시간에 특정 장소로 방문할 의향이 있을 수 있다. 하지만 미리 좌석을 예약할 때보다 유연하고 편리한 서비스를 원할 가능성이 높다. 따라서 예약 서비

Pudi Studio\Shutterstock

Flowgraph/Shutterstock

그림 5.9 쉽고 편리하게 예약할 수 있는 서비스에 대한 고객의 반응이 좋다.

그림 5.10 전 세계에서 수백만 명이 세계 최대 IT 박람회인 CeBIT에 참석하기 위해 독일 하노버로 향했다.

스 운영시간을 연장하고, 전화 또는 웹을 통한 예약 및 신용카드 결제를 제공하며(그림 5.9), 우편 또는 전자적 경로를 통해 티켓을 배송하기를 기대할 수 있다.

마찬가지로 경쟁이 치열한 산업에 속한 기업은 고객이 자주 구매하는 서비스에 쉽게 접근할 수 있게 해야 한다.[6] 패스트푸드점과 주유소를 예로 들 수 있다. 그러나 고객은 전문 서비스를 이용하기 위해 집이나 직장에서 장거리 이동을 감수할 의향이 있을 수 있다(그림 5.10).

일반적으로 기업은 고객의 접근성과 편의성, 그리고 이 두 가지를 모두 제공하는 데 드는 비용 사이에서 균형을 맞춰야 한다. 시장은 종종 접근성 선호도와 가격 민감도에 따라 세분화될 수 있다. 일부 세분 시장은 접근성과 편의성을 위해 프리미엄을 기꺼이 지불하는 반면, 어떤 세분 시장은 더 저렴한 가격으로 이동과 시간을 보내는 것을 선호한다.

전술적 위치의 고려사항

특정 입지를 선택하는 두 번째 단계에서 고려해야 할 주요 요소는 다음과 같다.

- 인구 규모 및 특성(즉 이 입지를 통해 서비스를 제공할 수 있는 표적 고객의 밀도 및 숫자를 평가하기 위해)
- 보행자 및 차량 통행량과 특성(즉 위치를 지나가는 표적 고객 수 평가)
- 이 지역의 경쟁사
- 고객 접근의 편의성(예: 대중교통, 주차 가능 여부)
- 인근 기업(비즈니스) 및 점포(매장)의 특성
- 노동력 가용성
- 사업장(site) 위치의 가용성, 임대 비용 및 계약 조건(예: 임대 기간, 법적 제한), 규제(예: 구역 설정 및 영업시간)

기업은 지리정보시스템(GIS)을 사용하여 가장 바람직한 속성을 가진 위치를 찾고 해당 입지의 판매 잠재력을 도출하는 경우가 많다. 이러한 도구는 지도와 인구통계, 구매 데이터, 현재 및 제안된 경쟁사 위치 목록을 포함한 주요 위치 데이터를 결합한다. 스타벅스는 입지 선정의 일부로 GIS 소프트웨어를 사용하는 회사의 한 예이다. 이 회사의 글로벌 시장 계획 관리자는 다음과 같이 말한다.

> 우리 팀은 부동산 파트너에게 분석, 의사결정 지원, 비즈니스 인텔리전스, 지리공간 인텔리전스를 제공합니다. … 이 상권에서 무슨 일이 일어나고 있는지, 이 지역의 일반적인 소매 동향은 무엇인지, 경쟁업체는 어디에 있는지, 경쟁업체는 누구인지, 비즈니스는 어디에서 창출되는지, 교통량이 가장 많은 곳은 어디인지, 사람들은 어디에 살고 있는지, 어디서 일하고 있는지, 어떻게 출퇴근하는지 등 중요한 질문에 답하기 위한 의사결정 지원을 제공하는 도구가 필요합니다.[7]

혁신적인 입지 전략

혁신적인 유통 전략은 강력한 새로운 서비스 모델의 핵심이 될 수 있다. 다음 절에서는 미니스토어와 다목적 시설에 대한 입지 전략을 중점적으로 살펴본다. 접근성은 이 두 가지 유형의 서비스에서 가치 제안의 핵심 요소이다.

미니스토어 다수의 지점(multi-site)을 운영하는 서비스 비즈니스에서 흥미로운 혁신은 지리적 범위를 극대화하기 위해 수많은 소규모 서비스 공장을 만드는 것이다. 다음은 몇 가지 예이다.

- 자동 키오스크는 상점, 병원, 대학, 공항, 사무실 건물 내에 위치할 수 있는 셀프서비스 기계에서 은행 지점의 많은 기능을 제공하며, 또 다른 예로는 택배의 반납 및 수령을 위해 자동 사물함을 사용하는 것이다(그림 5.11).
- 또 다른 접근 방식은 작업의 전방(고객 대면 영역)과 후방(지원 영역)을 분리하는 것이다. 타코벨(Taco Bell)의 혁신적인 K-마이너스 전략에는 주방이 없는 레스토랑이 포함된다. 음식 조리가 이루어지는 중앙 위치에서 식사가 전달된다.
- 한 가지 유형의 서비스 비즈니스를 제공하는 기업이 보완적인 분야의 다른 공급업체로부터 공간을 구매하는 경우가 점점 더 많아지고 있다. 슈퍼마켓이나 던킨도너츠(Dunkin Donuts), 서브웨이(Subway) 같은 레스토랑에 입점한 소규모 은행 지점이 버거킹(Burger King) 같은 패스트푸드점과 공간을 공유하는 것을 본 적이 있을 것이다.

그림 5.11 아마존에서는 고객이 디지털 픽업 코드를 사용하여 보관함에서 택배를 수령할 수 있다

Zhu Difeng\Shutterstock

그림 5.12 현재 많은 오피스 빌딩에 상점들이 입점되어 있다.

다목적 시설의 입지 고객 서비스를 위한 가장 확실한 위치는 고객이 거주하거나 근무하는 곳과 가까운 곳이다. 현대식 건물은 사무실이나 생산 공간뿐만 아니라 ATM, 레스토랑, 미용실, 다수의 상점, 헬스클럽 같은 서비스를 제공하는 다목적 공간으로 설계되는 경향이 있다(그림 5.12).

이제 완전히 새로운 비즈니스 모델이 코로케이션(colocation) 전략을 기반으로 한다. 미국의 약국 체인인 월그린스(Walgreens)는 편리하고 저렴한 의료 서비스를 제공하기 위해 쇼핑몰 내에 클리닉을 점점 더 많이 배치하고 있으며, 이러한 클리닉은 병원처럼 보이지만 병원처럼 운영되지는 않는다. 환자는 매장에 오기 전에 온라인으로 대기시간을 확인하고, 개인 진료실에서 간호사의 진단을 받으며, 키오스크의 터치스크린을 사용하여 처방전을 수령하고 비용을 지불할 수 있다. 약사는 환자의 질문에 시간을 할애하는 반면, 약국 사무 업무는 별도의 공간에서 중앙 집중식으로 이루어진다. 일부 의사와 로비스트는 이러한 클리닉이 수준 이하의 의료 서비스를 제공할 운명이라고 불평한다. 그러나 이에 대한 증거는 거의 없다. RAND의 연구에 따르면 소매 클리닉(retail clinic)은 일반적인 건강 상태를 치료하는 데 비용이 저렴하고 품질이 눈에 띄게 떨어지지 않는 것으로 나타났다.[8]

대중교통 경로와 버스, 철도, 항공 터미널에 소매점 및 기타 서비스를 배치하는 것에 대한 관심이 높아지고 있다. 대부분의 주요 석유회사들은 주유소의 주유 서비스를 보완하기 위해 소규모 소매점 체인을 개발했다. 주유소에서는 연료, 차량용품, 식료품 및 다양한 기본 생활용품에 이르기까지 원스톱으로 구매할 수 있는 편리함을 고객에게 제공한다. 주요 고속도로의 트럭 휴게소에는 다양한 차량 정비 및 수리 서비스 외에도 세탁시설, 화장실, ATM, 인터넷 서비스, 레스토랑, 저렴한 숙박시설 등을 갖추고 있다.

학습목표 8

물리적 경로의 운영 시기(시간) 결정과 운영시간 연장을 결정하는 요인에 대해 설명한다.

서비스는 언제 제공되어야 하는가

전통적으로 산업화된 나라의 대부분 소매 및 전문적 서비스는 일주일에 약 40~50시간을 운영하는 스케줄을 따랐다. 이러한 관행은 사람들이 일하고 기업이 물건을 판매하기에 적절한 시간에 대한 사회적 규범(법적 요건이나 노조 계약까지)을 반영했다. 역사적으로 일요일에 영업하는 것은 대부분의 기독교 문화권에서 강력히 권장되지 않았으며, 종교적 관습에 기반한 오랜 전통을 반영하여 법으로 금지되는 경우가 많았다. 이러한 상황은 점심시간이나 토요일에 쇼핑을 해야 하는 직장인들을 불편하게 만들었다. 하지만 지금은 상황이 바뀌었다. 일부 고객응대가 많은 서비스의 경우 운영지침은 전 세계적으로 24/7 서비스(하루 24시간, 일주일 내내)가 되었다.

SERVICE INSIGHTS 5.2

운영시간 연장을 장려하는 요인

미국과 캐나다에서 시작된 이 추세는 이후 전 세계 여러 국가로 확산되었으며, 최소 5가지 요인이 영업시간 연장 및 연중무휴 운영으로의 전환을 촉진하고 있다.

1. **고객으로부터의 압력** 맞벌이 가정과 혼자 사는 독신 근로자는 쇼핑이나 다른 서비스를 이용하기 위해 정상 근무시간 외에 시간이 필요하다. 어떤 고객은 하루나 일주일 중 언제든 쇼핑하고 서비스 거래를 할 수 있는 편리함을 누리기를 원한다. 특정 지역의 한 매장이나 기업이 이러한 시장 부문의 니즈를 충족하기 위해 영업시간을 연장하면 경쟁업체도 이를 따라야 할 필요성을 느끼는 경우가 많다. 체인점이 이러한 변화를 주도하는 경우가 많다.
2. **규제의 변화** 특정 날(주로 기독교 문화권에서는 일요일)을 종교와 관계없이 모두가 쉬는 날로 법제화해야 한다는 전통적인 종교적 견해에 대한 지지가 감소하고 있다. 다문화 사회에서 특정 요일을 특별하게 지정하는 것은 논쟁의 여지가 있다. 율법을 잘 지키는 유대교인과 재림교인에게 토요일은 안식일이고, 무슬림에게 금요일은 성스러운 날이며, 불가지론자나 무신론자는 아마도 이에 무관심할 것이다. 최근 몇 년 동안 서구 국가에서는 이러한 규제는 점진적으로 약화되고 있다.
3. **자산 활용도 향상을 위한 경제적 인센티브** 많은 자본이 서비스 시설에 묶여 있는 경우가 많기 때문에 영업시간 연장에 따른 증분 비용은 상대적으로 크지 않은 경향이 있다. 영업시간 연장으로 혼잡도가 감소하고 매출이 증가하면 경제적으로 매력적이지만, 슈퍼마켓과 같은 시설의 폐쇄 및 재개장에는 비용이 발생하며, 냉난방기와 일부 조명은 밤새도록 가동해야 하고, 보안 요원에게 24시간 급여를 지급해야 한다. 따라서 추가 고객 수가 적더라도 24시간 영업을 유지하는 것이 운영 및 마케팅 측면에서 분명히 장점이 있다.
4. **'비사회활동' 시간대에 근무할 수 있는 직원 확보** 라이프스타일의 변화와 시간제 고용에 대한 욕구로 인해 저녁과 야간에 기꺼이 일할 수 있는 인력 풀이 점점 더 커지고 있다. 여기에는 수업시간 외에 아르바이트를 구하는 학생, 부업을 하는 사람, 육아를 병행하는 부모, 밤에는 일하고 낮에는 휴식이나 수면을 취하는 것을 선호하는 사람 등이 포함된다.
5. **자동화된 셀프서비스 시설** 셀프서비스 장비는 점점 더 안정적이고 고객 친화적으로 발전하고 있다. 이제 많은 기계가 동전과 지폐 외에도 카드 및 휴대폰 기반 결제를 허용한다. 따라서 셀프서비스 장비 설치는 직원이 상주할 수 없는 시설의 경우 경제적으로 실현 가능한 대안이 될 수 있다. 기계가 빈번한 유지보수가 필요하거나 기물 파손에 특히 취약한 경우가 아니라면, 제한된 시간에서 24시간 운영으로 전환하는 데 따른 추가 비용은 미미하다. 실제로 기계를 켜고 끄는 것보다 계속 작동하게 두는 것이 더 간단할 수도 있다.

서비스 시설의 영업시간을 결정하는 주요 요소는 ① 고객의 니즈(needs)와 욕구(wants), ② 영업시간의 경제성이다. 후자의 경우 시설의 고정 비용과 영업시간 연장에 따른 변동 비용(인건비 및 에너지 비용 포함)은 매출 증가로 인한 예상 기여도 및 잠재적인 운영상의 이점(예: 피크 기간의 수요를 연장된 영업시간으로 전환)에 대해 가중치를 부여한다. 영업시간 연장의 배경이 되는 요인에 대한 자세한 개요는 서비스인사이트 5.2를 참조하라.

중개업체의 역할

 **학습목표 9**

서비스 유통 중계업체의 역할, 이점, 비용에 대해 이해한다.

서비스 조직이 서비스의 모든 측면을 직접 제공해야 하는가, 아니면 중개업체가 서비스 제공의 특정 부분을 담당하도록 해야 하는가? 실제로 많은 서비스 조직은 유통의 특정 측면을 아웃소싱하는 것이 비용 효율적이라고 생각한다. 이러한 위임은 대부분 보충 서비스 요소에 관한 것이다. 예를 들어, 인터넷과 콜센터의 사용이 증가했음에도 불구하고 크루즈 선사들은 여전히 고객과의 상호작용의 상당 부분을 여행사에 의존하고 있으며, 여기에는 정보 및 자문 제공, 예약 접수, 결제, 발권 등이 포함된다.

대체 유통 경로의 장점과 비용

서비스 제공업체가 고객에게 완전한 서비스 패키지를 제공하기 위해 하나 이상의 중개업체와 협력하려면 어떻게 해야 하는가? 그림 5.13에서는 서비스 플라워 프레임워크를 사용하여 최초(original) 공급자가 핵심 상품과 정보, 자문, 예외 같은 보조 요소를 제공하는 방식을 보여준다. 이들을 제외한 나머지 다른 보충 서비스의 제공은 중개업체에 위임하여 고객이 경험한 대로 서비스 전달을 완성한다. 최초 공급업체의 과제는 중개업체가 제공하는 각 요소가 전체 서비스 콘셉트에 부합하여 일관되고 원활한 브랜드 서비스 경험을 제공할 수 있도록 전체 프로세스의 보호자 역할을 하는 것이다.

또한 중개업체는 도달 범위를 늘리고 비즈니스를 창출하는 데 자주 사용된다. 여행 업계에서 사용되는 다양한 판매 및 예약 채널을 생각해보자(그림 5.14). 각 채널은 서로 다른 장점을 제공하며 비용도 크게 다르다. 비용이 가장 낮은 유통 경로는 서비스 회사의 자체 웹사이트 또는 앱(증분 비용은 일반적으로 판매 거래당 1달러 미만)이며, 콜센터 기반의 중앙 예약 시스템(일반적으로 판매 거래당 약 25달러, 한 번의 판매 거래에 두 번 이상의 통화가 포함될 수 있음)이 그 뒤를 잇는다. 소매 여행사는 일반적으로 10~20%의 수수료를 부과하며, 여행사는 일반적으로 거래 금액의 20~30%를 추가한다. 가장 수수료가 비싼 채널은 익스피디아(Expedia) 및 프라이스라인(Priceline) 같은 온라인 유통업체로, 거래 금액의 최대 30%까지 수수료를 부과할 수 있다.

유통 비용 외에도 고객 관계의 소유권이 중요하며, 우버이츠(Uber Eats)나 푸드판다(Foodpanda)처럼 유통업체를 이용하는 레스토랑은 언젠가 피자, 햄버거, 청량음료 같은 일반적이고 수익성이 높은 메뉴의 주문이 더 이상 들어오지 않고, 대신 대량 주문에 대해 낮은

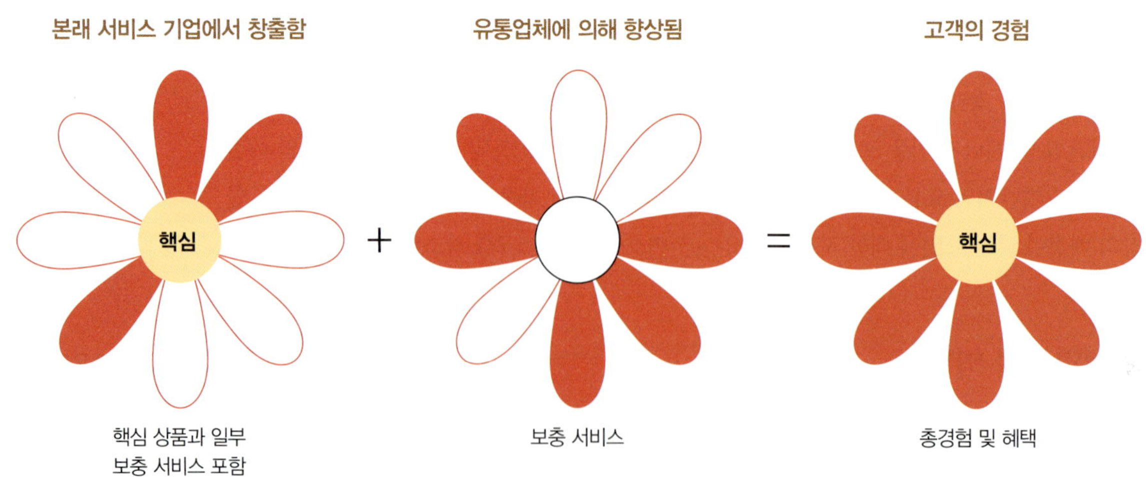

그림 5.13 서비스 제공에 대한 책임 분담

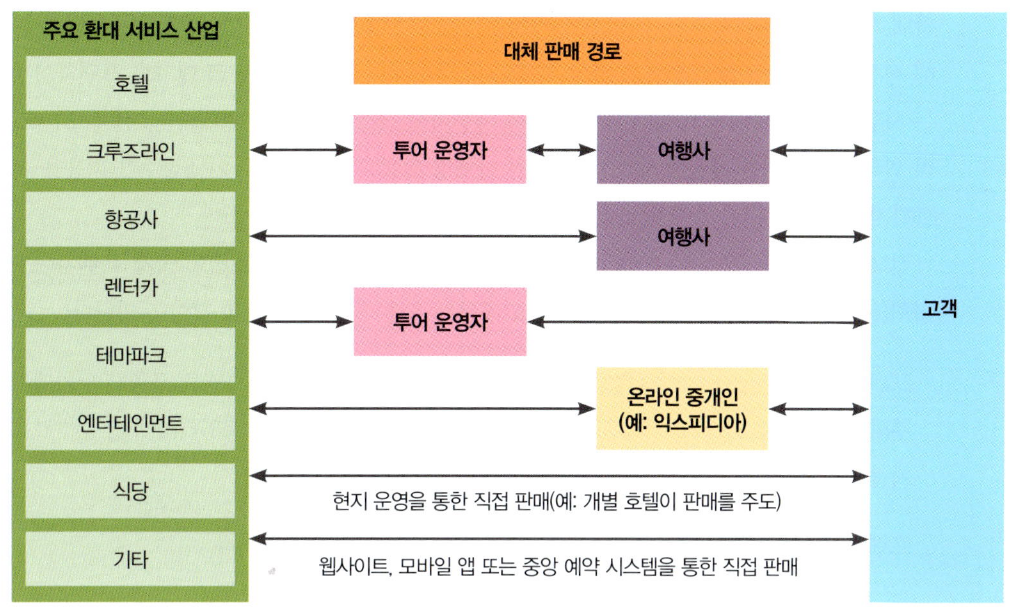

그림 5.14 환대 산업에서의 대체 판매 경로

가격과 높은 마진을 제공할 수 있는 중앙집권화된(centralized) 주방에서 주문이 처리되고 있다는 사실을 알게 될 수 있다. 중개업체가 고객 관계를 대신 소유하면 고객은 새로운 서비스 제공업체로 쉽게 전환할 수 있다.

많은 대형 호텔 체인은 고객 관계를 직접 소유하는 것뿐만 아니라 비용상의 이유로 온라인 예약을 늘리고, 향상된 빠른 예약 기능(클릭 수 감소), 고객 친화적인 탐색 기능, 온라인 프로모션 및 인센티브, 최저가 보장 등을 제공하여 거래를 직접 유통 경로로 전환하고자 한다. 그러나 규모가 크고 영향력이 큰 중개업체는 요금 동등성(rate parity)을 주장할 것이므로 채널 충돌 가능성을 완화해야 한다[예: 부킹닷컴(Booking.com)과 익스피디아는 호텔에 직접 예약하는 경우보다 낮은 요금을 제공한다]. 물론 호텔에서는 직접 예약하는 고객에게 늦은 체크아웃, 로열티 포인트, 무료 조식 제공 등 다양한 혜택을 제공할 수 있지만, 이러한 혜택은 중개업체를 통해 예약하는 고객에게는 제공되지 않는다.

주요 저가 항공사는 유통 비용을 최소화하기 위해 직접 판매 채널에 의존하는 경우가 많다. 예를 들어, 이지젯(easyJet)은 "140개 이상의 목적지에 대한 최저가 보장"을 제공하는 자사 웹사이트를 통해 거의 100%의 고객이 예약한다고 주장하며, 사우스웨스트 항공(Southwest Airlines)은 자사 웹사이트가 "온라인에서 사우스웨스트 항공 요금을 찾을 수 있는 유일한 곳"이라고 말한다.[9]

기업의 유통 전략을 설계할 때는 모든 중개업체의 역할, 혜택, 고객 관계 인수에 따른 위험 감수 및 비용을 신중하게 고려해야 한다. 프랜차이즈는 가장 일반적으로 사용되는 유통 전략 서비스 중 하나이다. 이제 이에 대해 자세히 알아보자.

 **학습목표 10**

프랜차이징이 최종사용자에게 서비스를 제공하는 일반적인 방법인 이유를 파악한다.

프랜차이징

프랜차이징은 7가지 원칙(1장 참조)을 모두 포함하는 효과적인 서비스 개념을 여러 지역에 확대 제공하는 유용한 방법이 되었다. 가맹본부는 이전에 개발된 서비스 개념을 관리하기 위해 시간, 노력, 자본을 기꺼이 투자할 의향이 있는 가맹점을 모집한다. 그 대가로 프랜차이저는 사업 운영 및 마케팅 방법에 대한 교육을 제공하고, 필요한 물품을 판매하며, 전국 또는 지역 단위의 프로모션 지원을 제공한다. 지역 마케팅 활동은 일반적으로 가맹점주가 비용을 지불하지만, 가맹본부가 정한 광고문구 및 미디어 운영방침을 준수해야 한다.[10]

전 세계 프랜차이즈를 대표하는 세계에서 가장 오래되고 가장 큰 조직인 국제 프랜차이즈 협회(International Franchise Association)에서는 프랜차이즈를 다음과 같이 정의한다.

> 프랜차이즈(또는 프랜차이징)는 브랜드의 상표 또는 상호와 사업 시스템을 구축하는 가맹본부와 가맹본부의 이름 및 시스템으로 사업을 할 수 있는 권리에 대해 로열티와 초기 수수료를 지불하는 가맹점이 관련된 제품 또는 서비스를 유통하는 방식이다.[11]

프랜차이즈는 이러한 경우에 특히 서비스 기업에게 매력적인 전략이다.

- ▶ 기업은 자원이 제한되어 있고 경쟁에서 우위를 선점하기 위해 빠른 성장이 필요하며, 서비스 기업은 다른 기업이 거의 모든 것을 모방할 수 있으므로 브랜드 외에는 거의 보호받지 못하는 경우가 많다. 특정 범위의 표적 시장에서 가장 먼저 인지도를 확보하는 기업이 장기적으로 시장의 리더가 되는 경향이 있다.
- ▶ 매장 관리자의 장기적인 헌신은 매우 중요하다. 프랜차이즈는 고객 만족을 보장하고 고객 충성도를 구축하며 고품질 서비스를 운영하기 위해 높은 동기를 부여하는 경향이 있다.
- ▶ 지역에 대한 지식이 중요하다. 가맹점주는 지역사회 출신인 경우가 많으므로 지역 당국(예: 시설 건설 및 리노베이션 중에), 노동 시장, 미디어 및 고객과 매우 효과적으로 협력할 수 있다.

Gareth Boden/Pearson Education

그림 5.15 코스타 커피는 영국의 인기 커피전문점 프랜차이즈이다.

프랜차이즈는 여전히 패스트푸드 레스토랑과 가장 일반적으로 연관되어 있지만(예: 그림 5.15 참조), 이 개념은 고객 및 B2B 서비스 모두에 광범위하게 적용되고 있다. 가장 빠르게 성장하고 있는 개념은 건강 및 피트니스, 교육, 보안, 고객 서비스와 관련된 것으로, 이 책에 소개된 사례 중에는 호주에 기반을 둔 성공적인 프랜차이즈 반려견 목욕 서비스인 '오시푸치모바일(Aussie Pooch Mobile)'이 있다. 고객으로서 여러분은 생각보다 많은 프랜차이즈를 애용하고 있을 것이다(표 5.2 참조).

표 5.2 2015년 미국 내 상위 10개 프랜차이즈와 창업 비용

순위	프랜차이즈 이름	설명	창업 비용
1	던킨	레스토랑	39만 6천~160만 달러
2	타코벨	레스토랑	52만 6천~300만 달러
3	맥도날드	패스트푸드	130만~220만 달러
4	소닉 드라이브 인	패스트푸드	120만~350만 달러
5	UPS 상점	택배 서비스	13만 8천~47만 달러
6	에이스 하드웨어	하드웨어 상점 회사	28만 6천~210만 달러
7	플래닛 피트니스	피트니스 회사	110만~420만 달러
8	저지 마이크스 서브스	패스트푸드	23만 7천~76만 7천 달러
9	컬버스	패스트푸드	200만~470만 달러
10	피자헛	레스토랑	35만 7천~220만 달러

출처: Entrepreneur Media, Inc. 2021 Franchise 500 Ranking. Retrieved from https://www.entrepreneur.com/franchise500; top franchises in 2019, July 31, 2020.

가맹점주의 관점에서 볼 때 레스토랑 업계의 종단 연구에 따르면 프랜차이즈를 구입하는 것이 독립 레스토랑을 창업하는 것보다 평균적으로 더 수익성이 높은 것으로 나타났다.[12] 그러나 새로운 프랜차이즈 시스템의 초기에는 가맹점주들의 중도 탈락률이 높다. 전체 시스템의 3분의 1이 첫 4년 이내에 실패하고, 전체 프랜차이즈의 4분의 3 이상이 12년 후에 문을 닫는다.[13] 프랜차이즈의 성공 요인은 다음과 같다.

- ▶ 더 잘 알려진 브랜드로 더 큰 규모를 달성할 수 있는 능력
- ▶ 가맹점주에게 더 적은 지원 서비스를 제공하지만 장기 계약 체결
- ▶ 매장당 낮은 간접비
- ▶ 예상되는 프랜차이즈 운영 특성 및 지원사항에 대한 정확하고 현실적인 정보 제공
- ▶ 통제관계가 아닌 협력관계 구축[14]

효율적인 규모를 달성하려면 성장이 매우 중요하므로 일부 프랜차이즈 업체는 '마스터 프랜차이징'이라는 전략을 채택한다. 마스터 프랜차이즈 가맹점은 하나 또는 여러 개의 개별 프랜차이즈 매장의 운영자로서 이미 성공한 경우가 많다. 따라서 그들은 특정 지역 내에서 가맹점을 모집하고, 교육하고, 지원할 책임이 있다.

프랜차이즈에는 많은 성공 사례가 있지만 몇 가지 단점도 있다.

- ▶ 가맹점에게 활동을 위임하면 전달 시스템에 대한 통제력을 어느 정도 상실하게 되고, 이에 따라 고객이 실제 서비스를 경험하는 방식에 대한 통제력까지 상실하게 된다.
- ▶ 가맹본부가 설정한 우선순위나 절차를 가맹점들이 정확히 준수하게 하는 것은 어렵지만, 효과적인 품질 관리를 위해서는 필수적이다. 프랜차이즈 가맹본부는 일반적으로 엄

그림 5.16 트럭 운송회사는 먼 지역에 있는 지방 운송업체와 라이선싱에 의한 운송협약을 맺는다.

격하게 정의된 서비스 표준, 절차, 매뉴얼, 외관을 명시하는 계약을 통해 서비스 수행의 전반적인 측면을 통제하려고 한다.

- 가맹점주는 경험이 쌓이면서 가맹본부에 지불하는 다양한 비용에 대해 불만을 품기 시작하고, 계약에 따른 제약 없이도 사업을 더 잘 운영할 수 있다고 믿게 될 수 있다. 이로 인한 분쟁은 종종 양 당사자 간의 법적 다툼으로 이어진다.

기타 중개업체

서비스 중개업체는 역할, 구조, 법적 지위, 서비스 기업과의 관계('원칙'이라고도 한다) 측면에서 다양한 형태를 취한다. 프랜차이즈는 가장 일반적으로 사용되는 유통 전략 중 하나이지만 다양한 대안적 유통 중개업체도 사용할 수 있다. 한 가지 옵션은 다른 공급업체가 원 공급업체를 대신하여 핵심 상품을 배송하도록 라이선스(license)를 부여하는 것이다. 트럭 운송회사는 서비스를 제공하는 각 도시에 회사 소유의 지점을 두는 대신 독립 대리점(그림 5.16)을 정기적으로 활용한다. 또한 트럭을 직접 운전하는 독립적인 '개인 운전사(owner operator)'와 계약을 맺을 수도 있다.

다른 형태의 서비스 유통으로는 금융 서비스가 있다. 투자 서비스에 진출하려는 은행은 자체 유통 채널이 부족한 투자회사가 만든 뮤추얼 펀드 상품의 유통업체 역할을 하는 경우가 많다. 또한 많은 은행이 보험회사의 보험 상품을 판매하기도 한다. 은행은 판매에 대한 수수료를 받지만 일반적으로 보험금 청구 처리에는 관여하지 않다.

학습목표 11
대규모 국내 시장에서 유통의 어려움을 이해한다.

대규모 국내 시장에서의 유통 과제

좁은 지역 내에서 마케팅 서비스를 제공하는 경우와 미국, 캐나다, 호주처럼 넓은 지역을 포괄하는 연방국가에서의 마케팅 서비스에는 중요한 차이점이 있다. 후자의 경우 거리와 여러 시간대가 존재하므로 많은 유형의 서비스에서 물리적인 물류가 더욱 어려워진다. 이민자의 비율이 증가하고 원주민이 존재하기 때문에 다문화주의(multiculturalism)도 이슈로 부각되고 있다. 마지막으로 각 국가 내에서는 각 주 또는 지방의 법률 및 세율과 각 연방정부의 법률 및 세율 간에 차이가 있다. 그러나 호주와 캐나다에서 직면한 문제는 미국, 중국, 인도 같은 거대 경제권의 서비스 마케터가 직면한 문제에 비하면 미미한 수준이다.

예를 들어, 미국을 여행하는 해외 방문객은 미국의 거대한 규모에 압도당하고, 미국 사람들의 다양성에 놀라며, 기후와 지형의 다양성에 놀라고, 일부 비즈니스 사업의 규모와 범위에 감탄하기도 한다. 몇 가지 통계를 고려해보자. 미국의 '하위 48개 주'(즉 알래스카와 하와이를 제외한 모든 주)에서 전국 단위의 마케팅을 수행하려면 약 3억 명의 인구와 4,000km가 넘는 대륙 횡단 거리를 다루어야 한다. 하와이와 알래스카를 포함하면 시장은 더 먼 거리, 6개 시간대, 놀라운 지형적 다양성, 북극에서 열대까지 모든 기후대를 포괄하는 더 큰 시장을 포함한다. 물류 관점에서 볼 때 미국이 매우 잘 발달된 통신, 운송 및 유통 인프라를 갖추고 있지 않았다면 50개 주 전체에 걸쳐 고객에게 서비스를 제공하는 것은 유럽, 북아프리카, 중동 지역의 고객에게 서비스를 제공하는 것만큼이나 복잡했을 수 있다.

미국은 국가적 고정관념이 시사하는 것보다 덜 동질적이며, 연방국가로서 다양한 정부 관행이 존재한다. 연방법을 준수하고 연방 세금을 납부하는 것 외에도 전국적으로 운영되는 서비스 비즈니스는 관련 주 및 지방 자치 단체의 법률을 준수하고 주마다 다른 세금 정책에 대비해야 할 수 있다.

미국 인구의 이동성이 점점 더 높아지고 다문화화됨에 따라 전국적인 규모로 사업을 운영하는 미국 서비스 마케터에게는 시장 세분화 문제가 더욱 복잡해지고 있다. 스페인어를 중심으로 다양한 언어를 구사하는 이민자(및 방문 관광객)가 증가하고 있으며, 미국 경제 통계에 따르면 미국인의 가계 소득과 개인 자산(혹은 그것이 아니더라도)은 지구 상의 다른 어느 곳보다 광범위하게 분포되어 있다. 거대하고 다양한 국내 시장에 직면한 대부분의 미국 대형 서비스 기업은 특정 세분 시장을 집중하여 마케팅 및 관리 업무를 간소화한다(3장 참조). 일부 기업은 지리적 기준으로 세분화하지만, 다른 기업은 인구통계, 라이프스타일, 니즈, 기업 맥락에서 산업 유형 및 회사 규모를 기준으로 표적 시장을 선정한다. 전국적으로 사업을 운영하고자 하는 소규모 기업은 일반적으로 좁은 시장 틈새를 찾는데, 오늘날에는 인터넷의 보편화로 인해 이러한 작업이 더욱 쉬워졌다. 그러나 가장 큰 규모의 전국적인 서비스 운영은 광범위한 지역에 걸쳐 여러 세분 시장에 서비스를 제공해야 하므로 엄청난 도전에 직면하게 된다. 7P에 포함된 모든 요소에 대한 전략의 표준화와 다양한 세분 시장 및 지역 시장 상황에 대한 적응 사이에서 균형을 유지해야 한다. 특히 고객이 직접 배송 현장을 방문하는 고접촉 서비스와 관련된 의사결정은 더욱 까다롭다.

서비스의 글로벌 유통

 **학습목표 12**

서비스 기업이 해외로 진출하는 동인을 이해한다.

CNN, 로이터(Reuters), 구글(Google), 아멕스(AMEX), 스타벅스, 허츠(Hertz), 시티은행(Citibank), 매킨지(McKinsey) 등 많은 기업이 해외에 서비스를 유통하고 있다. 이러한 기업들이 해외 진출 또는 글로벌화를 추진하는 원동력은 무엇일까? 서비스 기업은 어떻게 새로운 시장에 진출해야 하는가?

초국가적 전략의 채택을 촉진하는 요인

세계화 추세와 초국가적 통합 전략의 수립에는 여러 가지 힘 또는 **산업 동인**이 영향을 미친다. 서비스에 적용되는 이러한 힘은 시장, 경쟁, 기술, 비용, 정부 요인 등이다. 이러한 요인의 상대적 중요성은 서비스 유형에 따라 달라질 수 있다.

Olivier Le Moal/ 123RF

그림 5.17 인구가 변화함에 따라 많은 기업이 인구통계학적 특성, 라이프스타일, 니즈 등을 기반으로 고객을 공략한다.

Agencja Fotograficzna Caro/Alamy Stock Photo

그림 5.18 DHL은 전 세계 고객 기반을 위한 통합 물류 솔루션을 만들기 위해 다양한 운송 모드를 결합한다.

시장 동인(Market Driver) 다국적 전략으로의 전환을 촉진하는 시장 요인으로는 여러 국가에 걸친 공통된 고객 니즈, 전 세계 공급업체에 일관된 서비스를 요구하는 글로벌 고객, 효율적인 물리적 공급망, 전자 네트워크 형태의 국제 채널 가용성 등이 있다.

대기업 고객이 글로벌화됨에 따라 다양한 B2B 서비스를 위해 여러 국가에서 사용하는 공급업체를 표준화하고 단순화하고자 하는 경우가 많다. 예를 들어, 전 세계에서 사용하는 감사인의 수를 최소화하려고 할 수 있으며, 각 운영 국가에 적용되는 국가별 규정의 맥락에서 일관된 접근 방식을 적용할 수 있는 '빅4' 회계법인(예: 프라이스워터하우스쿠퍼스, 딜로이트, 에른스트앤드영, KPMG)에 대한 선호를 표명할 수 있다. 마찬가지로 DHL, 페덱스, UPS 같은 글로벌 물류 및 공급망 관리 역량이 발전함에 따라 많은 기업이 물류 기능에 대한 책임을 단일 기업에 아웃소싱하는 추세이다(그림 5.18). 각각의 경우 일관성, 접근 용이성, 정보 통합, 책임성 측면에서 분명한 장점이 있다.

경쟁 동인(Competiton Driver) 여러 국가의 경쟁자 존재, 국가 간 상호의존성, 경쟁자의 초국가적 정책은 많은 서비스 산업에서 강력한 힘을 발휘하는 주요 경쟁 요인 중 하나이다. 기업은 다른 곳에서 자신의 포지션을 지키기(protect) 위해 경쟁사를 따라 새로운 시장으로 진출해야 할 수도 있다.

기술 동인(Technology Driver) 기술 요인은 정보 기술의 발전에 중점을 두는 경향이 있으며, 여기에는 통신, 컴퓨터화, 소프트웨어의 성능 및 기능 향상, 장비의 소형화, 음성, 비디오 및 텍스트의 디지털화(모든 것을 컴퓨터의 디지털 언어로 저장, 조작 및 전송할 수 있도록 하는 것) 등이 포함될 수 있다. 정보 기반 서비스의 경우 방대한 양의 데이터를 빠른 속도로 전송할 수 있는 광대역 통신 채널의 가용성이 증가함에 따라 광대역 통신 채널은 새로운 시장을 개척하는 데 중요한 역할을 하고 있다.

비용 동인(Cost Driver) 전 세계를 기반으로 운영함으로써 얻을 수 있는 규모의 경제가 있다. 소싱 효율성(sourcing efficiency)은 또한 특정 국가에서의 유리한 물류 및 비용 절감으로 인해 발생한다. 통신 및 운송에 대한 성능 향상과 운영 비용 절감은 해외 시장 진출을 수월하게 한다. 이러한 동인의 효과는 산업 진입에 필요한 고정 비용 수준과 비용 절감 가능성에 따라 달라진다. 그러나 주로 사람을 기반으로 하는 서비스에는 비용 동인이 덜 적용될 수 있다. 서비스 공장의 대부분의 요소가 여러 위치에서 복제되는 경우 규모의 경제가 낮아지고 경험 곡선이 더 평탄해지는 경향이 있다.

정부 동인(Government Driver) 정부 정책은 초국가적 통합 전략의 개발을 장려하거나 저해하는 역할을 할 수 있다. 이러한 동인에는 우호적인 무역 정책, 호환 가능한 기술 표준, 공통 마케팅 규정 등이 있다. 예를 들어, 유럽연합 전체에 단일 시장을 창출하기 위해 유럽연합 집행위원회가 취한 조치는 다양한 산업에서 범유럽 서비스 전략 수립에 자극제가 되고 있으며, 세계무역기구(WTO)가 서비스 국제화에 중점을 두면서 전 세계 정부가 다국적 서비스 전략에 더욱 우호적인 규제 환경을 조성하도록 추진하고 있다. 서비스인사이트 5.3에 설명된

SERVICE INSIGHTS 5.3

홍콩행 비행: 세계화의 한 단면

콴타스항공(Qantas)의 캥거루가 그려진 흰색과 빨간색의 보잉 777-300ER 항공기가 호주에서 10시간의 비행을 마치고 홍콩의 붐비는 항구 상공에 낮게 착륙한다. 착륙 후 이 항공기는 여러 대륙의 수십 개 국가에서 온 항공사를 상징하는 항공기의 꼬리 안정판(tail-fins)의 만화경(kaleidoscope)을 지나며 이 놀라운 도시에 서비스를 제공하는 모든 항공사의 예시를 보여 준다.

승객에는 비즈니스 여행객과 관광객은 물론 귀국하는 거주자도 포함된다. 출입국 관리소와 세관을 통과한 후 대부분의 여행객은 먼저 호텔로 향하는데, 그중 상당수는 글로벌 체인 호텔(일부는 홍콩에 본사를 둔 호텔)에 숙박한다. 일부 여행객은 허츠나 공항에서 시설을 제공하는 유명 렌터카 회사 중 한곳에서 미리 예약한 차량을 픽업하고, 어떤 여행객은 고속열차를 타고 시내로 이동한다. 패키지 여행객은 홍콩의 유명한 광둥요리를 즐기기를 적극적으로 기대하지만, 부모는 자녀가 집에서도 즐길 수 있는 패스트푸드 체인점에서 식사하기를 원한다는 사실에 체념한다. 부유한 관광객 중 다수는 독특한 중국 보석과 골동품 상점뿐만 아니라 대부분의 세계적인 도시에서 볼 수 있는 국제적인 브랜드의 명품 매장에서 쇼핑을 계획한다.

비즈니스 출장자들이 중국의 특별행정구(SAR)로 향하는 이유는 무엇일까? 의류와 장난감부터 컴퓨터 부품에 이르기까지 다양한 제품의 공급 계약을 협상하는 경우가 많다. 직접 제품과 서비스를 판매하는 기업도 있다. 일부는 해운업이나 건설업에 종사하고 있으며, 다른 일부는 통신부터 엔터테인먼트, 국제법까지 다양한 서비스 산업에서 일하고 있다. 대규모 호주 관광 사업체의 소유주가 퀸즐랜드의 유명한 골드코스트에서 패키지 휴가를 위한 계약을 협상하러 왔다. 브뤼셀에 본사를 둔 빅4 회계법인의 캐나다 시니어 파트너는 힘든 세계일주 여행의 절반을 지나고 있었다. 그의 임무는 국제 대기업의 사무실을 설득하여 글로벌 감사업무를 자신의 회사로 통합하는 것이다. 유럽과 미국의 대규모 통신 파트너십에서 일하는 미국인 임원과 영국인 동료는 다국적 기업이 전 세계 모든 통신활동을 관리하기 위해 자신의 회사를 고용하도록 설득함으로써 비슷한 목표를 달성하고자 한다. 승객 중 상당수는 국제적인 은행 및 금융 서비스 회사에서 일하거나 세계에서 가장 역동적인 금융 중심지 중 하나인 홍콩에서 자신의 벤처에 필요한 자금을 조달하기 위해 홍콩을 찾아왔다.

보잉 화물칸에는 승객의 가방뿐만 아니라 홍콩 및 기타 중국 목적지로 배송할 화물도 실리며, 화물에는 우편물, 호주산 와인, 홍콩에서 운항하는 호주 고속페리의 필수 예비부품, 곧 있을 무역 프로모션을 위한 호주 관광 산업에 대한 브로슈어 및 전시 자료가 가득 담긴 컨테이너, 기타 다양한 고가품이 있다. 공항에는 현지 콴타스 직원, 수하물 처리 직원, 청소부, 정비사 및 기타 기술 직원, 세관 및 출입국 관리 직원, 개별 승객을 맞이하러 온 사람들이 기다리고 있다. 이들 중 일부는 호주인이지만 대부분은 홍콩 현지 중국인이며, 그중 일부는 멀리 여행해본 적이 없는 사람들이다. 하지만 이들은 일상생활에서 글로벌 광고 캠페인을 통해 홍보된 브랜드 이름이 호주, 캐나다, 싱가포르, 영국, 미국 등의 국가에 거주하는 해외 친척들에게도 친숙한 은행, 패스트푸드점, 소매점, 보험 회사를 자주 이용한다. 글로벌 서비스 마케팅의 세계에 온 것을 환영한다!

홍콩에 도착한 콴타스 여객기의 사례에서 국제화 동인의 힘을 확인할 수 있다.

학습목표 13
국제적으로 서비스를 유통할 때의 특별한 과제를 이해한다.

서비스 국제 무역의 장벽

국제 서비스 마케팅은 국제 무역에서 가장 빠르게 성장하고 있는 분야이다.[15] 다국적 전략은 기업이 비즈니스를 수행하고자 하는 모든 국가에서 전략 수립과 실행을 통합하는 것을 포함한다. 역사적으로 해외에서 사업을 하고자 하는 외국 기업에게 심각한 문제였던 진입장벽이 서서히 낮아지고 있다. 자유 무역 법률의 통과는 초국가적 운영을 촉진하는 중요한 요인이 되었다. 캐나다, 멕시코, 미국을 연결하는 북미자유무역협정(NAFTA), 메르코수르와 같은 라틴 아메리카 경제 블록, 아시아 11개국과 미국(미국 제외)을 연결하는 포괄적-점진적 환태평양경제동반자협정(CPTPP), 현재 28개국이 가입한 유럽연합(EU) 등 주목할 만한 발전이 이루어졌다.

세계무역기구(WTO)와 그 전신인 관세 및 무역에 관한 일반협정(GATT)의 노력에도 불구하고 일부 서비스가 국제 시장에서 성공적으로 운영되기는 여전히 어렵다. 많은 국가가 새로운 노선을 개설하기 위해 양자(2개국) 협정을 요구하므로 항공 접근성은 힘든 지점(sore point)이다. 한 국가에서는 신규 항공사의 취항을 허용하지만 다른 국가에서는 허용하지 않으면 취항이 막힐 수 있다. 또한 특정 주요 공항의 수용 능력 제한으로 인해 외국 항공사의 신규 또는 추가 착륙권이 거부될 수 있다. 여객 및 화물 운송 모두 이러한 제한의 영향을 받는다.

금융, 의료 및 통신 서비스 시장은 일반적으로 규제가 심하기 때문에 해외 기업이 해당 시장에 진입하기 어렵다. 택시 시장의 우버(Uber, 그림 5.19)나 숙박 분야의 에어비앤비처럼 보다 일상적인 시장에 진출한 기업은 글로벌 예약 서비스를 제공하고, 이를 현지 시설 및/또는 소규모 자영업자와 연결하려고 시도한다. 그러나 이들은 종종 규제라는 장애물에 직면한다. 이러한 산업의 기존 사업자들은 많은 시장에서 규제 당국에 로비를 통해 규제 보호와 반격에 익숙하며, 아이러니하게도 고객 보호 및 서비스 표준(예: 택시 서비스의 경우 승객 안전, 보안, 보험)을 신규 진입자에 대한 논거로 사용하는 경우가 많고, 결국 고객은 반대 의사를 표시하고 규제 당국에 압력을 가할 것이다. 따라서 기존 사업자는 서비스를 개선하고 가격을 인하해야 할 것이며, 지방 정부는 혁신적인 비즈니스 모델을 수용할 수 있는 규제 프레임워크를 마련할 것이다.

Aleksey Boldin/123rf.com

그림 5.19 우버의 비즈니스 모델은 현지 드라이버와 연결되는 글로벌 서비스 제공을 포함한다.

학습목표 14
글로벌 시장 진출 전략의 결정 요인을 설명한다.

해외 시장 진출 방법

새로운 해외 시장에 진출하는 데 가장 적합한 전략은 ① 기업이 지적 재산(IP)을 보호하고 주요 가치 창조의 원천을 통제할 수 있는 방법과 ② 고객과의 원하는 상호작용 수준에 따라 달라진다(그림 5.20).

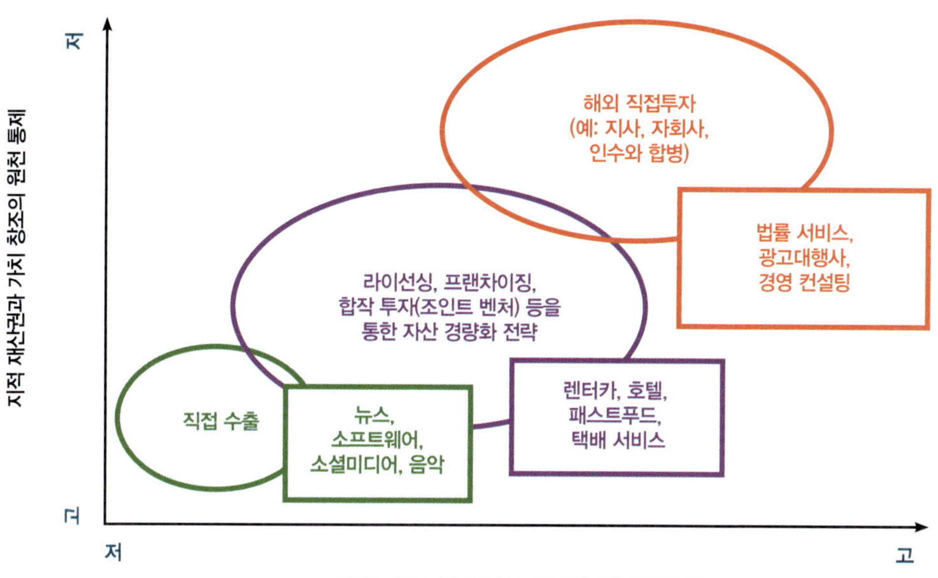

그림 5.20 국제화 방법

지적 재산 및 가치 창조를 위한 원천을 저작권 또는 기타 법적 수단을 통해 보호할 수 있고, 필요한 고객 접촉 수준이 낮은 경우 서비스를 수출할 수 있다. 이러한 경우 현지 경쟁업체, 유통업체 또는 기타 현지 파트너에게 사업을 뺏길 위험이 거의 없다. 데이터베이스 서비스[예: 톰슨 로이터의 과학 및 사회과학 인용 색인 관련 서비스(Thomson Reuters' Web of Science and Social Sciences Citation Index-related services)], 온라인 뉴스(예: CNN 또는 「파이낸셜타임즈(Financial Times)」에서 제공하는 뉴스), 온라인 광고(예: 구글 또는 페이스북에서 전 세계적으로 판매하는 광고), 음악, 영화, 전자책 및 소프트웨어 다운로드 등이 그 사례에 해당한다. 이러한 기업이 해외 시장에 현지 지사를 설립하는 경우 일반적으로 서비스 자체를 제공하기보다는 현지 기업 영업 및 마케팅을 조직하기 위한 것이다. 예를 들어, 구글, 페이스북, 링크드인(LinkedIn)은 여러 국가에 광고 서비스를 판매하는 영업팀을 두고 있다.

패스트푸드, 글로벌 호텔 체인, 택배 서비스와 같은 일부 서비스는 기업이 지적 재산과 가치 창조의 원천을 통제할 수 있다. 이는 브랜딩을 통한 기부, 글로벌 고객 기반 구축, 글로벌 수준의 자원, 업무 능력 및 네트워크의 보유를 통해 이루어진다. 이러한 요소가 없다면 기업이 고객이 기대하는 수준의 서비스를 제공하기 어렵거나 불가능할 수도 있다. 여기서 고객과의 접촉은 보통 중간 수준인 경우가 많다. 이 범주에 속하는 기업은 라이선싱, 프랜차이징, 합작 투자(조인트 벤처)를 통해 통제력을 잃지 않고 해외 시장에 진입할 수 있다. 예를 들어, 스타벅스나 하드록카페(Hard Rock Café) 같은 브랜드는 가치를 더하며, 이러한 브랜드가 없는 매장은 고객에게 매력을 제공하지 못한다. 메리어트나 아코르 같은 대형 글로벌 호텔 체인은 충성도 프로그램과 해외 영업소를 통해 수백만 명의 고객 관계를 '소유'하고 있다. 이러한 영업소는 글로벌 체인의 고객이 필요한 현지 호텔에 고객(비즈니스)을 공급한다.

또 다른 예로, 글로벌한 자원, 업무 능력, 네트워크를 갖춘 글로벌 배송업체와 달리 지역 배송업체는 해외에서 국내로 보내오는 배송물품을 처리하지 못하고 국내에서 해외로 보내는 물품 역시 처리할 수준이 못 된다. 따라서 글로벌 배송업체는 미래에 경쟁자가 될 가능성에 대한 우려 없이 지역 내 배송업체를 선정하여 업무를 위탁할 수 있다.

마지막으로 부가가치가 주로 서비스 제공업체의 기술 및 지식에서 비롯되는 서비스가 있다. 이러한 경우 가치를 제공하기 위해 높은 수준의 고객 접촉이 필요하다. 이러한 서비스는 지식 기반의 전문 서비스인 경우가 많다. 예를 들어, 광고 캠페인의 크리에이티브 디자인이나 경영 컨설팅 프로젝트 등이 있다. 이러한 서비스의 경우 일반적으로 회사의 직원이 보유한 지식과 고객과 구축한 관계를 통해 가치가 창출된다. 이러한 서비스의 경우 가치 창출의 원천을 통제하기 어렵다. 예를 들어, 회사가 라이선스 사용자 또는 합작 투자 파트너를 통해 서비스를 제공하는 경우 파트너가 몇 년 동안 운영한 후(필요한 기술이 이전된 후) 회사의 지원 없이 서비스를 제공할 수 있을 수 있다. 이 경우 파트너는 라이선스 비용 지불이나 이익 공유에 대한 저항이 커질 가능성이 높다. 그런 다음 벤처 조건을 재협상하고 '독립'하여 원래 서비스 회사를 배제하겠다고 위협할 수도 있다. 따라서 이 범주에 속하는 기업은 다른 지역의 영업(원천)을 엄격하게 통제할 필요가 있으며, 여기에는 일반적으로 현지 직원을 자체 급여로 고용하고 회사의 지적 재산과 고객 기반을 보호하는 계약서를 신중하게 작성하는 것이 포함된다. 글로벌 신규 시장에 진입할 수 있는 가장 효과적인 방법은 해외 지사나 자회사 설립, 인수·합병을 통한 직접 투자를 하는 것이다.

요약

학습목표 1 '무엇을? 어떻게? 어디서? 언제?'라는 4가지 질문에 대한 답변은 모든 서비스 유통 전략의 기초를 형성한다.

학습목표 2 유통이란 무엇인가? 유통 흐름 모델은 서비스 플라워 개념에 표현(mapping)될 수 있으며, 다음과 같은 서비스 유통 흐름을 포함한다.

- 정보 및 촉진 흐름(정보 및 잠재적으로 자문 꽃잎 포함)
- 협상 흐름(주문 접수 및 잠재적으로 청구 및 지불 꽃잎 포함)
- 상품 흐름(핵심 상품 및 서비스 플라워의 나머지 꽃잎 포함)

서비스 유통 전략은 3가지 흐름을 모두 포괄한다.

학습목표 3 서비스는 어떻게 유통할 수 있는가? 서비스는 3가지 주요 모드를 통해 배포될 수 있다.

- 고객이 서비스 현장을 방문(예: MRI 스캔과 같은 사람에 대한 처리 서비스)
- 서비스 제공업체가 고객을 방문(예: 나무 가지치기 또는 고액 자산가를 위한 프라이빗 뱅킹 서비스)
- 서비스 거래를 원격으로 수행[예: 스카이프(Skype) 또는 온라인 여행자 보험 구매]

일부 핵심 서비스에는 물리적 위치가 필요하므로(예: 사람에 대한 처리 서비스) 유통이 심각하게 제한될 수 있다. 그러나 정보 기반 핵심 서비스와 많은 보충 서비스는 원격으로 유통 및 제공될 수 있다.

학습목표 4 통신, 온라인 기술, 서비스 앱, 정교한 물류 솔루션의 발전은 원격 서비스 제공의 혁신을 촉진했다.

- 모든 정보 기반 핵심 상품 및 보충 서비스(예: 정보, 상담, 주문 접수, 청구, 지불)와 많은 소유 기반 서비스는 원격으로 제공될 수 있다.
- 사이버 공간을 통한 서비스 제공의 주요 성장 동력은 ① 편리함, ② 검색 용이성, ③ 폭넓은 선택, ④ 가격 인하 가능성, ⑤ 신속한 배송이 가능한 연중무휴 서비스이다.

학습목표 5 고객 선호도가 채널 선택을 주도한다.

- 기술에 능숙한 고객은 원격 채널이 제공하는 편의성 때문에 원격 채널을 선호하는 경우가 많다. 이러한 고객은 일반적으로 서비스 및/또는 채널에 대한 신뢰와 지식이 있다.
- 그러나 지각된 위험이 높거나 거래의 사회적 동기가 있는 경우 고객은 개인 채널에 더 많이 의존한다.

학습목표 6 고객은 동일한 서비스 조직에서 서로 다른 서비스 채널을 사용할 가능성이 높다(예: 은행 고객은 모바일 뱅킹 앱과 웹사이트부터 ATM과 은행 지점에 이르는 모든 채널을 사용한다). 따라서 일관되고 원활한 서비스 경험을 제공하기 위해서는 경로 통합이 필수적이다.

학습목표 7 서비스를 어디서 제공해야 하는가? 이는 물리적 위치가 필요한 서비스에서 중요한 결정이다.

- 첫째, 사업장 위치는 전체 서비스 전략의 필수적인 부분이므로 전략적 위치 고려사항이 포함된다. 입지 전략은 회사의 마케팅 전략 및 표적 고객의 니즈와 기대에 부합해야 한다.
- 둘째, 전술적 위치 고려사항은 특정 입지를 선택하는 데 사용된다. 여기에는 인구 규모와 특성, 교통, 접근의 편의성, 해당 지역의 경쟁업체, 인근 비즈니스의 특성, 노동력 및 부지 가용성, 임대 비용, 조건 및 규제가 포함된다. 지리정보시스템(GIS)은 기업이 특정 입지 결정을 내리는 데 자주 사용된다.
- 규모의 경제 필요성(예: 전문 의료시설처럼 고정 비용이 높기 때문)과 운영 요건(예: 공항 주문배달센터) 같은 운영상의 제약은 기업의 입지 선택을 제한한다.
- 혁신적인 입지 전략은 새로운 서비스 모델의 핵심이 될 수 있다. 최근 트렌드에는 미니스토어, 상호 보완적인 공급업체와 소매 공간 공유, 다목적 시설 내 서비스 입지(예: 쇼핑몰 내 클리닉 입지)가 포함된다.

학습목표 8 서비스는 언제 제공해야 하는가?

- 서비스 채널의 운영시간을 결정하는 주요 요인에는 고객의 니즈와 욕구, 영업시간의 경제성(시설의 고정 비용, 영업시간 연장에 따른 변동 비용, 예상되는 매출 또는 기여도 증가, 피크 기간의 수요를 연장된 영업시간으로 전환하여 얻을 수 있는 잠재적 운영 이득)이 포함된다.
- 이제 연중무휴 24시간 서비스를 궁극적인 목표로 삼고 운영시간을 연장하려는 움직임이 있다. 이는 셀프서비스 기술을 사용하여 달성하는 경우가 많다.
- 정보 기반 핵심 및 보충 서비스를 연중무휴 24시간 제공

할 수 있다. 최근의 기술 개발은 CRM 시스템, 스마트폰, 앱, 웹사이트, 스마트카드를 연결하여 점점 더 편리하고 정교한 온라인 서비스를 제공한다.

학습목표 9 서비스 회사는 종종 중개업체를 사용하여 일부 보충 서비스를 유통한다. 예를 들어, 크루즈 선사는 여전히 여행사를 사용하여 정보를 제공하고, 예약을 받고, 결제대금을 받으며, 종종 항공여행과 같은 부가 서비스를 묶음으로 제공한다.

- 서비스 조직은 특정 업무를 아웃소싱하는 것이 비용 효율적이라고 생각할 수 있다. 중개업체는 종종 도달 범위를 늘리고 점진적인 매출을 창출한다.
- 그러나 채널 간에는 엄청난 비용 차이가 있으며, 일반적으로 여행업계에서는 트래블로시티(Travelocity) 같은 중개업체를 통한 거래의 일부에 불과한 회사 자체 웹사이트의 비용이 더 많이 든다. 신중한 비용–편익 분석이 필요하며, 일반적으로 강력한 브랜드는 자체 채널로 거래를 전환하고, 인지도와 도달 범위가 부족한 브랜드는 중개업체에 더 많이 의존한다.
- 잠재적인 채널 충돌을 완화해야 한다. 예를 들어, 강력한 중개업체(예: 부킹닷컴, 익스피디아)는 요금 동등성을 주장하며, 호텔은 중개업체를 통해 직접 예약하는 고객에게 더 낮은 요금을 제공할 수 없다. 호텔은 중개업체를 통해 예약하는 고객에게는 제공되지 않는 추가 혜택(예: 늦은 체크아웃, 로열티 포인트)을 제공하여 고객의 직접 예약을 장려할 수 있다.
- 비용 외에도 고객 관계에 대한 소유권도 중요한 고려사항이다. 중개업체가 고객 관계를 소유하고 있다면, 고객을 새로운 서비스 제공업체로 쉽게 전환시켜 더 높은 마진을 확보할 수 있다.
- 어느 경우든 서비스 기업의 과제는 전반적인 서비스 경험이 원활하고 고객의 기대에 부응하는 것이다.

학습목표 10 프랜차이징은 종종 핵심 서비스까지 유통하는 데 사용된다. 프랜차이징에는 장단점이 있다.

- 빠른 성장이 가능하다. 프랜차이즈 가맹점은 고품질의 비용 효율적인 서비스 운영뿐만 아니라 고객 지향성을 보장하기 위해 매우 의욕적이다.
- 프랜차이즈의 단점은 배달 시스템과 고객 서비스 경험에 대한 회사의 통제력이 떨어진다는 점이다. 따라서 프랜차이즈 업체는 운영의 모든 측면에 대해 엄격한 품질 관리를 시행하는 경우가 많다.

학습목표 11 대규모 국내 시장(예: 미국, 중국, 인도)은 국가별 고유한 특성(national stereotype)과 다르게 동질성이 떨어진다. 신중한 시장 세분화, 특정 세분 시장에 대한 집중, 표준화, 적응 전략의 균형은 기업이 대규모 국가 서비스 침투(penetration)에 성공할 가능성을 높여준다.

학습목표 12 서비스 기업의 해외 진출을 촉진하는 5가지 중요한 동인은 다음과 같다.

- 시장 동인(예: 고객이 글로벌 입지를 기대함)
- 경쟁 동인(예: 경쟁업체가 글로벌화되어 국내 기업에 압력을 가함)
- 기술 동인(예: 인터넷은 글로벌 유통 및 비용 차익거래를 허용함)
- 비용 동인(예: 규모의 경제로 인해 시장 확대를 가속화함)
- 정부 동인(예: 세계무역기구에 가입하는 국가는 많은 서비스 부문을 국제 경쟁에 개방해야 함)

학습목표 13 항공 여행, 의료, 금융 서비스 등 규제가 심한 많은 서비스에서 규제가 여전히 주요 과제로 남아 있다.

- 택시 시장의 우버, 숙박 시장의 에어비앤비 등 보다 일상적인 시장에서의 새로운 비즈니스 모델도 전 세계적으로 엄격한 규제장벽에 직면해 있다.

학습목표 14 해외 시장 진출 전략은 ① 기업이 지적 재산(IP)과 가치 창출의 원천을 통제할 수 있는 방법과 ② 서비스 창출에 필요한 고객 상호작용의 수준에 따라 달라진다.

- IP에 가치가 있다면 서비스를 직접 수출할 수 있다(전자책, 음악, 소프트웨어의 경우).
- IP 통제 및 고객 접촉 요구사항이 중간 정도인 경우 라이선스, 프랜차이즈, 합작 투자를 사용할 수 있다.
- 높은 수준의 상호작용이 필요하고 IP에 대한 통제가 낮은 경우에는 외국인 직접 투자가 효과적일 수 있다. 여기에는 지사 및 자회사의 설립과 인수합병이 포함될 수 있다.

학습 키워드

학습목표 1
- 서비스 유통 전략
- 서비스 유통의 흐름 모델

학습목표 2
- 정보 흐름
- 협상 흐름
- 상품 흐름
- 촉진 흐름

학습목표 3
- 편의성
- 고객의 서비스 현장 방문
- 위치별 서비스
- 운영시간
- 서비스 제공업체의 고객 방문

학습목표 4
- 원격 거래
- 역물류

학습목표 5
- 채널 선택
- 채널 선호도
- 비인적 채널
- 인적 채널
- 셀프서비스 채널

학습목표 6
- 경로 통합
- 채널 경로 차익

학습목표 7
- 전략적 위치 고려사항
- 전술적 고려사항
- 접근 용이성
- 자동 키오스크
- 후방 업무 요소
- 미니스토어
- 다목적 시설

학습목표 8
- 연중무휴 서비스
- 영업시간 연장
- 셀프서비스 장비

학습목표 9
- 중개업체
- 대체 유통 경로
- 아웃소싱

학습목표 10
- 라이선스
- 프랜차이즈 가맹점
- 프랜차이징
- 프랜차이즈 본부
- 마스터 프랜차이즈
- 계약 합의사항

학습목표 11
- 대규모 국내 시장
- 다문화주의
- 시장 세분화
- 틈새 시장

학습목표 12
- 초국가적 통합 전략
- 산업 동인
- 기술 동인
- 경쟁 동인
- 비용 동인
- 시장 동인
- 정부 동인
- 규모의 경제
- 소싱 효율성
- 마케팅 규정

학습목표 13
- 자유 무역 법률
- 진입장벽
- 규제 보호
- 규제 프레임워크

학습목표 14
- 지사
- 통제
- 고객 접촉
- 브랜딩
- 외국인 직접 투자
- 지적 재산
- 합작 투자
- 합병 및 인수
- 자회사
- 가치 창출

서비스 마케팅 용어를 얼마나 잘 알고 있나요? 퀴즈를 풀어보세요!

본문을 참조하지 않고도 기억할 수 있는 각 키워드에 대해 1점을 매기고 점수를 합산하여 서비스 마케터라고 불릴 자격을 갖추었는지 확인하세요.

점수

01~12 서비스 마케팅이 여러분에게 해악을 끼치나요?
13~24 밤늦도록 공부가 필요합니다.
25~36 학기 내내 여러분이 무엇을 하지 않았는지 알고 있습니다.
37~48 거의 도달하려고 합니다.
49~60 지금 바로 마케터로 출발하세요.
61~67 여러분의 이름을 딴 마케팅 콘셉트가 나와야 합니다.

서비스 마케팅 연습문제

1. '서비스 유통'이란 무엇을 의미하는가? 경험이나 무형의 것을 어떻게 배포할 수 있는가?
2. 핵심 서비스와 보충 서비스의 유통을 개별적으로 또는 공동으로 고려하는 것이 중요한 이유는 무엇인가?
3. 서비스 제공을 위한 다양한 옵션에는 어떤 것이 있는가? 서비스 회사가 이러한 각 옵션을 사용할 때 고려해야 할 요소는 무엇인가?
4. 서비스 유통 장소와 시기를 결정하는 핵심 요소는 무엇인가?
5. 소매 서비스 기업이 (a) 오프라인 매장을 포함하는 채널과 병행하거나, (b) 오프라인 매장을 인터넷과 콜센터 채널을 결합한 채널로 대체할 때 전자 전달 채널을 추가할 경우 직면하는 위험과 기회는 무엇인가?
6. 서비스 마케터가 모바일 통신의 새로운 발전에 관심을 가져야 하는 이유는 무엇인가?
7. 서비스 환경에서 중개업체를 사용할 때 발생하는 마케팅 및 관리 과제는 무엇인가?
8. 프랜차이징이 서비스 개념의 유통을 확장하는 데 널리 사용되는 이유는 무엇인가? 프랜차이징의 단점은 무엇이며 어떻게 완화할 수 있는가?
9. 서비스의 글로벌화가 증가하는 주요 동인은 무엇인가?
10. 서비스 기업이 지적 재산과 가치 창출 원천을 통제할 수 있으면서도 해외 진출을 위한 유통 전략을 선택하기 위해 이해해야 할 요소는 무엇인가?

서비스 마케팅 응용문제

1. 한 기업가가 뉴스 서비스 사업을 시작하려고 한다(특정 사업을 선택해도 된다). 이 사업을 위한 유통 전략과 관련하여 어떤 조언을 할 수 있는가? 무엇을, 어떻게, 어디서, 언제 서비스를 유통할 것인지에 대해 설명하라.
2. 인터넷이나 모바일 앱을 통해 주로 또는 독점적으로 구매하거나 사용하는 서비스 3가지를 생각해보라. 다른 채널(예: 전화, 우편, 지점 네트워크)에 비해 이 채널의 가치 제안은 무엇인가?
3. (a) 체중 감량 클리닉, (b) 해충 방제 회사, (c) 국제 학부 과정을 제공하는 대학에 어떤 조언을 할 수 있는가?
4. 다음 사업체들이 새로운 국제 시장에 진출하기 위해 고려해야 할 전략은 무엇이며, 그 이유는 무엇인가?
   (a) 건축 설계 회사, (b) 온라인 할인 브로커, (c) 광고로 사업/운영자금을 조달하는 여행 앱

미주

1. Research on the adoption of self-service technologies includes Matthew L. Meuter, Mary Jo Bitner, Amy L. Ostrom, and Stephen W. Brown, "Choosing among Alternative Service Delivery Modes: An Investigation of Customer Trial of Self-Service Technologies," Journal of Marketing 69 (April 2005): 61–83; James M. Curran and Matthew L. Meuter, "Self-Service Technology Adoption: Comparing Three Technologies," Journal of Services Marketing 19(2) (2005): 103–113; Jiun-Sheng C. Lin and Pei-ling Hsieh, "The Role of Technology Readiness in Customers' Perception and Adoption of Self-Service Technologies," International Journal of Service Industry Management 17(5) (2006): 497–517.

2. The section was based on the following research: Leonard L. Berry, Kathleen Seiders, and Dhruv Grewal, "Understanding Service Convenience," Journal of Marketing 66(3) (July 2002): 1–17; Yolando Polo and F. Javier Sese, "Does the Nature of the Interaction Matter? Understanding Customer Channel Choice for Purchases and Communications," Journal of Service Research 19(3) (2016): 276–290; Sabine Benoit, Sonja Klose and Andreas Ettinger, "Linking Service Convenience to Satisfaction: Dimensions and Key Motivators," Journal of Services Marketing 31(6) (2017): 527–538.

3. Madhumita Banerjee, "Misalignment and Its Influence on Integration Quality in Multichannel Services," Journal of Service Research 17(4) (2014): 460–474.

4. Paul F. Nunes and Frank V. Cespedes, "The Customer Has Escaped," Harvard Business Review 81(11) (2003): 96–105.

5. Locating a service outlet is in many ways akin to locating a retail facility. A detailed discussion on location in a retail context is provided in Barry Berman and Joel R. Evans, Retail Management: A Strategic Approach, 13th ed. (Upper Saddle River, New Jersey: Prentice Hall, 2017). Of particular interest are Chapter 9 ("Trading-Area Analysis") and Chapter 12 ("Site Selection"). Parts of this section were adapted from these two chapters.

6. Michael A. Jones, David L. Mothersbaugh, and Sharon E. Beatty, "The Effects of Locational Convenience on Customer Repurchase Intentions across Service Types," Journal of Services Marketing 17(7) (2004): 701–712.

7. Erin Harris, "Inside Starbucks' GIS Strategy," https://www.retailitinsights.com, published April 22, 2011; accessed on January 7, 2022.

8. "Health Care in America: Medicine at the Mall," The Economist, April 6, 2013: 66.

9. www.easyjet.com/en/cheap-flights and www.southwest.com/flight, accessed July 31, 2020.

10. For a special issue on franchising in services that features the academic thinking on this topic, see Domingo Ribeiro and Gary Akehurst (eds.), Special Double Issue: Franchising in Services, The Service Industries Journal 34 (9–10) (2014); and Rajiv P. Dant, Marko Grünhagen and Josef Windsperger (eds.), Special Issue: Franchising and Retailing, Journal of Retailing 87(3) (2011).

11. https://www.franchise.org/faqs/basics/what-is-a-franchise, accessed January 7, 2022. If you are interested in starting your own business as a franchisee, you should carefully research the franchise industry, the franchise model, and the pros and cons of owning any particular franchise. The International Franchise Association has developed a resource full of tips and information to help you get started. Have a look at their website and at the posted franchising opportunities at www.franchise.org/franchise-opportunities.

12. Melih Madanoglu, Kyuho Lee, and Gary J. Castrogiovanni, "Franchising and Firm Financial Performance among U.S. Restaurants," Journal of Retailing 87(3) (2011): 406–417.

13. Scott Shane and Chester Spell, "Factors for New Franchise Success," Sloan Management Review 39 (Spring 1998): 43–50.

14. Firdaus Abdullah and Mohd Rashidee Alwi, "Measuring and Managing Franchisee Satisfaction: A Study of Academic Franchising," Journal of Modelling in Management 3(2) (2008): 182–199. For more research on factors that affect the success of franchises, see Markus Blut, Christof Backhaus, Tobias Heussler, David M. Woisetschläger, Heiner Evanschintzky, and Dieter Ahlert, "What to Expect after the Honeymoon: Testing a Lifecycle Theory of Franchise Relationships," Journal of Retailing 87(3) (2011): 306–319.

15. Matthew Sveum and Michael Sykuta, "The Effect of Franchising on Establishment Performance in the U.S. Restaurant Industry," Cornell Hospitality Quarterly 60(2) (2019): 104–115; Jochen Wirtz, Sven Tuzovic, and Michael Ehret, "Global Business Services: Increasing Specialization and Integration of the World Economy as Drivers of Economic Growth," Journal of Service Management 26(4) (2015): 565–587.

CHAPTER

6 가격 설정과 수익 관리

학습목표

01 효과적인 가격 결정이 서비스 기업의 재정적 성공의 핵심 요소임을 인식한다.

02 가격 정책 삼각대로 대표되는 가격 전략의 기반을 설명한다.

03 다양한 유형의 재무 비용을 정의하고 원가 기반 가격 정책의 문제점을 설명한다.

04 순가치의 개념을 이해하고, 가치 기반 가격 결정과 제반 비용 감소를 통해 총가치를 어떻게 향상할 수 있는지 이해한다.

05 경쟁 기반 가격 결정은 무엇이며, 어떤 상황에서 서비스 시장의 가격 경쟁이 완화될 수 있는지 설명한다.

06 수익 관리의 정의와 방법을 설명한다.

07 효과적인 수익 관리를 위한 요금장벽의 역할에 대해 논의한다.

08 서비스 가격 결정과 관련된 윤리적 문제 및 소비자 고려사항을 이해한다.

09 수익 관리 정책에 공정성을 부여할 방법을 이해한다.

10 효과적인 서비스 가격 전략을 설계하기 위해 필요한 6가지 질문에 대해 논의한다.

그림 6.1 동일한 상품을 다양한 시간대의 이질적인 고객에게 차별화된 가격으로 공급하는 전략인 동적 가격 정책은 많은 산업에서 환영받고 있다.

Nagy-Bagoly Arpad/Shutterstock

도입 사례

동적 가격 정책이 지속될 것이다[1]

서비스 기업은 종종 수익과 수용 능력을 극대화해야 하는 문제에 직면하며, 이를 돌파하는 한 가지 방법은 동적 가격 정책이다. 하지만 동적 가격 정책(dynamic pricing)이란 정확히 무엇인가? 여러분은 비행기에서 옆사람과 이야기를 나누다가 같은 항공권인데 서로 다른 가격을 지불했다는 것을 발견한 경험이 있는가? 이것이 바로 동적 가격 정책이다.

동적 가격 정책은 수요 측면의 여건에 따라 동일한 상품을 다양한 시간대의 다른 고객에게 차별화된 가격으로 공급하는 전략을 의미한다. 이 전략은 항공 산업에서 일반적으로 사용되지만 다른 많은 산업에서도 인기를 얻었다. 예를 들어, 미국 역사상 최고의 티켓파워를 기록한 밴드인 이글스(Eagles)는 2010년 초 캘리포니아 새크라멘토에서 열린 쇼를 위해 최고 좌석의 가격을 올리고 안 좋은 좌석의 가격을 낮추는 시스템을 시작했다. 가장 비싼 티켓은 250달러였지만, 가장 싼 티켓은 32달러로 저렴했다. 이글스는 티켓에 동적 가격 정책을 적용하기 위해 라이브네이션 엔터테인먼트사(Live Nation Entertainment Inc)와 협업했다. 예상 수요를 바탕으로 10가지 범주의 티켓 가격이 설정되었다. 이런 방식으로 이글스는 더 많은 좌석을 채우는 동시에 팬들이 티켓을 더 저렴하게 구입할 수 있기를 바랐다.

에어비앤비(Airbnb)나 우버(Uber) 같은 공유 경제 플랫폼도 동적 가격 정책의 수준 높은(sophisticated) 사용자이다. 우버의 탄력 요금제(surge pricing)는 비판을 받기도 했지만, 공급과 수요를 맞추는 데 효과적이다. 성수기 동안의 오른 가격은 수익을 더 증가시킴으로써 더 많은 운전사를 유인하여 우버의 수용 능력을 증가시키는 동시에 가격에 민감한 고객을 비수기와 대체 교통수단으로 전환시킨다. 결과적으로 운전사는 더 많은 수입을 올릴 수 있고, 긴급 상황과 같이 추가 요금을 기꺼이 지불할 의향이 있는 승객은 필요한 차량을 이용할 수 있다.

P2P 공유 비즈니스부터 골프장까지 다양한 산업 분야의 기업들이 동적 가격 정책을 통해 큰 혜택을 누릴 수 있었다. 이러한 전략을 통해 기업은 매출을 늘리고 자원을 보다 효과적으로 할당하며 고객 경험을 개선하는 데 집중할 수 있다. 동적 가격 정책은 앞으로도 계속될 것이다.

M4OS Photos/Alamy Stock Photo

그림 6.2 동적 가격 정책을 통해 에어비앤비의 임대료는 수요, 계절, 현지 이벤트에 따라 실시간으로 변경된다.

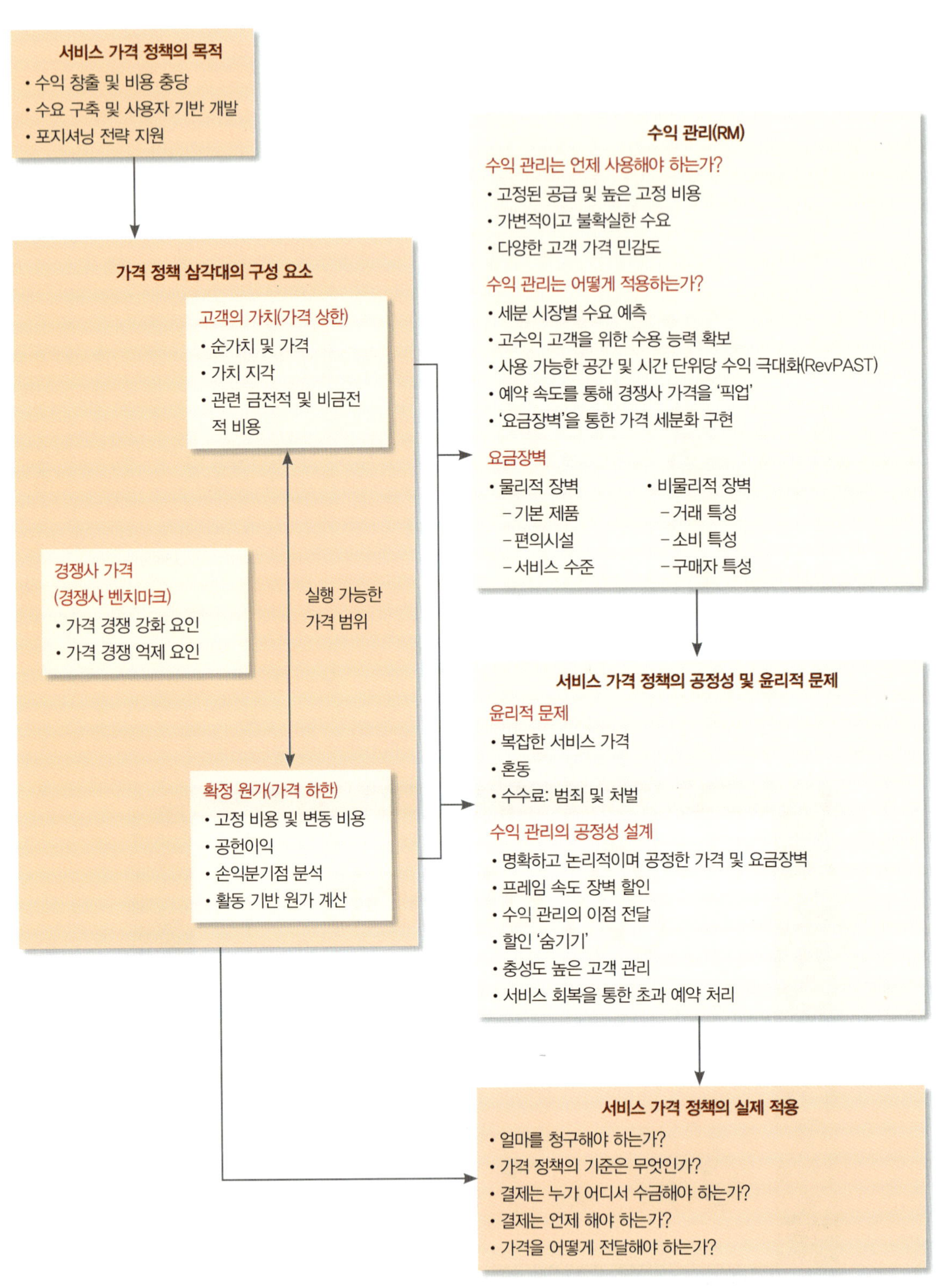

그림 6.3 서비스 가격 정책을 위한 프레임워크 구성

효과적인 가격 정책은 재무적 성공의 핵심 요인

학습목표 1

효과적인 가격 결정이 서비스 기업의 재정적 성공의 핵심 요소임을 인식한다.

실행 가능한 서비스를 만들려면 서비스 생산 및 제공 비용과 현실적인 가격 정책 및 수익 관리 전략을 통해 수익을 회수할 수 있는 비즈니스 모델이 필요하다. 하지만 서비스 가격을 책정하는 일은 복잡하다. 많은 은행이나 휴대폰 서비스 제공업체의 혼란스러운 수수료 체계 혹은 풀서비스 항공사의 변동하는 요금 구조를 생각해보라. 대학은 등록금, 전문 회사는 수수료, 은행은 이자 및 서비스 수수료, 중개인은 수수료, 일부 고속도로는 통행료, 공공기업은 관세, 보험회사는 보험료 등을 부과한다. 이 장에서는 가치 제안의 약속을 이행하여 가치 교환이 이루어지도록(즉 고객이 서비스 구매를 결정하도록) 효과적인 가격 정책 및 수익 관리 전략을 설정하는 방법을 알아본다. 이 장의 개요는 그림 6.3에 나와 있다.

가격 정책 목표

모든 가격 정책 전략은 회사의 가격 정책 목표에 대한 명확한 이해를 바탕으로 수립되어야 한다. 가장 일반적인 높은 수준의 가격 정책 목표는 표 6.1에 요약되어 있다.

표 6.1 서비스 가격 정책의 목표

수익 및 이익 목표
수익 창출 • 장기적으로 최대한의 공헌이익 또는 이익을 창출한다. • 특정 목표 수준을 달성하되 수익을 극대화하려고 하지 않는다. • 시간에 따라 가격 및 표적 시장 세분화를 변경하여 고정 수용 능력에서 수익을 극대화한다. 이는 일반적으로 수익 관리 시스템을 사용하여 수행된다.
비용 충당 • 기업 간접비를 포함하여 완전히 할당된 비용을 충당한다. • 간접비를 제외한 특정 서비스 제공에 드는 비용을 충당한다. • 1대의 제품을 추가로 판매하거나 1명의 고객에게 더 많은 서비스를 제공하는 데 드는 추가 비용을 충당한다.
후원 및 사용자 기반 관련 목표
수요 창출 • 일정 최소 수준의 수익이 달성되면 수요 극대화(용량이 제한되지 않는 경우)한다(예: 많은 비영리 단체는 수익보다는 사용 장려에 중점을 두지만, 여전히 비용을 충당해야 한다). • 특히 고용량 활용도가 모든 고객에게 창출되는 가치를 더하는 경우 최대 수용 능력의 활용도를 달성한다. 가치를 창출할 때 특히 그렇다(예: '매진'은 연극이나 농구 경기의 흥미를 더한다).
사용자 기반 개발 • 서비스의 시험 사용 및 채택을 장려한다. 이는 인프라 비용이 많이 드는 신규 서비스나 도입 후 지속적인 사용으로 큰 수익을 창출하는 멤버십형 서비스(예: 휴대폰 서비스 가입 또는 생명보험 플랜)에 특히 중요하다. • 시장 점유율 및/또는 대규모 사용자 기반 구축, 특히 규모의 경제가 커서 경쟁력 있는 비용우위를 점할 수 있는 경우(예: 개발 또는 고정 비용이 높은 경우) 또는 추가 사용자가 기존 사용자의 서비스 가치를 향상시키는 네트워크 효과 기반(예: 페이스북, 링크드인)
전략 관련 목표
지원 포지셔닝 전략 • 기업의 전반적인 포지셔닝 및 차별화 전략(예: 가격 리더 또는 프리미엄 품질 제공업체)을 돕고 지원한다. • '값싸게 판매하지 않음'이라는 포지셔닝을 홍보하여 기업이 최고의 서비스를 최적의 가격으로 판매할 것을 약속한다. 즉 기업은 동일한 품질의 서비스 상품을 다른 곳에서 더 낮은 가격으로 구입할 수 없다는 사실을 알린다.
경쟁 전략 지원 • 기존 경쟁업체가 수용 능력을 확장하지 못하게 한다. • 잠재적인 신규 경쟁자의 시장 진입을 막는다.

학습목표 2
가격 정책 삼각대로 대표되는 가격 전략의 기반을 설명한다.

가격 정책 전략의 3가지 기초

가격 정책의 목표를 이해하면 가격 정책 전략에 집중할 수 있다. 가격 정책 전략의 기초는 서비스 기업에의 비용, 경쟁업체의 가격, 고객의 가치를 3개의 다리로 삼는 삼각대로 설명할 수 있다(그림 6.4). 가격 정책 삼각대에서 기업이 특정 서비스 제공을 위해 지출한 비용은 일반적으로 최저 가격 또는 가격 하한(price floor)으로 설정된다. 그리고 해당 서비스에 대해 고객이 지각하는 가치는 최대 가격 또는 가격 상한(price ceiling)으로 설정된다.

경쟁 서비스의 가격을 고려하여 최저 가격과 최대 가격 사이에서 자사 서비스의 가격이 설정될 수 있는 범위를 정한다. 서비스 기업의 비용부터 시작하여 가격 정책 삼각대에 대해 자세히 살펴보자.

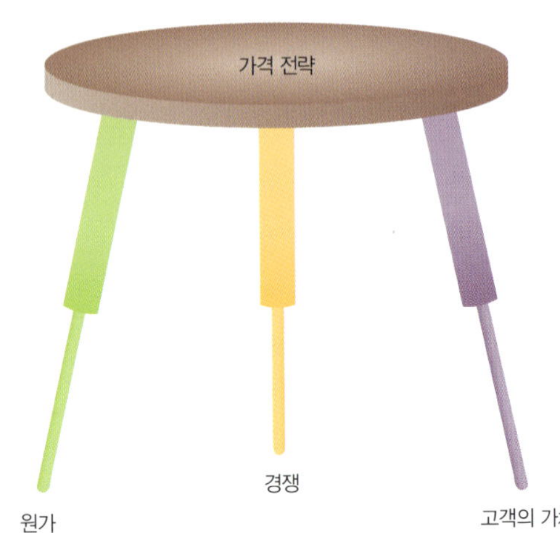

그림 6.4 가격 정책 삼각대

학습목표 3
다양한 유형의 재무 비용을 정의하고 원가 기반 가격 정책의 문제점을 설명한다.

원가 기반 가격 정책

일반적으로 물리적 재화를 생산하는 것보다 프로세스 또는 무형의 실시간 성과를 창출하는 데 드는 재정 비용을 결정하기가 더 어렵다. 또한 서비스 조직은 일반적으로 제조 기업보다 변동비 대비 고정비 비율이 더 높다(그림 6.5). 고정 비용이 높은 서비스 비즈니스에는 고가의 물리적 시설(예: 병원, 대학), 차량(예: 항공사, 트럭 운송회사) 또는 네트워크(예: 철도, 통신, 가스 파이프라인 회사) 등이 있다.

서비스 제공 원가의 설정 이미 마케팅 강좌를 수강했더라도 고정 비용, 준변동 비용, 변동 비용을 사용하여 서비스 비용을 추정하는 방법을 검토하는 것은 매우 도움이 될 수 있다. 또한 공헌이익 및 손익분기점 분석의 개념이 가격 결정에 어떻게 유용한지 이해하는 것도 중요한다(마케팅 리뷰 참조).

Jules Selmes/Pearson Education Ltd.

그림 6.5 기차 서비스는 인프라 비용이 매우 높다. 추가 승객을 운송하는 데 드는 가변 비용은 미미하다.

활동 기반 원가 계산[2] 고정 비용이 높고 상품 라인이 복잡하며 인프라를 공유하는 은행 같은 서비스 기업의 경우(그림 6.6) 더욱 복잡한 ABC 접근법(Activity-Based Costing) 활동 기반 원가 계산 접근 방식을 고려하는 것이 좋다. 이는 간접 비용 또는 간접비(overhead)를 보다 정확하게 할당하는 방법이다.

서비스의 간접 비용을 결정할 때 기업은 각 활동을 수행하는 데 필요한 자원을 살펴본다. 그런 다음 서비스를 생산하고 전달하는 데 필요한 활동의 양과 유형에 따라 간접 비용을 서비스에 할당하는 방식이다. 따라서 자원 비용(혹은 간접비)은 단순히 재화나 서비스의 수량이 아니라 다양성과 복잡성 정도에 따라 결정된다. ABC 접근법을 잘 활용하면 기업은 다양한 서비스, 활동, 프로세스의 비용을 추정할 수 있

Goodluz\Shutterstock

그림 6.6 은행과 같은 서비스 기업은 각 활동에 실제 소비량을 기준으로 자원을 활동에 할당한다.

CPC Collection/Alamy Stock Photo

그림 6.7 이지젯 같은 저가 항공사는 판매량을 늘리기 위해 낮은 가격을 책정한다. 결과적으로 손익분기점을 맞추려면 여객수송률(load factor)이 높아야 한다.

는 더 나은 위치에 있을 수 있다. 결국 이 접근법은 기업이 다양한 서비스, 채널, 세분 시장, 심지어 개별 고객의 수익성을 정확히 파악하는 데 도움이 되는 관리 도구이다.

원가 분석을 통한 가격 정책의 시사점 기업이 수익을 내려면 서비스를 생산하고 마케팅하는 데 드는 전체 비용을 회수할 수 있을 만큼 가격을 높게 책정하고 예상 판매량에서 원하는 수익을 얻을 수 있도록 충분한 이윤이 발생해야 한다.

고정비와 낮은 변동비 구조를 가진 기업의 관리자는 가격 결정의 유연성이 매우 높다고 느낄 수 있다. 따라서 매출을 늘리기 위해 낮은 가격을 책정할 수 있다. 일부 기업에서는 고객을 유치하기 위해 원가 이하로 판매되는 서비스인 **로스 리더**(loss leader)를 홍보하기도 한다. 그런 다음 기업에서 수익성이 더 높은 서비스를 구매하도록 고객을 유도한다. 그러나 관련 비용을 모두 회수하지 못하면 서비스 기업은 연말에 수익이 감소하고, 심지어 파산할 수도 있다. 따라서 낮은 가격을 무기로 경쟁하는 서비스 기업은 원가 구조와 손익분기점을 이루는 판매량에 대해 정확히 이해해야 한다.

가치 기반 가격 결정

 **학습목표 4**

순가치의 개념을 이해하고, 가치 기반 가격 결정과 제반 비용 감소를 통해 총가치를 어떻게 향상할 수 있는지 이해한다.

가격 정책 삼각대의 또 다른 다리는 고객의 가치이다. 어떤 고객도 자신이 생각하는 서비스 가치보다 더 많은 비용을 지불하지 않는다. 마케터는 적절한 가격을 설정하기 위해 고객이 서비스 가치를 어떻게 인식하는지 이해해야 한다.

순가치의 이해 서비스를 구매할 때 고객이 인지하는 서비스 혜택과 발생할 것으로 예상되는 비용을 비교한다. 보다 구체적으로 **순가치**(net value)라는 용어를 사용할 것이며, 이는 인지된 모든 혜택의 합계인 총가치에서 해당 서비스의 모든 인지된 비용의 합계를 뺀 값이다. 둘 사이의 차이가 클수록 순가치도 커진다. 고객이 마음속으로 하는 계산은 한 접시에는 상품의 이점이, 다른 접시에는 이러한 이점을 얻는 데 드는 비용이 놓인 저울로 무게를 측정하는 것과 유사하다고 생각할 수 있다(그림 6.8). 고객은 경쟁 서비스를 평가할 때 기본적으로 상대적 순가치를 비교한다(점수 시스템을 통해 순가치를 정량화하는 방법을 보여주는 2장의 다속성 모델 참조).

그림 6.8 순가치는 인지된 이익에서 인지된 비용을 뺀 값이다.

가치 지각의 관리[3] 가치는 주관적이며, 모든 고객이 자신이 받는 품질과 가치를 판단할 수 있는 기술이나 지식을 가지고 있는 것은 아니다. 특히 고객이 소비한 후에도 품질을 평가할 수 없는 신뢰 서비스(credence service, 2장 참조)의 경우 더욱 그렇다. 전략 컨설팅이나 전문병원 같은 곳의 서비스 마케터는 모범 사례 컨설팅 프로젝트(best-practice consulting project)를 완료하는 데 소요되는 시간, 연구, 전문지식 및 세부사항을 전달할 방법을 찾아야 한다. 후방 업무(백스테이지) 시설과 인력이 보이지 않으므로 고객은 자신이 지불한 비용에 대해 무엇을 얻고 있는지 확인하기 어렵기 때문이다. 따라서 서비스 제공업체는 고객의 가치 지각을 반드시 관리해야 한다.

고장 난 회로를 수리하기 위해 전기 기술자를 부른 고객을 생각해보자. 전기 기술자는 작은 공구 가방을 들고 도착한다. 배전반이 있는 창고로 들어가서 문제를 찾고 고장 난 전기회로를 수리하면 모든 것이 해결된다. 모든 것을 작동하게 하는 데 불과 20분이 걸렸다. 며칠 후 고객은 150달러의 청구서를 받고 경악을 금치 못할 수 있는데, 높은 가격은 인건비가 포함되어 있기 때문이다. 당연히 고객은 종종 자신이 이용당했다고 느낀다(그림 6.9).

그림 6.9 고객의 많은 불만사항은 서비스가 만족스럽게 제공되었더라도 서비스 가치에 대한 인식에 근거하기도 한다.

고객이 자신이 얻는 가치를 이해하도록 도우려면 효과적인 커뮤니케이션과 개별적인 설명이 필요하다. 종종 고객이 인식하지 못하는 것은 기업이 감당해야 하는 고정 비용이다. 앞선 예에서 전기 기술자는 사무실, 전화, 보험, 차량, 도구, 연료, 사무실 지원 직원에 대한 비용을 부담해야 한다. 가정 방문의 변동 비용도 생각보다 높다. 집에서 보내는 20분 외에 편도 운전에 15분, 차량에서 필요한 도구와 소모품을 내리고 다시 싣는 데 각각 5분이 추가될 수 있다. 따라서 이 호출에 투입되는 노동 시간은 사실상 총 60분으로, 고객이 인지한 시간의 3배가 된다. 기업은 수익을 내기 위해 여기에 마진을 추가해야 한다.

관련 금전적 비용 및 비금전적 비용의 절감

고객의 관점에서 공급업체가 부과하는 가격은 서비스 구매 및 이용과 관련된 비용의 일부에

MARKETING REVIEW

비용, 공헌이익, 손익분기점 분석에 대한 이해

고정비(fixed cost) 서비스가 판매되지 않더라도 공급업체가 (적어도 단기적으로는) 계속 부담해야 하는 경제적 비용이다. 이러한 비용에는 임대료, 감가상각, 공과금, 세금, 보험, 보안, 이자 지급, 관리자 및 장기 근무 직원의 급여 및 임금 등이 포함될 수 있다.

변동비(variable cost) 추가 은행 거래 또는 항공편 추가 좌석 판매와 같이 추가 고객에게 서비스를 제공하는 것과 관련된 경제적 비용을 의미한다. 많은 서비스에서 이러한 비용은 매우 낮다. 예를 들어, 항공편에서 한 명의 추가 승객을 수송하는 데는 인건비나 연료비가 거의 들지 않는다. 극장의 역시 한 명의 추가 관객에 드는 비용은 거의 0에 가깝다. 조금 더 명확한 변동비는 음식과 음료를 제공하거나 제품을 수리할 때 새 부품을 설치하는 등의 활동에는 인건비 외에 값비싼 제품을 제공하는 경우가 많기 때문에 더 큰 변동비가 발생한다. 그러나 단순히 변동비를 초과하는 가격으로 서비스를 판매한다고 해서 기업에 수익성이 있다고 볼 수는 없다. 여전히 회수해야 할 고정 및 준변동비가 있기 때문이다.

준변동비(semi-variable cost) 고정 비용과 변동 비용 사이에 속한다. 즉 비즈니스 규모가 증가하거나 감소함에 따라 단계적으로 증가하거나 감소하는 비용이다. 예를 들면 특정 노선의 수요 증가를 충족하기 위해 항공편을 추가하거나 바쁜 주말에 레스토랑에서 일할 아르바이트 직원을 고용하는 것이다.

공헌이익(contribution) 서비스 한 단위 판매 시 발생한 수입에서 변동비를 뺀 것이다. 공헌이익은 고정비와 준변동비를 충당한다.

고정비 할당(determining and allocating economic cost) 병원과 같은 다중 서비스 시설에서는 이러한 방법을 결정하기 어렵기 때문에 일부 서비스 운영에서는 경제적 비용을 결정하고 할당하는 것이 힘들 수 있다. 예를 들어, 병원 응급실 운영에는 특정 고정비가 발생한다. 또한 병원 전체 운영과 관련된 다른 고정비도 있다. 병원의 고정비 중 응급실에 얼마를 할당해야 하는가? 병원 관리자는 여러 접근 방식 중 하나를 사용하여 응급실의 간접비 비중을 계산할 수 있다. 여기에는 ① 응급실이 차지하는 총바닥 면적의 비율, ② 응급실이 차지하는 직원 근무시간 또는 급여의 비율, ③ 총환자 진료시간의 비율 등이 포함될 수 있다. 각 방법은 완전히 다른 고정비 배분을 산출할 가능성이 높다. 어떤 방법에서는 응급실의 수익성이 매우 높은 것으로 표시되는 반면, 어떤 방법에서는 손실이 발생하는 운영으로 표시될 수 있다.

손익분기점 분석(break-even analysis) 이를 통해 관리자는 서비스가 수익을 낼 수 있는 판매량을 파악할 수 있다. 이를 손익분기점이라고 한다. 손익분기점은 전체 고정비와 준변동비를 각 서비스 단위로 인한 공헌이익으로 나누어 구할 수 있다. 예를 들어, 만약 100개의 객실을 가진 호텔이 고정비와 준변동비를 충당하기 위해 1년에 200만 달러가 필요하고, 객실의 평균 공헌이익이 100달러라 할 경우, 이 호텔은 연간 3만 6,500개의 객실 중 2만 개를 판매해야 한다. 만약 하루 숙박료가 평균 20달러 인하되면(혹은 변동비가 20달러 상승하면) 공헌이익은 80달러로 감소하며, 호텔의 손익분기점은 연간 2만 5,000개로 증가한다.

불과하다. 관련 금전적 비용(related monetary)과 비금전적 비용(non-monetary cost)으로 구성된 다른 서비스 비용(cost of service)이 있다.

관련 금전적 비용 고객이 서비스를 검색하고, 구매하고, 사용하는 과정에서 상당한 금전적 비용이 발생하는 경우가 많다. 이러한 비용은 공급업체에 지불하는 구매 가격 이상으로 발생한다. 예를 들어, 어린 자녀를 둔 부부가 극장에서 저녁을 보내는 데 드는 비용은 베이비시터 고용, 여행, 주차, 식음료 등의 비용이 포함될 수 있기 때문에 티켓 두 장의 가격을 훨씬 초과한다.

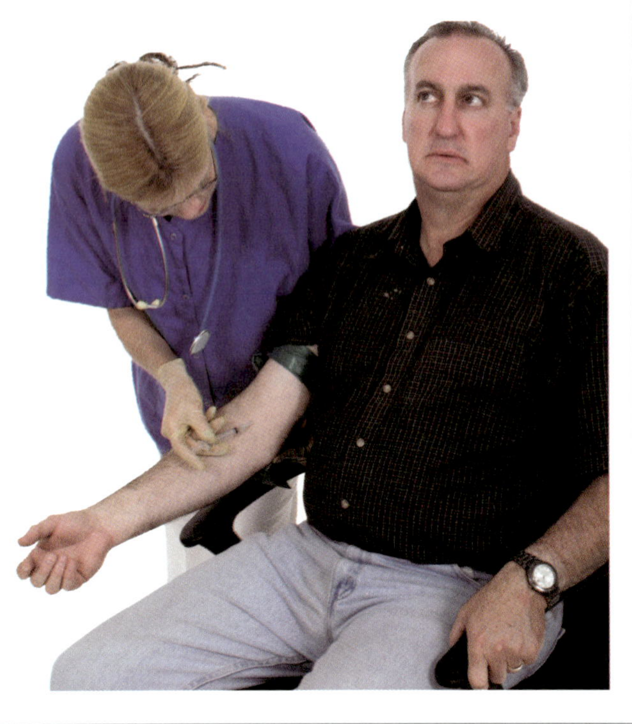

Darl Hurst\123rf

그림 6.10 불안은 치료에서 중요한 심리적 비용이다.

"전통적으로 많이 사용하는 30년 모기지 대신 이자만 지불하는 모기지(interest-only mortgage), 벌룬 모기지(balloon mortgage, 낮은 이자율과 최소한의 금액만 지불하는 단기 모기지의 일종. 보통 5~10년 만기 도래 상품들이 있고, 마지막에 남은 원금과 이자를 일시에 지불), 역모기지(reverse mortgage, 62세 이상의 노인층을 위한 프로그램으로서, 집을 담보로 일정액을 매월 지불), 부채가 자산가치를 초월하는 모기지(upside down mortgage, 담보물로 제공된 집값이 모기지 액수보다 더 낮은 상황에 처할 때 해당 모기지 지칭), 뒤집은 모기지, 빙긍빙글 모기지 등이 있습니다. 어떤 것을 선택하시겠습니까?"

Used with permission by Randy Glasbergen

그림 6.11 옵션을 추가하면 항상 가치가 창출되는가? 아니면 고객을 혼란스럽게 만드는가?

비금전적 비용 서비스 검색, 구매 및 사용과 관련된 시간, 노력, 불편함을 반영한다. 비금전적 비용의 4가지 유형은 시간 비용, 신체적 비용, 심리적 비용, 감각 비용이다.

- 시간 비용(time cost)은 서비스 제공의 일부이다. 오늘날 고객은 관공서를 방문하거나 줄을 서서 기다리는 것과 같이 즐겁지 않고 부가가치가 없는 활동에 시간을 낭비하는 것을 꺼린다. 많은 사람이 여권, 운전면허증, 허가증을 발급받기 위해 관공서를 방문하는 것을 꺼리는 이유는 수수료 때문이 아니라 '낭비'되는 시간 때문이다(그림 6.10).[4]
- 물리적 비용(physical cost, 노력, 피로, 불편함 등)은 특히 ① 고객이 서비스 공장에 직접 방문해야 하거나, ② 대기 및 긴 줄이 필요하거나, ③ 신체 치료(예: 치료, 피어싱, 왁싱)가 필요하거나, ④ 셀프서비스를 통해 배송하는 경우 서비스를 받는 데 드는 비용의 일부가 될 수 있다.
- 심리적 비용(psychological cost)은 특정 서비스를 구매하고 사용하는 데 때때로 정신적 노력(예: 많은 세부 정보를 요구하는 온라인 계좌 개설 양식 작성), 지각된 위험 및 불안("이것이 최선의 치료인가?", "이 의사가 적합한 의사인가?", "이것이 나에게 가장 적합한 대출인가?"; 그림 6.11), 인지 부조화("이 생명보험이나 연간 체육관 멤버십에 가입하는 것이 좋았을까?"), 부적절함과 두려움("내가 이 MBA 프로그램에서 성공할 만큼 실력이 있는가?")이 드는 것을 말한다.
- 감각 비용(sensory cost)은 오감 중 하나에 영향을 미치는 불쾌한 감각과 관련이 있다. 서비스 환경에서는 혼잡함,소음, 불쾌한 냄새, 외풍, 과도한 더위 또는 추위, 불편한 좌석, 시각적으로 매력적이지 않은 환경을 참아내는 데 드는 비용이 포함될 수 있다.

그림 6.12에서 볼 수 있듯이 서비스 사용자는 2장에서 소개한 서비스 소비 모델의 3단계 중 어느 단계에서든 비용이 발생할 수 있다. 따라서 기업은 ① **검색 비용**, ② **구매 및 서비스 대면 비용**, ③ **구매 후 또는 사후 비용**을 고려해야 한다.

기업은 비금전적 비용 및 관련 금전적 비용을 최소화함으로써 경쟁우위를 창출하고 고객가치를 높일 수 있다. 다음은 몇 가지 가능한 접근 방식이다.

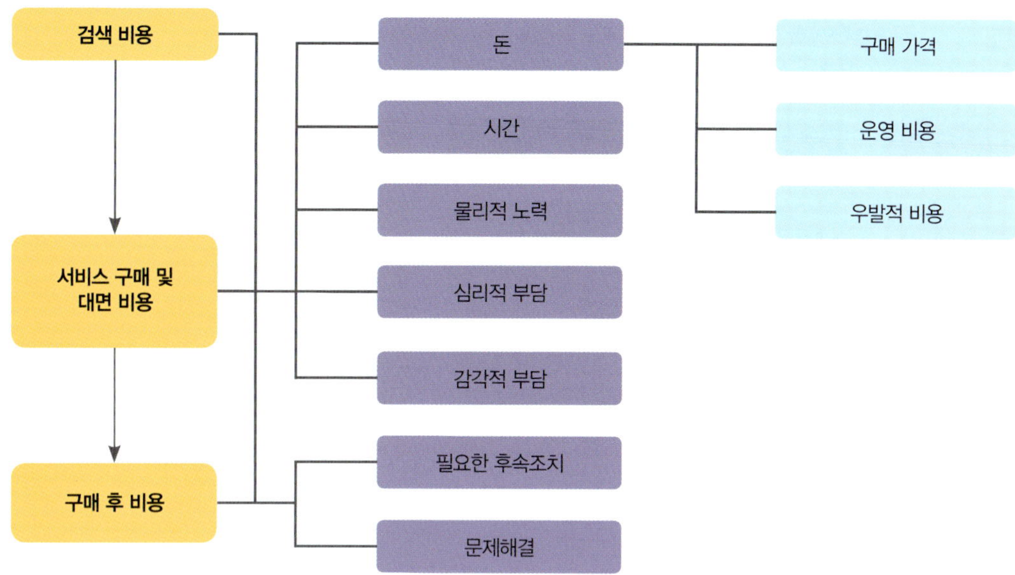

그림 6.12 고객의 전체 비용에 대한 정의

- ▶ 운영 전문가와 협력하여 서비스 구매, 제공, 소비를 완료하는 데 필요한 시간을 단축하고 '비즈니스하기 쉬운 기업'으로 거듭난다.
- ▶ 불쾌하거나 불편한 절차를 없애거나 재설계하고, 고객에게 예상되는 사항을 교육하며, 직원을 더 친절하고 도움이 되도록 재교육하여 각 단계에서 원치 않는 심리적 서비스 비용을 최소화한다.
- ▶ 특히 검색 및 전달 과정에서 불필요한 신체적 노력을 제거하거나 최소화한다. 시설과 웹페이지 및 앱의 신호체계와 '로드 매핑(road mapping)'을 개선하면 고객이 길을 찾는 것을 도와주고 길을 잃거나 좌절하는 것을 방지할 수 있다.
- ▶ 더 매력적인 시각적 환경을 조성하고, 소음을 줄이며, 편안한 가구와 가구를 설치하고, 불쾌한 냄새를 줄이는 등 서비스 불쾌감을 감소시킨다.
- ▶ 파트너 공급업체 할인(예: 주차) 또는 이전에는 직접 방문해야 했던 서비스의 온라인 제공 등 고객이 관련 금전적 비용을 절감할 수 있는 방법을 제안한다.

순가치에 대한 인식은 고객마다 크게 다를 수 있다. 대부분의 서비스에는 시간을 절약하기 위해 비용을 지출하는 고객과 비용을 절약하기 위해 시간을 지출하는 고객이라는 두 가지 이상의 세분 시장이 있다. 따라서 많은 서비스 시장은 시간 절약과 편의성에 대한 민감도와 가격 민감도에 따라 세분화할 수 있다.[5] 그림 6.13에 정기적인 흉부 엑스레이 촬영이 필요한 개인이 선택할 수 있는 세 곳의 클리닉이 나타나 있다. 각 서비스에는 다양한 가격뿐만 아니라 시간과 노력 비용도 포함된다. 고객의 우선순위에 따라 서비스 제공업체가 청구하는 가격만큼 중요하거나 비금전적 비용이 더 중요할 수 있다.

학습목표 5

경쟁 기반 가격 결정은 무엇이며, 어떤 상황에서 서비스 시장의 가격 경쟁이 완화될 수 있는지 설명한다.

경쟁 기반 가격 결정

가격 정책 삼각대의 마지막 다리는 경쟁이다. 상대적으로 차별화되지 않은 서비스를 제공하

흉부 엑스레이 촬영이 필요하다면 어느 병원을 이용하겠는가?
(세 곳 모두 기술적 품질이 높다고 가정할 경우)

병원 A	병원 B	병원 C
• 가격 95달러 • 차로 1시간 거리에 위치하거나 대중교통 이용 • 다음 예약 가능 시간은 3주 후 • 영업시간: 월요일~금요일, 오전 9시~오후 5시 • 진료소에서의 예상 대기시간은 약 2시간	• 가격 165달러 • 차로 15분 거리에 위치하거나 대중교통 이용 • 다음 예약 가능 시간은 1주 후 • 영업시간: 월요일~금요일, 오전 8시~오후 10시 • 진료소에서의 예상 대기시간은 약 30~45분	• 가격 255달러 • 사무실 건물 옆에 위치(또는 대학) • 다음 예약 가능 시간은 하루 후 • 영업시간: 월요일~금요일, 오전 8시~오후 10시 • 예약 시 진료소에서의 예상 대기시간은 약 0~15분

그림 6.13 금전적 비용과 비금전적 비용의 상쇄(트레이드 오프)

는 기업은 경쟁업체의 가격을 모니터링하고 그에 맞춰 서비스 가격을 책정해야 한다. 경쟁 상품 간에 차이가 거의 없거나 전혀 없는 경우 고객은 단순히 가장 저렴하다고 인식되는 상품을 선택할 수 있다. 이러한 상황에서는 서비스 단위당 비용이 가장 낮은 기업이 경쟁우위를 누릴 것이며, 가격 선도자(price leadership)가 되는 경우가 많다(즉 한 기업이 가격 선도자 역할을 하고 다른 기업들은 거의 이를 따라 하는 경향이 있다). 가까운 거리에 있는 여러 주유소가 경쟁하는 상황에서 이러한 현상을 쉽게 볼 수 있다. 한 주유소가 가격을 올리거나 내리면 다른 주유소도 이를 따르게 된다.

가격 경쟁 심화 요인 가격 경쟁은 다음 요인에 따라 더욱 치열해진다.

- 경쟁사 증가
- 대체 서비스 수 증가
- 경쟁사 및/또는 대체제의 광범위한 분포
- 업계 내 잉여 수용 능력의 증가

가격 경쟁 억제 요인 일부 서비스 산업(예: 항공, 온라인 뱅킹)은 경쟁이 치열할 수 있지만, 특히 다음 상황 중 하나 이상에 해당하여 가격 경쟁이 감소하는 경우라면 모든 서비스 산업의 경쟁이 치열한 것은 아니다.

- **경쟁 제품을 사용할 때 가격과 관련 없는 비용이 높은 경우** 고객이 서비스 기업을 선택할 때 가격보다 시간과 노력의 절약이 같거나 더 중요한 경우 가격 경쟁의 강도가 감소한다. 경쟁 서비스에는 관련 금전적 및 비금전적 비용이 있다. 따라서 실제 청구된 가격은 때때로 경쟁 상품 간 비교에서 부차적인 요소가 된다(그림 6.13 참조).
- **개인적 관계가 중요한 경우** 헤어 스타일링(그림 6.14)이나 가족 의료 서비스처럼 고도로 개인화되고 맞춤 수준이 높은 서비스의 경우 고객에게 개별 서비스 제공자와의 관계가 매우 중요하기 때문에 고객을 경쟁자로부터 막는 역할을 한다. 예를 들어, 많은 글로벌 은행은 부유한 고객과 장기적인 개인적 관계를 형성하기 위해 부유층 고객에 집중하

는 것을 선호한다.

- **전환 비용이 높은 경우** 서비스 제공업체를 변경하는 데 많은 노력과 시간, 비용이 소요되면 고객은 경쟁사의 혜택을 누릴 가능성이 낮아진다.[6] 휴대폰 서비스 제공업체는 가입자에게 1년 또는 2년 약정을 요구하는 경우가 많으며, 서비스를 조기 해지할 경우 상당한 위약금을 부과한다. 마찬가지로 생명보험 회사는 보험 가입자가 특정 기간 내에 보험을 해지하고자 할 때 관리 수수료 또는 해지 수수료를 부과한다.
- **시간과 장소의 특수성으로 인해 선택의 폭이 감소하는 경우** 사람들이 특정 위치나 특정 시간(또는 둘 다)에 서비스를 이용하고자 할 때 일반적으로 선택의 폭이 좁다는 것을 알게 된다. 이는 가격 경쟁을 줄인다.[7]

경쟁사의 가격 변동에 항상 반응하는 기업은 실제 필요 이상으로 낮은 가격을 책정할 위험이 있다. 더 나은 전략은 고객에게 제공되는 각 경쟁 상품의 전체 비용을 고려하는 것이다. 여기에는 잠재적인 전환 비용뿐만 아니라 관련된 모든 금전적 비용 및 비금전적 비용이 포함된다. 또한 관리자는 유통, 시간 및 입지 조건 등의 영향까지 평가하고 경쟁업체의 수용 능력을 추정하여 적절한 대응을 결정해야 한다.

Szasz-Fabian Ilka Erika\Shutterstock

그림 6.14 개인화된 헤어 스타일링은 고객이 경쟁업체로 전환하는 것을 방지할 수 있다.

수익 관리: 정의와 역할[8]

학습목표 6
수익 관리의 정의와 방법을 설명한다.

많은 서비스 사업은 이제 고객으로부터 얻을 수 있는 수익(또는 공헌이익)을 극대화하는 전략에 집중하고 있다. 수익 관리는 서비스 생산 능력의 효용을 증대시키고, 높은 가격을 지불하는 세분 시장의 수요에도 대응할 수 있으므로 가치를 창출하는 데 매우 중요한 역할을 한다. 수익 관리는 다양한 제약하에서 수요와 공급을 관리할 수 있는 정교한 방법이다.

항공사, 호텔, 렌터카 회사는 고객의 가격 민감도 혹은 시시각각 변하는 세분 시장의 니즈에 맞춰 가격을 다양하게 책정하는 기술이 잘 발달되어 있다. 최근에는 병원, 레스토랑, 골프장, 주문형 IT 서비스, 자료처리 센터, 연예 기획사, 심지어 비영리 조직에서도 수익 관리가 많이 사용되고 있다(그림 6.15). 수익 관리는 다음과 같은 특징이 있는 서비스 사업에 적용될 때 가장 효과적이다.

- 고정비가 높고 수용 능력이 고정되어 있는데 부패되는 재고가 남을 경우
- 수요의 변화가 심하고 불확실할 경우
- 고객들의 가격 민감도가 다양할 경우

Lofoto \123rf

그림 6.15 골프장은 고정 비용이 높은 구조이므로 수익 관리를 구현하는 것이 유리하다.

고수익 고객을 위한 수용 능력 확보

실제로 수익 관리(수익률 관리)에는 다양한 세분 시장의 예상 수요 수준에 따라 가격을 설정하는 것이 포함된다. 가격에 가장 덜 민감한 세분 시장이 첫 번째 수용 대상이 된다. 고비용 세분 시장은 실제로 소비 시점 직전에 예약하는 경우가 많으므로 기업은 단순히 선착순으로 판매하는 대신 수용 능력을 절약할 수 있는 체계적인 접근 방식이 필요하다. 예를 들어, 비즈니스 여행객은 항공 좌석, 호텔 객실, 렌터카를 급하게 예약하는 경우가 많지만, 휴가 여행객은 몇 달 전에 레저 여행을 예약할 수 있으며, 컨벤션 주최자는 대규모 행사를 앞두고 몇 년 전에 호텔 공간을 예약하는 경우가 많다.

그림 6.16은 다양한 유형의 고객 수요가 요일뿐만 아니라 계절에 따라 달라지는 호텔 환경에서의 수용 능력 할당을 보여준다. 전 세계에서 접근할 수 있는 예약 데이터베이스에 저장된 세분 시장에 기반한 할당 결정은 많은 객실이 아직 예약되지 않은 상태로 남아 있더라도 예약 담당자에게 특정 가격대의 예약 수락을 중단해야 할 시기를 알려준다. 충성도 프로그램 회원(주로 높은 기업 요금을 지불하는 비즈니스 출장객)이 가장 선호도가 높은 세분 시장이며, 다음으로 단기 체류 투숙객과 주말 패키지 고객이 그 뒤를 잇는다. 항공사 계약은 일반적으로 항공사가 사전에 대량으로 예약하므로 매력적인 요금으로 협상할 수 있어 객실당 최저 요금을 제공한다.

대부분의 수용 능력 제약이 있는 비즈니스에서도 비슷한 차트를 만들 수 있다. 어떤 경우에

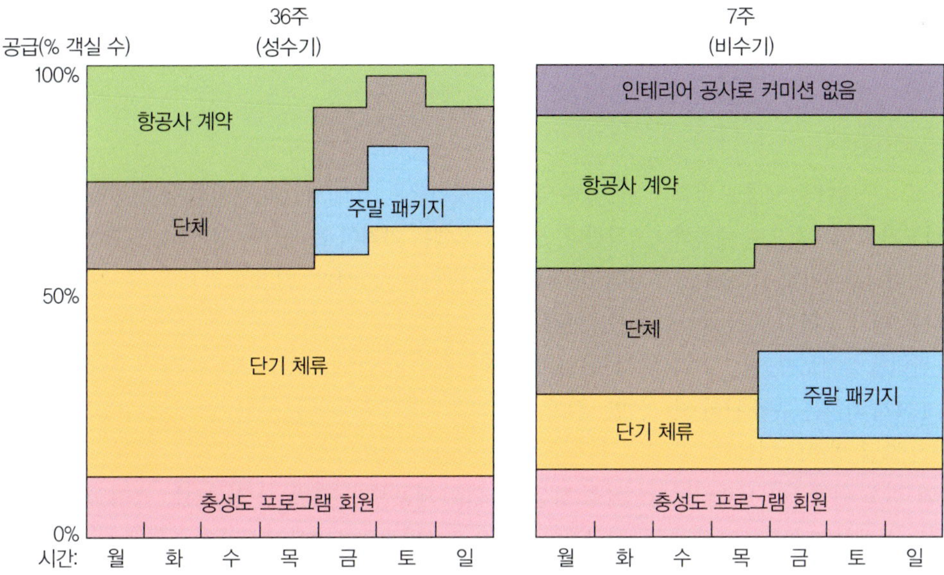

그림 6.16 호텔 세분 시장별 수용 인원의 할당 목표를 설정한다.

는 수용 능력을 특정 공연의 좌석 수, 좌석 마일, 객실 숙박 일수로 측정하고, 어떤 경우에는 기계 사용 시간, 노동 시간, 청구 가능한 전문가 시간, 차량 주행 거리, 비축 분량이 부족한 자원을 기준으로 측정할 수 있다.

잘 설계된 수익 관리 시스템은 특정 시간에 특정 서비스를 여러 가격대별로 얼마나 많은 고객이 사용할지 합리적인 정확도로 예측할 수 있다. 그런 다음 각 가격 수준(**가격 버킷**)에서 적절한 수용 능력을 확보할 수 있다. 이 정보는 공급 초과 기간을 예측하는 데에도 사용할 수 있다. 목표는 프로모션과 인센티브를 통해 사용량을 늘리고, 일일 단위로 수익을 극대화하는 것이다.

항공사의 경우 이러한 모델은 과거 승객 여행에 대한 방대한 과거 데이터베이스를 통합하여 각 개별 출발에 대해 최대 1년 전에 수요를 예측한다. 대형 항공사에서 특정 노선을 담당하는 수익 관리자는 일정 간격으로 실제 예약 속도(즉 출발 전 특정 시점의 판매량)를 확인하고, 이를 예측 속도와 비교한다. 실제 수요와 예측한 수요 사이에 상당한 편차가 있는 경우 관리자는 재고(inventory bucket)의 크기를 조정한다. 예를 들어, 요금이 높은 구간의 **예약 속도**(booking pace)가 예상보다 빠르면 항공편의 수익을 극대화하기 위해 요금이 낮은 구간에서 추가 공급을 빼고 요금이 높은 구간에 할당한다. 서비스인사이트 6.1은 미국의 주요 항공사에서 수익 관리를 어떻게 구현하는지 보여준다.

양면 시장(two-sided market; 예: 에어비앤비의 경우 호스트와 게스트, 우버의 경우 운전사와 승객)이 존재하는 공유 경제에서 동적 가격 정책은 공급을 늘리는 데 도움이 되며(예: 높은 요금을 받을 수 있으면 더 많은 운전사가 기꺼이 일하려고 한다), 가격에 민감한 수요는 덜 붐비는 시간대나 대체 교통 수단으로 이동하게 된다. 결과적으로 두 시장 참가자 모두 더 나은 결과를 얻을 수 있다(예: 운전사는 더 많은 수입을 얻고, 비용을 기꺼이 지불하는 승객은 더 수월하게 탑승할 수 있다).[9]

SERVICE INSIGHTS 6.1

항공편 좌석 가격 정책

수익 관리(RM) 부서에서는 정교한 소프트웨어와 고성능 컴퓨터를 사용하여 주어진 날짜에 각 항공편을 개별적으로 예측하고, 추적하며, 관리한다. 시카고에서 피닉스까지 2,317km 거리를 매일 오후 4시 50분에 출발하는 인기 노선인 미국 주요 항공사의 특정 항공편에 대한 수익 관리를 살펴보자.

코치(Coach, 이코노미 클래스)의 124개 좌석은 수익 관리 전문가들이 '버킷'이라고 부르는 다양한 요금 범주로 나눌 수 있다. 왕복 요금은 다양한 제한사항과 취소 위약금이 부과되는 저렴한 여행 티켓의 경우 95달러부터 무제한 요금인 565달러까지 다양하다. 작은 일등석 구간에서는 더 높은 가격인 1,530달러에 좌석을 이용할 수도 있다. 수익 관리자는 컴퓨터 프로그램에 의한 지속적인 분석이 이코노미 클래스의 7개 버킷 각각에서 좌석 할당을 어떻게 변경하는지 알려준다.

수익 관리 시스템의 지속적인 분석은 판매된 티켓, 과거 탑승 패턴, 해당 경로를 장거리 여행의 한 구간으로 사용할 가능성이 있는 경유 승객을 고려하여 각 버킷의 좌석 수를 지속적으로 조정한다.

사전 예약이 저조한 경우 항공사는 저요금 버킷에 좌석을 추가한다. 비즈니스 고객이 예상보다 일찍 무제한 요금을 구매하면 수익 관리 시스템은 할인 버킷에서 좌석을 가져와 시스템에서 예측한 막판 예약을 위해 좌석을 관리한다.

출발 4주 전에 코치 좌석 124석 중 69석이 이미 판매된 상태에서 수익 관리 시스템은 저가 버킷의 좌석 수를 제한하기 시작한다. 일주일 후에는 가격이 200달러 이하인 하위 3개 버킷에 대한 판매를 완전히 차단한다. 저렴한 좌석을 찾는 시카고 승객에게는 항공편이 '매진'되었다.

출발 하루 전 130명의 승객이 124석의 항공편을 예약했지만, 수익 관리 시스템에 따르면 10명의 승객이 나타나지 않거나 다른 항공편을 이용할 것으로 예상되어 항공사는 여전히 4석을 정상요금으로 제공한다. 출발 시 항공사는 운이 좋게도 항공편이 만석으로 출발했으며 아무런 문제가 없었다.

이 날짜의 비행은 이제 지나갔지만 잊혀지지 않았다. 이 항공편에 대한 예약 경험은 항공사가 향후 더 나은 예측 작업을 수행하는 데 도움이 되도록 수익 관리 시스템에 저장된다.

06photo/Shutterstock

수익 관리의 효과를 어떻게 측정할 수 있는가

공급에 제약이 있는 많은 서비스 기업은 판매된 용량의 비율을 성공의 기본 지표로 사용한다. 예를 들어, 항공사는 '로드 팩터', 호텔은 '점유율', 병원은 '센서스(census)'를 사용한다. 마찬가지로 전문 기업에서는 파트너와 직원의 시간 중 '청구 가능한 시간(billable hour)'으로 계산되는 비율을 모니터링한다. 그러나 이러한 비율만으로는 유치한 비즈니스의 상대적인 수익성에 대해 거의 알 수 없는데, 높은 사용률은 단순히 할인이 많다는 것을 반영할 수 있기 때문이다.

수익 관리의 성공은 일반적으로 주어진 공간 및 시간 단위(RevPAST)에서 가용 공급당 수익을 극대화하는 것으로 정의된다. 예를 들어, 항공사는 가용 좌석 킬로미터당 수익(RevPASK)을 극대화하고, 호텔은 가용 객실 1박당 수익(RevPAR)을 극대화하며, 공연장은 가용 좌석당 수익(RevPAS) 공연을 극대화하려고 노력한다. 이러한 지표는 수용 능력 활용률과 평균 요금 또는 달성한 가격 간의 상호작용을 보여준다. 이러한 지표는 시간 경과에 따라 추적할 수 있으며, 서비스 기업 내 운영 단위(예: 대형 체인의 호텔 시설)뿐만 아니라 회사 전체에 걸쳐 벤치마킹할 수 있다.

경쟁사의 가격 정책은 수익 관리에 어떤 영향을 미치는가

수익 관리 시스템은 예약 속도를 모니터링하기 때문에 경쟁사의 가격 정책 효과를 간접적으로 파악할 수 있다. 예를 들어, 항공사가 항공편 가격을 너무 낮게 정책하면 예약 속도가 빨라지고 더 저렴한 좌석이 빨리 매진된다. 이는 일반적으로 바람직하지 않은데, 늦게 예약하고 더 높은 요금을 지불한 고객은 좌석을 확정할 수 없어 경쟁 항공사를 이용하게 되기 때문이다. 초기 가격이 너무 높으면 항공사는 여전히 합리적인 수익률을 제공하는 조기 예약 구간의 점유율이 너무 낮아지고 나중에 초과 좌석을 판매하기 위해 대폭 할인된 '막판(last-minute)' 항공권을 제공해야 할 수도 있다. 업계에서 말하는 부실 재고의 일부 판매는 프라이스라인(Priceline)이나 트래블로시티(Travelocity) 같은 중개업체를 통해 역경매로 이루어질 수 있다.

에어비앤비 같은 공유 경제 플랫폼의 등장은 기존 업체에게 새로운 도전 과제를 던져주었다. 예를 들어, 대규모 축제나 컨벤션 기간과 같은 성수기에는 더 이상 호텔이 예전처럼 공격적으로 가격을 책정할 수 없다는 사실이 밝혀졌다. 에어비앤비 호스트도 성수기에는 더 높은 요금에 매력을 느끼고 객실 수용 인원을 크게 늘릴 수 있기 때문이다.[10]

가격탄력성

수익 관리가 효과적으로 작동하려면 서비스에 서로 다른 가치를 부여하고 가격 탄력성이 다른 둘 이상의 세분 시장이 필요하다. 탄력성의 개념은 수요가 가격 변화에 얼마나 민감한지를 설명하며, 다음과 같이 계산할 수 있다.

가격탄력성 = 수요변화율 / 가격변화율

가격탄력성이 '단일성'인 경우 서비스 판매량은 가격이 하락(또는 상승)하는 비율만큼 상승(또는 하락)한다. 가격의 작은 변화가 매출에 큰 영향을 미치는 경우 해당 상품에 대한 수요는 가격탄력성이 있다고 한다. 가격 변화가 매출에 미치는 영향이 거의 없다면 수요는 가격 비탄력적이라고 한다. 이 개념은 그림 6.17에 제시된 간단한 그림에 나타나 있으며, 탄력적인 수

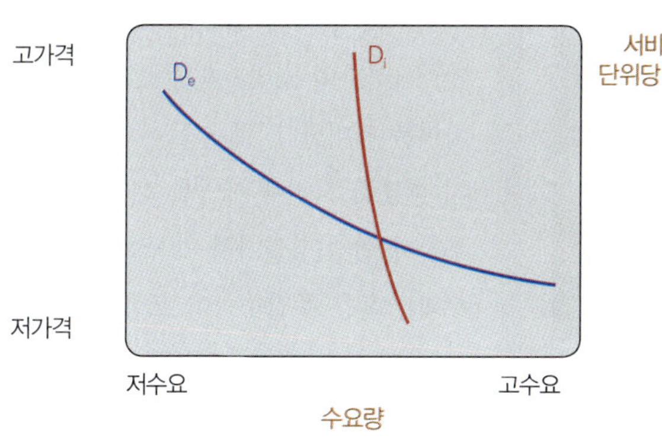

그림 6.17 가격탄력성의 예시

요와 비탄력적인 수요의 두 세분 시장에 대한 가격탄력성을 보여준다. 공급을 효과적으로 할당하고 가격을 설정하려면 수익 관리자는 수요가 가격에 얼마나 민감한지, 각 세분 시장에 대해 서로 다른 가격대에서 어떤 순수익이 발생하는지 파악해야 한다.

학습목표 7

효과적인 수익 관리를 위한 요금장벽의 역할에 대해 논의한다.

요금장벽의 설계

수익 관리는 동일한 상품에 대해 세분 시장별 다른 가격을 책정하는 것을 의미하는 **가격 맞춤화**(price customization) 개념을 기반으로 설계된다. 헤르만 사이먼(Hermann Simon)과 로버트 돌란(Robert Dolan)은 이에 대해 다음과 같이 언급했다.

> 가격 맞춤화의 기본 아이디어는 단순합니다. 고객이 상품에 부여하는 가치에 따라 가격을 지불하게 만드는 것입니다. 여러분은 고객에게 "고객님이 부여한 가치만큼 지불하시죠" 혹은 "만약 가치가 있다고 판단되면 80달러를 주시고, 없다고 판단되면 40달러만 주시죠"라고 말할 수 없습니다. 고객이 부여하는 가치에 따라 고객을 세분화해야 합니다. 고가치 고객과 저가치 고객을 확실히 구분하는 '장벽 구축(build a fence)'을 통해 고가를 지불할 수 있는 고객이 저렴하게 구입하는 이점을 누리지 않게 해야 합니다.[11]

높은 가격을 지불할 의향이 있는 고객이 낮은 가격의 버킷을 이용하지 못하게 하려면 어떻게 해야 할까? 요금장벽을 적절히 설계하면 서비스 특성과 지불 의향에 따라 고객이 스스로 세분화하게 할 수 있다. 요금장벽은 기업이 구매 및 소비 경험에 대한 특정 제한을 기꺼이 받아들일 의향이 있는 고객에게 더 낮은 가격을 제한하는 데 도움이 된다.

장벽은 유형적일 수도 있고 무형적일 수도 있다. 유형적 장벽은 극장의 좌석 위치(그림 6.18), 호텔 객실의 크기와 시설, 상품에 부가된 것(예: 일등석은 일반석보다 부대 서비스가 좋은 것)에 차이가 있는 것처럼 가격 차별화로 인한 상품의 유형적 차이를 의미한다. 무형적 장벽은 서비스는 기본적으로 동일하지만(예: 일반석의 할인 항공권이나 정가 항공권이나 좌석의 차이가 없는 것) 서비스의 소비, 거래, 고객 특성의 차이를 의미한다. 예를 들어, 호텔 예약 시 충분히 사전에 예약을 해야 하거나, 취소나 변경이 불가하거나(또는 위약금 부과), 혹은 주말숙박이 포함되어야 하는 조건 등이 있다. 요금장벽의 일반적인 사례는 표 6.2에 제시되어 있다.

Oberhaeuser/Agencja Fotograficzna Caro/Alamy Stock Photo

그림 6.18 〈캣츠(Cats)〉 같은 유명한 뮤지컬을 더 잘 볼 수 있는 좌석은 가격이 더 비쌀 것으로 예상된다.

표 6.2 요금장벽의 주요 유형

요금장벽			예시
물리적(상품 관련) 장벽		기본 상품	• 여행 좌석 클래스(비즈니스/일반석) • 렌터카 크기 • 호텔 객실의 크기와 가구 • 극장 또는 경기장 내 좌석 위치
		편의시설	• 호텔의 무료 조식, 공항 픽업 서비스 등 • 골프장 무료 골프 카트 • 발렛 파킹
		서비스 수준	• 우선 대기자 명단, 대기열이 없거나 짧은 별도의 체크인 카운터 • 개선된 식음료 선택 • 전용 서비스 상담 전화 • 전담 직원 • 전담 계정 관리팀
		기타 물리적 특성	• 테이블 위치 가격(예: 고층 빌딩의 전망 좋은 레스토랑 테이블), 좌석 가격 위치 가격(예: 항공기 객실의 창가 또는 통로 좌석) • 항공기 좌석에서 다리를 뻗을 수 있는 여유 공간
비물리적 장벽	거래 특성	예약 또는 예약시간	• 사전 구매 시 할인
		예약 또는 예약 위치	• 다른 국가에서 동일한 노선의 항공권을 예약하는 승객에게는 다른 요금 부과(예: 항공사의 허브에서 더 많은 항공편과 직항편으로 인해 가격이 더 높은 경향이 있음) • 온라인으로 예약하는 고객에게는 전화로 예약하는 고객보다 낮은 요금 부과
		티켓 사용의 유연성	• 예약 취소 또는 변경에 따른 수수료/위약금(항공권 가격 전액 손실까지) • 환불 불가한 예약 수수료
	소비 특성	사용 시간 또는 기간	• 바의 해피아워 혜택, 레스토랑의 오후 6시 이전 얼리버드 스페셜, 성수기 동안 최소 필수 지출 • 호텔 예약 시 토요일 밤 이상 투숙 • 최소 5박 이상 투숙
		소비 위치	• 특히 해외여행의 경우 출발지에 따라 달라지는 가격 • 위치에 따라 달라지는 가격(도시 간 또는 도시 중심부와 도시)
	구매자 특성	소비 빈도 또는 양	• 회사의 특정 로열티 등급(예: 플래티넘 회원)에 속한 회원에게는 우선 가격, 할인, 로열티 혜택 제공 • 시즌 티켓
		그룹 멤버십	• 어린이, 학생, 노인 할인 • 특정 그룹과의 관계(예: 동창회) • 회사 충성도 프로그램 회원 가입 • 기업 요금
		고객 집단의 규모	• 단체 규모에 따른 단체 할인
		지리적 위치	• 현지 고객에게는 관광객보다 낮은 요금 부과 • 특정 국가의 고객에게는 더 높은 가격 부과

요약하면 상품 및 수익 관리자는 고객의 니즈, 선호도, 지불 의향에 대한 자세한 이해를 바탕으로 핵심 서비스, 물리적 상품 기능(물리적 장벽), 비물리적 상품 기능(비물리적 장벽)으로 구성된 효과적인 상품을 설계할 수 있다. 추가적으로 버킷이 고객이 원하는 상품과 가격

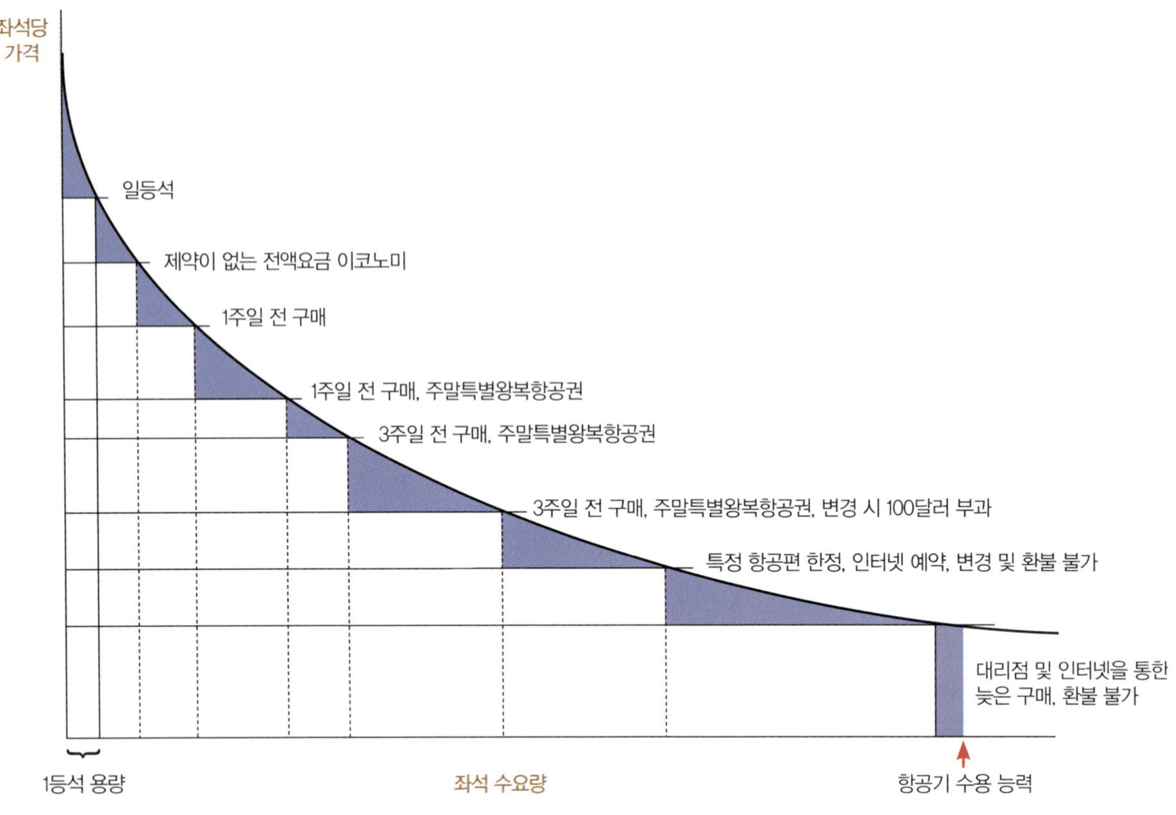

그림 6.19 가격 버킷을 수요 곡선에 연결한다.

대로 구성될 수 있도록 수요곡선에 대한 충분한 이해가 필요하다. 항공 산업의 사례는 그림 6.19에 제시되어 있다.

학습목표 8
서비스 가격 결정과 관련된 윤리적 문제 및 소비자 고려사항을 이해한다.

서비스 가격 결정의 공정성 및 윤리적 문제

서비스 이용 비용을 이해하기 어려웠던 경우가 있는가? 높은 요금이 불공평하다고 생각한 적이 있는가? 그렇다면 여러분은 혼자가 아니다.[12]

서비스 가격 결정의 복잡성

서비스 가격은 복잡하고 이해하기 어려운 경향이 있다. 서비스 기업들을 비교하려면 복잡한 스프레드시트 작업이나 수학 공식이 필요할 수도 있다. 소비자 옹호론자들은 서비스 기업이 가격 경쟁을 줄이기 위해 의도적으로 이러한 복잡성을 선택한다고 주장하기도 한다. 그들은 고객이 어느 기업이 가격 대비 최고의 가치를 제공하는지 판단하여 가격 경쟁이 줄어들기를 원하지 않는다. 실제로 복잡성은 기업이 비윤리적인 행동에 더 쉽게(그리고 더 유혹적으로) 관여할 수 있게 만든다.

예를 들어, 이동통신 회사는 다양한 요금제로 고객을 혼란스럽게 한다. 요금제 범위는 전국 또는 지역 단위일 수 있다. 월 요금은 미리 선택한 통화시간 및 모바일 데이터 용량에 따라 달라진다. 데이터 요금제(사용하지 않은 모바일 데이터를 다음 달로 이월할 수 있는 기능 포함), 새 휴대폰에 대한 보조금, 로밍 요금, 여러 휴대폰 및 기타 모바일 장치, 유선전화, 인터넷 서비스, 케이블 TV를 포함하는 가족 및 결합 요금제 등이 이러한 복잡성을 더욱 가중시킨다. 또한 많은 사람은 자신의 사용량을 예측하기 어렵기 때문에 다양한 사용량 관련 요인을 기반으로 요금을 정책하는 경쟁업체를 평가할 때 비교 가격을 계산하기가 더욱 어렵다(그림 6.20).

『딜버트(Dilbert)』의 원작자 스콧 애덤스(Scott Adams)는 가격 결정의 미래를 '교란의 심리학(confusiology)'으로 '브랜드화'할 때 서비스 사례만 사용한 것은 우연이 아닐 것이다. 애덤스는 다음과 같이 말했다.

"우리는 당신이 미래에도 동일한 품질과 서비스를 받을 수 있도록 가격을 인상했습니다."

Bernard Schoenbaum/The New Yorker Collection/The Cartoon Bank

그림 6.20 많은 서비스 회사는 가격 경쟁을 하기보다는 고객을 혼란스럽게 한다.

> 여러분은 이것이 가격전쟁을 일으키고 가격을 원가 수준까지 하락시킬 것이라고 생각할 수도 있지만(경제학 시간에 잠깐 졸지 않았을 때 학습한 내용이죠), 그런 일은 일어나지 않습니다. 기업들은 효율적인 '교란 정책(confusiogy)'을 펼치기 때문에, 고객은 누가 최저가를 제공하는지 모릅니다. 기업은 생활의 복잡성을 경제적 도구로 이용하는 법을 배웠습니다.[13]

수수료 부담 가중

모든 비즈니스 모델이 판매를 통해 수익을 창출하는 것은 아니다. 사용량과는 거의 관련이 없는 수수료를 부과하는 경향이 증가하고 있다. 미국에서는 렌터카 업계가 저렴한 가격을 광고한 후 고객에게 대물보험이나 대인보험 같은 기타 수수료를 필수로 적용하는 것으로 악명을 떨치고 있다. 플로리다의 일부 리조트 타운에서는 한때 렌터카에 '숨겨진 추가요금'이 너무 많아서 "차는 공짜지만 차키에는 추가요금이 있다"는 농담이 나올 정도였다.[14]

또한 수수료와 위약금을 추가(또는 인상)하는 추세도 있었다. 은행은 위약금을 고객을 교육하고 결제 기한을 준수하기 위한 수단이 아닌 중요한 수익 창출 도구로 사용한다는 비판을 많이 받았다(그림 6.21). 뉴욕대학교 학생인 크리스 킬리는 직불카드로 230달러 상당의 크리스마스 선물을 구매했다. 킬리는 은행에서 예금 계좌의 인출 한도가 초과되었다는 통지를 받았고, 연말 분위기는 엉망이 되었다. 은행에서는 7건의 거래를 각각 승인했지만, 결제 건당 31달러의 수수료가 부과되어 총 230달러의 구매 금액에 대해 217달러의 수수료가 부과되었다. 킬리는 자신의 계좌에 소위당좌대월 보호(overdraft

Wavebreakmedia\Shutterstock

그림 6.21 고객은 초과 인출에 부과되는 높은 수수료를 인지하지 못할 수 있다.

protection, 당좌대월 수수료 대신 이자를 부담하는 방식) 기능을 요청한 적이 없다고 주장했다. 그는 신용카드로 결제할 수 있었기 때문에 은행이 거래를 거부했으면 좋았을 것이라고 아쉬워했으며, "은행은 징수를 위해 제가 돈을 계속 쓰기를 원한다고 생각할 수밖에 없습니다"

벌금 및 위약금에 대한 고객 대응 관리

많은 요금제에는 다양한 종류의 위약금이 핵심 요소로 포함되어 있다. 이러한 위약금은 항공편 취소 수수료부터 휴대폰 요금 연체에 따른 벌금까지 다양하지만, 공통적인 목적은 고객의 부정적인 행동을 억제하는 것이다. 그러나 위약금에 대한 고객의 반응은 매우 부정적일 수 있으며, 서비스 제공업체는 다른 업체에 고객을 빼앗기거나 고객이 소셜 미디어에 글을 올리면 온라인에서 반발에 직면할 수도 있다.

위약금을 받은 경험이 있는 사람들을 대상으로 한 온라인 연구에서 부정적인 반응을 완화할 수 있는 방법에 대한 인사이트를 얻었다. 참가자들에게 위약금과 관련된 특정 사례에 대해 생각해보라고 요청했다. 그런 다음 그 사례를 설명하고 경험과 반응의 성격에 대한 구체적인 질문에 답하도록 요청했다. 그 결과 3가지 요인이 위약금에 대한 고객 반응을 관리하는 데 큰 영향을 미칠 수 있음을 제시했다.

1. **위반 행위에 대한 벌금은 어느 정도 비례하는가?** 고객은 벌금이 처벌하려는 '위반 행위'의 규모를 초과한다고 생각하면 불공정하다고 생각할 가능성이 높으며, 벌금이 예상치 못했거나 놀라울 정도로 큰 경우 반응이 더욱 부정적일 가능성이 높다. 기업이 고객의 위반 정도에 맞춰 벌금을 부과하는 경우 벌금이 과도하다고 생각되는 경우보다 불만을 제기할 동기가 약해진다. 또한 예상치 못한 벌금으로 인한 부정적인 감정을 피하려면 고객에게 특정 고객 실패에 부과되는 벌금이나 수수료에 대해 미리 알려야 한다. 예를 들어, 고객이 모바일 요금제를 선택할 때 반복되는 결제 기한을 명확하게 알려야 하며, 일선 직원은 다양한 '위반'(예: 로밍 또는 월 데이터 한도 초과)과 관련된 잠재적인 벌금 또는 수수료에 대해서도 설명해야 한다.

2. **위반 행위에 대한 고객의 책임은 어느 정도인가?** 위약금이 부과된 특정 상황에 대해 고객이 자신의 책임이 없다고 느끼는 경우 자신의 잘못만 있는 경우보다 더 부정적인 반응을 보일 것이다. 예를 들어, 앞 예시의 모바일 서비스 가입자는 고객이 결제하는 것을 잊어버린 경우와 달리 결제 처리 지연으로 인해 전화가 해지된 경우 불공정하다고 생각할 것이다. 공정성을 높이기 위해 기업은 고객에게 전적으로 책임이 있다고 볼 수 없는 상황을 고려하여 일선 직원이 위약금을 감경하거나 면제할 수 있게 할 수 있다.

그러나 과거에 부지런하고 규칙을 준수했던 일부 고객은 자신의 잘못에도 불구하고 부정적으로 반응할 수 있다. 한 응답자는 "나는 항상 제때 지불했기 때문에 연체된 적이 없다. 이 사실을 반드시 참작해서 위약금을 면제시켜줘야 한다"고 말했다. 서비스 기업은 위약금과 관련된 고객의 과거 기록을 살펴봐야 하고, 과거 행동에 기초하여 다른 방안을 제공할 수 있을 것이다. 처음으로 위약금이 부과된 상황이면 다음에는 위약금이 부과될 것이라는 설명과 함께 면제해 줄 수 있다.

3. **고객은 위약금이 얼마나 공정하다고 생각하는가?** 고객의 부정적인 반응은 위약금이 얼마나 불공평하다고 생각하는지와 상관관계가 있다. 예를 들어, 한 고객은 신용카드 결제 연체에 대한 위약금이 전적으로 불합리하다고 불평했다. 처음부터 높은 이자를 지불해야 했을 뿐만 아니라 원래 부과된 결제 금액보다 더 많은 위약금을 지불해야 했기 때문이다.

또한 위약금을 명확하게 설명하고 근거를 제시하는 경우 수익 손실보다는 다른 고객에게 끼친 불편을 지적하는 것이 좋다(예: "초과 투숙한 객실은 다른 손님이 예약한 객실이다" 또는 "이로 인해 다른 고객이 시설을 이용하지 못했다"). 마지막으로 일선 직원을 대상으로 하는 교육에는 위약금이 부당하다고 생각하는 고객의 불만을 해결하는 방법을 포함해야 한다(이러한 상황에 대처하는 방법에 대한 권장사항은 13장 참조).

출처: Young "Sally" K. Kim and Amy K. Smith, "Crime and Punishment:Examining Customers' Responses to Service Organizations' Penalties," *Journal of Service Research* 8(2) (2005): 162–180.

라고 불만을 토로했다.[15] 이처럼 많은 신용카드가 연체 수수료를 과도하게 부과하여 이를 수익성 있는 '골칫거리'로 만든다.

고객에게 불공정하게 보이지 않는 방식으로 수수료와 위약금을 설계할 수 있다. 서비스인사이트 6.2에서는 서비스 수수료 및 위약금에 대해 고객의 공정성 인식을 유도하는 요소를 설명한다.

공정성을 고려한 수익 관리 설계

▶ 학습목표 9

수익 관리 정책에 공정성을 부여할 방법을 이해한다.

요금제 및 수수료와 마찬가지로 수익 관리 관행도 매우 불공정한 것으로 인식될 수 있다. 따라서 잘 구현된 수익 관리 전략이 단기 수익률 극대화를 맹목적으로 추구하는 것을 의미해서는 안 된다. 만족, 신뢰, 호감도 같은 접근 방식은 기업이 수익 관리 관행과 고객의 공정성 인식을 조화시키는 데 도움이 될 수 있다.[16]

- **명확하고 논리적이며 공정한 가격 체계와 요금장벽을 설계한다.** 기업은 모든 수수료와 비용(예: 예약 후 나타나지 않는 노쇼 또는 취소 수수료)을 사전에 명확하게 명시하여 예상치 못한 상황이 발생하지 않도록 해야 한다(그림 6.22). 고객이 특정 사용 상황의 재정적 영향을 쉽게 이해할 수 있도록 간단한 요금 체계를 개발하는 것도 관련 접근 방식이다.
- **공시가격은 높이고, 할인 위주의 요금장벽을 구성한다.** 고객 이득(즉 할인)으로 구성된 요금장벽은 일반적으로 경제적으로 동일한 상황이라도 고객 손실(즉 할증료)로 구성된 장벽보다 더 공정하게 인식된다. 예를 들어, 토요일에 미용실을 이용하는 고객이 주말 추가 요금을 부과받는다면 미용실이 이익을 취한다고 인식할 수 있다. 그러나 미용실에서 주말 최고가를 공시가격으로 광고하고 주중 헤어커트에 대해 5달러 할인을 제공한다면 이 고객은 더 높은 주말 가격을 더 잘 받아들일 수 있다고 생각할 수 있다. 또한 높은 공시가격은 준거가격(reference price) 및 관련된 품질의 인식을 높이는 데 도움이 된다.

John Panella\Shutterstock

그림 6.22 리무진 서비스 제공업체는 일반적으로 노쇼에 대해 요금을 부과한다.

▶ **수익 관리에 대한 고객의 혜택을 전달한다.** 마케팅 커뮤니케이션은 수익 관리를 윈윈(win win) 관행으로 자리매김해야 한다. 기업은 다양한 가격과 가치 제안을 제공함으로써 광범위한 고객이 스스로 세분화하여 서비스를 즐길 수 있도록 지원할 수 있다. 예를 들어, 더 좋은 위치에 더 많은 비용을 지불할 의사와 능력이 있는 고객이 있으므로 극장의 가장 좋은 좌석에 더 높은 가격을 책정할 수 있다. 또한 다른 좌석을 더 낮은 가격에 판매할 수도 있다. 고객이 특정 수익 관리 관행에 익숙해지면 불공정성에 대한 인식은 시간이 지남에 따라 감소할 가능성이 높다.

▶ **묶음가격, 상품 설계, 표적화를 통해 할인 '숨기기'를 한다.** 서비스를 패키지로 묶으면 할인된 가격이 효과적으로 가려진다. 크루즈 라인에서 크루즈 패키지에 항공 여행 또는 육로 교통편 가격을 포함하는 경우(그림 6.23), 고객은 총가격만 알고 개별 구성 요소의 비용은 알지 못한다. 묶음가격은 일반적으로 묶음과 구성 요소 간의 가격 비교를 불가능하게 하여 잠재적인 불공정성 인식과 준거가격 인하를 회피한다.

서비스 상품은 할인을 숨기도록 설계할 수 있다. 레스토랑에서는 한번 가격을 낮추면 다시 올리기 어려운 음식 가격을 변경하는 대신 상품을 다양하게 구성할 수 있다. 예를 들어, 저렴한 점심 세트의 경우 더 적은 양을 제공하고, 성수기에는 최소 지출 수준을 부과할 수 있다. 따라서 메뉴 가격은 변경되지 않으며, 식당 이용객의 가격 인식에도 영향을 미치지 않다. 이 두 가지 전략을 통해 레스토랑은 좌석당 유효 매출을 수요 수준에 맞게 유연하게 조정할 수 있다.

그림 6.23 크루즈 패키지에는 총패키지 가격에 육로여행이 포함되어 있다.

Natalia Deksbakh \123rf

▶ **충성도 높은 고객을 관리한다.** 단골 고객을 위한 '로열티 승수(loyalty multiplier)'를 통합하도록 수익 관리 시스템을 프로그래밍하여 예약 시스템이 성수기에는 프리미엄 요금을 지불하지 않더라도 '특별 대우(special treatment)' 상태를 부여할 수 있다.

▶ **초과 예약을 보완할 수 있도록 서비스 회복 전략을 사용한다.** 많은 서비스 기업에서 예상되는 취소 및 노쇼에 대한 보상을 위해 초과 예약을 받는다. 수익은 증가하지만 예약을 이행하지 못하는 경우도 증가한다. 항공사의 '갑질'이나 호텔의 '갑질'은 고객 충성도를 떨어뜨리고 기업의 평판에 악영향을 미칠 수 있다.[17] 따라서 다음과 같이 잘 설계된 서비스 회복 절차를 통해 초과 예약 프로그램을 보완하는 것이 중요하다.

1. 고객에게 예약을 유지하거나 보상받을 수 있는 선택권을 제공한다(예: 많은 항공사는 고객의 자발적인 예약 취소 시 현금 보상 및 다음 비행편 예약 서비스를 제공한다).
2. 고객이 대체 여행 준비를 할 수 있도록 충분한 사전 통지를 제공한다(예: 출발 전일 선제적 하차 및 다른 항공편으로 일정 변경 등을 종종 현금 보상과 함께 제공한다).
3. 가능한 경우 고객에게 만족을 줄 수 있는 대체 서비스를 제공한다(예: 승객을 다음 항공편의 비즈니스 또는 일등석으로 업그레이드하는 경우, 위의 옵션 1 및 2와 함께 사용하는 경우가 많다).

웨스틴비치 리조트(Westin beach resort)는 다음 날 출발하는 투숙객에게 공항 근처 또는 시내의 고급 호텔에서 마지막 밤을 무료로 보낼 수 있는 선택권을 제공함으로써 수용 인원을 확보할 수 있다는 사실을 발견했다. 무료 객실, 업그레이드된 서비스, 해변 휴가 후 도심에서의 1박 제공에 대한 고객의 피드백은 매우 긍정적이었다. 호텔 입장에서는 다른 호텔에서 1박을 제공하는 비용과 같은 날 도착하는 여러 날 숙박하는 고객을 돌려보내는 비용을 맞바꾸는 셈이다.

서비스 가격 정책의 실행

 **학습목표 10**

효과적인 서비스 가격 전략을 설계하기 위해 필요한 6가지 질문에 대해 논의한다.

관리자가 가장 먼저 깨달아야 할 것은 서비스 가격 정책은 다면적인 측면이 있다는 것이다. 고객의 행동과 가치 인식에 큰 영향을 미치는 다른 중요한 결정도 내려야 한다. 표 6.3에는 서비스 마케터가 신중한 가격 정책 전략을 개발하기 위해 자문해야 할 질문이 요약되어 있다. 각 질문을 차례로 살펴보자.

얼마를 청구해야 하는가

가격 정책에 대한 현실적인 결정은 재무 건전성을 위해 매우 중요하다. 앞서 설명한 가격 정책 삼각대 모델(그림 6.4 참조)은 유용한 출발점을 제공한다. 첫째, 어떤 판매수량에서도 관련된 비용은 모두 충당되어야 하고, 이 비용이 가격 하한이 된다. 둘째, 고객 관점과 서비스 기업 관점의 서비스 수요탄력성은 주어진 시장에 대해 가격 상한으로 설정할 수 있다. 셋째, 기업은 최종 가격을 결정하기 전에 경쟁사들 사이의 가격 경쟁 정도를 분석해야 한다.

표 6.3 서비스 가격 정책 체계를 개발할 때 고려해야 할 이슈

1	**서비스 가격은 얼마인가?** • 조직이 회수하고자 하는 비용은 무엇인가? 조직은 이 서비스를 판매하여 특정 수익률 또는 투자 수익을 달성하려고 하는가? • 고객은 다양한 가격에 얼마나 민감하게 반응하는가? • 경쟁사들은 어떤 가격을 정책하는가? • 기본 가격에서 어떤 할인을 제공해야 하는가? • 심리적 가격 포인트(예: 4.95달러 대 5.00달러)가 관례적으로 사용되는가? • 경매 및 동적 가격을 사용해야 하는가?
2	**가격 정책의 기준은 무엇인가?** • 특정 작업 실행 • 서비스 시설 입장 • 시간 단위(시간, 주, 월, 연도) • 거래 금액에 대한 수수료 비율 • 소비된 물리적 자원 • 서비스 대상의 지리적 거리, 무게, 크기 • 고객을 위해 생성된 서비스 또는 비용 절감 결과 • 각 서비스 요소는 별도로 청구해야 하는가? • 묶음 상품에 대해 단일 가격을 청구해야 하는가? • 선택적 세분 시장에 할인을 사용해야 하는가? • 부분 유료화 가격 전략이 유리한가?
3	**결제는 누가 어디서 수금해야 하는가?** • 서비스를 제공하는 조직은 서비스 제공 장소 또는 가까운 거리에서 대금을 수금(예: 온라인, 전화 또는 우편) • 편리한 소매점 위치 또는 온라인 결제가 가능한 전문 중개업체(여행사 또는 발권사, 은행, 소매점 등) • 중개업체는 이 작업에 대해 정액 수수료 또는 일정 비율 수수료 중 어떤 방식으로 보상을 받아야 하는가?
4	**결제는 언제 해야 하는가?** • 사전 또는 서비스 제공 후? • 일시불로 지불하는가, 아니면 일정 기간 분할하여 지불하는가?
5	**결제는 어떻게 해야 하는가?** • 충전카드(신용카드 또는 직불카드) • 모바일 결제 • 현금(정확한 잔돈 여부) • 선불카드 • 암호화폐(암호화폐는 어디서 구매할 수 있는가?) • 바우처 • 수표(어떻게 검증할 수 있는가?) • 전자 자금 이체 • 서비스 제공업체의 신용 계정 • 타사 결제(예: 보험회사 또는 정부기관?)
6	**표적 시장에 가격을 어떻게 전달해야 하는가?** • 어떤 커뮤니케이션 매체(예: 광고, 웹사이트, 앱, 간판, 전광판, 영업사원, 고객 서비스 직원)를 통해 전달되는가? • 어떤 메시지 내용(예: 가격을 얼마나 강조해야 하는가?)을 전달할 것인가? • 가격 제시 및 커뮤니케이션의 심리적 측면을 활용할 수 있는가?

가격 정책의 구체적인 기준은 무엇인가

가격 정책 기준으로 서비스 단위를 정의하는 것이 항상 쉬운 일은 아니다. 예를 들어, 약속된 서비스 작업 완료를 기준으로 가격을 책정해야 하는가, 아니면 서비스 성과에 대한 인정에 따라 가격을 책정해야 하는가? 예를 들어, 변호사의 시간을 한 시간을 기준으로 해야 하는가? 또는 서비스 제공과 연계된 금전적 가치(예: 거래 가치의 백분율에 따른 수수료)와 관련지어야 하는가?

일부 서비스 가격은 음식, 음료, 물, 천연가스 같은 물리적 자원의 소비에 연동되어 있다. 운송회사는 전통적으로 거리별로 요금을 부과해왔으며, 화물회사는 무게 또는 입방체적(cubic volume)과 거리를 조합하여 요금을 정책한다(그림 6.24). 어떤 서비스의 가격은 접속할 때와 사용할 때로 구분되어 책정된다. 최근 조사 결과에 따르면 사용료는 실제 사용에 많은 영향을 미치는 반면, 접속 혹은 가입비는 서비스의 구매와 고객 이탈 방지에 영향을 미치는 중요한 요인이다.[18] 놀이공원과 같은 향유적 서비스를 이용하는 고객은 개별 사용량에 따라 요금을 지불하는 것보다 정액제를 선호하는 경향이 있다. 서비스를 즐기는 동안 지불해야 하는 고통을 상기하고 싶지 않기 때문이다. 이를 택시미터 효과(taximeter effect)라고도 하는데, 고객이 가격이 올라가는 것을 '듣고' 싶지 않기 때문에 소비의 즐거움이 줄어든다는 것이다.[19]

그림 6.24 상품 배송은 일반적으로 거리(킬로미터, 구역)와 무게 또는 크기(예: 입방체적)의 조합에 따라 요금이 부과된다.

특히 B2B 시장에서 혁신적인 비즈니스 모델은 서비스보다는 성과에 따라 요금을 부과하는 것이다. 예를 들어, 롤스로이스(Rolls-Royce)의 파워바이디아워(Power-by-the-Hour) 서비스는 유지보수, 수리, 자재 같은 서비스에 대해 요금을 부과하지 않는다. 요금은 이러한 활동의 결과, 즉 비행시간을 기준으로 요금을 부과한다.[20] 따라서 발생된 비용 절감액은 기업과 고객이 공유한다.

묶음가격 서비스 마케터에게 중요한 질문은 모든 요소(묶음)에 대해 포괄적인 가격을 부과할지, 아니면 각 요소를 개별적으로 가격을 책정할지 여부이다. 고객이 소액 결제를 많이 하지 않으려는 경우에는 묶음가격이 가장 적합할 수 있다. 그 외의 경우에는 항목별 가격을 정하는 것이 좋다. 묶음가격은 기업에게 각 고객으로부터 일정 수준의 수익을 보장하는 동시에 고객에게 지불할 수 있는 금액을 미리 명확하게 알려준다. 묶음을 해체한(unbundled) 가격 정책은 고객에게 구매 및 결제 대상을 자유롭게 선택할 수 있는 자유를 제공한다. 그러나 많은 '추가 기능(extra)'으로 인해 부풀려진 실제 가격이 애초에 고객을 끌어들인 광고된 기본 가격보다 훨씬 높다는 사실을 알게 되면 고객이 분노할 수 있다.

할인 특정 세분 시장을 대상으로 만든 선택적 가격 할인은 신규 고객을 유치하고 사용되지 않을 수용 능력을 채울 수 있는 중요한 기회를 제공할 수 있다. 그러나 특정 세분 시장을 명확하게 표적화할 수 있는 효과적인 요금장벽과 함께 사용하지 않는 한, 할인 전략은 신중하게 접근해야 한다.

프리미엄 지난 10년 동안 '프리미엄[freemium, '무료(free)'와 '프리미엄(premium)'의 합성어]'은 온라인 및 모바일 서비스에서 인기 있는 가격 정책 전략이 되었다. 사용자는 기본 서비스를 무료로 이용할 수 있으며(일반적으로 광고로 재원을 마련), 구독료를 내고 더 풍부한 기능으로 업그레이드할 수 있다. 드롭박스(Dropbox)에서 파일을 공유하거나, 링크드인에서 네트워킹을 하거나, 스포티파이(Spotify)에서 음악을 스트리밍해본 적이 있다면 이 비즈니스 모델을 직접 경험해보았을 것이다. 기술 및 대역폭에 대한 한계 비용이 낮아지면서 부분 유료화 모델이 더욱 매력적으로 다가올 가능성이 높다.

프리미엄은 신규 상품을 출시하고 고객이 계정을 설정(예: 앱 다운로드 및 구성)하고 서비스 사용 방법을 탐색하도록 유도하는 데 특히 매력적인 전략이 될 수 있다. 기본 서비스가 무료로 제공되는 경우 고객은 이러한 비금전적 설정 비용이 덜 심각하다고 인식한다. 그러나 장기적으로 볼 때 프리미엄은 비즈니스 모델이 다른 수익원에 의존하는 경우에만 가능한 최적의 가격 정책 전략이다. 여기에는 다른 사용자층을 대상으로 판매되는 광고 또는 프리미엄(premium) 서비스가 포함될 수 있다(예: 채용 담당자를 대상으로 서비스를 판매하는 링크드인). 또한 프리미엄이 실행 가능한 비즈니스 모델로 작동하려면 프리미엄(premium) 버전에 대한 고도로 차별화된 서비스와 함께 강력한 네트워크 효과가 필요한다. 그렇지 않으면 서비스 제공업체는 유료 사용자 수가 적을 가능성이 크기 때문에 무료로 제공하는 것보다 초기 수준 서비스(entry-level service)에 낮은 가격을 정책하는 것이 더 나을 수 있다.[21]

누가 결제를 담당하고 어디에서 지불해야 하는가

4장에서 설명한 것처럼 보충 서비스에는 정보, 주문 접수, 청구, 지불이 포함된다. 하지만 서비스 제공 장소가 항상 편리한 위치에 있는 것은 아니다. 예를 들어 공항, 극장, 경기장 등은 잠재 고객의 거주지나 근무지에서 멀리 떨어진 곳에 위치한 경우가 많다. 고객이 이러한 서비스를 구매하는 데 편리한 온라인 채널을 이용할 수 없는 경우 더욱 편리한 위치에 있는 중개업체를 이용하는 것이 유리하다. 따라서 기업은 호텔 및 교통편을 예약하고 고객으로부터 대금을 받는 여행사나 극장, 콘서트홀, 스포츠 경기장 좌석을 판매하는 티켓 중개업체에 이러한 서비스를 위임하기도 한다(그림 6.25 참조).

그림 6.25 여행사는 항공권 유통을 돕는 중개업체이다.

결제는 언제 해야 하는가

두 가지 기본적인 방법은 입장료, 항공권, 우표와 같이 고객에게 미리 지불하도록 요청하거나 레스토랑 청구서 및 수리비처럼 서비스 제공이 완료된 후 청구하는 것이다. 때때로 서비스 제공업체는 서비스 제공 전에 선불로 지불하고 잔금은 나중에 지불하도록 요청할 수 있다(그림 6.26). 이러한 접근 방식은 운영자금이 제한적인 중소기업이 자재를 구매하고 비용을 지불해야 하는 고가의 수리 및 유지보수 작업에서 매우 일반적이다.

선결제는 구매자가 서비스 혜택을 받기 전에 결제하는 것을 의미한다. 그러나 선결제는 고객과 서비스 제공업체 모두에게 이점을 제공할 수 있다. 우편 서비스나 대중교통처럼 정기적으로 이용하는 서비스를 사용할 때마다 매번 결제하는 것이 불편할 때가 있다. 고객은 시간과 노력을 절약하기 위해 우표첩이나 월단위 교통패스를 구입하는 편리함을 선호할 수 있다.

마지막으로 결제 시점에 따라 사용 패턴이 결정될 수 있다. 콜로라도에 위치한 한 헬스클럽의 결제 및 출석 기록을 분석한 결과 회원의 사용 패턴이 결제 일정과 밀접한 관련이 있는 것

그림 6.26 일부 기업은 고객에게 연체금에 대한 유연성을 많이 주지 않는다.

그림 6.27 결제 체계는 헬스클럽 이용과 멤버십 갱신을 유도할 수 있다.

으로 나타났다. 예를 들어, 회원들의 클럽 이용률은 결제 직후 몇 달 동안 가장 높았다가 다음 결제일까지 꾸준히 감소하는 것으로 나타났다. 월별 결제 플랜을 사용하는 회원은 헬스클럽을 훨씬 더 꾸준히 이용했으며, 매달 결제하는 금액만큼 사용하도록 장려하기 때문에 멤버십을 갱신할 가능성이 더 높았다(그림 6.27).[22]

즉 결제 타이밍을 보다 전략적으로 활용하여 공급 활용도를 관리할 수 있다. 예를 들어, 골프 클럽이 가장 바쁜 시기에 수요를 줄이고 싶다면 시즌이 시작되기 훨씬 전(예: 5월이나 6월이 아닌 1월)에 요금을 청구할 수 있다. 그러면 여름 성수기가 도래할 때쯤이면 회원들은 지불에 대한 고통이 사라져 '본전(money's worth)'을 뽑아야 한다는 생각이 줄어들 것이다. 성수기 동안 수요가 감소하면 클럽의 전체 회원 수를 늘릴 수 있다.

반대로 결제 시기를 조절하여 소비를 늘리는 데에도 활용할 수 있다. 미국의 유명 프로 야구팀인 보스턴 레드삭스의 시즌 티켓 소지자를 생각해보라. 이 팬들에게는 시즌이 시작되기 5개월 전에 요금이 청구된다. 레드삭스는 시즌 내내 관중 수를 늘리고 팬들의 지지를 얻기 위해 이 거액의 연간 결제 금액을 경기 일정에 맞춰 네 차례에 걸쳐 분할 납부할 수 있게 한다. 팀은 높은 경기 출석률과 팬들의 지지를 얻을 수 있고, 팬들은 재정적으로 더 관리하기 쉬운 할부를 선호할 수 있다.

결제는 어떻게 해야 하는가

다양한 결제 수단이 있다. 현금은 가장 간단한 방법처럼 보이지만 보안 문제가 발생할 수 있고 기계 이용 시 정확한 잔돈이 필요할 때는 불편하다. 신용카드와 직불카드는 거의 보편화되어 전 세계에서 사용할 수 있다. 현금을 대체하거나 현금 대신 사용할 수 있는 다른 결제 수단으로는 암호화폐나 바우처가 있다.

서비스 마케터는 결제의 간편성과 속도가 전반적인 서비스 품질에 대한 고객의 인식에 영향을 미칠 수 있다는 점을 기억해야 한다. 마그네틱 띠 또는 내장된 마이크로칩에 가치를 저장하는 카드를 기반으로 하는 선결제 시스템은 이제 더 널리 사용되고 있다. 무선 주파수 식별(RFID) 기술이 적용된 신용카드 및 직불카드와 모바일 앱(예: 애플페이)을 기반으로 하는 비접촉식 결제 시스템도 점점 더 많이 사용되고 있다. 스타벅스(Starbucks)는 리워드 프로그램과 통합된 스마트폰 및 앱 기반 결제 시스템을 출시하여 고객이 특별 할인 및 무료 혜택을 받을 수 있게 했다. 주문을 통합하여 카운터에서 대기시간을 줄일 수 있다. 애플(Apple) 사용자는 POS 시스템에 기기를 갖다 대고 휴대폰의 Touch ID 지문 센서 또는 안면인식 기능을 사용하여 거래를 인증하여 결제할 수도 있다(그림 6.28). 이러한 시스템 공급업체는 기존 현금 또는 신용카드 구매보다 거래 속도가 최대 2배까지 빨라질 수 있다고 주장한다.

Pawan Kumar/Alamy Stock Photo

그림 6.28 애플페이는 간편한 결제를 목표로 한다.

가격을 표적 시장에 어떻게 전달해야 하는가

마지막 이슈는 조직의 가격 정책을 표적 시장에 가장 잘 전달할 수 있는 방법을 결정하는 것이다. 사람들은 서비스를 구매하기 전에 해당 서비스에 대해 지불할 것으로 예상되는 가격을 먼저 알아야 한다. 또한 그 가격을 언제, 어디서, 어떻게 지불해야 하는지 알아야 할 수도 있다. 이러한 정보는 고객이 오해하지 않고 기업의 윤리적 기준에 의문을 제기하지 않도록 이해하기 쉽고 명확한 방식으로 제공되어야 한다. 관리자는 서비스 광고에 가격 관련 정보를 포함할지 여부를 결정해야 한다. 이 경우 경쟁사의 상품 원가에 연동하게 가격을 책정하면 적합할 것이다. 영업사원과 고객 서비스 담당자는 가격, 결제, 신용거래에 대한 고객의 문의에 즉

SERVICE INSIGHTS 6.3

레스토랑 메뉴 가격 책정의 심리학

메뉴에서 특정 요리는 선택되고 왜 다른 요리는 선택되지 않는지 궁금했던 적이 있는가? 이는 메뉴에 요리가 표시되는 방식 때문일 수 있다. 메뉴 심리학은 점점 성장하고 있는 연구 분야이다. 메뉴 엔지니어와 컨설턴트는 식당에서 더 많은 돈을 지출할 수 있도록 레이아웃과 가격 정보를 포함하여 메뉴를 설계하는 가장 효과적인 방법에 대한 연구를 수행한다. 어떻게 하면 사람들이 더 소비하고 수익률이 높은 메뉴를 주문하게 할 수 있을까?

- 메뉴에 가격을 표시할 때는 통화 표시($, € 등)를 사용하지 않는 것이 가장 좋다. 달러 표시와 함께 표기되는 가격은 그렇지 않을 때보다 고객의 소비를 감소시킨다.
- 9.99달러와 같이 '9'로 끝나는 가격은 고객이 가격 대비 가치를 얻는다고 느끼게 한다. 이는 저렴한 가격과 좋은 가치로 포지셔닝하는 데는 유리하지만, 고급 레스토랑에서 사용해서는 안 된다.
- 가격은 품목 설명 마지막에 배치해야 하며, 어떤 방식으로든 강조해서는 안 된다.
- 가장 비싼 품목은 메뉴 상단에 배치하여 다른 품목의 가격이 상대적으로 낮게 보이도록 해야 한다. 또는 칵테일, 와인, 타코 등의 품목을 가로로 배치하는 경우 가장 수익성이 높은 품목은 가장자리가 아닌 가운데에 배치해야 한다, 가장 수익성이 높은 품목은 가장자리가 아닌 가운데에 배치해야 한다.
- 메뉴에서 가장 수익성이 높은 항목은 고객이 먼저 보는 경향이 있는 페이지 오른쪽 상단에 배치해야 한다.
- 요리에 대한 설명이 길면 사람들이 더 많이 주문하게 되는 경향이 있다. 따라서 메뉴는 수익성이 높은 요리는 상세하고 보기 좋게 설명하고, 수익성이 낮은 요리는 짧게 설명하도록 설계할 수 있다.
- 요리 이름은 어떻게 지어야 하는가? 사람들은 어머니, 할머니, 기타 친척의 이름을 딴 메뉴를 주문하도록 권장되는 것으로 나타났다. 다른 친척의 이름을 딴 메뉴를 주문하는 것이 좋다(예: 메리 이모의 비프스튜).

다음에 메뉴에서 요리를 선택할 때는 잠시 멈춰서 그 요리가 어떻게 표시되어 있는지 확인하는 것이 좋다. 이렇게 하면 레스토랑에서 주문하기를 원하는 요리에 마음이 흔들렸는지 판단하는 데 도움이 된다.

출처: Sarah Kershaw, "In Search of a Formula to Entice Mind, Stomach and Wallet," *The New York Times*, December 23, 2009; Jungkeun Kim, Euejung Hwang, Jooyoung Park, Jacob C. Lee and Jongwon Park, "Position Effects of Menu Item Display in Consumer Choices: Comparisons of Horizontal Versus Vertical Displays," *Cornell Hospitality Quarterly* 60(2) (2019): 116.124.

Dorling Kindersley Ltd/Alamy Stock Photo

각적이고 정확한 답변을 제공할 수 있어야 한다. 소매점의 간판이 잘 설치되어 있으면 직원은 가격에 대한 기본적인 질문에 답할 필요가 없다.

가격을 알리는 데 사용되는 방법은 구매 행동을 형성하는 중요한 요소이다. 예로, 레스토랑 환경에서 메뉴 심리학은 고객이 메뉴의 가격 정보에 어떻게 반응하는지를 살펴보자(서비스 인사이트 6.3 참조).

마지막으로 가격이 항목별 청구서 형태로 표시되는 경우 마케터는 정확하고 이해하기 쉬운지 확인해야 한다. 여러 페이지에 걸쳐 수십, 수백 개의 항목이 포함될 수 있는 병원 청구서는 종종 부정확하다는 비난을 받으며, 일부 연구에 따르면 의료비 청구서에서 오류가 발생하는 비율이 80%에 달한다는 연구 결과도 있다.[23]

요약

학습목표 1 효과적인 가격 결정은 서비스 기업의 재정적 성공의 핵심이다. 가격 결정의 주요 목표는 ① 수익 창출 및 비용 충당, ② 수요 창출 및 사용자 기반 개발, ③ 기업의 포지셔닝 전략 지원일 수 있다. 가격 결정에 대한 목표를 설정한 후에는 가격 전략을 수립해야 한다.

학습목표 2 가격 전략 수립의 기본은 가격 정책 삼각대의 세 다리이다.

- 회사가 충당해야 할 비용에 따라 최저 가격 또는 가격 하한이 결정된다.
- 서비스에 대한 고객의 지각된 가치에 따라 최대 가격 또는 가격 상한이 설정된다.
- 경쟁사의 가격은 최저 가격과 최고 가격 사이에서 적정 가격의 결정을 돕는다.

학습목표 3 가격 정책 삼각대의 첫 번째 다리는 회사가 부담하는 비용이다.

- 서비스 원가 분석은 종종 복잡하다. 서비스는 높은 고정 비용, 다양한 수용 능력 활용도, 대규모 공유 인프라를 단가를 정책하기가 어렵다.
- 서비스에 변동 비용 및/또는 준변동 비용의 비중이 큰 경우 원가회계 접근 방식이 효과적이다(예: 공헌이익 및 손익분기점 분석 사용).
- 그러나 활동 기반 비용 정책(ABC 접근법)은 종종 공유 인프라가 있는 복잡한 서비스에 더 적합하다.

학습목표 4 가격 정책 삼각대의 두 번째 다리는 고객에 대한 가치이다.

- 순가치는 모든 인식된 혜택(총가치)의 합계에서 서비스의 모든 인식된 비용의 합계를 뺀 값이다. 고객은 순가치가 양수(+)인 경우에만 서비스를 구매한다. 순가치는 가치를 높이거나 비용을 줄임으로써 향상할 수 있다.
- 가치는 지각되고 주관적이기 때문에 고객이 얻는 가치를 더 잘 이해할 수 있도록 커뮤니케이션과 교육을 통해 향상할 수 있다.
- 비용에는 고객이 서비스에 지불하는 가격 이외에도 검색, 구매 및 서비스 대면, 구매 후 단계에서 발생하는 관련 금전적 비용(예: 서비스 위치까지의 택시 요금)과 비금전적 비용(예: 시간 비용, 물리적 비용, 심리적 비용, 감각 비용)이 포함된다. 기업은 이러한 관련 금전적 및 비금전적 비용을 줄임으로써 순가치를 높일 수 있다.

학습목표 5 가격 정책 삼각대의 세 번째 다리는 경쟁이다.

- 상대적으로 유사한 서비스를 제공하는 시장에서는 가격 경쟁이 치열할 수 있다. 여기서 기업은 경쟁사의 가격을 면밀히 관찰하고 그에 따라 가격을 책정해야 한다.
- 가격 경쟁은 ① 경쟁사 수, ② 대체 서비스 수, ③ 경쟁사 및 대체 서비스의 분포 밀도, ④ 업계 내 잉여 수용 능력에 따라 심화된다.
- 가격 경쟁은 다음 중 하나 이상에 해당하는 경우 감소한다. ① 경쟁 대안을 사용하는 데 드는 비금전적 비용이 높거나, ② 개인적인 관계가 중요하거나, ③ 전환 비용이 높고 서비스 소비가 시간 및 장소에 따라 달라지

는 경우이다.

학습목표 6 수익 관리(RM)는 서비스 수용 능력의 활용을 증대시키고, 높은 금액을 지불하는 고객의 예약을 통해 기업의 수익을 증대시킨다. 구체적으로 수익 관리는 다음과 같아야 한다.

- 물리적 및 비물리적 요금장벽을 사용하여 상품을 설계하고 특정 유보가격(reservation price)에 따라 세분 시장별로 가격을 결정한다.
- 다양한 세분 시장의 예상 수요 수준에 따라 가격을 설정한다.
- ① 높은 고정비와 부패하기 쉬운 재고, ② 가격탄력성이 다양한 고객 세분 시장, ③ 가변적이고 불확실한 수요를 특징으로 하는 서비스 사업에 가장 효과적이다.
- 주어진 공간 및 시간 단위(RevPAST)의 가용 공급당 수익으로 성공을 측정한다. 예를 들어, 항공사는 가용 좌석 킬로미터당 수익(RevPASK)을 극대화하고, 호텔은 가용 객실 1박당 수익(RevPAR)을 극대화하려고 노력한다.

학습목표 7 잘 설계된 요금장벽은 높은 가격을 지불할 의향이 있는 고객이 저가의 이점을 누리지 못하도록 각 세분 시장의 '상품'을 정의하는 데 필요하다. 요금장벽은 물리적이거나 비물리적일 수 있다.

- 물리적 장벽은 가격 차이와 관련된 가시적인 상품의 차이점을 의미하며 다른 가격과 관련된 유형적 상품의 차이(예: 극장 좌석 극장 내 위치, 호텔 객실 크기, 서비스 수준)를 말한다.
- 비물리적 장벽은 소비(예: 주말 포함 호텔 숙박), 거래(예: 취소 및 변경 위약금이 포함된 2주 전 사전 예약) 또는 구매자 특성(예: 학생 및 단체 할인)을 의미한다. 가격이 다르게 부과되지만 서비스 경험은 요금장벽과 관계없이 동일하다.

학습목표 8 고객은 종종 서비스 가격(예: 수익 관리 관행, 다양한 요금장벽 및 수수료 체계)을 이해하는 데 어려움을 겪는다. 서비스 기업은 가격 정책 수립 시 고객이 비윤리적이거나 불공정하다고 오해할 만한 숨겨진 수수료가 없고 가격이 너무 복잡하지 않게 주의해야 한다.

학습목표 9 다음과 같은 방법을 통해 기업은 고객의 공정성 인식을 개선할 수 있다.

- 명확하고 논리적이고 공정한 가격 체계와 요금장벽을 설계한다.
- 공시가격을 사용하고 할인을 요금장벽으로 사용한다.
- 수익 관리에 관한 고객의 혜택에 대해 커뮤니케이션한다.
- 할인을 '숨기는 데' 묶음가격을 이용한다.
- 충성도가 높은 고객을 관리한다.
- 예약 초과 시 서비스 회복을 사용한다.

학습목표 10 서비스 가격 결정의 실무 적용을 위해 서비스 마케터는 잘 고안된 가격 전략을 위해 다음의 질문을 고려해야 한다.

- 이 서비스의 가격은 얼마로 책정할 것인가?
- 가격 결정의 명확한 기준은 무엇인가?
- 누가 결제를 담당할 것인가? 어디서 결제할 수 있는가?
- 고객은 언제 결제할 수 있는가?
- 결제 방법에는 무엇이 있는가?
- 가격은 표적 시장에 어떻게 커뮤니케이션하는가?

학습 키워드

학습목표 1
- 가격 전략
- 가격 목표
- 수익
- 수요
- 사용자 기반

학습목표 2
- 경쟁 가격
- 최저 가격
- 가격 하한
- 최대 가격
- 가격 상한
- 가격 삼각대
- 원가
- 경쟁
- 고객의 가치

학습목표 3
- 원가 기반 가격 결정
- 고정비
- 변동비
- 준변동비
- 원가회계
- 활동 기반 원가 계산
- 간접비
- 자원 비용
- 공헌이익
- 경제적 비용
- 손익분기점 분석
- 가격 민감도

학습목표 4
- 가치 기반 가격 결정
- 순가치
- 지각된 혜택
- 지각된 비용
- 가치에 대한 인식
- 관련 금전적 비용
- 비금전적 비용
- 시간 비용
- 물리적 비용
- 심리적 비용
- 감각 비용
- 검색 비용
- 구매 비용
- 서비스 대면 비용
- 구매 후 비용

학습목표 5
- 경쟁 기반 가격 정책
- 가격 선도자
- 가격과 관련 없는 비용
- 개인적 관계
- 전환 비용
- 시간 특수성
- 입지 특수성

학습목표 6
- 수익 관리
- 부패하기 쉬운 재고
- 수익률 관리
- 부실 재고
- 역경매
- 가격 탄력성
- 가격 탄력적
- 가격 비탄력적
- 가격 버킷

학습목표 7
- 요금
- 가격 사용자 지정
- 물리적 장벽
- 비물리적 장벽
- 재고 '버킷'
- 거래 특성
- 소비 특성
- 구매자 특성

학습목표 8
- 윤리적 문제
- 비윤리적 행동
- 교란 정책
- 수수료
- 위약금
- 공정성 인식

학습목표 9
- 가격 체계
- 공시가격
- 묶음가격
- 로열티 승수
- 서비스 회복
- 보상
- 초과 예약

학습목표 10
- 서비스 가격 전략
- 가격 하한
- 수요탄력성
- 가격 경쟁
- 동적 가격 정책
- 묶음가격
- 할인
- 프리미엄
- 중개업체
- 선결제 시스템
- 메뉴 심리학

서비스 마케팅 용어를 얼마나 잘 알고 있나요? 퀴즈를 풀어보세요!

본문을 참조하지 않고도 기억할 수 있는 각 키워드에 대해 1점을 매기고 점수를 합산하여 서비스 마케터라고 불릴 자격을 갖추었는지 확인하세요.

점수

- 01~14 서비스 마케팅이 여러분에게 해악을 끼치나요?
- 15~28 밤늦도록 공부가 필요합니다.
- 29~42 학기 내내 여러분이 무엇을 하지 않았는지 알고 있습니다.
- 43~56 거의 도달하려고 합니다.
- 57~70 바로 마케터로 출발하세요.
- 71~88 여러분의 이름을 딴 마케팅 콘셉트가 나와야 합니다.

서비스 마케팅 연습문제

1. 서비스 가격 결정이 상품의 가격 결정보다 더 어려운 이유는 무엇인가?
2. 특정 서비스의 가격 도출에 가격 정책 삼각대는 어떻게 적용될 수 있는가?
3. 서비스 기업은 가격 정책의 목표를 위한 단위당 비용을 어떻게 계산할 수 있는가? 예상 수용량과 실제 수용량은 단위당 비용과 이윤에 어떻게 영향을 미치는가?
4. 비즈니스 모델에서 비금전적 비용은 어떤 역할을 하며, 고객의 가치 인식과 어떤 관계가 있는가?
5. 서비스 맥락에서 경쟁사의 서비스 가격을 금전적으로 비교하기 어려운 이유는 무엇인가?
6. 수익 관리란 무엇인가? 어떻게 작동하는가? 어떤 유형의 서비스 운영이 좋은 수익 관리 시스템으로부터 혜택을 가장 많이 받을 수 있으며, 그 이유는 무엇인가?
7. 적절한 사례를 들어 물리적 및 비물리적 요금장벽의 차이점을 설명하라.
8. 서비스 가격 정책과 수익 관리 전략을 설계할 때 윤리적 고려가 중요한 이유는 무엇인가? 불공정하다고 지각되는 서비스에 대한 고객의 반응은 어떠한가?
9. 고객의 불만 없이 세분 시장에 서로 다른 가격을 책정할 수 있는 방법은 무엇인가? 동일한 고객에게 다른 시점과 다른 상황에서 서로 다른 가격을 설정하면서도 공정하게 지각시킬 수 있는 방법은 무엇인가?
10. 효과적인 가격 정책을 수립할 때 관리자가 고려해야 하는 6가지 주요 결정에는 어떤 것이 있는가?

서비스 마케팅 응용문제

1. 원하는 서비스 조직을 선택하여 해당 조직의 가격 정책과 방법을 알아보라. 이 장에서 설명한 것과 어떤 점에서 유사하고 다른가?
2. 전화 서비스, 자동차 수리, 케이블 TV, 신용카드 등 서비스 업체로부터 받은 최근 청구서를 검토하라. 다음 기준에 따라 각각을 평가한다.
   (a) 일반적인 모양과 표현의 명확성, (b) 이해하기 쉬운 결제 조건, (c) 혼란스러운 용어와 정의의 사용 방지, (d) 적절한 수준의 세부사항, (e) 예상치 못한('숨겨진') 요금, (f) 정확성, (g) 문제나 분쟁 발생 시 고객 서비스 이용의 용이성
3. 수익 관리는 (a) 전문 서비스 회사(예: 로펌), (b) 레스토랑, (c) 골프장에 어떻게 적용될 수 있는가? 어떤 요금장벽을 사용하며, 그 이유는 무엇인가?
4. 혁신적인 서비스 가격 정책 및/또는 수익 관리 전략에 기반한 매우 성공적인 비즈니스 모델 두 가지를 살펴보고, 가격 정책 전략의 주요 문제로 인해 실패한 비즈니스 모델 두 가지를 식별하라. 분석을 통해 어떤 일반적인 교훈을 얻을 수 있는가?
5. 원하는 서비스를 선택하여 포괄적인 가격 정책 일정을 개발하라. 효과적인 가격 정책 체계를 설계하기 위해 마케터가 답해야 하는 6가지 질문을 적용하라.

미주

1. Joshua Brustein, "Star Pitchers in a Duel? Tickets Will Cost More," The New York Times, June 27, 2010; https://en.wikipedia.org/wiki/ScoreBig, accessed on Feburary 10, 2022.
2. This section draws from Robert S. Kaplan and Steven R. Anderson, "Time-Driven Activity-Based Costing," Harvard Business Review (November 2004); Thomas H. Stevenson and David W. E. Cabell, "Integrating Transfer Pricing Policy and Activity-Based Costing," Journal of International Marketing 10(4) (2002): 77–88.
3. Parts of this section are based on Leonard L. Berry and Manjit S. Yadav, "Capture and Communicate Value in the Pricing of Services," Sloan Management Review 37 (Summer 1996): 41–51; Anna S. Mattila and Jochen Wirtz, "The Impact of Knowledge Types on the Consumer Search Process—An Investigation in the Context of Credence Services," International Journal of Service Industry Management 13(3) (2002): 214–230.
4. It has been shown that music piracy can be reduced by making the purchase and use of music more convenient. Ironically, the use of digital rights management (DRM), which aims to reduce unauthorized copying and piracy, actually increases piracy, not because of consumers' unwillingness to pay but because of the inconvenience entailed in using DRM-protected files. See Rajiv K. Sinha, Fernando S. Machado, and Collin Sellman, "Don't Think Twice, It's All Right: Music Piracy and Pricing in a DRM-Free Environment," Journal of Marketing 74(2) (2010): 40–54.
5. Leonard L. Berry, Kathleen Seiders, and Dhruv Grewal, "Understanding Service Convenience," Journal of Marketing 66 (July 2002): 1–17. For an examination of the trade-off between price and effort (i.e., self-service), see Lan Xia and Rajneesh Suri, "Trading Effort for Money: Consumers' Cocreation Motivation and the Price of Service Options," Journal of Service Research 17(2) (2014): 229–242.
6. Jochen Wirtz, Ping Xiao, Jeongwen Chiang, and Naresh Malhotra, "Contrasting Switching Intent and Switching Behavior in Contractual Service Settings," Journal of Retailing 90(4) (2014): 463–480.
7. Kristina Heinonen, "Reconceptualizing Customer Perceived Value: The Value of Time and Place," Managing Service Quality 14(3) (2004): 205–215.
8. For a review of the extant revenue management literature, see Sheryl E. Kimes and Jochen Wirtz, "Revenue Management: Advanced Strategies and Tools to Enhance Firm Profitability," Foundations and Trends in Marketing 8(1) (2015): 1–68.For an excellent case study on implementing RM in restaurants, see Sheryl E. Kimes and Jeannette Ho, "Implementing Revenue Management in Your Restaurants: A Case Study with Fairmont Raffles Hotels International," Cornell Hospitality Report 19(5) (2019): 1–13.
9. Saif Benjaafar and Ming Hu, "Operations Management in the Age of the Sharing Economy: What Is Old and What Is New?" Manufacturing & Service Operations Management 22(1) (2020): 93–101.
10. Georgios Zervas, Davide Proserpio, and John W. Byers, "The Rise of the Sharing Economy: Estimating the Impact of Airbnb on the Hotel Industry," Journal of Marketing Research 54(5) (2017): 687–705.
11. Hermann Simon and Robert J. Dolan, "Price Customization," Marketing Management 7 (Fall 1998): 11–17.
12. Lisa E. Bolton, Luk Warlop, and Joseph W. Alba, "Consumer Perceptions of Price (Un)Fairness," Journal of Consumer Research 29(4) (2003): 474–491; Lan Xia, Kent B. Monroe, and Jennifer L. Cox, "The Price Is Unfair! A Conceptual Framework of Price Fairness Perceptions," Journal of Marketing 68 (October 2004): 1–15; Philipp Leinsle, Dirk Totzek and Jan H. Schumann, "How Price Fairness and Fit Affect Customer Tariff Evaluations," Journal of Service Management 29(4) (2018): 735–764.
13. Scott Adams, *The Dilbert Future: Thriving on Business Stupidity in the 21st Century* (New York: Harper Business, 1997), p. 160.
14. Ian Ayres and Barry Nalebuff, "In Praise of Honest Pricing," Sloan Management Review 45 (Fall 2003): 24–28.
15. Dean Foust, "Protection Racket? As Overdraft and Other Fees Become Huge Profit Sources for Banks, Critics See Abuses," Business Week 5 (February 2005): 68–89.
16. Parts of this section are based on Jochen Wirtz, Sheryl E. Kimes, Jeannette P. T. Ho, and Paul Patterson, "Revenue Management: Resolving Potential Customer Conflicts," Journal of Revenue and Pricing Management 2(3) (2003): 216–228; additional sources include Jochen Wirtz and Sheryl E. Kimes, "The Moderating Role of Familiarity in Fairness Perceptions of Revenue Management Pricing," Journal of Service Research 9(3) (2007): 229–240; Robin Chark, "Price Fairness in the Era of the Sharing Economy," Cornell Hospitality Quarterly 60(3): 200–211; Rafi Mohammed, "A Better Way to Make Deals on Meals," Harvard Business Review (January–February 2011): 25.
17. Florian V. Wangenheim and Tomas Bayon, "Behavioral Consequences of Overbooking Service Capacity," Journal of Marketing 71(4) (October 2007): 36–47; Amin Nazifi, Katja Gelbrich, Yany Gregoire, Sebastian Koch, Dahlia El-Manstrly, and Jochen Wirtz, "Proactive Handling of Flight Overbooking: How to Reduce Negative eWOM and the Costs of Bumping Customers," Journal of Service Research (2020), 24(2) (2021): 206–225.
18. Peter J. Danaher, "Optimal Pricing of New Subscription Services: An Analysis of a Market Experiment," Marketing Science 21 (Spring 2002): 119–129; Gilia E. Fruchter and Ram C. Rao, "Optimal Membership Fee and Usage Price Over Time for a Network Service," Journal of Services Research 4(1) (2001): 3–14.
19. Fabian Uhrich, Jan H. Schumann, and Florian von Wangenheim, "The Impact of Consumption Goals on Flat-Rate Choice: Can 'Hedonizing' a Service Increase Customers' Propensity to Choose a Flat Rate?" Journal of Service Research 16(2) (2012): 216–230.
20. Irene C. L. Ng, David Xing Ding, and Nick Yip, "Outcome-based Contracts as New Business Model: The Role of Partnership and Value-driven Relational Assets," Industrial Marketing Management 42(5) (2013): 730–743; Irene C. L. Ng, Roger Maull, and Nick Yip, "Outcome-based Contracts as a Driver for Systems Thinking and Service-Dominant Logic in Service Science: Evidence from the Defence Industry," European Management Journal 27(6) (2009): 377–387; Luciano Batista, Simon Davis-Poynter, Irene C. L. Ng, and Roger Maull, "Servitization through Outcome-based Contract—A Systems Perspective from the Defence Industry," International Journal of Production Economics 192, Issue C (2017): 133–143.
21. Vineet Kumar, "Making 'Freemium' Work," Harvard Business Review 92(5) (2014): 27–29; Björn A. Hüttel, Jan Hendrik Schumann, Martin Mende, Maura L. Scott, and Christian J. Wagner, "How Consumers Assess Free E-Services: The Role of Benefit-Inflation and Cost-Deflation Effects," Journal of Service Research 21(3) (2018): 267–283; Zijun (June) Shi, Kaifu Zhang, and Kannan Srinivasan, "Freemium as an Optimal Strategy for Market Dominant Firms," Marketing Science 38(1) (2019): 150–169.
22. John Gourville and Dilip Soman, "Pricing and the Psychology of Consumption," Harvard Business Review 9 (September 2002): 90–96.
23. See, for example, Lisa Rowan, "Assume Your Medical Bills Are Wrong," Lifehacker (2019), https://twocents.lifehacker.com/assume-your-medical-bills-are-wrong-1839981669, accessed February 10, 2022.

CHAPTER 7

서비스 촉진과 고객 교육

학습목표

01 통합 서비스 커뮤니케이션 모델의 5W(누가, 무엇을, 어떻게, 어디서, 언제)를 이해한다.

02 모든 서비스 커뮤니케이션 프로그램의 3가지 범주의 표적 고객('누구')을 이해한다.

03 전략적 및 전술적 서비스 커뮤니케이션의 목표('무엇')를 이해한다.

04 서비스 마케팅 커뮤니케이션 유입 경로와 주요 목표를 숙지한다.

05 서비스 마케팅 커뮤니케이션이 수행하는 주요한 역할을 숙지한다.

06 서비스 커뮤니케이션에서 직면하는 과제를 이해하고, 이를 극복하는 방법('어떻게')을 숙지한다.

07 서비스 마케팅 커뮤니케이션 믹스('어디서')를 숙지한다.

08 전통적 마케팅 커뮤니케이션 채널의 커뮤니케이션 믹스 요소를 숙지한다.

09 인터넷, 휴대폰, 앱, QR 코드 및 다양한 온라인 매체의 역할을 이해한다.

10 서비스 마케팅 커뮤니케이션 믹스의 다양한 요소를 숙지한다.

11 기업 외부에서 발생하는 커뮤니케이션 믹스 요소를 이해한다.

12 커뮤니케이션이 이루어지는 시기('언제'), 서비스 커뮤니케이션 프로그램에 대한 예산을 설정하는 방법 및 프로그램을 평가하는 방법을 이해한다.

13 서비스 마케팅 커뮤니케이션에서 윤리 및 고객 개인정보 보호와 관련된 문제를 이해한다.

14 커뮤니케이션에서 기업 설계의 역할을 이해한다.

15 강력한 브랜드 정체성을 제공하기 위한 통합적 마케팅 커뮤니케이션의 중요성을 인식한다.

도입 사례

원숭이 인형 오스카의 전성기[1]

아일랜드의 킬로난캐슬 호텔(Kilronan Castle Hotel)의 직원들은 쓰레기통 뒤에 떨어져 분실된 밝은 오렌지색과 노란색의 원숭이 인형을 발견했다. 직원들은 분실된 소지품함에 넣는 대신 그 원숭이 인형에 오스카라는 이름을 붙여주고, 오스카와 주인을 재회시키기 위해 소셜 미디어 캠페인을 한다는 멋진 생각을 했다. 페이스북에 올린 사진에서 볼 수 있듯이 직원들은 그 과정에서 매우 재미있는 경험을 할 수 있었다.

이 사진들은 오스카가 호텔에서 오후의 차와 미용을 즐기고, 심지어 총주방장이 오스카를 위해 특별히 준비한 뷔페를 먹으며 호화로운 삶을 살고 있는 것을 보여주었다. 호텔은 비록 오스카는 길을 잃고 주인을 찾는 중이지만, 그동안 호화로운 킬로난캐슬 호텔에서 최고의 시간을 보내고 있다는 메시지를 전했다. 오스카는 오히려 조금 더 오래 발견되지 않으면 좋겠다고 생각하는 것처럼 보이기도 했다.

직원들은 오스카의 주인이 인형을 찾아가기를 바란 것은 사실이지만, 그보다는 이 캠페인이 킬로난캐슬 호텔을 위한 중요한 소셜 미디어 홍보임을 부인할 수 없었다. 속도, 창의성, 재미는 소셜 미디어 캠페인이 입소문이 나게 할 수 있는 중요한 요소이다.

Used with permission by Kilronan Castle Estate

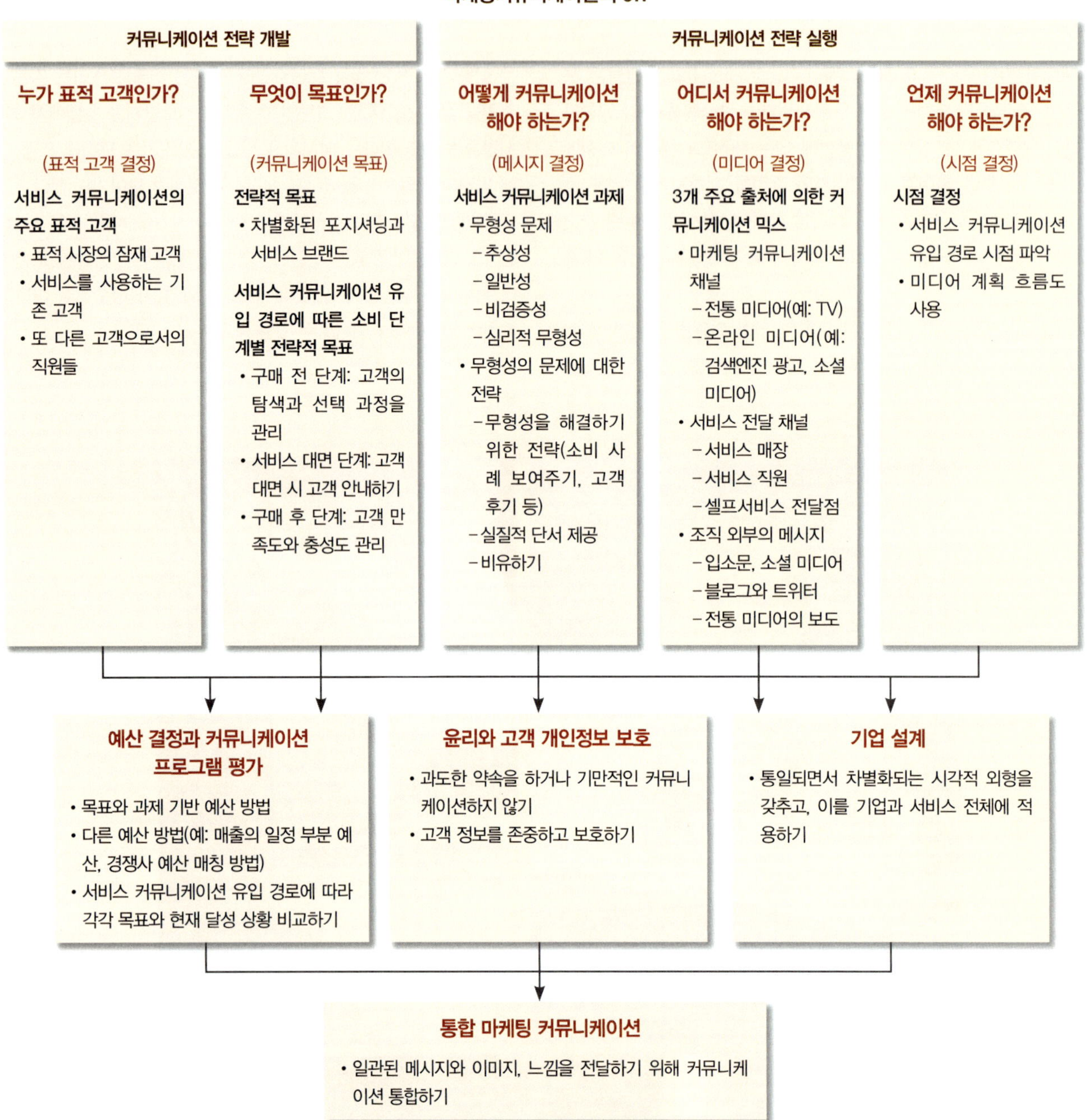

그림 7.1 통합 서비스 커뮤니케이션 모델

통합 서비스 마케팅 커뮤니케이션

학습목표 1

통합 서비스 커뮤니케이션 모델의 5W(누가, 무엇을, 어떻게, 어디서, 언제)를 이해한다.

도입 사례에서 다룬 원숭이 인형 '오스카' 캠페인은 호텔 직원들의 빠르고 혁신적인 대처로 페이스북(Facebook)에서 팔로워를 창출하는 데 성공했다. 소셜 미디어는 사실상 모든 서비스 기업에서 필수적인 부분이 되었다. 이 장에서는 서비스를 위한 효과적인 마케팅 커뮤니케이션 전략을 어떻게 계획하고 설계할 것인지에 초점을 맞춘다.

효과적인 서비스 마케팅 커뮤니케이션 전략은 서비스 상품과 서비스 상품의 잠재 구매자에 대한 올바른 이해에서 시작한다. 표적 고객군과 다양한 미디어에 대한 노출, 서비스 상품에 대한 고객의 인식과 이에 대한 태도, 구매 전 또는 구매 도중 혹은 구매 후에 제품의 특성을 얼마나 쉽게 평가할 수 있는지를 파악하는 것은 필수이다. 전달할 메시지의 내용, 구조, 유형, 표현 방식, 의도한 수용자에게 전달하는 데 가장 적합한 미디어를 결정하는 것 모두 중요한 의사결정이다.

그림 7.2에 제시된 통합 서비스 커뮤니케이션 모델은 이러한 모든 고려사항을 통합하여 이 장을 정리하는 프레임워크 역할을 한다. 마케팅 커뮤니케이션 계획에 유용한 체크리스트를 제공하는 '5W' 모델부터 시작하자.

1. 표적 고객은 **누구**인가? (*who*)
2. **무엇**을 커뮤니케이션하고, 달성해야 하는가? (*what*)
3. **어떻게** 커뮤니케이션해야 하는가? (*how*)
4. 이를 **어디**에서 커뮤니케이션해야 하는가? (*where*)
5. **언제** 커뮤니케이션이 이루어져야 하는가? (*when*)

먼저 표적 고객(**누가**)을 정의하고 커뮤니케이션 목표를 지정하는 문제(**무엇**)를 고려하겠다. 이는 핵심적인 전략적 커뮤니케이션 결정이기 때문이다. 그런 다음 커뮤니케이션 전략 구현에 필요한 서비스 커뮤니케이션 계획의 전술적 결정을 검토할 것이다. 이러한 결정은 서비스 마케터가 이용할 수 있는 광범위한 커뮤니케이션 채널(**어디서**), 서비스의 특성에 기인하는 문제를 극복하기 위한 커뮤니케이션 과제(**어떻게**), 커뮤니케이션 활동의 적절한 스케줄링(**언제**)과 관련이 있다. 이외에 고려해야 할 점은 다음 절에서 논의한다. 여기에는 커뮤니케이션 프로그램의 실행을 위한 가용 예산, 성과를 측정하고 평가하는 방법, 윤리와 고객 개인정보 보호, 기업 설계가 포함된다. 마지막 절에는 통합 마케팅 커뮤니케이션을 통해 다양한 채널에 걸친 모든 커뮤니케이션을 어떻게 관리해야 하는지에 대해 논의할 것이다.

Matthew Chattle/Alamy Stock Photo

그림 7.2 이베이의 소셜쇼핑 서비스는 고객이 크리스마스 선물을 잘 선택할 수 있도록 페이스북, 트위터, 인스타그램 등을 활용하여 선물을 추천해준다.

학습목표 2
모든 서비스 커뮤니케이션 프로그램의 3가지 범주의 표적 고객('누구')을 이해한다.

표적 고객 결정하기

잠재 고객, 이용 고객, 직원은 서비스 커뮤니케이션 전략의 표적 고객에 해당한다.

- 잠재 고객(prospect): 마케터는 잠재 고객에 대해 모르기 때문에, 미디어 광고, PR, 이메일 캠페인이나 직접 메일 또는 텔레마케팅을 위한 구매 주소 리스트 활용 등과 같은 전통적인 커뮤니케이션 믹스를 활용해야 한다.
- 이용 고객(user): 잠재 고객과 달리 이용 고객에 대해서는 일선 직원의 교차 판매 혹은 상향 판매 같은 판매 노력, 판매시점(point-of-sale) 촉진, 서비스 대면 시 유통되는 정보 같은 비용 효과적인 채널을 사용하여 커뮤니케이션할 수 있다. 기업이 이러한 고객과 멤버십 관계가 있고, 고객 관련 정보가 담긴 데이터베이스를 가지고 있다면 이메일, 문자메시지, 직접메일, 전화 같은 개별화된 정보로 커뮤니케이션할 수 있다.
- 직원(employee): 직원은 대중매체를 통한 커뮤니케이션 마케팅의 2차적 고객으로 볼 수 있다.[2] 이용 고객과 비이용 고객을 대상으로 한 광고 캠페인은 직원들, 특히 접점에서 역할을 수행하는 직원들 또한 촉진시킬 수 있다. 특히 광고의 내용이 고객과의 약속을 수행하는 직원에 대해 담고 있다면 이는 직원의 행동을 형성하기도 한다. 그러 나 커뮤니케이션이 직원에게 달성 불가능하거나 비현실적인 서비스 수행을 요구한다면 오히려 의욕이 상실될 위험이 있다.

직원에게 직접적으로 수행되는 커뮤니케이션은 기업 고유의 매체를 활용하는 내부 마케팅 캠페인의 일부이며, 고객에게는 해당되지 않는다. 내부 커뮤니케이션에 대해서는 11장(서비스 우위를 위한 인적 관리)에서 논의한다.

학습목표 3
전략적 및 전술적 서비스 커뮤니케이션의 목표('무엇')를 이해한다.

서비스 커뮤니케이션 목표의 구체화

표적 고객을 명확하게 설정했다면 이제는 표적 고객과 함께 성취하기 원하는 것이 무엇인지를 명확하게 명시할 필요가 있다. 가장 일반적인 수준에서 마케팅 커뮤니케이션 목표는 정보를 주고, 교육하고, 설득하고, 상기시키고, 행동을 형성하고, 관계를 구축하는 것이다. 목표는 본질적으로 전략적일 수도 있고, 전술적일 수도 있으며, 종종 양자를 병합한 것이다.

전략적 서비스 커뮤니케이션 목표

전략적 목표는 서비스 브랜드를 구축하고 경쟁에 대비하여 브랜드와 서비스 상품을 포지셔닝하는 것을 포함한다. 기업은 자사의 서비스 상품이 경쟁사의 상품보다 고객의 니즈에 더 나은 해결책을 제공한다고 표적 고객을 설득하기 위해 마케팅 커뮤니케이션을 사용한다. 커뮤니케이션 노력은 새로운 사용자를 끌어 모을 뿐만 아니라 기존 고객과의 접촉을 유지하고 관계를 구축하는 역할을 한다.

전술적 서비스 커뮤니케이션 목표

학습목표 4

서비스 마케팅 커뮤니케이션 유입 경로와 주요 목표를 숙지한다.

전술적 목표는 2장에서 논의한 서비스 소비 프로세스의 3단계(구매 전 단계, 서비스 대면 단계, 구매 후 단계) 중 하나의 단계에서 고객의 인식, 신념, 태도, 행동을 형성하고 관리하는 것을 말한다. 서비스 마케팅 커뮤니케이션 유입 경로(그림 7.3)에서는 일반적인 전략적 커뮤니

서비스 사용의 3단계 모델	서비스 마케팅 커뮤니케이션 유입 경로에 따른 커뮤니케이션 목표	핵심 고객 행동의 개념과 이론
구매 전 단계 니즈 인식 • 정보 탐색 • 니즈의 구체화 • 해결방안 탐색 • 대안 서비스 발견 대안 평가 • 서비스 공급업체 검토(예: 광고, 홈페이지 등) • 제3자로부터 정보 확인(예: 후기, 평가, 블로그 등) • 서비스 직원과 이야기 나누기 • 제3자의 조언 듣기 • 구매 결정	**고객 확보** • 고객이 판매를 위한 각 단계 밟기 • 서비스 브랜드에 대한 인지도, 정보, 흥미도 높이기 – 기업의 웹사이트나 소셜 미디어 페이지를 방문하도록 만들기 – 온라인 뉴스레터, 서비스 업데이트, 유튜브 채널 등을 구독하도록 만들기 • 서비스 브랜드에 대한 호감, 선호, 확신 만들어가기 – 경쟁 서비스와 비교하여 선호하도록 만들기 – 잠재 고객에게 서비스의 강점과 특성에 대해 설득하기 – 서비스에 대한 추가 금액을 지불할 의향이 있게 만들기 • 잠재 고객의 구매 독려하기 – 서비스 보증을 통해 지불로 인한 위험 요인 제거하기 – 프로모션을 통해 시범 서비스 경험하게 하기 • 서비스 브랜드에 대한 기억나는 이미지 구축하기 • 서비스 수용 능력에 맞춰 구매 조정하기	**구매 전 단계** • 니즈 각성 • 상기상표군 • 고려대상군 • 다속성 선택 모델 • 탐색 속성, 경험 속성, 신뢰 속성 • 기대감 형성 • 지각된 위험 • 구매 결정
서비스 대면 단계 • 결정한 서비스 제공업체에게 요청하기 • 서비스 경험	**서비스 대면 관리** • 고객이 서비스 사용 전에 서비스 과정에 익숙해지게 만들기 • 서비스 과정에서 고객 안내하기 • 서비스 경험 중에 고객의 행동과 인식 관리하기(예: 강습, 대기, 통제감 등) • 서비스 앱을 다운받고 설치하고 사용하도록 독려하기 • 서비스 품질에 대한 인식 관리하기 • 교차 판매나 상향 판매하기	**서비스 대면 단계** • 진실의 순간 • 서비스 대면 • 서비스 생산 시스템 • 연극으로 은유한 서비스 • 역할 이론 및 대본 이론 • 지각된 통제 이론
구매 후 단계 • 서비스 품질 평가 • 미래 구매에 대한 고려 • 미래 행동 결정	**고객 관여도 관리** • 고객 만족도 관리하기 • 서비스 품질에 대한 인식 관리하기 • 충성도 높이기 • 온라인/오프라인의 입소문 효과 독려하기 • 추천 제도 활성화하기 • 브랜드 커뮤니티 구축하기	**구매 후 단계** • 기대에 대한 충족/위반 • 불만족, 만족, 기쁨 • 서비스 품질 • 입소문 및 추천 • 온라인 후기 • 재구매 • 고객 충성도

그림 7.3 서비스 마케팅 커뮤니케이션 유입 경로에 따른 커뮤니케이션 목표

Vanda Ralevska/Alamy Stock Photo

그림 7.4 트레인라인의 광고는 인지도와 관심을 일으킨다.

케이션 목표가 서비스 소비의 3단계(그림 7.3의 왼쪽 열 참조)와 관련된 주요 고객 행동 개념 및 이론(그림 7.3의 오른쪽 열 참조)과 어떻게 대응되는지 보여준다.

여러분은 구매 전 단계를 다루는 모델들을 잘 알고 있을 것이다. 이들을 일반적으로 판매 유입 경로(또는 고객의 관점에서 구매 유입 경로)라고 부른다. 고객이 상품에 대해 인지하지 못하고 실제로 상품을 구매하기까지 진행하면서 전형적으로 거치는 단계를 묘사한 모델들도 있다. 아마도 이러한 유형의 가장 오래된 모델은 인지(*a*wareness), 흥미(*i*nterest), 욕구(*d*esire), 행동(*a*ction)을 나타내는 'AIDA'일 것이다. 이 모델은 고객이 인지에서 감정(흥미와 욕구)으로, 마지막으로 행동 반응으로 어떻게 이동하는지 설명한다.[3] AIDA 모델은 오랜 기간을 통해 검증된 모델이며, 지금도 여전히 유효하게 사용되고 있다. **효과 계층 모델**(hierarchy-of-effects model)은 AIDA 모델의 연장선상에 있으며, 현재 이 과정을 묘사하기 위해 가장 널리 사용되고 있는 프레임워크이다. 이는 인지 및 지식의 단계(그림 7.4)에서 시작하여 호감, 선호, 확신으로 이어지는 감정적 단계, 마지막으로 구매의 행동 단계로 끝난다.[4]

서비스 마케팅 커뮤니케이션 유입 경로는 구매 전 단계에서 AIDA 및 효과 계층 모델에 맞춰 더 넓은 범위의 서비스별 목표를 통합하여 확장한다. 또한 두 모델 모두 서비스 대면 및 구매 후 단계를 포함하지 않기 때문에 그림 7.3에서 이 두 단계와 관련된 서비스 커뮤니케이션 목표를 추가했다. 예를 들어, 많은 서비스는 본질적으로 멤버십 유형 또는 계약형이므로 다양한 구매 후 행동에 커뮤니케이션이 이루어지는 것을 포함한다.

서비스 마케팅 커뮤니케이션 유입 경로는 광범위한 표적 고객(즉 기업의 표적 부문의 모든 잠재 고객)으로 시작하여 서비스를 실제로 구매하고 소비하는 고객으로 좁혀진다. 충성 고객 프로그램에서도 기업은 일반적으로 모든 고객을 똑같이 중요하게 두고 목표로 삼지 않는다. 기업은 구매량이 많은 프리미엄 고객에게 초점을 맞추는 경향이 있다(12장 관계 관리와 충성도 구축 참조).

그림 7.3은 커뮤니케이션 목표가 매우 구체적일 수 있고 서비스 고객 행동의 어떤 측면도 다룰 수 있음을 보여준다. 2장(서비스 상황에서의 고객 행동)으로 돌아가 3단계 중 어느 단계에서 기업이 원하는 방향으로 고객 행동을 형성하기 위해 커뮤니케이션을 어떻게 사용할지 고려한다(그림 7.5). 예를 들어 다음을 생각해보자.

- 구매 전 단계에 니즈를 유발하고, 서비스를 환기상표군 및 고려상표군으로 전환하며, 지각된 위험을 줄이고, 다속성 모델 유형의 프로세스(예: 기업 서비스에 유리하게 속성-성과 인식, 속성 가중치, 의사결정 규칙 전환하기)를 형성하기 위해 어떻게 커뮤니

케이션해야 하는가?

- 서비스 대면 단계에서 성과를 인식하고, 효과적으로 이동할 수 있도록 도우며, 품질 인식을 형성하고, 서비스 역할과 대본을 교육하며, 지각된 통제력을 주입하기 위해 어떻게 커뮤니케이션해야 하는가?
- 고객 만족도 및 서비스 품질 평가를 형성하고 입소문, 추천, 재구매, 충성도를 장려하기 위해 구매 후 단계에서 어떻게 커뮤니케이션해야 하는가?

서비스 마케팅 커뮤니케이션 유입 경로에서 도출할 수 있는 모든 목표에 대한 논의는 이 장의 범위를 벗어난다. 그러나 다음 절에서 몇 가지 중요한 커뮤니케이션 목표를 강조할 것이다.

품질을 전달하기 위해 유형적인 단서를 홍보한다. 고객은 서비스가 무엇을 하는지 이해하더라도 다른 공급업체의 서비스와 차별화하는 것이 어려울 수 있다. 기업은 자격, 경험, 헌신, 전문성 같은 직원의 특성뿐만 아니라 장비와 시설의 품질을 강조하여 서비스 성과를 전달하는 데 구체적인 단서를 사용할 수 있다. 일부 성과의 특성은 다른 것보다 더 전달하기 쉽거나 적절할 수 있다. 항공사와 병원은 심지어 일이 잘못될지도 모른다는 식으로 많은 사람을 불안하게 하므로 안전을 광고하지 않는다. 대신 직원, 시설, 장비, 프로세스의 높은 품질을 전달함으로써 고객의 안전에 대한 우려에 간접적으로 접근한다.

Coleman Yuen\Pearson Education

Tyler Olson\Shutterstock

Mama_Mia\Shutterstock

그림 7.5 커뮤니케이션은 구매 전 단계(위), 서비스 대면 단계(가운데), 구매 후 단계(아래)에서 고객을 관리하는 데 사용할 수 있다.

커뮤니케이션 콘텐츠를 통해 가치를 부여한다. 정보와 자문은 상품에 가치를 부여하는 중요한 방법이다. 잠재 고객은 자신에게 필요한 서비스의 종류(그림 7.6), 적정시간과 장소, 서비스 가격, 특정 형태, 서비스에 따른 기능과 혜택 등에 대한 정보가 필요하다(이러한 정보가 어떻게 가치를 부가하는지에 대한 자세한 설명은 4장의 서비스 플라워 프레임워크 참조).

서비스 생산에 고객의 관여를 촉진한다. 고객이 서비스 생산에 적극적으로 참여하려면 직원처럼 잘 수행하기 위한 훈련이 필요하다. 마케터는 종종 고객의 행동을 변화시키기 위한 인센티브로 판매 촉진을 사용한다. 예를 들어, 가격 할인을 해주거나 행운을 빌어주는 것은 고객이 셀프서비스로 전환하도록 격려하는 방법 중 일부이다.

서비스 직원과 후방 운영의 공헌에 대해 커뮤니케이션한다. 고품질의 전방 인력과 후방 인력은 서비스에서 중요한 차별점이 될 수 있다. 고객과의 접촉이 높은 서비스의 경우 전방 인력은 서비스 전달에서 중요한 원천이다. 전방 인력은 서비스를 더욱 섬세하고 맞춤화되게 수행할 수 있다.

학습목표 5

서비스 마케팅 커뮤니케이션이 수행하는 주요한 역할을 숙지한다.

Jorge Pérez/Alamy Stock Photo

그림 7.6 여행사는 고객에게 이용 가능한 옵션에 대한 정보와 조언을 제공해야 한다.

Jochem wijnands/Horizon's WWP/Alamy Stock Photo

그림 7.7 스타벅스의 웹사이트는 신선한 커피를 만들어내기 위한 숨겨진 이야기를 담고 있다.

광고, 전단, 웹사이트 등은 최상의 서비스를 제공하고 있다는 사실을 확신시키기 위해 후방 지원 부서에서 일어나는 일들을 고객에게 보여줄 수 있다. 고객이 접하기 어려운 부문에서의 직원의 노력과 전문성을 강조하는 것은 서비스 품질에 대한 충성도와 조직 능력에 대한 신뢰를 높일 수 있다. 예를 들어, 스타벅스(Starbucks)에는 자사의 서비스 직원이 이면에서 무엇을 하는지를 보여주는 홍보자료와 웹페이지가 있다. 스타벅스는 자사 커피의 최상의 품질과 신선함을 강조하기 위해 커피 원두가 어떻게 경작되고, 수확되며, 생산되는지를 보여준다(그림 7.7).

수용 능력에 맞게 수요를 촉진하고 조절한다. 성수기가 지난 시기의 저조한 수요량은 호텔과 같이 고정비가 높은 서비스 산업에 심각한 문제이다. 한 가지 전략은 서비스 가격을 낮추지 않으면서 추가적인 혜택을 제공하는 판매 촉진 행사를 진행하여(예: 객실 업그레이드, 무료 조식 등) 수요를 촉진하는 것이다. 수요가 증가하면 판촉 횟수가 줄어들거나 사라질 수 있다(수익 관리에 대해서는 6장, 수요 관리에 대해서는 9장 참조).

광고와 판매 촉진 활동은 고객의 수요를 성수기에서 비성수기로 조정되도록 유도할 수 있다. 이를 통해 시기에 적절하게 수용 능력에 따라 고객의 수요를 맞출 수 있다.

학습목표 6

서비스 커뮤니케이션에서 직면하는 과제를 이해하고, 이를 극복하는 방법('어떻게')을 숙지한다.

효과적인 서비스 커뮤니케이션 메시지 작성

서비스 커뮤니케이션 목표에 대해 논의한 후 서비스 기업이 커뮤니케이션 메시지를 개발할 때 직면하는 커뮤니케이션 과제 중 일부를 살펴보자. 커뮤니케이션은 표적 집단의 관심을 얻어야만 성공할 수 있기 때문에, 메시지는 재화와 서비스 모두에서 혼란을 해결해야 한다. 마케터는 말하고 싶은 것(즉 메시지 내용)과 말하는 방법(즉 메시지 구조와 형식)에 대해 결정을 내려야 한다. 서비스 마케팅 커뮤니케이션 프로그램을 위한 메시지 설계 방식과 창의적 전략도 서비스와 재화의 차이에 따라 상당 부분 결정된다. 대부분 서비스의 무형성은 다음 절에서 논의하는 그러한 차이 중 하나이다.

무형성의 문제

서비스는 대상(object)이라기보다는 수행(performance)이다. 그러므로 서비스의 편익을 고객에게 커뮤니케이션하는 일은 어렵다. 특히 서비스가 고객 혹은 그들의 소유물에 대해 유형적 행동을 하지 않을 경우는 더욱 그러하다. 서비스의 무형성으로 인해 서비스의 편익과 속성을 설명하는 데 추상성, 일반성, 비검증성, 심리적 무형성이라는 4가지 문제가 발생한다. 각각의 문제는 서비스 커뮤니케이션을 위한 시사점을 담고 있다.[5]

- 추상성(abstractness): 은행이나 투자회사와 관련된 문제, 전문가의 조언, 안전 운송 같은 추상성의 개념은 물리적 대상과 직접적으로 연결되어 있지 않다. 따라서 마케터에게는 서비스와 무형적 콘셉트를 연결하는 것이 중요한 과제이다.
- 일반성(generality): 일련의 대상, 사람, 혹은 이벤트를 구성하는 구체적인 항목을 의미한다. 예를 들어, 항공 산업에서는 항공기 좌석, 승무원, 기내 서비스 등이 이에 해당한다. 이 경우 보통 서비스를 보여줄 수 있는 물리적 대상이 존재하기 때문에 추상성은 문제가 되지 않는다. 그러나 대부분의 고객이 서비스를 표현할 수 있는 물리적 대상이 무엇인지 알고 있지만, 그것만으로 충분치 않다. 따라서 마케터의 핵심 과업은 이렇게 대부분의 고객이 알고 있는 일반적인 구성 요소를 경쟁업체보다 차별화된 서비스로 고객에게 커뮤니케이션하는 것이다.
- 비검증성(non-searchability): 많은 서비스의 속성은 구매하기 전에 탐색하거나 검증할 수 없다. 헬스클럽의 외형과 설치된 장비 같은 물리적 서비스 속성은 사전에 확인할 수 있으나, 트레이너의 서비스는 오직 경험을 통해서만 알 수 있다.
- 심리적 무형성(mental impalpability): 대부분의 서비스는 상당히 복잡하고 다차원적이며 새롭다. 따라서 서비스를 사용하는 경험이 어떨지, 어떤 편익이 주어질지 고객이 이해하기 어렵다.

무형성 문제의 극복

서비스 메시지는 어떻게 전달되어야 하는가? 서비스의 무형성으로 인해 광고 문제가 발생한다. 표 7.1은 서비스의 무형성으로 인해 발생되는 4가지 문제의 극복을 위한 특정 커뮤니케이션 전략을 제안한다.

표 7.1에서 제시된 전략 사용 외에 유형적 단서와 은유(metaphor) 또한 서비스의 무형성으로 인해 발생하는 4가지 문제를 극복하는 데 사용할 수 있다. 유형적 단서와 은유 모두 서비스의 무형적 속성과 혜택을 잠재 고객에게 명확하게 커뮤니케이션하는 데 도움이 된다.

유형적 단서 유형적 단서를 사용하는 것은 광고에서 흔히 사용되는 전략이다. 서비스 산업처럼 복잡하고 무형적인 산업에서는 고객의 관심을 끌 수 있는 강렬하고 명료한 인상을 줄 수 있는 '생생한 정보'를 담아야 한다.[6] 예를 들어, 많은 경영대학은 미래 학생에게 학교 교육의

표 7.1 무형성 극복을 위한 광고 전략

무형성 문제	광고 전략	표현 방식
추상성	서비스 소비 사례	서비스의 전형적인 고객의 편익 제시 (예: 직원에 대한 만족으로 미소지음)
일반성 • 객관적 주장 • 주관적 주장	시스템의 문서화 성과의 문서화 서비스 수행 사례	• 서비스 전달 시스템에 관한 통계자료나 문서 활용 (예: 서비스 시스템에 대한 신뢰성에 대해 설명) • 과거 서비스 성과에 관한 통계자료를 문서화하거나 인용 (예: 수많은 소포들이 제시간에 배송되었음) • 서비스 직원이 수행한 실제 서비스 전달 과정을 제시하고 이를 보여줄 수 있는 비디오 활용
비검증성	소비의 문서화 인지도 문서화	• 서비스를 경험해본 고객 후기 활용 • 높은 신뢰 속성을 가진 서비스의 경우 수상 경력이나 서비스 제공자의 자격 요건 등을 제시
심리적 무형성	서비스 프로세스 사례 과거 사례 서비스 소비 사례	• 서비스를 경험하는 동안 발생되는 각 단계를 명확하게 제시 • 고객의 문제를 어떻게 해결했고, 특정 고객을 위해 회사가 무엇을 하였는지 실제 과거 사례 제시 • 서비스에 대한 고객의 경험을 제시

편익을 유형화하고 커뮤니케이션하기 위해 경력 개발, 급여 인상, 라이프스타일 등을 통해 성공한 졸업생을 보여주기도 한다.

은유 사용 어떤 기업은 서비스 혜택을 커뮤니케이션하고 다른 기업과의 차이점을 강조하기 위해 은유를 사용한다. 보험회사는 보험 상품 같은 고도의 무형적 상품을 판매하기 위해 이러한 접근법을 사용하기도 하는데, 예를 들어 메릴린치(Merrill Lynch)의 상징인 황소는 투자은행의 투자에 대한 강한 몰입, 사업철학의 확고함을 의미한다(그림 7.8).

가능한 경우 광고의 은유는 서비스의 편익이 실제로 제공되는 **방법**에 대해 강조해야 한다.

그림 7.8 소는 고객의 재무적 성과에 대한 강한 몰입을 나타낸다.

그림 7.9 서비스 마케팅에는 다양한 형태의 커뮤니케이션이 있다.

컨설팅 기업인 AT 커니(AT Kearney)는 고급 관리만이 아닌 모든 수준의 관리를 포함하는 솔루션을 갖추었다는 것을 강조한다. 그들의 광고는 사무실 바닥에 널려 있는 곰 덫을 보여주는데, 고객 기업의 모든 수준에서 세심한 작업을 통해 서비스를 차별화하여, 주로 고위 경영진과만 협력하는 경쟁업체들의 문제를 해결한다.

마케팅 커뮤니케이션 믹스

학습목표 7

서비스 마케팅 커뮤니케이션 믹스('어디서')를 숙지한다.

표적 고객과 구체적인 커뮤니케이션 목적을 이해했다면, 이제 비용 효과적인 커뮤니케이션 채널을 선택해야 한다. 대부분의 서비스 마케터는 다양한 형태의 커뮤니케이션을 활용하는데, 이를 총체적으로 마케팅 커뮤니케이션 믹스라고 한다.

그림 7.10은 서비스 기업이 이용할 수 있는 광범위한 커뮤니케이션 채널의 개요를 제공한다. 이러한 채널은 몇 가지 방식으로 분류될 수 있다는 점에 유의해야 한다. 예를 들어, 서비스 직원은 서비스 전달점의 일부이지만 개인적인 커뮤니케이션을 위해 미디어 역할을 하기도 한다. 여기서는 서비스 조직의 전반적인 미디어 전략을 논의하려는 목적으로 커뮤니케이션 믹스의 각 요소를 가장 적합한 범주 아래에 두었다.

물론 이러한 채널을 분류하는 다른 방법도 있다. 이들은 다음을 포함한다.

- ▶ 유료 미디어(예: 광고처럼 회사가 비용을 지불하는 미디어), 소유 미디어(예: 회사의 웹사이트와 소셜 미디어 페이지), 수익 미디어(예: 홍보로 유발된 미디어 보도 및 소셜 미

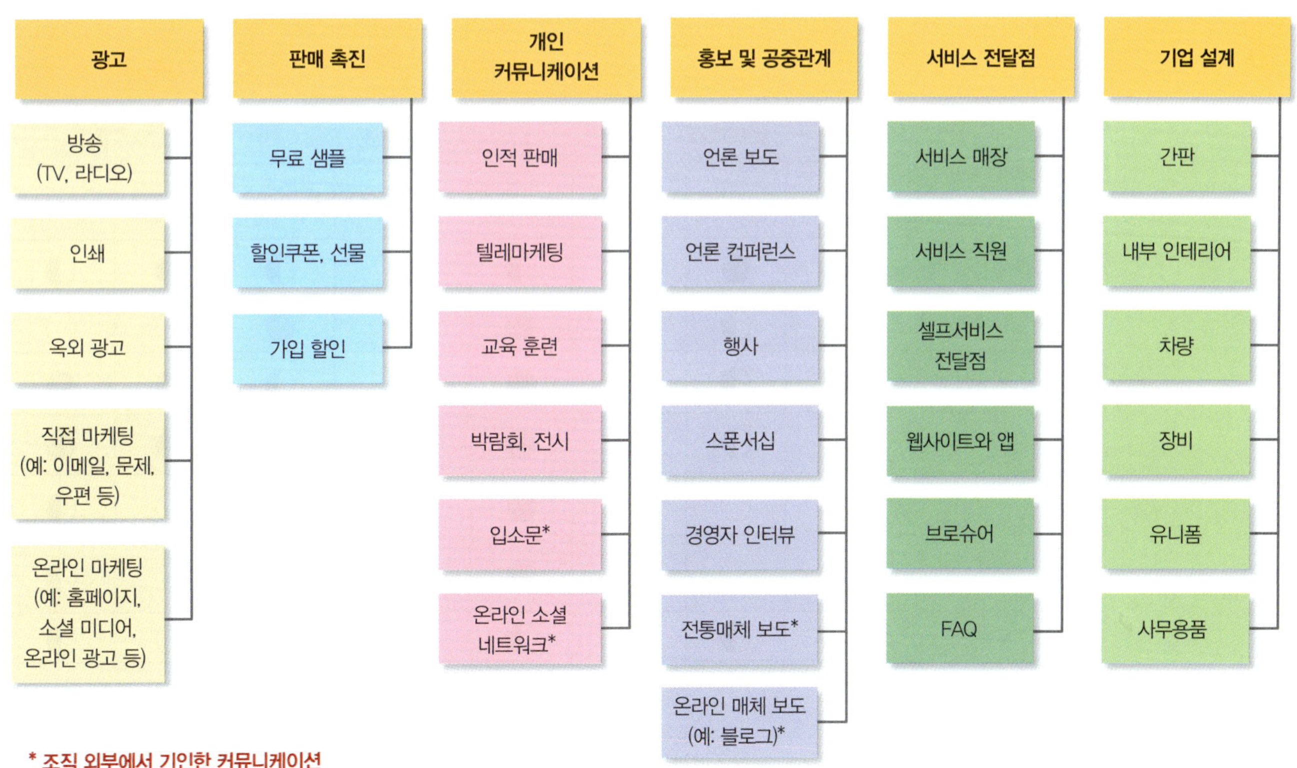

그림 7.10 서비스 마케팅 커뮤니케이션 믹스

디어에 게시하는 열성 고객 같은 다른 사람이 비용을 지불하지 않고 제공하는 보도)

- 전통 미디어(예: TV, 인쇄물, 옥외광고) 및 온라인 미디어(예: 온라인 광고, 소셜 미디어, 모바일 커뮤니케이션)
- 비개인 미디어(예: 광고) 및 개인 미디어(예: 직접 마케팅 및 개인 커뮤니케이션)
- 다양한 커뮤니케이션 출처, 즉 마케팅 커뮤니케이션 채널(전통 미디어 및 온라인 채널 포함), 서비스 전달 채널(예: 회사 지점 네트워크 및 모바일 앱), 조직 외부에서 발생한 메시지(예: 입소문 및 미디어 커버리지)

이렇게 사용할 수 있는 범주가 많다는 사실은 마케팅 커뮤니케이션 분야가 복잡하다는 것을 반영한다. 전문가는 맥락과 사용 목적에 가장 잘 맞는 범주화를 사용하는 경향이 있다. 이 장에서는 마케팅 커뮤니케이션의 특정 측면을 강조하기 위해 이 중 몇 가지를 사용할 것이다.

서비스 커뮤니케이션 미디어와 효과

각 유형의 미디어는 고유한 장단점이 있으며, 서로 다른 목적을 위해 사용될 수 있다. 예를 들어, 비개인 미디어는 인식을 조성하고 서비스를 포지셔닝하는 데 효과적인 경향이 있는 반면, 개인 커뮤니케이션은 복잡한 서비스 정보를 설명하고 지각된 위험을 줄이며 고객이 서비스를 구매하도록 설득하는 데 효과적일 수 있다. 서비스케이프의 커뮤니케이션(예: 표지판 및 포스터)은 서비스 대면 동안 고객 행동을 관리하는 데 사용될 수 있다. 이들은 대기열을 형성하고, 서비스 대본을 따르며, 새로운 서비스를 시도하는(예: 교차 판매) 등과 같은 고객 활동과 관련된다. 직접 마케팅은 구매 후 단계에서 비용 효율성이 높다. 고객이 다시 방문하여 친구 및 가족에게 서비스를 추천하도록 장려한다.

커뮤니케이션 목표	유료 매체			소유 매체			획득 매체	
	TV 광고	인쇄 광고	검색 광고	기업 웹사이트	기업 소셜미디어 페이지	직접 마케팅	언론 보도 (전통 매체)	입소문
인식 만들기	●	●	●	◑	●	◑	●	◑
교육 및 상세 정보 제공	○	◑	○	●	◑	●	○	○
브랜드 선호 생성	●	◑	○	●	●	◑	●	●
구매 촉진	○	◑	●	●	●	●	◑	●
서비스 대면 시 고객 안내	○	○	○	●	◑	◑	○	◑
서비스 경험 중 품질에 대한 인식 관리	○	○	○	●	◑	◑	○	◑
고객 충성도 생성	◑	◑	○	◑	◑	◑	○	◑
고객 참여 이끌어내기 (예: 입소문 효과)	○	○	○	◑	●	◑	○	◑

잠재적 효과성: 매우 효과적: ● 비교적 효과적: ◑ 덜 효과적: ○

그림 7.11 커뮤니케이션 매체와 목적별 효과[8]

그림 7.11은 그림 7.3에 나타난 서비스 마케팅 커뮤니케이션 유입 경로에 따라 다양한 목적을 달성하기 위한 선택적 미디어의 효과에 대한 개요를 제공한다. 이는 다른 커뮤니케이션 요소가 전달할 수 있는 메시지 유형에 따라 독특한 특성을 가지고 있음을 분명히 보여준다. 많은 기업이 웹사이트, 검색엔진 최적화(SEO), 소셜 미디어 페이지에 과소 투자하고 있지만, 이를 통해 상대적으로 저렴한 비용으로 기업이 소유한 미디어를 운영할 수 있다.

이러한 기능은 믹스를 최적화하고 주어진 예산에 대해 가능한 최상의 결과를 얻을 수 있도록 표적 고객군에게 노출될 가능성이 가장 높은 특정 미디어 및 채널에 매칭해야 한다.[7]

또한 대부분의 캠페인은 시너지 효과를 거두기 위해 서로 다른 미디어를 조정하고 통합하며 고객이 커뮤니케이션을 통해 원하는 행동, 즉 종종 구매 결정으로 흘러갈 수 있게 한다. 예를 들어, TV 광고는 폭넓은 인지도를 창출하기 위해 사용되며, 이는 잠재 고객이 검색 광고를 볼 때 홍보에 들어가도록 유인하거나 뉴스레터를 등록하도록 유인할 수 있는 회사의 소셜 미디어 또는 웹 페이지를 클릭할 가능성을 높인다. 서비스 구매 결정과 관련된 잠재 고객이 느끼는 중요도와 위험이 클수록 잠재 고객은 결정을 내리기 전에 더 많은 단계를 거칠 가능성이 크다.

다양한 출처에서 발생한 커뮤니케이션

그림 7.12에 나타난 바와 같이 그림 7.11에 나타난 서비스 마케팅 커뮤니케이션 믹스는 커뮤니케이션 자원을 기준으로 크게 3가지로 구분할 수 있다. 바로 ① 전통 미디어 및 온라인 채널을 포함하는 마케팅 커뮤니케이션 채널, ② 서비스 전달 채널, ③ 조직 외부에서 발생하는 메시지이다. 이 절에서는 이러한 분류를 사용하여 미디어 각각의 소유권을 기준으로 논의한다. 마케팅 및 마케팅 커뮤니케이션 부서는 마케팅 채널, 운영 부서는 서비스 전달 채널, PR 부서는 조직 외부에서 발생하는 메시지의 유도 및 관리를 담당한다. 이 3가지 자원 각각의 주요 옵션을 살펴보자. 전통 미디어와 온라인 미디어는 매우 다른 특성과 적용을 가지고 있으므

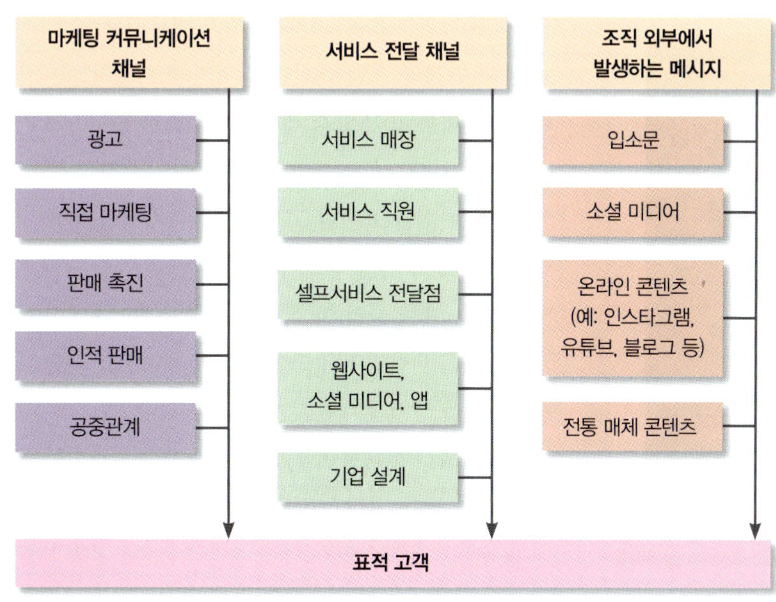

그림 7.12 표적 고객에게 전달되는 3가지 정보 출처

로 이들을 구분하여 논의할 것이다.

학습목표 8

전통적 마케팅 커뮤니케이션 채널의 커뮤니케이션 믹스 요소를 숙지한다.

전통적 마케팅 채널을 통한 메시지 전달

그림 7.12는 서비스 마케터가 활용할 수 있는 다양한 커뮤니케이션 도구를 보여준다. 이들에 대해 간략하게 설명하고자 한다.

광고 방송(TV 및 라디오), 인쇄(잡지 및 신문), 영화관, 많은 종류의 옥외 매체(포스터, 광고판, 전자 게시판, 버스 및 자전거의 외부)를 포함하여 광범위한 유료 광고 매체를 이용할 수 있다. 일부 매체는 다른 매체보다 초점을 맞춰 특정 지리적 영역이나 특정 관심사를 가진 고객을 대상으로 한다. 대중매체를 통해 전달되는 광고 메시지는 종종 우편물, 텔레마케팅, 이메일처럼 직접적인 마케팅 도구로 강화된다.

기업은 어떻게 대중의 눈에 띌 것인가? 길고 요란한 상업적 광고가 답은 아니다. 마케터는 대중에게 메시지를 효과적으로 전달하기 위해 더욱 창의적인 광고를 하려고 애쓴다(그림 7.13). 예를 들어, 고객이 서비스에 대한 관여도가 낮으면 기업은 더욱 서비스 경험 자체와 감성적인 어필에 초점을 맞춰야 한다.[9]

직접 마케팅 직접 마케팅에는 메일링, 이메일, 문자 메시지 같은 도구가 사용된다. 이러한 채널은 고도로 세분화된 고객에게 개인화된 메시지를 보낼 수 있다. 이러한 직접 마케팅 전략은 마케터가 기존 고객과 잠재 고객의 정보에 대한 자세한 데이터베이스를 가지고 있을 때 더욱 성공적이다.

이메일의 스팸 필터, 티보(TiVo), 팟캐스팅, 팝업 차단 같은 온디맨드 기술의 진보로 고객은 원하는 것을 언제, 어떻게, 누구에게 받을 것인지 결정할 수 있다. 텔레비전의 30초 광고는 시청자가 좋아하는 TV 프로그램을 보는 것을 방해하며, 텔레마케팅 전화는 식사를 방해할 수 있으므로 고객은 자신의 시간을 보호하는 기술을 사용한다. 광고에 대한 거부감으로 인해 점차 고객이 원할 때만 기업과 제품에 대한 유용한 정보를 제공하는 **허용 마케팅**이 점차 대두되고 있다. 이는 잠재 고객의 개인 시간에 갑자기 끼어들기 보다는 고객이 원하는 표적 고객 세분화에 스스로 들어가게 하는 효과가 있다.

Antlii/Shutterstock

그림 7.13 QR 코드가 도입되자 광고주들은 광고를 차별화하고 보다 강력한 실행력을 갖기 위해 빠르게 움직였다.

기존에 관심을 표현한 고객에게만 다가가는 허용 마케팅은 서비스 기업이 고객과 더 강한 관계를 구축하게 해준다. 예를 들어, 고객이 기업의 홈페이지에 방문하거나 앱을 다운받거나 소셜 미디어 페이지를 찾을 때 어떤 정보를 받기 원하는지 선택할 수 있다.

이러한 고객의 허용에 기반한 마케팅의 효과성이 높기 때문에, 많은 서비스 기업은 점차 더욱 허용 마케팅을 활용하고 있다. 이와 함께 허용 마케팅 실행 비용

의 감소, 고객 관계 관리 시스템의 발전, 빅데이터, 소셜 미디어, 커뮤니케이션 기술 등이 이러한 경향을 더욱 촉진시키고 있다. 허용 마케팅이 실제로 어떻게 실행되는지를 알고 싶다면 Amazon.com이나 Hallmark.com 같은 웹페이지를 방문하거나 앱을 다운받으면 직접 체험해볼 수 있다.

판매 촉진 판매 촉진은 인센티브를 동반한 커뮤니케이션으로 간주할 수 있는데, 시간, 가격, 고객층 혹은 이 모두에 따라 달라질 수 있다. 하지만 판매 촉진의 전형적 목적은 고객이 더욱 빨리 구매하도록 하거나, 특정 서비스를 더욱 빈번하게 이용하도록 하거나, 구매량을 늘리거나 더 빈번하게 구매하도록 하는 데 있다. 서비스 기업의 판매 촉진은 샘플, 쿠폰, 가격 할인, 증정, 제품에 대한 경쟁 등과 같은 형태로 이루어진다. 이러한 형태의 판매 촉진은 촉진 인센티브가 없을 때보다 수요가 적은 기간의 판매량을 증가시키고, 새로운 서비스의 수용을 촉진하기도 하며, 고객이 더욱 빨리 행동하게 한다. 그러나 판매 촉진을 통해 확보된 고객은 재구매율이 낮으며, 더 낮은 생애 가치(life time value)를 가지고 있기 때문에, 기업은 판매 촉진의 실행에 좀 더 주의를 기울일 필요가 있다.[10]

몇 년 전 한 호텔 체인은 고령의 고객을 겨냥한 판매 촉진을 고안해냈다. 호텔에 빈방이 있다면 65세 이상의 고객은 나이와 동일한 비율의 할인을 받을 수 있었다(예: 75세의 고객은 정상 객실가의 75%를 할인받을 수 있었다). 그런데 스웨덴의 102세의 고객이 비엔나에 있는 그 호텔에 머물고자 하면서 호텔 측으로부터 오히려 2%의 숙박료를 되돌려 받기를 원했다. 이러한 요청은 받아들여졌으며, 또한 총책임자에게 테니스 게임을 요청하기도 했다(그러나 게임의 결과는 밝혀지지 않았다). 이러한 사례는 호텔의 유쾌한 이야기로 널리 알려졌다.

그림 7.14 자사 브랜드 우월성을 고객에게 설득하기 위해서는 신체 언어 역시 중요한 수단 중 하나이다.

인적 판매 인적 판매는 특정 제품이나 브랜드에 대한 선호를 촉진하고 고객을 교육하는 노력이 필요한 대인 서비스 제공 방법이라고 할 수 있다(그림 7.14). 특히 B2B 서비스를 제공하는 기업은 자사의 직원을 이용하거나 이를 대신할 수 있는 판매대리점이나 유통업체를 이용하기도 한다. 자산, 보험, 장례 서비스와 같이 구매 빈도가 낮은 서비스의 경우 기업의 판매대리인은 고객의 구매를 돕는 상담자 역할을 한다. 한편 상대적으로 복잡한 서비스를 판매하는 산업 및 전문 회사의 경우 고객에게 전문적인 조언이나 교육 및 상담을 제공할 수 있도록 고객 관리인을 둔다.

그러나 신규 잠재 고객을 위한 면대면 판매에는 상당히 많은 비용이 든다. 신규 잠재 고객 발굴을 위한 저렴한 대안은 바로 텔레마케팅(telemarketing)이다. 예를 들면, 전화나 왓츠앱(WhatsApp) 혹은 줌(Zoom) 같은 비디오를 활용하여 잠재 고객을 만나는 방법이다. 텔레마케팅은 주로 저녁이나 주말에 고객이 가정에 있을 때 전화하는 경우가 많기 때문에 고객 입장에서는 텔레마케팅에 대한 불만이 많다(그림 7.15).

그림 7.15 텔레마케터가 저녁에 영업하고 있다.

Victor Biro/Alamy Stock Photo

그림 7.16 페덱스는 두 마리의 판다를 워싱턴 DC의 국립 동물원에 운송했다.

PR(공중관계) PR은 새로운 보도자료 발표, 컨퍼런스 개최, 특별 행사 개최, 제3자에 의해 개최되는 활동에 후원을 하는 등 상품이나 기업에 긍정적인 인상을 갖게 하는 모든 노력을 의미한다. PR 전략의 기본 요소는 기업과 상품, 직원에 대한 이야기를 담은 사진이나 비디오 등을 준비하여 언론에 알리는 것이다.

널리 사용되는 다른 PR 기법으로 특별 이벤트를 통해 조직의 우호적인 공공성을 확보하거나 그 외에 기금 활동, 커뮤니티 참여와 지원, 보상 프로그램, 대중 표창 등과 같은 방법도 있다. 또한 기업은 올림픽이나 월드컵과 같은 스포츠 이벤트의 배너 광고, 전사 인쇄, 그 밖의 다른 방법을 활용하여 기업 이름이나 상징을 지속적으로 노출함으로써 자사를 널리 알린다. 매우 독특한 기업 활동도 기업의 전문성을 알릴 수 있는 기회를 제공하는데, 페덱스(FedEx)는 중국 청도에서 워싱턴 DC의 국립 동물원으로 두 마리의 판다를 안전하게 운송하면서 매우 긍정적인 평판을 얻었다. 이 판다들은 특별히 '페덱스 판다원(FedEx Panda One)'이라고 이름 지어진 페덱스의 항공기를 통해 운반되었다. 이때부터 페덱스는 판다를 정기적으로 운송해주고 있다. 특히 최근에는 워싱턴으로 옮겨온 판다 부부가 미국에서 낳은 4년생 판다인 베이베이를 청두에 운송하여 판다 양성 프로그램에 참여하게 하기도 했다. 페덱스는 이를 언론에 알림과 동시에 기업 홈페이지 내 특별 페이지를 구성하여 이와 관련된 내용을 알리고 있다(그림 7.16).

학습목표 9
인터넷, 휴대폰, 앱, QR 코드 및 다양한 온라인 매체의 역할을 이해한다.

인터넷을 통한 메시지 전달

인터넷, 소셜 미디어, 앱을 활용한 온라인 및 모바일 광고를 통해 기업은 합리적인 비용으로 기존 커뮤니케이션 채널을 보완하거나 심지어 대체할 수 있다.

기업 웹사이트 마케터는 다양한 커뮤니케이션 업무를 수행하기 위해 인터넷을 활용한다.

- 고객의 인식과 흥미 창출
- 정보 제공과 자문
- 이메일과 채팅 공간을 통해 고객과 쌍방향 커뮤니케이션을 할 수 있도록 유도
- 상품 시용 유도
- 주문 유도
- 특정 광고나 판촉 캠페인의 효과 측정

마케터는 웹사이트의 '고착성'(stickiness, 방문자가 사이트에서 머무는 시간과 미래에 재방문할 의도)에 영향을 미치는 다운로드 속도와 같은 다른 요소를 설명해야 한다. 고착성이 높은 사이트란 다음의 요소를 포함한다.

- ▶ **콘텐츠의 높은 품질:** 사이트는 방문자가 찾고자 하는 내용을 담아야 한다.
- ▶ **사용의 편리성:** 웹사이트는 방문자가 보기 편하게 구성되어야 한다. 사이트 내에서 헤매지 않도록 안내가 잘되어 있어야 하고, 너무 복잡하게 구성되지 않으며, 사이트의 내용이 너무 많지 않아야 한다. 고객은 좋은 사이트에서는 헤매지 않는다.
- ▶ **빠른 다운로드:** 방문자는 기다리는 것을 원하지 않으며, 페이지 다운로드 시간이 너무 길 경우 포기해버리기도 한다.
- ▶ **잦은 업데이트:** 좋은 사이트는 최신 자료로 업데이트된다. 사이트는 방문자가 적시의 관련된 자료를 찾을 수 있도록 최신 자료를 담아야 한다.[11]

기업의 소셜 미디어 페이지 많은 기업이 페이스북, 트위터, 링크드인, 인스타그램, 유튜브, 블로그 사이트에 자사의 소셜 미디어 페이지를 가지고 있다. 이러한 페이지는 회사 소유이고, 풍부한 미디어(예: 사진, 비디오, 시뮬레이션)를 포함할 수 있으며, 매우 상호작용적일 수 있고, 공유될 수 있어 입소문이 날 가능성이 있다. 이처럼 기업의 소셜 미디어 페이지는 효과가 높고 비용 효율적일 수 있다.

예를 들어, 긍정적인 감정(예: 즐거움, 따뜻함, 흥분, 영감)을 이끌어내는 영상 광고는 소셜 미디어에서 더 많이 공유된다. 결국 영상에 드라마 요소(예: 놀라움, 줄거리)를 포함하고 특정 캐릭터(예: 아기, 동물, 유명인)를 특징으로 하는 경우 긍정적인 감정이 생성될 가능성이 더 높다. 그러나 저명한 브랜드 배치(예: 초기, 길고 지속적인 배치)는 덜 중요한 배치(예: 늦게, 짧게, 간헐적)에 비해 공유를 해친다. 더욱이 각 소셜 미디어 채널은 강점을 가지고 있다. 예를 들어, 감성 광고는 페이스북과 같은 일반 소셜 미디어 플랫폼에서 더 많이 공유되고, 정보 광고는 링크드인에서 더 많이 공유된다.[12]

기업은 또한 고객과 상호작용하기 위해 소셜 미디어를 사용한다. 미국의 케이블 서비스 제공업체인 컴캐스트(Comcast)는 고객의 질의에 실시간으로 답하기 위해 트위터 핸들인 @comcastcares를 사용한다. 자포스(Zappos)의 전 CEO는 마치 친구처럼 고객들과 교류했고, 유명인사인 애슈턴 커처는 이동 중에 팬들과 교류했으며, 항공사 브랜드 회사인 심플리플라잉(SimpliFlying)은 전 세계 팔로워들을 위해 특별한 트리비아 퀴즈와 대회를 개최함으로써 그 틈새에서 사고의 선두주자로 자리매김하고자 트위터를 사용했다. 예를 들어, https://blog.google에서 구글의 블로그를 볼 수 있다(그림 7.17).

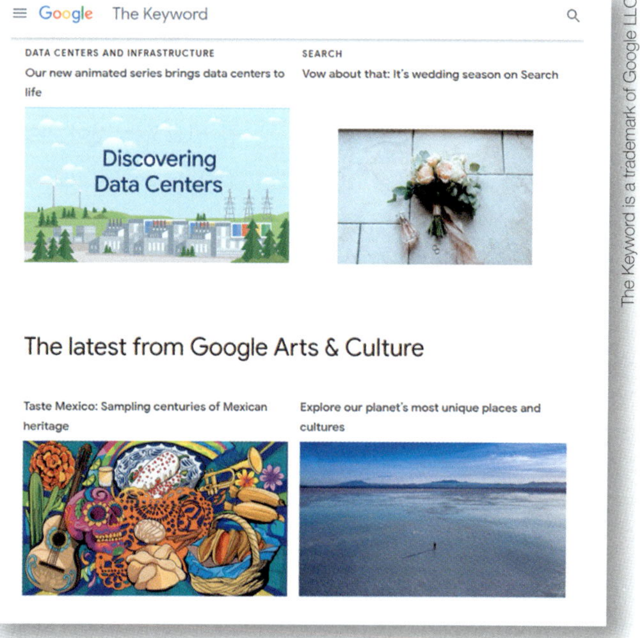

그림 7.17 구글이 운영하는 블로그인 The Keyword

온라인 광고 온라인 광고에는 배너 광고(디스플레이 광고)와 검색엔진 광고의 두 가지 형태가 있다.

- ▶ **배너 광고:** 많은 기업이 야후(Yahoo), CNN 같은 포털 웹사이트나 페이스북이나 링크드인 같은 소셜 미디어 웹사이트, 혹은 앱이나 온라인 게임이나 여타 사이트의 배너와

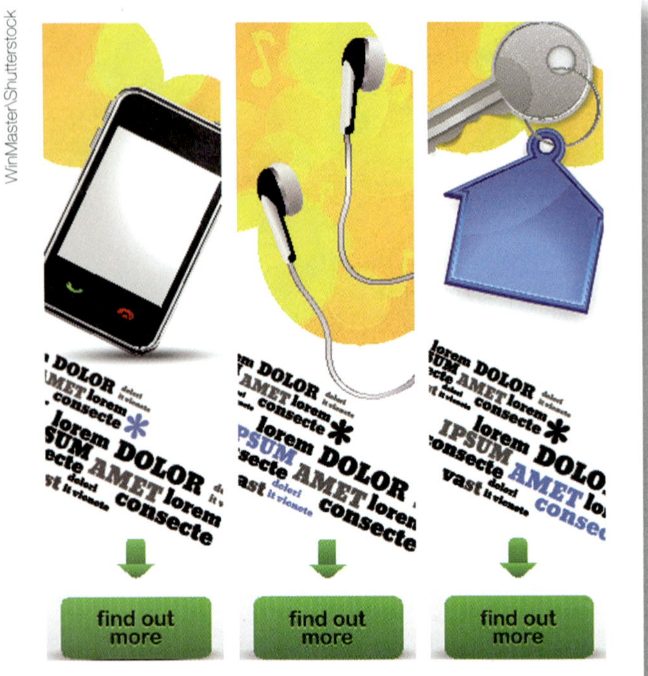

그림 7.18 구체적인 행동을 요청하는 웹사이트 배너

버튼 광고를 위해 광고비를 지불한다. 또한 기업의 소셜 미디어를 홍보하는 비용을 지불한다. 이러한 일의 기본 목적은 광고주의 자체 웹사이트나 소셜 미디어 페이지에 접속을 유도하는 것이다. 많은 예에서 웹사이트 및 소셜 미디어 페이지는 관련이 있지만 경쟁하고 있지 않는 서비스의 광고를 포함한다. 예를 들어, 야후의 주식 인용 페이지는 다양한 금융 서비스의 광고를 순서대로 보여준다.

하지만 단순히 배너(웹페이지 일부분에 얇게 가로로 삽입된 광고; 그림 7.18), 스카이스크래퍼(웹사이트 일부분에 길게 수직으로 삽입된 광고), 버튼에 노출이 많이 되었다 할지라도 고객의 인지도나 선호도 및 판매가 늘어나는 것은 아니다. 방문자가 광고주의 사이트를 통해 클릭을 했더라도 이러한 행동이 판매로 연결되지는 않는다. 이에 따라 방문자가 어떤 정보를 제공하거나 구매와 같은 특정 마케팅 관련 행동을 보일 경우에만 광고비를 지불하는 광고 계약이 더욱 강조되고 있다. 인터넷 광고주는 자사 사이트와 연결된 사이트에 방문객이 클릭할 때만 광고비를 지불하는 추세가 늘어나고 있다.

- **검색엔진 광고:** 검색엔진은 방송 네트워크의 반대 형태이다. 광고주가 고객에게 메시지를 전달하는 것 대신 검색엔진은 키워드 검색을 통해 고객이 원하는 정보를 정확히 알려주는 것이다. 따라서 광고주는 이러한 고객에게 적절한 마케팅 커뮤니케이션을 할 수 있다. 검색엔진 광고의 가장 성공적인 사례는 구글이고(서비스인사이트 7.1 참조), 미국에서는 빙(Bing)이, 중국에서는 바이두(Baidu)가 성공적으로 성장하고 있다.

온라인 광고의 핵심 장점은 특히 다른 광고의 형태와 비교하여 매우 명확하고 측정 가능 한 투자 수익(ROI)을 제공한다는 것이다. 광고 비용과 기업 웹사이트에 찾아오는 고객의 숫자를 비교하는 것이 가능하며, 특히 실적에 기반하여 비용이 부과되는 온라인 광고(예: 클릭당 지불)는 추적이 가능하다. 광고의 성공과 투자 수익을 평가하기 어렵기로 악명 높은 TV나 잡지 같은 전통 미디어 광고와 비교해보면 아주 큰 장점이라고 할 수 있다. 광고주에게는 몇 가지 옵션이 있다.

- '배치에 따른 지불(pay-for-placement)' 등을 통해 검색 결과의 표시에서 상위 순위를 구입할 수 있다. 사용자는 검색에 사용된 키워드와 가장 잘 맞는 순위가 반영되기를 기대하므로, 구글의 정책은 순위 열의 상단에 나타나는 유료 목록을 식별하여 '광고'로 취급하는 것이다. 이러한 광고와 광고의 가격은 노출 수('시선') 또는 클릭 수를 기준으로 책정할 수 있다. 연결된 링크는 구매 결정을 내리기 직전에 고객과 연결하는 것을 목표로 하기 때문에, 일부 회사는 경쟁업체가 상품과 밀접하게 관련된 키워드를 구입한다. 이를 통해 그들은 고객을 가로채고 경쟁업체가 만든 시장에 무임승차할 수 있다.[13]

SERVICE INSIGHTS 7.1

구글: 온라인 마케팅 발전소

어릴 때부터 수학, 컴퓨터, 프로그래밍에 매료된 래리 페이지(Larry Page)와 세르게이 브린(Sergey Brin)은 스탠퍼드대학교의 박사과정 학생이었던 1998년에 구글을 창립했다. 7년 후 구글의 성공적인 상장(public offering)을 통해 그들은 대부호가 되었고, 구글은 세계에서 가장 가치 있는 기업 중 하나가 되었다.

구글의 커다란 비전은 다음과 같다. "세계의 정보를 조직화하라. 전 세계에서 정보에 접근하고, 사용할 수 있도록 하라." 구글의 검색엔진은 매우 유용하며 사용자 친화적으로 설계되었다. 어떤 기업의 이름도 동사화되지 않았는데, '구글'은 이제 영어에서 일반적으로 널리 사용하는 동사가 되어 버렸다(구글 검색엔진을 사용하여 웹에서 정보를 찾는다는 의미).

구글의 인기로 인해 구글은 고도로 표적화된 광고 매체가 되었다. 이는 광고주에게 스폰서 링크와 콘텐츠 광고를 통해 고객에게 다가갈 수 있는 두 가지 중요한 방법을 제공한다.

스폰서 링크는 구글의 웹사이트에서 검색 결과의 제일 상단에 위치하는 것을 말한다. 구글은 스폰서 링크 서비스를 봉인된 입찰 경매(sealed-bid auction, 동일 검색어를 요청한 다른 광고주의 입찰가를 모르는 상태에서 광고주가 검색 단어에 입찰가를 제시하는 것)를 사용한 '클릭당 비용'으로 가격을 매긴다. 이러한 방법은 광고주가 링크되길 원하는 검색어의 인지도에 따라 가격이 달라진다. 'MBA'와 같이 자주 사용되는 검색어는 'MSc on Business'와 같이 덜 인기 있는 단어보다 더 비싸다. 광고주는 구글의 온라인 계정 제어 센터의 보고를 사용하여 광고 실적을 쉽게 찾아볼 수 있다.

구글은 Google Ads 서비스를 통해 다양한 방법으로 고도로 표적화된 **콘텐츠 광고**를 할 수 있다. 콘텐츠 광고는 Google.com의 검색 결과 옆에 위치해 있다(배너 광고와 같은 형태로). 이러한 광고는 사람들이 관련된 주제나 특정 상품 카테고리를 찾는 정확한 순간에 기업이 잠재 고객에게 접근할 수 있게 한다. 기업은 특정 검색 카테고리나 단어에 연결될 수 있는 기회를 구매한다. 구글의 광고 비즈니스 모델을 살펴보려면 구글에 몇몇 단어를 검색하고, 검색 결과 외에 어떤 것들이 나타났는지 살펴보라.

또한 Google Ads는 광고주들에게 단지 Google.com이 아닌 구글의 콘텐츠 네트워크의 일부분으로서 웹사이트에서 광고를 보여준다. 이는 광고가 검색에 의해 나타나는 것이 아니라 사용자가 단지 웹사이트를 살펴볼 때 나타나는 것을 의미한다. 그러한 광고를 '게재 위치 타깃 광고(placement-targeted ads)'라고 부른다. 광고주들은 개별 웹사이트 혹은 웹사이트 콘텐츠(예: 여행 혹은 야구)에 명시할 수 있다. 게재 위치 타깃 광고는 광고주들이 매우 큰 표적 고객(미국 또는 전 세계의 모든 야구팬)이나 또는 작고 세분화된 표적 고객(보스턴에서 멋진 식사에 관심 있는 사람들)을 엄선해서 고를 수 있게 한다. 구글은 구글의 협력 웹사이트의 관련된 내용 옆에 광고를 위치시킨다. 예를 들면, 협력 웹사이트의 기사를 읽을 때 기사의 끝에 광고를 볼 수 있다. 이러한 광고는 구글에 의해 기사의 내용과 적합한 표적에게 보여지는 것이다. Google.com에서도 동일한 광고를 볼 수 있지만, 다른 방법으로 배치되며 구글 파트너 네트워크에서는 모든 크기의 발행인의 웹사이트에 나타난다.

그림 7.19 캘리포니아 마운틴뷰에 위치한 구글 본사

Google Ads는 구글 광고 모델의 다른 한편을 대표하는 AdSense라고 불리는 이차적 서비스로 보완된다. AdSense는 자신의 웹사이트에 광고를 보여줌으로써 돈을 벌고자 하는 웹사이트 소유자들에 의해 사용된다. 그들의 사이트에 관련 광고를 게재하는 대가로 이들 웹사이트 소유자는 발생된 광고 수익의 일부를 받는다. AdSense의 중요한 특징은 수천 개의 크고 작은 온라인 발행인과 블로그의 광고 수입 원천이 되며, 이들을 지속 가능하게 한다는 것이다. 「뉴욕타임즈(New York Times)」와 CNN 같은 대형 매체 기업도 AdSense를 사용하지

만, 틈새 웹사이트 혹은 블로그와 비교하여 전체 온라인 광고 수입 중 매우 적은 부분만을 발생시킨다.

고도로 세분화된 광고 매체로서 구글의 능력은 광고주들에게 매우 매력적이며, 빠른 수익 성장을 유도한다. 구글의 성공이 다른 광고 매체를 놀라게 한 것은 어쩌면 당연한 일이다.

출처: https://www.google.com.sg/intl/en/about/and http://en.wikipedia.org/wiki/AdWords, on March 21, 2015, © Jochen Wirtz.

- 제안과 관련된 키워드 검색에서 광고가 목표로 한 게재 위치에 대한 비용을 지불한다.
- 검색 결과 옆에 있는 클릭 링크와 함께 짧은 텍스트 메시지를 실행한다.
- 성과 기반 가격 실행의 온라인 광고를 한다. 광고주는 커뮤니케이션 캠페인의 사전에 합의된 결과에 기초하여 지불한다. 이는 웹사이트에서의 등록, 브로슈어의 다운로드, 심지어 판매와 같은 행동을 포함한다.
- 회사의 웹사이트의 검색엔진 최적화(SEO)를 정기적으로 실시한다. 검색엔진 최적화는 검색 목록에서 웹사이트의 검색 순위를 높인다. 기업은 잠재 고객의 관심을 얻으려 광고 비용을 지불할 필요가 없으므로, 이는 수월한 방법이다. 그러나 검색엔진 최적화는 웹사이트가 잘 설계되고, 관련된 정보를 포함하며, 표적 고객의 관심사에 일치하는 경우에만 잘 작동한다.[14]

비개인 커뮤니케이션에서 개인 커뮤니케이션으로의 변화 커뮤니케이션 전문가들은 비개인 커뮤니케이션과 개인 커뮤니케이션을 구분한다. 비개인 커뮤니케이션에서 메시지는 보통 큰 그룹의 고객층 혹은 잠재 고객을 대상으로 하며, 오직 한 방향으로만 메시지가 이동한다. 반면 개인 커뮤니케이션은 특정 개인을 대상으로 하며, 인적 판매, 텔레마케팅, 입소문 등이 그 예이다. 그러나 기술의 진보는 개인 커뮤니케이션과 비개인 커뮤니케이션의 중간 영역을 만들어냈다. 평소에 받는 이메일을 생각해보면 과거에 자신이 사용했던 특정 상품에 대한 정보나 특수한 상황에 적절한 추천 정보가 담겨 있음을 알 수 있다. 이와 유사하게 상호작용적 소프트웨어는 양방향 대화 또한 가능하게 한다. 일부 기업은 움직이고, 말하고, 심지어 표현까지도 변화하는 화면 시뮬레이션인 웹 기반 대리인을 사용한다.

스마트 모바일 장치 및 소셜 네트워킹 플랫폼의 광범위한 사용을 통해 기업은 고객과 커뮤니케이션할 수 있는 전례 없는 기회를 얻었고, 심지어 고객 간의 관련 커뮤니케이션이 용이해졌다. 고객 데이터의 분석에 기초하여 고도로 목표화되고 개인화된 서비스 및 메시지가 각 고객에 대해 생성될 수 있다. 이러한 메시지는 전통적인 마케팅 커뮤니케이션을 보완하거나 대체한다.[15] 중요한 소셜 미디어와 시사점에 대한 간략한 설명은 서비스인사이트 7.2를 참조하라.

온라인과 전통적인 미디어의 통합 다양한 미디어를 통합하는 복잡성은 저가 항공사의 상황을 통해 이해할 수 있다. 미국의 사우스웨스트 항공(Southwest Airlines), 유럽의 라이언에어(Ryanair), 아시아의 에어아시아(AirAsia) 같은 대형 저가 항공사들은 광고 전략이 다르지만 공통적인 목표는 여행객들이 자사의 웹사이트나 앱을 통해 직접 항공편을 예약하게 하는 것

SERVICE INSIGHTS 7.2

마케팅 커뮤니케이션을 위한 소셜 미디어와 영향

기술의 진보는 표적 시장 선정에 중요한 기회를 제공하는 흥미로운 커뮤니케이션 채널을 만든다. 모바일 광고, 모바일 앱, 소셜 미디어 및 소셜 네트워크, 팟캐스팅(podcasting) 등이 이러한 기술적 진보의 결과라 할 수 있다.

그림 7.20 영어 위키피디아 메인 페이지의 URL에 대한 QR 코드

Denso Wave Inc.

모바일 광고[16]

스마트폰 및 기타 모바일 무선 장치를 통한 모바일 광고는 가장 빠르게 성장하는 광고 형태 중 하나이다. 모바일 광고는 위치 기반 서비스, 비디오, 텍스트, 게임, 음악, 앱 등을 포함할 수 있기 때문에 매우 복잡하다. 예를 들어, 광고는 문자 메시지 형태로 나타날 수도 있고, 모바일 게임이나 비디오에 나타날 수도 있다. 모바일 광고와 GPS(Global Positioning System)를 활용하면 고객이 쇼핑몰에 들어가 특정 매장을 방문할 때 할인과 같은 표적 광고를 받을 수 있다. 가장 널리 사용되는 유형은 여전히 모바일 웹페이지와 모바일 애플리케이션에서 메시지나 배너 형태를 취하는 모바일 디스플레이 광고(MDA)이다. 고객에게 모바일 광고는 더 큰 편의성과 관련성을 의미할 수 있다. 하지만 이는 사생활 침해를 의미할 수도 있다.

QR(quick response) 코드는 많은 광고에 등장한다. 관심이 있는 고객은 스마트폰으로 코드의 사진을 찍고 매장 내 홍보, 쿠폰, 또는 실제 보물 찾기에 연결될 수 있다. 기업은 QR 코드를 통해 오프라인과 온라인 소통 채널을 연결할 수 있다. 또한 잠재 고객을 다른 미디어에서 회사의 온라인 채널로 이동시킬 수 있다.

모바일 앱

앱은 고객이 확장된 서비스 기회를 탐색하고 경험을 최대한 활용하게 돕는 점점 더 인기 있는 도구가 되었다. 동시에 앱을 통해 교차 판매, 상향 판매, 수요 관리, 줄 서기 같은 회사의 목적을 추구할 수 있다. 예를 들어, 디즈니(Disney), 노르웨이(Norwegian), 로열캐리비안(Royal Caribbean) 같은 주요 크루즈 라인은 승객이 큰 배를 탐색하고 선상 엔터테인먼트 옵션, 스파 서비스, 기항지를 탐색하는 것을 돕는 자사만의 앱을 가지고 있다.[17]

소셜 미디어[18]

소셜 미디어는 사용자 생성 콘텐츠의 상승을 촉진하고 P2P 통신의 힘과 결합했다. 페이스북, 구글+, 링크드인, 유튜브, 바인(Vine), 트위터, 인스타그램, 스냅챗, 핀터레스트, 틱톡 및 기타 소셜 네트워크를 포함하는 다양한 미디어를 포괄하는 용어이다. 콘텐츠는 여러 사용자가 지속적으로 생성하고, 업데이트하며, 공유한다. 소셜 미디어는 광고 지출로 가장 빠르게 성장하는 미디어이다.

서비스 기업은 시장 학습, 잠재 고객 표적화, 입소문 창출, 고객 행동 형성을 포함한 다양한 목적으로 소셜 미디어를 사용한다. 소셜 미디어에 광고하고, 논의되는 것을 듣고, 선택적으로 대화에 참여함으로써 이를 수행한다. 마케터는 소셜 미디어의 중요성을 이해할 필요가 있고, 이를 커뮤니케이션 믹스에 신중하게 통합할 필요가 있다.

팟캐스팅

팟캐스팅(podcasting)이라는 용어는 '아이팟(iPod)'과 '브로드캐스팅(broadcasting)'에서 기인했다. 이는 배포자–구독자(publisher-subscriber, 역주: 송신자–수신자 모델이라고도 한다) 모델을 활용하여 인터넷으로 오디오나 비디오 프로그램을

Daxiao Productions\Shutterstock

그림 7.21 팟캐스트는 정기적인 콘텐츠로, 참여하는 청취자의 광범위한 고객에게 도달할 수 있다.

배포하는 기술이다. 누군가 특정 피드를 구독하면 자동으로 새로운 '에피소드'를 받게 된다.

팟캐스팅은 여러 형태가 있는데, 비디오 클립, 휴대폰 다운로드 방송 서비스, 블로그를 위한 오디오나 비디오 캐스트 등과 같은 다양성을 가지고 있어 매우 인기가 높다. 기업 마케팅 커뮤니케이션 프로그램으로서 팟캐스팅을 활용하는 것은 가치가 매우 높다. 어떤 고객이 특정 프로그램을 시청한다면, 이는 곧 그 고객이 해당 주제에 흥미를 가지고 있다는 것을 의미하기 때문이다. 따라서 팟캐스트는 매우 협소 한 주제를 가진 많은 수의 청취자에게 도달할 수 있는 수단으로, 브로드캐스팅(broadcasting)보다는 내로캐스팅(narrowcasting)이라는 표현이 더욱 적합할 것이다. 광고 메시지를 더욱 세분화하여 제공하면 기업은 지출액 대비 더욱 높은 성과를 거둘 수 있을 것이다.

이다. 사우스웨스트 항공은 무거운 TV 광고를 커뮤니케이션 믹스에 통합한다. 라이언에어는 검색엔진 최적화에 집중하고, 온라인 광고 캠페인을 위한 전략 키워드를 구매한다. 에어아시아는 정기적으로 팔로워를 업데이트하고, 프로모션을 추진하며, 고객 피드백을 수집하기 위해 트위터와 페이스북 같은 다양한 소셜 미디어 플랫폼에 매우 적극적이다. 각 항공사의 커뮤니케이션 캠페인은 강조점이 다르지만 대부분의 저가 항공사는 그림 7.22에 나타난 모든 채널을 사용하여 온라인 트래픽을 자사의 웹사이트로 유도하고 항공권 판매를 창출한다.

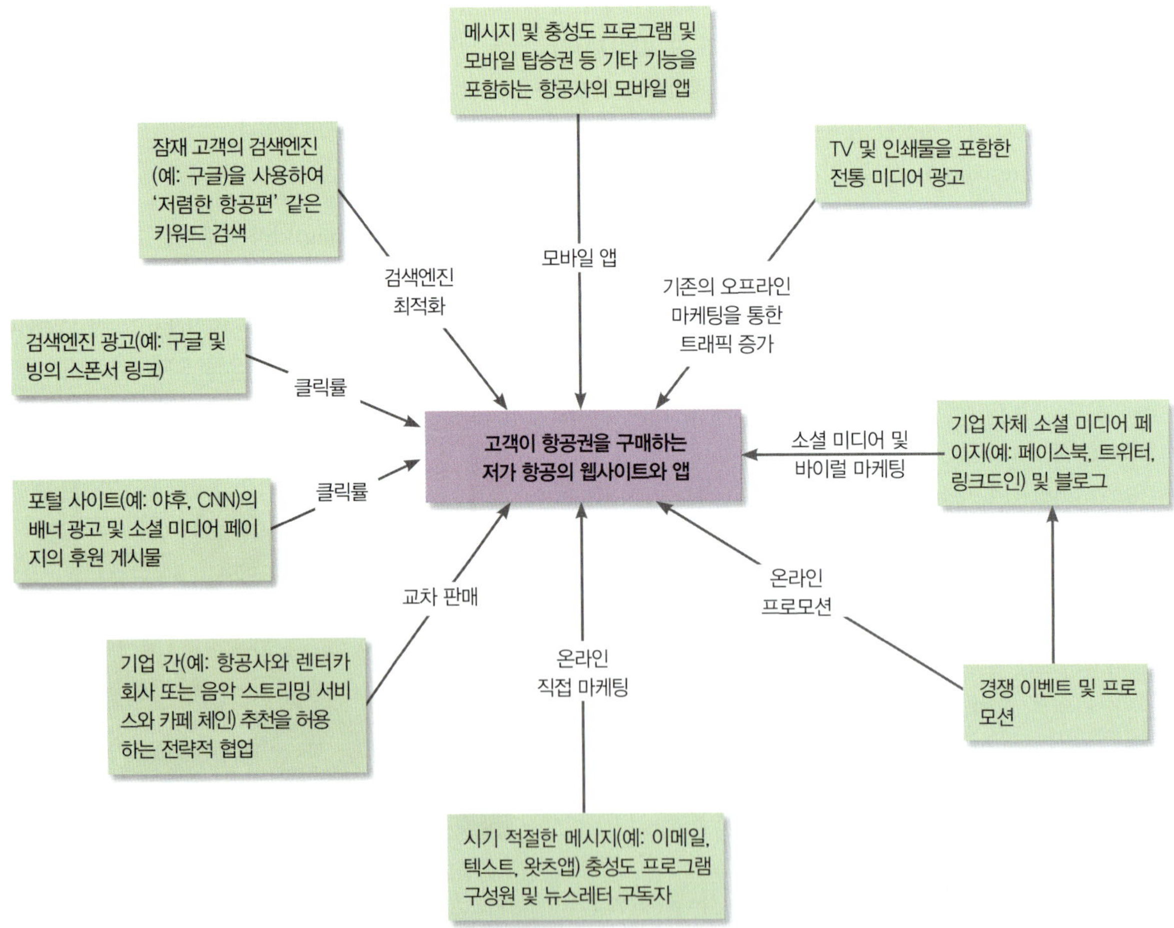

그림 7.22 저가 항공사는 웹사이트에서 티켓 판매를 촉진하기 위해 광범위한 (대부분 온라인) 채널을 통합하는 데 탁월하다.

서비스 전달 경로를 통한 메시지의 전달

▶ **학습목표 10**
서비스 마케팅 커뮤니케이션 믹스의 다양한 요소를 숙지한다.

서비스 전달 경로는 서비스 기업에게 강력하고 비용 효과적인 커뮤니케이션 기회를 제공한다. 메시지는 서비스 매장, 일선 직원, 셀프서비스 전달점, 위치 기반 앱 같은 서비스 전달 경로를 통해 커뮤니케이션된다.

서비스 매장 계획되고 의도되지 않은 메시지는 서비스 전달 환경을 통해 고객에게 전달된다. 비개인 메시지는 배너, 포스터, 표지판, 브로슈어, 비디오 스크린, 오디오 등의 형태로 전달된다. 10장에서 논의하는 '서비스 환경 만들기' 가운데 서비스 매장의 물리적 설계(이를 **서비스케이프**라 한다)는 고객에게 중요한 메시지를 전달한다.[19] 건물 인테리어와 기업 설계 컨설턴트는 기업의 포지셔닝을 알리고 강화하며 고객이 긍정적인 서비스 경험을 할 수 있도록 건물의 내외부 디자인의 시각적 요소를 조정하기 위해 서비스케이프를 설계할 수 있다(그림 7.23).

Efrain Padro/Alamy Stock Photo

그림 7.23 아르헨티나의 살렌타인와이너리는 매우 독특한 서비스케이프를 보여준다.

일선 직원 일선 직원은 전화, 면대면, 이메일을 통해 고객을 만난다. 일선 직원의 커뮤니케이션은 핵심 서비스뿐만 아니라 정보 제공, 조언,[20] 예약 서비스, 결제, 문제해결 등 다양한 보충 서비스의 형태를 취한다. 특히 신규 고객은 문제를 해결하거나 효과적인 서비스 이용을 위해 고객 서비스 인력에 의존한다.

일선 직원은 매우 중요한 역할을 담당한다. 4장에서 논의한 바와 같이 브랜드 자산은 서비스 기업에 대한 고객의 개인적인 경험을 통해 형성된다. 반면 매스 커뮤니케이션은 인지도와 흥미를 형성하는 데 더 적합하다고 볼 수 있다. 게다가 많은 서비스 회사는 고객 서비스 직원이 부가 서비스를 교차 판매하거나 더 높은 가치의 서비스로 상향하여 판매하도록 장려한다. 토니 셰이(Tony Hsieh)는 브랜드 구축을 위해 고객센터를 사용하는 방법에 대한 흥미로운 관점을 가지고 있다(서비스인사이트 7.3 참조).

셀프서비스 전달점 ATM, 자동판매기, 웹사이트는 모두 셀프서비스 전달점의 예라 할 수 있다. 셀프서비스를 촉진하려면 사용자 편의적으로 설계된(다이어그램을 사용하거나 애니메이션을 통해) 명료한 표지판, 단계적 지침 등이 필요하다. 셀프서비스 전달점은 기존 고객 및 잠재 고객에 대한 커뮤니케이션과 서비스 교차 판매, 새로운 서비스 촉진에 효과적으로 사용된다. 마찬가지로 위치 지원 앱은 서비스를 판매하고 고객에게 정보를 제공하는 것 외에도 복잡한 서비스케이프(유람선, 공항, 병원 및 쇼핑몰 등)를 통해 고객을 안내할 수 있다.

조직 외부에서 기인한 메시지

 **학습목표 11**
기업 외부에서 발생하는 커뮤니케이션 믹스 요소를 이해한다.

기업과 제품에 대한 가장 강력한 메시지는 마케터가 통제하는 것이 아니라 조직 외부에서 기인할 수도 있다. 여기에는 입소문, 블로그, 미디어 취재 등이 포함된다.

SERVICE INSIGHTS 7.3

콜센터를 활용한 브랜드 자산 구축

구글, 이베이, 아마존(자포스를 소유한 회사)에 전화해본 적이 있는가? 아마도 전화번호를 찾기 어려울 것이고, 찾았다고 하더라도 많은 링크를 거친 이후에야 겨우 찾았을 가능성이 높다. 그러나 자포스(Zappos)는 정반대의 접근 방식을 취하며 웹사이트의 모든 페이지 상단에 고객 서비스 직통번호를 보여준다.

수십억 달러 규모의 큰 성공을 거둔 온라인 판매 기업인 자포스의 창립자이자 전 CEO인 토니 셰이(Tony Hsieh)는 한 마케팅 컨퍼런스에 참석했을 때 고객에게 매일 수천 건의 광고 메시지를 쏟아붓는 기업들의 전략을 들으며 회의감을 느꼈다. 그는 소셜 미디어가 물론 중요하다고 생각했지만 동시에 다음과 같이 생각했다. "그렇게 매력적이지 않고 오래된 기술로 느껴지더라도 직통 전화는 최고의 브랜딩 장치일 것이다. 통화하는 5~10분 동안 고객은 통화에만 집중하고, 통화 중에 고객과의 대화만 잘 이루어진다면 고객은 이 경험을 매우 오랫동안 기억할 것이다." 그는 다음과 같이 설명했다. "많은 사람은 인터넷 기업이 전화에 집중하는 것을 이상하게 생각할 수도 있습니다. 우리 매출의 5%만이 전화를 통해 발생하니까요. 하지만 분석 결과 모든 고객이 구매 과정에 적어도 한 번은 전화를 걸고, 이 통화를 잘 처리하기만 하면 고객의 기억에 우리 브랜드와 관련된 좋은 감정을 만들 수 있으며, 이것이 오래 지속된다는 것을 발견했습니다. 우리는 매일 수천 통의 전화와 이메일을 받고 있으며, 이 모든 것을 자포스의 브랜드가 구축되는 기회로 봅니다. … 우리 기업의 철학은 일반적으로 광고에 지출되는 마케팅 예산을 고객 서비스에 투자하여 이에 만족한 고객의 입소문을 통해 고객이 우리를 대신하여 마케팅을 하게 하는 것입니다."

많은 서비스 기업은 비용을 최소화하는 관점으로 콜센터를 관리한다. 예를 들면, 한 통화의 전화를 평균적으로 얼마나 빠르게 처리하는지를 관리한다. 즉 상담원이 하루에 처리할 수 있는 통화 수를 늘리는 것이다. 이로 인해 콜센터 상담원은 고객의 전화를 얼마나 빨리 끊을 수 있을지를 고민하고 노력하게 된다. 자포스의 관점에서 이는 훌륭한 서비스를 제공하는 방법이 아니다. 자포스에서 가장 긴 통화는 수천 켤레의 신발을 처리하기 위해 도움을 요청하는 고객과의 통화였다. 통화는 거의 6시간 동안 지속되었다. 콜센터 직원은 전화통화를 통해 제품을 판매하려고 하거나 정해진 매뉴얼을 읽지 않는다. 고객의 전화를 처리하는 것은 비용이 아닌 마케팅 및 브랜딩에 대한 투자로 간주된다. 토니 셰이에 따르면 콜센터는 "단순히 입소문 마케팅으로 이어질 수 있을 뿐만 아니라, 한 고객의 평생 고생 가치를 높일 수 있는 잠재력이 있습니다. 따라서 기업에게 이는 아직 충분히 활용되지 않은 엄청난 기회가 있는 분야"이다.

그림 7.24 전 CEO인 토니 셰이가 콜센터를 통한 고객과의 관계 형성에 대해 강조하고 있다.

출처: Based on Tony Hsieh, "How I Did It: Zappos's CEO on Going to Extremes for Customers," *Harvard Business Review* 88(7-8) (2010): 41-45; Tony Hsieh, Delivering Happiness: *A Path to Profits, Passion, and Purpose* (Grand Central Publishing, 2010).

입소문(WOM, 구전) 다른 고객의 추천은 일반적으로 회사의 판촉활동보다 더 신뢰할 수 있는 것으로 간주되며, 서비스 사용(또는 사용 회피)에 대한 사람들의 결정에 강력한 영향을 미칠 수 있다.

긍정적인 입소문은 서비스 기업에 특히 중요하다. 서비스는 경험 속성과 신뢰 속성의 비율이 높아서 잠재 고객이 지각하는 위험이 높은 경우가 많기 때문이다. 실제로 스타벅스와 메이

오클리닉(Mayo Clinic) 같은 많은 성공적인 서비스 기업은 만족한 고객들의 입소문으로 강력한 브랜드를 구축했다. 베스트셀러 작가 론 코프먼(Ron Kaufman)은 "만족한 고객은 모두가 믿는 유일한 광고입니다"라고 말했다.[21] 입소문은 강력하고 신뢰도가 높은 판매 대리인의 역할을 수행하므로 마케터는 기존 고객들이 긍정적이고 설득력 있는 코멘트를 하도록 다양한 전략을 사용한다.[22] 여기에는 다음과 같은 것이 포함된다.

Konrad Bak123rf

그림 7.25 입소문 효과는 효과적으로 구매를 촉진한다.

- 사람들이 서비스 기업에 대해 이야기할 수 있는 흥미로운 프로모션을 만든다. 버진애틀랜틱 항공(Virgin Atlantic Airways)의 리처드 브랜슨(Richard Branson)은 사람들이 자사에 대해 반복적으로 이야기하게 했다. 예를 들어, 브랜슨은 버진애틀랜틱 항공을 알리기 위해 124미터의 라스베이거스 호텔에서 제임스 본드의 턱시도를 입고 하강하는 이벤트를 실행했다.
- 고객이 서비스 이용에 동참하도록 다른 사람을 설득하도록 장려하는 프로모션을 진행한다(예: '두 사람을 데리고 오면 한 사람은 공짜', '한 가족 중 세 명 이상이 가입하면 가족의 월별 통신요금 35% 할인' 등).
- 기존 고객이 신규 고객에게 추천하는 것을 장려하는 추천 보상 프로그램을 개발한다. 예를 들어, 무료 서비스, 바우처, 현금 지급 등으로 고객에게 보상할 수 있다. 이러한 프로그램은 매우 효과적이고, 수익성이 높으며, 현재 널리 사용되고 있다. 인터넷 브라우저에 '친구 프로그램 추천'을 입력하면 수억 건의 조회수를 얻을 수 있을 것이다.[23] 이러한 프로그램은 모바일 앱(예: 클럽, 신용카드 회사, 심지어 다이빙학교에서도 사용)뿐만 아니라 오프라인[예: 드롭박스(Dropbox)의 매우 효과적인 추천인 인센티브를 생각해보자. 그림 7.26 참조]에서도 작동한다[예: 사용자들이 다음 번 승차에서 10달러를 깎아주는 대가로 친구들에게 추천을 보내도록 장려하는 우버(Uber)의 인센티브 프로그램].
- 다른 구매자나 추천인 제도로서 해당 서비스를 잘 알고 있는 사람을 활용한다. 예를 들면 다음과 같다. "우리는 ABC사를 위한 서비스를 효과적으로 잘 수행했습니다. 원하신다면 이 프로젝트를 수행한 MIS 관리자인 카브 씨에게 문의하시기 바랍니다."
- 고객 후기를 제시한다. 때때로 광고와 브로슈어에 만족한 고객의 코멘트를 넣어도 좋다(그림 7.27).
- 온라인 후기에 대한 기회를 제공하고 지원하며 응답한다. 긍정적인 게시물은 기업의 브랜드 자산 및 매출에 도움이 되지만 부정적인 후기로 인해 손상될 수 있다.

Invite friends to Dropbox and earn more storage space

You can earn extra space by inviting your friends to try out Dropbox:

- Dropbox Basic accounts get 500 MB per referral and can earn up to 16 GB
- Dropbox Plus and Professional accounts get 1 GB per referral and can earn up to 32 GB

To invite someone from dropbox.com:

1. Sign in to dropbox.com.
2. Click the avatar at the top of any page.
3. Select **Settings**.
4. Select **Plan**.
5. Click **Invite a friend**.

© Dropbox, Inc.

그림 7.26 드롭박스의 온라인 추천인 보상 프로그램

rawpixel\123rf

그림 7.27 많은 온라인 레스토랑 가이드는 고객 후기에 크게 의존한다.

회사의 커뮤니케이션 전략은 만족한 고객들이 긍정적인 후기를 게시하도록 격려하는 것이어야 한다. 이상적으로는 불만을 가진 고객이 불만을 터뜨리기 위해 온라인에 접속하는 대신 회사에 불만을 제기하고 서비스를 회복할 수 있어야 한다(13장 고객 불평 관리와 서비스 회복 참조). 한 작은 미용실은 출구에 다음과 같은 표지판을 붙임으로써 이를 달성하려고 했다. "우리의 서비스가 마음에 들면 친구에게 말해주세요. 만약 마음에 들지 않으면 우리에게 말해주세요."

- 브랜드 커뮤니티를 지원한다. 이는 온라인에서 상대적으로 저렴한 비용으로 가능하다.[24] 예를 들어, 그림 7.28의 오라클(Oracle)이 지원하는 성공적인 온라인 브랜드 커뮤니티를 참조하라.

입소문(구전)에는 컴전(word-of-mouse, 역주: 컴퓨터를 통한 구전이라는 의미)의 의미도 함축되어 있다. 입소문 마케팅은 확산 속도가 매우 빠르므로, 기업이 이를 간과해서는 안 된

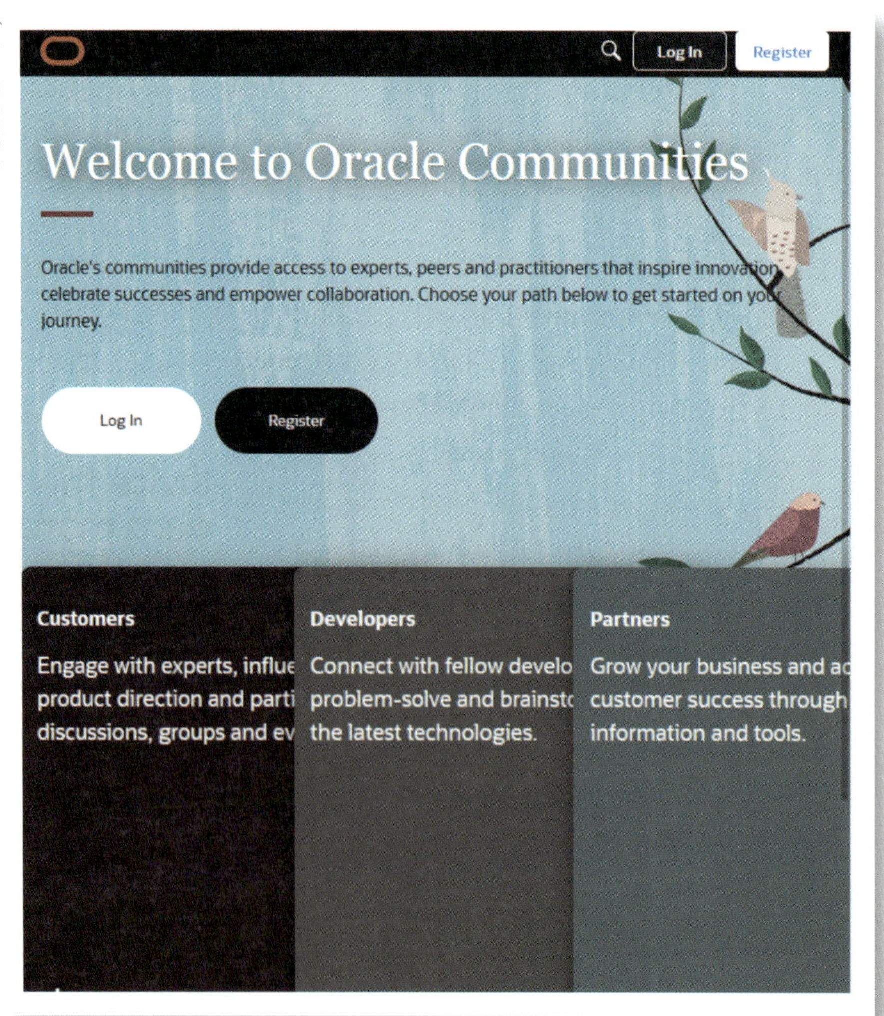

© Oracle Community

그림 7.28 오라클은 온라인 브랜드 커뮤니티를 성공적으로 지원한다.

다. 모든 스타트업들은 입소문 마케팅을 활용할 수 있다. 이와 유사하게 이베이(eBay), 에어비앤비(Airbnb) 등 다양한 사용자 간 공유 플랫폼 또한 사용자가 다른 사용자 및 제공자를 평가하게 한다. 이러한 시스템은 웹사이트에서 서비스 내에서 신뢰를 형성되게 함으로써 낯선 사람 간에 더 많은 거래를 발생하게 만든다. 이러한 상대방 평가 시스템이 없다면 이러한 사이트를 사용하는 데 거부감이 들 수 있다.

소셜 미디어: 언제, 어디서나 사회적으로 연결되기 소셜 미디어는 니즈 인식, 구매 결정, 서비스 소비, 품질 인식, 후기 및 추천을 포괄하는 전체 서비스 커뮤니케이션 유입 경로에 영향을 미칠 가능성이 있다. 대부분의 웹사이트는 인터페이스에 소셜 미디어 기능이 내장되어 있으며, 모든 주요 모바일 및 PC 운영체제는 소셜 미디어 통합(예: 애플의 내장 iOS 공유 기능)을 내장하고 있다. 오늘날 소비자는 삶의 거의 모든 측면과 소셜 미디어가 교차하는 세계에서 살고 있다.[25]

마케터는 소셜 미디어가 서비스 기업에 대한 고객의 경험과 특정 회사를 피하거나 추천하는 것을 포함하여, 상상할 수 있는 모든 주제를 다루는 광범위한 주제로 다른 사람들과 연결된 대화와 함께 새로운 형태의 온라인 사회적 상호작용으로 발전하는 변화에 주목하고 있다. 이러한 대화는 고객들이 정보를 공유하고 브랜드 또는 상품에 대한 의견에 영향을 미치게 한다. 예를 들어, 구글에서 '씨티은행'과 '후기' 또는 '찰스 슈왑(Charles Schwab)'과 '후기'라는 단어를 검색해보라. 그러면 이 기업들과 관련된 엄청난 양의 게시물을 볼 수 있다.

소셜 미디어는 입소문 마케팅(전통적인 입소문 마케팅과 유사하게 상대적으로 적은 팔로워를 가진 수백만 명의 유튜버와 블로거)과 온라인 미디어(일부 인플루언서는 기존의 대중 매체와 유사한 수준으로 많은 팔로워를 보유) 사이에 있는 것으로 볼 수 있다. 그러므로 마케터는 표준적인 추천 프로그램과 일반 대중을 위한 입소문 마케팅의 스펙트럼에서 입소문을 다룰 수 있다. 그러나 전통 미디어처럼 팔로워가 많은 인플루언서를 상대해야 한다. 이러한 인플루언서는 그 자체로 중요한 업계 관계자이자 유명인이다. 그들을 존중하고 눈높이에 맞춰주어야 한다. 예를 들어, 카일리 제너(Kylie Jenner)는 2020년에 인스타그램에서 1억 8,000만 명 이상의 팔로워를 보유하고 있으며, 게시물당 120만 달러를 요구한 것으로 알려졌다.[26]

인플루언서와 작업하는 것이 비싸지면서 많은 작은 회사들이 일반 온라인 인구와 유명인 사이에 속하는 범주인 마이크로 인플루언서와 함께하기 시작했다. 이러한 개인들은 수천 명에서 수십만 명에 이르는 팔로워 수를 보유하고 있고, 이들의 팔로워들은 더 참여하고 열정적인 경향이 있다(그림 7.29). 유명인과 비교하여 마이크로 인플루언서는 일반적으로 신뢰할 수 있고, 진정성이 있다고 여겨지며, 게시하는 주제에 대한 전문가로 간주된다.[27] 마케터는 빠르게 성장하는 캡티베이트

그림 7.29 마케터에게 두바이에서 열린 국제 창의성 축제의 인플루언서 같은 유명 인사는 그들의 수많은 충성스러운 추종자를 확보할 수 있는 기회를 제공해준다.

(Captiv8), 매브릭(Mavrck), 업플루언스(Upfluence) 같은 인플루언서 플랫폼에서 일할 수 있다. 이들 각각은 회사가 함께 일할 수 있는 최소 백만 명의 인플루언서 목록을 가지고 있다.

기업과 서비스에 대한 온라인 대화의 중요성을 감안할 때 마케팅 및 홍보 부서가 소셜 미디어에서 대중의 참여를 유도하는 것이 필수가 되었다. 이러한 상호작용을 즉시적인 마케팅 개입(IMI)이라고 한다. 이는 트렌드, 자발적인 대화, 이벤트에 대응하기 위해 실시간으로 수행되는 기업의 소셜 미디어 행동을 의미한다. 이러한 반응은 빠르고, 재치 있으며, 신기하기도 해서 입소문이 날 가능성을 높인다. 최근 연구에 따르면 미국에서 유머와 놀라움에 대한 평균 반응을 시가총액 510만 달러로 평가했는데, 이는 기업과 마케팅팀이 소셜 미디어에 더 적극적이어야 한다는 것을 잘 보여준다.[28]

사진과 비디오가 더 많은 소셜 미디어 이외에 블로그도 쉽게 접할 수 있는 미디어이다. 블로그는 사람들이 자신이 좋아하는 것에 대해 무엇이든 게시할 수 있는 온라인 저널, 일기, 뉴스 목록으로 구성되어 있는 웹페이지이다. 블로거로 알려진 사람들은 보통 좁은 주제에 집중하고, 그들 중 꽤 많은 수는 특정 분야에서 자칭 전문가가 되었다. 블로그와 같은 다소 오래된 형태의 소셜 미디어가 부활하는 동안 고객들이 자신의 경험을 공유하는 온라인 생태계에 유입되는 새로운 유형의 소셜 네트워크가 끊임없이 등장하고 있다.

언론 보도 온라인 세상의 중요성이 급증하고 있지만, 전통 미디어의 취재 역시 무시할 수는 없다. 뉴스 가치가 있는 사건들은 온라인 세상에서 먼저 논의되는 경우가 많지만, 전통 미디어에 포착되어 보도된 후에야 더 광범위한 대중에게 도달한다.

학습목표 12

커뮤니케이션이 이루어지는 시기('언제'), 서비스 커뮤니케이션 프로그램에 대한 예산을 설정하는 방법 및 프로그램을 평가하는 방법을 이해한다.

서비스 마케팅 커뮤니케이션의 시기 결정

샴페인, 보석, 크리스마스 푸딩 같은 상품은 크리스마스에 이르기까지 3개월 동안 집중적으로 홍보되는데, 이는 연간 매출의 거의 절반이 이 기간에 발생하기 때문이다. 대조적으로 서비스 기업은 수용 능력이 제한되어 있어 일반적으로 사용량이 많은 기간에는 홍보하지 않는다. 오히려 회사가 서비스 커뮤니케이션 유입 경로에서 관리하고자 하는 다양한 인식과 행동에 맞춰서 시기가 결정된다. 다양한 커뮤니케이션 채널이 고객을 인식에서 선호, 그리고 구매 후 단계까지 이동시키기 위해 사용된다.

커뮤니케이션의 시기는 일반적으로 대형 엑셀 스프레드시트처럼 보이는 미디어 계획 흐름도를 통해 관리된다. 이는 커뮤니케이션이 계획된 방식과 시기에 대한 전체 그림을 제시한다.

예산 결정 및 프로그램 평가[29]

서비스 기업이 마케팅 커뮤니케이션을 통해 매출과 이익이 증가할 것이라고 믿는다면 더 많은 예산을 서비스 마케팅 커뮤니케이션에 할당할 것이다. 그러나 커뮤니케이션 지출의 최적 지점은 예측하기 어렵고, 예산을 정하는 것은 가장 결정하기 어려운 일 중 하나이다. 실제로 서비스 기업은 커뮤니케이션 예산을 결정하기 위해 매출과 이익의 비율을 할당하고, 경쟁사들에 지출을 맞추며, 작년의 예산을 사용하는 것을 포함하여 많은 방법을 사용한다(또는 작년의 커뮤니케이션의 성공 여부에 따라 미세하게 조정하거나 혹은 기업의 미래 계획에 근거한다).

그러나 가장 논리적인 방법은 목표와 과제를 기반으로 예산을 기획하는 방법이며, 이는 예산 축적 방법이라고도 한다. 이 방법은 ① 서비스 마케팅 커뮤니케이션 유입 경로를 따라 커뮤니케이션 목표를 정의하고, ② 이러한 목표를 달성하기 위해 필요한 업무를 결정하며, ③ 프로그램 비용을 추정하는 3단계를 수반한다. 추정된 비용은 제안된 홍보 예산의 기초가 된다. 물론 기업의 재무 상태와 이러한 투자에 대한 추정된 수익도 통합될 필요가 있다. 비용이 너무 높거나 기대 수익이 너무 낮으면 예산을 축소해야 한다. 그러나 핵심 과제는 특정 목표를 달성하는 데 필요한 커뮤니케이션 강도를 결정하는 것이다.

실증 연구 방법은 그 자체로 활용될 수도 있고 목표와 과제 기반 방법과 결합하여 활용될 수도 있다. 실증 연구 방법은 최적의 커뮤니케이션 지출 수준을 결정하기 위해 서로 다른 커뮤니케이션 예산으로 일련의 시험이나 현장 실험을 실행한다.

일단 예산이 지출되면 기업은 커뮤니케이션 프로그램의 성공을 어떻게 평가할 수 있는가? 특정 목적이 있다면 성공 수준을 측정하기는 쉽다. 예를 들어, 특정 커뮤니케이션 프로그램이 고객 행동의 변화(예: 피크 시간대가 아닌 사용법 전환, 고객에게 PIN을 안전하게 유지하고 2요소 권한 부여 사용법 교육, 고객을 종이 기반 절차에서 전자 기반 절차로 전환, 또는 상위 수준의 서비스로 상향 판매)를 목표로 한다면 결과는 직접 측정할 수 있다. 클릭하여 들어온 기록, 뉴스레터 가입, 팔로워, 등록, 리드 제너레이션, 판매를 특정 마케팅 커뮤니케이션에 직접 매칭할 수 있는 이메일 캠페인 또는 온라인 마케팅 같은 직접 대응 마케팅에도 동일하게 적용된다.

유사하게 광고 및 연구 기관은 더 넓은 커뮤니케이션 목표(예: 인식, 지식, 선호도)가 달성되었는지 여부를 측정하는 데 전문가가 되었다. 그러나 시장 커뮤니케이션이 매출 및 이익에 미치는 영향은 측정하기 어렵기로 악명 높다. 핵심적인 이유는 마케팅 커뮤니케이션이 매출을 결정하는 많은 동인 중 하나에 불과하기 때문이다. 이러한 동인은 서비스 특징 및 서비스 품질에서 가격 및 경쟁자 활동에 이르기까지 다양할 수 있다.

커뮤니케이션에서 윤리적 문제와 고객의 개인정보 보호 문제

 **학습목표 13**

서비스 마케팅 커뮤니케이션에서 윤리 및 고객 개인정보 보호와 관련된 문제를 이해한다.

이제까지 기업 관련 정보를 제공하는 데 다양한 커뮤니케이션 도구와 채널에 대해 살펴보았다. 그러나 기업은 커뮤니케이션과 관련된 윤리적 문제 및 개인정보 보호 문제를 고려해야만 한다. 고객은 서비스에 대해 평가하기 어렵기 때문에 상품과 서비스 정보에 대한 마케팅 커뮤니케이션에 의존할 수밖에 없다. 커뮤니케이션 메시지는 서비스 품질과 서비스 이용에 따른 고객의 혜택을 약속한다. 그러나 이후에 약속이 지켜지지 않았다면 고객은 사전 기대가 충족되지 않았으므로 실망하게 될 것이다.[30]

어떤 비현실적 서비스에 대한 약속은 고객이 합리적으로 기대하는 서비스 성과 수준과 관련하여 마케팅 인력과 운영 기능 사이의 내적 커뮤니케이션이 잘되지 않았기 때문에 발생한다. 어떤 경우에는 비윤리적인 광고주와 판매원이 판매를 늘리기 위해 과장된 약속을 하기도 한다. 결국 사람들이 현실보다 더 좋은 결과를 얻는다고 생각하도록 촉진하는 것이다. 그

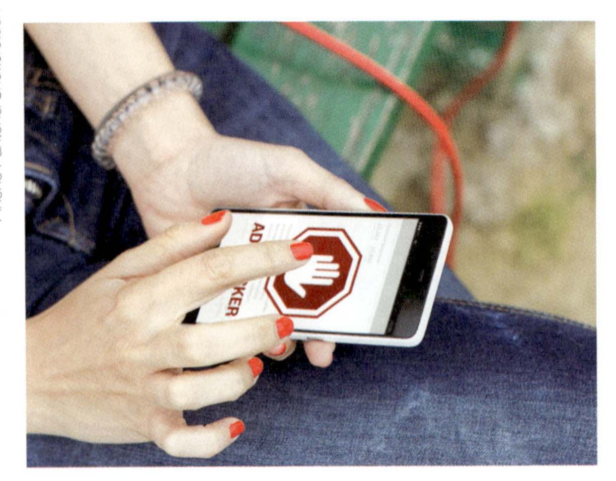
Pinone Pantone/Shutterstock

그림 7.30 온라인 광고를 차단해주는 다양한 소프트웨어

나마 이러한 비윤리적 마케팅 활동을 감시하는 많은 소비자 감시원(소비자 보호 단체, 특정 산업의 동업조합, 허위사실, 속임수를 파헤치는 저널리스트 등)이 존재하는 것은 다행한 일이다.

개인정보 보호는 윤리적 문제의 또 다른 이슈이다. 텔레마케팅, 우편, 이메일의 증가는 이러한 원치 않는 침입을 받은 사람에게는 매우 불쾌한 일이다.

소비자를 보호하기 위해 기업의 이러한 활동에 반대하는 정부기관과 산업협회의 움직임이 증가하고 있다. 유럽연합은 데이터 보호법(General Data Protection Regulation)을 통해 개인정보와 사생활을 보호하는데, 이는 직접 마케팅에 중요한 참고사항이 된다.[31] 미국 연방거래위원회(Federal Trade Commission)의 내셔널두낫콜레지스트리(National Do Not Call Registry)는 소비자가 5년 동안 텔레마케팅 리스트에서 집 전화번호 및 휴대폰 번호를 삭제할 수 있게 했다. 상업 텔레마케터로부터 미허용된 전화를 계속 받은 사람들은 이를 고발할 수 있으며, 텔레마케팅 회사는 이러한 위반행위에 무거운 벌금을 물게 된다. 이와 유사하게 직접마케팅협회(Direct Marketing Association)는 소비자가 메일링, 텔레마케팅, 이메일 리스트에서 자신의 이름을 삭제하도록 돕는다. 온라인 사용자는 애드초이스(AdChoice)를 사용하여 검색 및 대상 광고를 추적하는 광고주를 제외할 수 있다(그림 7.30).[32]

학습목표 14

커뮤니케이션에서 기업 설계의 역할을 이해한다.

기업 설계의 역할

앞서 설계를 제외한 커뮤니케이션 미디어와 콘텐츠에 주안점을 두어 살펴보았다. 기업 설계는 기업의 커뮤니케이션 믹스를 통해 일관된 스타일과 메시지를 전달할 수 있는 핵심이라고 할 수 있다. 기업 설계는 대중에게 각인되어야 하며, 어떤 장소에서도 즉시 알아볼 수 있어야 하는 경쟁 시장에서 운영되는 기업에게 특히 중요하다. 색상, 로고, 직원의 유니폼, 물리적 시설의 디자인 등으로 머릿속에 각인된 기업이 있는가?

많은 서비스 기업은 원하는 브랜드 이미지를 강화하고 인식시키기 위한 유형적 요소를 시각적으로 나타내기 위해 독특한 디자인을 사용한다. 기업 설계 전략은 보통 외부 컨설팅 기업이 작업하며, 여기에는 표지, 판촉 문구, 유니폼, 차량 색상, 장비, 건물의 인테리어 등이 포함된다. 다음의 몇 가지 방법을 통해 사람들에게 기업을 각인시킬 수 있다. 물리적 단서의 전략적 사용을 통해 브랜드 서비스 경험에서 기업의 모든 운영을 연결하는 통일되고 인식 가능한 주제를 제공하는 것이 목적이다. 기업은 개별적으로 또는 결합하여 다음과 같은 접근법을 사용하여 이를 수행할 수 있다.

- 경쟁이 치열한 택배 산업의 기업은 기업명을 기업 설계의 핵심 요소로 사용한다. 페더럴익스프레스(Federal Express)는 더욱 현대적인 이름인 페덱스(FedEx)라는 차별화된 로고로 기업명을 바꿨다.

표 7.2 기업 설계 전략

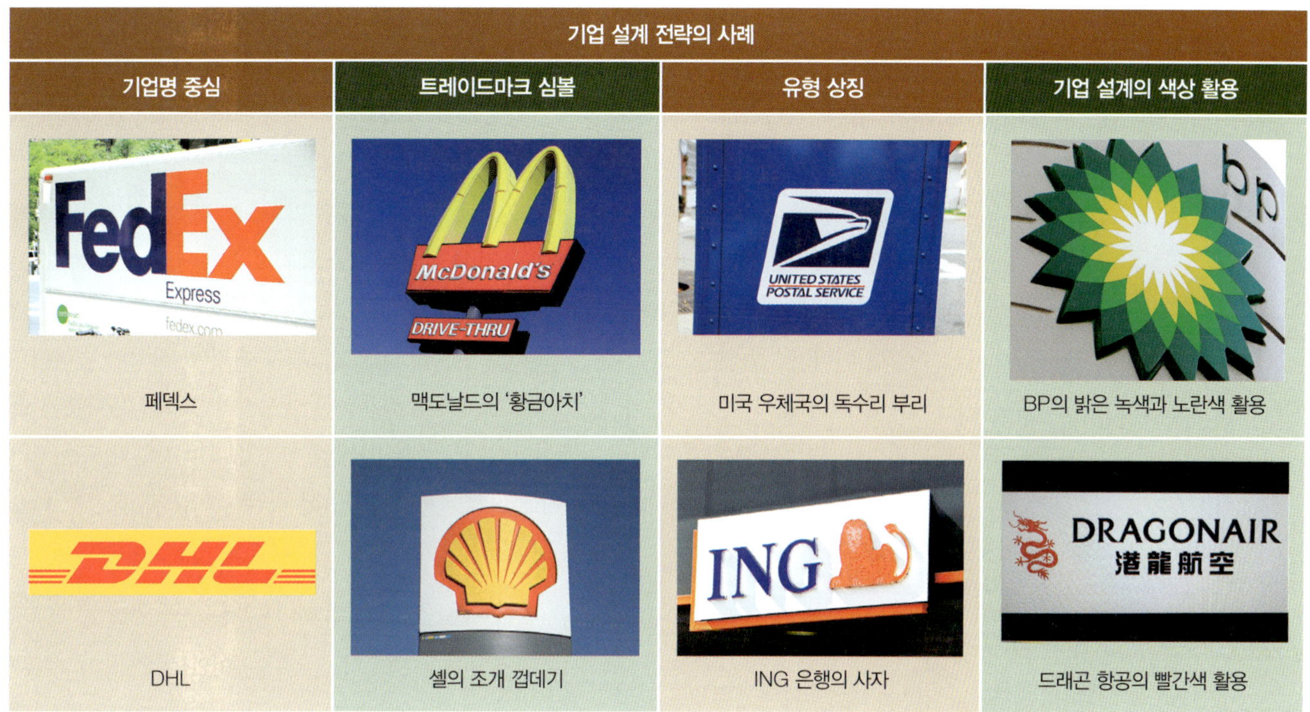

기업 설계 전략의 사례			
기업명 중심	트레이드마크 심볼	유형 상징	기업 설계의 색상 활용
페덱스	맥도날드의 '황금아치'	미국 우체국의 독수리 부리	BP의 밝은 녹색과 노란색 활용
DHL	셸의 조개 껍데기	ING 은행의 사자	드래곤 항공의 빨간색 활용

출처: Clockwise from top left: Valentino Visentini\Alamy Stock Photo; Finnbarr Webster\Alamy Stock Photo; Stuart Kelly\Alamy Stock Photo; PhotoEdit\Alamy Stock Photo; 360b\Alamy Stock Photo; Arterra Picture Library\Alamy Stock Photo; Clement Philippe/Arterra Picture Library/Alamy Stock Photo; Peter Probst\Alamy Stock Photo

- 많은 기업이 자사의 주요 로고로 기업명보다는 상징을 사용한다. 셸(Shell)은 붉은 바탕의 노란 가리비 모양을 활용하여 영어 이름으로 재치 있는 표현을 만들어냈으며, 이를 통해 자사를 바로 알아볼 수 있게 했다. 맥도날드(McDonald)의 '황금 아치'(표 7.2)도 세계에서 가장 널리 알려진 기업 상징이며, 매장과 직원 유니폼, 포장, 그리고 모든 기업 커뮤니케이션 자료에 등장시킨다.
- 일부 기업은 자사 브랜드 이름과 함께 무형적 상징을 만드는 데 성공을 거두었다. 주로 동물을 이용하여 서비스에 대한 물리적 상징을 만들어낸다. ING 은행(ING Bank)과 캐나다 왕립은행(Royal Bank of Canada)의 사자, T.로프라이스(T. Rowe Price)의 양, 홍콩의 드래곤 항공(Dragonair)의 용을 예로 들 수 있다.
- 많은 회사가 기업 설계에 색상을 사용한다. 휘발유 소매업을 살펴보면 즉시 알아볼 수 있는 BP의 밝은 녹색 및 노란색의 주유소와 텍사스코(Texaco)의 빨간색, 검은색, 흰색 주유소를 볼 수 있다.

통합 마케팅 커뮤니케이션

학습목표 15

강력한 브랜드 정체성을 제공하기 위한 통합적 마케팅 커뮤니케이션의 중요성을 인식한다.

기업의 소셜 미디어 페이지에서 홍보되는 새롭고 흥미로운 서비스 홍보를 보고 난 후 서비스 지점을 방문했는데, 카운터 직원이 이를 몰라서 구매할 수 없었던 적이 있는가? 무엇이 잘못되었을까? 많은 서비스 기업에서는 다양한 부서가 기업의 시장 커뮤니케이션의 다양한 측면을 관리한다. 예를 들어, 광고는 마케팅 부서에서, 홍보는 홍보 부서에서, 회사 웹사이트와 직접 마케팅 및 판촉활동은 기능 전문 부서에서, 고객 서비스는 운영 부서에서, 직원 훈련은 인사 부서에서 담당한다. 위에서 설명한 서비스 실패는 이러한 다양한 부서들 간의 효과적인 조정이 부족하기 때문에 발생한다.

기존 고객과 잠재 고객에게 메시지를 전달하는 채널이 매우 많기 때문에 기업이 통합 마케팅 커뮤니케이션(IMC)의 개념을 채택하는 것이 점점 더 중요해지고 있다. IMC는 강력한 브랜드 정체성을 전달하기 위해 모든 커뮤니케이션을 하나로 연결하고 강화한다. 이는 기업의 다양한 미디어가 동일한 메시지를 전달하고, 동일한 외관과 느낌을 가지며, 다양한 미디어의 커뮤니케이션은 서비스 기업과 상품에 대한 하나의 전체적인 메시지의 일부가 된다는 것을 의미한다. 기업은 IMC에 대한 소유권을 단일 부서(예: 마케팅)에게 주거나 기업의 모든 시장 커뮤니케이션을 조정하는 것을 돕기 위해 마케팅 커뮤니케이션 책임자를 임명함으로써 이를 달성할 수 있다.

그림 7.31 뉴욕 타임스스퀘어 맥도날드의 황금아치

Kevin Foy/Alamy Stock Photo

요약

학습목표 1 서비스 마케터는 효과적인 커뮤니케이션 전략을 설계할 필요가 있다. 이를 위해서는 통합 서비스 커뮤니케이션 모델을 안내 프레임워크로 사용할 수 있다. 모델은 다음의 5가지 W를 중심으로 구성되어 있다.

- 대상 고객은 누구인가? 잠재 고객, 사용자 및/또는 직원인가?
- 소통하고 달성하기 위해서는 무엇이 필요한가? 목표는 구매 전 단계, 서비스 대면 단계, 구매 후 단계의 고객 행동과 관련이 있는가?
- 이를 어떻게 소통해야 하는가? 서비스의 무형성으로 인한 과제를 어떻게 극복할 수 있는가?
- 어디서 소통해야 하는가? 어떤 미디어 믹스를 사용해야 하는가?
- 커뮤니케이션은 언제 이루어져야 하는가?

학습목표 2 서비스 커뮤니케이션에는 3가지 광범위한 표적 고객(*Who*)이 있다. 그들은 ① 제품 마케팅처럼 전통적인 커뮤니케이션 미디어를 통해 연락할 수 있는 잠재 고객, ② 기업의 서비스 전달 채널(예: 서비스 직원, 지점 네트워크, 계좌 내역서, 셀프서비스 채널) 같은 더 비용 효율적인 커뮤니케이션 채널을 통해 연락할 수 있는 기존 고객, ③ 올바른 커뮤니케이션 메시지로 동기부여가 될 수 있는 2차 고객으로서의 직원이다.

학습목표 3 가장 일반적인 수준에서 마케팅 커뮤니케이션 목표(*What*)는 정보를 주고, 교육하고, 설득하고, 상기시키고, 행동을 형성하고, 관계를 구축하는 것이다. 커뮤니케이션 목표는 본질적으로 전략적일 수도 있고, 전술적일 수도 있으며, 전형적으로 양자를 병합한 것이다.

- 전략적 목표에는 브랜드 자산 구축, 경쟁에 대비한 브랜드 포지셔닝, 브랜드 재배치가 포함된다.

학습목표 4 전술적 목표는 서비스 소비의 3단계 모델을 안내 프레임워크로 사용하여 다양한 잠재적 목표를 상세하게 설명하는 **서비스 마케팅 커뮤니케이션 유입 경로**에 따라 구성할 수 있다. 유입 경로는 커뮤니케이션 목표가 매우 구체적일 수 있으며, ① 구매 전 단계(예: 기업 성과를 능가하는 속성의 중요성 강조 및 지각된 위험 감소), ② 서비스 대면 단계(예: 서비스 프로세스 안내, 적절한 대기열 행동 장려 및 성과 인식 관리), ③ 구매 후 단계(예: 고객 만족 형성 및 추천 및 충성 행동 장려)에서 서비스 소비 행동의 모든 측면을 해결할 수 있음을 보여준다.

학습목표 5 서비스 마케팅 커뮤니케이션이 담당할 수 있는 몇 가지 중요한 역할의 예는 다음과 같다.

- 유형의 단서를 홍보하여 품질을 전달한다.
- 커뮤니케이션 콘텐츠를 통해 가치를 추가한다(예: 서비스 플라워에서 논의한 정보 및 자문 제공).
- 생산에 대한 고객의 참여를 촉진한다.
- 서비스 인력의 기여를 촉진한다.
- 수요를 자극하고 수용 능력에 맞게 전환한다.

학습목표 6 어떻게(How) 해야 서비스가 가장 잘 전달되는가? 서비스의 무형성은 커뮤니케이션을 위한 특정한 과제를 제시한다. 이는 다음과 같다.

- 추상성: 물리적 대상과 직접적으로 연결되지 않는다.
- 일반성: 항목은 대상, 사람, 이벤트의 일부이며 기업의 성과에 특정되지 않는다.
- 비검증성: 구매 전에 서비스를 탐색하거나 검증할 수 없다.
- 심리적 무형성: 서비스는 이해하고 해석하기 어렵다.

무형성이 야기하는 커뮤니케이션 문제를 극복할 수 있는 많은 방법이 있다.

- 추상성: 서비스 소비 사례를 사용하여 서비스를 경험하는 일반 고객을 보여준다.
- 일반성: 객관적 주장은 서비스 전달 시스템 및 기업의 성과에 대한 사실 및 통계(소포가 제때 전달된 비율 등 과거 성과 통계 포함)를 보여주는 시스템의 문서화를 사용한다. 주관적 주장은 서비스 담당자가 실제 수행하는 서비스 제공 상황을 보여주는 서비스 수행 사례를 사용한다.
- 비검증성: 소비의 문서화를 사용한다. 즉 서비스를 경험한 고객 후기를 받는다. 신뢰도가 높은 서비스의 경우 보상 또는 서비스 제공자의 자격을 보여주는 인지도 문서화를 사용한다.
- 심리적 무형성: 서비스 경험 중에 정확히 무슨 일이 일어날 것인지, 또는 기업이 고객에게 무엇을 해주고 고객의 문제를 어떻게 해결했는지에 대한 과거 사례, 또는

고객의 서비스 경험을 보여주는 서비스 소비 사례를 사용한다.

무형성의 문제를 극복하는 데 도움이 되는 두 가지 추가적인 방법은 다음과 같다.

- 회사의 직원, 시설, 인증서 및 수상 경력, 고객과 같은 가시적인 단서를 강조한다.
- 가치를 전달하기 위해 은유를 사용한다. 예를 들어, 푸르덴셜(Prudential)은 기업력의 상징으로 지브롤터 바위를 사용한다.

학습목표 7 표적 고객에게 도달하고 커뮤니케이션 목표를 달성하기 위해 다양한 커뮤니케이션 채널(*W*here)을 사용할 수 있다.

- 전통 마케팅 채널(예: 광고, 직접 마케팅, 온라인 광고), 앱, 소셜 미디어
- 서비스 전달 채널(예: 서비스 매장, 일선 직원, 서비스 앱, 셀프서비스 웹사이트)
- 조직 외부에서 발생한 메시지(예: 입소문, 소셜 미디어, 블로그, 전통 미디어의 보도)

학습목표 8 전통적인 마케팅 채널은 광고, 홍보, 직접 마케팅(허용 마케팅 포함), 판매 촉진, 인적 판매 등을 포함한다. 이러한 커뮤니케이션 요소는 일반적으로 기업이 시장에서 차별화된 지위를 창출하고 잠재 고객에게 도달하기 위해 사용된다.

학습목표 9 온라인 커뮤니케이션 채널에는 회사의 웹 사이트 및 온라인 광고(예: 배너 광고, 검색엔진 광고, 최적화)가 포함된다.

- 기술의 발전으로 허용 마케팅과 온라인 및 모바일 광고, 앱, 소셜 미디어 및 팟캐스트를 이용한 고도로 표적화된 커뮤니케이션의 흥미로운 가능성과 같은 혁신이 일어났다.

학습목표 10 서비스 기업은 일반적으로 현재 고객에게 비용 효율적인 방법(예: 서비스 직원, 서비스 매장, 셀프서비스 전달점을 통해)을 제공하는 서비스 제공 채널 및 판매 시점 환경을 관리한다.

학습목표 11 기업과 서비스에 대한 가장 강력한 메시지 중 일부는 조직 외부에서 비롯되고 마케터가 통제할 수 없다. 여기에는 전통적인 입소문, 온라인 후기, 블로그, 트위터와 다른 소셜 미디어, 그리고 전통 미디어에서의 보도가 있다.

- 다른 고객의 추천은 일반적으로 기업이 주도하는 커뮤니케이션보다 더 신뢰할 수 있는 것으로 간주되며, 특히 고위험 구매를 앞둔 잠재 고객이 찾는 경향이 있다.
- 기업은 흥미로운 프로모션을 진행하고, 추천 보상 프로그램을 개발하며, 추천인 제도를 활용하고, 고객 후기 제시 등 많은 수단을 통해 고객의 입소문을 자극할 수 있다. 이 모든 일은 점점 온라인 환경으로 옮겨가고 있다.

학습목표 12 커뮤니케이션의 많은 부분이 대량 구매 기간(예: 크리스마스 이전) 이전에 발생하는 재화 마케팅과 달리 서비스 기업은 일반적으로 사용량이 많은 기간 동안 추가 수요를 충족시킬 수 없다. 따라서 커뮤니케이션은 일반적으로 서비스 마케팅 커뮤니케이션 유입 경로(*W*hen)에서 특정 목표 및 그 시기에 연결된다. 예산 결정 및 성과 관리는 이러한 목표에 대해 매핑된다(목표와 과제 기반 방법이 사용되는 경우).

학습목표 13 기업은 커뮤니케이션 전략을 설계할 때 약속을 이행하지 않거나 고객의 사생활을 침해하는 것 같은 윤리적 문제와 개인정보 보호 문제를 염두에 두어야 한다(예: 텔레마케팅, 이메일 캠페인). 기업은 기존 고객과 잠재 고객의 사생활과 개인정보를 보호해야 한다.

학습목표 14 커뮤니케이션 미디어와 콘텐츠 외에도 기업 설계는 고객의 마음에 통일된 이미지를 달성하기 위한 핵심이다. 좋은 기업 설계는 서비스 마케팅 커뮤니케이션 믹스, 소매 간판, 유니폼, 차량, 장비, 건물 인테리어의 모든 요소를 포함하여 유형 요소에 대해 통일되고 독특한 시각적 외관을 사용한다.

학습목표 15 기존 고객과 잠재 고객에게 메시지를 전달하는 채널이 매우 많으므로, 기업은 통합 마케팅 커뮤니케이션(IMC) 개념을 채택하는 것이 중요하다.

학습 키워드

학습목표 1
- 통합 서비스 마케팅 믹스
- 5W
- 커뮤니케이션 전략
- 전략 실행

학습목표 2
- 표적 고객
- 기존 고객
- 이용 고객
- 잠재 고객
- 직원

학습목표 3
- 서비스 커뮤니케이션 목표
- 전략적 목표
- 서비스 브랜드

학습목표 4
- 전술적 목표
- 서비스 소비
- 서비스 마케팅 커뮤니케이션 유입 경로
- 판매 유입 경로
- 서비스 대면
- 고객 확보
- 고객 참여
- AIDA
- 효과 계층 모델
- 인지 및 지식의 단계
- 감정적 단계
- 구매 행동 단계

학습목표 5
- 유형적 단서
- 서비스 수행
- 고객의 관여
- 정보
- 자문
- 커뮤니케이션 내용
- 후방 작업
- 서비스 인력
- 수용 능력

학습목표 6
- 무형성
- 비검증성
- 심리적 무형성
- 일반성
- 추상성
- 성과의 문서화
- 시스템의 문서화
- 인지도 문서화
- 소비의 문서화
- 서비스 소비 사례
- 서비스 수행 사례
- 서비스 프로세스 사례
- 과거 사례
- 은유

학습목표 7
- 광고
- 서비스 마케팅 커뮤니케이션 믹스
- 개인 커뮤니케이션
- 홍보
- 공중관계
- 비개인 미디어
- 직접 마케팅
- 서비스 전달점

학습목표 8
- 고도의 세분화
- 온디맨드 기술
- 허용 마케팅
- 텔레마케팅
- 인적 판매
- 보도자료
- 판매 촉진

학습목표 9
- 배너 광고
- 클릭 링크
- 회사의 웹사이트
- 콘텐츠 광고
- 시선
- 구글

- Google Ads
- 모바일 광고
- 온라인 광고
- 웹사이트의 '고착성'
- 팟캐스트
- 검색엔진 광고
- AdSense
- 소셜 미디어 및 네트워크
- 후원 링크
- 모바일 앱
- 유튜브
- 게재 위기 타깃 광고

학습목표 10

- ATM
- 일선 직원
- 셀프서비스 전달점
- 서비스 매장
- 서비스케이프
- 자동판매기
- 서비스 앱

학습목표 11

- 블로그
- 언론 보도
- 온라인 커뮤니티
- 추천인 제도
- 추천 보상 프로그램
- 온라인 후기
- 고객 후기
- 트위터
- 바이럴 마케팅
- 입소문(구전)

학습목표 12

- 예산 결정
- 시기
- 목표와 과제 기반 방법
- 프로그램 평가
- 예산
- 실증 연구 방법

학습목표 13

- 고객 개인정보
- 윤리적 문제
- 두낫콜레지스트리
- 약속
- 침입
- 비윤리적인 광고주

학습목표 14

- 색상
- 유니폼
- 로고
- 상징 기호
- 브랜드 서비스 경험
- 기업 설계

학습목표 15

- 브랜드 정체성
- 통합 마케팅 커뮤니케이션(IMC)

서비스 마케팅
용어를 얼마나
잘 알고 있나요?
퀴즈를 풀어보세요!

본문을 참조하지 않고도 기억할 수 있는 각 키워드에 대해 1점을 매기고 점수를 합산하여 서비스 마케터라고 불릴 자격을 갖추었는지 확인하세요.

점수

01~18 서비스 마케팅이 여러분에게 해악을 끼치나요?
19~36 밤늦도록 공부가 필요합니다.
37~54 학기 내내 여러분이 무엇을 하지 않았는지 알고 있습니다.
55~72 거의 도달하려고 합니다.
73~90 지금 바로 마케터로 출발하세요.
91~108 여러분의 이름을 딴 마케팅 콘셉트가 나와야 합니다.

서비스 마케팅 연습문제

1. 통합 서비스 커뮤니케이션 모델을 구성하는 5가지 W는 무엇인가?
2. 서비스 커뮤니케이션의 3가지 광범위한 표적 고객은 누구인가?
3. 서비스 커뮤니케이션의 목적과 재화 마케팅의 목적이 실질적으로 다른 점은 무엇인가? 서비스 설정에서 4가지 일반적인 교육적 목적 및 홍보 목적을 제시하고 각각에 대한 구체적인 예를 제시하라.
4. 서비스 마케팅 커뮤니케이션 유입 경로에서 무엇을 배울 수 있는가?
5. 서비스 커뮤니케이션의 어려움에는 어떤 것이 있는가? 이를 어떻게 극복할 수 있는가?
6. 제품을 판매하는 회사보다 서비스 회사의 마케팅 커뮤니케이션 믹스가 더 큰 이유는 무엇인가?
7. (a) 신규 고객을 유치하고, (b) 기존 고객을 유지하는 데 인적 판매, 광고, 홍보는 어떤 역할을 하는가?
8. 온라인 마케팅에는 어떤 형태가 있는가? (a) 온라인 중개인과 (b) 로스앤젤레스에 새로 생긴 고급 클럽에 가장 효과적인 온라인 마케팅 전략은 무엇이라고 생각하는가?
9. 서비스 기업의 커뮤니케이션 전략에 허용 마케팅이 많은 관심을 받는 이유는 무엇인가?
10. 서비스의 마케팅에서 입소문이 중요한 이유는 무엇인가? 업계의 품질을 선도하는 서비스 기업은 입소문을 어떻게 유도하고 관리할 수 있는가?
11. 기업은 기업 설계를 활용하여 어떻게 차별화하는가?
12. 통합 마케팅 커뮤니케이션(IMC)을 구현하는 잠재적인 방법은 무엇인가?

서비스 마케팅 응용문제

1. 다음 각 시나리오에 대해 어떤 서비스 마케팅 커뮤니케이션 믹스의 요소를 사용하겠는가? 이에 대해 설명하라.
   (a) 교외 쇼핑센터에 새로 생긴 미용실
   (b) 새로운 경쟁사로 인해 고객이 감소하고 있는 기존 레스토랑
   (c) 주로 비즈니스 고객에게 서비스를 제공하고, 공격적으로 고객 기반을 확장하고자 하는 주요 도시의 대규모 단일 사무실 회계회사
   (d) 새로운 앱 기반 금융 서비스
2. (a) 구매 전 단계, (b) 서비스 대면 단계, (c) 구매 후 단계에서 고객 행동을 주로 관리하는 것을 목표로 하는 하나의 광고(또는 다른 커뮤니케이션 수단)를 선택하여 광고의 목적을 달성하기 위해 어떻게 노력하는지 설명하고, 광고가 얼마나 효과적일 수 있는지 토론하라.
3. 법률 및 회계 회사들은 현재 많은 나라에 서비스를 광고한다. 몇 개의 광고를 검색하고 다음을 검토하라. 회사들은 자사의 서비스 무형성에 대처하기 위해 무엇을 하는가? 무엇을 더 잘할 수 있는가? 고객의 품질 인식과 지각된 위험에 어떻게 대처하고, 마케팅의 이러한 측면을 어떻게 개선할 수 있는가?
4. 서비스 제공업체의 커뮤니케이션 전략에 대한 탐색 속성, 경험 속성, 신뢰 속성의 유의성에 대해 논의하라. 단, 커뮤니케이션 전략의 목적이 신규 고객을 유치하는 것이라고 가정하라.
5. 현재 참여하고 있는 대학교와 학위 프로그램을 탐색한다면 블로그, 리뷰, 기타 온라인 입소문을 통해 무엇을 배울 수 있는가? 그 정보가 예비 지원자의 결정에 어떤 영향을 미칠 것이라 생각하는가? 학교와 추구하는 학위에 대한 전문가라고 가정해보고 온라인에서 정보를 찾아보라. 이는 얼마나 정확한가?
6. 혼합된 고객층을 서비스 사업으로 끌어들일 위험이 있는 광고를 식별하라. 이런 일이 왜 일어날 수 있는지 설명하고, 어떤 부정적인 결과를 초래할 수 있는지 설명하라.
7. 서비스 조직이 최근 수행한 홍보 노력을 다음 중 3가지 이상과 연계하여 설명하고 평가하라.
   (a) 신규 제품 출시, (b) 신규 시설 개설, (c) 기존 서비스 확장 추진, (d) 곧 있을 이벤트 공지, (e) 발생한 부정적 상황에 대응(각 범주별로 다른 기관을 선택한다.)

8. 다이빙학교나 치과병원이 고급 고객에게 매력적인 위치를 제공하기 위해 어떤 유형의 단서를 사용할 수 있는가?
9. 경영컨설팅 회사, 온라인 소매업체, 보험회사의 웹사이트를 살펴보라. 탐색 용이성, 컨텐츠, 시각적 디자인을 평가하라. 각각의 사이트에서 무엇을 바꾸고 싶은가?
10. Amazon.com과 Hallmark.com에 등록하고 허용 기반 커뮤니케이션 전략을 분석하라. 그들의 마케팅 목표는 무엇인가? 특정 고객 부문을 선택하여 그들의 허용 마케팅을 평가하라. 무엇이 우수하고, 무엇이 좋으며, 무엇을 개선해야 할지 설명하라.
11. (a) 학부생 비즈니스 프로그램과 (b) 휴가(휴일) 리조트에 대해 구글에서 검색하라. 검색으로 실행된 2~3개의 컨텍스처 광고를 조사하라. 그들이 제대로 하고 있는 점은 무엇이며, 개선할 점은 무엇인가?

미주

1. https://www.facebook.com/kilronancastle, accessed August 31, 2020; MavSocial, "Fun + Engagement = Superb Social Media Campaigns," http://mavsocial.com/fun-engagement-superb-social-media-campaigns, accessed February 15, 2022.

2. Daniel Wentzel, Sven Henkel, and Torsten Tomczak, "Can I Live Up to That Ad? Impact of Implicit Theories of Ability on Service Employees' Responses to Advertising," Journal of Service Research 13(2) (2010): 137–152.

3. Edward K. Strong, "Theories of Selling," Journal of Applied Psychology 9(1) (1925): 75–86.

4. Robert J. Lavidge and Gary A. Steiner, "A Model for Predictive Measurement of Advertising Effectiveness," Journal of Marketing 25 (October 1961): 59–62.

5. Banwari Mittal, "The Advertising of Services: Meeting the Challenge of Intangibility," Journal of Service Research 2 (August 1999): 98–116; Banwari Mittal and Julie Baker, "Advertising Strategies for Hospitality Services," Cornell Hotel and Restaurant Administration Quarterly 43 (April 2002): 51–63.

6. Donna Legg and Julie Baker, "Advertising Strategies for Service Firms," in C. Surprenant (ed.), Add Value to Your Service (Chicago: American Marketing Association, 1987), pp. 163–168. See also Donna J. Hill, Jeff Blodgett, Robert Baer, and Kirk Wakefield, "An Investigation of Visualization and Documentation Strategies in Service Advertising," Journal of Service Research 7 (November 2004): 155–166; Vai Shiem Leong, Sally Hibbert, and Christine Ennew, "Communicating Value to Enhance Service Visualization," Journal of Services Marketing 32(6) (2018): 645–656.

7. Rajeev Batra and Kevin Lane Keller, "Integrating Marketing Communications: New Findings, New Lessons, and New Ideas," Journal of Marketing 80(6) (2016): 122–145.

8. The media effectiveness estimates are based on the author's assessment and his discussions with industry experts; this was inspired by Batra and Keller, "Integrating Marketing Communications": 129.

9. Penelope J. Prenshaw, Stacy E. Kovar, and Kimberly Gladden Burke, "The Impact of Involvement on Satisfaction for New, Nontraditional, Credence-based Service Offerings," Journal of Services Marketing 20(7) (2006): 439–452.

10. Michael Lewis, "Customer Acquisition Promotions and Customer Asset Value," Journal of Marketing Research 43(2) (2006): 195–203.

11. Paul Smith and Dave Chaffey, eMarketing Excellence (Oxford, UK: Elsevier Butterworth-Heinemann, 2005), p. 173.

12. Gerard J. Tellis, Deborah J. MacInnis, Seshadri Tirunillai, and Yanwei Zhang, "What Drives Virality (Sharing) of Online Digital Content? The Critical Role of Information, Emotion, and Brand Prominence," Journal of Marketing 83(4) (2019), pp. 1–20.

13. Amin Sayedi, Kinshuk Jerath, and Kannan Srinivasan, "Competitive Poaching in Sponsored Search Advertising and Its Strategic Impact on Traditional Advertising," Marketing Science 33(4) (2014): 586–608.

14. Ron Berman and Zsolt Katona, "The Role of Search Engine Optimization in Search Marketing," Marketing Science 32(4) (2013): 644–651.

15. Roland Rust and Ming-Hui Huang, "The Service Revolution and the Transformation of Marketing Science," Marketing Science 33(2) (2014): 206–221.

16. Yakov Bart, Andrew T. Stephen, and Miklos Sarvary, "Which Products Are Best Suited to Mobile Advertising? A Field Study of Mobile Display Advertising Effects on Consumer Attitudes and Behaviors," Journal of Marketing Research 51 (June 2014): 270–285.

17. Stephanie Rosenbloom, "Apps to Help Navigate Cruise Lines," The New York Times (2015): TR2.

18. V. Kumar and Rohan Mirchandani, "Increasing the ROI of Social Media Marketing," Sloan Management Review 54(1) (2012): 55–61; Roxane Divol, David Edelman, and Hugo Sarrazin, "Demystifying Social Media," McKinsey Quarterly (April 2012).

19. Mary Jo Bitner, "Servicescapes: The Impact of Physical Surroundings on Customers and Employees," Journal of Marketing 56 (April 1992): 57–71.

20. Kathleen Seiders, Andrea Godfrey Flynn, Leonard L. Berry, and Kelly L. Haws, "Motivating Customers to Adhere to Expert Advice in Professional Services: A Medical Service Context," Journal of Service Research 18(1) (2015): 39–58.

21. "Ron Kaufman," Wikiquote, http://en.wikiquote.org/wiki/Ron_Kaufman, accessed February 15, 2022.

22. Jochen Wirtz and Patricia Chew, "The Effects of Incentives, Deal Proneness, Satisfaction and Tie Strength on Word-of-Mouth Behaviour," International Journal of Service Industry Management 13(2) (2002): 141–162; Tom J. Brown, Thomas E. Barry, Peter A. Dacin, and Richard F. Gunst, "Spreading the Word: Investigating Antecedents of Consumers' Positive Word-of-Mouth Intentions and Behaviors in a Retailing Context," Journal of the Academy of Marketing Science 33(2) (2005): 123–138; John E. Hogan, Katherine N. Lemon, and Barak Libai, "Quantifying the Ripple: Word-of-Mouth and Advertising Effectiveness," Journal of Advertising Research (September 2004): 271–280; Jonah Berger and Raghuram Iyengar, "Communication Channels and Word of Mouth: How the Medium Shapes the Message," Journal of Consumer Research 40 (October 2013): 567–579; Jillian Sweeney, Adrian Payne, Pennie Frow, and Dan Liu, "Customer Advocacy: A Distinctive Form of Word of Mouth," Journal of Service Research 23(2) (2020): 139–155.

23. Phillipp Schmitt, Bernd Skiera, and Christophe Van den Bulte, "Referral Programs and Customer Value," Journal of Marketing 75(1) (2011): 46–59; V. Kumar, J. Andrew Petersen, and Robert P. Leone, "Driving Profitability by Encouraging Customer Referrals: Who, When, and How," Journal of Marketing 74(5) (2010): 1–17.

24. Jochen Wirtz, Anouk den Ambtman, Josee Bloemer, Csilla Horváth, B. Ramaseshan, Joris Van De Klundert, Zeynep Gurhan Canli, and Jay Kandampully, "Managing Brands and Customer Engagement in Online Brand Communities," Journal of Service Management 24(3) (2013): 223–244.

25. Gil Appel, Lauren Grewal, Rhonda Hadi, and Andrew T. Stephen, "The Future of Social Media in Marketing," Journal of the Academy of Marketing Science 48(1) (2020): 79–95.
26. BBC, "How Much Does Kylie Jenner Earn on Instagram?" (July 26, 2019), https://www.bbc.co.uk/newsround/49124484; accessed August 31, 2020.
27. See the discussion in Gil Appel, Lauren Grewal, Rhonda Hadi, and Andrew T. Stephen, "The Future of Social Media in Marketing," Journal of the Academy of Marketing Science 48(1) (2020): 82–83.
28. Abhishek Borah, Sourindra Banerjee, Yu-Ting Lin, Apurv Jain, and Andreas B. Eisingerich, "Improvised Marketing Interventions in Social Media," Journal of Marketing 84(2) (2020): 69–91.
29. This section draws on Philip Kotler and Gary Armstrong, "Chapter 14: Communicating Customer Value: Integrated Marketing Communications Strategy," in Principles of Marketing, 15th edition (Upper Saddle River, New Jersey: Pearson Education, 2014), pp. 426–453; William F. Arens, Michael F. Weigold, and Christian Arens, "Marketing and IMC Planning," Contemporary Advertising & Integrated Marketing Communications, 14th edition (New York: McGraw Hill, 2013), pp. 263–267.
30. Louis Fabien, "Making Promises: The Power of Engagement," Journal of Services Marketing 11(3) (1997), pp. 206–214.
31. The European Union's General Data Protection Regulation (GDPR) can be accessed at https://gdpr-info.eu/. If you would like to lodge a complaint with your national Data Protection Authority, see https://edps.europa.eu/data-protection/our-role-supervisor/complaints_en.

Recent research suggests that protecting consumers needs to extend beyond privacy and needs to cover the entire life cycle of data. It ranges from creation of data (e.g., capturing data through cameras and biometric identification and collecting data from wearable devices), to developing variables based on the data (e.g., credit scores or healthiness of lifestyle metric), making decisions based on the variables (e.g., whether to approve a loan, and if yes, at what interest rate), and finally the retirement of these data (e.g., the "right to be forgotten" in the European Union); see Lara Lobschat, Benjamin Müller, Felix Eggers, Laura Brandimarte, Sarah Diefenbach, Mirja Kroschke, and Jochen Wirtz, "Corporate Digital Responsibility," Journal of Business Research 122(January) (2021): 875–888.

32. If you live in the United States and do not want telemarketers to call you on your home or mobile phone, simply register your numbers at the National Do Not Call Registry at https://www.donotcall.gov. If you want to reduce unwanted direct mailers, register your email at the Direct Marketing Association's DMAChoice at https://dmachoice.thedma.org. If you want to opt out of targeted online advertising and advertisers tracking your browsing behavior, see AdChoices at https://youradchoices.com.

PART III

ESM 프레임워크

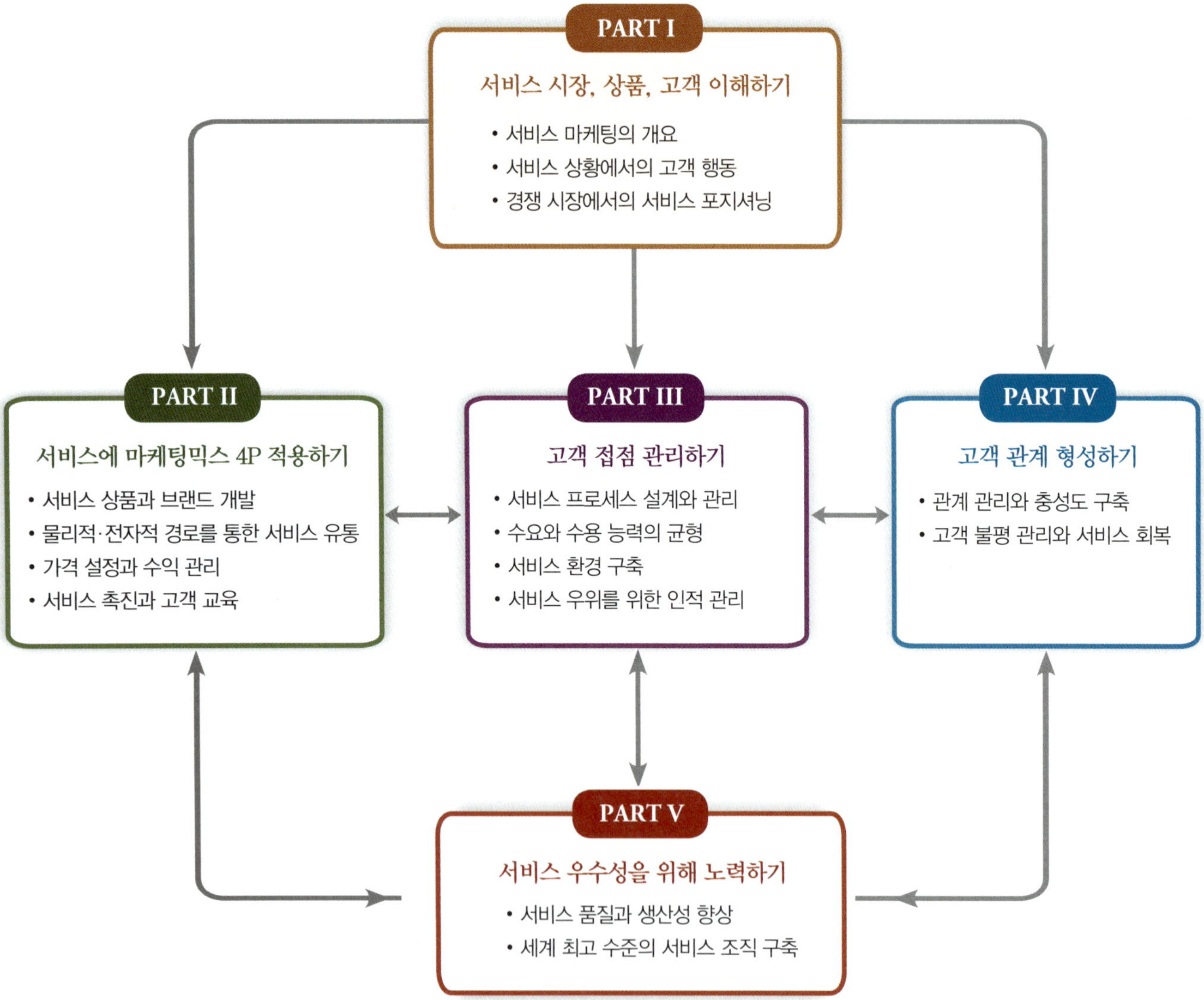

PART I

서비스 시장, 상품, 고객 이해하기

- 서비스 마케팅의 개요
- 서비스 상황에서의 고객 행동
- 경쟁 시장에서의 서비스 포지셔닝

PART II

서비스에 마케팅믹스 4P 적용하기

- 서비스 상품과 브랜드 개발
- 물리적·전자적 경로를 통한 서비스 유통
- 가격 설정과 수익 관리
- 서비스 촉진과 고객 교육

PART III

고객 접점 관리하기

- 서비스 프로세스 설계와 관리
- 수요와 수용 능력의 균형
- 서비스 환경 구축
- 서비스 우위를 위한 인적 관리

PART IV

고객 관계 형성하기

- 관계 관리와 충성도 구축
- 고객 불평 관리와 서비스 회복

PART V

서비스 우수성을 위해 노력하기

- 서비스 품질과 생산성 향상
- 세계 최고 수준의 서비스 조직 구축

고객 접점 관리하기

고객과 서비스 기업의 접점 관리를 중점적으로 다룬다. 또한 서비스 마케팅에만 있는 추가적인 3P(프로세스, 물리적 환경, 사람)를 소개한다. 3부는 4개 장으로 구성되어 있다.

8장 서비스 프로세스 설계와 관리

효과적인 서비스 전달 프로세스의 설계로 시작한다. 운영 시스템과 전달 시스템이 약속된 가치 제안을 창출하기 위해 서로 어떻게 연결되는지를 보여준다. 고객은 아주 흔하게 공동 생산자로서 서비스 창출에 참여하고, 프로세스는 그들의 서비스 경험이 된다.

9장 수요와 수용 능력의 균형

프로세스 관리에 대한 이해를 계속하고, 가능한 생산 능력 대비 고객 수요의 수준 및 타이밍의 조절뿐만 아니라 광범위한 수요 변동을 관리하는 방법을 다룬다. 훌륭히 관리된 수요와 서비스 생산 능력은 고객이 덜 기다릴 수 있는 원활한 프로세스로 이끈다. 수요 관리에 관한 마케팅 전략은 수요 변동의 완화와 예약제 및 대기 시스템을 통한 수요의 재고화 등을 포함한다. 다른 세분 시장에 속한 고객의 동기에 대한 이해는 성공적인 수요 관리를 위한 주요 요소이다.

10장 서비스 환경 구축

서비스케이프라고도 하는 물리적 서비스 환경에 초점을 맞춘다. 서비스케이프는 올바른 인상을 만들고, 효과적인 서비스 전달 프로세스를 실행하기 위해 설계되어야 한다. 또한 기업에 대한 고객의 이해에 상당한 영향을 미치고, 서비스 프로세스를 통해 고객의 행동을 안내하며, 기업의 서비스 품질과 포지셔닝할 수 있는 유형적 단서를 제공하므로 서비스케이프는 주의 깊게 관리되어야 한다.

11장 서비스 우위를 위한 인적 관리

많은 서비스를 정의하는 요소인 인력을 소개한다. 많은 서비스는 고객과 서비스 접점 직원 사이의 직접적인 상호작용을 필요로 한다. 이러한 상호작용의 본질은 고객이 서비스 품질을 어떻게 지각하는가에 강한 영향을 미친다. 그러므로 서비스 기업은 직원의 채용, 교육훈련, 동기부여에 많은 노력을 기울여야 한다. 성과가 좋은 행복한 지원은 종종 기업의 경쟁우위의 원천이된다.

CHAPTER 8

서비스 프로세스 설계와 관리

학습목표

- 01 서비스 경험과 서비스 프로세스의 차이를 알아본다.
- 02 흐름도와 청사진 및 고객 여정(동선) 지도 만들기(매핑)의 차이점을 이해한다.
- 03 전형적인 서비스 설계 요소를 모두 포함한 서비스 프로세스 청사진을 개발한다.
- 04 서비스 프로세스에서 실패 점검을 사용하여 실패점을 설계하는 방법을 이해한다.
- 05 고객 서비스 프로세스를 위한 서비스 표준 및 성과 목표를 설정하는 방법을 알아본다.
- 06 서비스 프로세스 설계에서 고객의 지각과 정서의 중요성을 알아본다.
- 07 서비스 프로세스 재설계의 필요성을 설명한다.
- 08 서비스 프로세스 재설계가 어떻게 서비스 품질과 생산성을 모두 향상하는 데 도움이 되는지 이해한다.
- 09 서비스 프로세스의 고객 참여 수준을 알아본다.
- 10 '공동 생산자'로서의 서비스 고객의 개념과 시사점을 알아본다.
- 11 고객이 새로운 셀프서비스 기술(SST), 로봇, 인공지능(AI)을 통해 제공되는 서비스를 수락하거나 거절하게 하는 요인을 이해한다.
- 12 신기술 채택을 포함하여 서비스 프로세스에서 고객 행동 변화에 대한 고객 저항을 관리하는 방법을 알아본다.
- 13 서비스 프로세스에서 서비스 로봇과 인공지능(AI)이 미치는 드라마틱한 영향을 알아본다.
- 14 서비스 로봇과 전통적인 셀프서비스 기술(SST)의 차이를 알아본다.
- 15 서비스 로봇, 서비스 직원, 그리고 서비스 직원과 로봇의 팀, 각각 최선의 서비스를 제공할 수 있는 서비스 유형을 알아본다.

Shutterstock

도입 사례

병원 운영의 고객 서비스 재설계[1]

병원 내 작은 분과인 FMFP(Family Medicine Faculty Practice, 가정의학과)의 운영은 순조롭지 않았다. 환자들의 대기시간은 너무 길었고, 진료 가능 시간은 턱없이 부족했으며, 대기 장소 또한 기다리는 환자들로 인해 자주 붐비는 상황이었다.

병원장인 슈워츠와 부원장인 브라이언은 병원 프로세스 재설계에 특화된 컨설팅 기업인 콜먼 어소시에이츠(Coleman Associates)와 함께 이 상황을 변화시키고자 했다. 4일 동안 콜먼 어소시에이츠팀은 병원 직원들과 밀접하게 협력하며 근본적으로 병원 근무 프로세스를 재설계했다. 이는 엄청난 변화였다. 월요일 오전에 시작된 재설계가 금요일 아침에는 완전히 새로운 병원 운영 방식으로 바뀌었다.

재설계된 서비스 모델

FMFP에는 12명의 직원이 있고, 이 중 9명은 보조직원이며, 3명은 의사이다. 의사 1명당 3명의 보조직원이 할당되어 있는 상태이며, 이는 의사 1명당 4.8명의 보조직원 할당이라는 평균치보다 적은 수치였다. 재설계의 핵심적인 부분으로서, 직원들은 3개의 PCT(Patient Care Teams)로 재조직화되었다. 각각의 PCT는 환자들을 위한 원스톱 쇼핑과 같은 역할을 하는 의사, 의료 보조사, 접수원으로 구성되어 있다. PCT는 접수, 수납, 진료기록 정리, 다음 예약 접수, 보험 대상자 확인, 그외 모든 환자의 거래를 포함하여 환자들과 관련된 모든 일을 담당했다.

3개의 PCT는 3명의 후방 인력을 공유한다. 진료기록 관리자, 전화접수원, 흐름 관리자(flowmaster)는 3개 팀 중 특별히 하나의 팀에 할당되어 있지 않다. 진료기록 관리자는 24시간 진료에 앞서 진료기록 작성을 담당하며, 업무가 적체되지 않도록 진료 결과를 실시간으로 차트에 기록한다. 환자가 FMFP(가정의학과)에 전화를 하면, 그 전화에 대한 응대는 전화접수원이 담당한다. 흐름관리자는 가능한 빨리 환자를 대기 장소에서 진료실로 그리고 밖으로 이동시키는 역할을 담당한다. 흐름관리자는 환자들의 정확한 대기시간을 위해 각 PCT의 의료보조사와 커뮤니케이션한다. 기본적으로 흐름 관리자는 모든 방문객의 90%가 병원방문 시간을 45분 내로 유지할 수 있도록 병원 내에서 발생하는 모든 흐름상의 문제를 해결한다.

전화 접수원에게는 환자의 전화를 받으면서 동시에 방문객의 진료기록을 작성하기 위한 무선 전화가 제공되었고, 즉각적으로 차트를 기록함으로써 차트 분실도 줄일 수 있게 되었다. 진료를 예약하는 동안 환자가 접수원에게 질문이 있을 경우 즉각적인 답변을 위해 PCT의 의료보조사와 함께 휴대용 무선 전화기를 통해 직접적으로 커뮤니케이션할 수 있었다. 이를 통해 실시간으로 업무를 처리할 수 있었고, 업무가 지연되어 밀리는 일도 발생하지 않았다.

새로운 도구와 장비들을 통해 FMFP의 가용 자원을 확대할 수 있었다. 각 대기 장소에 있는 디지털 바닥 체중계는 성인 환자의 몸무게를 빠르고 개인적으로 측정할 수 있게 하여, 따로 바이털 측정 장소에 갈 필요가 없게 하였다. 사실 모든 업무는 진료실에서 이루어지지만, 재설계의 원칙은 다음의 내용을 반영하고 있다. "우리의 업무가 아닌 환자를 중심으로 업무를 조직화하라."

PCT의 구성원들은 각각의 다른 구성원들과 직접적으로 커뮤니케이션하기 위해 휴대용 무선 전화를 사용한다. 직원들은 PCT에서 매일 함께 근무하며 더 많은 경험을 얻기 때문에, 환자의 다양한 상황을 관리하는 데 더 숙련되고 더 강해졌다. 재설계 기간 동안 서류 더미들은 사라진 것처럼 보였다.

FMFP(가정의학과)의 직원들은 이전보다 더 열심히 일 할 뿐만 아니라 더 나은 결과와 새로운 프로세스에 대해 만족한 환자들로부터 받는 칭찬에 훨씬 더 기뻐하게 되었다.

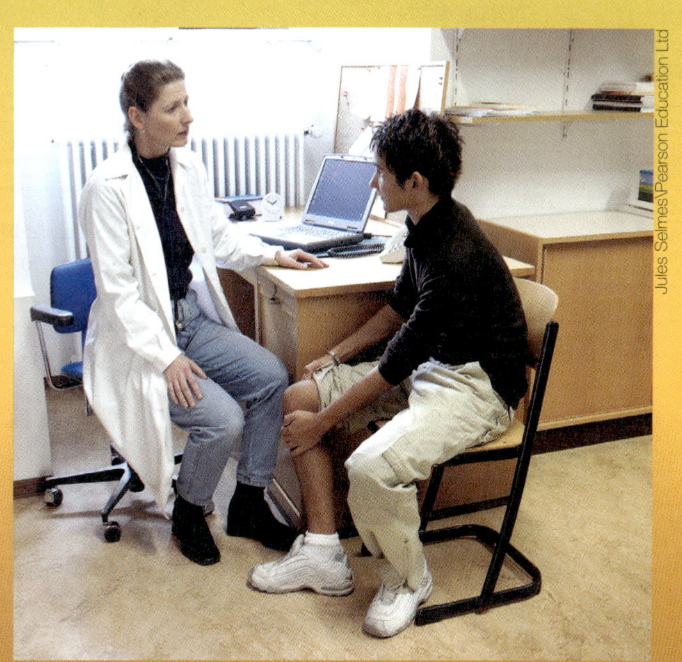
Jules Selmes\Pearson Education Ltd

서비스 프로세스

- 고객 관점의 서비스 경험
- 기업 관점의 서비스 설계

서비스 프로세스 지도 만들기와 설계

서비스 프로세스 흐름도

- 서비스 프로세스 지도 만들기
- 관련된 단계의 특성과 순서를 보여줌
- 고객 경험을 시각화하는 쉬운 방법

서비스 프로세스 청사진

- 흐름도보다 더 복잡한 형식
- 서비스 프로세스가 어떻게 구성되는지 보여줌
- 고객, 직원, 서비스 시스템의 상호작용의 위치를 알려줌
- 많은 설계 요소 포함
  - 전방 활동
  - 물리적 단서
  - 가시선
  - 후방 활동
  - 지원 프로세스와 소모품
  - 잠재적 실패점
  - 일반적인 고객 대기
  - 서비스 표준과 목표
  - 서비스 전(前) 프로세스, 본(本) 프로세스와 후(後) 프로세스 단계의 상세 내용

프로세스 설계의 고려사항

- 프로세스 실패점을 제거하기 위해 포카요케 사용
- 프로세스 관리를 위한 서비스 표준과 목표 설정
- 프로세스에 고객 감정을 설계
  - 강렬한 시작
  - 향상되는 트렌드
  - 피크 만들기
  - 나쁜 경험은 초기에
  - 즐거움은 나누고 고통은 합하기
  - 강력한 마무리

서비스 프로세스 재설계

재설계 니즈의 지표

- 과도한 정보 교환
- 높은 수준의 통제 활동
- 예외사항 처리의 증가
- 불편하고 불필요한 절차에 대한 고객 불평의 증가

재설계의 목표

- 서비스 실패의 감소
- 프로세스 주기시간의 감소
- 생산성 향상
- 고객 만족의 증가

서비스 프로세스 재설계 방법

- 주요 이해관계자(고객, 전방 및 후방 직원, IT)와 함께 청사진을 검토하고 과업의 재구성, 재배열, 대체 방법 모색
- 부가가치가 없는 단계 제거
- 병목 현상 해결과 프로세스 균형화
- 셀프서비스와 스마트 자동화로 전환

서비스 로봇

- 고객 경험과 서비스 품질, 생산성의 극적인 향상이 가능
- 고객에게 서비스를 상호작용하고 소통하고 전달하는 시스템 기반의 자동화된 적응성 있는 접점
- 고객과 비구조화된 상호작용을 처리할 수 있고 프로세스 끝까지 고객을 안내할 수 있다는 점에서 전통적인 셀프서비스 기술과 다름
- 감정적이고 사회적인 복잡성이 낮은 서비스에 적합함
- 높은 수준의 인지적이고 분석적인 기술을 요구하는 과업을 효과적으로 처리함
- 친절한 행동의 표면적인 표현을 넘어서는 감정을 효과적으로 처리할 수 없음
- 높은 수준의 인지적이고 분석적인 기술을 요구하는 과업을 전달하기 위해 인간-로봇 팀의 부분으로서 작동

서비스 프로세스에 고객 참여 관리하기

공동 생산자로서의 고객

- 고객을 교육하고, 훈련하고, 동기부여하여 자신의 역할을 잘하도록 유도
- 고객의 실패를 줄이기 위해 고객 포카요케 사용
- 온라인 브랜드 커뮤니티의 일부분으로서 고객 간 문제해결 고려

셀프서비스 기술(SST)

- 고객 혜택
  - 편의성과 속도
  - 통제, 정보, 고객화
  - 비용 절감
- 단점과 장애물
  - 잘못 설계된 SST
  - 신뢰성이 떨어지는 SST
  - 서비스 회복 절차의 미비
  - 부적합한 고객 교육
- SST의 평가와 향상시키기
  - SST가 신뢰성 있게 작동하는가?
  - SST가 직원과 대면하는 대안보다 더 나은가?
  - SST가 실패할 때 서비스 회복 시스템이 적합한 장소에 있는가?

변화를 꺼리는 고객 관리

- 고객 신뢰를 발전시킴
- 고객 습관과 기대를 이해함
- 새로운 절차와 장비를 사전에 검증함
- 고객 혜택을 홍보함
- 고객이 혁신을 사용하고 시용하도록 교육함
- SST의 성과를 모니터링하고 향상시킴

그림 8.1 8장의 개요: 서비스 프로세스 설계와 관리

서비스 프로세스란 무엇인가

▶ **학습목표 1**
서비스 경험과 서비스 프로세스의 차이를 알아본다.

고객센터에 전화하거나 도서관에 방문하는 것처럼 고객의 관점에서 서비스는 경험이다. 조직의 관점에서 서비스는 바람직한 고객 경험을 창출하기 위해 설계하고 관리해야 하는 프로세스라고 할 수 있다. 프로세스는 서비스가 어떻게 이루어지고, 연결되며, 어떻게 고객 경험을 창출하는지를 구체적으로 명시한 단계들이라고 할 수 있다. 잘못 설계된 프로세스는 결과가 느리거나, 실망스럽거나, 매우 낮은 품질의 서비스가 전달되기 때문에 고객을 화나게 하고, 일선 직원이 업무를 잘 수행하지 못하게도 하며, 결과적으로 낮은 생산성과 서비스 실패의 위험까지도 유발한다. 이 장은 고객에게 약속한 가치 제안을 제공하기 위해 서비스 프로세스가 어떻게 설계되고 개선되어야 하는지를 다룬다(이 장의 개요는 그림 8.1 참조).

서비스 프로세스 설계와 문서화

▶ **학습목표 2**
흐름도와 청사진 및 고객 여정(동선) 지도 만들기(매핑)의 차이점을 이해한다.

어떤 프로세스를 설계하거나 분석하는 데 첫번째 단계는 문서화하거나 설명하는 것이다. **흐름도**와 **청사진**은 기존 프로세스를 문서화하고 새로운 프로세스를 설계하기 위해 사용하는 두 가지 핵심적인 도구이다. 서비스 상황에서 흐름도와 청사진을 어떻게 구별하는가? 흐름도는 현재 프로세스를 상당히 간단한 형식으로 표현한다. 특히 흐름도는 서비스 프로세스에서 고객 '흐름'과 관련된 여러 단계의 특성 및 순서를 나타내는 기법이다. 고객과 서비스 조직의 일련의 접점 순서를 흐름도로 작성함으로써 현재 서비스에서 의미 있는 시사점을 얻을 수 있다. 그림 8.2와 8.3은 두 가지 중요한 서비스와 관련된 것을 예시하는 간단한 흐름도를 보여준다.

'고객 동선'은 서비스 프로세스가 고객의 관점에서 어떻게 보이는지를 탐색하기 위해 팀들을 모이게 하는 강력한 비유를 제시한다. 이는 페르소나, 즉 특정 사용자 세분화를 대표하는 고객 프로필(예: 학생, 자녀가 있는 성인, 은퇴자)과 함께 사용하면 특히 효과적이다. 페르소나는 팀들이 태도, 동기, 니즈, 수용 능력(예: 디지털 숙련)을 포함하는 고객 세분화의 서비스

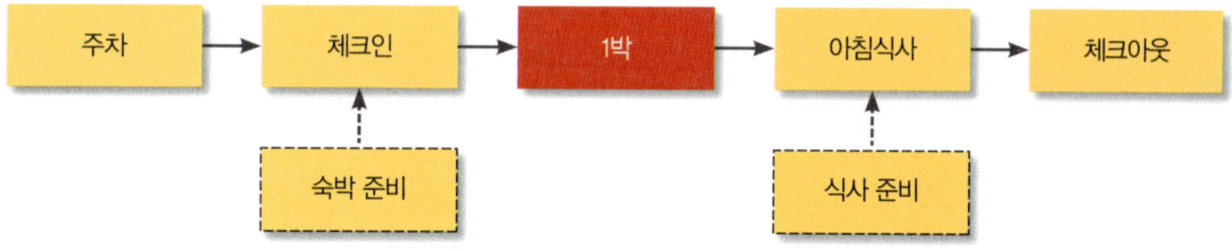

그림 8.2 모텔 서비스 전달의 단순한 흐름도

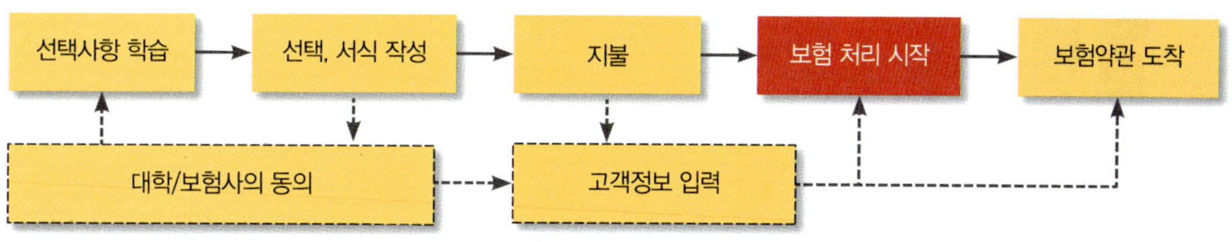

그림 8.3 건강보험 서비스 전달의 단순한 흐름도

상황을 더 잘 이해하게 도와준다.

청사진 기법은 흐름도보다 더욱 복잡하다. 서비스 청사진은 고객과 직원, 서비스 시스템의 상호작용을 나타내는 지도이다. 서비스 청사진은 다양한 부서의 많은 단계와 서비스 직원을 포함하여 서비스 시작부터 고객이 원하는 혜택의 제공까지의 전체 고객 동선(또는 서비스 동선)을 보여준다. 예를 들어, 케이블방송 서비스는 영업 대리점, 설치팀, 스케줄을 관리하는 콜센터 직원, 요금 청구와 지불 절차를 정하는 후방 직원을 포함할 것이다. 따라서 청사진은 핵심적인 고객 활동, 고객과 직원이 어떻게 상호작용하는지(상호작용선), 서비스 직원에 의한 전방 활동과 이러한 활동을 후방 활동 및 시스템이 어떻게 지원하는지를 보여준다. 이러한 모든 직원이 무결점 케이블방송 서비스 설치에 책임을 맡고 있다.

학습목표 3
전형적인 서비스 설계 요소를 모두 포함한 서비스 프로세스 청사진을 개발한다.

서비스 청사진 개발

서비스 청사진을 개발하기 위해 우선 무엇을 해야 하는가? 서비스 창출과 전달을 위한 핵심 활동 정의하고, 그다음 이러한 활동 사이의 연결고리를 구체화해야 한다. 우선 '큰 그림'을 정의하기 위해 상대적으로 집합된 활동을 나열한다. 이는 고객 관점에서 프로세스를 표시하는 간단한 흐름도를 개발하여 수행할 수 있다. 그러고 나서 더 높은 수준의 세부 목록이 되도록 다듬을 수 있다. 예를 들어, 실제 항공 서비스 분야에서 비행기에 탑승하는 승객들의 행동에서 연속적인 행동을 확인할 수 있으며, 좌석번호 확인을 위한 대기, 항공사 직원의 탑승권 확인, 탑승로 걸어가기, 비행기 탑승, 승무원에게 탑승권 확인, 좌석 찾기, 가방 올리기, 착석 등의 순서로 구분할 수 있다.

다음 단계는 청사진의 보다 상세한 문서화이다. 전형적인 서비스 청사진은 다음의 설계 요소를 포함한다.[2]

- **전방 활동** 전방 활동은 바람직한 투입과 산출물, 서비스가 전달되는 순서 등 전반적인 고객 경험에 대해 나타낸다.
- **전방 활동의 물리적 단서** 전방 활동의 물리적 단서는 고객이 서비스 품질을 평가하는 데 사용할 수 있는 것을 의미한다.
- **가시선** 서비스 청사진의 핵심은 고객이 경험할 수 있는 전방과 고객이 눈으로 볼 수 없는 직원 활동 및 후방 지원 프로세스가 명확하게 구분된다는 것이다. 이 둘 사이의 구분을 가시선이라고 한다. 기업이 가시선에 대해 명확하게 인식하면 고객에게 바람직한 서비스 경험과 품질 신호를 제공하는 전방 활동의 여러 물리적 단서를 더욱 잘 관리할 수 있을 것이다.
- **후방 활동** 후방 활동은 특정 전방 단계를 지원하기 위해 수행되는 것이다.
- **지원 프로세스와 소모품** 지원 프로세스의 대부분은 많은 정보를 포함하고 있다. 청사진의 각 단계에서 필요한 정보는 보통 정보 시스템에 의해 제공된다. 예를 들어, 전방 직원에게 즉각적이고 올바른 정보가

Lightpoet/Shutterstock

그림 8.4 공항의 수하물 찾는 곳은 항공 서비스 과정에서 마지막 단계 중 하나이다.

주어지지 않는다면 은행, 온라인 중개업, 심지어 학교 도서관의 도서 대출과 같은 프로세스도 제대로 수행되지 않을 것이다. 소모품 또한 많은 서비스에서 필요한 요소이다. 예를 들어, 렌터카 서비스는 차량, GPS, 유아용 시트를 보유하고 있어야 한다.

▶ **잠재적 실패점** 청사진은 관리자에게 프로세스에서의 잠재적 실패점을 확인할 기회를 제공한다. 실패점은 어떤 일이 잘못되어 서비스 품질에 악영향을 미칠 위험이 있는 곳을 의미한다. 관리자가 이러한 실패점에 대해 인식하면 프로세스를 더 잘 설계할 수 있고(예: 이 장 후반부에 논의할 포카요케 사용), 예상치 못한 실패를 회복할 계획을 세울 수 있다(예: 기상악화로 인한 출발 지연).

그림 8.5 긴 대기열은 해결해야 할 운영상의 문제점을 나타낸다.

▶ **고객 대기시간 정의하기** 청사진은 고객이 보통 기다려야 하는 프로세스의 단계(그림 8.5)와 잠재적으로 초과 대기시간이 발생할 수도 있는 지점을 정확히 나타낼 수 있다. 그런 다음 이러한 단계를 그 프로세스에서 설계할 수 있다. 이것이 항상 가능하지 않다면 기업은 고객에게 이러한 대기시간이 덜 불쾌한 기다림이 되도록 여러 전략을 수립할 수 있다(이러한 전략은 9장 수요와 수용 능력의 균형 참조).

▶ **서비스 표준과 목표** 이는 고객의 기대를 반영하여 각 전방 활동별로 설정되어야 한다. 여기에는 각 과업이 완료되는 데 걸리는 구체적인 시간과 고객 활동 사이 수용 가능한 대기시간이 포함된다. 서비스 청사진을 개발하는 것은 마케팅 인력과 운영 인력에게 표준 개발에 사용할 수 있는 자세한 프로세스 지식을 제공한다.

레스토랑 이용의 청사진: 3막 공연

고접촉의, 사람에 대한 처리를 서비스하는 기업의 청사진이 어떻게 이루어지는지 살펴보기 위해 셰장(Chez Jean)에서의 저녁식사 경험을 생각해보자. 이곳은 다양한 보충 서비스와 함께 메인 메뉴가 제공되는 고급 레스토랑이다(그림 8.6).

대부분의 서비스 프로세스는 3가지 주요 단계로 구분할 수 있다.

1. **전(前) 프로세스 단계**: 예약, 주차, 좌석 안내, 메뉴판 제시 등 예비 단계가 발생한다.
2. **본(本) 프로세스 단계**: 레스토랑에서 음식과 음료를 즐기는 등 서비스 대면의 주요 목적이 완수된다.
3. **후(後) 프로세스 단계**: 식사에 대한 계산서를 받고 지불하는 등 서비스 대면의 마감에 필요한 활동이 일어난다.

고객은 각 단계에서 다른 목적과 민감도를 가지는 경향이 있으므로, 이러한 단계를 구별하는 것이 중요하다. 예를 들면, 고객은 보통 서비스의 핵심이 아닌 전 프로세스 단계와 후 프로

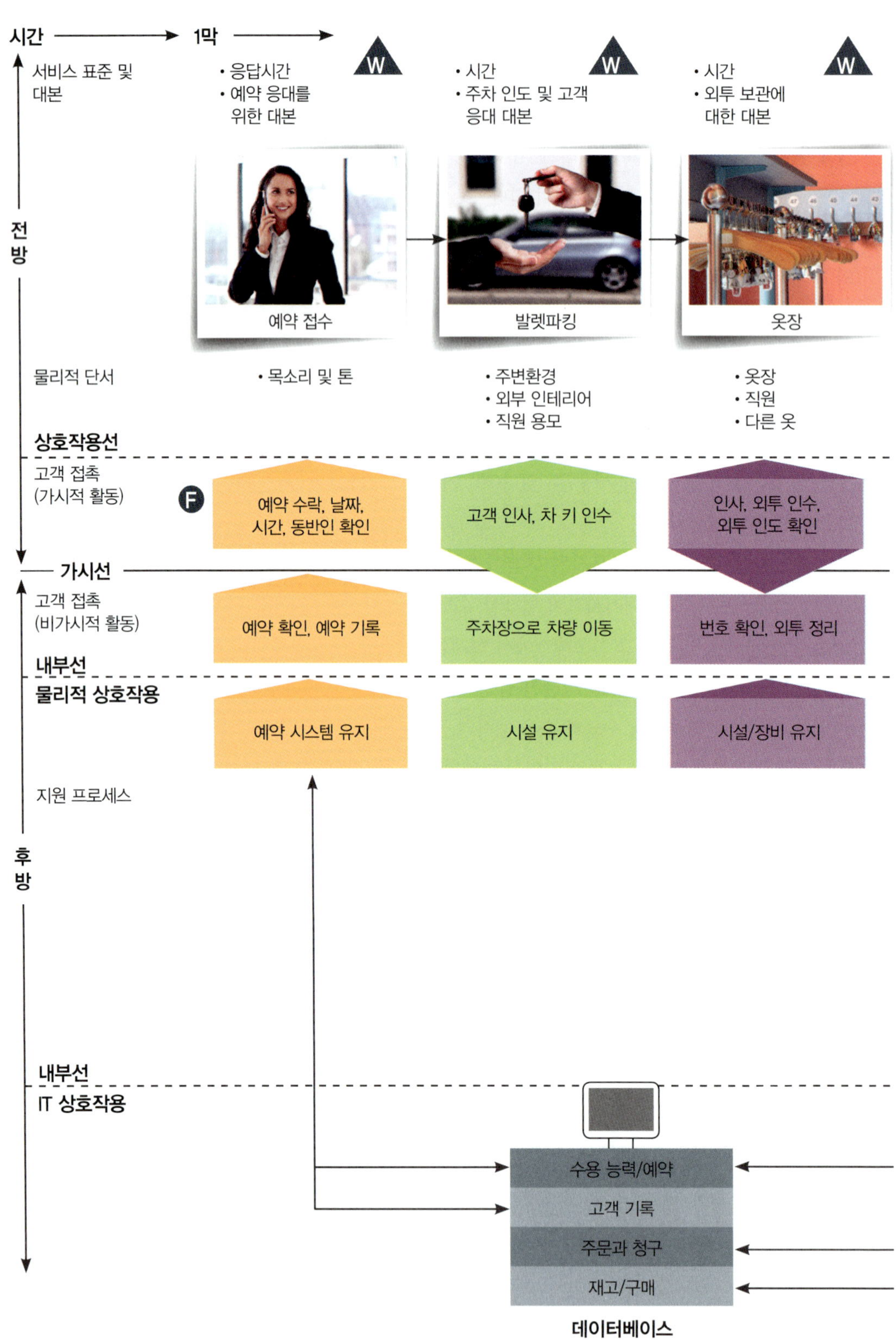

그림 8.6 레스토랑 경험 청사진

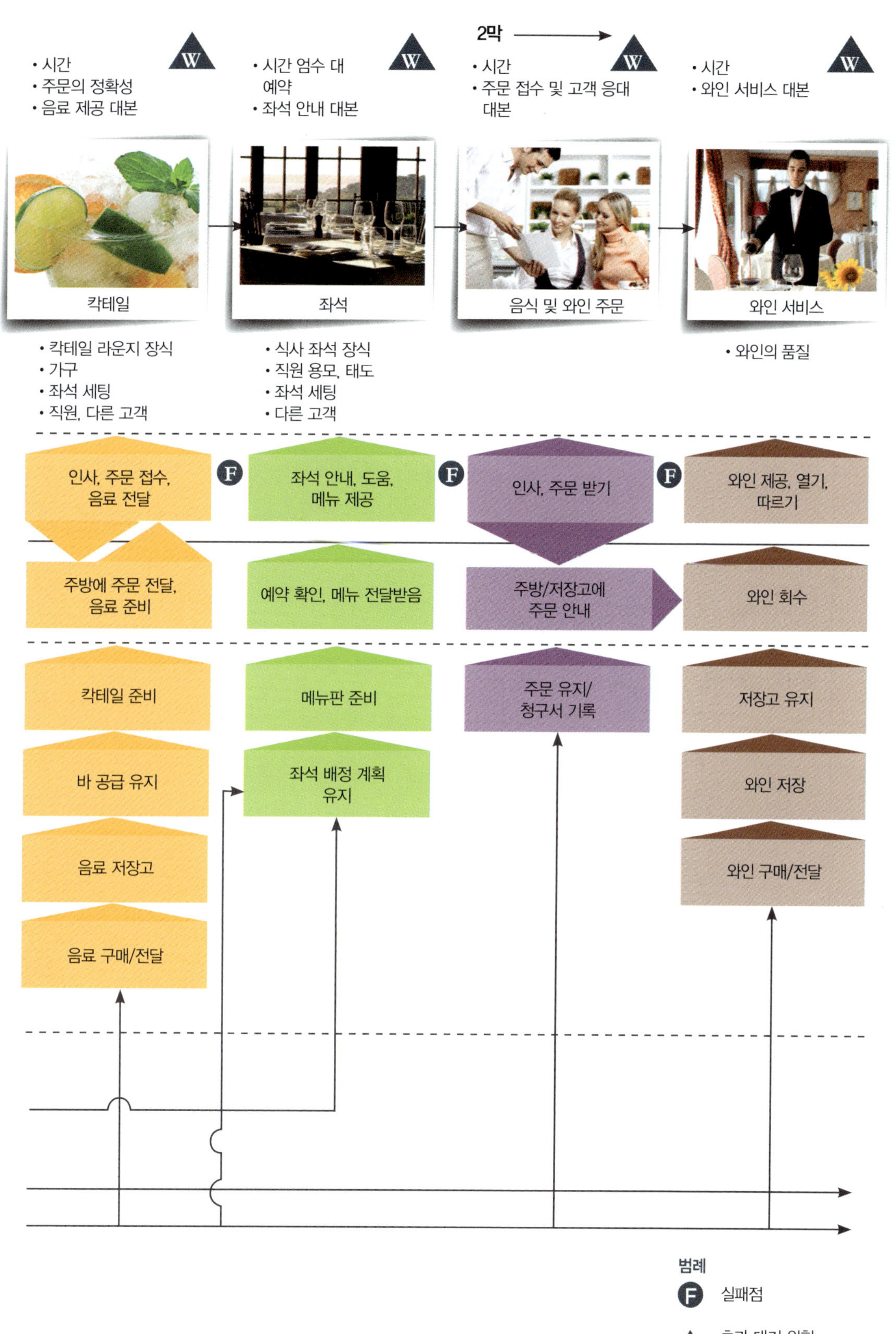
2막
• 시간
• 주문의 정확성
• 음료 제공 대본
• 시간 엄수 대 예약
• 좌석 안내 대본
• 시간
• 주문 접수 및 고객 응대 대본
• 시간
• 와인 서비스 대본
칵테일
좌석
음식 및 와인 주문
와인 서비스
• 칵테일 라운지 장식
• 가구
• 좌석 세팅
• 직원, 다른 고객
• 식사 좌석 장식
• 직원 용모, 태도
• 좌석 세팅
• 다른 고객
• 와인의 품질
인사, 주문 접수, 음료 전달
좌석 안내, 도움, 메뉴 제공
인사, 주문 받기
와인 제공, 열기, 따르기
주방에 주문 전달, 음료 준비
예약 확인, 메뉴 전달받음
주방/저장고에 주문 안내
와인 회수
칵테일 준비
메뉴판 준비
주문 유지/ 청구서 기록
저장고 유지
바 공급 유지
좌석 배정 계획 유지
와인 저장
음료 저장고
와인 구매/전달
음료 구매/전달
범례
실패점
초과 대기 위험 (표준 대기시간 규정)

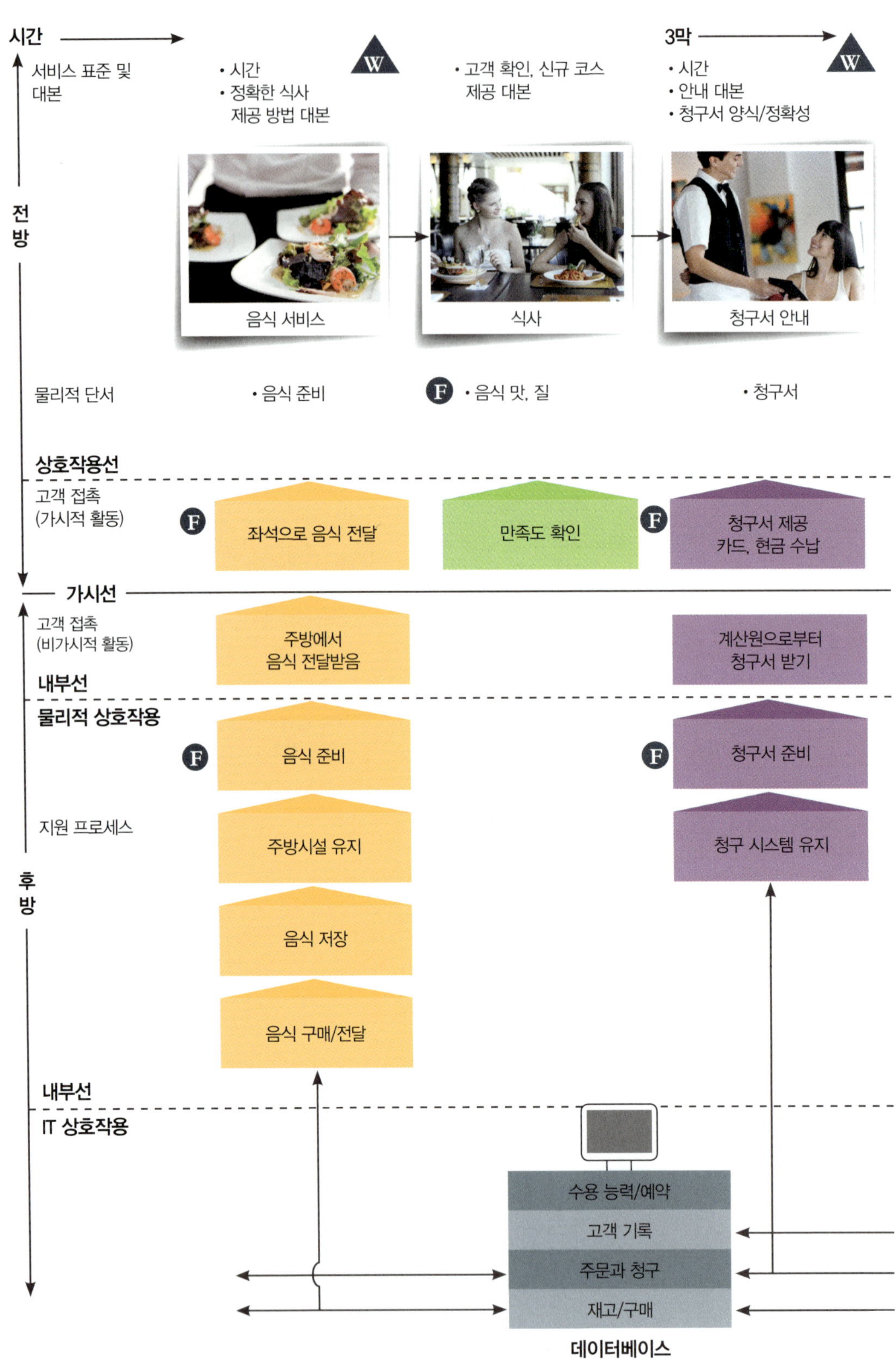

그림 8.6 레스토랑 경험 청사진(계속)[3]

범례

F 실패점

W 초과 대기 위험 (표준 대기시간 규정)

세스 단계에서 효율성과 편의성을 원한다(예: 예약과 지불의 편리한 방법). 본 프로세스 단계에서는 서비스의 핵심적인 혜택을 제공해야 한다.

그림 8.6은 연극의 3막 구조를 사용하여 3단계를 나타낸다. 이는 2장에서 논의한 연극에 대한 은유와 연결되며, 서비스 프로세스의 경험에서 드라마틱한 요소를 강조한다.

그림 8.6에 보이는 청사진의 핵심 요소는 위에서 아래 순서로 볼 때 다음과 같다.

1. 각 전방 활동의 서비스 표준 정의(그림에는 몇 가지 예만 제시)
2. 전방 활동을 위한 물리적 단서
3. 주요 고객 활동
4. 상호작용선
5. 고객 접촉 인력에 의한 전방 활동
6. 가시선
7. 고객 접촉 인력에 의한 후방 활동
8. 다른 서비스 인력을 포함한 지원 프로세스
9. 정보기술을 포함한 지원 프로세스

청사진은 시간의 흐름에 따른 행동의 순서를 좌에서 우로 보여준다. 서비스 이전에서 고객 행동 관여의 중요성을 강조하고자 2명의 고객을 포함한 14개의 주요 단계를 그림으로 제시했다. 예약 단계에서부터 시작하여 식사를 끝내고 레스토랑을 나가는 것으로 끝이 난다. 공공사업이나 보험 서비스에서 발견되는 연속적인 배달과 달리 개별 거래를 포함하는 많은 고접촉 서비스처럼 '레스토랑에서의 드라마'는 3개의 막으로 구분된다. 이는 핵심 서비스를 대면하기 전, 핵심 서비스의 전달(식사), 그리고 이후의 고객이 레스토랑에 머무는 동안의 서비스 활동을 나타낸다.

Alison Wright/Alamy Stock Photo

그림 8.7 이타는 몰디브 콘래드몰디브랑갈리섬에 있는 수중 레스토랑으로, 뛰어난 시각적 환경으로 레스토랑의 포지셔닝을 전달한다.

'무대' 혹은 **서비스케이프**는 레스토랑의 안과 밖을 모두 포함한다(그림 8.7). 레스토랑은 보통 연극처럼 가구, 장식, 유니폼, 조명, 테이블 세팅과 같은 물리적 단서를 사용한다. 또한 시장 포지셔닝에 맞는 테마가 있는 레스토랑 분위기를 만들기 위해 배경음악을 활용하기도 한다.

1막: 도입 장면 1막에서는 고객이 전화로 예약하는 것부터 시작한다. 이러한 활동은 레스토랑을 방문하기 전 며칠 혹은 몇 시간 전에 일어날 수 있다. 연극 용어로 전화 상담은 라디오 드라마의 상황과 유사하다. 서비스에 대한 인상은 서비스 인력의 목소리, 반응 속도, 대화 스타일의 특성에 의해 형성된다. 고객이 레스토랑에 도착하면 직원은 주차 서비스를 제공한다. 고객은 옷장에 외투를 넣고, 잠시 기다리는 동안 바(bar)에서 간단한 음료를 즐긴다. 이러한 행동은 테이블에 가서 앉을 때 끝난다.

이러한 5단계는 레스토랑에 대한 고객의 첫 번째 경험을 형성한다. 각 단계는 전화 혹은 대면에 의한 직원과의 상호작용을 포함한다. 고객이 테이블에 자리를 잡으면 몇 가지 보충 서비스를 제공받는다. 또한 고객은 5명 혹은 그 이상의 레스토랑 직원 및 많은 다른 고객들과 대면하게 된다.

서비스 표준은 각 서비스 활동에 맞게 설정되지만, 고객의 서비스 기대에 대한 이해가 수반되어야 한다(2장에서 논의한 고객의 기대가 형성되는 방법을 상기하라). 청사진은 가시선 아래에서 고객의 기대를 충족시킬 수 있도록 전방의 각 주요 활동을 확인해준다. 이러한 활동에는 예약 녹음, 고객의 외투 보관, 음식의 준비와 제공, 시설과 설비의 유지, 직원 교육과 업무 할당, 관련 데이터에의 접속, 입력, 저장, 이전을 위한 정보기술의 활용 등이 포함된다.

2막: 핵심 상품의 전달　2막에서 고객은 핵심 서비스를 경험하는데, 레스토랑에서의 식사는 다음의 4가지 장면으로 구분할 수 있다. 실제로 메뉴를 살펴보고 주문을 하는 것은 두 가지 별개의 행동이고, 음식은 코스에 따라 제공된다. 실제로 레스토랑을 운영한다면 더 자세하게 해야 하고 철저한 대본으로 구성된 드라마처럼 관련된 많은 단계의 각각을 확인해야 한다. 모든 단계가 잘 진행되었다고 가정한다면 고객은 즐거운 분위기에서 제공된 멋진 식사를 하게 될 것이다. 그러나 2막에서 레스토랑이 고객의 기대를 충족시키는 것을 실패한다면, 이는 심각한 문제가 될 것이다. 여기에는 많은 잠재적 실패점이 존재한다. 메뉴 정보는 정확한가? 오늘 저녁 메뉴의 모든 식사를 제공할 수 있는가? 메뉴에 대해 질문이 있는 고객이나 와인에 대해 잘 알지 못하는 고객에게 겸손하고 친절하게 설명하고 조언했는가?

무엇을 먹을지 결정한 후 고객은 직원에게 주문한다. 직원은 이러한 주문 내역을 주방, 바, 데스크에 전달해야 한다. 이러한 정보의 잘못된 전달은 많은 조직에서 서비스 품질 실패의 빈번한 원인이 된다. 휴대용 무선 주문기에 잘못 입력하면 다른 음식을 조리하거나 식사를 잘못 제공할 수 있다.

한편 2막에서 고객은 가장 중요한 차원인 음식이나 음료의 품질뿐 아니라 서비스의 스타일이나 얼마나 빨리 제공되는지 등도 평가한다(너무 빨라서도 안 된다. 고객은 서두르는 듯한 느낌을 받고 싶어 하지는 않는다). 서비스 제공자가 직무를 올바르게 수행했다 할지라도 고객에게 무관심하거나 불친절하거나 혹은 과도하게 격의 없이 대한다면 고객은 불쾌한 감정을 느낄 수 있다.

3막: 결말　고객의 식사는 끝났을지라도 고객 서비스의 결말을 위해 무대와 무대 뒤의 업무는 계속된다. 핵심 서비스는 이미 전달되었고, 고객이 이를 행복하게 즐기고 있을 것으로 가정할 것이다. 3막은 짧게 마무리되어야 한다. 각각의 활동은 고객이 레스토랑을 나가기 전까지 부드럽게, 빠르게, 그리고 즐겁게 진행되어야 한다. 대부분의 고객 기대는 다음과 같은 부분을 포함한다.

▶ 고객이 계산서를 요청할 때 이해하기 쉬운 정확한 청구서가 신속하게 제공되어야 한

Leonid Iastremskyi/Pixel-shot / Alamy Stock Photo

그림 8.8 청구 과정은 고객에게 편리함을 제공할 수 있도록 신속하고 어려움이 없어야 한다.

다(그림 8.8).

- ▶ 청구는 정중하고 신속하게 이루어져야 한다(모든 종류의 신용카드가 허락되어야 한다).
- ▶ 고객에게 감사를 전하고 다시 방문하게 한다.
- ▶ 화장실은 깨끗하고 청결하며 소모품이 잘 공급되어 있어야 한다.
- ▶ 고객의 외투가 잘 전달되어야 한다.
- ▶ 고객의 자동차는 오래 기다리지 않고 처음 맡겨졌을 때와 같은 상태로 문 앞까지 가져다 놓는다. 직원은 고객에게 다시 한번 감사인사와 좋은 저녁이 되길 바란다는 말도 전한다.

실패점의 규명

좋은 레스토랑을 운영하는 것은 쉽지 않으며, 많은 부분 잘못될 수 있다. 좋은 청사진은 잘못될 수 있는 서비스 전달점을 확인하는 데 도움이 된다. 고객의 관점에서는 핵심 상품에 접근하지 못하거나 핵심 상품을 이용하지 못할 때가 가장 심각한 실패점이 될 수 있다(청사진에서 Ⓕ로 표시된 부분). 여기에는 예약(고객이 전화로 통화할 수 있는가? 테이블은 정해진 날짜와 시간에 준비되었는가? 예약은 정확히 기록되었는가?)과 좌석(예약된 시간으로 테이블이 정확히 준비되었는가?) 등이 포함된다.

서비스는 전달되는 데 다소 시간이 걸리기 때문에, 고객이 기다려야 하는 지체 가능성이 존재한다. 그러한 기다림이 청사진에 ▲W로 표시되어 있다. 과도한 대기시간은 고객을 화나게 할 것이다. 전방 단계와 후방 단계 프로세스의 모든 단계에서는 서비스 실패와 지체에 대한 잠재적 문제가 있을 수 있다. 실제 실패는 지체(예: 전혀 전달되지 않은 주문)나 실수를 만회하는 데 소요되는 시간으로 인해 직접적으로 발생된다.

OTSU(opportunity to screw up)라는 두문자어(acronym) 용어는 특정 서비스의 전달과 형태가 잘못될 수 있는 모든 상황에 대한 인식을 강조한다.[4] 서비스 관리자는 그러한 실패와 대기의 문제를 해결하기 위해 서비스 전달 시스템을 설계하는 데 특정 프로세스와 관련된 모든 실수의 가능성을 확인해야 한다.

▶ **학습목표 4**

서비스 프로세스에서 실패 점검을 사용하여 실패점을 설계하는 방법을 이해한다.

프로세스 실패점 설계를 위한 실패 점검

실패점이 규명되었다면 서비스 프로세스에서 실패의 이유에 대한 면밀한 분석이 필요하다. 이러한 분석은 오차의 위험을 제거하고 줄이기 위한 활동으로서 실패점 설계의 기회를 제공한다. 직원뿐만 아니라 고객을 위해 설계된 실패 방지 방법이 고안되어야 한다.[5]

제조업에서 가장 유용하게 사용되는 전사적 품질 관리(Total Quality Management, TQM) 기법 중 하나는 제조공정에서 실수를 예방하기 위한 안전장치(fail-safe) 방법 혹은 **포카요케**(poka-yoke)가 이제는 실패 예방 서비스 프로세스에 널리 사용된다. 포카요케는 일본어 '포카'(부주의한 실수)와 '요케루'(예방하다)에서 파생된 용어인데, 오늘날 무실패 서비스 프로세스에 널리 적용된다.[6] 서버 포카요케는 서비스 직원이 요청된 대로 올바른 순서와 속도로 직무를 올바른 수행할 수 있게 한다. 이러한 예로 외과수술을 들 수 있는데, 의료 도구 트레이에 새김 자국이 있어 각 도구들이 올바르게 위치에 놓인다. 이는 외과의사가 환자로부터 모든 수술 도구를 제거하기 전에 환자의 절개 부위를 닫지 않도록 확인할 수 있게 해준다(그림 8.9).

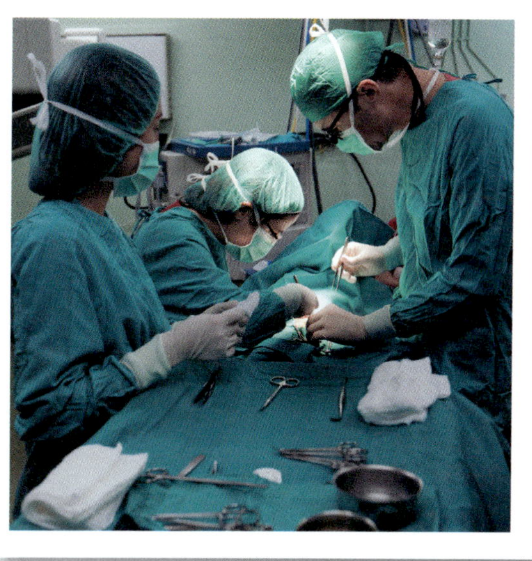

그림 8.9 수술실에서도 실수를 방지하는 포카요케 연습을 관찰할 수 있다.

일부 서비스 기업은 포카요케를 사용하여 서비스 프로세스에서 빈번히 발생하는 서비스 실패를 설계한다. 은행은 창구직원에게 고객이 찾아오면 고객의 눈 색상을 체크리스트에 기록하게 하여 고객과의 눈맞춤을 유도한다. 어느 레스토랑에서는 종업원이 디카페인 커피를 주문한 고객 앞에 둥근 테이블보를 놓고, 다른 고객 앞에는 네모난 테이블보를 놓게 한다. 스타벅스(Starbucks)의 바리스타는 고객의 주문을 반복 복창하도록 훈련하여 정확한 커피가 제공될 수 있게 한다.

포카요케를 설계하는 것은 일부분은 예술이면서 일부분은 과학이다. 서비스 프로세스에서 빈번하게 발생하는 서비스 실패를 설계하고, 뒤이어 어떠한 서비스 표준 또는 서비스 단계가 따르는지 확인해준다. 포카요케의 효과적인 사용법은 문제 발생에 대한 체계적인 정보 수집, 원인 분석, 예방책 수립 등 3단계로 진행된다. 서비스인사이트 8.1에서는 고객으로 인한 서비스 실패를 방지해주는 3단계를 보여준다.

서비스 표준과 목표 설정하기

학습목표 5

고객 서비스 프로세스를 위한 서비스 표준 및 성과 목표를 설정하는 방법을 알아본다.

고객과 일선 직원의 대화가 결합된 서비스 청사진은 각 접점에서 어떤 서비스와 프로세스 속성이 고객에게 중요한지 기업에게 알려준다. 공식적인 연구와 현장 경험을 통해 서비스 관리자는 프로세스 각 단계에서 고객 기대의 특성을 학습할 수 있다. 2장에서 개략적으로 설명한 바와 같이 고객 기대는 허용 영역(zone of tolerance)이라는 스펙트럼에서 움직이는데, 이상적인 서비스에서부터 단순히 적절한 서비스의 한계치(threshold level)까지이다.

관리에 주의를 기울여야 하는 그러한 측면(예: 고객에게 가장 중요한 속성과 관리하기 가장 어려운 속성)은 표준을 설정하기 위한 기초가 되어야 한다. 프로세스의 각 단계에서 설정된 표준은 고객을 만족시키고 기쁘게 할 만큼 높게 설정되어야 한다. 이러한 표준은 시간, 기술적으로 적합한 성과에 대한 대본, 적절한 스타일과 행동에 대한 지침을 포함한다. 레스토랑의 청사진은 각각 접점에서의 핵심 표준을 보여준다.

"측정되지 않는 것은 관리하지 않는다"라는 격언처럼 표준은 객관적인 측정이 가능하도록 표현되어야 한다. 프로세스 성과는 서비스 표준과 비교하여 모니터링되어야 하며, 표준의 목적이 명확히 설정되어야 한다. 부드럽고 무형이지만 중요한 서비스 속성도 측정 가능해야 한다. 이는 핵심 속성을 포착하거나 적어도 이에 근사하게 접근하게 하는 서비스 프로세스 지표를 사용함으로써 달성되기도 한다. 예를 들어, 은행의 경우 '응답성(responsiveness)'이라는

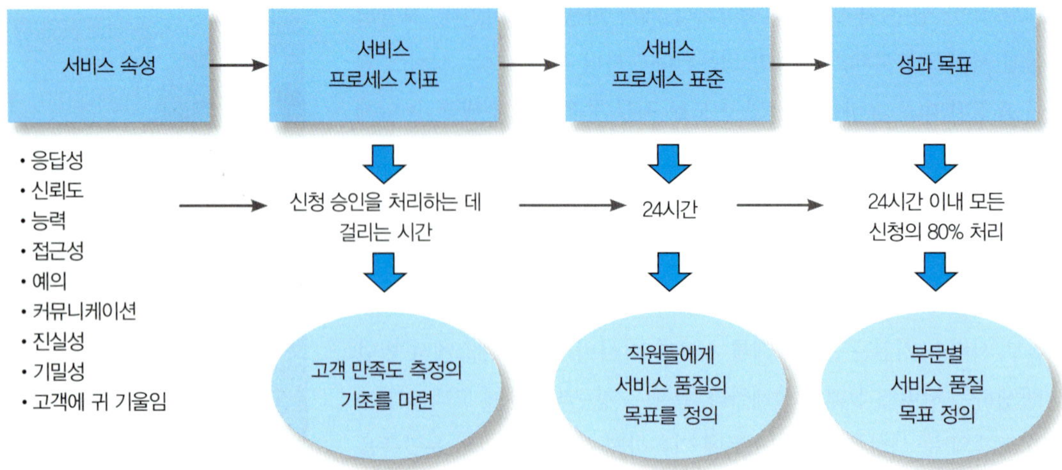

그림 8.10 고객 서비스 프로세스를 위한 서비스 표준과 목표 설정하기

속성은 '대출 신청 승인을 처리하는 데 걸리는 시간'으로 조작화될 수 있다. 서비스 표준은 고객의 기대와 이러한 기대를 비용효과적으로 충족할 수 있는 정책적 결정에 기초하여 설정되어야 한다. 서비스 표준이 고객의 요구를 충족시키지 못하는 경우에는 고객의 기대치를 관리해야 한다

마지막으로 성과 목표는 팀 리더에게 책임이 있는 구체적인 프로세스와 팀의 성과 목표를 정의한다(예: 24시간 이내 모든 신청의 80% 처리). 그림 8.10은 지표, 표준, 목표의 관계를 보여준다.

표준과 성과 목표를 구분하는 것은 중요하다. 표준과 목표를 설정하는 것은 매우 민감하고 정치적인 문제인데, 이후에 조직 구성원, 부서나 팀의 성과를 평가하는 데 사용되기 때문이다. 표준과 목표를 분리함으로써 기업은 성과 표준에 고객의 기대를 반영하는 데 '엄격한' 반면, 팀이 실제적으로 제공하는 것에는 '현실적'이 될 수 있다.

실무에서 경영진은 적정한 표준(즉 고객의 니즈와 기대에 따라)을 확고하게 설정하고, 운영상의 현실을 반영하여(즉 지속적으로 성과를 달성하는 것이 가능하지 않을지도 모른다) 성과 목표를 너그러이 타협할 수 있다. 이러한 표준과 목표의 분리는 3가지 이유에서 중요하다. 첫째, 고객 중심의 적정한 표준은 조직에 전달되고 내재화된다. 둘째, 표준과 목표의 분리가 잘 실행될 때 프로세스 소유자와 부서 관리자들은 시간이 지남에 따라 성과 수준을 제고하여 고객의 기대에 부응할 수 있다. 셋째, 표준과 목표의 분리가 경영진과 직원에게 허용 범위를 제공하여 (어려운) 서비스 표준에 대한 수용과 지원을 촉진시킨다.[7]

학습목표 6

서비스 프로세스 설계에서 고객의 지각과 정서의 중요성을 알아본다.

서비스 프로세스 설계에서 고객의 지각과 정서

시인 마야 안젤루(Maya Angelou)의 유명한 어록 중 "사람들은 당신이 말한 것과 당신의 행동을 잊어버릴 것이나 당신에 대한 느낌은 결코 잊지 않을 것이다"라는 말이 있다.[8] 그러므로 서비스 프로세스는 정서 지능을 가지고 설계되어야 한다. 그렇게 하기 위한 몇 가지 원리는 다음과 같다.[9]

1. **강렬한 시작:** 기업은 서비스 전달 프로세스의 각 단계에서 높은 수준의 표준을 달성하려 하지만, 항상 그럴 수 있는 것은 아니다. 그러나 강렬한 처음과 끝은 언제나 중요하다. 서비스 드라마의 시작 장면은 특별히 중요한데, 고객의 첫인상은 서비스 전달에서 이후 단계의 품질 평가에 영향을 줄 수 있기 때문이다. 서비스 경험의 지각은 시간이 지나면서 누적된다. 처음 한두 가지가 잘못되면 고객은 그냥 매장을 걸어 나갈지도 모른다. 고객이 계속 머무른다 할지라도 그들은 이제 적절하지 않은 다른 것들을 찾고 있을지도 모른다. 반면에 첫 몇 단계가 매우 잘 진행된다면 이후 서비스 수행에서 작은 실수는 넘어갈 수 있을 정도로 고객의 관용 범위가 넓어질 것이다.
2. **향상되는 트렌드:** 사람들은 일반적으로 상태가 긍정적인 방향으로 움직이는 것을 좋아한다. 따라서 서비스 대면이 적절한 수준에서 시작하여 이후 품질이 향상되는 것을, 시작은 좋았으나 끝에서 품질이 떨어지는 것보다 높게 평가한다.
3. **피크 만들기:** 서비스에 대한 인식을 개선하려고 한다면 한 단계는 환상적으로 만들고 나머지 단계들은 단순히 적절하게 만드는 것이 더 좋다. 고객은 피크를 기억하는 경향이 있다.
4. **나쁜 경험은 초기에:** 불쾌한 뉴스(예: 지연), 불편함(예: 의료 치료), 불쾌한 과업(예: 등록 양식 작성), 불가피한 긴 대기는 서비스 경험 초기에 일어나게 한다. 이러한 방식으로 고객은 고통이나 악화에 대한 두려움을 피할 수 있고 경험의 부정적인 면이 전체 서비스 대면의 기억을 지배할 가능성을 줄일 수 있다.
5. **즐거움은 나누고 고통은 합하기:** 어떤 행사를 여러 개의 단계로 나눌 때 더 길게 인식되므로 서비스 프로세스를 나누어 즐거운 경험을 확장시킨다. 반면 불쾌한 경험은 가능하면 하나로 합해야 한다.
6. **강력한 마무리:** 서비스 전달의 마지막 단계로 가면서 성과의 표준이 떨어지게 허용하면 안 된다. 오히려 마무리는 강력해야 한다. 항상 빅히트 곡으로 마무리하는 록 콘서트나 최고의 코미디를 끝까지 아껴둔 코미디언을 생각해보라. 불꽃놀이는 하늘을 수놓는 놀라운 불꽃과 귀청이 터질 정도의 소리로 피날레를 장식한다. "좋은 하루 되세요!"라는 상냥한 인사일지라도 높은 음성으로 마무리하는 것은 모든 서비스 대면의 중요한 면이다.
7. **정서 프린트 사용하기:** 고객 경험을 관리하고 서비스 프로세스의 순서를 정하는 원리를 실행하기 위해 기업은 서비스 프로세스 각 단계에서 기대되는 연상된 정서를 살펴봐야 한다. 고객이 어떻게 느끼는지를 설명하는 흐름도를 '정서 프린트(emotionprint)'라고 한다. 예를 들어, 임신 중인 산모가 태아의 초음파 사진을 처음 볼 때는 행복하고 기쁜 감정을 느낄 것이며, 반면 태아의 기형아 검사를 실시할 때는 걱정할 것이라고 예상할 수 있다. 따라서 병원은 프로세스의 각 단계에서의 일반적인 고객 정서를 예상할 수 있으며, 직원이 적절히 대응하도록 훈련시킬 수 있다.[10]

학습목표 7
서비스 재설계의 필요성을 설명한다.

서비스 프로세스 재설계

서비스 프로세스는 기술, 고객 니즈, 부가 서비스 특성, 신제품 제공, 심지어 법규의 변경 등 시간이 지남에 따라 진부해질 수 있다. 프로세스가 원활하게 이루어지지 않고, 재설계가 필요함을 알려주는 몇 가지 징후가 있다.

- 고객이나 타 부서와의 많은 정보 교환(가용 데이터가 유용하지 않음을 의미)
- 부가가치 활동에서 높은 수준의 확인 혹은 통제 활동
- 예외 증가
- 불편하고 불필요한 절차에 대한 고객 불만의 증가

학습목표 8
서비스 프로세스 재설계가 어떻게 서비스 품질과 생산성을 모두 향상하는 데 도움이 되는지 이해한다.

서비스 품질과 생산성 향상을 위한 서비스 프로세스 재설계

서비스 프로세스 재설계를 위한 프로젝트의 관리자는 서비스 품질과 생산성을 동시에 도약시킬 수 있는 기회를 찾아야만 한다. 서비스 청사진을 확인하는 것은 그러한 기회를 확인하고 업무 수행 방법을 재설계하기 위한 중요한 단계이다. 서비스의 재설계를 위한 노력은 다음 4가지 핵심 목표를 달성하는 데 초점을 두며, 동시에 그 목표들을 달성해야만 한다.

1. 서비스 실패의 감소
2. 서비스 프로세스의 시작부터 완료까지의 주기시간 감소
3. 생산성 향상
4. 고객 만족의 증대

그림 8.11 프로세스 재설계는 서비스를 더욱 빠르고, 더 쉽고, 더 좋게 만드는 것이 목표이다.

서비스 프로세스 재설계는 재구조화, 재배열, 서비스 프로세스의 대체를 포함한다. 여기에는 다음과 같은 것이 포함된다.[11]

- **핵심 이해관계자와 서비스 청사진 확인하기** 서비스 청사진을 면밀하게 확인함으로써 서비스 관리자는 서비스 프로세스의 문제점을 규명할 수 있고, 이를 개선할 방법을 알 수 있다. 프로세스 개선 방법을 논의하려면 서비스 청사진을 확인할 때 프로세스의 각 이해관계자(고객, 일선 직원, 후방 지원 직원, IT 팀 등)와 함께해야 하며, 이를 통해 프로세스에서 불필요한 단계나 놓치기 쉬운 단계, 순서의 변화 등을 확인할 수 있다. 또한 이해관계자는 우위를 가져올 수 있는 정보기술, 장비, 새로운 방법 등을 개발하는 방법을 강조한다.
- **의미 없는 서비스 단계 제거** 서비스 프로세스의 최전방, 최후방 프로세스의 활동은 서비스 대면에서의 수익을 만들어내는 데 초점을 두기 위해 단순화될 필요가 있다.
- **프로세스 병목 구간 발견하기**[12] 병목 구간과 그에 따른 고객 대기는 서비스 프로세스의 특성이다. 전체 프로세스의 유효 수용 능력

을 결정하는 것은 생산률이 최저 수준인 서비스 프로세스의 단계이다. 효율적인 프로세스에서는 모든 단계가 같은 수준의 수용 능력을 갖게 되어 병목이나 유휴 현상이 발생하지 않는다. 균형 잡힌 프로세스를 설계하는 것이 목표인데, 모든 단계의 처리시간이 거의 같으며 고객의 '흐름'이 어느 한 단계에서 기다릴 필요 없이 프로세스를 원활하게 거쳐갈 수 있도록 하는 것이다.

서비스 청사진에서 각 단계의 처리시간과 수용 능력을 결정하면 각 단계의 실제적인 수용 능력을 파악할 수 있다. 병목 구간이 확인되면 경영진은 더 많은 더 좋은 자원을 투입하고 프로세스와 과업을 재설계하여 수용 능력을 증가시킬 수 있다(서비스 수용 능력을 관리하기 위한 다른 방법에 대해서는 9장 수요와 수용 능력의 균형 참조).

Natsuki Sakai/Nippon News/Aflo Co. Ltd/Alamy Stock Photo

그림 8.12 나노로봇은 도쿄-미쓰비시 UFJ 은행에서 고객을 응대하도록 프로그램되어 있다. 이 로봇은 몇 가지 언어를 사용하고 고객의 표정을 읽을 수 있다.

- **셀프서비스로 전환** 셀프서비스가 증가할 때 서비스 품질과 생산성이 향상될 수 있다(그림 8.12). 예를 들어, 많은 레스토랑에서 고객이 셀프로 주문할 수 있도록 메뉴판을 아이패드(iPad)로 대체하고 있다. 앱으로 제공할 수 있는 모든 음식과 그에 대한 상세 정보를 보여준다. 이를 통해 고객은 주문을 직접 주방에 전달할 수 있다. 후방에서는 앱이 레스토랑의 POS 시스템을 연결하여 주문을 완료한다. 또한 많은 앱이 메뉴 음식을 업그레이드하여 상향 판매 하고 추천 사이드 주문을 결합시키는 기능도 있다.
- **서비스 로봇과 디지털화를 포함한 스마트 자동화** 스마트 기술과 서비스 로봇을 통한 스마트 자동화(intelligent automation, IA; 챗봇과 같이 고객에게 서비스를 제공하는 AI도 의미)는 셀프서비스 고객을 지원하기 위해 더 많이 사용될 것이다. 이러한 기술은 서비스 품질을 급격하게 향상시키는 동시에 원가도 감소시키는 잠재력을 가지고 있다. 서비스인사이트 8.1은 호텔 체크인 경험이 스마트 기술을 사용하여 어떻게 재설계될 수 있는지 보여준다.

서비스 프로세스에 고객 참여

학습목표 9

서비스 프로세스의 고객 참여 수준을 알아본다.

생산성과 효율성을 위해 서비스 프로세스를 재설계하려면 고객이 서비스 전달에 더욱 참여해야 하는 경우가 많다. 청사진은 고객의 역할을 구체화하고, 고객과 서비스 제공자 사이의 접촉의 범위를 명확하게 확인할 수 있게 돕는다.

공동 생산자로서의 고객

 **학습목표 10**

'공동 생산자'로서의 서비스 고객의 개념과 시사점을 알아본다.

고객 참여는 서비스를 생산 및 전달하는 동안 고객이 제공하는 심리적, 물리적, 정서적 행동과 자원을 의미한다.[13] 사람에 대한 서비스와 고객과 서비스 제공자 사이에 실시간 접촉이 이

SERVICE INSIGHTS 8.1

'스마트' 호텔 체크인 경험

다음 사례는 전통적인 호텔 체크인 경험을 기술을 통해 스마트 경험으로 변화시키는 것을 보여준다. 즉 비용이 절감되면서 고객과 직원의 경험이 어떻게 개선되는지 보여준다.

전통적인 경험	기술을 통해 향상된 경험
• 전방 직원이 전방 오피스 시스템에 로그인하여 도착하는 고객을 한 사람씩 체크인한다. • 투숙객은 열쇠나 카드키를 받는다. • 특히 피크 타임 때는 고객 대기열이 길어진다.	• 고객이 호텔 로비에 도착하면 얼굴인식기술을 갖춘 카메라가 사전에 모바일 체크인 때 제출한 여권 사진에 근거하여 고객을 확인한다. • 고객의 모바일 키는 객실과 예약 정보와함께 스마트폰에 활성화된다. • 투숙객은 전방 오피스를 들르지 않고 바로 객실로 간다.
• 전방 오피스는 고객의 도착시간을 정확히 알지 못한다. 따라서 직원의 계획은 과거 데이터에 근거하여 추정한다.	• 고객이 모바일 체크인 때 자신의 도착시간을 공유함으로써 전방 오피스는 피크 기간을 더 잘 예측하여 그에 따라 직원을 배치할 수 있다.
• 청소팀은 어느 객실을 먼저 청소해야 할지 모른다. 어느 고객이 예약한 특정 객실이 준비되지 않았다면, 전방 오피스는 청소 부서에 전화를 걸어 그 객실을 우선적으로 청소하게 해야 한다. 투숙객은 객실이 청소될 때까지 기다려야 할 것이다.	• 청소팀은 고객의 도착시간을 하우스키핑앱에서 확인하고 그 객실의 청소를 우선적으로 한다. 이는 청소에 대한 압박을 감소시키고 고객 대기를 피할 수 있다.
• 전방 오피스는 투숙객을 먼저 체크인했지만 객실이 준비되지 않았다면 카드키를 발급할 수 없다. • 투숙객이 전방 오피스에 돌아오면 그들의 프로필을 다시 열어 객실키를 프로그래밍하기 전에 고객정보를 확인해야 한다. 이러한 부가가치와 관계없는 단계는 전방 오피스에 추가 업무를 발생시키고, 고객에게 다시 줄을 서야 하는 불편함을 야기한다.	• 전방 오피스는 고객을 보통 때처럼 일찍 체크시키지만 객실이 준비될 때까지 객실키를 활성화하지 않는다. • 객실이 준비될 때 전방 오피스는 자동으로 투숙객의 스마트폰에 문자를 보내고 모바일 키를 활성화하며 객실의 상세한 정보를 제공한다.

출처: Hotel Innovation Committee, "Smart Hotel Technology Guide 2019," published by the Singapore Hotel Association and Singapore Tourist Board (November 2019), https://www.stb.gov.sg/content/dam/stb/documents/industries/hotel/Smart%20Hotel%20Technology%20Guide%202019.pdf, accessed on February 17, 2022; and WebRezPro, "A Guide to Mobile Keys for Independent Hotels," https://www.webrezpro.com/ a-guide-to-mobile-keysfor-independent-hotels/ February 17, 2022.

루어지는 많은 서비스의 경우 어느 정도의 고객 참여는 서비스 전달에 꼭 필요하다.

점차적으로 고객은 서비스 공동 생산자로서 간주되고 있다. 가치는 서비스가 생산, 소비, 전달되는 동안 고객과 서비스 직원이 상호작용할 때 창출된다. 이는 서비스 프로세스에서 고객이 활발하게 참여하는 것을 의미하고, 고객의 성과는 서비스 품질과 생산성에 영향을 미친다는 것을 의미한다. 따라서 서비스 기업은 고객이 가치 창출에 어떻게 효과적으로 기여하는지 살펴볼 필요가 있다. 기업은 과업을 잘 수행하는 데 필요한 기술과 동기를 갖도록 고객을 교육시키고 훈련시켜야 한다.[14] 어떤 서비스 전달에서는 갈수록 고객의 디바이스가 더 중요해지고 있다. 필요한 디바이스는 스마트폰과 태블릿에서부터 웨어러블 기술[예: 피트비트(Fitbit) 같은 피트니스 추적기]과 고객이 소유하는 IoT 시스템(예: 자동차 추적 시스템)에 이른다.[15]

고객이 유발하는 서비스 실패 줄이기

모든 서비스 문제의 3분의 1 정도는 고객에 의해 발생된다. 따라서 기업은 고객이 발생시키는 실패를 예방하는 데 집중해야 한다. 고객을 교육하는 것 외에 실패 방지 방법(또는 포카요케)은 직원뿐만 아니라 고객을 대상으로 설계되어야 하며, 특히 서비스 창출과 전달 프로세스에 고객이 활발하게 참여하는 경우는 더욱 그러하다. 고객 포카요케는 대면의 상황을 준비하고(거래를 위해 올바른 도구를 가져오거나 제시간에 도착하는 등), 서비스 거래에서 그들의 역할을 이해하고 예상하며, 정확한 서비스와 거래를 선택하는 데 초점이 맞춰진다. 좋은 방법은 포카요케 적용을 통해 고객이 발생시키는 실패를 예방하기 위한 다음의 3단계 접근법을 사용하는 것이다.[16]

그림 8.13 의사-환자의 관계는 효과적인 치료를 위해 상호 협력적이어야 한다.

1. **가장 일반적인 실패점에 대한 정보를 체계적으로 수집한다.** 이 방법은 특히 온라인과 앱 기반 서비스뿐 아니라 셀프서비스에 적용되는데, 이러한 서비스는 보통 회복하기 어렵다. 이는 고객이 구독, 애플리케이션, 예약을 포기하기 때문이다.
2. **실패의 원인을 확인한다.** 때로는 직원의 설명이 진짜 원인이 아닐 수 있다는 것을 주의하라. 그러한 원인은 고객의 관점에서 조사되어야 한다. 고객 실패의 원인은 서비스 이용에서 필요한 기술의 부재, 역할 이해의 실패, 불충분한 준비일 수 있다. 다른 문제로는 복잡성과 모호성일 수도 있다. 다른 원인으로는 서비스케이프 설계의 약점, 사용자 편의성을 고려하지 않은 셀프서비스(사용자 친화적이지 않은 웹사이트와 앱 등)처럼 모호하게 설계된 기술 등이 있다.
3. **확인된 서비스 실패를 예방하기 위한 전략을 수립한다.** 최상의 효과를 위해 다음에 기술된 5가지 전략을 적절히 혼합하여 사용해야 한다.

   - 프로세스 재설계(즉 프로세스뿐만 아니라 고객 역할도 재설계): 항공기의 화장실 문은 점등을 위해 반드시 잠겨야만 하며, ATM은 거래 마지막에 고객의 카드 분실을 막기 위해 소리가 난다. 앞으로는 생체인식(예: 얼굴인식, 망막판독, 음성인식)이 ATM에서의 카드와 PIN을 대체할 것이며, 이러한 방식이 카드 분실의 문제나 PIN 망각의 문제를 해결하여 결국 고객 편의성이 증대될 것이다.
   - 기술 활용: 병원은 고객의 예약 일자를 확인하고 알려주기 위해 또는 예약 일자 재조정을 위해 문자나 이메일을 보내는 자동화된 시스템을 사용할 수 있다.
   - 고객 행동 관리: 초대에 요청된 드레스코드를 인쇄하거나, 치과예약 문자를 발송하거나, 웹사이트나 앱에서 사용자 안내를 보여줄 수 있다(예: "서비스센터에 전화하기 전에 당신의 계좌와 pin 넘버를 확인해주세요").
   - '고객 시민활동' 독려: 다이어트 프로그램이나 온라인 브랜드 커뮤니티와 같은 서비스에서 실패를 예방하기 위해 고객들이 서로를 돕고 격려하는 것을 말한다.
   - 서비스케이프 개선: 많은 기업은 고객이 사용자 편의적이고 실패를 방지하기 위한 방향지시 신호를 필요로 한다는 것을 망각하고 있다. 이는 웹사이트와 앱 같은 가상 서비스 환경에도 적용된다.

고객의 서비스 실패를 피하는 것은 기업 경쟁우위의 원천이 될 수 있으며, 특히 기업이 셀프서비스 기술, AI와 로봇을 점점 더 많이 사용할 때 더욱 그러하다.

학습목표 11

고객이 새로운 셀프서비스 기술(SST), 로봇, 인공지능(AI)을 통해 제공되는 서비스를 수락하거나 거절하게 하는 요인을 이해한다.

셀프서비스 기술

서비스 생산에서 가장 이상적인 형태의 관여는 고객이 특정 행동을 직접 수행하거나 서비스 로봇이나 AI와 함께 수행하는 것이다. 실질적으로 고객의 시간과 노력이 서비스 직원의 노력을 대체하는 것이다. 인터넷과 앱 기반 서비스에서 고객은 심지어 자신의 단말기를 제공하기도 한다(그림 8.14).

고객은 직원의 관여 없이 고객이 직접 서비스를 생산하게 하는 다양한 셀프서비스 기술(SST)에 직면해 있다. SST는 은행 자동화 서비스, 슈퍼마켓 계산대의 셀프서비스 스캐닝, 셀프 주유소, 온라인 뱅킹과 같은 자동 전화 시스템, 호텔 자동 체크아웃, 기차표 발권앱(그림 8.15), 다양한 온라인과 앱 기반 서비스 등을 포함한다. 점차적으로 이러한 기술은 서비스 로봇과 AI 기반 시스템(예: 챗봇, 로보어드바이저)을 통해 더욱 향상되고 촉진되고 있다.

많은 기업은 고객이 스스로 앱, 챗봇, 서비스 로봇을 통해 온라인으로 서비스를 제공받는 전략을 개발하고 있다. 이러한 기업은 고객이 직원과 대면 접촉, 브로커와 여행사의 이용 또는 음성 통화 같은 더 비용이 많이 드는 대안에서 우회하길 원한다.

점점 더 고객은 서로 문제해결을 도우려고 한다. 이는 온라인 브랜드 커뮤니티와 기업 호스트의 플랫폼에 의해 촉진된다. 고객에게 질문을 포스팅하고 다른 고객의 질문에 응답하도록 독려함으로써 기업은 전통적인 고객 지원 서비스에 투입해야 하는 자원을 절감할 수 있다는 연구 결과도 나왔다. 고객 간 상호교류를 촉진하는 것은 기업의 지원 서비스의 효율성과 효과성을 증진시키는 전략적인 지렛대인 것이다.[17]

셀프서비스 기술의 고객 혜택과 채택

기업이 셀프서비스 기술(SST)을 설계하고 실행하며 관리하는 데는 상당한 시간과 금액의 투

그림 8.14 많은 인터넷 기반의 서비스는 고객이 스스로 서비스를 제공하게 한다.

그림 8.15 관광객은 해외여행이나 기차표를 결제할 때 이해하기 쉬운 설명을 높이 평가한다.

자가 필요하다. 따라서 서비스 마케터는 고객이 SST의 사용과 인적 서비스 제공자 사이에서 어떻게 결정하는지 이해하는 것이 중요하다. 이는 관련된 서비스 기술에 대한 전반적인 태도를 포함하는데, 특정 서비스 기업과 직원에 대한 태도, SST를 사용하는 것의 전반적인 지각된 혜택, 편의성, 비용과 용이성을 포함한다. 고객의 관점에서 SST를 사용하는 것은 장점과 단점이 모두 존재한다. SST 이용의 장점은 다음과 같다.[18]

- 시간 절약, 빠른 서비스, 시간의 유연성(일주일 내내 24시간 이용), 장소의 유연성(많은 ATM) 등 편의성의 향상
- 서비스 전달의 높은 통제성과 높은 수준의 고객화
- 비용 절감

고객 접점의 성공을 위해 표적 고객이 상호작용으로부터 무엇을 원하는지 이해해야 한다. 때때로 잘 설계된 SST는 사람보다 더 좋은 서비스를 전달할 수 있다. 많은 SST는 사용자가 대면 접점이나 전화 접촉보다 더 신속하게 상세한 정보를 얻고 거래를 완료할 수 있게 한다.

그러나 SST를 불편해하고 직원과 거래하길 선호하는 고객은 항상 존재한다. 이는 특히 어린이 보육시설이나 노인 요양시설 같은 사회적 로봇이 인간의 상호작용을 대체하는 서비스에 적용할 수 있다.[19]

처음 사용한 후에도 모든 고객이 SST를 계속 이용하는 것은 아닐 것이다. 따라서 처음 사용에 만족하여 고객이 앞으로 SST를 효과적으로 사용하는 것에 자신감을 가질 수 있도록 하는 것이 중요하다. 만약 그렇지 못하다면 고객은 일선 직원이 제공하는 전통적인 서비스에 의지하기 쉽다.

셀프서비스 기술을 사용하는 고객이 겪는 단점과 장벽

고객은 셀프서비스 기술(SST) 서비스 제공이 실패하면 이를 싫어하게 된다. 입력한 PIN 번호가 거부되었을 때, 비밀번호가 틀릴 때, 사이트 접속이 불안정할 때, 추적번호가 잘못되었을 때, 챗봇이 맞는 정보를 제공하지 않을 때 화가 난다. SST가 작동할 때도 서비스 프로세스를 이해하고 이용하기 어렵게 만드는 잘못 설계된 기술 때문에 좌절하기도 한다. 일반적인 불평 내용은 웹사이트상에서 자신이 원하는 페이지를 찾는 데 겪는 어려움, 번거로운 온라인 등록, 입력 내용을 계속 거부하는 온라인 양식, 작동되지 않는 앱 등이다(그림 8.16).

서비스 기업의 과제는 SST를 설계하여 가능한 한 '바보를 만들지 않도록' 해야 하고, 일반적인 고객 오류를 감소시키며, 고객 포카요케를 사용하고, 고객을 위한 서비스 회복 프로세스를 설계하여 뭔가 잘못되었을 경우 고객 스스로 해결할 수 있게 하는 것이다.[20]

그림 8.16 고객은 잘못 설계된 온라인 서비스 프로세스에 갇힐 때 좌절감을 느낀다.

셀프서비스 기술 평가하고 개선하기

셀프서비스 기술(SST)은 다음의 기본적인 질문에 답하는 검증을 거쳐야 한다.[21]

- SST가 믿을 만하게 작동되고 있는가? 기업은 SST가 고객에게 약속한 대로 작동되고 고객의 이용이 편리하도록 SST를 설계해야 한다. 사우스웨스트 항공(Southwest Airlines)의 온라인 티켓 구매 방식은 단순성과 신뢰성에 대한 높은 표준을 설정하고 있으며, 항공 티켓 구매에서 항공사 중 온라인 구매의 최고 비율을 달성하고 있는데, 이는 고객 수용의 명백한 증거이다.
- SST가 대인 간 관계보다 더 나은가? 만약 SST가 시간과 비용 절약, 접근 편의성 및 그 외 다른 혜택을 제공할 수 없다면 고객은 친숙한 대인 간 관계를 통한 서비스 제공을 지속하게 될 것이다. 아마존닷컴(Amazon.com)의 성공은 서점 방문에 대한 효과적인 대안으로서 고도로 개인화된 서비스를 제공하는 노력을 반영하고 있다.[22] 이는 오늘날 서적을 탐색하고 구매하는 가장 선호하는 방식이 되고 있다. 전자책의 빠른 성장이 이러한 트렌드를 가속화할 것이다.
- SST가 실패할 경우 이러한 서비스 실패를 회복하기 위한 다른 시스템이 존재하는가? 서비스 실패가 발생했을 때 즉각적으로 서비스를 회복할 수 있는 시스템, 구조, 서비스 회복 기술을 제공하는 것이 매우 중요하다(그림 8.17). 셀프서비스 체크아웃 코너를 설치한 일부 슈퍼마켓에서는 직원을 배치하여, 항상 감독 및 관리할 수 있게 한다. 이러한 활동은 고객 지원과 함께 안전한 서비스를 제공할 수 있게 해준다. 전화 기반 서비스 시스템의 경우 잘 설계된 음성 메뉴는 고객이 고객 서비스 대표자와 더욱 쉽게 접촉할 수 있게 한다.

Xinhua/Alamy Stock Photo

그림 8.17 항공사들은 발생할 수 있는 문제에서 고객을 돕기 위해 셀프 체크인 키오스크 근처에 직원을 배치한다.

학습목표 12

신기술 채택을 포함하여 서비스 프로세스에서 고객 행동 변화에 대한 고객 저항을 관리하는 방법을 알아본다.

변화에 대한 고객 저항 관리

오랜 시간 확립된 행동 패턴과 익숙했던 프로세스 변화에 대한 고객의 저항은 기업의 생산성과 품질 향상에 걸림돌이 된다. 앱과 서비스 로봇 등 서비스 프로세스를 완전히 셀프서비스로 전환할 경우 기업이 고객의 적극적인 참여 의사를 얻고 스스로 행동을 변화시키도록 하는 것은 특히 중요하다. 다음 6가지 단계는 특히 변화가 급진적일 때 이러한 변화가 순조롭게 이루어지도록 도울 것이다.[23]

1. **고객의 신뢰를 형성한다.** 사람들이 기업에 대해 신뢰하지 않을 경우 생산성과 관련된 변화를 소개하는 것은 매우 어렵다. 변화를 수용하고자 하는 고객의 의도는 기업에 대한 호의의 정도와 밀접하게 관련되어 있다.
2. **고객의 습관과 기대를 이해한다.** 사람들은 고정된 순서로 단계가 진행되는 기존에 이

용해왔던 서비스에 익숙하다. 그들은 마음속에 자신만의 개인적인 서비스 대본 또는 흐름도를 가지고 있다. 고객에게 변화에 대해 충분히 설명하지 않는다면 깊숙이 뿌리 박힌 일상을 변화시키고자 하는 혁신은 저항에 직면하기 쉽다.

3. **새로운 절차와 장비를 검사한다.** 고객이 새로운 절차와 장비에 어떻게 반응하는지를 알기 위해 마케팅 연구자는 구상과 실험, 실제 검사를 수행해볼 수 있다. 서비스 인력이 자동화 장비로 대체되었다면 모든 고객이 쉽게 사용할 수 있도록 설계하는 것이 중요하다. 설명 문구 또한 매우 신중하게 고려해야 한다. 불분명하고 복잡한 설명 문구는 고객이 이해하기 어렵다.
4. **혜택을 알린다.** 셀프서비스 장비의 도입은 고객이 스스로 과업을 수행하게 한다. 이러한 부가적인 과업을 통해 확장된 서비스 시간, 시간 절약, 비용 절감 등 혜택을 얻게 될지라도 이러한 혜택은 명백하지 않다. 따라서 기업은 이를 촉진시켜야 한다. 사람들에게 새로운 변화를 알리고, 사람들의 흥미를 유발하며, 혁신에 따른 특정 혜택을 고객에게 명확하게 알려야 한다.
5. **고객에게 혁신을 가르치고 사용을 촉진한다.** 서비스 인력은 고객과 가까이에서 새로운 장비를 증명하고 질문에 답해야 한다. 고객을 안심시키는 것뿐만 아니라 교육적 지원 또한 새로운 절차와 기술의 수용에 매우 중요하다. 혁신이 여러 지역에서 순차적으로 전개된다면 그러한 데모 프로그램은 직원들을 한 지점에서 다른 지점으로 이동시켜서 복수의 점포로 확산시킬 수 있다. 웹 기반 혁신의 경우 이메일, 채팅, 심지어 전화 기반의 지원을 제공하는 것도 중요하다. 가격 할인, 로열티 포인트, 추첨 등의 촉진 인센티브도 사용을 촉진할 수 있다. 고객이 셀프서비스 옵션을 시도해보았고(특히 온라인 또는 앱 기반) 작동도 잘되었다면, 그들은 미래에도 정기적으로 셀프서비스를 이용하려 할 것이다.
6. **성과를 모니터링하고 개선사항을 지속적으로 탐색한다.** 특히 셀프서비스 기술(SST)에서 품질과 생산성 향상은 지속적인 프로세스이다. 고객의 이용과 거래 실패 빈도(그리고 실패점), 고객의 불만사항을 모니터링하는 것이 매우 중요하다. 서비스 관리자는 SST의 최대 잠재적 성과를 달성하고 흰 코끼리(유지 비용이 많이 드는 고가품)가 되지 않도록 지속적인 사용을 위해 끊임없이 SST의 개선을 위해 노력해야 한다.

일단 변화의 특성이 결정되면 마케팅 커뮤니케이션이 취지와 혜택, 그리고 고객이 앞으로 다르게 해야 하는 것을 설명함으로써 고객이 그러한 변화에 대비할 수 있도록 도와줄 수 있다.

전방의 서비스 로봇

 **학습목표 13**

서비스 프로세스에서 서비스 로봇과 인공지능(AI)이 미치는 드라마틱한 영향을 알아본다.

앞서 셀프서비스 기술(SST)의 일부로 로봇이 전달하는 서비스를 살펴보았다. 이는 고객의 상호작용하는 기술이 더 스마트해져도 셀프서비스를 이용한다는 의미에서 적절하다. 그러나 이러한 기술은 서비스 프로세스에 매우 큰 영향을 미치므로 서비스 프로세스 전달 방법에 가져올 변화를 더 깊이 분석하고 더 잘 이해하는 것이 중요하다.

서비스 혁명의 시작

우리 경제는 18세기에 시작하여 고품질과 저비용의 제품을 대중에게 소개함으로써 급속하게 생활 표준을 높였던 산업혁명과 유사한 전환점에 직면하고 있는 것 같다. 기술이 동시에 더 작아지고 가벼워지고 저렴해질 뿐 아니라 급속하게 더 스마트해지고 더욱 강력해지므로 동일한 현상이 서비스 부문에 발생할 것이다. 이러한 기술은 이미지 프로세싱, 말(스피치) 프로세싱, 애널리틱스, 모바일과 클라우드 기술, 지오태그, 생체인식, 가상현실, 증강현실, 머신러닝 같은 코드 또는 소프트웨어뿐만 아니라 센서, 카메라, 웨어러블 기술, 로봇, 드론 같은 하드웨어도 포함한다(그림 8.18). 이와 함께 이러한 기술은 실제 모든 서비스 부문을 변혁할 것이다. 이러한 기술과 결합하여 서비스 로봇과 AI는 고객 경험, 서비스 품질, 생산성을 동시에 극적으로 개선할 수 있는 잠재력을 가진 급속한 혁신으로 이어질 것이다.

로봇과 AI가 전달하는 서비스는 개발 단계에 막대한 비용이 투입되어 전례 없는 규모의 경제와 범위의 경제를 선보일 것이다. 물리적 로봇은 인력 추가에 비해 비용이 적게 들고, 가상 서비스 로봇은 무시할 만한 비용으로 배포할 수 있다. 가상 서비스 로봇(예: 챗봇, 가상 에이전트)은 거의 추가 비용 없이 확장할 수 있다. 이와 같은 극적인 확장은 가상 서비스 로봇뿐 아니라 홀로그램 같은 가시적인 로봇에도 적용된다. 예를 들면, 공항은 홀로그램 기반의 휴머노이드 서비스 로봇을 50미터마다 설치하여 승객의 일반적인 질문(예: 특정 항공사의 체크인 카운터 위치 안내, 다음 화장실 위치, 공항 호텔 위치 안내, 출발/도착 시간 정보 제공)에 모든 공용 언어로 답해준다. 이러한 홀로그램은 저비용 하드웨어(예: 카메라, 마이크, 스피커, 홀로그램 프로젝터)만 있으면 되며, 지면 공간(여행객은 홀로그램을 통과하여 수하물 카트를 밀고 갈 수 있다)을 차지하지도 않는다.

웹사이트, 앱, 모바일 기술을 통한 정보 처리 서비스에 발생한 일이 그다음 사람 및 소유물 처리 서비스에 일어날 것이다. 즉 로봇 직원이 근무하는 호텔 및 레스토랑과 드론 배송은 이러한 혁명의 시작에 불과하다. 이는 산업혁명에서 수공업, 그리고 대량생산으로 전환이 일어난 것처럼 서비스 부문에서 서비스 로봇과 AI가 전달하는 서비스로 가속화된 전환이 일어남을 의미한다. 흥미로운 전망은 헬스케어와 교육을 포함하는 많은 서비스를 훨씬 낮은 가격으로 이용할 수 있고 전달되는 방식에도 드라마틱한 변화가 있을 것이라는 점이다. 우리는 미래의 이러한 서비스를 설계하고 전달할 수 있는 서비스 마케터의 수요가 증가하는 흥미진진한 영역으로 들어가고 있다.

Shutterstock

그림 8.18 가상현실(VR) 또는 증강현실(AR)은 서비스 산업을 위한 미지의 풍경을 제공한다.

표 8.1 서비스 로봇과 전통적인 셀프서비스 기술 비교[24]

서비스 측면	셀프서비스 기술(SST)	서비스 로봇
고객 서비스 대본과 역할	• 고객이 서비스 대본과 역할을 학습하고 이를 잘 따라야 한다. • 대본에서 벗어나면 서비스 실패와 거래 실패로 이어지기 쉽다. • 고객이 상호작용을 주도하고 찾아가야 하므로 설명이 필요하지 않고 직관적이어야 한다.	• 고객은 전방 직원과 상호작용할 때 하는 것 이상으로 특정한 역할과 대본을 학습할 필요가 없다. • 탄력적인 상호작용과 대본의 지원을 받는다. • 서비스 로봇은 서비스 직원과 마찬가지로 고객을 전 서비스 프로세스에서 안내할 수 있다.
고객 실수의 수용성	• SST는 일반적으로 고객이 실수하거나 잘못 사용할 때는 작동하지 않는다. • SST는 고객의 실수를 회복시키는 데 잘 기능하지 못한다.	• 서비스 로봇은 고객의 실패를 수용한다. • 서비스 로봇은 고객의 실패를 회복시키고 고객이 성공적으로 서비스 거래를 마감하도록 안내할 수 있다.
다른 서비스 실패에 대한 서비스 회복	• 서비스 실패가 발생하면 서비스 프로세스가 작동을 하지 않는다. 기술 내에서 회복이 쉽지 않다.	• 서비스 로봇은 서비스 직원과 마찬가지로 대안적인 솔루션을 제공하여 서비스를 회복시킬 수 있다.

서비스 로봇 vs 전통적인 셀프서비스 기술

▶ **학습목표 14**

서비스 로봇과 전통적인 셀프서비스 기술(SST)의 차이를 알아본다.

서비스 로봇은 "고객에게 상호작용하고 소통하며 서비스를 전달하는 시스템 기반의 자율적이고 적응 가능한 접점"[25]으로 정의되어 왔다. 이러한 능력은 서비스 로봇과 전통적인 셀프서비스 기술(SST)을 구별하는 것이다. 표 8.1에 나타난 바와 같이 서비스 로봇은 고객과 비구조화된 상호작용을 처리할 수 있으며 프로세스 전체를 안내할 수 있다. 예를 들면, 티켓 발권 서비스 로봇은 고객이 티켓을 구매할 때 곤란한 경우를 당하지 않도록 구체적인 질문(예: "오늘 돌아가시나요? 우대카드가 있나요? 피크 타임이 아닐 때 여행할 수 있나요?")을 하고 고객의 실수(예: 고객의 잘못된 정보 입력)를 수정할 수도 있다. 실제로 많은 표준 서비스에 대해 고객은 서비스 직원과 마찬가지로 서비스 로봇과 상호작용할 수 있을 것이다(예: "당일 돌아오는 티켓이 필요하고 신용카드로 결제하길 원한다").

로봇은 어떤 서비스를 전달할 것인가

 **학습목표 15**

서비스 로봇, 서비스 직원, 그리고 서비스 직원과 로봇의 팀, 각각 최선의 서비스를 제공할 수 있는 서비스 유형을 알아본다.

서비스 로봇의 최초 전개는 인지와 정서의 복잡성이 낮은 단순하고 반복적인 과업에 집중되었다(그림 8.19).[26] 예를 들면, 호텔의 물리적인 로봇은 룸서비스를 전달하고 객실에 가방을 운반할 수 있다. 문자와 음성 기반의 전통적인 에이전트는 점점 더 많은 일상적인 고객과의 상호작용을 처리하고 있다. 통화는 사전에 선별되어, 이슈의 복잡성에 따라 전통적인 에이전트나 직원에게 연결될 수 있다. 서비스 직원도 고객과의 상호작용에서 AI로부터 지원을 받을 수 있다. 결과적으로 고객 접점 직원이 많은 양의 사소한 고객 요구사항을 처리할 필요가 없고 대신 상위 가치와 상위 수준의 과업에 시간을 투입할 수 있다.

일상적인 과업 이외에 회계 업무와 주식 거래 같은 높은 수준의 인지적이고 분석적인 기능을 요구하는 서비스는 서비스 로봇이 효과적으로 전달할 수 있다. 예를 들면, 서비스 로봇은 대량의 데이터를 분석하고, 내부적인 정보와 외부적인 정보를 통합하며, 패턴을 인식하여 이를 고객 프로필에 연관시키도록 설계할 수 있다. 몇 분 이내에 이러한 로봇은 최적의 솔루션을 제안하고 추천할 수 있다. 서비스인사이트 8.2는 그러한 로봇 기반의 서비스를 예

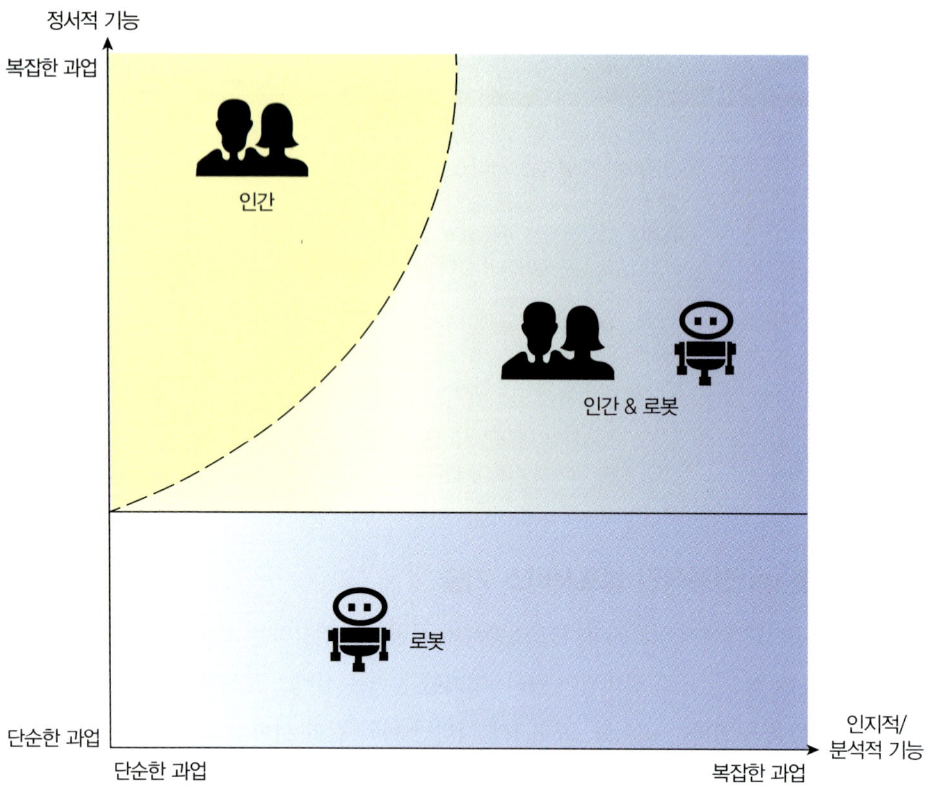

그림 8.19 서비스 로봇 전개 모델

출처: Jochen Wirtz, Paul Patterson, Werner Kunz, Thorsten Gruber, Vinh Nhat Lu, Stefanie Paluch, and Antje Martins, "Brave New World: Service Robots in the Frontline," *Journal of Service Management* 29(5) (2018): 907–931, https://doi.org/10.1108/JOSM-04-2018-0119.

시해준다.

로봇이 친절한 행동의 표면적인 표현을 넘어선 정서를 처리하기란 어렵다.[27] 특히 복잡하고 정서적으로 요구가 많은 과업은 아직도 공감과 동정 같은 진정한 감정을 서비스 대면에 가져올 수 있는 서비스 직원이 더 잘 처리한다. 예를 들면, 고객 불평과 서비스 회복의 상황에서는 직원이 고객 개인의 상황에 더 잘 대응하고 이해를 보여준다.

높은 수준의 인지적이고 분석적인 기능을 요구하는 과업은 점점 더 인간-로봇팀을 통해 전달될 것이다. 서비스 로봇은 분석적인 업무를 전달하고(예: 증상을 분석하고 이를 데이터베이스와 비교하여 가능한 진단을 확인), 인간은 사회적이고 감정적인 과업(예: 환자에게 조언하고 설득)을 맡아서 최종 추천과 결정을 내릴 것이다.

여기서는 '서비스 로봇'을 대략적으로 스마트 자동화 서비스와 관련된 모든 기술을 의미하는 용어로 사용했지만, 물론 관련된 기술은 매우 다양하다. 서비스인사이트 8.3은 다양한 기술이 어떻게 통합되어 완전히 자동화된 확장 가능한 계좌 개설 프로세스를 전달하는지를 보여준다.

SERVICE INSIGHTS 8.2

USAA는 금융 서비스를 전달하기 위해 IBM 왓슨을 사용한다

USAA는 미국의 군인 커뮤니티를 위한 금융 서비스 업체이다. 이 회사는 광범위한 기술의 사용, 서비스 탁월성, 높은 생산성(비용 비율이 산업 평균의 절반 정도)으로 유명하다. 이 업체는 서비스 로봇을 활용하고 IBM과 협업하여 왓슨인게이지먼트어드바이저(Watson Engagement Advisor)를 사용하고 있다.

그 애플리케이션 중 하나는 군인이 군대에서 민간인 생활로 전환하는 것을 돕는다. 애플리케이션은 IBM 왓슨(Watson)에서 시작하여 군인 전환의 주제와 관련된 3,000개 이상의 USAA 서류에서 도출된 데이터베이스를 확인하고 분석하며 이해한다. 오늘날 고객은 USAA 웹사이트를 방문하여 군인 혜택, 직업 탐색, 주택 구입 같은 군대 전역과 관련된 주제에 관해 문자나 자연 언어로 질문할 수 있다. AI는 회원의 특성과 특정한 상황에 근거하여 맞춤형 조언을 제공한다. 민간인 생활로 전환하는 것이 스트레스이고 불확실 하기 때문에(회원들은 보통 그러한 만만찮은 프로세스를 어떻게 시작해야 할지 모른다), 이 서비스는 회원들에게 상담해줄 수도 있다.

중요한 것은 이 서비스는 또한 새로운 정보를 추가하고 새로운 질문에서 학습함으로써 확장될 수 있다는 사실이다.

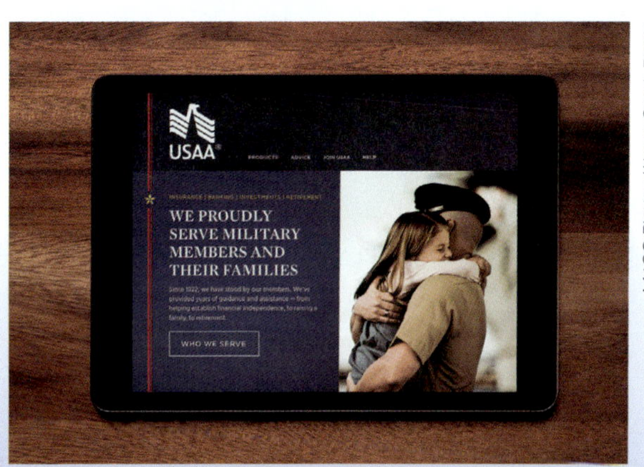

M4OS Photos/Alamy Stock Photo

출처: Ming-Hui Huang and Roland Rust, "Engaged to a Robot? The Role of AI in Service," *Journal of Service Research* 24(1) (2021): 30–41; IBM, "USAA and IBM Join Forces to Service Military Members," *IBM News Room* (July 23, 2014), February 17, 2022, https://www-03.ibm.com/press/us/en/pressrelease/ 44431.wss.

SERVICE INSIGHTS 8.3

인텔리전트 자동화를 통해 은행의 신규 고객 프로세스 변혁하기

많은 은행 업무 프로세스는 고객에게는 귀찮고 은행에게는 노동 집약적이다. 아래 사례는 어느 선도적인 은행이 인텔리전트 자동화(IA)를 사용하여 은행 전문용어로 신규 고객 프로세스라고 불리는 대출 계좌 개설 프로세스를 전체적으로 자동화한 것이다. 이 프로세스의 주요 목표는 고객 데이터를 수집하고 평가하여 더 좋은 서비스를 제공하고 위험을 관리하는 것이다. 과거에는 이 프로세스가 대부분 수동이어서 고객과 직원에게 모두 길고 고통스러웠다. 다음 활동을 포함했다.

1. 수동으로 잠재 고객의 신분과 주소를 증명해주는 고객 ID 문서, 전기요금 고지서, 월세 계약서 및 다른 문서들을 수집하고 확인하고 입력한다.
2. 고객 데이터를 정부 데이터베이스와 다른 참고자료에 대비하여 확인한다.
3. 신용리스크 평가기관과 정부 데이터베이스(예: 경찰과 세무기관) 같은 외부 원천을 주로 사용하여 사기와 파산 위험을 평가한다.
4. 고객에게 프로세스를 전체적으로 안내하고 질문에 답한다.

이러한 프로세스의 전체적인 자동화는 쉬운 일이 아니다. 다양한 역량을 결합하는 것이다. 해독하고(예: 전기가스 요금 고지서), 분석하고(예: 정확성을 위해 문서들을 비교), 이해하고(예: 정보의 완전성을 입증), 대화하고(예: 이러한 정보를 제공하는 프로세스 전체를 고객에게 안내), 실행하고(예: 정보 누락의 경우 이메일 발송), 학습하는(예: 시간이 지나면서 신용평가를 조정) 역량이 포함된다. 불행하게도 현재 이러한 역량을 모두 숙달할 수 있는 하나의 기술은 존재하지 않는다. 따라서 이러한 프로세스를 자동화하는 유일한 방법은 컴퓨터 비전, 자연어 프로세싱, 로봇 프로세스 자동화(RPA), 머신러닝을 포함하여 다른 기술들을 통합함으로써 이러한 프로세스를 기업에게는 더 자동화하고 신뢰성을 높이며 고객에게는 더 편리하게 만드는 것이다.

자동화 솔루션의 설명 챗봇은 매일 24시간이 가동되어 잠재 고객을 응대하고 질문에 답한다. 애플리케이션 프로그래밍 접점(API)은 은행과 관련된 정부 부처 사이에 데이터를 공유하여 시민 정보를 입증한다. 이는 또한 소셜 미디어(예: 상품이나 촉진 콘텐츠를 맞춤화하는 데 활용할 수 있는 고객의 관심사) 같은 다른 원천으로부터 고객 정보의 통합을 가능하게 한다. 애널리틱스와 머신러닝은 리스크 수준(예: 최신 정보에 기반한 세련된 신용 평가)을 평가하고 계속 업데이트한다. 컴퓨터 비전과 자연어 프로세싱은 고지서, 계약서와 신분증명 문서와 같은 구조화되지 않은 문서를 디지털화하여 처리하는 데 도움을 준다. 로봇 프로세스 자동화(RPA)는 모든 규칙에 기반한 활동을 수행하여 전체적인 프로세스 실행을 지원한다. 여기에는 데이터 조율(예: 다른 원천으로부터 제공된 고객의 데이터), 데이터 확인(예: 누락된 정보), 고객에게 이메일을 보내는 활동(예: 대출 승인 확인) 등이 포함된다.

수정된 고객 경험 고객은 주로 그림 8.20에서 제시된 흐름도의 1단계, 2단계, 8단계에서 기업과 상호 작용한다.

1. 한 잠재 고객이 기대와 웹 팝업, 이메일, 구글 광고 같은 다

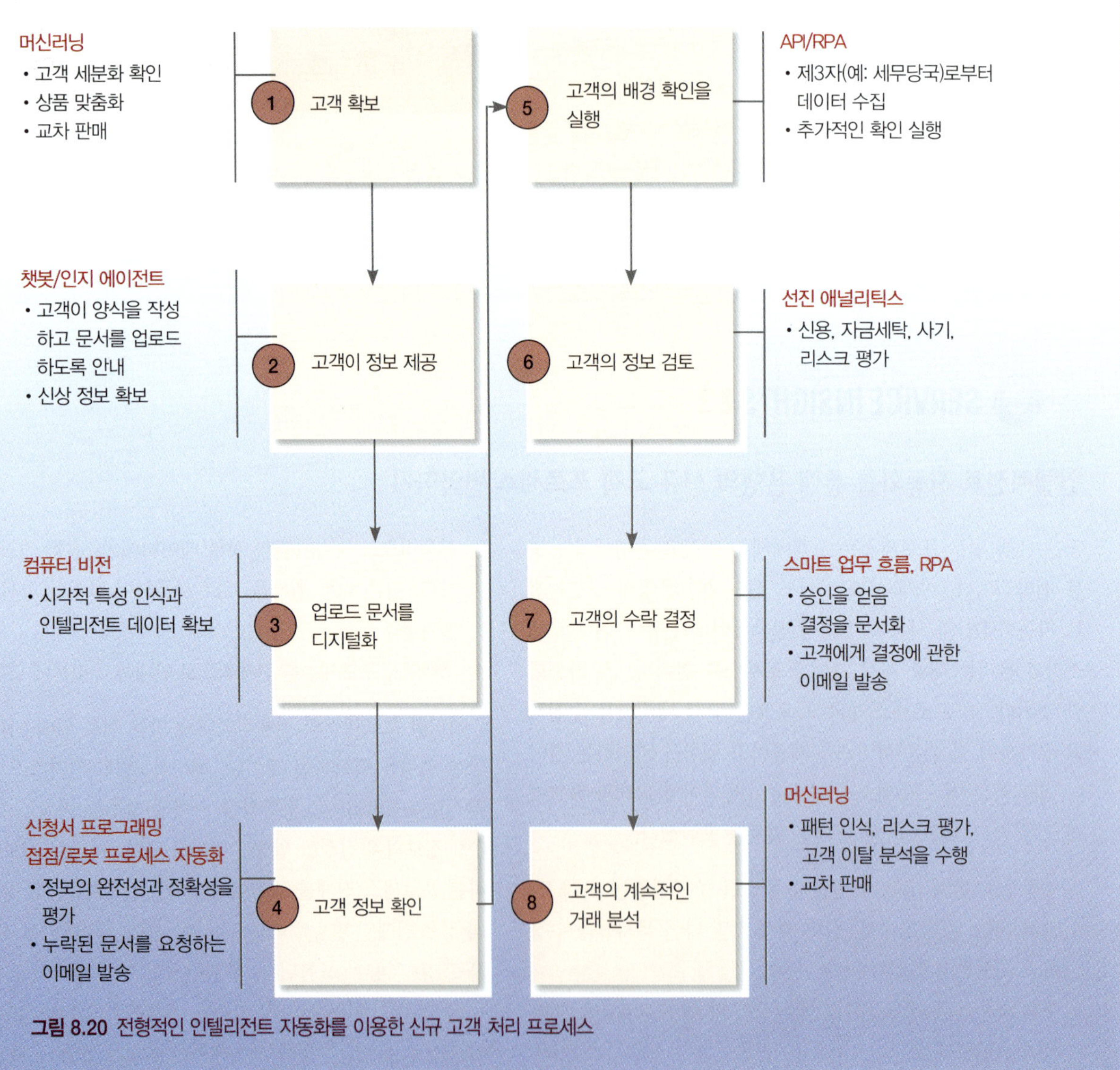

그림 8.20 전형적인 인텔리전트 자동화를 이용한 신규 고객 처리 프로세스

른 미디어를 통한 현재의 활동(예: 고객이 부동산 웹사이트를 방문)에 적합하도록 계산된 맞춤형 대출을 받는다.

2. 그 잠재 고객이 관심을 표현할 경우 (휴대폰과 컴퓨터에서 접속 가능한) 은행의 대출 웹사이트로 연결된다. 챗봇이 다른 대출 상품과 대출 조건을 설명해준다. 고객의 상품, 신청 프로세스, 은행에 대한 질문은 챗봇이 답해준다. 챗봇은 더 복잡한 질문을 업무시간에 고객에게 전화를 걸 수 있는 직원에게 넘긴다.

3. 고객이 일단 어떤 상품을 선택하면 챗봇은 온라인 대출 신청 플랫폼에 고객의 정보를 기입하도록 안내한다. 이러한 정보 중 어떤 것은 정부나 소셜 미디어 같은 다른 플랫폼과 함께 생성된 데이터 브릿지를 사용하여 사전에 기입된다. 이는 고객의 시간을 절약하고 데이터 정확성을 확보하도록 돕는다. 누락되거나 잘못된 정보는 즉시 확인되어 많은 전후방 부서의 커뮤니케이션을 피하게 해준다. 고객의 데이터는 일련의 사용자 친화적인 선별을 따라 단계적으로 입력된다. 최소한의 요구된 정보를 받은 다음, 플랫폼은 고객에게 원칙적으로는 승인된 대출 신청의 사전 평가를 제공한다. 이러한 과정은 고객의 관심을 유지하고 이 잠재 고객을 놓치지 않기 위해 고객과의 상호작용 처음 5분 내로 발생하도록 설계된다.

4. 고객은 자택 주소와 소득 수준을 증명하기 위해 고용 계약서 또는 요금 고지서 같은 문서를 업로드한다. 요구된 정보가 업로드되면 완성된 신청서의 접수를 공식적으로 확인하는 이메일을 보낸다.

5. 대출 평가의 결과는 높은 고객 수락률을 확보하기 위해 가능한 한 빨리 보내야 한다. 대출 요청 금액과 고객 프로필에 따라 결과는 몇 분 또는 최대 몇 시간 내에 제공될 수 있다. 고객에게 승인 이메일이 전달될 때 고객이 대출 계약서를 검토하고 서명하게 한다.

IA(인텔리전트 자동화) 프로젝트의 결과 이러한 철저한 모든 프로세스 자동화는 처리 시간을 90% 이상 단축하고, 비용을 80% 이상 절감하며, 법규 준수가 향상되고(예: 자금세탁 방지 규정), 고객 경험을 유의미하게 개선한다. 은행 전체 수준에서 12개의 유사한 프로세스의 철저한 자동화를 18개월 이상 실행한 후 은행의 총비용이 15~20% 절감되었고, 수입은 10% 증가했다.

출처: Pascal Bornet, Ian Barkin and Jochen Wirtz, *Intelligent Automation: Welcome to the World of Hyperautomation* (2021).

요약

학습목표 1 고객 관점에서 서비스는 경험이다. 조직 관점에서 서비스는 고객이 원하는 경험을 창출하기 위해 설계되고 관리되는 프로세스이다. 프로세스는 서비스의 근원적인 설계이다.

학습목표 2 청사진은 흐름도보다 더욱 복잡한 형태로, 고객에게 보여지는 것은 무엇이며, 후방 부서에서는 어떤 일이 이루어지는지 등 서비스가 어떻게 이루어지는지를 자세히 명시한 것이다. 청사진은 고객 서비스 프로세스의 자세한 설계와 재설계를 촉진한다.

학습목표 3 청사진은 다음 설계 요소를 포함한다.

- 전방 활동은 바람직한 투입과 산출물, 서비스가 전달되는 순서 등 전반적인 고객 경험을 나타낸다.
- 물리적 단서는 고객이 서비스 품질을 평가하는 데 사용할 수 있다.
- 가시선은 고객이 경험하는 것, 전방에서 볼 수 있는 것, 고객이 보지 못하는 후방 프로세스를 명확하게 구분한다.
- 후방 활동은 특정 전방 단계를 지원하기 위해 수행되는 것이다.
- 지원 프로세스는 보통 정보 시스템에 의해 제공되고, 적절한 공급은 전방 단계와 후방 단계 모두에게 필요하다.
- 실패점은 어떤 일이 잘못되어 서비스 품질에 악영향을 미칠 위험이 있는 곳을 의미한다. 실패점은 프로세스를 더 잘 설계할 수 있고(예: 포카요케 사용), 예상치 못한 실패를 보완하는 계획을 세울 수 있다.
- 프로세스에는 잠재적 초과 대기시간을 포함한 고객 대기시간이 존재하는데, 기업은 이러한 대기시간이 고객에게 덜 불쾌한 기다림이 되도록 여러 전략을 수립할 수 있다.

• 서비스 표준과 목표는 고객의 기대를 반영하여 각 활동별로 설정되어야 한다. 여기에는 각 과업이 완료되는 데 걸리는 구체적인 시간과 수용 가능한 대기시간 등이 포함된다.

학습목표 4 좋은 청사진에는 서비스 전달에 문제가 생길 수 있는 실패점이 묘사되어 있다. 이러한 안전장치는 포카요케라 불리기도 하는데, 이 방법은 직원과 고객에게 발생할 수 있는 실패를 방지하기 위해 설계된다. 다음의 3단계 접근법은 포카요케를 개발하는 데 사용되는 방법이다.

① 가장 빈번한 실패점의 정보를 수집한다.

② 실패점의 근본 원인을 확인한다.

③ 확인된 실패를 방지하기 위한 전략을 수립한다.

학습목표 5 서비스 청사진은 고객을 만족시킬 만한 높은 수준의 서비스 표준을 설정하는 데 도움이 된다. 서비스 표준은 측정 가능성을 필요로 하기 때문에 중요하지만, 주관적이고 무형의 서비스 속성은 조작화되어야 한다. 이는 이러한 속성의 핵심을 포착한 서비스 프로세스 지표를 통해 달성이 가능하다. 서비스 표준이 결정되었다면 성과 목표가 설정되어야 한다.

학습목표 6 서비스 프로세스는 정서 지능으로 설계될 필요가 있다. 다음은 서비스 순서 결정과 관련된 핵심 원리이다.

- **강렬한 시작**: 서비스 드라마의 시작 장면은 특히 중요한데, 고객의 첫인상은 서비스 전달에서 이후 단계의 품질 평가에 영향을 줄 수 있기 때문이다.
- **향상되는 트렌드**: 다 똑같다면 서비스 대면이 적절한 수준에서 시작하여 이후 품질이 향상되는 것이, 시작은 좋았으나 끝에서 품질이 떨어지는 것보다 더 좋다.
- **피크 만들기**: 고객은 피크를 기억하는 경향이 있다.
- **나쁜 경험은 초기에**: 이러한 방식으로 고객은 고통이나 악화에 대한 두려움을 피하고, 경험의 부정적인 면이 전체 서비스 대면의 기억을 지배할 가능성을 감소시킨다.
- **즐거움은 나누고 고통은 합하기**: 서비스 프로세스를 나눠 고객의 즐거운 경험을 확장해야 한다. 반면 불쾌한 경험은 가능한 하나로 합해야 한다.
- **강력한 마무리**: "좋은 하루되세요!"라는 상냥한 인사일지라도 높은 음성으로 마무리하는 것은 모든 서비스 대면의 중요한 면이다.

학습목표 7 기술, 고객 니즈, 서비스 상품의 변화로 인해 주기적인 서비스 프로세스가 요구된다. 프로세스가 잘 작동되지 않는다는 것을 나타내는 징후는 다음과 같다.

- 많은 정보 교환(가용 데이터가 유용하지 않다는 것을 의미)
- 부가가치 활동에서 높은 수준의 확인 혹은 통제 활동
- 예외 증가
- 불편하고 불필요한 절차에 대한 고객 불만의 증가

이러한 고객 감정을 관리하는 도구를 정서 프린트라고 하며, 이는 서비스 프로세스 각 단계에서 고객 감정을 명시한 것이다. 이는 고객의 좋은 경험을 관리하는 것을 목적으로 한다.

학습목표 8 서비스 프로세스 재설계는 다음을 목표로 한다.

- 서비스 실패의 감소
- 서비스 프로세스의 시작부터 완료까지의 주기시간 감소
- 생산성 향상
- 고객 만족의 증대

서비스 프로세스 재설계는 재건축, 재배열, 서비스 프로세스의 대체를 포함한다. 여기에는 다음과 같은 것이 포함된다.

- 핵심 이해관계자와 서비스 청사진 확인하기(고객과 일선 직원, 지원 인력, IT 팀이 함께하며 청사진을 리뷰하고 프로세스 개선 방안에 대한 아이디어를 논의한다.)
- 의미 없는 서비스 단계 제거하기
- 프로세스 병목 구간 감소와 프로세스 수용 능력의 균형화
- 셀프서비스로 전환하기
- 디지털화와 서비스 로봇을 포함한 스마트 서비스 이용하기

학습목표 9 고객 참여는 많은 서비스 프로세스에서 요구되고 관리되어야 한다.

학습목표 10 고객은 종종 서비스 프로세스상에서 공동 생산자로 관여되므로 '서비스 공동 생산자'로 불리기도 한다. 고객 참여는 서비스의 품질과 생산성에 영향을 미친다. 따라서 서비스 기업은 업무의 효율적 수행을 위해 필요한 동기와 기술을 갖추도록 고객을 훈련하고 교육시켜야 한다.

학습목표 11 고객 관여의 최상의 형태는 셀프서비스이다. 많은 사람이 편리하고(시간 절약, 빠른 서비스, 24시간 연중 무휴 이용 가능성, 장소 편의성), 비용 절감, 더 나은 통제, 정보, 고객화된 셀프서비스를 선호한다. 그러나 셀프서비스 사용과 관련된 잘못 설계된 기술이나 부적절한 교육은 고객이 셀프서비스를 거부하게 한다.

다음 3가지 질문을 통해 자사의 셀프서비스를 검증할 수 있다.

- 셀프서비스 기술이 믿을 만하게 작동되고 있는가?
- 셀프서비스가 다른 서비스 대안보다 고객에게 더 좋은가?
- 셀프서비스가 실패할 경우 이러한 서비스 실패를 회복하기 위한 다른 시스템이 존재하는가?

학습목표 12 서비스 프로세스에서 고객 참여 수준의 증가와 셀프서비스를 사용한 셀프서비스 프로세스로의 변화는 고객 행동의 변화를 요구한다. 다음 6가지 단계는 변화에 대한 고객 저항을 감소시키기 위한 방법이다.

- 고객의 신뢰를 형성한다.
- 고객의 습관과 기대를 이해한다.
- 새로운 절차와 장비를 검사한다.
- 혜택을 알린다.
- 고객에게 혁신을 가르치고 시용을 촉진한다.
- 성과를 모니터링하고 개선사항을 지속적으로 탐색한다.

학습목표 13 서비스 로봇은 고객 서비스 프로세스의 설계와 관리에 큰 영향을 미치며 서비스 품질과 생산성에서 전례 없는 향상을 가져올 잠재력이 있다. 빠르게 향상되는 기술은 더 작고, 더 가볍고, 더 저렴하면서도, 더 스마트하고, 더 강력해지고 있다.

학습목표 14 서비스 로봇은 시스템 기반의 자율적이고 적응 가능한 접점인데, 고객과 상호작용 및 소통을 하고 서비스를 전달한다. 이러한 능력은 서비스 로봇과 전통적인 셀프서비스 기술을 구별한다. 서비스 로봇은 고객과 구조화되지 않은 상호작용을 처리하고 프로세스 전체를 안내할 수 있다. 여러 종류의 서비스에서 고객은 서비스 직원과 마찬가지로 서비스 로봇과 상호작용할 수 있다.

학습목표 15 서비스 로봇은 모든 유형의 서비스에 동일하게 적합하지는 않다.

- 서비스 로봇은 정서적/사회적 그리고 인지적/분석적 복잡성 면에서 낮은 단순하고 반복적인 과업을 잘 수행한다.
- 회계 업무와 주식 거래 같은 높은 인지적이고 분석적인 기능을 요구하는 서비스는 서비스 로봇을 통해 효과적으로 전달될 수 있다.
- 서비스 로봇이 복잡하고 정서적인 요구가 많은 과업을 처리하기는 어렵다. 이러한 과업은 고객 개인의 상황에 더 잘 대응하고 이해심을 보일 수 있는 직원에게 넘겨주는 것이 최선이다.
- 높은 인지적이고 정서적인 기능을 요구하는 과업은 점점 더 인간-로봇팀에 의해 전달될 것이다.

학습 키워드

학습목표 1
- 서비스 경험
- 서비스 프로세스
- 서비스 운영 시스템

학습목표 2
- 흐름도
- 청사진
- 고객 동선
- 상호작용선
- 전방 활동
- 서비스 시작
- 후방 시스템

학습목표 3
- 전(前) 프로세스 단계
- 핵심 상품
- 고객 대기
- 드라마
- 초과 대기
- 실패점
- 본(本) 프로세스 단계
- 후(後) 프로세스 단계
- OTSU
- 가시선
- 서비스 청사진
- 서비스케이프
- 보충 서비스
- 소모품
- 지원 프로세스
- 목표

학습목표 4
- 실패 방지
- 포카요케
- 전사적 품질 관리(TQM)

학습목표 5
- 고객 기대
- 프로세스 성과
- 서비스 프로세스 지표
- 허용 영역
- 접점
- 서비스 표준

학습목표 6
- 고객 지각
- 성수기
- 정서
- 서비스 프로세스 설계
- 향상되는 트렌드

학습목표 7
- 통제 활동
- 부가가치 활동
- 정보 교환
- 예외
- 서비스 프로세스 재설계
- 고객 불만

학습목표 8
- 주기시간
- 부가가치가 없는 단계
- 생산성
- 셀프서비스
- 서비스 품질
- 이해관계자
- 병목 현상

학습목표 9
- 고객 참여
- 접촉

학습목표 10
- 공동 생산자
- 고객 실패
- 고객 시민활동
- 고객 행동
- 근본 원인
- 가치 창출
- 기술

학습목표 11
- 고객 간 문제해결
- 편의성

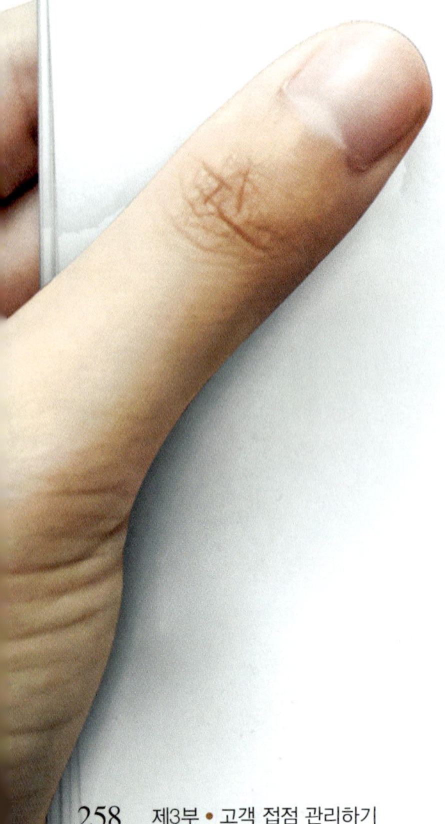

- 온라인 브랜드 커뮤니티
- 서비스 회복
- 기업 호스트 플랫폼
- 앱 기반 서비스
- 인터넷 기반 서비스
- 고객 지원 서비스
- 셀프서비스 기술(SST)
- 지각된 혜택

학습목표 12

- 변화에 대한 고객의 저항
- 고객의 신뢰
- 교육적 지원
- 혁신
- 촉진 인센티브
- 데모 프로그램
- 실제 검사
- 구상과 실험

학습목표 13

- 서비스 혁명
- 서비스 로봇

학습목표 14

- 서비스 로봇과 전통적인 셀프서비스 기술(SST)
- 비구조화된 상호작용

학습목표 15

- 인지적이고 분석적인 기능
- 정서적이고 사회적인 기능
- 서비스 로봇 전개 모델
- 서비스 직원-로봇팀

서비스 마케팅 용어를 얼마나 잘 알고 있나요? 퀴즈를 풀어보세요!

본문을 참조하지 않고도 기억할 수 있는 각 키워드에 대해 1점을 매기고 점수를 합산하여 서비스 마케터라고 불릴 자격을 갖추었는지 확인하세요.

점수

- 01~13 서비스 마케팅이 여러분에게 해악을 끼치나요?
- 14~27 밤늦도록 공부가 필요합니다.
- 28~41 학기 내내 여러분이 무엇을 하지 않았는지 알고 있습니다.
- 42~55 거의 도달하려고 합니다.
- 56~71 지금 바로 마케터로 출발하세요.
- 72~86 여러분의 이름을 딴 마케팅 콘셉트가 나와야 합니다.

서비스 마케팅 연습문제

1. 서비스 청사진은 서비스 프로세스의 핵심 참가자(예: 고객, 여러 서비스 부서 및 기능 영역의 직원)의 관점에서 서비스 프로세스를 이해하는 데 어떻게 도움을 주는가?
2. 서비스 청사진의 설계 요소는 무엇인가?
3. 서비스 실패 감소를 위해 사용될 수 있는 실패 방지 방법에는 어떤 것이 있는가?
4. 서비스 표준과 목표를 개발하는 것이 중요한 이유는 무엇인가?
5. 고객의 지각과 정서는 서비스 프로세스 설계에서 어떻게 고려될 수 있는가?
6. 서비스 기업에게 주기적인 프로세스 재설계가 필요한 이유는 무엇인가? 그리고 서비스 프로세스가 잘 작동되지 않는 징후에는 무엇이 있는가?
7. 서비스 프로세스 재설계의 4가지 핵심 목표는 무엇인가?
8. 서비스 프로세스 재설계를 위한 노력에는 어떤 것이 있는가?
9. 서비스 프로세스에서 공동 생산자로서 고객의 역할이 필요한 이유는 무엇인가?
10. 고객이 셀프서비스 기술(SST), 온라인 서비스, 앱, AI, 서비스 로봇으로 전달되는 서비스를 선호하거나 싫어하게 되는 요인에 대해 설명하라.
11. SST가 잘 작동되는지 어떻게 검증할 수 있는가? 그리고 변화에 대한 고객 수용의 기회를 증대하기 위해 기업은 어떻게 해야 하는가?
12. 고객 서비스 프로세스를 위한 서비스 로봇의 의미는 무엇인가?
13. 서비스 로봇은 무엇이며, 전통적인 SST와 어떻게 다른가?
14. 어떤 유형의 서비스가 서비스 로봇, 서비스 직원, 서비스 직원-로봇팀 각각에 의해 더 많이 제공될 것인가?

서비스 마케팅 응용문제

1. 그림 8.6의 레스토랑 방문 청사진을 복습하라. 전방 프로세스의 각 단계에서 몇 가지 'OTSU'(망칠 수 있는 일)를 확인하라. 각 실패 가능성의 근원적인 원인을 고려하고, 이러한 문제를 제거하거나 최소화하는 방안을 제시하라.
2. 익숙한 서비스의 청사진을 작성해보라. 그리고 (a) 고객의 관점에서 품질의 유형적인 단서나 지표(가시선을 염두에 두고), (b) 프로세스의 모든 단계가 필요한지 여부, (c) 프로세스 전체에서 표준화가 가능하고 권고할 만한 정도, (d) 잠재적인 실패점의 위치와 그 실패점을 프로세스에서 제거하기 위한 설계 방법, (e) 어떤 서비스 회복 프로세스를 도입할 것인지, (f) 프로세스 성과의 잠재적인 척도를 고려해보라.
3. 환자가 검진을 받으러 올 때 병원에 어떤 일이 발생하는지 생각해보라. 진료 프로세스가 순조롭게 진행되기 위해 환자의 참여는 어느 정도 필요한가? 환자가 협력을 거부한다면 프로세스에 얼마나 영향을 미치는가? 의사는 프로세스 전달에서 환자가 협력하도록 사전에 무엇을 할 수 있는가?
4. 슈퍼마켓에서 셀프서비스 계산대를 이용하는 고객을 관찰하고 계산원 서비스를 이용하는 고객과 비교해보라. 얼마나 많은 고객이 셀프서비스 스캐닝하는 데 어려움을 겪으며, 문제를 어떻게 해결하는가?
5. 셀프서비스 전달을 이용하는 3가지 상황을 찾아보라. 각 상황에서 서비스 직원 대신 셀프서비스 전달을 이용하는 동기를 설명해보라.
6. 은행은 더 많은 고객이 점포 방문, 고객센터 통화, 이메일을 보내는 대신, 온라인 또는 모바일 앱으로 거래하고 챗봇과 로보어드바이저를 사용하도록 독려하기 위해 어떤 행동을 취할 수 있는가?
7. 이례적으로 사용자 친화적인 웹사이트와 그렇지 않은 웹사이트를 찾아보라. 첫 번째 사례에서 사용자의 만족스러운 경험을 이끄는 요인과 두 번째 사례에서 사용자의 좌절하는 경험을 초래하는 요인은 무엇인가? 두 번째 웹사이트의 개선을 위한 권고를 구체적으로 설명하라.
8. 선진의 물리적인 서비스 로봇(예: 호텔 로비, 병원), 홀로그램 기반의 로봇 또는 음성 기반의 챗봇을 찾아보라. 이러한 로봇과 몇 가지 상호작용(예: 정보 또는 조언을 구함)을 시도해보고 효과성과 서비스의 만족도를 평가해보라. 이러한 경험과 직원이 전달하는 유사한 서비스를 비교해보라. 이러한 경험으로부터 그 서비스 기업을 위해 어떤 의미를 이끌어 낼 수 있는가?

미주

1. Coleman Associates, website, www.patientvisitredesign.com, accessed April 30, 2015. For further work on redesigning customer service processes in healthcare, see Leonard L. Berry, Katie A. Deming, and Tracy S. Danaher, "Improving Nonclinical and Clinical-Support Services: Lessons from Oncology," Mayo Clinic Proceedings Innovations Quality & Outcomes 2(3) (2018): 207–217; Leonard L. Berry, "Service Innovation Is Urgent in Healthcare," AMS Review 9(1–2) (2019): 78–92; Jochen Wirtz, Chen Lin, and Gopal Das, "Viewpoint: Cost-Effective Health Care Developments and Research Opportunities in China, India and Singapore," *Journal of Services Marketing*, published online first, https://doi.org/10.1108/JSM-07-2021-0242

2. G. Lynn Shostack, "Designing Services That Deliver," Harvard Business Review (January–February, 1984), pp. 133–139. For an excellent approach to designing and mapping complex service systems, see Lia Patrício, Raymond P. Fisk, João Falcão e Cunha, and Larry Constantine, "Multilevel Service Design: From Customer Value Constellation to Service Experience Blueprinting," Journal of Service Research 14(2) (2011): 180–200.

To analyze, improve and design end-to-end customer journey using bottom-up (data-driven) and top-down judgment-driven approaches, see Alex Rawson, Ewan Duncan, and Conor Jones, "The Truth about Customer Experience: Touchpoints Matter, but It's the Full Journey That Really Counts," Harvard Business Review 91(9) (2013): 90–98.

3. Image sources: Wavebreak Media Ltd/123RF; Rui Santos/123RF; Alena Brozova/123RF; Yatomo/123RF; Christos Meimaroglou/123RF; Deklofenak/123RF; Bowie15/123RF; 36clicks/123RF; Imagehit Limited Exclusive Contributor/123RF; Phil Date/123RF; Phil Date/123RF; Pixbox/123RF; Tatjana Romanova/Shutterstock; Rui Santos/123RF

4. David Maister coined the term "OTSU" while teaching at Harvard Business School.

5. For descriptions of how poka-yokes can be used to improve business operations, see Sameer Kumar, Brett Hudson, and Josie Lowry, "Consumer Purchase Process Improvements in E-tailing Operations," International Journal of Productivity and Performance Management 59(4) (2010): 388–403.

6. This section is based in part on Richard B. Chase and Douglas M. Stewart, "Make Your Service Fail-Safe," Sloan Management Review 35 (Spring 1994): 35–44.

7. This section was adapted from Jochen Wirtz and Monica Tomlin, "Institutionalizing Customer-Driven Learning through Fully Integrated Customer Feedback Systems," Managing Service Quality 10(4) (2000): 205–215.

8. "Maya Angelou's 10 Most Memorable Quotes," The Wall Street Journal, May 28, 2014; http://blogs.wsj.com/speakeasy/2014/05/28/maya-angelous-10-most-memorable-quotes, accessed February 17, 2022.

9. Adapted from Dasu and Chase, The Customer Service Solution, pp. 134–135. We added the item "start strong" based on Richard B. Chase and Sriram Dasu, "Experience Psychology: A Proposed New Subfield of Service Management," Journal of Service Management 25(5) (2014): 574–577. This book provides an excellent overview of designing service processes with emotional intelligence.

10. Sriram Dasu and Richard B. Chase, "Designing the Soft Side of Customer Service," MIT Sloan Management Review 52(1) (2010): 33–39.

11. This section is partially based on Leonard L. Berry and Sandra K. Lampo, "Teaching an Old Service New Tricks: The Promise of Service Redesign," Journal of Service Research 2(3) (2000): 265–275.

12. Parts of this section were adapted from Robert Johnston, Graham Clark, and Michael Shulver, Service Operations Management: Improving Service Delivery, 4th edition (Essex, United Kingdom: Pearson Education, 2012).

13. Amy Risch Rodie and Susan Schultz Klein, "Customer Participation in Services Production and Delivery," in T. A. Schwartz and D. Iacobucci (eds.), Handbook of Service Marketing and Management (Thousand Oaks, CA: Sage Publications, 2000), pp. 111–125; Mekhail Mustak, Elina Jaakkola, Aino Halinen and Valtteri Kaartemo, "Customer Participation Management," Journal of Service Management 27(3) (2016): 250–275.

14. Stephen L. Vargo and Robert F. Lusch, "Service-Dominant Logic: Continuing the Evolution," Journal of the Academy of Marketing Science 36(1) (2008): 1–10.

15. Johanna Gummerus, Michaela Lipkin, Apramey Dube, and Kristina Heinonen, "Technology in Use—Characterizing Customer Self-Service Devices," Journal of Services Marketing 33(1) (2019): 44–56. Interestingly, new technologies involve new types of co-creation behaviors, including the use of wearable technology in exchange for advanced services (e.g., in healthcare); see Stefanie Paluch and Sven Tuzovic, "Persuaded Self-Tracking with Wearable Technology: Carrot or Stick?," Journal of Services Marketing 33(4) (2019): 436-448.

16. Stephen S. Tax, Mark Colgate, and David E. Bowen, "How to Prevent Customers from Failing," MIT Sloan Management Review 47 (Spring 2006): 30–38.

17. Sterling A. Bone, Paul W. Fombelle, Kristal R. Ray, and Katherine N. Lemon, "How Customer Participation in B2B Peer-to-Peer Problem-Solving Communities Influences the Need for Traditional Customer Service," Journal of Service Research 18(1) (2015): 23–38.

18. Mary Jo Bitner, Stephen W. Brown, and Matthew L. Meuter, "Technology Infusion in Service Encounters," Journal of the Academy of Marketing Science 28(1) (2000): 138–149; Matthew L. Meuter, Mary Jo Bitner, Amy L. Ostrom, and Stephen W. Brown, "Choosing Among Alternative Service Delivery Modes: An Investigation of Customer Trial of Self-Service Technologies," Journal of Marketing 69 (April 2005): 61–83; Maria Åkesson, Bo Edvardsson, and Bård Tronvoll, "Customer Experience from a Self-Service System Perspective," Journal of Service Management 25(5) (2014): 677–698.

19. Martina Caic, Gaby Odekerken-Schroder, and Dominik Mahr (2018), "Service Robots: Value Co-creation and co-destruction in Elderly Care Networks," Journal of Service Management, Vol. 29, No. 2, pp. 178-205; Martina Caic, Dominik Mahr, and Gaby Odekerken-Schröder (2019), "Value of Social Robots in Services: Social Cognition Perspective", Journal of Services Marketing, Vol. 33, No. 4, pp. 463-478.

20. Zhen Zhu, Cheryl Nakata, K. Sivakumar, and Dhruv Grewal, "Fix It or Leave It? Customer Recovery from Self-Service Technology Failures," Journal of Retailing 89(1) (2013): 15–29.

21. Mary Jo Bitner, "Self-Service Technologies: What Do Customers Expect?" Marketing Management 10(1) (Spring 2001): 10–11.

22. Brad Stone, The Everything Store: Jeff Bezos and the Age of Amazon (New York: Little, Brown and Company, 2013).

23. Machiel J. Reinders, Pratibha A. Dabholkar, and Ruud T. Frambach, "Consequences of Forcing Consumers to Use Technology-Based Self-Service," Journal of Service Research 11(2) (2008): 107–123.

24. Adapted from Wirtz et al., "Brave New World: Service Robots in the Frontline."

25. Jochen Wirtz, Paul Patterson, Werner Kunz, Thorsten Gruber, Vinh Nhat Lu, Stefanie Paluch, and Antje Martins, "Brave New World: Service Robots in the Frontline," Journal of Service Management 29(5) (2018): 909, https://doi.org/10.1108/JOSM-04-2018-0119.

26. The section draws from Wirtz et al., "Brave New World: Service Robots in the Frontline"; and Jochen Wirtz, "Organizational Ambidexterity: Cost-Effective Service Excellence, Service Robots, and Artificial Intelligence," Organizational Dynamics 49(3) (2020).

27. For an examination of the different levels of service robot capabilities, including "feeling intelligence" and emotion, see Ming-Hui Huang and Roland Rust, "Engaged to a Robot? The Role of AI in Service," Journal of Service Research 24(1) (2021): 30–41; and Ming-Hui Huang and Roland T. Rust, "Artificial Intelligence in Service," Journal of Service Research 21(2) (2018): 155–72.

CHAPTER 9

수요와 수용 능력의 균형

학습목표

01 고정된 수용 능력을 가진 기업이 직면할 수 있는 수요-공급 차이의 상황을 알아본다.

02 변동하는 수요 문제를 해결하는 방법을 설명한다.

03 서비스에서 효율적인 수용 능력의 의미를 이해한다.

04 수용 능력 관리를 위한 기본 방법을 파악한다.

05 세분 시장에 따른 수요 차이와 수요 패턴을 이해하고, 특정 세분 시장에 따른 수요 차이를 예측하는 방법을 알아본다.

06 수요 관리의 기본적인 4가지 방법을 이해한다.

07 수요 변동을 완화하기 위해 가격, 상품, 유통, 촉진의 마케팅믹스 요소를 활용하는 방법을 이해한다.

08 대기 시스템을 통해 수요를 재고화하는 방법을 알아본다.

09 고객이 대기에 대해 어떻게 받아들이는지 알아보고 기다림에 대한 부담을 감소시키는 방법을 이해한다.

10 예약 시스템을 통해 수요를 재고화하는 방법을 알아본다.

11 수요와 수용 능력을 균형화하는 모든 옵션을 전부 사용한 후에도 남은 초과 수용 능력을 활용하는 전략적인 접근 방법을 알아본다.

ventdusud\123rf

도입 사례

스키슬로프의 여름

눈이 녹기 시작하면 스키를 즐기는 고객은 줄어들고 스키장 운영도 중단된다. 리프트는 작동을 멈추고, 레스토랑도 문을 닫으며, 다음 해 겨울까지 리조트 역시 문을 닫는다. 그러나 일부 스키장 운영자들은 여름에도 고객에게 즐거움을 제공할 수 있다는 사실을 깨달았다. 그들은 산에 하이킹을 온 사람들, 소풍을 온 사람들을 대상으로 리조트와 식당을 운영하기 시작했고, 산꼭대기에서부터 지면까지 썰매를 탈 수 있는 트랙 커브인 알파인슬라이드(Alpine Slide)를 만들었다. 이를 통해 스키 리프트의 티켓도 판매할 수 있게 되었다.

Anton Oparin/123RF

산악자전거의 유행으로 리프트 티켓을 판매하는 것 이외에도 관련 장비 대여의 기회도 생겼다. 버몬트의 킬링턴 리조트(Killington Resort)는 여름철 방문객이 산 정상까지 가서 전망을 구경하고, 정상에 있는 레스토랑에서 식사를 하도록 유도한다. 현재는 산악자전거 및 관련 장비(예: 헬멧) 대여 예약 사업도 운영한다.

대부분의 스키 리조트는 여름 동안에도 고객을 유치하기 위해 다양한 방법을 모색한다. 예를 들어, 아름다운 호수 옆에 위치한 퀘벡의 몽트랑블랑(Mont Tremblant)에서는 수영과 다른 수상 스포츠뿐만 아니라 골프, 테니스, 롤러블레이드 등 아이들을 위한 여러 활동을 제공한다. 등산객과 산악자전거를 타는 사람들은 리프트를 타고 산 위로 올라온다.

이 사례는 서비스 개발과 마케팅을 통해 유휴 수용 능력이 어떻게 수요로 전환되는지를 보여주는 훌륭한 예이다.

Martin Beebee/Alamy Stock Photo

그림 9.1 스노버드스키앤드섬머 리조트에서의 하이킹

학습목표 1
고정된 수용 능력을 가진 기업이 직면할 수 있는 수요-공급 차이의 상황을 알아본다.

수익성을 위협하는 수요 변동

제한된 서비스 능력을 가진 많은 서비스 기업은 큰 폭의 수요 변동이라는 문제에 직면한다. 도입 사례에서 수요 변동은 계절의 변화에 따라 일어났다. 서비스 능력은 차후의 판매를 위해 지속적으로 유지될 수 없기 때문에 문제가 될 수 있다. 값비싼 서비스 수용 능력을 효율적으로 사용하는 것은 서비스 기업의 성공 요인 중 하나라 할 수 있다. 서비스 기업의 목표는 가능한 한 생산적으로 직원, 장비, 시설 등을 활용하는 것이다. 운영 관리자와 인적자원 관리자의 협력을 통해 서비스 마케터는 고객을 위한 편익을 창출하고, 기업의 수익성을 향상시키기 위해 수요와 수용 능력의 균형을 맞추는 전략을 개발할 수 있다.

iodrakon\Shutterstock

그림 9.2 수요와 수용 능력의 균형을 유지하는 것은 경영자와 고객 모두를 위한 것이다.

서비스 수요 초과와 서비스 수용 능력 초과

서비스 수용 능력이 정해진 기업의 경우 문제는 수요가 너무 많거나 혹은 너무 없어서 발생한다. "축제 아니면 기근"이라며 한숨을 쉰다. "성수기에는 잠재 고객이 이용할 수 없게 되어 실망하고, 비수기에는 시설이 운영되지 않고 직원도 지루해하며 결과적으로는 손실을 보게 된다." 즉 수요와 공급이 균형을 이루지 못하는 것이다.

고정된 서비스 수용 능력은 다음 4가지 상태 중 하나에 직면한다(그림 9.3).

- 수요가 최대 수용 능력을 초과하는 경우: 수요의 수준이 최대 가용 능력을 초과하고, 그 결

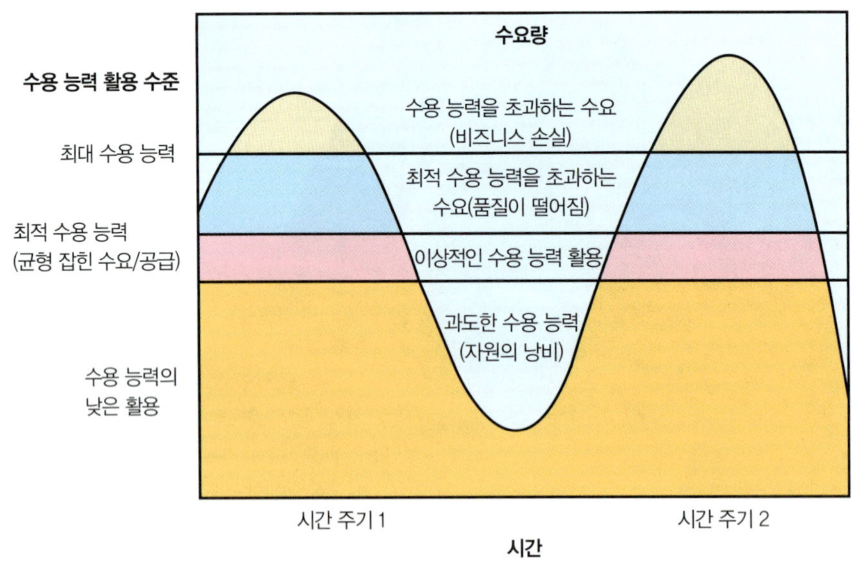

그림 9.3 서비스 수용 능력과 수요의 차이에 대한 의미

과로 고객은 서비스를 이용하지 못하게 되며, 기업은 손실을 보게 된다.

▶ **수요가 최적 수용 능력을 초과하는 경우:** 고객을 잃지는 않지만, 상황이 매우 혼잡하여 서비스 품질이 낮아 보이고, 고객은 불만족하게 된다.

▶ **수요와 공급이 최적 수용 능력의 수준에서 균형을 이루는 경우:** 직원과 시설은 업무과중이나 지체 없이 고객에게 양질의 서비스를 제공할 수 있다.

▶ **공급(수용 능력)의 초과:** 수요가 최적 수용 능력보다 낮고, 자원이 충분히 활용되지 않으며, 생산성이 낮다. 고객은 실망스러운 경험을 하거나 해당 서비스 기업이 살아남을지 의구심을 갖게 될 것이다.

때때로 최적 수용 능력과 최대 수용 능력이 같을 수도 있다. 극장 혹은 스포츠 관람의 경우 운동선수 혹은 배우와 관람객이 분위기를 즐길 수 있도록 매진되는 경우가 이상적이다. 그러나 다른 대부분의 서비스는 시설이 최대로 가동되지 않을 때 고객이 해당 서비스에 더 만족하게 된다.

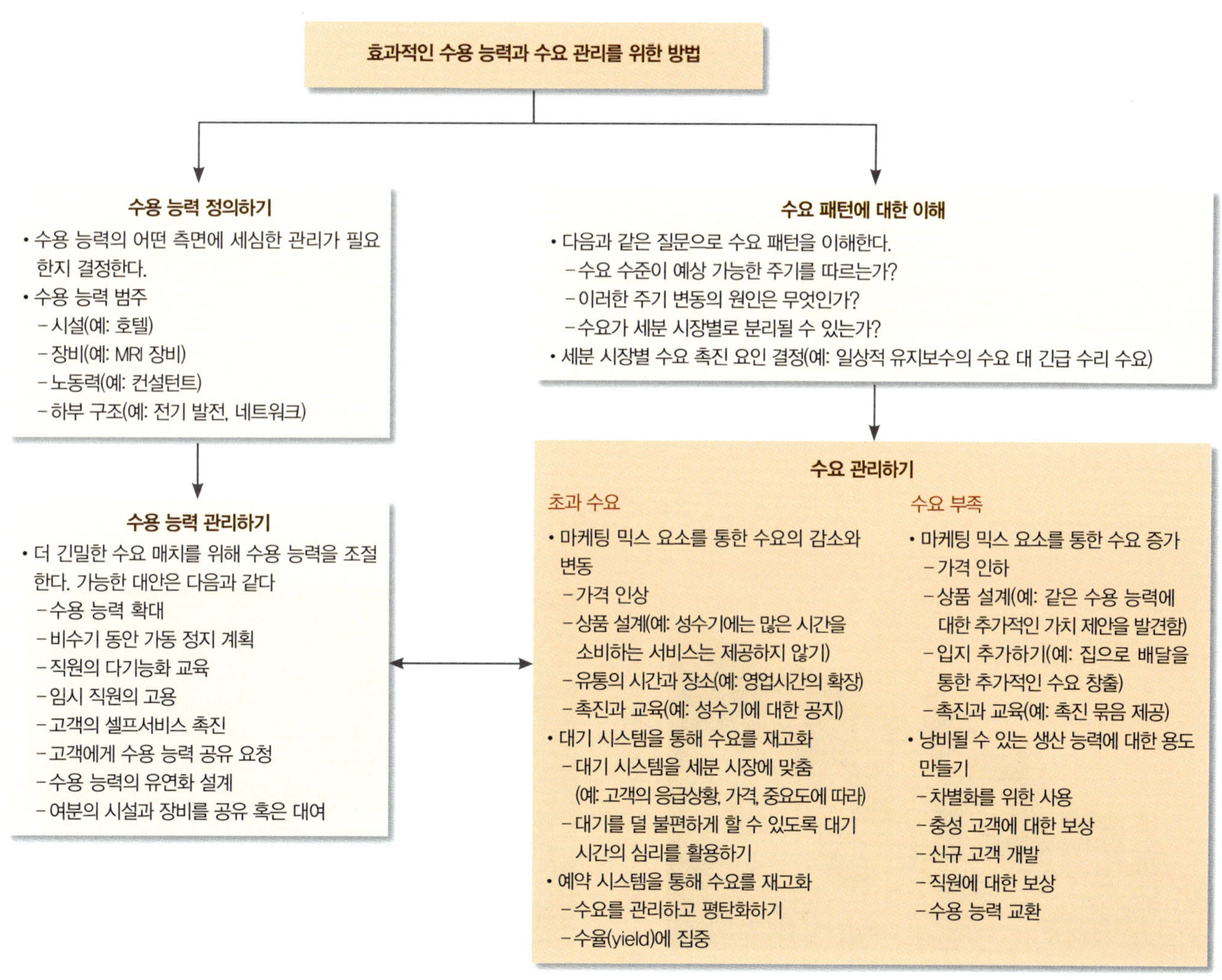

그림 9.4 효과적인 수용 능력과 수요 관리를 위한 방법

학습목표 2

변동하는 수요 문제를 해결하는 방법을 설명한다.

수용 능력과 수요 관리를 위한 방법

수요 변동 문제를 극복하기 위해서는 다음의 두 가지 기본적인 방법을 사용할 수 있다. 한 가지는 수요 변동을 충족시킬 수 있는 서비스 수용 능력의 수준을 조절하는 것이다. 여기에는 수용 능력이 무엇을 의미하는지와 그것을 어떻게 일부분 증가시키거나 감소시키는지에 대한 이해가 필요하다. 다른 한 가지는 수요의 수준을 관리하는 것이다. 그림 9.4는 수용 능력과 수요의 균형을 위한 통합적인 접근법에 대해 4가지로 구분하여 설명한다. 이 장의 나머지 부분은 이러한 4가지 방법에 따라 구성되어 있다.

학습목표 3

서비스에서 효율적인 수용 능력의 의미를 이해한다.

서비스 수용 능력 정의하기

서비스 능력을 관리한다고 할 때 암묵적으로 '수용 능력'을 의미한다. 이는 기업이 재화나 서비스를 만들어내기 위해 활용할 수 있는 자원 혹은 자산을 말한다. 이들은 핵심 비용 요소이며, 주의 깊게 관리되어야 한다. 서비스 분야에서 수용 능력은 시설, 장비, 노동력, 인프라 등의 몇 가지 형태를 취한다.

1. 시설: 고객과 상품을 수용하기 위해 설계된 물리적 시설은 사람에 대한 처리 혹은 정신 자극에 대한 처리에 사용된다. 여기에는 의료 시설, 호텔, 여객용 비행기, 대학 강의실 등이 포함된다. 수용 능력 제한의 주요 형태는 침대, 방, 좌석 등의 가구로 주로 나타난다(그림 9.5). 후자는 고객을 위한 소지품이나 고객에게 판매하기 위한 상품을 보관하고 처리하는 것과 관련된 시설이다. 여기에는 수송관, 창고, 주차장(그림 9.6), 철도 화물열차 등이 포함된다.
2. 장비: 사람, 소유물, 정보에 대한 처리를 위해 사용되는 장비에는 다양한 종류의 항목이 있으며, 상황에 따라 매우 특수하다. 여기에는 진단장비(그림 9.7), 공항 보안검색대, 톨게이트 등이 포함된다. 만약 적절한 수요 제공을 위한 장비의 수용 능력이 충분치 않을 경우 서비스는 매우 지체될 수도 있다.

Deklofenak/Shutterstock

그림 9.5 영화관은 화재를 대비하여 좌석 수에 엄격한 안전 규제를 따라야 한다.

SeanPavonePhoto/Shutterstock

그림 9.6 주차장은 고객이 쇼핑할 때 고객의 차를 '보관'한다.

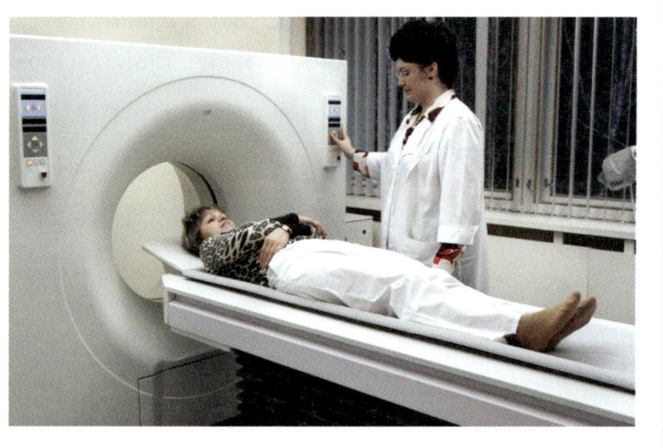

Alexptv/Shutterstock

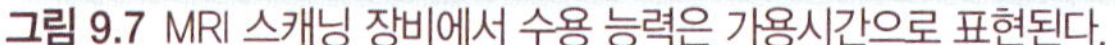

그림 9.7 MRI 스캐닝 장비에서 수용 능력은 가용시간으로 표현된다.

CandyBox Images/Shutterstock

그림 9.8 식당은 고객의 수요를 충족시킬 수 있는 충분한 인력을 확보해야 한다.

3. **노동력**: 모든 고접촉 서비스 혹은 대부분의 저접촉 서비스에서 노동력은 수용 능력의 핵심 요소이다(그림 9.8). 서비스 직원 인력이 충분하지 않다면 고객은 기다려야 하고, 서비스는 혼잡해질 것이다.
4. **하부 구조(인프라)**: 많은 조직이 자사 고객에게 양질의 서비스를 제공하고자 충분한 공적·사적 하부 구조를 갖기 위해 노력한다. 이러한 수용 능력 문제에는 항공편의 운항 제한으로 이어지는 항공로 혼잡, 주요 고속도로의 교통 체증, 정전 등이 포함된다.

서비스 수용 능력의 관리

학습목표 4

수용 능력 관리를 위한 기본 방법을 파악한다.

서비스 기업이 수요 변동으로 인해 수용 능력의 한계에 직면한다 할지라도 이러한 문제를 해결하기 위해 수용 능력을 조절할 수 있다.

수용 능력의 수준의 확대

어떤 수용 능력은 초과 수요를 흡수할 수 있을 정도로 탄력적이다. 이 경우 실제 수용 능력이 변하는 것은 아니지만, 동일한 수준의 수용 능력으로 더 많은 사람에게 서비스할 수 있음을 의미한다. 예를 들어, 지하철은 일반적으로 40명의 좌석과 60명의 입석 고객을 수용할 수 있으나, 러시아워의 경우에는 200명의 이용객도 수용할 수도 있다(그림 9.9). 이와 유사하게 서비스 인력의 수용 능력도 늘리거나 줄일 수 있다. 직원은 짧은 시간 동안 고효율로 업무를 처리할 수 있지만, 너무 장시간 빠르게 업무를 처리하다 보면 쉽게 지치거나 형편없는 서비스를 제공할 수도 있다.

주어진 시간 내에서 수용 능력을 확장하는 또 다른 방법으로는 더 오랜 기간 서비스 시설을 활용하는 것이다. 예를 들어, 일부 은행의 경우 주중은 물론 주말에도 영업시간을 더욱 연장했다. 대학의 경우 야간 수업, 주말 수업뿐 아니라 여름 특강 등을 개설하기도 한다.

Kasto/123RF

그림 9.9 출퇴근 시간의 승객들은 열차의 서비스 수용 능력을 확장시킨다.

마지막으로 서비스 제공 프로세스 내에서 고객이 소유할 수 있는 평균시간을 줄이는 것인데, 이는 정체시간을 최소화함으로써 이룰 수 있다. 예를 들어, 레스토랑은 테이블이나 의자에 고객이 앉을 때 벨을 울림으로써 메뉴가 빨리 전달될 수 있게 하고, 식후 테이블에서 잠시 쉬고 있는 고객에게는 즉각적으로 청구서가 제공될 수 있게 한다. 다른 상황에서는 하루 중 가장 바쁜 시간에 간단한 메뉴를 제공하는 등 서비스의 수준을 낮춤으로써 정체시간을 최소화할 수도 있다.

수요에 맞춘 서비스 수용 능력 조절

앞의 경우와는 달리 이 경우는 수요의 변동을 충족시키기 위한 서비스 수용 능력의 총체적 수준을 바꿀 수 있는 내용을 포함한다. 이러한 전략은 수용 능력 변화 전략으로 알려져 있다. 여기에는 관리자가 필요에 따라 수용 능력을 조절할 수 있는 방안이 있다.[1] 이러한 방안은 수행하기 쉬운 것부터 어려운 것까지 다양하다.

- **수요가 낮은 기간에 가동 정지(downtime) 계획** 성수기 동안에 수용 능력을 100% 활용할 수 있도록 수요가 낮을 때 수리와 개보수 작업이 이루어져야 한다. 직원의 휴가도 이 기간에 행해져야 한다.
- **직원 다기능화 훈련** 서비스 전달 시스템이 완전하게 가동되는 것처럼 보이더라도 특정 직원은 활용되지 않는 경우가 있다. 직원이 다양한 업무를 수행할 수 있도록 훈련되어 있다면 필요시 직원을 병목 현상이 일어나는 부분에 투입하여 전체적인 시스템의 수용 능력을 증가시킬 수 있다. 예를 들어, 슈퍼마켓의 경우 관리자는 계산대가 밀려 있을 때 재고 정리 담당자를 계산대에 투입하기도 하며, 계산대가 바쁘지 않을 경우 출납원은 재고 정리를 돕기도 한다(그림 9.10).
- **임시 직원 고용** 대부분의 조직은 성수기 동안에 추가적으로 직원을 고용한다. 예를 들어, 크리스마스 기간 동안 소매업 보조 직원의 추가 고용, 중요 컨벤션 행사 기간 동안 호텔 직원의 고용 등이 포함된다.
- **고객의 셀프서비스 촉진** 직원의 수가 한계에 다다른다면 특정 업무의 공동 생산에 고객을 포함시킴으로써 서비스 수용 능력을 증가시킬 수 있다. 이에 대한 예로 슈퍼마켓의 자동 계산대, 공항에서의 무인 발권 키오스크 등을 들 수 있다.
- **고객에게 공유 요청** 보통 한 명에게 제공되는 일정 단위의 수용 능력을 고객에게 공유하도록 함으로써 수용 능력을 확장시킬 수 있다. 예를 들어, 분주한 공항이나 기차역의 경우 택시의 공급이 제한되어 있기 때문에 같은 방향으로 가는 승객은 낮은 비용으로 합승을 하는 경우도 있다.
- **수용 능력의 유연화** 때때로 문제는 수용 능력 전반이 아닌 각각의 세분 시장의 수요를 충족시키지 못하는 데 있기도 하다. 이 경우 해결책은 물리적 시설을 유연하게 설계하는 것이다. 예를 들어, 레스토랑의 테이블이 모두 2인용 좌석일 수도 있으며, 필요시 2개의 테이블을 붙여 4인용으로, 3개를 붙여 6인용으로 만들 수 있다.

Shutterstock

그림 9.10 슈퍼마켓 직원은 계산 업무와 재고 보충 업무를 동시에 할 수 있도록 훈련받는다.

▶ **여분의 시설과 장비를 공유 혹은 임대** 고정자산에 들어가는 비용을 줄이기 위해 서비스업은 성수기에 추가적 공간과 장비를 빌릴 수 있게 해야 한다. 수요 패턴이 서로 다른 기업의 경우 공식적인 공유 협정을 맺음으로써 장비와 시설에 대한 고정 비용을 줄일 수 있다. 예를 들어, 일부 대학은 학생들의 여름방학 기간이나 신입생이 아직 학교에 오지 않았을 때 같은 휴가철 동안 학생 기숙사를 방문객들에게 빌려주기도 한다.

수요 패턴의 이해

학습목표 5
세분 시장에 따른 수요 차이와 수요 패턴을 이해하고, 특정 세분 시장에 따른 수요 차이를 예측하는 방법을 알아본다.

이제 방정식의 다른 면을 살펴보기로 하자. 수요와 수용 능력의 균형을 위한 두 번째 방법을 알아볼 것이다. 특정 서비스의 수요를 관리하기 위해 관리자들은 시장 세분화에 따른 수요의 차이를 이해할 필요가 있다.

랜덤 변동은 관리자층의 통제를 벗어난 요인으로 유발된다. 그러나 때로는 분석을 통해 어떤 고객층을 위한 예측 가능한 수요 주기가 더욱 넓고 랜덤으로 보이는 패턴에 숨겨져 있다는 사실을 밝혀낼 것이다. 예를 들어, 산업용 전기 장비 수리 및 보수 업체의 경우 업무 중 일부는 예방 차원의 보수로 진행된다는 것을 이미 알고 있다(그림 9.11). 이외에는 '방문' 수리와 긴급 수리를 고려할 수 있다. 이러한 일은 업무의 양이나 시점을 통제하고 예측하기 어렵지만, 추가 분석을 통해 특정 주간이 다른 주간에 비해 더 많은 방문 수리가 발생한다는 사실을 알 수 있다. 예를 들어, 번개로 인해 파손된 경우(이는 계절성을 띠고 있으며, 종종 미리 예측이 가능하다)에는 긴급 수리가 더 많이 발생하게 된다. 기업이 서비스 수요 패턴을 이해한다면 높은 수요가 예측될 때는 예방 보수 업무의 계획을 줄이고, 보통 수익성이 높은 긴급 보수에 업무를 할당할 수 있을 것이다.

Dmitry Kalinovsky/Shutterstock

그림 9.11 발전소의 정기적인 보수점검

세분 시장에 따른 수요 패턴을 이해하려면 수요 패턴과 원인에 대한 중요한 질문을 살펴봐야 한다(표 9.1).

특정 서비스 수요에 영향을 미치는 대부분의 순환 주기는 하루에서 1년까지 기간이 매우 다양하다. 많은 상황에서 여러 순환 주기가 동시에 영향을 미치는데, 예를 들어 대중교통의 수요 수준은 하루의 특정 시간(통근 시간에 가장 높음), 주중의 특정일(주말에는 업무를 위한 이용보다는 레저를 위한 이용이 많음), 연중 특정 계절(여름에는 여행객이 늘어남)에 따라 다를 수 있다(그림 9.12).

Meiqianbao/Shutterstock

그림 9.12 많은 여행객은 여름에 독일의 풍부한 문화 유산을 즐기기 위해 쾰른에 모인다.

수요를 완화하기 위한 어떠한 전략도 세분 시장별 고객이

표 9.1 수요 패턴과 원인에 대한 질문

1. 수요가 예상 주기대로 움직이는가? 만약 그렇다면 수요 주기 기간은 다음의 무엇과 같은가?
    - 하루(시간에 따라 다름)
    - 일주일(요일에 따라 다름)
    - 한달(요일 혹은 주에 따라 다름)
    - 1년(월, 계절에 따라 다르거나 공휴일을 반영)
    - 별도의 다른 기간
2. 이러한 주기 변화의 원인은 무엇인가?
    - 고용 스케줄
    - 청구/세금 납부/환급 주기
    - 급여 일자
    - 학기 중 시간 및 방학
    - 기후의 계절성 변화
    - 공휴일 혹은 종교 휴일의 발생
    - 자연적 변화(예: 해안 조수 간만의 차)
3. 수요가 임의적으로 변화하는가? 만약 그렇다면 근본 원인은 무엇인가?
    - 날씨에 따른 일별 변화
    - 원인불명의 건강 문제
    - 사고, 화재, 범죄
    - 자연재해(예: 지진, 폭풍, 진흙 사태, 화산 분출)
4. 특정 서비스에 대한 수요는 다음과 같은 요소를 반영하여 시장 세분화에 의해 구분될 수 있는가?
    - 특정 목적이나 특정 고객 유형에 의한 패턴 활용
    - 각 거래의 순 수익성의 변동성

서비스를 왜, 언제 이용하는지에 대한 이해 없이는 성공할 수 없다. 예를 들어, 주말에는 회사 임원들이 업무를 하지 않으므로 호텔이 비즈니스 여행객들에게 토요일밤까지 투숙하도록 설득하기는 어렵다. 대신 호텔은 주말 고객 유치를 위해 컨퍼런스나 관광객들에게 촉진활동을 더 잘할 수 있을 것이다. 통근자의 대중교통 수요를 한산한 때로 옮기려 한다면 실패할 것이다. 사람들의 대중교통 이용은 근로시간에 의해 결정되기 때문이다. 대신 경영자들을 설득하여 유연근무시간제나 일부 근무시간 변경제를 채택하도록 해야 한다.

좋은 거래 데이터를 확보하는 것은 과거 경험에 기초한 수요 패턴을 분석하는 데 많은 도움이 된다. 정교한 소프트웨어를 사용한 최선 실무의 대기 시스템은 고객 유형, 요청 서비스, 특정 날짜와 시간별 고객 소비 패턴을 자동으로 분석해준다. 그런 점에서 수요에 영향을 미칠 수 있는 날씨 상태나 특정 요인(파업, 사고, 대규모 컨벤션 회의, 가격 변동, 경쟁 서비스 출시 등)을 입력하는 것은 매우 유용하다.

학습목표 6

수요 관리의 기본적인 4가지 방법을 이해한다.

수요 관리

각각의 세분화된 시장의 수요 패턴을 이해했다면 수요를 관리할 수 있다. 수요를 관리하는 4가지 기본 방법은 다음과 같다.

- 현재의 수요 수준을 파악하기 위해 어떠한 조치도 하지 않고 수요를 관찰한다.

▶ 마케팅 믹스 요소를 통해 수요를 관리한다. 이는 성수기('뜨거운' 시기)에는 수요를 줄이고, 비수기(또는 '냉랭한' 시기)에는 수요를 늘린다.

▶ 대기 시스템을 사용함으로써 수요를 재고화한다.

▶ 예약 시스템을 사용함으로써 수요를 재고화한다.

첫 번째 접근 방법인 **무대응**은 단순성의 장점이 있으나 다른 면은 부족하다. 결국 고객은 경험이나 입소문으로부터 서비스를 이용하기 위해 언제 줄을 서게 되는지와 언제 지연 없이 서비스 이용이 가능한지를 알게 된다. 문제는 이로 인해 반응이 더 빠른 경쟁사를 알게 될 수도 있고, 조치를 취하지 않으면 수요 관리를 개선할 수 없다는 것이다. 따라서 나머지 3개의 사전 예방적 접근 방식이 훨씬 우수하고 수익성이 더 높은 전략이다.

표 9.2는 초과 수요와 초과 공급의 두 가지 상황에서 위의 4가지 방법을 연결시키고 있다. 많은 서비스 기업의 경우 수요의 순환 주기에서 이러한 두 가지 상황에 직면하며, 설명된 개입 전략의 사용을 고려해야 한다.

표 9.2 수용 능력의 차이에 따른 수요 관리 전략

	수용 능력 상황	
수요 관리 방법	**부족한 서비스 능력(초과 수요)**	**과도한 서비스 능력(수요 부족)**
무대응	비조직화된 대기 결과(고객을 화나게 하거나 재구매로 이어지지 않는다.)	서비스 능력 낭비(고객은 서비스 경험에 대한 실망스러운 경험을 할 수 있다.)
마케팅 믹스 요소를 통한 수요 관리	성수기에 수요 감소 • 높은 가격은 수익을 증대시킨다. • 상품 요소에 변화를 준다(예: 피크타임에는 시간이 걸리는 서비스를 제공하지 않는다). • 서비스 전달의 시간과 장소를 변화시킨다(예 : 영업시간 연장). • 다른 시간을 사용하도록 촉진한다(수익성이 떨어지거나 덜 바람직한 세분 시장에 이러한 노력을 집중할 수 있는가?). • 훨씬 더 큰 수익성이 있는 세분 시장의 수요를 자극해야 하고, 수용 능력의 우선순위는 이러한 세분 시장에 주어져야 한다. 수요 감소와 이동은 수익성이 낮은 세분 시장에 집중되어야 한다.	비수기에 수요 증대 • 선택적으로 가격을 인하한다(기존 사업의 잠식을 피하기 위해 노력하고, 모든 관련 비용을 확인한다). • 상품 요소에 변화를 준다(비수기의 서비스를 위한 대안적 가치 제안을 찾는다). • 상품과 유통의 다양성과 커뮤니케이션을 활용한다(그러나 추가 비용을 확인하고 수익성과 이용 정도가 적절한 수준이 되게 한다).
공식화된 대기 시스템을 통한 수요의 재고화	• 서비스 프로세스에서 적절한 대기 형태로 구성한다. • 가장 바람직한 고객 집단을 우선시하고, 다른 고객들이 한가한 시간을 이용하도록 만든다. • 서비스의 긴급성, 지속기간, 프리미엄 가격에 기초한 각각의 대기 형태를 고려한다. • 고객의 대기를 좀 더 편안하게 만들고, 대기시간에 대해 고객이 짧게 인식하도록 만든다.	• 적용이 불가능하다. 그러나 대기 시스템은 거래의 수와 유형, 구매 고객에 대한 데이터를 수집할 수 있다. 이는 아래의 예약 시스템에도 같이 적용된다.
예약 시스템을 통한 수요의 재고화	• 가격에 덜 민감한 고객을 위해 수용 능력을 예약하고 수익률에 초점을 맞춘다. • 중요한 세분 시장을 위한 우선적 시스템을 고려한다. • 다른 고객들이 비성수기에 이용하도록 만든다.	• 사용 가능한 수용 능력을 명확히 하고, 고객이 선호하는 시간에 예약을 유도한다.

학습목표 7

수요 변동을 완화하기 위해 가격, 상품, 유통, 촉진의 마케팅믹스 요소를 활용하는 방법을 이해한다.

수요 패턴을 만들 수 있는 마케팅믹스 요소

마케팅 믹스 변수는 초과 공급 동안 수요를 증가시킬 수 있으며, 초과 수요 동안에는 수요를 이동시키거나 감소시킬 수 있다. 가격은 수요와 공급의 균형을 맞출 수 있는 첫 번째 변수로 종종 사용된다(그림 9.13). 그러나 상품과 유통 전략, 커뮤니케이션의 변화도 수요 패턴을 재형성하는 데 사용되기도 한다. 이제 각각의 요소를 따로 살펴볼 것이지만, 효과적인 수요 관리를 위해서는 동시에 여러 요인의 변화가 필요하다.

Staticnak/Shutterstock

그림 9.13 관리자들은 상품이나 서비스의 가격을 결정하는 데 도구를 사용한다.

수요 관리를 위한 가격과 비금전적 비용의 변화 수요와 공급의 균형을 위한 가장 직접적인 방법 중 하나는 가격을 사용하는 것이다. 비금전적 비용 또한 이와 유사한 효과를 발휘한다. 예를 들어, 성수기에 시간과 노력에 대한 비용이 증가하는 것을 아는 고객은 혼잡하고 불친절한 환경에서 기다리면서 시간을 소비하기보다는 다른 시간대를 이용할 것이다.

수요 관리의 수단으로서 서비스의 비금전적 가격을 효과적으로 하기 위해 관리자는 상품의 수요곡선의 기울기와 형태에 대한 감각을 가져야만 한다. 그들은 서비스의 양이 특정 시간의 단위당 가격에 따라 어떻게 변화하는지 이해해야만 한다. 또한 특정 서비스의 수요곡선이 기간에 따라 급격하게 변화하는지에 대해 이해하는 것도 중요하다. 예를 들어, (기온이 영하로 떨어지는) 겨울보다 여름에 코드곶(Cape Cod)에 있는 호텔의 주말 숙박에 더 많은 돈을 지불하려는 사람이 있을까? 아마도 대답은 '그렇다'일 것이다. 그렇다면 각 기간별로 수용 능력을 채우기 위해 다른 가격 정책이 필요할 것이다.

보다 복잡한 문제는 각 시간대에 다른 세분화의 별도의 수요곡선이 있다는 것이다(예: 비즈니스 여행객은 일반 여행객보다 가격에 덜 민감하다). 그러나 수용 능력이 제한적일 경우 영리사업의 목표는 가장 수익성이 있는 세분 시장에 수용 능력을 맞추는 것이다. 수용 능력은 기업의 가장 가치 있는 세분 시장을 우선순위로 해야 한다. 이러한 종류의 가격 전략이 바로 수익 관리 해당하며, 이는 6장에서 논의되었다.

Karin Hildebrand Lau/123RF

그림 9.14 조식을 제공하는 숙박 시설은 관광객의 계절적인 시기에 의존한다.

상품 구성의 변화 때로는 가격 전략만으로는 수요 관리에 효과적이지 못할 수도 있다. 이 장의 맨 앞에 제시된 도입 사례는 이러한 점을 보여주는 좋은 사례이다. 만약 스키를 탈 수 있는 눈이 없다면 스키를 타는 사람 어느 누구도 한여름 낮에 리프트 티켓을 구매하지 않을 것이다. 다른 계절성 사업에서도 마찬가지이다(그림 9.14). 따라서 교육기관은 성인과 노인을 위한 주말 및 여름 프로그램을 제공한다. 작은 유람선은 여름에는 크루즈로 사용하고, 겨울에는 사적인 행사를 위한 장소로 제공된다. 이러한 기업은 가격 할인 없이도 계절에 상관없이 사업을 영위할 수 있다는 사실을 알고 있다. 그러므로 수요를 촉진하기 위해 각각 다른 세분 시장을 표적으로 한 새로운 서비스 상품이 필요하다.

서비스가 제공되는 24시간 동안 상품의 변화를 꾀하기도 한다. 어떤 레스토랑은 이러한 좋은 예를 제시한다. 그들은 하루 중 다른 시간대에 메뉴나 서비스 수준을 변화시키고, 조명이나 장식 등을 다양하게 하며, 엔터테인먼트를 추가하기도 한다. 목표는 하루 중 시간에 따라서 고객의 다양한 니즈에 어필하고, 다른 고객 세분 시장에 다가가는 것이다. 또한 상품 요소는 성수기 동안 수용 능력 증가를 위해 바뀔 수도 있다. 예를 들어, 점심 메뉴는 바쁜 점심시간 동안 빠르게 준비할 수 있는 음식만 제공한다.

서비스 전달 시간과 장소의 수정 동일한 장소에서 동일한 시간에 제공이 이루어지는 서비스의 수요를 변화시키는 것보다 서비스 전달의 시간과 장소를 수정함으로써 서비스의 수요를 변화시킬 수 있다. 다음의 기본적인 방법을 사용할 수 있다.

- **서비스 가능 시간의 다양화 전략** 이 전략은 날짜, 계절 등에 따른 고객 선호의 변화를 보여준다. 예를 들어, 보통 사람들은 주말에 영화를 볼 수 있는 시간이 더 많은데, 이에 따라 주중 대비 주말에 영화 시간대가 더 많다. 이와 유사하게 소매업체는 금요일과 토요일에 고객이 더 많기 때문에 이때는 영업시간을 더 연장한다. 또한 크리스마스나 방학 기간에도 영업시간을 연장하기도 한다.
- **새로운 장소에서 고객에게 서비스를 제공하는 전략** 고정된 위치의 서비스 지역을 방문하도록 요구하는 것이 아니라 고객에게 서비스를 가져다주는 이동 서비스를 제공하는 것이다. 이동 도서관, 이동 세차 서비스, 사무실 내 양복 맞춤 서비스, 가정 배달 식사, 출장요리 서비스, 이동 의료 장비 등이 그 예이다. 낮은 수요 기간의 세탁, 수선업체는 무료 픽업 서비스와 배달 서비스를 제공할 수 있다.

촉진과 교육 마케팅 믹스의 다른 변수가 바뀌지 않아도 커뮤니케이션 노력은 수요를 변화시키는 데 도움이 된다. 디자인, 광고, 홍보, 판매 메시지는 성수기에 고객을 교육시키는 데 사용될 수 있으며, 비수기에는 서비스 구매를 촉진할 수 있다.[2] 쇼핑객이나 여행객에게 출퇴근 시간의 혼잡을 피하도록 촉구하는 대중교통 관련 메시지를 보내고, 유지보수 회사의 판매원이 고객에게 예방정비 업무가 빨리 이루어질 수 있을 때 제공하는 커뮤니케이션 등이 그 예이다.

가격, 상품 특성, 유통에서의 변화도 명확하게 커뮤니케이션되어야 한다. 기업이 마케팅 믹스 요소에 변화에 대한 특정 반응을 얻길 원한다면 당연히 고객에게 그들의 선택에 대해 충분히 알려야 한다.

대기열과 대기 시스템을 통한 수요 재고화

학습목표 8

대기 시스템을 통해 수요를 재고화하는 방법을 알아본다.

앞서 본 바와 같이 수요와 공급의 균형을 위한 다양한 방법이 있다. 규칙적으로 수요가 공급을 초과하는 기업의 경우 서비스 관리자는 수요 재고화 단계를 마련해야 한다. 여기에는 다음의 두 가지 방법이 있다. ① 선착순 고객 서비스 제공을 통해 고객에게 대기를 부탁하거나, ② 사전 예약의 기회를 제공하는 것이다. 이 장에서 대기열과 대기 시스템에 대해 논의하고, 다음 절에서는 예약 시스템에 대해 논의할 것이다.

어디에서나 발생하는 대기

대기는 어디에서나 발생할 수 있다. 대기열은 운영 연구자들에게는 '줄(queue)'이며, 시설에 도착하는 사람의 수가 시스템의 수용 능력을 초과할 때 발생한다. 매우 현실적인 의미에서 대기는 해결되지 않은 수용 능력 관리 문제의 증상이다.

Sirtravelalot/Shutterstock

그림 9.15 서비스 처리는 사람과 마찬가지로 물리적이고 움직이지 않는 대상에도 적용된다.

어느 누구도 기다리는 것을 좋아하지 않는다(그림 9.15). 대기는 지루하고, 시간을 낭비하는 것이며, 특히 앉을 장소가 없거나 밖에 있어야 한다면 신체적인 불편함을 감수해야만 한다. 거의 모든 조직이 이러한 대기열의 문제에 직면해 있다. 사람들은 통화가 되기를 기다려야 한다. 식료품 구매 계산을 위해 슈퍼마켓 카트가 줄지어 기다리고, 자동 세차를 하기 위해서도 차에서 기다려야 하며, 톨게이트에서 요금을 지불하기 위해서도 기다려야 한다. 어떤 물리적인 대기는 여러 지역에 퍼져 있다. 여행객은 자신이 예약한 운송을 위해 여러 곳에서 기다린다.

물리적인 대상도 프로세스에서 기다려야 하는 것은 마찬가지이다. 고객의 이메일은 고객 서비스 직원의 메일함에서 대기하고, 가전제품은 수리를 기다리고 있으며, 모기지 신청서는 은행에서 처리되기를 기다리고 있다. 각각의 상황에서 고객은 그러한 업무의 결과를 기다리고 있다.

대기열 관리

고객의 대기시간을 줄이는 문제는 서비스인사이트 9.1의 디즈니(Disney)와 같은 다양한 접근법을 필요로 한다. 비용과 고객 만족이 균형을 이루어야 하는 상황에서 공간의 확장이나 직원의 추가를 통한 수용 능력의 증가가 항상 최선의 해결책인 것만은 아니다. 관리자는 다음과 같은 다양한 방법을 고려해야만 한다.

1. 대기 시스템의 설계를 다시 생각한다(예: 대기 형태와 가상 대기).
2. 여러 세분 시장을 위한 대기 시스템을 맞춤화한다(예: 긴급성, 가격, 고객 중요성에 따라).
3. 기다림에 대한 고객의 행동과 인식을 관리한다(예: 대기가 덜 불편하도록 기다림의 심리 활용).
4. 예약 시스템을 구축한다(예: 수요를 분산하기 위한 예약, 부킹, 또는 약속 활용)
5. 각 거래시간을 단축하기 위해 프로세스를 재설계한다(예: 셀프서비스 기계 설치).

1~4는 이 장에서 논의할 것이며, 5는 8장의 고객 서비스 재설계에서 논의했다.

SERVICE INSIGHTS 9.1

디즈니는 대기를 과학으로 해결한다

디즈니랜드에서 기다려 본 적이 있는가? 디즈니랜드에는 많은 볼거리가 있어 기다리는 동안 얼마나 오랫동안 기다리는지 깨닫지 못하는 경우가 많다. 영상을 보거나, 다른 사람들이 즐거워하는 것을 보거나, 벽에 있는 다양한 포스터를 보게 된다. 대기시간이 전혀 지루하지 않기 때문에 긴 시간이 지나갔다는 것을 인식하지 못한다. 디즈니 테마파크의 대기열 관리는 디즈니사의 엔터테인먼트 철학의 확장이다.

예를 들면, 디즈니월드의 날으는 코끼리 덤보라이드에서 어린이와 부모는 서커스 텐트와 유사한 인터렉티브룸에서 놀 수 있다. 놀이를 하는 동안 이 아이들은 라이드를 타기 위해 외부 줄로 나갈 수 있다는 신호를 기다린다. 그렇게 어린이들은 대기열에서 기다리는 것이 아니라 자신들이 무언가를 하고 있다고 인식한다.

디즈니는 대기열 관리를 한 단계 더 발전시켰다. 월트디즈니월드에는 고객이 너무 오래 기다리지 않도록 대기열을 모니터링하는 디즈니 운영통제센터가 있다. 그들에게 있어 인내는 테마파크 사업의 미덕이 아니다. 운영통제센터에서 컴퓨터 프로그램, 비디오 카메라, 공원의 디지털 지도, 그리고 다른 여러 도구를 통해 전문가는 너무 긴 대기가 발생하는 장소를 찾는다. 대기 문제가 발생하면 그들은 즉각적으로 문제를 해결하도록 직원을 보낸다. 대기 문제는 몇 가지 방법으로 해결될 수 있다. 예를 들어, 디즈니는 고객의 기다림을 즐겁게 하기 위해 디즈니 캐릭터를 보낼 수 있다. 아니면 추가적인 수용 능력을 배치할 수도 있다. 만약 배를 타는 곳에 너무 대기가 길다면 대기 행렬이 더 빨리 이동할 수 있도록 더 많은 배를 배치할 것이다. 디즈니월드는 여러 구역으로 구분되어 있으므로, 만약 한곳이 다른 곳에 비해 덜 붐빈다면 그쪽으로 미니 퍼레이드의 코스를 변경하여 관중들을 따라오게 하여 군중의 적절한 배치가 이루어지게 할 것이다. 또한 그들은 대기 지역에 비디오 게임을 설치하기도 했다.

운영통제센터를 통해 그들은 매직킹덤을 방문하는 사람들의 놀이기구 평균 탑승 횟수를 9회에서 10회로 증가시킬 수 있었다. 디즈니는 고객 대기시간을 관리하는 데 여러 기술을 계속해서 실험하고 있다. 대기열 관리를 위해 스마트폰과 월트디즈니월드앱을 사용하기도 한다. 디즈니의 이러한 모든 노력은 고객이 대기로 인해 불쾌해하지 않도록 하기 위함이며, 그들의 재방문을 유도하는 데 있다.

RSBPhoto1/Alamy Stock Photo

그림 9.16 디즈니월드의 나는 코끼리 덤보 놀이기구

출처 Brooks Barnes, "Disney Tackles Major Theme Park Problem: Lines," *The New York Times*, December 27, 2010, http://www.nytimes.com/2010/12/28/business/media/28disney.html; Eamon McNiff, Sarah Lang, and KimberlyLaunier, "Disney Theme Parks Reimagining the Wait in Line", *ABC News*, April 23, 2014; and https://itunes.apple.com/en/app/my-disney-experience-walt/id547436543?mt=8 ; February 20, 2022.

대기 형태

대기에는 다양한 형태가 존재하며, 관리자는 가장 적합한 대기 형태를 선택해야 하는 문제에 직면한다. 그림 9.17에는 직접 경험할 수 있는 몇 가지 형태의 도식을 보여준다.

- **단일 대기열, 순차적 단계(single line: sequential stage)** 카페테리아 같은 곳의 고객은 일부 서비스 단계를 거치게 된다. 그러나 어떤 단계에서는 이전 단계보다 더 오래 걸릴 수도 있다. 많은 카페테리아의 경우 계산대에 대기열이 있는데, 이는 직원이 음식을 제공하는 데 걸리는 시간보다 계산과 거스름돈을 돌려주는 데 시간이 더 걸리기

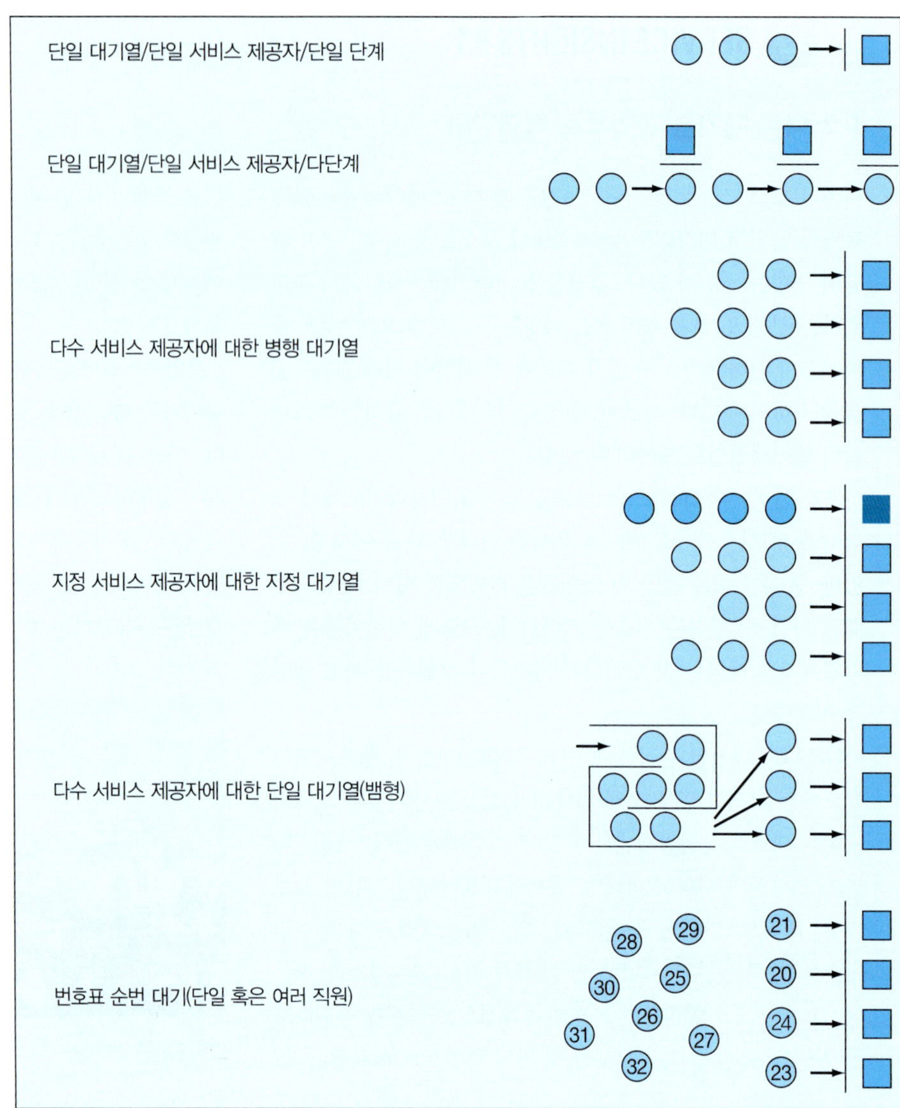

그림 9.17 대기 형태

때문이다.

▶ 다수 서비스 제공자에 대한 병행 대기열(parallel lines to multiple servers) 한 사람의 서비스 직원이 그 이상을 제공한다. 이러한 대기는 고객에게 몇 개의 대기열 중 하나를 선택하게 한다. 은행과 티켓 창구가 그 예라 할 수 있는데, 단점은 대기열의 이동 속도가 모두 동일하지 않다는 것이다. 가장 짧은 것 같은 대기열을 선택했는데 다른 대기열이 2배 빠르게 움직이는 경우를 얼마나 많이 겪는지 생각해보면 알 수 있을 것이다.

▶ 지정 서비스 제공자에 대한 지정 대기열(designated lines to designated servers) 특정 범주의 고객에게 다른 대기열을 할당한다. 예로 슈퍼마켓 계산대의 소량 품목(5개 이하 품목) 계산 줄과 일반 계산대, 비행기의 1등석, 비즈니스석, 이코노미석에 대한 각각 다른 탑승 서비스 등을 들 수 있다.

▶ 다수 서비스 제공자에 대한 단일 대기열(a single line to multiple servers) 일명 '뱀형'이

라고도 하는데, 이는 앞에서 언급된 다수 서비스 제공자에 대한 병행 대기열의 문제를 해결해준다. 이 방법은 우체국, 공항 수속 등에 사용된다(그림 9.18). 이 대기열의 한 가지 단점은 서비스 직원이 할당 대기열보다 업무를 느리게 하는 경향이 있다는 것이다. 이는 주로 직원의 사회적 게으름 효과에서 기인한다.[3]

- ▶ **번호표 순번 대기**(take a number)　고객이 앉아 있거나, 쉬거나(좌석이 있는 경우), 얼마나 오래 기다려야 하는지를 추측할 수 있게 하여 잠시 다른 일을 볼 수도 있도록 해준다. 이러한 방법은 여행사, 관공서, 병원 접수 및 수납 등이 포함된다.
- ▶ **대기 목록**(wait list)　레스토랑의 경우 보통 고객의 이름을 적은 목록이나 대기표가 있고 고객은 자신의 이름이 불릴 때까지 기다린다. 대기 목록을 작성하는 데는 다음 4가지 일반적인 방법이 있다. ① 많은 사람이 앉을 수 있는 단체석 안내(party size seating), ② 특정 고객에게 특별한 권리를 주는 VIP 좌석 안내, ③ 고객이 도착하기 전 전화로 미리 대기 목록에 오르게 하는 사전 예약 좌석 안내 등이 있다. 대기 목록 기법에 익숙한 고객은 이를 공정한 것으로 인식하지만, 그렇지 않은 고객은 VIP 고객을 우선적으로 처리해주는 것에 불쾌함을 느껴 불공정한 것으로 인식할 수 있다.[4]

그림 9.18 우체국은 고객의 트래픽을 관리하기 위해 다수 서비스 제공자에 대한 단일 대기열을 사용한다.

고객 만족을 위해서는 가장 적합한 대기열 유형을 선택하는 것이 중요하다. 예를 들면, 대기열이 설정되는 대기 방법은 고객이 불공정과 부당함을 느끼게 할 수 있다. 다수 서비스 제공자가 제공하는 병행 대기열에서 대기하는 고객은 다수 서비스 제공자에 대한 단일 대기열('뱀')에서 대기하는 고객보다 서비스 전달 프로세스의 공정성에 더 불만족할 수 있다. 이러한 결과는 두 집단의 고객이 동일한 시간을 대기했고 완전히 공정한 서비스 프로세스였다 할지라도 마찬가지이다.[5]

가상 대기

대기열의 문제 중 하나는 고객이 시간을 낭비한다는 것이다. 가상 대기 전략은 물리적으로 대기하는 것에서 완전히 벗어날 수 있게 하는 혁신적인 방법이다. 대신에 고객은 단말기나 QR 코드로 자신의 위치를 등록하고, 대기열의 첫 번째에 이르는 시간을 추정할 수 있도록 해준다.[6] 레스토랑 체인인 스시테이(Sushi Tei)는 셀프서비스 터치스크린을 설치하여 고객이 일행의 수를 선택하여 레스토랑이 테이블 크기를 준비하게 하고, 휴대폰 번호를 입력한 다음 쇼핑하러 갈 수 있게 한다. 고객은 예약 확인 문자를 받는데, 이 문자에는 대기열 앞에 몇 그룹이 있는지 실시간으로 볼 수 있는 링크가 포함된다. 그들은 테이블이 준비되기 5분 전에 자동 시스템으로부터 전화를 받고, 예약을 확인하거나('1'번 누름), 레스토랑에 되돌아갈 때까지 추가로 15분을 요구하거나('2'번 누름), 또는 다른 계획이 생긴다면 예약을 취소('3번' 누름)할 수 있다. 스시테이는 주말 밤마다 대기열이 길지만 이 시스템을 통해 고객의 충성도를 유지하고, 붐비는 날에는 최대 수용 능력으로 운영시간을 확장하도록 도움을 준다.

가상 대기의 개념은 많은 잠재적 활용법을 가지고 있다. 고객이 자신의 전화번호를 제공할 의향이 있거나 앱을 사용하거나 또는 기업의 호출 시스템이 작동될 수 있는 범위 내에 있을 수 있다면 크루즈, 숙박, 식사 등이 포함되는 리조트와 레스토랑에서도 이 전략을 활용할 수 있을 것이다(서비스인사이트 9.2의 사례 참조).

SERVICE INSIGHTS 9.2

가상 대기열에서 기다리기

디즈니는 고객이 특정 놀이기구나 시설물을 이용하기 위해 대기열에서 기다리는 동안 대기시간에 대한 정보를 고객에게 제공하고, 대기하는 동안 고객을 즐겁게 하려 노력하는 곳으로 유명하다. 그러나 디즈니는 가장 인기 있는 놀이기구의 오랜 대기시간을 불만족의 핵심 원인으로 인식하고, 혁신적인 해결책을 개발했다.

가상 대기의 개념은 디즈니월드에서 최초로 시도되었다. 가장 인기 있는 놀이기구에 대해 이용객들은 컴퓨터상에서 자신의 위치를 등록하고, 놀이공원의 다른 지역을 방문하면서 대기시간을 활용할 수 있도록 개발했다. 여러 조사 결과 이러한 새로운 시스템을 사용한 고객이 더 많은 돈을 소비하고, 더 많은 시설물을 이용하며, 만족도가 훨씬 높은 것으로 나타났다. 시스템에 대한 약간의 수정을 거친 후 패스트패스(Fastpass)로 명명된 이 시스템은 디즈니월드의 5대 인기 시설물에 적용되었다. 이후 전 세계의 디즈니월드로 확장되었으며, 연간 5,000만 명 이상의 고객이 이 시스템을 사용한다.

패스트패스는 사용이 편리하다. 패스트패스에 접속하면 이용객에게는 두 가지 선택사항이 주어진다. 패스트패스 티켓으로 정해진 시간에 시설물을 이용하거나 대기열에서 기다리게 된다. 티켓은 각 시설의 대기시간이 얼마나 되는지를 보여준다. 패스트패스를 이용하기 위해 고객은 자신의 입장 티켓을 별도로 제작된 기계에 넣고, 돌아올 시간이 적힌 패스트패스 티켓을 받는다. 이를 통해 이용객은 훨씬 유연하게 디즈니의 놀이기구를 이용할 수 있게 되었다.

패스트패스 시스템과 마찬가지로 콜센터에서도 가상 대기 개념을 적용할 수 있다. 콜센터를 위해 설계된 많은 가상 대기 시스템이 있다. 선착순 대기 시스템이 일반적이며, 고객이 전화를 할 때 예상 대기시간이 안내되도록 할 수 있다. 고객에게는 다음의 두 가지 선택사항이 있는데, ① 고객은 대기열에서 기다리다 자신의 차례가 올 때 상담원과 연결될 수 있고, 혹은 ② 다시 통화할 수 있도록 안내되기도 한다. 두 번째 선택사항을 택하면 고객은 자신의 전화번호와 이름을 남기고 전화를 끊는다. 그러나 그 고객의 가상 대기는 그대로 유지된다. 대기 목록의 선두에 가까워지면 이 시스템은 고객에게 다시 전화를 연결하고 상담원이 고객을 응대한다.

이 두 가지 모든 상황에서 고객은 더 이상 불평하지 않을 것이다. 첫 번째 상황에서 대기하는 것은 고객의 선택이며, 예상 대기시간을 미리 안다면 기다리는 동안 뭔가 다른 일을 할 수 있을 것이다. 두 번째 상황에서는 상담원이 다시 전화를 할 것이기 때문에 기다릴 필요가 없다. 이 시스템으로 오랜 대기 시간에 대한 고객의 불평을 들어야 하는 상담원의 고충을 덜어줄 수 있으며, 기업 또한 고객의 전화를 놓치지 않을 수 있다.

deborah thompson/Alamy Stock Photo

출처: Duncan Dickson, Robert C. Ford, and Bruce Laval, "Managing Real and Virtual Waits in Hospitality and Service Organizations," *Cornell Hotel and Restaurant Administration Quarterly* 46, February 2005, 52–68; https://en.wikipedia.org/wiki/FastPass; August 24, 2020.

세분 시장에 맞춤화된 대기 시스템

대부분의 대기 시스템의 기본적인 규칙이 '선착순'일지라도 모든 대기 시스템이 그러한 방식으로 조직화되지는 않는다. 때때로 시장 세분화는 각각의 고객 유형을 위한 대기 전략을 설계하는 데 사용된다. 대기 장소의 배분은 다음을 기초로 한다.

- **업무의 긴급성** 많은 병원 응급실에서 간호사는 환자를 받아들이고, 어떤 환자에게 우선적인 진료를 해야 하는지, 어떤 환자는 스스로 접수하도록 하고 순서가 올 때까지 기다리게 해야 하는지를 결정한다.
- **서비스 거래의 지속 기간** 종종 은행, 슈퍼마켓, 다른 소매 서비스는 단순한 업무를 빠르게 처리하기 위한 '신속 처리 계산대(express lane)'를 가지고 있다.
- **프리미엄 가격 지불** 보통 항공사는 퍼스트 클래스와 이코노미 클래스 승객을 위한 구분된 체크인 줄을 제공하고 있다. 또한 퍼스트 클래스 라인에서는 승객 수 대비 더 많은 직원이 배치되어 있으며, 이로써 티켓 값에 돈을 더 많이 지불한 고객의 대기시간을 줄여준다. 어떤 공항에서는 프리미엄 승객을 위한 빠른 보안검색 줄도 제공한다.
- **고객의 중요성** 마일리지 클럽의 멤버는 대기 목록에서 우선권을 가진다. 예를 들어, 배정 가능한 다음 좌석은 항공사 충성도 프로그램의 플래티넘 카드 보유자에게 주어지며, 또한 이들은 콜센터에 연결될 수 있는 우선권을 부여받아 대기 순서를 건너뛰게 될 수도 있다. 이코노미 클래스를 탈 때도 마일리지 클럽의 멤버는 더 빠른 비즈니스 클래스 체크인 줄을 이용할 수 있다.

대기시간에 대한 고객의 지각

 **학습목표 9**

고객이 대기에 대해 어떻게 받아들이는지 알아보고 기다림에 대한 부담을 감소시키는 방법을 이해한다.

사람들은 돈을 낭비하는 것보다 비생산적인 활동에 시간을 낭비하는 것을 더 싫어한다. 서비스 지연으로 인한 고객의 불만족은 종종 강한 감정, 심지어 분노도 자극할 수 있다.[7]

대기시간에 대한 심리

사람들은 자주 자신이 서비스를 실제로 기다린 것보다 더 오래 기다렸다고 생각한다는 연구 결과가 있다.[8] 고객이 기다리는 것에 스트레스를 덜 받고 덜 불쾌하게 하기 위해 기다림의 심리를 사용하는 것이 도움이 된다.[9]

- **활용되지 않은 시간은 활용된 시간보다 더 길게 느껴진다.** 아무것도 하지 않고 있을 때 시간은 매우 늦게 가는 것처럼 느껴진다. 서비스 기업은 대기시간 동안 고객이 덜 지루할 수 있도록 주의를 돌리거나 할 수 있는 무언가를 제공해야 한다. 예를 들어, BMW 소유자는 유명 가구, 대형화면 TV, Wi-Fi, 잡지, 신선한 카푸치노가 제공되는 대기 장소인 BMW 서비스센터에서 편안

"몇백만 분의 1초가 평생처럼 느껴질 때가 있었지요?"

그림 9.19 기다리는 동안 시간은 더 더디게 흐르는 것처럼 느껴진다.

하게 기다릴 수 있다. 어떤 레스토랑은 고객을 초청하여 테이블이 준비될 때까지 메뉴를 살펴보거나 바에서 칵테일을 즐기도록 하여 대기 문제를 관리한다.

Gemenacom/123RF

그림 9.20 잡지를 읽으면서 시간을 보내는 것이 스파 서비스를 받기 위한 기다림을 짧게 만든다.

- ▶ **혼자 기다리는 것은 더욱 길게 느껴진다.** 아는 사람과 함께 기다리는 것은 덜 지루하다. 친구와 함께 이야기하는 것은 기다리는 시간이 빨리 가도록 느끼게 하는 데 도움이 된다. 그러나 모든 사람이 낯선 사람과의 대화를 편하게 여기는 것은 아니다.
- ▶ **물리적인 불편함은 편안한 기다림보다 더욱 길게 느껴진다.** "다리 아파 죽겠어요"라는 말은 사람들이 장시간 서서 기다릴 때 자주 하는 이야기 중 하나이다. 앉아서 기다린다 할지라도 온도가 너무 높거나 낮다면 그 또한 힘든 기다림이 될 것이다.
- ▶ **서비스 이용 전이나 후의 기다림은 서비스 이용 중의 기다림보다 더욱 길게 느껴진다.** 테마공원에 들어가는 티켓을 구매하기 위해 기다리는 것은 테마공원 안에서 롤러코스터를 타기 위해 기다리는 것과는 다르다.
- ▶ **불공정한 기다림은 공정한 기다림보다 더 길게 느껴진다.** 공정한 것과 불공정한 것에 대한 인식은 문화에 따라 다르다. 예를 들어, 미국, 캐나다, 영국에서는 줄을 서서 자신의 순서를 기다리는 것을 당연하게 생각하며, 다른 사람이 대기 순서를 건너뛰거나, 별다른 이유 없이 우선권이 주어지는 것처럼 보인다면 화를 낸다. 사람들이 대기를 공정하게 인식할 때 대기의 부정적인 효과를 줄일 수 있다.
- ▶ **익숙하지 않는 기다림은 익숙한 기다림보다 더욱 길게 느껴진다.** 서비스를 자주 이용하는 고객은 무엇을 해야 할지 알기 때문에 기다리는 동안의 걱정이 적은 편이다. 그러나 새로운 고객 혹은 가끔씩 서비스를 이용하는 고객은 대기시간이 얼마나 될 것인지, 무슨 일이 일어날지 궁금할 것이다.
- ▶ **불확실한 기다림은 한정되어 있는 기다림보다 더욱 길게 느껴진다.** 대기하는 일이 매우 힘들기는 하지만 얼마나 오래 기다려야 할지를 안다면 고객은 기다리는 것을 조절할 수 있을 것이다. 얼마나 기다려야 하는지 아무도 말해주지 않은 채 대기해야 한다면 고객은 불안을 느낄 것이다(그림 9.21).
- ▶ **설명이 없는 기다림은 더욱 길게 느껴진다.** 어느 누구도 이유를 말해주지 않고 별다른 이유 없이 멈춰버린 엘리베이터나 지하철에 있어 본 적이 있는가? 기다리는 시간에 대한 불확실성과 함께 어떤 일이 벌어질 것인지에 대한 걱정까지도 추가된다.

Hongqi Zhang/123RF

그림 9.21 지연된 항공편으로 인한 불확실한 기다림은 불만의 원인이 된다.

- ▶ **근심은 기다림을 더욱 길게 느껴지게 한다.** 특정 장소에서 누군가를 기다리면서 내가 기억하고 있는 시간이나 장소가 정확한지 걱정해본 적이 있는가? 낯선 위치에서 기다리

는 동안 사람들은 자신의 안전을 걱정하게 될 것이다.

- **서비스가 더욱 중요하고 가치 있을수록 사람들은 더욱 기다릴 것이다.** 사람들은 빠른 매진이 예상되는 인기 있는 스포츠 이벤트나 콘서트를 보기 위해 좋은 자리를 얻으려고 불편한 조건에서 밤새 기다릴 수 있다.

예약 시스템을 통한 수요 재고화

학습목표 10

예약 시스템을 통해 수요를 재고화하는 방법을 알아본다.

대기열 이외에도 예약 시스템은 수요 재고화에 활용될 수 있다. 예약에 대해 이야기할 때 마음속에 떠오르는 서비스가 무엇인지를 묻는다면 대부분 항공, 호텔, 레스토랑, 렌터카, 극장 등을 이야기할 것이다. 한편 유사한 단어인 '부킹'이나 '약속'을 사용하면 미용실, 의사나 상담사 방문, 휴가 임대, 고장 난 냉장고, 컴퓨터 수리 등의 서비스센터를 떠올릴 수도 있다. 예약 시스템에는 많은 이점이 있다.

- 초과 대기로 인한 고객 불만족을 피할 수 있다. 예약의 한 가지 목적은 고객이 원할 때 서비스가 가능하다는 것을 확인시키는 것이다. 예약을 한 고객은 특정 시간에 시비스 제공을 보장받음으로써 대기를 피할 수 있다.
- 예약은 더욱 관리 가능한 방법으로 수요가 통제되고 부드럽게 운영되게 한다. 잘 조직화된 예약 시스템은 가장 선호하는 시간부터 더 이른 시간에서 더 늦은 시간까지 시간을 선택할 수 있게 하거나, 서비스의 여러 수준을 선택하게 하거나(업그레이드 또는 다운그레이드), 심지어 서비스 장소를 선택하게 함으로써 수요 조절을 가능하게 한다. 이러한 방법을 통해 서비스 수용 능력의 활용을 높일 수 있다.
- 예약은 여러 고객 세분 시장을 위한 서비스의 수익 관리를 가능하게 한다(6장의 수익 관리 참조). 예를 들어, 보통의 수리와 유지에 대한 예약은 관리자가 비상시에 일을 처리할 수 있도록 일정 수용 능력을 할애해준다. 비상 시의 일은 예측이 어려울 수 있기 때문에 더욱 높은 가격이 부과될 수 있고, 높은 마진을 가져다줄 수 있다.
- 예약 시스템을 통한 데이터는 조직에게 향후 운영 및 재정에 대해 준비할 수 있게 한다. 시스템은 수기를 이용한 의사 진료의 단순한 예약부터 항공사의 전 세계적 운영을 가능하게 하는 중앙 컴퓨터 데이터 뱅크에 이르기까지 다양하다.

예약 시스템을 설계하는 데 중요한 것은 직원과 고객 모두가 빠르고 친근하게 이용할 수 있어야 한다는 것이다. 최근 많은 기업은 웹사이트와 스마트폰의 셀프서비스를 기반으로 고객이 직접 예약할 수 있게 한다. 물론 고객이 나타나지 않거나 서비스가 초과 예약되었을 때는 문제가 발생한다. 이러한 운영상의 문제를 처리하는 방법은 보증금 요구, 특정 시간 이후 비요금지불 예약의 취소, 초과

Robert Kneschke/Shutterstock

그림 9.22 대부분의 도서관은 책, 잡지, 시청각 자료를 위한 예약 시스템을 갖추고 있다.

예약자에 대한 보상 등이 있는데, 이는 6장에서 논의했다.

수율에 초점을 둔 예약 전략

점점 더 많은 서비스 기업이 수율(yield)을 강조하고 있다. 이는 수용 능력 단위당 얻을 수 있는 평균 수익을 의미한다. 수익성의 개선을 위해 가능한 최대로 수율을 증가시키는 것이 목적이다. 수율 분석은 관리자에게 다른 세분 시장에서 더 높은 수익이 발생할 때 특정 고객 혹은 특정 세분 시장에 할당되는 수용 능력의 기회 비용을 인식할 수 있게 해준다. 수용 능력에 한계가 있는 서비스 조직의 판매 관리자가 직면한 다음의 문제에 대해 생각해보자.

- 호텔은 비즈니스 여행객에게 객실당 300달러의 완전한 요금을 받을 수 있는 객실이지만, 200개 각각 140달러에 예약한 단체 여행객의 우선적인 예약을 수용해야 하는가?
- 30개의 화물차를 대당 1,400달러로 즉각적인 배송 요청을 수락해야 하는가? 아니면 2배의 가치를 받기 위해 희망을 가지고 며칠을 더 기다려야 하는가?
- 인쇄소에서는 정해진 서비스 전달 시간을 지키기 위해 선착순으로 모든 업무를 처리해야 하는가? 아니면 긴급 요구에 대해서는 초과 수수료를 받고 작업을 처리하고 일반 고객에게는 작업 처리 기한에 변동사항이 있을 수 있다고 말해야 하는가?

이러한 문제에 대한 의사결정은 양질의 정보에 기초해야 한다. 과거 사례의 자세한 기록에 기초하고 현재 시장 정보를 바탕으로 한 좋은 정보는 각각의 세분 시장에 대한 수용 능력 재고를 배분하는 데 핵심이 된다. 비즈니스를 수락하거나 거절하는 의사결정은 더 높은 수익을 얻을 수 있는 가능성에 대한 현실적 평가와 함께 현재의 확립된 그리고 바람직한 고객 관계를 유지해야 한다는 필요성의 인식에 기초해야 한다. 수용 능력을 다른 '가격 버킷(rate bucket)'에 배분하고 가격을 설정하기 위한 더욱 세련된 접근 방법의 수익 관리 시스템을 6장 가격 설정과 수익 관리에서 논의했다.

학습목표 11

수요와 수용 능력을 균형화하는 모든 옵션을 전부 사용한 후에도 남은 초과 수용 능력을 활용하는 전략적인 접근 방법을 알아본다.

낭비될 수 있는 수용 능력에 대한 대안적인 용도 창출

전문적인 수용 능력과 수요의 관리 후에도 대부분의 기업은 여전히 과잉 수용 능력을 경험할 것이다. 그러나 혁신적인 기업이 대안적인 '수요'를 창출할 수 있으므로 모든 판매되지 않은 수용 능력이 낭비되는 것은 아니다. 많은 기업은 전략적인 접근 방법을 취하여 수용 능력을 사전에 배분하여 고객, 공급업체, 직원, 유통상과의 관계를 구축한다.[10] 낭비될 수 있는 수용 능력에 대한 대안적인 용도는 다음과 같다.

- **서비스 차별화를 위한 수용 능력 활용** 수용 능력 사용 수준이 낮을 때 서비스 직원은 고객을 진정으로 감동시키기 위해 전력을 다할 수 있다. 고객충성도와 시장점유율을 성장시키고자 하는 기업은 탁월한 고객 서비스에 집중하기 위해 운영상 남는 부분을 사용해야 한다.
- **최우수 고객 혜택 제공과 충성도 제고** 이는 기존의 수익을 감소시키지 않고 충성도 프

로그램의 일환으로서 특별 촉진을 통해 수행할 수 있다.

▶ **고객과 유통채널 개발** 잠재 고객과 최종 고객에게 판매하는 유통상에게 무료 또는 대폭 할인된 가격으로 시용을 제공한다.

▶ **직원 혜택 제공** 레스토랑, 비치 리조트, 크루즈 같은 산업에서는 충성도를 제고하기 위해 수용 능력을 직원과 그 가족에게 혜택을 제공하는 데 사용할 수 있다. 이는 직원 만족도를 향상시키고 직원에게 고객의 관점에서 경험되는 서비스를 이해하게 하여 성과를 높일 수 있다.

▶ **수용 능력 무료 교환** 서비스 기업은 공급업체와 수용 능력을 교환하여 원가를 절감하고 수용 능력 활용을 증가시킬 수 있다. 가장 널리 교환하는 서비스는 광고 공간, 항공기 좌석, 호텔 객실 등이다.

요약

학습목표 1 어느 경우에나 수용 능력이 제한된 기업은 다른 수요와 공급의 상황에 처하게 된다.

- 초과 수요
- 이상적 서비스 수용 능력을 초과하는 수요
- 수요와 공급의 균형
- 초과 수용 능력

수요와 공급이 균형 있지 않을 경우 기업은 비수기 동안에는 유휴 수용 능력을 보유하게 되며, 성수기에는 고객을 돌려보내야 하는 상황에 직면한다. 이러한 상황은 생산적인 자원의 효율적인 사용을 방해하며, 수익성을 떨어뜨린다. 수요와 공급의 균형을 위해 서비스 능력 혹은 수요가 조절되어야 한다.

학습목표 2 수요와 공급의 효과적인 관리를 위한 방법은 다음과 같다.

- 수용 능력 정의하기
- 수용 능력 관리 도구 사용하기
- 수요 패턴과 세분 시장에 따른 수요 차이 이해하기
- 수요 관리 도구 사용하기

학습목표 3 수용 능력은 다음을 의미한다. 서비스의 수용 능력에는 여러 가지 형태가 존재한다.

- 고객 또는 상품을 수용하기 위한 물리적 시설
- 사람, 소유, 정보를 처리하기 위해 사용되는 물리적 장비
- 노동
- 하부 구조

학습목표 4 수용 능력 확대 및 수용 능력 조절 등의 다양한 방법으로 수용 능력을 관리할 수 있다.

수용 능력 확대란 혼잡한 경우(예: 지하철 차량) 운영시간 연장 또는 고객 처리 시간 단축을 통해 일부 수용 능력을 탄력적으로 사용하여 더 많은 사람에게 동일한 수용 능력으로 서비스를 제공할 수 있음을 의미한다.

수요에 맞춘 수용 능력 조절 방안은 다음과 같다.

- 수요가 낮은 기간에 가동 정지 계획
- 직원 다기능화 훈련
- 임시 직원 고용
- 고객 셀프서비스 촉진
- 고객에게 공유 요청
- 수용 능력의 유연화
- 여분의 시설과 장비를 공유 혹은 임대

학습목표 5 수요를 효과적으로 관리하기 위해 기업은 수요 패턴과 세분 시장별 수요 차이를 이해해야 한다. 각각의 세분 시장은 서로 다른 수요 패턴을 보인다(예: 일상적 보수 대 긴급 수리). 세분 시장별 수요 패턴을 이해했다면 이제는 수요 패턴의 변화를 위한 마케팅 전략을 사용할 수 있다.

학습목표 6 수요는 다음 4가지 방법을 통해 관리될 수 있다.

- 무대응, 현재의 수요 수준을 파악하기 위해 수요를 관찰한다.
- 성수기에는 수요를 줄이고 비수기에는 수요를 늘린다.

- 대기 시스템을 사용하여 수요를 재고화한다.
- 예약 시스템을 사용하여 수요를 재고화한다.

학습목표 7 다음의 마케팅 믹스 요소는 수요의 변화를 좀 더 부드럽게 한다.

- 수요를 관리하기 위한 가격과 비금전적 비용의 변화
- 각각 다른 시간에 다른 세분 시장을 유인하기 위한 상품 구성의 변화
- 서비스 전달 시간과 장소의 수정(예: 영업시간 연장을 통해)
- 촉진과 교육(예: "크리스마스에는 우편물을 좀 더 빨리 보내세요.")

학습목표 8 대기열과 대기 시스템은 수요를 재고화할 수 있게 한다. 각각의 상대적 장점과 적용 상황에 따른 대기 유형이 존재한다. 대기 시스템은 순차적 단계의 단일 대기열, 다수 서비스 제공자에 대한 병행 대기열, 다수 서비스 제공자에 대한 단일 대기열, 지정 서비스 제공자에 대한 지정 대기열, 번호표 순번 대기, 대기 목록 등이 있다.

모든 대기 시스템이 선착순 방법으로 설계되지는 않는다. 그보다 좋은 시스템은 고객 유형에 따라 세분화된 대기 시스템을 제공한다.

- 업무의 긴급성(예: 병원 응급실)
- 서비스 거래의 지속기간(예: 신속 처리 계산대)
- 프리미엄 가격에 기초한 프리미엄 서비스(예: 퍼스트 클래스 체크인 카운터)
- 고객의 중요성(예: 마일리지 멤버의 우선 대기 등록)

학습목표 9 고객은 기다리는 데 시간을 낭비하고 싶어 하지 않는다. 기업은 기다림의 심리를 이해해야 하며, 기다림을 덜 불만스럽게 만들기 위한 행동을 취해야 한다.

- 기다리는 동안 고객이 무엇인가를 할 수 있도록 하는 것
- 서비스 전 과정과 후 과정의 대기를 최소화하는 것
- 기다림을 불공정하게 지각하지 않도록 하는 것
- 고객이 얼마나 기다려야 하는지 알려주는 것
- 기다려야 하는 이유에 대한 설명하는 것

학습목표 10 효과적인 예약 시스템은 수요를 보다 긴 기간 동안 재고화하고 몇 가지 혜택을 제공한다.

- 고객이 기다리는 시간을 줄이거나 피하게 함으로써 초과 대기로 인한 불만족을 감소시킨다.
- 기업이 수요를 통제하고 평탄화할 수 있게 한다.
- 선착순에 기반한 판매보다 더 높은 가격을 지불할 용의가 있는 세분 시장에 희소한 수용 능력을 미리 예약함으로써 수익 증가에 초점을 둔 수익 관리를 가능하게 한다.

학습목표 11 전문적인 수용 능력과 수요의 관리 후에도 대부분의 기업은 여전히 과잉 수용 능력을 경험할 것이다. 기업이 잉여 수용 능력 활용에 취하는 전략적인 접근 방법은 다음과 같다.

- 서비스 차별화를 위한 수용 능력 활용. 수용 능력 사용 수준이 낮을 때 서비스 직원은 고객을 진정으로 감동시키기 위해 전력을 다할 수 있다.
- 최우수 고객 혜택 제공과 충성도 제고(예: 충성도 프로그램의 일환으로서 특별 촉진을 통해)
- 고객과 유통채널 개발(예: 무료 또는 대폭 할인된 가격으로 시용 제공)
- 직원 혜택 제공(예: 레스토랑, 비치 리조트, 크루즈에서 초과 수용 능력을 충성도 높은 직원과 그 가족에게 혜택을 제공하는 데 사용할 수 있음)
- 수용 능력 무료 교환(예: 서비스 기업들은 광고 공간, 항공기 좌석, 호텔 객실의 초과 수용 능력을 교환할 수 있음)

학습 키워드

학습목표 1
- 초과 수용 능력
- 초과 수요
- 고정된 수용 능력
- 최적 수용 능력

학습목표 2
- 방법 설계
- 수용 능력 관리

학습목표 3
- 장비
- 하부 구조
- 노동력

학습목표 4
- 수용 능력 조절
- 수용 능력 제한
- 수용 능력 관리
- 직원 다기능화 훈련
- 가동 정지
- 수용 능력의 유연화
- 물리적 설비
- 임시 직원
- 셀프서비스
- 수용 능력 확대

학습목표 5
- 세분 시장별 수요
- 수요 패턴
- 수요 관리
- 수요 차이
- 계절성

학습목표 6
- 4가지 기본 방법
- 수요 증가
- 수요 재고화
- 수요 감소
- 무대응

학습목표 7
- 수요 관리 도구
- 비금전적 비용
- 전달 장소
- 가격
- 상품 구성
- 촉진과 교육
- 전달시간

학습목표 8
- '뱀'
- '번호표 순번 대기'
- 지정된 대기열
- 대기열 관리
- 다수 서비스 제공자
- 병행 대기열
- 대기열 형태
- 순차적 단계
- 단일 대기열
- 가상 대기
- 가상 대기열
- 대기 목록
- 대기 시스템
- 대기열

학습목표 9
- 공정한 기다림
- 설명된 기다림
- 한정된 기다림
- 서비스 이용 중의 기다림
- 활용된 시간
- 대기시간의 지각
- 프로세스 후의 기다림
- 프로세스 전의 기다림
- 기다림의 심리
- 혼자 기다림
- 불확실한 기다림
- 설명이 없는 기다림
- 불공정한 기다림
- 익숙하지 않은 기다림
- 활용되지 않은 시간

학습목표 10
- 예약 전략
- 예약 시스템
- 수익 관리 시스템
- 수율 분석

서비스 마케팅 용어를 얼마나 잘 알고 있나요? 퀴즈를 풀어보세요!

본문을 참조하지 않고도 기억할 수 있는 각 키워드에 대해 1점을 매기고 점수를 합산하여 서비스 마케터라고 불릴 자격을 갖추었는지 확인하세요.

점수

- 01~12 서비스 마케팅이 여러분에게 해악을 끼치나요?
- 13~24 밤늦도록 공부가 필요합니다.
- 25~36 학기 내내 여러분이 무엇을 하지 않았는지 알고 있습니다.
- 37~48 거의 도달하려고 합니다.
- 49~59 지금 바로 마케터로 출발하세요.
- 60~69 여러분의 이름을 딴 마케팅 콘셉트가 나와야 합니다.

서비스 마케팅 연습문제

1. 이상적 서비스 수용 능력과 최대 수용 능력의 차이는 무엇인가? (a) 두 가지의 상황이 같을 경우와 (b) 다른 경우를 각각 예를 설명하라.
2. 수요와 공급 관리를 위한 방법을 설명하라.
3. 서비스에서 수용 능력이 의미하는 바는 무엇인가?
4. 특히 서비스 기업에게 수용 능력 관리가 중요한 이유는 무엇인가?
5. 수요에 맞춰 수용 능력을 조절할 수 있는 방법에는 어떠한 것이 있는가?
6. 자사의 수요에 영향을 미치는 요인을 어떻게 알 수 있는가?
7. 수용 능력에 맞춰 수요를 조절할 수 있는 방법에는 어떠한 것이 있는가?
8. 수요 패턴을 재설계하는 데 마케팅 전략은 어떻게 활용되는가?
9. 많은 고객에게 서비스를 제공하는 조직에서 다양한 대기 형태의 장점과 단점은 무엇인가? 각각의 대기 형태에 가장 적합한 서비스는 무엇인가?
10. 고객의 기다림을 더욱 즐겁게 만들기 위한 방법은 무엇인가?
11. 효과적인 예약 시스템의 장점을 무엇인가?
12. 서비스 기업이 수요와 공급을 균형시키는 모든 전략을 실행한 후 남은 서비스 수용 능력을 어떻게 사용할 수 있는가?

서비스 마케팅 응용문제

1. 다음 상황에서 탄력적인 수용 능력이 어떻게 창출될 수 있는지 설명하라.
   (a) 지역 도서관, (b) 사무실 청소 서비스, (c) 기술 지원 서비스 부서, (d) 꽃 배달 프랜차이즈
2. 현재 살고 있는 커뮤니티 또는 지역에서 수요가 낮은 기간에 고객을 증가시키기 위해 상품 또는 마케팅 믹스를 유의미하게 변경시키는 기업의 사례를 찾아보라.
3. 서비스 기업을 선택하여 표 9.1에 제시된 체크리스트를 참고하여 수요의 특정 패턴을 찾아보고 다음 물음에 답하라.
   (a) 이 서비스 기업의 수용 능력과 수요 관리에 대한 접근 방법의 본질은 무엇인가?
   (b) 수용 능력과 수요 관리에 대해 어떤 변화를 권하겠는가? 그 이유는 무엇인가?
4. 기다림의 심리에 관한 10가지 제안을 복습하라. 다음 각각 상황에서 어떤 제안이 가장 적합한지 답하라.
   (a) 슈퍼마켓, (b) 비오는 어두운 저녁에 시내버스 정류장, (c) 의사 진료실, (d) 매진이 예상되는 축구경기를 위한 매표소 대기열
5. 경험에 기반하여 매우 잘 작동된 예약 시스템과 전혀 작동되지 않은 예약 시스템의 예를 들어보라. 이 두 예약 시스템의 성공과 실패의 원인을 찾아 검토해보라. 두 기업에게 예약 시스템을 개선하기 위해 어떤 권유를 하겠는가?

미주

1. Based on material in James A. Fitzsimmons and M. J. Fitzsimmons, Service Management: Operations, Strategy, and Information Technology, 9th edition (New York: Irwin McGraw-Hill, 2020); W. Earl Sasser, Jr., "Match Supply and Demand in Service Industries," Harvard Business Review 54 (November–December 1976), pp. 133–140.
2. Kenneth J. Klassen and Thomas R. Rohleder, "Using Customer Motivations to Reduce Peak Demand: Does It Work?" The Service Industries Journal, 24 (September 2004): 53–70.
3. Jingqi Wang and Yong-Pin Zhou, "Impact of Queue Configuration on Service Time: Evidence from a Supermarket," Management Science 67(7) (2017): 2,973–2,994.
4. Kelly A. McGuire and Sheryl E. Kimes, "The Perceived Fairness of Waitlist-Management Techniques for Restaurants," Cornell Hotel and Restaurant Administration Quarterly, 47, May 2006, 121–134.
5. Anat Rafaeli, Greg Barron, and Keren Haber, "The Effects of Queue Structure on Attitudes," Journal of Service Research 5, November 2002, 125–139.
6. Duncan Dickson, Robert C. Ford, and Bruce Laval, "Managing Real and Virtual Waits in Hospitality and Service Organizations," Cornell Hotel and Restaurant Administration Quarterly 46 (February 2005): 52–68.
7. Ana B. Casado Diaz and Francisco J. Más Ruiz, "The Consumer's Reaction to Delays in Service," International Journal of Service Industry Management 13(2) (2002): 118–140; Frederic Bielen and Nathalie Demoulin, "Waiting Time Influence on the Satisfaction-Loyalty Relationship in Services," Managing Service Quality 17(2) (2007): 174–193.
8. Jay R. Chernow, "Measuring the Values of Travel Time Savings, Journal of Consumer Research 7 (March 1981): 360–371. This entire issue of the Journal of Consumer Research was devoted to the consumption of time.
9. This section draws on David H. Maister, "The Psychology of Waiting Lines," in J.A. Czepiel, M.R. Solomon, and C.F. Surprenant (eds.), The Service Encounter (Lexington, MA: Lexington Books/D.C. Heath, 1986), pp. 113–123; Peter Jones and Emma Peppiat, "Managing Perceptions of Waiting Times in Service Queues," International Journal of Service Industry Management 7(5) (1996), pp. 47–61; Clay M. Voorhees, Julie Baker, Brian L. Bourdeau, E. Deanne Brocato, and J. Joseph Cronin, Jr. "Moderating the Relationships among Perceived Waiting Time, Anger and Regret," Journal of Service Research 12(2) (November 2009): 138–155; Kelly A. McGuire, Sheryl E. Kimes, Michael Lynn, Madeline E. Pullman, and Russell C. Lloyd, "A Framework for Evaluating the Customer Wait Experience," Journal of Service Management 21(3) (2010): 269–290.
10. Irene C.L. Ng, Jochen Wirtz, and Khai Sheang Lee, "The Strategic Role of Unused Service Capacity," International Journal of Service Industry Management 10(2) (1999): 211–238.

CHAPTER 10

서비스 환경 구축

학습목표

- 01 서비스 환경의 4가지 핵심 목적을 알아본다.
- 02 서비스 환경에 대한 직원과 고객의 반응을 이해하는 데 도움이 되는 환경심리학의 이론적 토대를 이해한다.
- 03 통합적 서비스케이프 모델을 알아본다.
- 04 서비스 환경의 3가지 주요 차원을 이해한다.
- 05 핵심적 주변 여건과 이들이 고객에게 미치는 영향을 논의한다.
- 06 공간 배치와 기능의 역할을 결정한다.
- 07 표지판, 상징, 인공물의 역할을 이해한다.
- 08 서비스케이프의 일부로서 직원과 주변 고객의 역할을 알아본다.
- 09 효과적인 서비스케이프를 설계하기 위해 종합적 관점과 고객 관점을 견지하는 이유를 설명한다.
- 10 고객이 서비스케이프를 어떻게 사용하고 어떻게 반응하는지 이해하는 데 사용할 수 있는 도구를 알아본다.

Jules Selmes\Pearson Education Ltd.

그림 10.1 구겐하임 박물관의 현대적인 곡선은 수많은 찬사와 관중을 끌어들인다.

도입 사례

빌바오의 구겐하임 박물관[1]

1997년 스페인 북부 빌바오에 구겐하임 박물관이 대중에 공개되자 전 세계는 극찬을 아끼지 않았다. 영향력 있는 캐나다–미국 건축가인 프랭크 게리(Frank Gehry)가 설계한 이 매력적인 건축물은 '우리 시대 최고의 건축물'로 불리고 있다. 그 전에는 빌바오를 모르는 사람들이 많았지만, 이제 빌바오는 세계적인 여행지로 떠오르게 되었다. 사실 이 지역은 조선소와 대규모 창고가 있는 공업 지역으로, 강에는 한 세기에 걸쳐 강가의 공장들로부터 쏟아진 쓰레기로 가득했었다. 그러나 도시는 도시 재개발 계획의 일환으로 박물관을 건립하며 변화하기 시작했다. 이러한 변화는 '빌바오 효과'라고 불리고 있으며, 지금도 건축물에 대한 와우 효과(wow effect)가 도시를 어떻게 변화시키는지에 대한 연구가 이루어지고 있다.

박물관의 외관 디자인은 많은 의미와 메시지를 전달하고 있다. 외관은 배의 모양을 하고 있는데, 이는 주변에 흐르는 강과 조화를 이룬다. 박물관은 돌, 곡선 모양의 티타늄, 거대한 유리벽으로 이루어져 있으며, 방문객들은 박물관 내부에서 유리벽을 통해 주변 언덕을 내다볼 수 있다. 티타늄 판넬로 된 외부는 물고기의 비늘처럼 보이는데, 이는 네비온 강과 조화를 이룬다. 박물관 외부는 13미터의 '토피어리 테리어'(개 종류 중 하나) 조형물이 있으며, 이는 싱그러운 팬지(꽃) 화분으로 구성되어 방문객을 반긴다. 또한 파리 태생이면서 뉴욕에서 활동하는, 20세기를 이끄는 조형가인 루이즈 부르주아(Louise Bourgeois)가 만든 〈마망(Maman)〉이라는 거대한 거미도 있다.

박물관 내부는 금속으로 덮인 반구형의 아트리움으로 이루어져 있으며, 방문객들은 곡선형 길과 유리 승강기, 계단으로 연결된 길을 따라 19개의 갤러리로 갈 수 있다. 갤러리의 인테리어 역시 방문객이 박물관 내부에 대해 기대하는 것을 반영하고 있다. 직사각형 모양의 갤러리는 석회암벽으로 되어 있는데, 직사각형 모양이 상대적으로 보수적인 이미지를 지니듯, 이곳에서는 고전미술 작품을 전시한다. 비규칙적인 인테리어의 갤러리에는 선별된 현대 예술가의 작품을 전시한다. 또한 특별한 갤러리에는 기둥을 설치하지 않아 큰 예술작품을 전시할 수 있다. 이와 같은 갤러리의 구조는 서비스케이프를 위해 특별히 고안되고 계획된 또 하나의 예술작품이라 할 수 있다.

모든 서비스케이프가 빌바오의 구겐하임 박물관처럼 위대한 작품인 것은 아니다. 서비스 환경은 방문객의 기대를 형상화하여 주의를 끄는 수단이 되며, 방문객은 박물관에서의 멋진 경험을 기대한다.

Jules Selmes\Pearson Education Ltd.

그림 10.2 구겐하임의 박물관의 특별한 디자인은 수많은 찬사와 관중을 끌어들인다.

서비스 환경: 서비스 마케팅 믹스의 중요 요소

물리적 서비스 환경은 서비스 경험을 형성하고 고객 만족을 향상(또는 약화)시키는 데 핵심적인 역할을 한다. 병원, 호텔, 음식점, 전문 서비스 기관 같은 기관들은 서비스 환경이 서비스 마케팅 믹스와 전체 가치 제안의 중요한 요소임을 인식해왔다.

서비스 환경을 설계하는 과정은 많은 시간과 노력이 필요한 예술이며, 이를 실현하는 데는 비용이 들 수 있다. 서비스 환경 또는 서비스케이프라고도 불리는 이 환경은 고객이 서비스를 제공받는 장소에서 만나는 물리적 환경 및 다른 체험적 요소의 스타일 및 외관과 관련이 있다. 그림 10.3은 이 장에서 다루는 주요 주제를 개요로 제시한다.

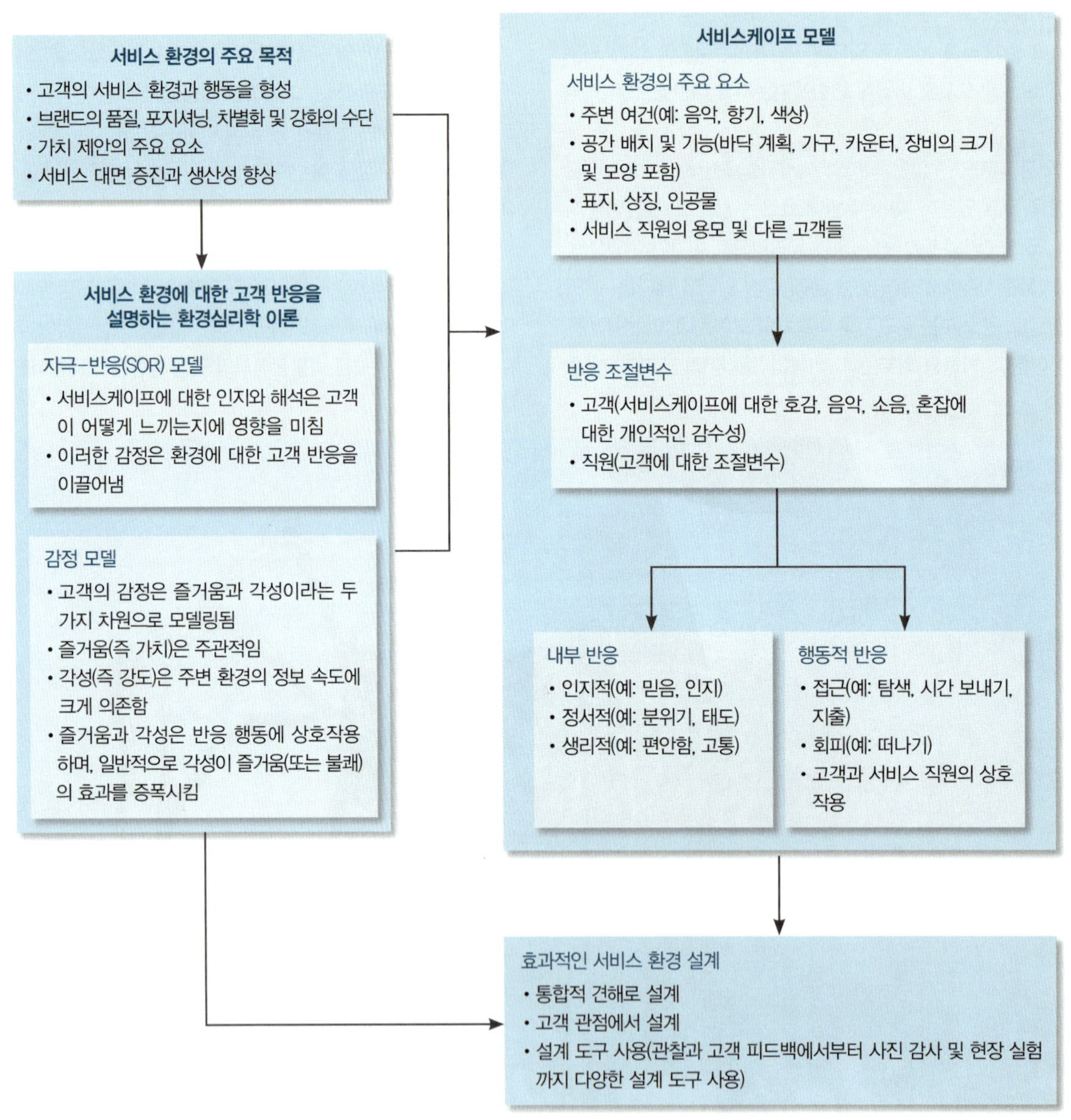

그림 10.3 서비스 환경 설계

서비스 환경의 목적

학습목표 1
서비스 환경의 4가지 핵심 목적을 알아본다.

4가지의 서비스케이프의 주요 목적이 있다. ① 고객 경험과 행동을 형성하고, ② 기업이 원하는 계획된 이미지를 전달하며 포지셔닝과 차별화 전략을 지원하고, ③ 가치 제안의 일부분이 되며, ④ 서비스 대면을 용이하게 하고, 서비스 품질과 생산성을 증대시킨다.

고객 경험 및 고객 행동 형성

높은 접촉 서비스를 제공하는 조직의 경우 고객 경험의 성격을 형성하는 데 물리적 환경의 설계가 핵심적인 역할을 한다. 고객과 직원의 감정 및 반응을 적절하게 '조성'하는 데 물리적 환경의 설계가 도움이 된다.[2]

브랜드 품질, 포지셔닝, 차별화의 수단

서비스는 눈에 보이지 않기 때문에 고객은 서비스의 품질을 판단하는 데 어려움을 느낀다. 따라서 고객은 서비스 환경을 품질 판단의 중요한 단서로 활용하기도 한다. 그러므로 기업은 서비스 환경이 서비스 품질을 나타내고 원하는 이미지를 전달할 수 있도록 많은 노력을 기울인다.[3] 투자은행이나 경영컨설팅 회사 같은 전문적인 서비스 기업 건물의 로비를 본 적이 있는가? 가구와 장식이 매우 격조 있고 고급스러운 인상을 남기도록 설계되어 있는 것을 볼 수 있을 것이다.

대부분의 사람들은 할인매장 같은 환경에 진열된 제품보다 명성이 높아 보이는 환경에 전시된 제품의 품질이 더 높다고 추론할 것이다.[4] 그림 10.4는 서로 상반된 세분 시장을 대상으로 하는 두 호텔을 보여준다. 한 호텔은 재미와 저예산을 추구하는 젊은 고객을 위한 것이고, 다른 호텔은 비즈니스 여행객을 포함하여 보다 성숙하고 부유한 고객을 대상으로 하고 있다. 두 호텔의 서비스케이프는 호텔이 추구하는 포지셔닝을 명확하게 보여주고 있으며, 호텔에 도착한 고객은 이를 통해 호텔이 제공하는 서비스에 대한 기대 수준을 형성한다.

서비스케이프는 종종 서비스 기업의 브랜드 이미지 구축에 중요한 역할을 한다. 예를 들

Edvard Nalbantjan/123RF

2009fotofriends/Shutterstock

그림 10.4 두 호텔의 로비를 비교해보라. 두 호텔은 서로 다른 고객 집단을 표적으로 한다.

Olaf Schuelke/Alamy Stock Photo

그림 10.5 마리나베이 샌즈의 해안가에 위치한 애플플래그십스토어

어, 스타벅스(Starbucks) 매장의 인테리어는 회사의 브랜드 정체성과 밀접한 관련이 있다. 마찬가지로 애플(Apple)은 세련된 디자인으로 유명하며, 매장도 예외는 아니다. 애플스토어(Apple Store)는 환한 분위기와 미니멀한 인테리어, 화이트 조명, 은빛 강철, 베이지 톤의 목재, 제품 마케팅 및 커뮤니티 이벤트를 위한 대형 비디오 스크린이 특징인데, 이들은 애플스토어가 쾌활하고 캐주얼한 분위기를 제공하는, 밝고 개방적이며 미래 지향적인 서비스케이프를 창출한다. 애플의 플래그십 스토어는 파리 루브르 박물관 내부, 상하이에 위치한 12미터 높이의 유리 실린더 아래 물에 둘러싸여 떠 있는 것처럼 보이는 싱가포르의 구형 매장처럼 독특한 특징을 가지고 있다(그림 10.5). 애플의 소매 영업은 회사의 주요 사업이다. 애플은 25개 국가에 510개의 매장을 보유하고 있으며, 미국에서 4만 3,000명 중 2012년에는 3만 명이 애플스토어에서 근무했다. 또한 2017년에는 평당 매출이 4,546달러로 미국 내에서 가장 높았다.[5] 애플스토어에서 제공하는 일관되고 차별화된 고품질의 서비스 경험은 애플의 브랜드 이미지를 강화하며, 이는 제품의 고급 및 고품질 포지셔닝과 일치한다.

가치 제안의 주요 요소

서비스케이프는 기업 가치 제안의 핵심 구성 요소가 될 수도 있다. 리조트 호텔은 이 원칙의 완벽한 예시가 될 수 있다. 클럽메즈빌리지(Club Med's villages)는 완전히 편안한 분위기를 조성하기 위해 설계되었는데 '탈출' 휴가 환경에 영감을 제공했을 것이다. 뉴데스티네이션(New destination) 리조트는 클럽메즈보다 훨씬 호화스러우며 테마파크에서 영감을 받아 실내와 실외 모두에 판타지 환경을 조성한다. 가장 극단적인 예는 라스베이거스에서 찾아볼 수 있다. 다른 지역의 많은 카지노와 경쟁에 직면하면서 라스베이거스의 리조트들은 순수히 성인을 위한 목적에서 벗어나 조금 더 건전한 리조트로 변신했다. 도박은 여전히 존재하지만,

최근에 건설된(또는 재건축된) 많은 대형 호텔은 '화산' 폭발(그림 10.6), 가상 해전, 파리, 이집트의 피라미드, 베니스 운하 등 시각적으로 매력적인 특징을 추가했다.

서비스 대면 증진 및 생산성 향상

마지막으로 서비스 환경은 서비스 대면을 용이하게 하고 생산성을 증대시킨다. 예를 들어 보육원에서는 장난감을 가지고 논 후 어디에 놓아야 하는지 벽과 바닥에 선을 표시한다. 패스트푸드 레스토랑과 학교 카페테리아에서는 전략적으로 식기 반납대를 설치하고, 벽에 이를 공지해놓음으로써 식사 후 식기를 반납하도록 유도한다. 서비스인사이트 10.1에서는 병원의 설계가 어떻게 환자의 회복과 직원의 업무수행을 돕는지 보여준다.

그림 10.6 라스베이거스에 있는 미라지 호텔앤드카지노에서 폭발하는 화산은 서비스케이프의 일부이다.

SERVICE INSIGHTS 10.1

병원의 서비스케이프가 환자와 직원에 미치는 영향[6]

고맙게도 대부분의 사람들은 병원에서 오랜 기간 지내지 않아도 된다. 하지만 우리에게 이러한 상황이 닥친다면 우리는 병원에서 적절한 환경에서 편하게 지내면서 회복하길 바랄 것이다. 하지만 병원에서의 적절한 환경이란 과연 어떤 것일까?

환자는 병원에서 지내며 세균에 감염될 수도 있고, 낯선 사람들과의 수많은 접촉에 스트레스를 받거나, 할 일이 없어 따분함을 느낄 수 있다. 또는 제공되는 식사가 마음에 안 들거나 편히 쉴 수도 없을 것이다. 이 모든 것이 환자의 회복을 더디게 만들 수 있다.

연구에 따르면 병원의 서비스케이프를 설계할 때 더 많은 주의를 기울이면 이러한 환자의 상태와 회복에 영향을 미치는 부정적 요인이 줄어들고 의료진의 복지와 생산성에 큰 기여를 한다는 사실이 밝혀졌다. 주요 권장사항은 다음과 같다.

- **1인실 제공** 이는 병원 내 감염을 줄일 수 있고, 다른 환자들과 병실을 공유함으로써 겪게 되는 혼잡을 줄여 수면과 휴식의 질을 높인다. 또한 환자의 사생활을 보호하고, 가족들의 도움을 받기 쉬우며, 환자와 직원 간의 커뮤니케이션을 좀 더 원활하게 한다.
- **좌석 공간과 손님용 접이식 침대 만들기** 가족의 지원 및 환자 치료의 참여를 장려한다.
- **소음 감소** 직원들의 스트레스 수준을 낮추고 환자의 수면을 돕는다.
- **기분전환** 환자가 볼 수 있는 녹지대나 다른 사람의 방해를 받지 않는 헤드폰이 달린 맞춤형 TV, 태블릿과 스마트폰을 위한 인터넷 접속, 그리고 아마도 신문, 잡지, 책이 있는 독서실 겸 도서관을 포함한다. 이러한 시설은 환자의 회복을 돕는다.
- **조명 개선** 특히 자연광을 접할 수 있게 해야 한다. 밝은 환경은 병원 내 사기와 분위기를 진작시킨다. 자연광은 환자들의 입원 기간을 줄일 수 있다. 의료진들은 적절한 밝기 아래서의 작업이 더 원활하며 실수를 줄일 수 있다.
- **환기** 환기와 더불어 공기청정은 공기 중 바이러스에 의한 감염을 줄이고 빌딩 내 공기의 질을 개선시킨다.
- **고객 중심의 '길 안내' 시스템** 병원은 매우 복잡한 구조이기 때문에 처음 또는 가끔 방문하는 이에게 병원 방문은 힘든 일이 될 수 있다. 특히 사랑하는 이가 병원에 입원을 하게 되어 다급하게 병원을 방문한 사람들에게는 더욱 그렇다.
- **배치** 환자 입원실과 간호사실 간의 불필요한 동선은 줄일 수 있어야 한다. 이는 피곤함과 시간의 낭비를 줄이고 동시에 환자를 위한 치료의 질을 향상시키며, 직원들의 커뮤니케이션과 활동을 증대시킨다.

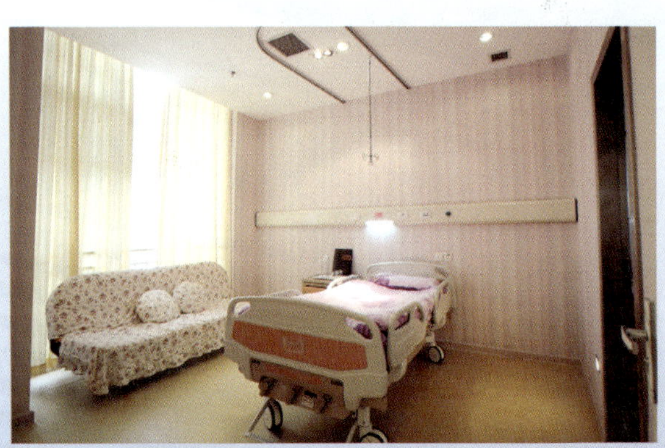
chenke\123rf

출처: Roger Ulrich, Xiaobo Quan, Craig Zimring, Anjali Joseph, and Ruchi Choudhary, *The Role of the Physical Environment in the Hospital of the 21st Century: A Once-in-a-Lifetime Opportunity*, Report to the Center for Health Design for the Designing the 21st Century Hospital Project, funded by the Robert Wood Johnson Foundation (September 2004); and Leonard L. Berry, Jonathan Crane, Katie A. Deming, and Paul Barach, "Using Evidence to Design Cancer Care Facilities," *American Journal of Medical Quality* 35 (5), (2020): 397–404.

학습목표 2

서비스 환경에 대한 직원과 고객의 반응을 이해하는 데 도움이 되는 환경심리학의 이론적 토대를 이해한다.

서비스 환경에 대한 고객 반응 이론

이제 서비스 기업이 왜 서비스 환경을 구축하기 위해 많은 노력을 기울이는지 이해할 수 있다. 그런데 서비스 환경이 사람과 그들의 행동에 중요한 영향을 미치는 이유는 무엇인가? 환경심리학 분야에서는 사람들이 특정 환경에 어떻게 반응하는지 연구해왔으며, 이 분야의 이론을 고객이 다양한 서비스 상황에서 어떻게 행동하는지 이해하고 관리하는 데 적용해볼 수 있다.

서비스 환경에 대한 고객 반응의 핵심 요소: 정서

서비스 환경에 대한 고객의 반응을 잘 이해하는 데 도움을 주는 중요한 두 가지 모델이 있다. 하나는 자극-반응 모델(stimulus-organism-response model, SOR)로, 이는 감정이 환경의 다양한 요소에 반응하는 데 핵심적인 역할을 함을 보여준다. 다음으로 감정 모델(model of affect)은 사람들의 감정을 이해하고, 이러한 감정이 반응 행동에 어떤 영향을 미치는지 규명한다.

자극-반응 모델 그림 10.7에서는 사람들이 어떻게 환경에 반응하는지를 설명하는 단순한 모델을 제시하고 있다. 환경에 대한 사람들의 의식적·무의식적 시각과 해석은 사람들이 그 상황을 어떻게 느낄지에 영향을 준다.[7] 사람의 감정(feeling, 느낌)은 모델에서 가장 핵심적이고 중요한 요소로, 이는 환경에 대한 사람들의 반응을 이끌어낸다. 유사한 환경이라도 각기 다른 감정과 행동을 이끌어낼 수 있다. 예를 들어, 우리는 수많은 고객으로 붐비는 백화점에 있는 것을 싫어한다. 이러한 환경에서는 자신이 원하는 것을 신속하게 찾을 수 없다는 사실을 알며, 이러한 환경을 피하려고 노력할 것이다. 하지만 비슷한 상황으로 계절 축제를 생각한다면 서두르지 않고 군중 속의 일부가 되는 것에 감흥을 느끼고 즐거움과 흥분을 느낄 수도 있

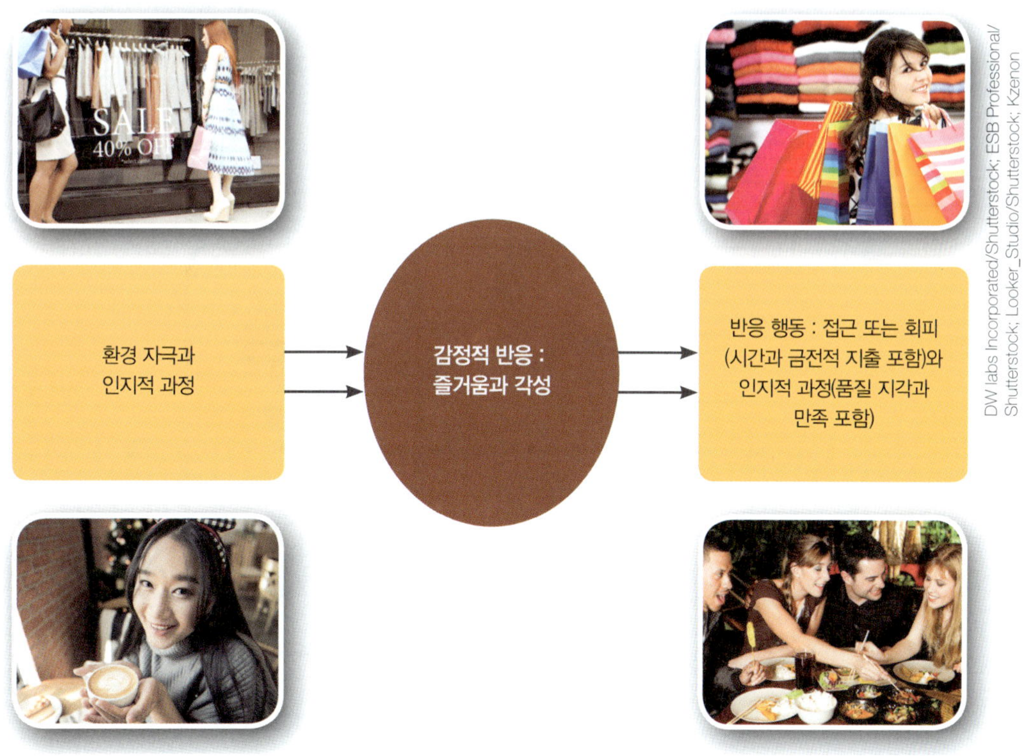

그림 10.7 자극-반응(SOR) 모델

을 것이다. 이는 우리가 머물면서 그 경험을 즐기고 싶게 만들 수도 있다.

환경심리학에서 환경에 대한 결과변수로 고려하는 가장 일반적인 개념이 바로 '접근(approach)'과 '회피(avoidance)'이다. 물론 서비스 마케팅 분야에서는 이보다 더 많은 결과변수를 포함할 수 있다. 예를 들면, 사람들이 얼마나 많은 시간과 돈을 소비하는지, 서비스 경험 후 얼마나 만족했는지 등이 바로 그것이다.

감정 모델 감정 또는 느낌은 사람들이 환경에 어떻게 반응하는지를 이해하는 데 중요한 요소이므로, 이에 대한 보다 자세한 규명이 필요하다. 그림 10.8은 널리 활용되는 감정 모델로, 환경에 대한 정서적 반응을 즐거움과 각성이라는 두 가지 차원으로 구분하고 있다.[8] 즐거움(pleasure)은 개인이 환경을 얼마나 좋아하는지 혹은 싫어하는지 같은 환경에 대한 직접적인 반응이다. 각성(arousal)은 깊은 수면(내면 활동의 가장 낮은 수준)부터 번지점프 같은 가장 높은 각성 단계까지 개인이 얼마나 자극을 느꼈는지를 나타낸다. 각성은 환경에서의 정보량 또는 정보 부담에 따라 크게 달라진다. 예를 들어, 환경은 복잡할 때, 움직임이나 변화가 있을 때, 새롭고 놀라운 요소가 있을 때 자극적인 것으로(정보량이 많은 것으로) 간주된다. 정보량이 낮은 편안한 환경은 반대의 특성을 가진다.

다음과 같은 의문이 생길 수 있다. 내 모든 느낌과 감정이 단 두 차원으로 설명될 수 있을까? 우리는 감정의 인지 또는 사고 부분을 이 두 기본적인 기저 감정 차원에서 분리할 수 있다. 따라서 서비스 실패로 인한 분노의 감정은 높은 불안정성과 높은 불쾌함의 용어로 설명할 수 있으며, 이는 이 모델에서 '고통스러운' 영역에 위치시키고, 그런 다음 인지적 속성 프로세스와 결합된다. 고객이 서비스 실패를 기업 탓으로 인식할 경우 강력한 인지적 속성 프로세스가 직접 높은 불안정성과 불쾌함으로 이어진다. 마찬가지로 대부분의 다른 감정도 인지적 및

그림 10.8 감정 모델

감정적 구성 요소로 나눌 수 있다.

감정 모델의 강점은 간결성에 있다. 이 모델은 서비스 환경에 있을 때 고객이 어떤 감정을 느끼는지를 직접 평가할 수 있게 해준다. 따라서 기업은 고객이 경험하길 원하는 감정적 상태에 대한 목표를 설정할 수 있다. 예를 들어, 롤러코스터에서는 고객이 흥분된 감정을 느끼길 원할 것이고, 스파에서는 고객이 편안한 감정을 느끼길 원할 것이다. 은행에서 고객은 만족한 감정을 느끼길 원할 것이다.

감정적 과정과 인지적 과정 감정은 복잡성을 가진 감각, 지각, 인지 과정에 의해 발생할 수 있다. 그러나 인지 과정이 복잡할수록 감정에 미치는 영향력이 강화된다. 예를 들어, 레스토랑에서의 서비스 수준과 음식 품질에 대한 고객의 실망은 간단한 인지적 과정(서비스 기대치와 비교되는 지각된 품질, 2장 참조)을 통해서는 보상될 수 없다. 그러나 이는 향수나 음악 같은 간단한 인지적 과정이 중요하지 않다는 사실을 의미하는 것은 아니다. 실제로 사람들의 서비스 대면은 일상적이며 높은 수준의 인지적 처리가 거의 없다. 마치 '자동조정 장치'가 있는 것처럼 행동하며 버스나 지하철을 이용하거나 패스트푸드나 은행에 들어갈 때와 같은 일상적 거래에서 서비스 대본을 따른다. 대부분의 경우 서비스 설정에서 사람들이 어떻게 느끼는지를 결정하는 것은 간단한 인지적 과정이다. 그러나 더 높은 수준의 인지적 과정이 발생할 경우(예: 서비스 환경에서 놀라운 일이 발생할 경우) 이 놀라움의 해석이 사람들의 감정을 결정한다.[9]

감정의 행동적 결과 가장 기본적인 수준에서 볼 때 즐거운 환경은 고객이 환경에 다가가게 하며 즐겁지 않은 환경은 기피하게 만든다. 각성은 행동에 의한 즐거움의 기본 효과를 증가시킨다. 서비스 환경이 즐겁다면 각성이 증가하여 즐거움을 유발하며 긍정적인 반응을 더 강하게 이끌어낸다. 반면 서비스 환경이 즐겁지 않다면 증가된 각성 수준은 고객을 괴롭게 만든다. 예를 들어, 소란스러우면서 빠른 박자의 음악은 크리스마스 전 금요일 밤에 사람들이 몰린 복도에 있는 것처럼 쇼핑객의 스트레스 수준을 높인다. 이와 같은 상황에서는 소매업체는 고객이 환경에 대한 정보에 부담을 덜 느끼게 해야 한다.

마지막으로 고객은 서비스에 대해 강한 감정적 기대를 가진다. 레스토랑에서의 로맨틱한 저녁식사나, 휴식을 취할 수 있는 스파, 댄스클럽이나 경기장에서의 흥분된 시간을 생각해보라. 따라서 고객이 강한 감정적 기대를 갖기를 원한다면 이러한 기대를 충족시켜줄 수 있도록 서비스 환경을 설계하는 것이 필요하다.[10]

서비스케이프 모델: 통합적 모형

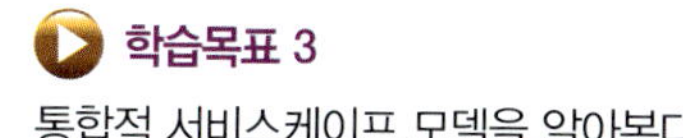
학습목표 3

통합적 서비스케이프 모델을 알아본다.

환경심리학의 기본적인 모델을 만든 메리 조 비트너(Mary Jo Bitner)는 '서비스케이프'라는 포괄적 모델을 개발했다.[11] 그림 10.9는 그녀가 규명한 서비스 환경의 주요 차원을 보여준다. ① 주변 여건, ② 공간 배치 및 기능성, 표지판, 상징, 인공물이 그것이다. 보통 사람들은 이러한 차원을 전체적으로 지각하기 때문에 효과적인 설계의 핵심은 개별 차원이 전체적으로 잘 어우러지게 하는 것이다.

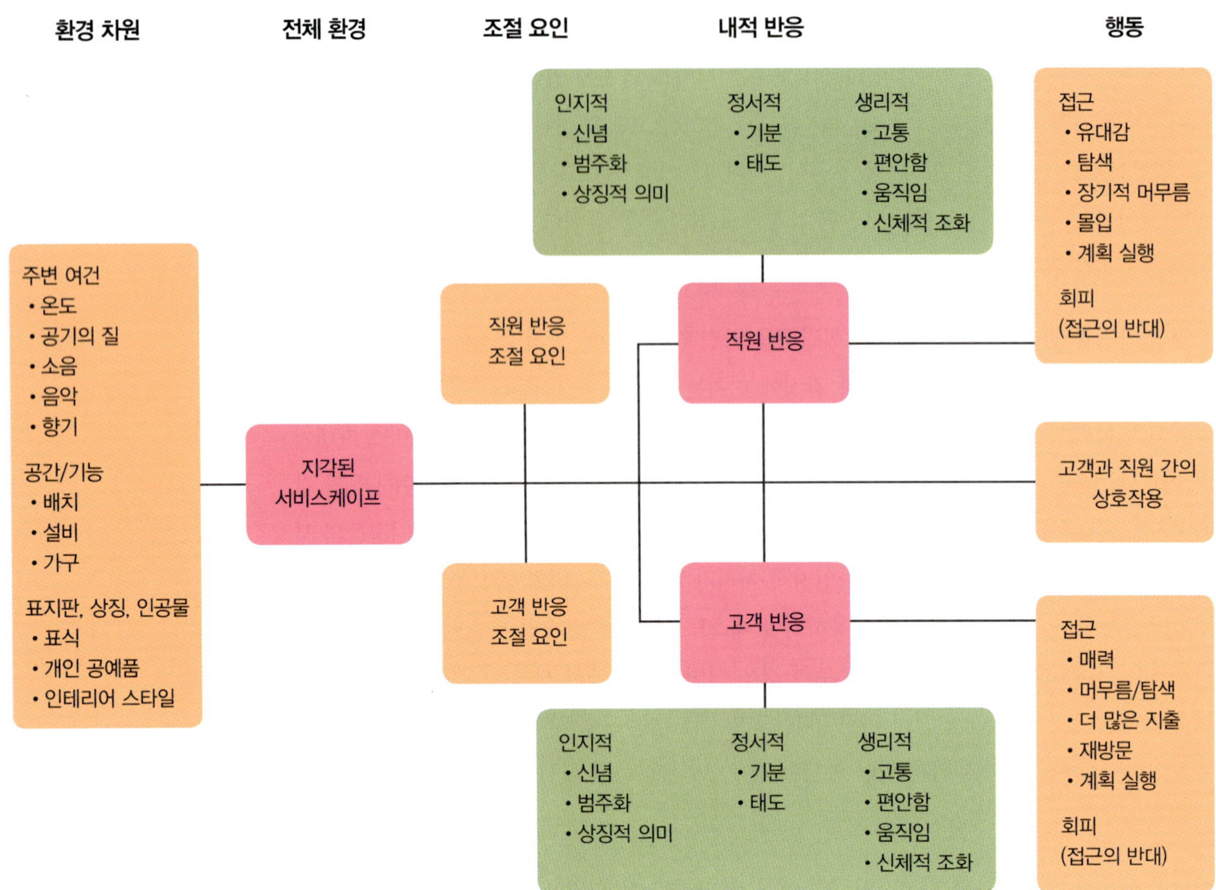

그림 10.9 서비스케이프 모델

출처: *Journal of Marketing*, American Marketing Association; American Marketing Society; National Association of Marketing Teachers, reproduced with permission of American Marketing Association.

서비스케이프 모델은 고객과 직원의 반응이 조절변수로서 작용함을 보여준다. 이는 동일한 서비스 환경이라 할지라도 고객이 누구이고 무엇을 좋아하는지에 따라 다른 효과를 미칠 수 있음을 의미한다. 아름다움은 감상하는 이의 눈에 달려 있으며 주관적이다. 예를 들어, 랩음악은 어떤 고객에게는 즐거움을 주지만, 다른 고객에게는 고문일 수도 있다.

서비스케이프 모델의 중요한 기여 중 하나는 서비스 환경에 대한 직원의 반응을 포함한 것이다. 결국 직원은 고객보다 훨씬 더 많은 시간을 환경에서 보내게 된다. 그러므로 서비스 환경 설계자는 어떻게 환경이 판매 일선에 있는 직원의 생산성을 높이고, 전달하는 서비스의 질을 강화시키는지 알아야 한다.

내부 고객과 직원의 반응은 인지적 반응(예 : 품질 지각과 신념), 정서적 반응(예 : 느낌과 기분), 생리적 반응(예 : 고통과 편안함)으로 구분할 수 있다. 이러한 심적 반응은 사람이 붐비는 슈퍼마켓을 피한다거나, 여유로운 환경에서는 오래 머무르며 충동적으로 더 많은 돈을 지출하는 식으로 명백한 반응을 초래한다. 이때 중요한 것은 고객과 직원의 행동 반응은 생산성을 높이거나 고품질의 서비스를 구매하는 방식으로 나타나야 한다는 것이다.

서비스 환경의 차원

▶ 학습목표 4

서비스 환경의 3가지 주요 차원을 이해한다.

서비스 환경의 차원은 복잡하며, 고객과 직원의 반응을 형성하는 많은 설계 요소를 포함한다. 표 10.1은 소매점에서 마주할 수 있는 전반적인 설계 요소를 보여준다. 이 장에서는 서비스케이프 모델 내 서비스 환경의 주요 차원인 ① 주변 여건, ② 공간 배치 및 기능성, ③ 표지판, 상징, 인공물을 중심으로 살펴보자.[12]

표 10.1 서비스 환경의 3가지 주요 차원을 이해한다.

차원	설계 요소	
외부 시설	• 건축 양식 • 빌딩 높이 • 빌딩 크기 • 빌딩 색상 • 외벽 및 외부 표지 • 매장 앞 • 입구 차양 • 잔디 및 정원	• 창문 배치 • 입구 • 가시성 • 독특함 • 매장 주변 • 주변 지역 • 과밀성 • 주차 및 접근성
일반적인 인테리어	• 바닥 및 카펫 • 색채 배합 • 조명 • 향기 • 냄새(예 : 담배연기) • 소리 및 음악 • 고정물 • 벽 구성 • 벽 질감(페인트, 벽지) • 천장 구성	• 온도 • 청결도 • 복도 너비 • 탈의실 • 엘리베이터 • 쓸모 없는 공간 • 상품 배치 및 진열 • 가격 수준 및 진열 • 계산대 위치 • 기술, 현대화
매장 배치	• 판매, 상품, 직원, 고객을 위한 공간 배치 • 상품 위치 • 상품 분류 • 직원 작업 장소 • 장비 위치 • 계산대 위치 • 대기 공간	• 동선 • 대기열 • 가구 • 쓸모 없는 공간 • 점포 내 각 부문의 위치 • 각 부문 내에서 상품의 배열 위치
인테리어 진열	• 구매 시점 배치 • 포스터, 사인, 카드 • 인터랙티브 스크린 • 그림 및 예술품 • 벽장식 • 테마 설정	• 전체적인 효과 • 선반 및 케이스 • 상품 진열 • 가격 진열 • 쓰레기통 • 가동물
사회적 차원	• 직원 특성 • 직원 유니폼 • 혼잡도	• 고객 특성 • 프라이버시 • 셀프서비스

출처: Barry R. Berman, Joel R. Evans, and Patrali M. Chatterjee, *Retail Management: A Strategic Approach*, 13th edition (Upper Saddle River, New Jersey: Prentice Hall, 2017).

 **학습목표 5**

핵심적 주변 여건과 이들이 고객에게 미치는 영향을 논의한다.

주변 여건의 영향

주변 여건이란 우리의 오감과 관련된 환경의 요소를 말한다. 이러한 환경 요소는 의식적으로 관찰되지 못하더라도 사람의 심리적 상태, 인식, 태도, 행동에 영향을 미칠 수 있다. 원하는 서비스 환경을 구축하려면 수많은 설계 요소와 항목이 함께 어우러져야 한다. 이러한 주변 여건은 결과적으로 고객에게 인지되고 해석된 분위기를 창출한다. 주변 여건은 개별적이면서 전체적으로 인식된다. 여기에는 조명, 색채 디자인, 향기 또는 냄새, 음악 또는 소음 같은 소리, 크기와 형태, 공기의 질과 온도 등이 포함되어 있으며(그림 10.10), 잘 설계된 주변 여건은 고객들로부터 원하는 반응을 이끌어낼 수 있다. 이제 음악을 시작으로 몇 가지 중요한 주변 여건 차원에 대해 논의해보자.

음악 음악은 아무리 작은 소리라 할지라도 서비스 상황에서 사람의 지각과 행동에 강력한 영향을 끼친다. 음악의 빠르기, 크기, 하모니 같은 다양한 요소는 총체적으로 지각된다. 음악이 지각과 행동에 미치는 영향은 개인에 따라 다르다. 예를 들어, 젊은 사람들은 나이 든 사람과는 상이한 음악적 취향을 지니고 있으므로 같은 음악에 대해서도 다르게 반응하기 마련이다.[13]

기존의 많은 연구는 빠른 박자와 큰 소리의 음악이 사람의 흥분 수준을 높임을 밝혔다. 그리고 이는 결과적으로 사람들의 행동에 영향을 미쳐 고의적이든 아니든 음악의 리듬에 맞춰 행동의 속도를 조절하는 경향으로 나타난다고 보았다. 따라서 레스토랑에서는 음악의 빠르기와 소리를 높여 테이블 회전속도를 빠르게 하고 더 많은 손님을 받을 수 있다. 반면 느린 박자의 조용한 음향으로 저녁식사 속도를 느리게 하여 음료수 매출을 높일 수도 있다. 8주 동안 진행된 레스토랑 연구에서 느린 음악 환경에서 식사한 고객은 빠른 음악 조건의 개인보다 레스토랑에 더 오래 머물렀다. 결과적으로 느린 박자의 음악이 재생될 때 음료 매출이 상당히 증가했다.[14]

유사하게 기존 연구 결과에서는 느린 음악이 흘러나올 때 쇼핑객들이 좀 더 느리게 걸으면서 충동구매를 더 많이 한다고 보았다. 또한 친숙한 음악은 사람들을 자극해 매장을 둘러보는 시간을 줄이는 반면, 친숙하지 않은 음악은 쇼핑객들이 점포 내에서 보다 많은 시간을 머무르게 조장하는 것으로 나타났다. 서비스를 받기 위해 기다려야 하는 상황에서 음악을 효과적으로 활용하면 지각된 대기시간을 줄이고, 고객의 만족을 증대시킬 수 있다. 병원 수술 대기실에서 나오는 편안한 음악은 스트레스 수준을 낮추는 데 효과적일 수 있다.[15]

Hamsterman/123RF

그림 10.10 라이브 포크 음악은 식사 중인 고객의 경험을 향상시킬 수 있다.

식당, 소매점, 심지어 콜센터에서 적절한 음악을 제공하는 것은 하나의 산업으로 자리 잡았다. 이 분야에서 시장을 선도하는 무드미디어(Mood Media)는 미국 내에서 30만 개 이상의 회원사에 음악을 제공하고 있다. 그들은 기독교 서점, 흑인 이발소, 영어와 스페인어 사용자를 위한 쇼핑몰 같은 장소에 특별한 재생 목록을 제공한다. 또한 '데이 파팅'을 사용하여 주간의 주부들이나 방과 후 청소년 같은 다양한 고객층에 맞게 음악을 제공한다.

그림 10.11 클래식 음악은 이유 없이 주변을 배회하거나 공공기물을 파손하는 사람들을 차단하는 데 활용할 수 있다.

한편 음악은 원하지 않는 유형의 고객을 차단하는 데 쓰일 수도 있다. 지하철, 슈퍼마켓, 기타 공공장소 등 많은 서비스 환경에는 구매할 의사가 없는 사람들도 섞여 있는데, 이들 중 몇몇은 관리상 또는 다른 고객들과 문제를 일으키는 불량 고객이다(13장 참조). 영국에서는 이러한 사람들을 쫓아내는 전략으로 클래식 음악을 활용하고 있다(그림 10.11). 주변을 이유 없이 배회하거나 공공기물을 파손하는 사람들은 클래식 음악을 듣는 것을 싫어한다. 영국의 식료품점 체인인 코오프(Co-op)는 주변을 배회하면서 고객들에게 겁을 주는 10대들을 막기 위해 매장 외부에 클래식 음악을 틀어놓았다. 직원들은 리모콘을 가지고 있으며, 상황이 전개되어 사람들을 해산시켜야 할 경우 음악을 들을 수 있다.[16]

향기 환경을 가득 채우는 주변 향기나 냄새는 고객에게 의식적으로 인식될 수도 있고 그렇지 않을 수도 있으며, 특정 상품과는 관련은 없다. 향기는 기분, 감정, 평가, 구매 의도, 매장 내 행동에 강력한 영향을 미칠 수 있다.[17] 한창 배고플 때 갓구운 크로와상의 냄새를 맡았다면 그 향기의 힘을 경험했을 것이다. 이 향기는 우리에게 배고픔을 자각시키고 이를 해결책으로 인식하게 한다. 마찬가지로 디즈니(Disney)의 매직킹덤 메인스트리트의 갓구운 쿠키의 냄새는 고객을 편안하게 만들어 따뜻한 느낌을 제공하며, 빅토리아시크릿(Victoria's Secret) 매장의 포푸리향은 란제리 옷장의 분위기를 조성한다.

시카고의 후각 및 미각 치료 연구재단(Smell & Taste Treatment and Research Foundation) 신경학 소장인 향기 연구가 앨런 R. 허시(Alan R. Hirsch)는 미래에는 우리가 향기를 충분히 이해하여 사람들의 행동을 관리하는 데 이를 사용할 수 있을 것이라고 확신한다.[18] 서비스 마케터는 레스토랑에서 배고픔과 목마름을 유발하고, 치과 대기실에서 편안하게 만들며, 체육관에서 더 열심히 운동하도록 동기를 부여하는 방법에 관심을 가진다. 아로마테라피에서는 향기가 특별한 특성을 가지고 있고, 특정 감정과 생리적 및 행동적 반응을 유도하는 데 사용될 수 있다고 한다(그림 10.12). 표 10.2는 특정 향기가 사람에게 미치는 추측 효과를 보여준다. 연구에 따르면 향기는 서비스 환경에서 고객의 인식, 태도, 행동에 상당한 영향을 미칠 수 있음을 보여준다. 예를 들면 다음과 같다.

- 도박을 즐기는 사람은 한 라스베이거스 카지노가 평온함을 느끼는 인공적인 냄새를 풍겼을 때 슬롯머신에 45%의 돈을 더 넣었다. 향기가 더 진해졌을 때 그들의 돈 씀씀이는 53%까지 증가했다.[19]

그림 10.12 아로마테라피를 통해 이완과 안정을 찾을 수 있다.

표 10.2 아로마테라피: 향이 사람에 미치는 영향

향	향기 종류	아로마테라피 수준	전통적 사용법	잠재적인 심리적 효과
유칼립투스	장뇌향	탄력, 자극	체취 제거, 살균, 진정제	활력과 고무
라벤더	약초향	진정, 조화	근육 이완, 진정제, 지혈제	안정과 평온
레몬	시트러스	활력, 희망	살균, 진정제	활력에 대한 진정
후추	스파이시	조화, 진정	근육 이완, 최음제	정서 조절

출처: http://www.aromatherapy.com/, accessed February 26, 2022; Shirley Price and Len Price, *Aromatherapy for Health Professionals*, 4th edition (Churchill Livingstone, UK, 2011).

▶ 사람들은 꽃향기가 나는 방에서 신발을 신어보았을 때 나이키 운동화의 구매를 더 원했으며, 한 켤레에 10.33달러의 돈을 더 지불하려고 했다. 심지어는 향기가 아주 옅어 사람들이 알아차리지 못할 때도 무의식적으로 향기를 지각하여 같은 효과가 나타났다.[20]

많은 서비스 기업은 향기의 힘을 인지하고, 브랜드 경험의 일부로 향기를 활용하고 있다. 예를 들면, 웨스틴 호텔(Westin Hotel)은 로비에 백차(white tea)향을 활용하고 있으며, 홀리데이인 익스프레스(Holiday Inn Express)에서는 로비에 녹차, 달콤한 풀, 시트러스를 혼합한 그린 허브를 시그니처 향으로 사용하고 있다. 이러한 트렌드를 반영하여 전문적인 서비스 기업은 향기 마케팅을 도입한다. 예를 들어, 앰비우스(Ambius)라는 회사는 소매 서비스, 환대 서비스, 금융 서비스, 헬스케어 서비스 및 기타 서비스 등에 '감각적 브랜딩(sensory branding)', '잔잔한 향(ambient scenting)', '악취 정화(odor remediation)' 같은 향기 관련 서비스를 제공하고 있다. 기업들은 앰비우스를 통해 서비스케이프의 하나인 향기를 외주로 관리하고 있으며, 앰비우스는 각 서비스 기업에 특화된 독점적인 향을 컨설팅 및 설계해주고, 전 체인점에 걸쳐 관리해주는 역할을 하고 있다. 상업 시설을 위한 음악, 향기, 간판을 제공하는 선도적인 공급업체인 무드미디어의 고객은 1,600개 이상의 향기 라이브러리에서 원하는 향기를 만들 수 있다.[21]

색상 연구자들은 음악과 향기 외에 색상 또한 사람들의 감정에 강한 영향을 미친다는 것을 발견했다. "색상은 자극적이고, 진정시키며, 표현력이 풍부하고, 혼란스우며, 인상적이고, 문화적이며, 활기가 넘치고, 상징적이다. 색상은 우리 삶 모든 곳에 만연해 있으면서 일상에 활기를 주고, 모든 사물에 아름다움과 극적 요소를 더한다."[22]

심리학 연구에서 주로 활용되는 색상 체계는 먼셀 체계(Munsell system)로, 색상을 색조, 명암, 채도라는 3가지 차원으로 정의했다.[23] **색조**(hue)는 색상의 색소를 말한다(즉 색상의 이름으로, 빨강, 오렌지, 노랑, 초록, 파랑, 보라 등). **명암**(value)은 색상의 진하기나 연한 정도를 말한다. **채도**(chroma)는 색조의 밀도, 색의 포화도(백색과의 혼합 정도) 또는 밝은 정도를 말한다. 채도가 높은 색은 색소의 밀도가 높으며, 농후하고 밝게 보인다. 채도가 낮은 색은 우중충하게 보인다.

색조는 다시 따뜻한 색(빨강, 주황, 노랑)과 차가운 색(파랑, 초록)으로 분류된다. 주황색(빨

표 10.3 색에 대한 사람들의 일상적인 연상 및 반응

색상	따뜻함의 정도	자연과 관련된 상징	색에 대한 공통적 속성 및 인간적인 반응
오렌지색	가장 따뜻함	일몰	감정, 표현, 온기
노란색	따뜻함	태양	낙관주의, 명확성, 지적 능력, 감정 강화
빨간색	따뜻함	지구	높은 수준의 에너지 및 열정, 감정, 표현, 온기를 불러일으킴
초록색	시원함	성장, 잔디, 나무	양육, 치료, 조건 없는 사랑
남색	시원함	일몰	명상, 영성
보라색	시원함	보라색꽃	영성, 스트레스 감소로 평온한 감정을 만들어줌
파란색	가장 시원함	하늘 및 해양	휴식, 평온함, 충성심

출처: Sara O. Marberry and Laurie Zagon, *The Power of Color—Creating Healthy Interior Spaces*. New York: John Wiley, 1995, p. 18 ; Sarah Lynch, *Bold Colors for Modern Rooms: Bright Ideas for People Who Love Color*. Gloucester, MA: Rockport Publishers, 2001, pp. 24-29 .

강과 노랑의 혼합)은 가장 따뜻한 색이고, 파란색은 가장 차가운 색이다. 이러한 색은 환경의 따뜻함을 관리하는 데 사용될 수 있다. 예를 들면, 보라색이 너무 따뜻하다면 빨간색을 줄임으로써 이를 차갑게 할 수 있다. 빨간색이 너무 차갑게 느껴지면 약간의 주황색을 더해 따뜻하게 할 수 있다.[24] 따뜻한 색상은 상쾌한 기분 상태 및 흥분과 연관이 있을 뿐만 아니라 높은 불안을 유발할 수 있다. 시원한 색상은 흥분 수준을 낮추고 평화, 고요, 사랑, 행복 같은 감정을 불러일으킬 수 있다.[25] 표 10.3은 색상에 관한 일반적인 연관성과 반응을 요약하고 있다.

서비스 환경에 관한 연구를 보면 사람들이 좋아하는 색에는 차이가 있지만, 일반적으로 따뜻한 색을 좋아하는 것으로 나타났다(그림 10.13). 따뜻한 색은 빠른 의사결정을 조장하기 때문에 저관여 상황에서의 의사결정이나 충동구매를 이끄는 데 매우 적절하다. 차가운 색은 소비자가 고관여 상황에서의 구매의사를 결정하기 위해 시간이 필요한 경우에 선호된다.[26]

효과적인 색상과 조명의 예로는 보잉787기 드림라이너(Boeing 787 Dreamliner) 및 에어버스(Airbus) A350 모델의 기내 인테리어를 들 수 있다. 과거에는 기내 조명의 기능이 켜지거나 꺼지는 것만 있었지만 새로운 발광 다이오드(LED) 기술 덕분에 다양한 조명 팔레트가 이용 가능해졌다. 디자이너들은 이제 각종 색조로 기내를 조명하며 "탑승할 때 황금색의 따스함보다 분홍–자주색 빛이 승객들을 더 안정적이고 차분하게 만들 수 있을까?" 또는 "조명을 최대한으로 이용하여 시차를 최소화할 수 있을까?" 같은 질문을 던지고 있다. 핀에어(Finnair) A350의 기내는 장거리 비행 시 다양한 단계에 대한 24가지 이상의 조명 설정을 갖추고 있다. 또한 대략 20분간의 '일몰'이 있으며, 목적지에 따라 색상을 조

Pavel L Photo and Video/Shutterstock

그림 10.13 많은 매장은 충동구매를 유도하기 위해 따뜻한 색을 사용한다.

절한다(예: 아시아로 비행 시 따뜻한 황금빛 색상, 핀란드 도착 시 더 시원한 '노르딕블루' 색조). 비슷하게 버진애틀랜틱 항공(Virgin Atlantic)은 787 비행기에서 로즈샴페인(탑승 시), 보라핑크(음료 시), 황금(저녁 식사 시), 실버글로우(수면 중) 및 일어날 때의 색상 등 몇 가지 주요 설정이 있다. 버진 애틀랜틱의 설계 관리자는 다음과 같이 말한다. "우리는 항상 기내에서 우리만의 분위기를 만들고 싶었고 조명이 이러한 의도에 정확히 들어맞았습니다. … 사람들을 기운 나게 할 수도 있고 매우 빨리 편안하게 만들 수도 있습니다."[27]

학습목표 6

공간 배치와 기능의 역할을 결정한다.

공간 배치와 기능성

주위 환경과 함께 공간 배치와 기능성은 서비스 환경의 또 다른 주요 영역이다. 서비스 환경은 특정한 목적을 수행하고 고객의 욕구를 충족해야 하기 때문에 공간 배치와 기능성은 특히 중요하다.

truembie/123RF

그림 10.14 강의실의 불편한 의자는 학생들을 집중하기 어렵게 만든다.

공간 배치는 층별 계획, 집기의 크기와 모양, 계산대, 기구, 설비의 배열 등을 일컫는다. 기능성은 서비스 성과를 증진할 수 있는 위 항목들의 능력을 의미한다. 두 차원 모두 시설에 대해 고객이 느끼는 친숙성과 서비스 수행 능력에 영향을 미친다. 너무 가깝게 배치된 카페의 테이블, 프라이버시를 보장해주지 않는 은행의 카운터, 불편한 강의실 의자(그림 10.14), 부족한 주차공간은 모두 고객에게 부정적인 인상을 남길 뿐만 아니라 서비스 경험 및 구매 행동에 영향을 미쳐 궁극적으로 서비스 시설물의 성과에도 부정적 결과를 초래할 수 있다.

학습목표 7

표지판, 상징, 인공물의 역할을 이해한다.

표지판, 상징, 인공물

서비스 환경을 이루는 대다수가 기업의 이미지를 전달하는 신호 같은 역할을 한다. 이는 고객에게 길(예 : 특정 서비스 창구, 부서, 출구)을 찾게 해주며, 서비스 규약(예 : 대기 시스템)에 대해 알게 해준다. 고객은 서비스 환경과 서비스 전달 과정에서 제시되는 표지판(sign), 상징(symbol), 인공물(artifact) 등을 통해 가장 먼저 그 의미를 유추하려 노력한다.

표지판은 ① 표시를 나타내기 위해(예: 부서나 창구의 명칭 안내), ② 방향을 알려주기 위해(예: 입구, 출구, 계단, 화장실), ③ 서비스 규약의 알리기 위해(예: 대기번호를 받고 호출되기를 기다릴 것, 식사 후 식판 반납할 것), ④ 행동적 규범을 상기시키기 위해(예: 공연 시 휴대폰을 끄거나 진동모드로 전환할 것, 흡연/비흡연 구역) 활용될 수 있다. 표지판은 서비스 상황에서 행동 지침을 알려주기 위해 자주 사용된다. 어떤 표지판은 꽤 흥미롭고 비교적 명백할 수 있지만, 어떤 것은 의미를 이해하는 데 시간을 필요로 하기도 한다(그림 10.15). 그러나 싱가포르 창이 공항의 나비정원 입구에 사용된 표지는 더 창의적이고 효과적이다(그림 10.16). 일부 표지는 상당히 흥미롭고 명백할 수 있지만, 다른 표지는 의미를 이해하려면 약간의 노력이 필요할 수 있다(그림 10.17). 그림 10.18은 잘 디자인된 표지판이 고객과 서비스 조직에

Friedrich Stark/Alamy Stock Photo

그림 10.15 싱가포르 MRT 지하철의 금지 표지판

Friedrich Stark/Alamy Stock Photo

그림 10.16 이 표지판은 창조적인 메시지를 사용하여 방문객들의 행동을 관리한다.

James Steidl/Shutterstock

그림 10.17 혼란스러운 표지판은 사람을 미지의 장소로 이끌 수 있다.

고객 관점

- 고객에게 최신 정보 제공하거나 알려주고, 방향 설정, 자유 이동, 준비된 경로를 따라 이동할 수 있게 하거나, 감정적으로 자극을 받게 함
- 서비스케이프와 친밀감 생성
- 서비스 프로세스에 더 쉽게 참여할 수 있도록 도움
- 안내 표지판을 따라가는 동안 신뢰와 안심 수준 높임. 서비스 대면 중에 더 높은 수준의 지각된 통제 제공
- 긴장, 혼란, 길 잃음, 잘못된 방향 전환, 정보 요청을 줄임
- 목표 달성을 위한 시간과 노력을 줄임
- 다른 고객이 서비스 대면(예: 대기열)을 따르도록 장려하고 고객의 경험을 향상시키도록 함

↔

서비스 조직 관점

- 고객의 흐름과 행동을 지시, 정보를 제공하며 관리
- 서비스 품질을 향상시키고 고객 만족도를 증가
- 일선 직원이 정보를 제공하고 고객 안내의 필요를 줄임
- 일선 직원이 방해를 덜 받게 되어 작업하는 데 도움
- 기업 이미지 강화
- 고객을 유치하고 흥미 유발
- 경쟁사와 차별화

그림 10.18 잘 디자인된 간판의 이점

출처: Angelo Bonfani, "Towards an Approach to Signage Management Quality (SMQ)," *Journal of Services Marketing* 27(4): 312–321. © 2013 Emerald Group Publishing Limited.

혜택을 제공한다는 것을 보여준다.

서비스케이프 설계자의 과제는 표지판, 상징, 인공물을 사용하여 고객에게 서비스 제공 프로세스를 명확하게 안내하고 가능한 한 직관적인 방식으로 서비스 매뉴얼을 교육하는 것이다. 이 작업은 신규 고객 또는 간간이 방문하는 고객의 비율이 높거나(예: 공항, 병원), 셀프서비스 수준이 높은 서비스케이프에서 특히 중요할 것이라고 가정한다(예: 셀프서비스 은행지점).[28]

고객은 서비스케이프에서 명확한 신호를 이끌어낼 수 없을 때 방향 감각을 잃게 된다. 이는 원하는 서비스를 어떻게 진행하고 얻는지에 대한 불안과 불확실성으로 이어진다. 신호와 다른 방향성 신호가 직관적이지 않은 낯선 병원, 쇼핑센터, 대규모 공공기관 사무실을 지나쳐 길을 찾으려 했던 때를 생각해보라. 많은 서비스 시설에서 고객의 첫 접촉 지점은 주차장일

가능성이 높다. 서비스인사이트 10.2는 효과적인 환경 설계의 원칙이 그러한 일상적인 환경에서도 어떻게 적용되는지를 강조한다.

학습목표 8

서비스케이프의 일부로서 직원과 주변 고객의 역할을 알아본다.

서비스 환경의 일부분으로서의 사람

서비스를 제공하는 직원과 고객, 이들의 외관과 행동은 서비스 환경에 의해 생성되는 인상을 강하게 할 수도 약하게 할 수도 있다. '심미적 노동(aesthetic labor)'이란 용어는 고객을 직접

SERVICE INSIGHTS 10.2

주차장 설계를 위한 가이드라인

많은 서비스 시설에 있어 주차장은 아주 중요한 역할을 한다. 주차장에서 효과적인 표지판, 상징, 인공적인 구조물은 고객이 길을 찾는 데 도움을 준다. 이는 또한 서비스 회사에 대한 긍정적인 이미지를 보여주는 것이다.

- **친근한 경고:** 모든 경고 표지판은 고객에게 편익을 전달해야 한다. 예를 들면, 소방선은 "여러분의 안전을 위해 소방선 안에 주차하지 마시길 요청합니다"와 같은 의미이다.
- **안전등:** 전 구역의 충분한 조명은 고객의 생활을 편리하게 하고 안전을 향상시킨다. 회사는 이러한 내용을 다음과 같은 공지 문구로 사람들의 주의를 끌어야 한다. "주차장은 여러분의 안전을 위해 특별 조명시설을 완비했습니다."
- **고객이 주차한 장소를 기억할 수 있게 하기:** 큰 주차장에서 가족용 차를 어디에 주차했는지 잊어버리는 것은 악몽이 될 수 있다. 대부분의 주차장은 어느 층에 주차했는지 기억할 수 있게 각 층별로 다른 색을 사용하고 있다. 그 외에 대다수의 주차장은 다른 종류의 동물과 같은 상징물을 이용하여 각 구역을 표시하기도 한다. 이러한 점은 고객이 차를 주차한 층뿐 아니라 주차구역을 기억하는 데 도움을 준다. 보스턴의 로건 공항에는 각 층을 매사추세츠주와 관련된 테마로 나누고 있다. 예를 들면, 폴 리비어의 말 달리기(Paul Revere's Ride), 코드곶(Cape Cod), 보스턴 마라톤 등이 있다. 이미지가 각 테마마다 말을 타고 있는 남자, 등대, 여성 달리기 선수로 부여된다. 여행자는 엘리베이터를 기다리면서 각 층의 테마와 연관된 음악을 듣는다. 보스턴 마라톤 층에서는 오스카상을 수상한 올림픽 선수에 관한 영화인 〈불의 전차(Chariots of Fire)〉의 테마음악이 흘러나온다.
- **임산부를 위한 주차장:** 법적으로 장애인을 위한 공간이 필요하고, 차량에 특별한 표시가 부착되어야 한다. 일부 사려 깊은 회사들은 파란색과 분홍색으로 표시된 임산부를 위한 특별한 주차공간을 마련한다. 이 전략은 고객이 원하는 것이 무엇인지 이해하고, 고객을 배려하고 있다고 느낄 수 있다.
- **선명한 페인트:** 도로 경계석, 보행로와 주차공간은 갈라지거나, 벗겨지거나 또는 새로 칠해야만 한다는 것이 명확해지기 전에 정기적으로 칠해야 한다. 도색을 새로 하는 것은 종종 긍정적인 청결 이미지와 긍정적인 이미지를 보여준다.

Serghei Starus/123RF

출처: Lewis P. Carbone and Stephen H. Haeckel, "Engineering Customer Experiences," *Marketing Management* 3, no. 3 (Winter 1994): 9–18; Lewis P. Carbone, Stephen H. Haeckel, and Leonard L. Berry, "How to Lead the Customer Experience," Marketing Management 12, no. 1 (Jan/Feb 2003): 18; Leonard L. Berry and Lewis P. Carbone, "Build Loyalty through Experience Management," *Quality Progress* 40, no. 9 (September 2007): 26–32.

대면하는 서비스 제공자의 용모의 중요성을 강조하기 위해 사용한다.[29] 디즈니 테마파크는 직원을 배우라고 칭한다. 이들 직원은 신데렐라가 되든, 백설공주의 일곱 난쟁이 중 하나가 되든, 공원의 청소원이 되든, 버즈 라이트이어 투모로랜드를 관리하는 사람이 되든지 간에 각자의 상황에 맞게 옷을 갖추어 입고 공원의 일부가 되어야 한다. 복장을 갖추고 나면 고객을 위해 최선을 다해야만 한다.

마찬가지로 마케팅 커뮤니케이션은 서비스 제공자가 만든 분위기를 즐길 뿐만 아니라 능동적으로 서비스를 이용하는 고객을 유치하기 위해 노력할 수 있다. 환대 및 소매 분야에서 신규 고객은 종종 해당 업소를 이용할지 여부를 결정하기 전에 기존 고객들의 다양한 모습을 확인해본다.

모든 환경 요소의 결합

 **학습목표 9**

효과적인 서비스케이프를 설계하기 위해 종합적 관점과 고객 관점을 견지하는 이유를 설명한다.

개인은 환경의 특정한 부분 또는 각각의 디자인을 보지만, 고객 반응에 영향을 미치는 것은 각 특징의 전체적인 조화이다. 즉 고객은 서비스 환경을 총체적으로 인식한다.

종합적 관점에서의 설계

진하고 윤이 나는 나무로 된 바닥이 완벽한 바닥이 되느냐는 서비스케이프를 구성하는 다른 모든 요소에 의해 결정된다. 여기에는 가구의 형태, 색상, 재질, 조명, 판촉물, 전체적인 상표 인식과 회사의 포지셔닝 등이 포함된다. 서비스케이프는 종합적 관점에서 설계되어야 하며, 이는 모든 것은 다른 모든 것에 의해 결정됨을 의미하기 때문에 설계의 어떠한 차원도 다른 차원에 대한 고려 없이 계획되어서는 안 된다.

서비스 환경의 전반적인 설계를 계획하는 과정은 예술이다. 따라서 전문 디자이너는 주로 특정 유형의 서비스 환경에 중점을 둔다. 예를 들어, 일부 유명한 인테리어 디자이너는 전 세계의 호텔 로비를 만드는 데만 전념한다. 마찬가지로 레스토랑, 바, 클럽에 중점을 둔 디자인 전문가, 카페와 비스트로, 소매점, 의료시설 등에 중점을 둔 전문가가 있다.

부상하는 기술인 가상현실(VR) 및 증강현실(AR) 같은 기술은 서비스케이프의 일부가 되고, 결국 물리적인 환경을 완전히 대체할 것이다(서비스인사이트 10.3 참조). 이 장에서 배운 내용 중 많은 부분은 여전히 적용되지만(예: 음악과 색상), 일부는 적용이 덜 될 수도 있으며(예: 향기), 일부는 새로운 이슈가 중요해질 수도 있다(예: P2P 온라인 동료 상호작용).[30]

고객 관점에서의 설계

많은 서비스 환경은 물리적 외관에 초점을 두고 구축된다. 설계자는 가장 중요한 디자인적 요소가 그 환경을 이용할 고객이 되어야 한다는 사실을 종종 망각한다. 예를 들면, 두 가지 새로운 서비스 환경에서 다음과 같은 설계 약점이 발생할 수 있다.

- 한 5성급 호텔은 고객을 연회장에서 화장실로 안내하는 명확한 표지판 없이 개점했다. 표지판은 어두운 대리석 기둥에 흐린 금색으로 새겨져 있었다. 더 분명한 것은 표지판

SERVICE INSIGHTS 10.3

2050년에 디즈니 도쿄를 방문하는 것은 어떨까?

유리코는 일요일 오전 8시 55분에 디즈니 도쿄로 가는 입구가 열리기 직전에 친구들을 만났다. 오전 9시에 그들은 입구로 함께 걸으며 만화에 대한 이야기를 주고받았으며, 지난 한 주 동안 그들의 개인 또는 집단 감정 상태에 맞춘 활동 일정을 받았다. 그들은 항상 함께 앉기에 충분한 빈 좌석을 찾을 수 있다. 인기 있는 어떤 장소에서도 결코 줄을 서지 않는다. 그들은 받은 일정을 따라 아침 퍼레이드를 즐기고, 학교 친구들을 만나며, 점심시간에 수다를 떨고, 그들이 가장 좋아하는 캐릭터와 사진을 찍기 위해 포즈를 취한다. 일정을 마치고 그들은 서로에게 인사를 하고 떠난다.

유리코는 자신의 집에 있는 5D 시뮬레이터를 끈다. 그녀의 감정적이고 인지적인 반응이 이미 포착되었으므로, 디즈니 방문 시 피드백을 제공할 필요가 없다. 그녀는 또한 소셜 미디어에 글을 올릴 필요가 없다. 하이라이트와 흥미로운 부분들이 이미 그녀의 다양한 소셜 미디어에 업로드되었기 때문이다(그녀는 게시될 내용에 대해 미리 기본 설정을 해두었다). 그녀의 만족도가 회사의 최소 보장 수준을 초과했으므로, 디즈니랜드 도쿄 버추얼에서의 하루 비용이 은행 잔고에서 공제되었다는 알림을 받는다.

유리코는 다음 주에 다시 친구들과 함께하자는 초대를 받는다. 안타깝게도 그 시간에 다른 약속이 있어서 참석할 수 없지만, 그것이 친구들을 불편하게 만들지는 않는다. 시스템은 그녀 대신 가상 아바타가 참가하는 것을 허용하는 옵션을 제공한다. 그녀는 행사 후에 하이라이트를 검토하기 위한 시간을 정하고 이에 동의한다. 그 시스템은 하이라이트에 대한 그녀의 반응을 통해 가상 프로필을 수정하여 실제 그녀와 전혀 차이가 없도록 만든다. 그녀는 친구들에게 진짜 그녀가 아닌 아바타라는 것을 알려야 할까 궁금해하던 찰나에, 그녀의 친구 중 한 명이 소셜 미디어에 유리코와 디즈니 도쿄에 있던 시간에 다른 친구들과 점심을 먹는 이미지를 올렸다는 사실을 알아차린다. 그녀는 미소를 지으며 2050년에 운영되는 기업들을 생각하며 자신의 할머니, 할아버지가 이를 어떻게 생각했을지 궁금해한다.

Roman Zaiets/Shutterstock

출처: Christoph Breidbach, Sunmee Choi, Benjamin Ellway, Byron W. Keating, Katerina Kormusheva, Christian Kowalkowski, Chiehyeon Lim, and Paul Maglio, "Operating Without Operations: How Is Technology Changing the Role of the Firm?," *Journal of Service Management* 29(5) (2018): 810.

이 그런 우아한 장식에 부적절했다는 것이다.

- 한 주요 도시의 신공항 라운지에 색색의 유리 칸막이가 천장에 걸려 있다. 한 여행객이 안으로 걸어 들어갔을 때 그 여행객의 짐이 살짝 칸막이에 닿았다. 전체 칸막이가 흔들리더니 3~4개의 판넬이 떨어져 버렸다. 한 직원이 급히 와서는 조심스럽게 그 판넬을 다시 조립하기 시작했다(아무것도 부서지지 않아 다행이다). 여행객은 죄송한 마음으로 사과했다. 직원은 "걱정 말아요. 매번 이래요"라고 말했다. 공항 라운지는 사람이 많이 다니는 곳이다. 사람들이 항상 들어가고 나간다. 인테리어 디자이너는 설계할 당시 무슨 생각을 했을까?

서비스 전문가 론 코프먼(Ron Kaufman)은 다음과 같은 중요한 점을 지적했다. "멋지고 우아하거나 강렬한 새로운 것을 디자인하는 데 몰두하기 쉽습니다. 하지만 디자인하는 내내 고객을 염두에 두지 않는다면, 이러한 투자는 아무것도 아닌 것으로 끝날 수 있습니다."[31]

비슷한 맥락으로 고객을 짜증 나게 하는 환경적 요소를 살펴보자.

▶ 주변 여건(짜증을 유발하는 수준에 따른 순서)

- 매장이 깨끗하지 않다.
- 매장 안이나 쇼핑센터 안이 너무 덥다.
- 매장 안의 음악이 너무 시끄럽다.
- 매장 안에서 나쁜 냄새가 난다.

▶ 환경 설계 요소

- 탈의실에 거울이 없다.
- 필요한 것을 찾을 수가 없다.
- 매장 내에 설명이 충분하지 않다
- 매장 내의 제품의 위치가 바뀌었다.
- 매장 규모가 너무 작다.
- 대형 쇼핑센터에서 길을 잃기 쉽다(그림 10.19).[32]

© Naki Kouyioumtzis. Pearson Education Ltd.

그림 10.19 잘못 설계된 쇼핑센터는 쇼핑 경험에 부정적 영향을 미친다.

코프먼의 경험과 앨런 다스토우스(Alan d'Astous)의 연구 결과를 서비스 인사이트 10.4의 디즈니 사례와 비교해보라. 서비스 환경 설계에 대한 세심한 주의가 어떤 차이를 만들 수 있는지 명확히 확인할 수 있을 것이다.

SERVICE INSIGHTS 10.4

디즈니 매직킹덤의 설계

월트 디즈니(Walt Disney)는 서비스 환경 설계 분야의 확실한 챔피언 중 하나였다. 그의 놀랍도록 주의 깊고 세심한 계획의 전통은 디즈니의 특징이 되어 테마파크 전역에서 확인할 수 있다. 예를 들어, 메인 스트리트는 매직킹덤에 입장할 때 실제보다 길게 보이도록 각도를 조절했다. 무수히 많은 시설과 명소가 거리의 양쪽에 전략적으로 배치되어 있어 성으로 향하는 비교적 긴 여정을 기대하게 만든다. 그러나 성에서 입구 쪽으로 경사를 내려다보면 메인 스트리트는 더 짧게 보인다. 이는 피로를 덜어주고 방문객들을 신나게 만들며, 심지어 산책을 유도한다(이는 버스가 너무 많아서 발생하는 교통정체 문제를 해결한다).

구불구불한 보도는 여러 명소로 이어져 있어 방문객들을 즐겁게 해주며, 계획된 활동에 참여하거나 다른 방문객들을 관람할 수 있다. 쓰레기통이 많이 설치되어 있고 언제나 시야에 있어 쓰레기를 버리지 말라는 메시지를 전달한다. 시설물의 정기적 도색은 유지보수와 청결도 수준이 높음을 나타낸다.

디즈니의 서비스케이프 설계와 유지 관리는 테마파크뿐만 아니라 크루즈선과 호텔에서도 방문객들에게 즐거움과 만족을 창출하며 고객 경험을 대본화하는 데 도움이 된다.

출처: Lewis P. Carbone and Stephen H. Haeckel, "Engineering Customer Experiences," *Marketing Management* 3(3) (Winter 1994): 10–11; Kathy Merlock Jackson, *Walt Disney: A Bio-Bibliography* (Westport: Greenwood Press, 1993), pp. 36–39 ; See also Disney Institute, Be Our Guest: Perfecting the Art of Customer Service (Disn ey Enterprises, 2011).

학습목표 10

고객이 서비스케이프를 어떻게 사용하고 어떻게 반응하는지 이해하는 데 사용할 수 있는 도구를 알아본다.

서비스케이프 설계에 도움이 되는 도구

관리자는 고객이 서비스케이프를 어떻게 사용하는지, 어떤 점을 좋아하고 싫어하는지 어떻게 알아낼 수 있을까? 사용할 수 있는 방법은 다음과 같다.

- **주의 깊은 관찰** 경영자, 관리자, 일선 직원이 서비스 환경에 대해 고객이 어떻게 행동하고 반응하는지 주의 깊게 관찰한다.
- **일선 직원과 고객의 피드백 아이디어 이용** 불만 및 칭찬 분석으로부터 포커스 그룹 인터뷰와 조사에 이르는 다양한 도구를 사용한다.
- **사진을 통한 감시** 고객에게 본인이 경험한 서비스에 대해 사진을 찍도록 하는 방법으로, 이 사진은 추가적인 경험에 대한 인터뷰의 근거나 서비스 경험에 대한 서비스의 일부로서 추후 사용될 수 있다.[33]
- **현장 실험(field experiment)** 환경의 특정 차원을 통제하고 결과를 관찰한다. 예를 들면, 연구자는 다양한 향기와 음악을 이용한 실험을 통해 고객이 지불하는 금액과 머무르는 시간을 측정할 수 있다. 실험실 실험(laboratory experiment)은 슬라이드, 비디오, 기타 다른 도구를 이용하여 실제 서비스 환경(예 : 컴퓨터 가상투어)을 재현하기 위해 사용할 수 있으며, 이는 설계 요소의 변화 효과를 관찰하는 데 사용될 수 있다. 이와 같은 방법은 실제 환경이 통제될 수 없을 때 사용될 수 있으며, 가구 스타일, 색채 배치, 공간 배치 등이 예로 사용될 수 있다.
- **청사진 기법** 서비스 청사진 기법(8장 참조)은 서비스 환경의 물리적 단서를 포함할 수 있도록 확장될 수 있다. 설계 요소는 고객이 서비스 전달 과정의 각 단계를 옮길 때마다 기록될 수 있다. 사진과 비디오는 이를 더 명확하게 하기 위해 청사진에 첨부될 수 있다.

이러한 도구는 조직이 고객 여정의 각 단계에서 다양한 환경 요소가 기대치를 초과하거나 미달하는지를 조사할 수 있게 돕는다. 서비스 회사가 고객과 동일한 것을 볼 수 있고 이해할 수 있으며 경험할수록 환경 설계의 오류를 파악하고 이미 잘 작동하고 있는 부분을 개선하여 환경을 더 잘 갖추게 될 것이다.

요약

학습목표 1 서비스 환경은 다음 4가지 목적을 충족할 수 있어야 한다.

- 고객의 경험과 행동을 형성한다.
- 기업에 대한 고객의 인식, 이미지, 포지셔닝을 형성하는 데 중요한 역할을 해야 한다. 고객은 종종 서비스 환경을 서비스 품질을 이해하는 중요한 단서로 활용한다.
- 가치 제안의 중요한 일부분이 된다(예 : 테마파크나 리조트형 호텔)
- 서비스 대면을 용이하게 하고 생산성을 증대시킨다.

학습목표 2 환경심리학은 서비스 환경이 고객과 서비스 직원에게 미치는 영향력을 이해하는 데 도움을 준다. 여기에는 두 가지 핵심 모델이 있다.

- 자극-반응 모델은 환경이 사람들의 정서 상태(감정이나 느낌)에 영향을 미치고 결과적으로 행동에도 영향을 준다는 것을 보여준다.
- 감정 모델은 감정을 즐거움과 각성이라는 두 가지의 차원으로 구분하고, 이 두 차원이 상호작용하여 사람들의 접근과 회피 행동에 영향을 미침을 보여준다. 서로 함께 작용하여 사람들이 어떤 환경에 접근하고 시간과 돈을 쓸 것인지, 아니면 피할 것인지를 결정하게 한다.

학습목표 3 앞서 언급한 이론적 기반 위에 설계된 서비스케이프 모델은 고객과 서비스 직원이 주요 환경적 차원에 어떻게 반응하는지를 설명하는 통합적 프레임워크이다.

학습목표 4 서비스케이프 모델은 서비스 환경의 3개 차원을 강조한다.

- 주변 여건(음악, 향기, 색채 포함)
- 공간 배치 및 기능성
- 표지판, 상징, 인공물

학습목표 5 주변 여건은 우리의 오감과 관련된 환경의 특성을 일컫는다. 의식적으로 지각되지 못하더라도 사람들의 내적 반응과 행동 반응에 영향을 미칠 수 있다. 주변 여건의 중요한 차원에는 다음을 포함한다.

- 음악: 음악의 빠르기, 크기, 하모니, 친숙성은 정서와 분위기에 영향을 미쳐 행동을 형성한다. 사람들은 자신의 행동을 음악의 빠르기에 맞추어 조정하려는 경향이 있다.
- 향기: 주변 향기는 정서에 강력한 영향을 미치며, 고객을 편안하게 할 수도, 자극할 수도 있다.
- 색상: 색상은 사람들의 감정에 강한 영향을 행사한다. 따뜻한 색(예 : 빨강과 주황색의 혼합)과 차가운 색(예 : 파랑)이 미치는 효과는 상이하며, 따뜻한 색은 주로 밝은 분위기와 관련되고, 차가운 색은 평화와 행복과 관련이 있다.

학습목표 6 효과적인 공간 배치와 기능성은 서비스 운영의 효율성 및 사용자 친화성의 증대를 위해 중요하다.

- 공간 배치는 층별 계획, 집기의 크기와 모양, 계산대, 기구, 설비의 배열을 의미한다.
- 기능성은 서비스 운영을 원활하게 하는 이들 시설의 능력을 의미한다.

학습목표 7 표지판, 상징, 인공물은 다음과 같은 방법으로 고객이 서비스 환경의 의미를 유추하는 데 도움을 주고, 서비스 전달 과정을 명확하게 안내하는 역할을 한다.

- 시설, 카운터, 부서를 표시
- 방향 안내(예: 입구, 출구, 엘리베이터, 화장실)
- 서비스 규약 안내(예: 대기번호를 받고 호출을 기다릴 것)
- 행동적 규범을 상기시킴(예: 휴대폰을 진동모드로 전환할 것)

학습목표 8 서비스케이프에서 서비스 직원과 다른 고객들의 외관과 행동은 가치 제안의 일부가 될 수 있으며, 기업의 포지셔닝을 강화(또는 약화)할 수 있다.

학습목표 9 서비스 환경은 고객에게 전체적인 관점에서 인지된다. 따라서 어떠한 차원도 전체를 고려하지 않고서는 최적화될 수 없으며, 이러한 점 때문에 서비스 환경은 과학이라기보다는 예술이다.

- 이러한 어려움 때문에 전문적인 디자이너들은 호텔로바, 클럽, 건강관리 시설 등 환경의 특정한 형태에 특화하는 경향이 있다.
- 최고의 서비스 환경은 고객이 서비스 전달을 자연스럽게 받아들이도록 고객 관점에서 설계되어야 함을 항상 명심해야 한다. 고객을 원활하게 서비스 과정을 안내하는 것이 목적이다.

학습목표 10 서비스케이프를 설계하고 개선하는 데 사용할 수 있는 도구에는 주의 깊은 관찰, 직원 및 고객의 피드백, 사진을 통한 감시, 현장 실험, 청사진이 포함된다.

학습 키워드

학습목표 1
- 차별화
- 생산성 향상
- 서비스 품질
- 브랜드 이미지
- 포지셔닝
- 서비스 환경
- 서비스케이프
- 서비스 경험
- 고객 경험 형성
- 가치 제안
- 서비스 대면

학습목표 2
- 감정적 기대
- 감정적 과정
- 접근
- 각성
- 회피
- 행동적 결과
- 인지적 과정
- 감정
- 환경심리학
- 자극-반응 모델(SOR)
- 즐거움
- 고객 반응
- 감정 모델

학습목표 3
- 인지적 반응
- 정서적 반응
- 내적 반응
- 생리적 반응
- 행동적 반응
- 서비스케이프 모델

학습목표 4
- 서비스 환경의 차원
- 설계 요소

학습목표 5
- 주변 여건
- 주변 향기
- 아로마테라피
- 밝기
- 채도
- 색상
- 색조
- 음악
- 악취 정화
- 포화도
- 향
- 감각적 브랜딩
- 가치

학습목표 6
- 기능성
- 공간 배치

학습목표 7
- 인공물
- 주차장 설계
- 표지판
- 상징
- 서비스 대본
- 신호
- 행동적 규범

학습목표 8
- 심미적 노동
- 사람

학습목표 9
- 피드백
- 고객 관점
- 환경 설계 요소
- 종합적 관점
- 서비스케이프 설계

학습목표 10
- 관찰
- 고객 피드백
- 일선 직원 피드백
- 사진을 통한 감시
- 현장 실험
- 청사진

서비스 마케팅 용어를 얼마나 잘 알고 있나요? 퀴즈를 풀어보세요!

본문을 참조하지 않고도 기억할 수 있는 각 키워드에 대해 1점을 매기고 점수를 합산하여 서비스 마케터라고 불릴 자격을 갖추었는지 확인하세요.

점수

01~11 서비스 마케팅이 여러분에게 해악을 끼치나요?
12~22 밤늦도록 공부가 필요합니다.
23~33 학기 내내 여러분이 무엇을 하지 않았는지 알고 있습니다.
34~44 거의 도달하려고 합니다.
45~55 바로 마케터로 출발하세요.
56~65 여러분의 이름을 딴 마케팅 콘셉트가 나와야 합니다.

서비스 마케팅 연습문제

1. 서비스 환경의 4가지 목적은 무엇인가?
2. 자극-반응 모델의 효과와 감정 모델이 서비스 환경에 대한 고객 반응을 어떻게 설명해주는지 이야기하라.
3. 감정 모델과 서비스케이프 모델은 어떤 관계인가?
4. 동일한 서비스 환경에 대해 고객과 서비스 직원이 다르게 반응하는 이유는 무엇인가?
5. 주변 여건의 차원에 대해 설명하고, 서비스 환경이 고객 행동에 각각 어떤 영향을 미치는지 설명하라.
6. 표지판, 상징, 인공물의 역할은 무엇인가?
7. 환경은 종합적 관점에서 인지된다는 사실이 의미하는 바는 무엇인가?
8. 고객 반응을 더 잘 이해하도록 도와주는 도구는 무엇이며, 서비스 환경과 설계 개선에 도움을 주는 것은 무엇인가?

서비스 마케팅 응용문제

1. 3가지 서비스 업종에서 서비스 환경이 전체 가치 제안의 중요한 부분인 기업을 식별하고, 각 업계에서 서비스 환경이 전달하는 가치를 자세히 분석하고 설명해보라.
2. 서비스 환경을 방문하고 주변을 자세히 살펴보라. 환경을 경험하고 다양한 설계 요소가 어떻게 느낌을 형성하고 그 환경에서 어떻게 행동하는지 이해해보라.
3. 대기에 대한 나쁜 경험과 좋은 경험을 선택하여 서비스 환경 및 기다리는 다른 사람들과 관련하여 두 상황을 대조해보라.
4. 셀프서비스 환경을 방문하고 설계 차원이 서비스 프로세스를 안내하는 방식을 분석하라. 어떤 요소가 가장 효과적인지, 어떤 것이 가장 효과적이지 않은지 확인해보라. 환경을 어떻게 개선하면 셀프서비스 고객을 위한 '길 안내' 프로세스가 더 쉬워지겠는가?
5. 카메라를 가져가서 특정 서비스케이프에 대한 사진을 통한 감시를 진행하라. 훌륭한 설계와 매우 나쁜 설계의 예시를 촬영하라. 이 환경을 어떻게 개선할 수 있을지에 대한 구체적인 제안을 개발하라.

미주

1. Beatriz Plaza, "The Bilbao Effect," Museum News (September–October 2007): 13–15, 68; Denny Lee, "Bilbao, 10 Years Later," The New York Times (September 23, 2007), http://www.nytimes.com/2007/09/23/travel/23bilbao.html?pagewanted=all&_r=0, accessed September 20, 20205; "The Bilbao Effect: If You Build It, Will They Come?," *The Economist* (December 21, 2013): 5.
2. Madeleine E. Pullman and Michael A. Gross, "Ability of Experience Design Elements to Elicit Emotions and Loyalty Behaviors," Decision Sciences 35(1) (2004): 551–578.
3. Anja Reimer and Richard Kuehn, "The Impact of Servicescape on Quality Perception," European Journal of Marketing 39(7–8) (2005): 785–808.
4. Julie Baker, Dhruv Grewal, and A. Parasuraman, "The Influence of Store Environment on Quality Inferences and Store Image," Journal of the Academy of Marketing Science 22(4) (1994): 328–339.
5. "Stores Worldwide," MacRumors (May 12, 2020), https://www.macrumors.com/roundup/apple-retail-stores, accessed February 26, 2022; Lauren Thomas, "Bucks from Bricks: These Retailers Make the Most Money per Square Foot on Their Real Estate" CNBC (July 29, 2017), https://www.cnbc.com/2017/07/29/here-are-the-retailers-that-make-the-most-money-per-square-foot-on-their-real-estate.html, accessed February 26, 2022.
6. For a review of the literature on hospital design effects on patients, see Karin Dijkstra, Marcel Pieterse, and Ad Pruyn, "Physical Environmental Stimuli That Turn Healthcare Facilities into Healing Environments through Psychologically Mediated Effects: Systematic Review," Journal of Advanced Nursing 56(2) (2006): 166–181. For a study on the effects of servicescape design in a hospital setting on service workers' job stress and job satisfaction, and subsequently, their commitment to the firm, see Janet Turner Parish, Leonard L. Berry, and Shun Yin Lam, "The Effect of the Servicescape on Service Workers," Journal of Service Research 10(3) (2008): 220–238; see also the painstaking effort the Mayo Clinic has made to lower noise levels in its hospitals: Leonard L. Berry and Kent D. Seltman, Management Lessons from Mayo Clinic: Inside One of the World's Most Admired Service Organizations (McGraw-Hill, 2008): 171–172.
7. Robert J. Donovan and John R. Rossiter, "Store Atmosphere: An Environmental Psychology Approach," Journal of Retailing 58(1) (1982): 34–57.
8. James A. Russell, "A Circumplex Model of Affect," Journal of Personality and Social Psychology 39(6) (1980): 1161–1178.
9. Jochen Wirtz and John E. G. Bateson, "Consumer Satisfaction with Services: Integrating the Environmental Perspective in Services Marketing into the Traditional Disconfirmation Paradigm," Journal of Business Research 44(1) (1999): 55–66.
10. Jochen Wirtz, Anna S. Mattila, and Rachel L. P. Tan, "The Moderating Role of Target-Arousal on the Impact of Affect on Satisfaction: An Examination in the Context of Service Experiences," Journal of Retailing 76(3) (2000): 347–365; Jochen Wirtz, Anna S. Mattila, and Rachel L. P. Tan, "The Role of Desired Arousal in Influencing Consumers' Satisfaction Evaluations and In-Store Behaviours," International Journal of Service Industry Management 18(2) (2007): 6–24.
11. Mary Jo Bitner, "Servicescapes: The Impact of Physical Surroundings on Customers and Employees," Journal of Marketing 56 (April 1992): 57–71.
12. For a review of experimental studies on the atmospheric effects, refer to L.W. Turley and Ronald E. Milliman, "Atmospheric Effects on Shopping Behavior: A Review of the Experimental Literature," Journal of Business Research 49 (2000): 193–211; Julie Baker, Kara Bentley, and Charles Lamb, Jr., "Service Environment Research Opportunities," Journal of Services Marketing 34(3) (2020): 335–346; Steve Oakes, "The Influence of the Musicscape within Service Environments," Journal of Services Marketing 14(7) (2000): 539–556.
13. Steve Oakes, "The Influence of the Musicscape within Service Environments," Journal of Services Marketing 14(7) (2000): 539–556.
14. Laurette Dubé and Sylvie Morin, "Background Music Pleasure and Store Evaluation Intensity Effects and Psychological Mechanisms," Journal of Business Research 54 (2001): 107–113; Clare Caldwell and Sally A. Hibbert, "The Influence of Music Tempo and Musical Preference on Restaurant Patrons' Behavior," Psychology and Marketing 19(11) (2002): 895–917.
15. For a review of the effects of music on various aspects of consumer responses and evaluations, see Steve Oakes and Adrian C. North, "Reviewing Congruity Effects in the Service Environment Musicscape," International Journal of Service Industry Management 19(1) (2008): 63–82.
16. This section is based on "Classical Music and Social Control: Twilight of the Yobs," *The Economist* (January 8, 2005): 48.
17. Holger Roschk and Masoumeh Hosseinpour, "Pleasant Ambient Scents: A Meta-Analysis of Customer Responses and Situational Contingencies," Journal of Marketing 84(1) (2020): 125–145.
18. Alan R. Hirsch, Dr. Hirsch's Guide to Scentsational Weight Loss (UK: Harper Collins, 1997), pp. 12–15; http://www.smellandtaste.org/, accessed February 26, 2022.
19. Alan R. Hirsch, "Effects of Ambient Odors on Slot Machine Usage in a Las Vegas Casino," Psychology and Marketing 12, no. 7 (1995): 585–594.
20. Alan R. Hirsch and S. E. Gay, "Effect on Ambient Olfactory Stimuli on the Evaluation of a Common Consumer Product," Chemical Senses 16 (1991): 535.
21. See Ambius and Mood Media's websites for details of their scent marketing, ambient scenting, and sensory branding services at https://www.ambius.com/scenting and https://us.moodmedia.com/scent; accessed February 26, 2022.
22. Linda Holtzschuhe, Understanding Color: An Introduction for Designers, 3rd edition (New Jersey: John Wiley, 2006), p. 51.
23. Albert Henry Munsell, A Munsell Color Product (New York: Kollmorgen Corporation, 1996).
24. Holtzschuhe, Understanding Color.
25. Holger Roschk, Sandra Maria Correia Loureiro, and Jan Breitsohl, "Calibrating 30 Years of Experimental Research: A Meta-Analysis of the Atmospheric Effects of Music, Scent and Color," Journal of Retailing 93(2) (2017): 228–240; Julie Baker, Kara Bentley, and Charles Lamb, Jr., "Service Environment Research Opportunities," Journal of Services Marketing 34(3) (2020): 335–346.
26. Joseph A. Bellizzi, Ayn E. Crowley, and Ronald W. Hasty, "The Effects of Color in Store Design," Journal of Retailing 59(1) (1983): 21–45.
27. Justin Bachman, "Airlines Add Mood Lighting to Chill Passengers Out: New Boeing and Airbus Models Offer Cabin Designers Splashy Ways to Engage Passengers with Light," Bloomberg Business (April 22, 2015), http://www.bloomberg.com/news/articles/2015-04-22/airlines-add-mood-lighting-to-chill-passengers-out, accessed February 26, 2022.
28. For an excellent review of the quality of signage management, see Angelo Bonfani, "Towards an Approach to Signage Management Quality (SMQ)," Journal of Services Marketing 27(4) (2013): 312–321. See also Vania Vigolo, Angelo Bonfanti, Rezarta Sallaku, and Jackie Douglas, "The Effect of Signage and Emotions on Satisfaction with the Servicescape: An Empirical Investigation in a Healthcare Service Setting," Psychology and Marketing 37(3) (2020): 408–417.

With mobile technology and geotagging, personalized signage (e.g., on screens) has become feasible (e.g., signs can tell you where your car is parked or highlight a special offer that might be of interest to you); see Dhruv Grewal, Stephanie M. Noble, Anne L. Roggeveen, and Jens Nordfalt, "The Future of In-Store Technology," Journal of the Academy of Marketing Science 48(1) (2020): 96–113.
29. Dennis Nickson, Chris Warhurst, and Eli Dutton, "The Importance of Attitude and Appearance in the Service Encounter in Retail and Hospitality," Managing Service Quality 2 (2005): 195–208.
30. Christoph Breidbach, Sunmee Choi, Benjamin Ellway, Byron W. Keating, Katerina Kormusheva, Christian Kowalkowski, Chiehyeon Lim, and Paul Maglio, "Operating without Operations: How Is Technology Changing the Role of the Firm," Journal of Service Management 29(5) (2018): 809–833; Jonas Holmqvist, Jochen Wirtz, and Martin P. Fritze, "Luxury in the Digital Age: A Multi-Actor Service Encounter Perspective," Journal of Business Research 121 (December 2020): 747–756.
31. Ron Kaufman, "Service Power: Who Were They Designing it for?" Newsletter, May 2001, http://ronkaufman.com.
32. Alan d'Astous, "Irritating Aspects of the Shopping Environment," Journal of Business Research 49 (2000): 149–156.
33. Madeleine E. Pullman and Stephani K. A. Robson, "Visual Methods: Using Photographs to Capture Customers' Experience with Design," Cornell Hotel and Restaurant Administration Quarterly 48(2) (2007): 121–144.

CHAPTER 11

서비스 우위를 위한 인적 관리

학습목표

01 서비스 직원이 서비스 기업의 성공에서 중요한 이유를 설명한다.

02 일선에서 일하는 서비스 직원을 어렵고 부담이 크게 만드는 요인을 이해한다.

03 서비스 기업의 인적자원 관리에서 실패, 평범, 성공의 순환 주기를 설명한다.

04 서비스 인재 순환 주기의 핵심 요소란 무엇이며, 서비스 기업은 어떻게 성공적으로 인적자원을 관리할 것인지 이해한다.

05 서비스 직무에 적합한 사람을 모집, 선발, 고용하는 방법을 알아본다.

06 훈련이 필요한 서비스 직무를 담당하는 직원이 있는 주요 분야를 설명한다.

07 내부 마케팅과 커뮤니케이션의 역할을 이해한다.

08 많은 일선 직원에게 임파워먼트가 중요한 이유를 이해한다.

09 높은 성과를 올리는 서비스 제공팀을 만드는 방법을 설명한다.

10 부서 간 및 기능 분야 간 팀을 통합하는 방법을 알아본다.

11 서비스 직원이 우수한 서비스를 제공하고, 생산성을 높일 수 있도록 동기부여하고 활력을 제공하는 방법을 알아본다.

12 서비스 중심 문화가 무엇인지 이해한다.

13 서비스 기후와 문화의 차이점을 이해하며, 서비스를 위한 기후의 결정 요인을 설명한다.

14 서비스 조직에서 효과적인 리더의 자질을 설명한다.

15 다른 리더십 스타일을 이해하고, 롤모델링의 중요성을 깨달으며, 모든 조직을 일선 직무에 집중시킨다.

Wavebreakmedia/ Shutterstock

그림 11.1 서빙 직무의 전문성에 대한 자부심은 고객 및 동료의 존경과 부러움을 얻게 한다.

PART III

도입 사례

뛰어난 웨이트리스 코라 그리피스[1]

코라 그리피스는 위스콘신주 애플턴에 위치한 페이퍼밸리 호텔(Paper Valley Hotel) 안에 입점해 있는 오차드 카페(Orchard Café)의 웨이트리스이다. 그녀는 자신의 역할을 잘 수행하여 처음 방문한 고객에게도 인정받을 뿐만 아니라 특히 단골 고객에게 유명하다. 그녀는 동료에게도 존경과 부러움의 대상이다. 코라는 자신의 일을 사랑하고 있으며 실제로도 그렇게 보인다. 그녀는 다음과 같은 성공의 9가지 법칙을 따른다.

1. **고객을 가족과 같이 대하라.** 처음 방문한 고객이 이방인이 된 것처럼 느껴서는 안 된다. 코라는 미소를 지으며 이야기하며, 테이블에 있는 모든 이를 대화에 참여시킨다. 그녀는 어른을 대하는 것처럼 아이들에게도 사려 깊게 대한다. 또한 모든 사람의 이름을 불러주는 것을 중요하게 생각한다. "저는 사람들이 저희 집에 저녁을 먹으러 온 것처럼 느끼길 원합니나. 그들이 환영받는다고 느끼길 바라요. 그럼으로써 고객은 편하게 긴장을 풀 수 있습니다. 저는 단순히 사람들을 응대하는 것이 아닙니다. 고객을 만족시키는 겁니다."
2. **먼저 들어라.** 코라는 고객의 주문을 거의 받아 적지 않으면서 듣는 방법을 개발했다. 그녀는 주의 깊게 듣고 고객의 특성에 맞는 서비스를 제공한다. "이 고객은 바쁜 고객인가? 이 고객은 다이어트를 위해 특별한 식단이나 특별한 방법으로 요리하길 바라는 것은 아닌가?"
3. **고객이 원하는 바를 예상하라.** 그녀는 시기적절하게 음료수를 리필을 해주고 여분의 빵과 버터를 가져다준다. 예를 들어, 커피에 꿀을 타서 먹는 것을 좋아하는 한 단골 고객에게는 요청이 없어도 꿀을 가져다준다. "저는 고객이 무언가 요청하는 것을 원치 않아요. 그래서 항상 고객에게 필요할 것들을 예상하려고 노력합니다."
4. **작은 것이 차이를 만든다.** 코라는 서비스에서 세부사항을 관리하고 식기의 청결과 식기가 올바른 자리를 유지하도록 한다. 냅킨을 접는 방법은 반드시 올바르게 이루어져야 한다. 그녀는 접시가 테이블로 나가기 전에 주방에서 검사한다. 또한 음식을 기다리는 동안 아이들이 그림을 그릴 수 있도록 크레용을 제공한다. "고객을 기쁘게 하는 것은 작은 일이죠."
5. **똑똑하게 일하라.** 코라는 자신이 맡은 테이블을 모두 둘러보고 할 일을 한번에 해낼 기회를 찾는다. "절대 한번에 한 가지 일만을 해서는 안 됩니다. 빈손으로 주방에서 식당으로 돌아가지 않아야 합니다. 언제나 커피, 아이스티, 물을 가져 나가도록 하세요."
6. **배움을 계속하라.** 코라는 자신의 기술을 향상시키고 새로운 것을 배우기 위한 노력을 계속한다.
7. **성공은 당신이 찾을 수 있는 곳에 있다.** 코라는 자신의 일에 만족한다. 그녀는 고객을 기쁘게 하는 데에서 만족을 찾는다. 그리고 다른 사람들을 즐겁게 하는 것을 좋아한다. 그녀의 긍정적인 태도는 레스토랑에서 긍정적인 힘으로 작용한다. "만약 고객이 우울한 상태로 레스토랑에 온다면 저는 그 분이 떠나기 전에 기운을 차리실 수 있도록 노력하곤 합니다." 그녀의 성공에 대한 정의는 "인생에서 행복해지기"이다.
8. **모두를 위한 하나, 하나를 위한 모두** 그녀는 8년 넘게 같은 동료들과 일했다. 코라와 동료들로 이루어진 이 팀은 300명이 넘는 대회 참가자가 아침을 먹기 위해 한꺼번에 들이닥치는, 무척이나 바쁜 날에 서로를 돕곤 한다. 모두는 서로를 돕는다. 웨이터들은 서로가 부족한 점을 도와가며 일한다. 매니저들은 그릇을 치우고, 주방장들은 접시에 음식을 채운다. "우리는 가족 같아요. 서로를 매우 잘 알고 있지요. 그리고 우리는 서로를 돕습니다."
9. **자신의 일에 대한 자신감** 코라는 자신이 하는 일의 중요성과 그 일을 잘 해낼 필요성 또한 믿는다. "저는 제 자신을 '단순한 웨이트리스'로 생각하지 않아요. 저는 웨이트리스가 되기를 선택했고 이 일을 위해 최선을 다하고 있습니다. 저는 시작하는 사람들에게 자신이 하는 일에 자부심을 가지라고 말합니다. 당신의 모든 것을 그 직업에 바치세요. … 그리고 자부심을 가지고 그 일을 하세요."

코라 그리피스는 성공한 경우이다. 그녀는 상사에게 충실하고 고객과 동료에게 헌신한다. 지속적인 개선을 추구하는 완벽주의자인 코라의 일에 대한 열정과 끈기 있는 영혼은 레스토랑에 에너지를 전파한다. 그녀는 웨이트리스로 있는 것과 '감동을 주는 인생'에 대해 자부심을 가지고 있다. 그녀는 다음과 같이 말한다. "저는 항상 최선을 다하고 싶었습니다. 그러나 고객을 관리하는 것이 얼마나 중요한지 가르쳐주고 그렇게 할 수 있는 자유를 준 사람은 다름 아닌 오너입니다. 회사는 항상 제 걱정을 들어주고 지원해주었습니다. 제가 오차드 카페에서 근무하지 않았다 해도 좋은 웨이트리스가 되었겠죠. 그렇지만 지금과 같은 웨이트리스가 되지는 못했을 겁니다."

Wavebreakmedia/Shutterstock

일선 직원의 중요성

- 서비스 상품의 핵심이다.
- 고객의 눈으로 보는 서비스 회사 그 자체이다.
- 브랜드 약속을 이행하는 브랜드의 핵심 부분이다.
- 판매, 교차 판매, 상향 판매
- 고객 충성도의 핵심 요소이다.
- 생산력을 결정한다.

서비스 회사의 과제: 인적자원 관리(HR)

일선 직원의 일은 어렵고 스트레스가 많다.

- 경계 관리 부서란 바깥 세계와 회사의 내부를 연결하는 부서이다.
- 역할 스트레스의 원인은 역할 간에 갈등이 있다.
  - 조직: 고객 갈등
  - 개인: 역할 갈등
  - 고객 간 갈등
- 감정 노동을 요구한다.

서비스 회사 HR의 기본 모델

- 실패의 순환
  - 낮은 임금, 사람에게 적은 투자, 높은 직원 회전율
  - 결과적으로 고객 불만족, 결여, 낮은 이익율
- 평범의 순환
  - 대규모의 경영진, 직장 안정성을 제공하지만 직업 자체의 범위는 좁음
  - 고객을 잘 대우해도 인센티브는 없음
- 성공의 순환
  - 직원 모집, 발전, 일선 직원의 동기부여에 큰 투자
  - 직원이 참여하고 생산적
  - 고객은 만족하고 충성적이며 이익이 개선

적합한 인적 관리 방법: 서비스 재능 주기

최적의 사람 고용

- 선호되는 고용주가 되어 인재 시장 점유율을 위해 경쟁한다.
- 주어진 업무와 조직을 위한 최적의 직원을 알아내는 선별 과정을 강화한다.
  - 부적합한 지원자를 선별한다.
  - 여러 구조화된 인터뷰를 실시한다.
  - 후보자 행동을 관찰한다.
  - 성격 검사를 이용한다.
  - 지원자에게 현실적인 직무소개를 한다.

일선 활성화

훈련과 개발

- 훈련을 확장하여 실시한다.
  - 문화, 목적, 전략의 조직화
  - 대인관계 및 기술활용 능력
  - 상품/서비스 지식
- 직무 행동을 위한 훈련을 강화한다.
- 일선 라인을 전문화한다.
- 서비스 문화와 직무 행동을 위한 내부 커뮤니케이션/마케팅을 이용한다.

일선 라인에 임파워먼트하기

- 서비스 문제의 해결 방법을 찾고 고객화 서비스를 제공하여 차별화한다.
- 비즈니스 모델과 고객의 니즈에 맞는 적절한 수준의 임파워먼트를 부여한다.
- 임파워먼트는 ① 서비스 성과에 대한 정보, ② 서비스 성과에 공헌하는 지식, ③ 결정을 내릴 수 있는 능력, ④ 성과 기반 보상을 요구한다.

효과적인 서비스 전달팀에 있는 일선 직원 조직하기

- 계속 오는 고객들을 서비스할 수 있는 교차기능팀을 이용한다.
- 성공을 위해 팀 구조화한다(목표 설정, 최적의 직무 기술을 보유한 직원을 주의해서 선택하기 포함).
- 기능적 부분과 부서 간 팀 통합한다(예: 크로스 포스팅, '다른 직원의 입장이 되어 생각하기', '다른 부서에서의 하루'와 같은 내부 캠페인).

일선 라인에 동기부여하기

- 보상을 제공하여 직원에게 에너지 및 동기를 부여한다.
- 임금, 성과급, 만족스러운 직무 내용, 피드백과 인정, 목표 달성을 포함한 보상한다.

서비스 문화, 서비스 기후, 리더십

서비스 문화

- 회사에서 무엇이 중요한지에 대한 인식을 공유한다.
- 그런 것들이 중요한 이유에 대한 가치와 믿음을 공유한다.

서비스 기후

- 서비스 기후는 정책, 실천, 실행 과정으로 변환된 문화이다.
- 보상을 얻기 위한 실천과 행동에 대한 인식을 공유한다.

리더십

- 효과적인 리더의 자질
- 일선 라인에 강한 집중

그림 11.2 기본 프레임워크: 서비스 이점을 위한 직원 관리

서비스 직원은 매우 중요하다

▶ 학습목표 1

서비스 직원이 서비스 기업의 성공에서 중요한 이유를 설명한다.

고객을 대면하는 업무를 담당하는 서비스 직원의 자질은 시장에서 기업의 성공과 재무 성과를 결정하는 중요한 역할을 한다. 일선 직원은 우수한 서비스를 제공하는 역할을 하며 회사의 경쟁적인 포지셔닝과 장점을 유지하는 핵심 투입 자원이다. 서비스 장점을 위해 사람들을 효과적으로 관리함으로써 얻는 시장 결과 및 재무 결과는 경이로울 수 있다. 그렇게 때문에 사람은 7P 중 하나이며 중요하다.

상당히 능력 있고 동기부여가 된 사람들은 서비스 우수성과 생산력의 중심에 있다. 도입 사례에서 소개했던 코라 그리피스는 서비스의 탁월성과 생산성을 제공하는 동시에 높은 직업적 만족을 보이는 일선 직원의 좋은 사례이자 증거이다. 코라 그리피스가 말하는 성공의 9가지 법칙은 대부분의 서비스 기업을 위한 좋은 인적 관리 전략의 결과라 할 수 있다. 이 장을 읽고 나면 서비스 기업의 인적자원을 어떻게 이해해야 하는지, 어떻게 하면 만족스럽고 충성스러운, 그러면서도 동기부여되어 있으며 생산적인 서비스 직원을 얻을 수 있는지 알게 된다. 그림 11.2에는 이 장을 위한 기본 프레임워크를 보여준다.

서비스 직원은 고객 충성도의 원천이며 경쟁력이다

서비스 직종에 종사하는 거의 모든 사람이 서비스 사업에서 겪은 끔찍한 이야기를 말할 수 있을 것이다. 재촉하면 그들 중 다수는 정말 좋았던 서비스 경험에 대해 말할 수도 있다. 서비스 직원은 그런 드라마에서 눈에 띄는 등장인물이다. 그들은 무관심하고 무능하며 비열한 악당으로 보이거나 고객의 니즈를 예상하고 도움이 되며 공감적인 방식으로 문제를 해결함으로써 고객을 돕기 위해 최선을 다하는 영웅으로 비쳐진다. 여러분은 아마도 악당이나 영웅이 등장하는 자신만의 좋아하는 이야기를 가지고 있을 것이다. 그리고 대다수의 사람처럼 영웅보다는 악당의 이야기를 더 많이 할 것이다.

고객의 입장에서 보면 서비스 직원은 서비스 대면 시 아마도 가장 중요한 부분일 것이다. 기업의 입장에서 보면 서비스 수준과 서비스 전달 방식은 일선 직원에 의해 제공되며 차별성과 경쟁력의 가장 중요한 원천이 된다. 일선 직원은 다음과 같은 이유로 고객뿐만 아니라 경쟁력 있는 포지셔닝에도 상당히 중요하다.

- **생산의 핵심 부분이다.** 종종 서비스 직원은 서비스에서 가장 눈에 띄는 곳에 있다. 그들은 서비스를 수행하며 서비스 품질에 지대한 영향을 미친다.
- **서비스 기업이다.** 일선 직원은 서비스 기업을 대표한다. 또한 고객의 관점에서 기업이나 다름없다.
- **브랜드이다.** 일선 직원과 서비스는 종종 브랜드의 핵심이다. 브랜드의 약속을 전달하거나 전달하지 않을 사람이 바로 직원이기 때문이다.
- **판매에 영향을 미친다.** 서비스 직원은 종종 판매를 성사시키고, 교차 판매(cross-sale)와 상향 판매(up-sale)에서 상당히 중요한 역할을 수행한다.
- **고객 충성도의 핵심 요소이다.** 일선 직원은 고객의 니즈를 예측하고 서비스를 고객에

그림 11.3 서비스 직원은 회사를 대표하고 고객과의 인적 관계를 형성한다.

맞춰 제공하며(그림 11.3), 고객과 맞춤화된 인적 관계를 형성하는 데 중요한 역할을 한다.

▶ **생산성을 결정한다.** 일선 직원은 일선 운영의 생산성을 이끄는 핵심 동력이다.[2]

코라 그리피스를 비롯한 많은 성공담은 직원이 자유 재량적 노력을 하여 차별화를 만들고 신념을 강화하는 방법을 보여준다. 이렇게 강하게 동기부여된 직원은 서비스 우수성의 핵심이다.[3]

제임스 헤스케트(James Heskett)와 동료들은 서비스 직원이 고객 충성도에 미치는 영향의 직관적인 중요성에 대해 서비스-수익 사슬(Service-Profit Chain)에 대한 선구적인 연구에서 통합하고 공식화했다(사슬에 대한 더 자세한 내용은 1장 참조). 이 연구는 ① 직원 만족, 장기 근무, 생산력, ② 서비스 가치, ③ 고객 만족과 충성도, ④ 회사를 위한 수익 성장과 이익성 같은 관계의 사슬을 증명한다.[4] 제조업과는 달리 서비스에는 고객과 지속적으로 접촉하는 '현장 근무자(shop-floor worker, 즉 일선 직원)'가 있다. 그리고 직원의 만족도와 고객의 만족도는 매우 높은 상관성이 있다는 확실한 증거가 있다.[5] 그러므로 이 장에서는 관심을 가지고 만족하고, 충성스러우며, 생산력 있는 서비스 직원을 확보하는 방법에 초점을 맞춘다.

학습목표 2

일선에서 일하는 서비스 직원을 어렵고 부담이 크게 만드는 요인을 이해한다.

일선 업무는 어렵고 피곤한 일이다

서비스-수익 사슬은 서비스 우수성과 고객 충성도를 얻기 위한 전제 조건으로서 훌륭한 업무 성과와 높은 업무 만족도를 가진 직원을 필요로 한다. 하지만 고객과 대면하는 직원은 가장 까다로운 업무에 종사한다. 제트블루(JetBlue) 승무원에 대해 널리 알려진 이야기가 있다. 이 승무원은 28년간 근무하던 직장을 갑자기 그만두었다. 가방 문제로 한 까다로운 승객에게 욕설을 듣고 진저리가 났기 때문이다. 그는 비행기 인터폰으로 그 승객을 공개적으로 꾸짖은 다음, 비상슬라이드를 열어 비행기에서 내렸다.[6] 이는 직장에서의 스트레스가 사람에게 어떻게 영향을 줄 수 있는지를 보여주는 한 예이다. 이제 이러한 직업이 까다로운 주요 이유에 대해 논의해보자.

서비스 업무는 경계 관리 업무이다

조직 행동에 관한 문헌은 서비스 직원을 **조직 경계관리자**로 간주한다. 조직 경계관리자는 조직의 안과 밖의 세상을 연결한다. 조직 경계관리자는 자신의 위치 때문에 종종 상충되는 역할을 맡는다. 특히 고객과 접촉하는 서비스 직원은 반드시 운영과 마케팅 목적을 모두 달성해야 한다. 서비스 업무의 복합적인 역할은 종종 역할 갈등과 역할 스트레스의 원인이 된다. 이러한 역할 갈등의 원인을 좀 더 자세히 살펴보자.[7]

역할 갈등과 역할 스트레스의 원천

일선 직무에서 역할 스트레스의 주요한 이유로 3가지를 들 수 있는데, 조직-고객, 개인-역할, 고객 간 갈등이다.

조직-고객 갈등 고객과 접촉하는 직원은 운영 목표와 마케팅 목표 모두를 고려해야 한다. 이러한 업무에 종사하는 직원은 고객을 기쁘게 만들 것을 요구받는다. 그러나 고객을 기쁘게 하는 일에 시간을 투자하면서 동시에 빠르고 효율적으로 운영 업무를 수행해야 한다. 게다가 교차 판매와 상향 판매도 해야만 한다.

마지막으로 때때로 고객을 실망시키거나 화나게 할 수도 있는 가격 정책을 실행해야 하는 책임도 가진다(예: "죄송합니다만, 이 식당에서는 차가운 물을 제공하고 있지 않습니다. 하지만 저희는 우수한 종류의 탄산수를 제공합니다"). 이러한 갈등의 유형은 '두 상사 딜레마(two-bosses dilemma)'라고 한다. 이러한 문제는 고객 지향적이지 않은 조직에서 특히 그러하다.

개인-역할 갈등 서비스 직원은 직업적 요구와 성격, 자아 인식, 신념 사이에서 마찰을 경험한다. 예를 들어, 직무는 무례한 고객에게도 상냥히 대할 것을 요구할지도 모른다(불량 고객에 대한 내용은 12장 참조). 많은 일선 직원은 지속적으로 대개 문제를 야기하는 고객을 묘사하는 경향이 있다. 이들 고객을 '과도한 요구', '불합리적인', '듣기를 거부하는', '항상 모든 것을 자기 뜻대로 즉각적으로 요구', '오만한'이라고 표현한다.[8]

좋은 품질의 서비스를 제공하는 것은 독립적이고, 따뜻하며, 친근한 성격을 요구한다. 이러한 특성은 높은 자존감을 가진 사람들 가운데서 찾을 수 있다. 그러나 대부분의 일선 업무는 적은 교육을 요구하고, 낮은 임금을 제공하며, 매우 적은 경력을 요구하는, 낮은 수준의 업무처럼 보인다.

일선 업무에 서비스 로봇, AI(예: 챗봇), 디지털 기술 사용이 늘어나고 있다. 직원이 하는 일을 로봇이 대신하고 조직에서 직원의 가치가 저하될 수 있다는 것을 인지하면서 직원은 이러한 기술을 이용하여 업무를 어떻게 함께할 것인지 배워야 한다. 이는 지위상실감을 불러올 수 있는 것으로 밝혀졌다.[9]

기업은 반드시 이런 이미지에서 벗어나서 일선 직원의 자기 인식과 일치하도록 일선 업무를 '전문화'함으로써 일선 직원에게 자부심을 심어줘야 한다. 이를 수행하지 못하면 개인-역할 갈등을 유발할지도 모른다.

고객 간 갈등 고객 사이의 갈등은 드문 일이 아니다(예: 새치기, 영화관에서의 통화, 레스토랑에서 지나치게 시끄럽게 구는 것). 일반적으로 서비스 직원은 문제가 발생한 고객의 요청으로 소환된다. 양측 모두를 만족시키는 일은 어렵고 종종 불가능하기 때문에 이는 스트레스가 많고 불쾌한 작업이다.

결론적으로 일선 직원은 고객 만족시키기, 생산성 전달, 판매라는 3가지 역할을 해야 한다. 직원은 갈등과 스트레스를 경험하더라도 고객에게 미소를 띄우며 상냥하게 대해야 한다. 이러한 것을 감정 노동이라 하는데, 본질적으로 스트레스를 일으키는 가장 중요한 요소이다. 이를 다음 부분에서 더욱 자세하게 살펴보자.

Gstockstudio/123RF

그림 11.4 감정 노동과 억지 웃음은 서비스 직원에게 힘들 일일 수 있다.

감정 노동

감정 노동(emotional labor)이라는 용어는 앨리 혹실드(Arlie Hochschild)가 저서『감정 노동(The Managed Heart)』에서 처음 사용한 용어이다.[10] 감정 노동은 일선 직원이 고객에게 보여주기를 요구받는 정서와 직원이 실제로 느끼는 감정 사이에서 차이를 느낄 때 발생한다. 일선 직원은 유쾌하고 친근하면서 공감하고 사려 깊은 모습이기를 기대받는다. 심지어 겸손하기까지 해야 한다. 이런 감정은 얼굴 표정, 몸동작, 억양, 말로 전달될 수 있다. 일부 서비스 기업은 그러한 성격을 가진 이들을 채용하려고 노력한다. 그러나 직원이 고객의 기대에 부응하기 위해 자신의 진정한 감정을 억제해야 하는 상황이 필연적으로 발생할 것이다(그림 11.4). 파니코스 콘스탄티(Pannikkos Constanti)와 폴 깁스(Paul Gibbs)는 다음과 같이 지적했다. "감정 노동의 권력축은 경영진과 고객 양쪽이 선호하는 방향으로 결정되는 경향이 있으며, 현장 직원은 … 종속적인 위치에 있다." 이는 잠재적으로 착취당하는 상황을 조성한다.[11]

감정 노동 스트레스는 (아마도 출처가 미상인) 다음과 같은 이야기로 설명할 수 있다. 한 승객이 승무원에게 다가가 "좀 웃어요"라고 지적했다. 승무원은 "좋아요, 당신이 먼저 웃으면 제가 웃죠"라고 대답했다. 그에 승객이 웃자 "좋아요. 자 이제, 그렇게 15시간 동안 있어 보세요"라고 말한 후 가버렸다.[12] 그림 11.5는 항공 산업에서 감정 노동에 대한 고된 업무를 유머로 담아내고 있다.

기업은 직원의 계속되는 감정적인 스트레스를 인지할 필요가 있다. 기업은 직원 사이에서 일어나는 정서적 스트레스를 인식하고 그러한 정서적 스트레스를 조절하며 고객의 압박에 대처할 수 있도록 직원을 훈련시켜야 한다. 그렇게 하지 않는다면 직원은 감정 노동의 스트레스를 견디는 다양한 방법을 사용할 것이다.[13]

Cartoon Resource/Shutterstock

그림 11.5 회사는 직원이 많은 업무량 속에서도 긍정적이고 활달한 일선 직원이기를 강요할 수도 있다.

서비스 착취 공장

기술이 빠르게 발전하면서 서비스 기업은 비즈니스 프로세스를 근본적으로 개선하고 운영을 완전히 재설계할 수도 있다. 이러한 발전은 때때로 기존 직원의 업무 성격을 바꾸는 결과를 초래한다. 예를 들어, 새로운 기술과 방법으로 인해 작업 환경의 성격이 극적으로 바뀔 수 있다. 대면 접촉은 인터넷, 앱, 콜센터를 통한 서비스로 바뀌고 있다. 기업은 업무를 재정의하고 재배치하며 직원 선발을 목적으로 새로운 직원 프로파일을 만들고 다른 자격을 갖춘 직원을 채용하려 한다.

업무가 잘 설계되면 그러한 작업은 보람을 느낄 수 있다. 부모와 학생에게 유연한 근무시간과 파트타임 업무를 제공할 수 있다(콜센터 직원의 절반은 한부모이거나 학생이다). 사실 파트타임 직원은 풀타임 직원보다 고객 서비스 담당자(CSR)로서의 업무에 더 만족하고 성과도 더 좋은 것으로 나타났다.[14] 그러나 이러한 직업은 직원을 구시대적 노동착취를 하는 전자 작업장에 배치하는 경우가 많다.

잘 운영되고 있는 콜센터조차도 업무 강도가 높으며(그림 11.6), 고객 서비스 담당자는 높은 수준의 감시를 받고(화장실 및 휴식시간 포함), 1분에 2건을 처리해야 한다. 또한 고객이 연락할 당시 화를 내는 경우가 많아 스트레스도 상당하다.

연구 결과에 따르면 콜센터 직원에게 내적 동기가 부여되면 스트레스를 덜 받는 것으로 나타났다.[15] 이 장에서 논의하겠지만 이 분야에서 성공하기 위한 몇 가지 핵심은 지원자를 선별하고(전화에서 자신을 잘 표현하는 방법을 이미 알고 있는지, 추가 기술을 배울 잠재력이 있는지 확인), 신중하게 교육하며, 잘 설계된 작업 환경을 제공하는 것이다.

Sirtravelalot/Shutterstock

그림 11.6 고객센터의 일은 많다. 그러나 고객 서비스 담당자의 성과에 따라 고객이 회사의 서비스 품질을 인식하는 데 결정적인 영향을 미친다.

실패, 평범, 성공의 순환

학습목표 3
서비스 기업의 인적자원 관리에서 실패, 평범, 성공의 순환 주기를 설명한다.

부족한 회사, 평범한 회사, 우수한 회사가 실패, 평범함, 성공을 위해 최전선 직원을 어떻게 배치하는지에 대한 큰 그림을 살펴보자. 열악한 작업 환경은 관리자가 직원을 대하는 방식으로 직원이 고객을 대하는 등 끔찍한 서비스로 이어지는 경우가 많다. 이러한 기업은 흔히 '실패의 순환'에 갇힌다. 직업 안정성을 제공하지만 개인의 주도권이 거의 없고 규칙과 절차에 크게 기반을 두는 다른 기업도 마찬가지로 바람직하지 않은 '평범의 순환'을 겪을지도 모른다. 그러나 잘 관리하면 '성공의 순환'이라고 하는 서비스 고용의 선순환 주기가 일어날 가능성도 존재한다.[16]

실패의 순환

많은 서비스 산업에서 생산성 향상을 도모하기 위해 작업을 단순화하고, 교육이 거의 또는 전혀 필요하지 않은 반복적인 작업을 수행하기 위해 직원에게 최대한 낮은 임금을 지급하는 등의 방식을 사용한다. 고객 서비스업, 백화점, 패스트푸드점, 콜센터 운영에서 종종 이런 문제를 발견할 수 있다(예외도 있겠지만 말이다). 실패의 순환은 그러한 전략의 결과이다. 이 순환에는 별도의 2개 하위 순환이 존재하며, 이들은 상호작용한다. 그중 하나가 바로 직원에 대한 실패이고, 다른 하나는 고객에 대한 실패이다(그림 11.7).

직원 실패의 순환은 특정 직무에 관한 낮은 교육 수준에서부터 시작한다. 이 고리 안에서는 서비스보다는 어떠한 규칙이나 효과적인 기계 작동법 등이 강조된다. 낮은 임금이 지급되며, 직원의 고용이나 교육 또한 등한시된다. 그 결과 고객의 요구에 효과적으로 응하지 못하는 무능한 직원이 생겨난다. 그들은 자신의 직무에 불만을 품게 될 뿐더러 고객에게 불손한 태도로 일관한다. 이는 결국 기업의 전반적인 서비스 품질을 하락시키고, 고용과 해고가 반복되는 현상을 낳는다. 낮은 수익으로 인해 기업은 지속적으로 저임금 노동자를 고용하게 되고, 위와

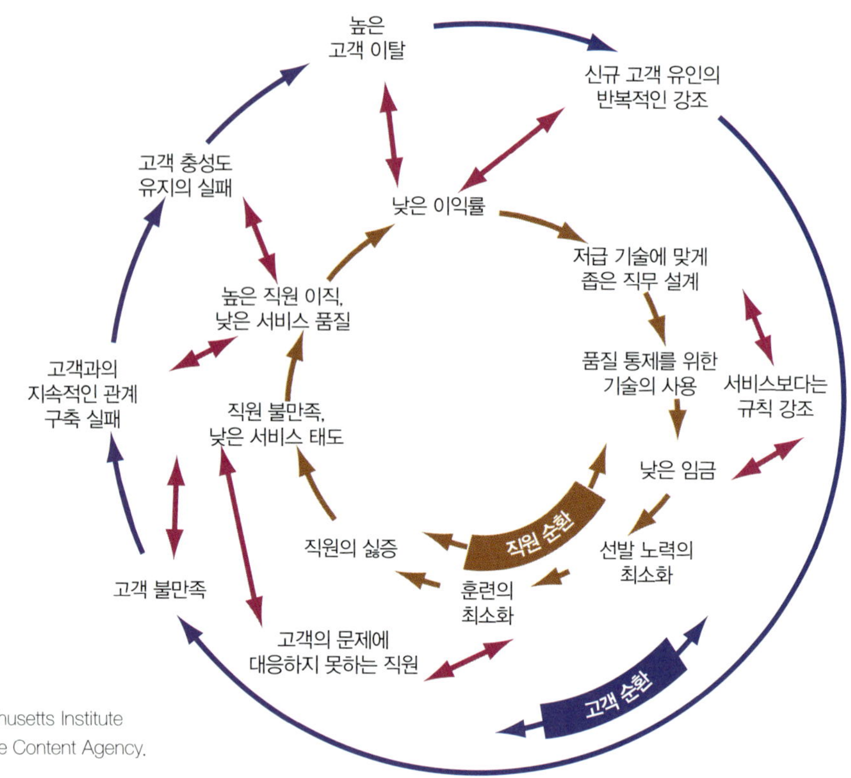

그림 11.7 실패의 순환

출처: © 1991 MIT Sloan Management Review/Massachusetts Institute of Technology. All rights reserved. Distributed by Tribune Content Agency.

같은 순환이 반복되는 것이다(그림 11.8).

고객 실패의 순환은 새로운 고객을 유치하려는 과정에서 발생한다. 직원의 업무 만족도가 떨어짐에 따라 이를 이용하는 고객 또한 만족도가 떨어진다. 반복적인 해고와 고용으로 서비스를 이용하는 고객은 항상 새로운 직원과 만나야 하고, 이로 인해 단골 고객이 감소한다. 이러한 고객은 공급업체에 충성도를 쌓는 데 실패하기 때문에, 판매량을 유지하기 위해 지속적으로 새로운 고객의 창출이 필요하다. 충성스러운 고객의 수익성이 더 높다는 사실을 고려할 때 불만족스러운 고객의 이탈은 특히 걱정스러운 일이다(12장의 고객 충성도 참조).

관리자는 계속해서 실패의 순환을 반복하는 것을 정당화하는 많은 변명을 한다. 이는 대부분 직원에 초점이 맞춰져 있다.

Qwasyx/123RF

그림 11.8 실패의 순환에 있는 직원들은 지루하며 불만족스럽다.

- "요즘은 우수한 인재를 구하기 힘들다."
- "오늘날 사람들은 일하기를 원하지 않는다."
- "우수한 인재를 얻는 데 비용이 너무 많이 들고, 이러한 비용의 증가는 고객에게 전달될 수 없다."
- "일선 직원이 매우 빨리 그만둘 경우 그들을 훈련시킬 가치가 없다."
- "높은 이직률은 간단히 피할 수 없는 부분이다. 이를 감수하는 법을 배워야 한다."[17]

대다수의 경영자는 낮은 임금 지급과 반복적인 해고 및 고용이 장기적으로 기업 재정에 어떠한 영향을 미치는지에 대해서는 무시한다. 그들은 종종 측정에 실패하는 주요 3가지 비용이 있는데, ① 지속적인 직원 모집 공고, 고용, 교육에 들어가는 비용, ② 교육이 덜 된 신입 직원에 의한 낮은 생산성으로 인한 비용, ③ 새로운 고객 창출에 들어가는 비용(많은 광고 비용과 홍보를 위한 할인 편익 제공 등이 필요하다) 등이 그것이다. 또한 다음의 2가지 미래 수익도 종종 무시된다. ① 미래 수입은 몇 년간 계속될 수 있지만, 불만족스러운 고객이 있을 때 창출할 수 있는 수익을 잃을 수 있다. 그리고 ② 기업에 관한 좋지 않은 소문으로 잃게 될 잠재 고객으로부터 창출해낼 수익을 잃는 것이다. 마지막으로 직원이 해고되고 채워지지 않는 동안 서비스가 제공되지 않을 때 쉽게 양적으로 산출하기 어려운 비용이 생기거나 직원의 비즈니스 업무과 관련된 지식을 잃을 수 있다(이는 잠재적으로 고객과 관련되어 있다).

평범의 순환

평범의 순환은 주로 많은 규칙과 절차를 가진 큰 조직에서 볼 수 있다(그림 11.9). 이는 국가 독점, 산업 카르텔 또는 규세된 과점으로 대표되는 경우가 많으며, 이러한 과점에서는 시장에서 보다 민첩한 경쟁업체로 인한 성과 개선 압력을 거의 받지 않는다. 더욱이 확고한 노동조합에 대한 두려움 때문에 경영진이 더욱 혁신적인 노동 관행을 채택하는 것을 방해할 수도 있다.

이런 환경에서 서비스 활동은 규격화되고 정해진 표준화된 업무 규칙과 매뉴얼을 따른다. 운영상의 효율을 추구하며, 직원의 사기와 특정 고객을 선호하는 것을 예방한다. 직무에 대

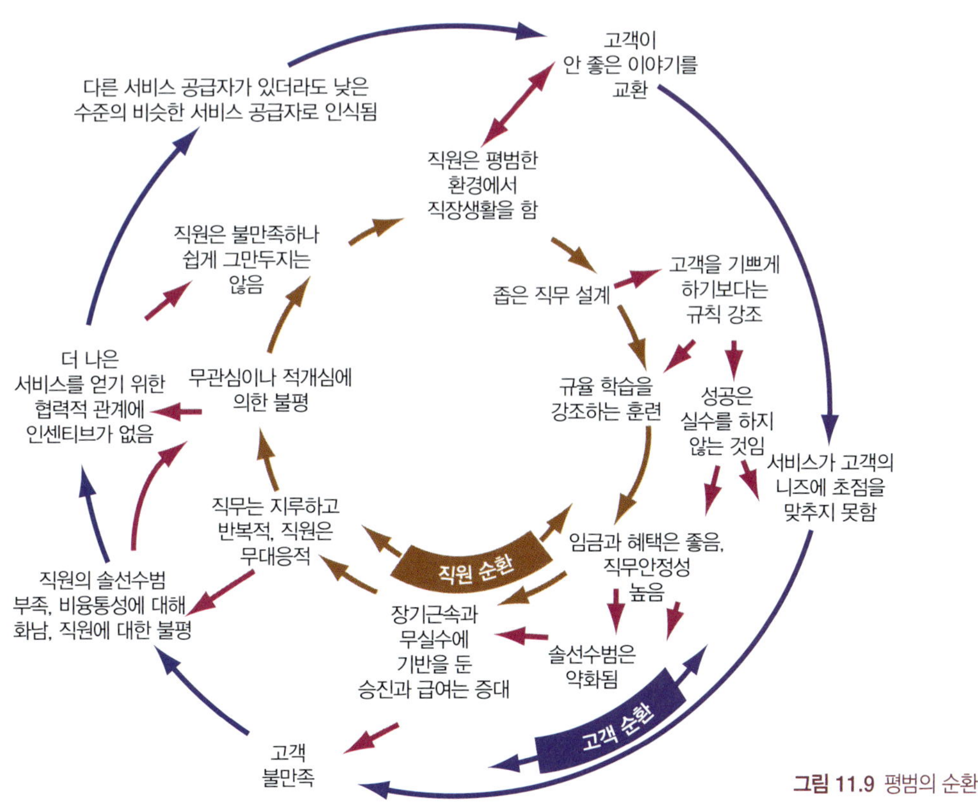

그림 11.9 평범의 순환

Wavebreakmedia/Shutterstock

그림 11.10 평범의 순환에 있는 직원은 매우 생산적이지 않고, 동기부여가 적다.

한 책임은 책임 영역과 등급에 의해 좁게 정의되고, 업무 책임의 등급과 범주를 세밀하게 범주화하고 있으며, 더 나아가 노조 규칙에 엄격하게 규정되어 있다. 한 사람의 월급 인상이나 승진 등은 대개 그 사람이 기업에서 얼마나 오래 근무했느냐와 관련이 있다. 직무 수행의 성공 여부는 높은 생산성 창출이나 훌륭한 고객 서비스 제공보다는 맡은 업무를 얼마나 실수 없이 해냈느냐에 따라 평가된다. 또한 직원 교육의 목표는 고객이나 직장 동료와 원만한 관계를 유지하기보다는 기업의 규칙과 기술적인 측면을 학습하는 데 초점이 맞춰져 있다. 직원이 업무를 수행하는 데 자유가 매우 한정되어 있기 때문에, 종종 일을 지루하고 반복적이라고 느낀다(그림 11.10). 그러나 '실패의 순환'과는 다르게 직원은 대부분 매우 안정적인 합당한 보수와 대우를 받는다. 따라서 직원은 퇴사를 주저한다. 이동성의 결여는 다른 회사에서 높이 평가할 수 있는 시장성이 있는 기술의 부재로 더욱 악화된다.

고객은 이러한 조직을 상대하는 데 어려움을 겪는다. 이러한 조직에는 많은 규칙, 융통성이 결여된 서비스, 고객에게 더 잘 봉사하기 위해 노력하는 것을 꺼리는 직원의 의식이 존재한다. 고객이 좀 더 나은 서비스를 위해 기업과 협상을 해봐야 얻을 수 있는 것은 극히 적다. 이미 기분이 좋지 않은 직원에게 불평을 제기하지만 상황을 더욱 악화시킬 뿐이다. 하지만 기업이 고객에게 그렇게 행동해도 고객에게는 딱히 다른 대안이 없다는 것을 잘 알고 있다. 이러한 상황은 주로 서비스 제공업체가 독과점 상태에 있는 경우 혹은 경쟁업체가 딱히 더 나을 것이 없거나 오히려 더 나쁘다고 판단될 경우 벌어진다.

성공의 순환

몇몇 기업은 실패 또는 평범의 순환에 깔려 있는 예상을 거부한다. 대신 '성공의 순환'을 만들어내기 위해 인적자원에 투자하여 발전을 모색하고 재무 성과의 장기적 관점을 취한다(그림 11.11).

실패의 순환 혹은 평범의 순환과 마찬가지로 성공의 순환은 직원과 고객 모두에게 적용할 수 있다. 더 나은 임금과 환경은 뛰어난 직원을 불러 모은다. 기존보다 좀 더 확장된 직무에 대한 이해는 교육 및 동기부여와 어우러져 임원진이 유능한 직원을 선발하는 데 큰 몫을 한다. 전문화된 채용과 강화된 직원 훈련에 더 많은 임금까지, 이 모든 것이 직원이 고객에게 좀 더 나은 서비스를 제공할 수 있게 만들어주는 원동력이 된다. 직원 교체가 드물다는 말은 곧 고객이 동일한 직원에게 지속적이고 일정한 서비스를 받을 수 있다는 것이며, 이는 고객의 충성도를 이끌어낸다. 고객의 충성도가 높아질수록 기업의 수익도 상승한다. 기업은 고객 유지 전략을 통해 고객 충성도를 강화하는 데 별도의 마케팅 노력을 기울여야 하는 수고를 덜게 된다.

성공의 순환에서 일선 직원의 영향력은 도입 사례에서 소개한 웨이트리스 코라 그리피스를

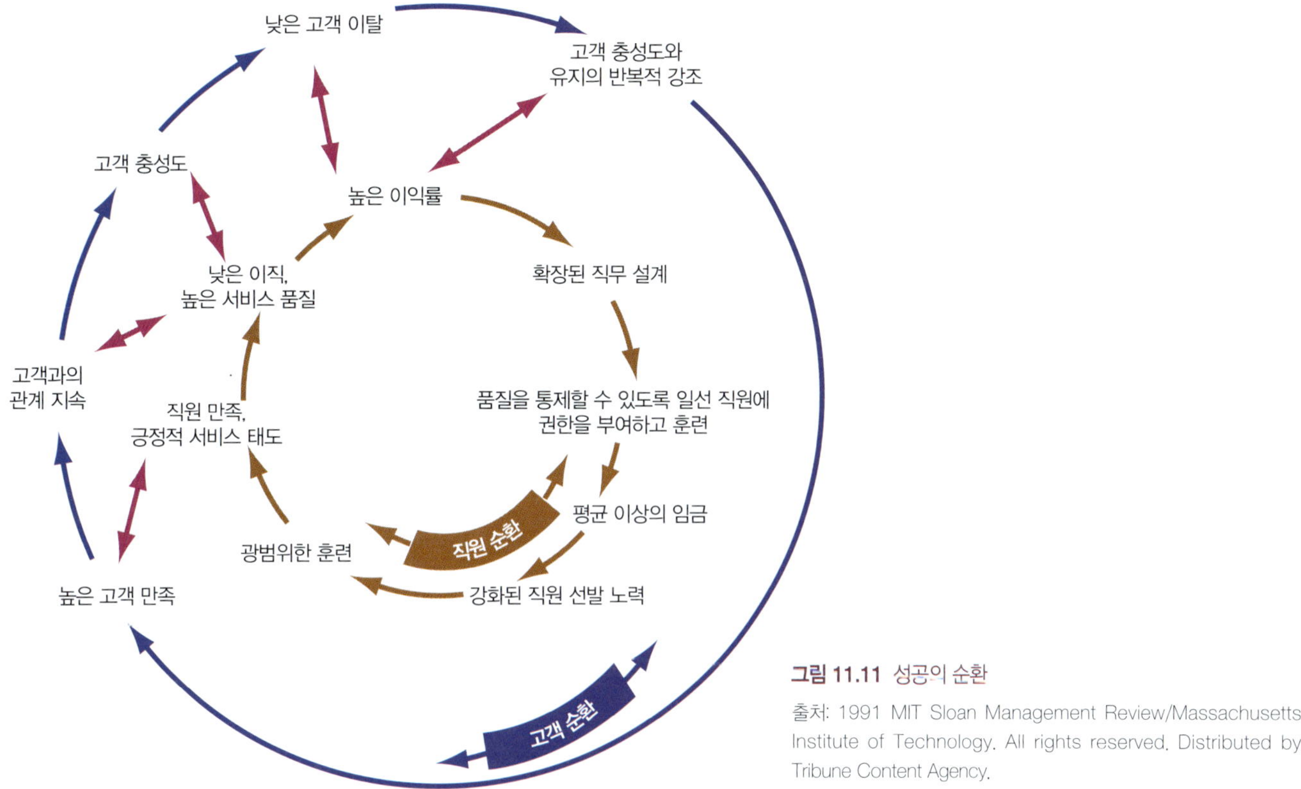

그림 11.11 성공의 순환

출처: 1991 MIT Sloan Management Review/Massachusetts Institute of Technology. All rights reserved. Distributed by Tribune Content Agency.

보면 알 수 있다. 수많은 국가의 공공 서비스 기업은 성공의 순환을 창출하기 위해 업무를 증가시키고, 대중에게 낮은 비용으로 좋은 품질의 서비스를 제공하고 있다.

인적자원 관리를 올바르게 하는 방법

학습목표 4

서비스 인재 순환 주기의 핵심 요소란 무엇이며, 서비스 기업은 어떻게 성공적으로 인적자원을 관리할 것인지 이해한다.

논리적으로 생각하는 경영자라면 당연히 기업을 성공의 순환으로 운영하고 싶을 것이다. 이 부분에서는 성공의 순환을 달성하려는 회사를 도와줄 수 있는 인적자원 전략을 공부할 것이다. 어떻게 하면 회사가 생산성, 판매, 서비스 우수성을 기꺼이 제공하는 직원을 고용하며, 동기부여하고, 참여하는 서비스 직원을 근속하게 할 수 있을지에 대해 토론할 것이다. 그림 11.12는 서비스 기업이 성공적으로 인적자원 관리를 할 수 있도록 돕는 순환을 보여준다.

적합한 사람을 고용하라

학습목표 5

서비스 직무에 적합한 사람을 모집, 선발, 고용하는 방법을 알아본다.

높은 성과를 가진 직원을 확보하려면 직원 만족이 필수지만 이것만으로 충분하지는 않다. 짐 콜린스(Jim Collins)는 "사람이 가장 중요한 자산이다"라는 옛 격언보다는 "적합한 사람이 가장 중요한 재산이다"라는 말이 옳다고 언급했다.[18] 또한 여기에 "적합하지 않은 사람은 떼어내기 어려운 짐이다"라는 말을 덧붙이고 싶다. 적절한 사람을 선발하는 것은 인력 시장에 존재하는 최고의 지원자를 뽑는 것도 포함된다. 적절하면서도 어떤 분야에 뛰어난 능력을 가진 지원자를 선발해야 한다.

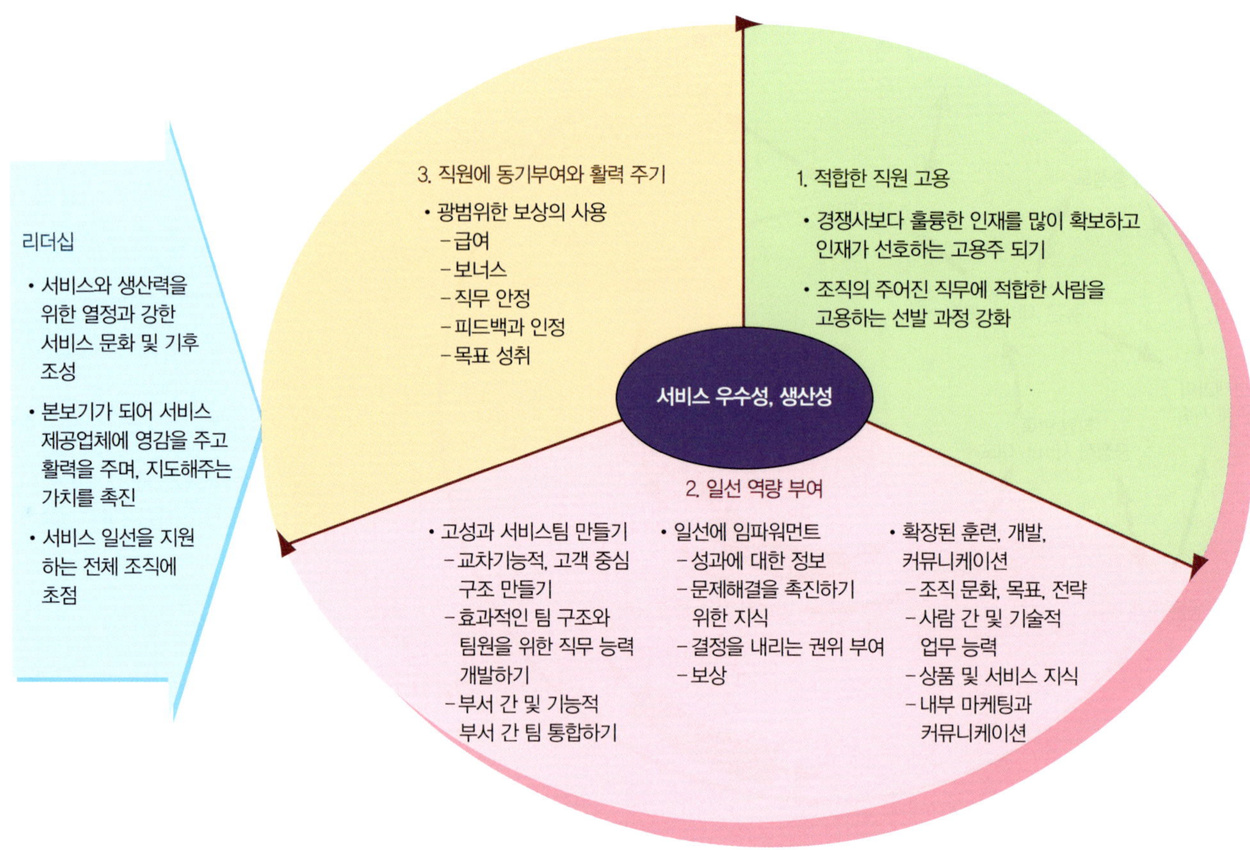

그림 11.12 서비스 인재 순환: 서비스 회사에서 인적자원 관리를 올바르게 하기

지원자가 선호하는 고용주 되기 최고의 지원자를 선발하고 고용하려면 먼저 기업에 구직자가 지원서를 내야 하고, 채용되어야만 현장에 투입되어 일할 수 있다. 서비스 기업은 노동 시장에서도 브랜드 정체성을 가지고 있다. 잠재 지원자는 일하기 좋은 회사와 자신의 가치 및 신념이 일치하는 이미지를 가진 회사를 찾는 경향이 있다.[19] 구직자는 정기적으로 현재 또는 이전 직장 동료에게서 정보를 얻고 쉽게 임금, 복지, 근무 환경, 면접 질문을 알아낼 수 있다.[20] 많은 내부 회사 정보는 온라인으로 쉽게 찾을 수 있다. 예를 들어, 2022년에 글래스도어닷컴(Glassdoor.com)에는 1억 1,000만 개의 회사 및 직장 후기가 있으며, 잠재 직원에게 그 회사에서 근무하면 어떨지 알 수 있게 하는 좋은 통찰력을 제공한다.[21] 기업은 처음에 서비스 인재의 시장점유율에서 경쟁해야만 한다. 세계적인 컨설팅 회사인 매킨지앤드컴퍼니(McKinsey & Company)는 이를 '인재 전쟁'이라고 칭한다.[22]

노동 시장에서 효과적으로 경쟁한다는 것은 잠재적인 노동자에게 무언가 매력적으로 다가갈 수 있는 조건을 가지고 있는 것을 의미한다. 회사는 반드시 일하기 좋은 장소이자 커뮤니티가 있는 좋은 이미지를 가지고 있어야 한다. 이는 쾌적한 노동 환경이나 노동자 스스로 자부심을 느낄 수 있도록 만들어주는 높은 서비스나 상품의 품질을 포함한다. 최고의 지원자는 평균 이하의 대우를 원하지 않는다. 경험에 비추어보면 상위 기업이 유능한 사람을 끌어모으는 데 지급하는 임금이 전체 시장에서 상위 60~80%를 차지하는 것으로 나타났다(그림 11.13). 그러나 다른 중요한 매력적인 가치를 지닌 회사는 최고 수준의 임금을 주지 않아도

그림 11.13 유능한 사람을 모으기 위해 가장 높은 급료를 줄 필요는 없다.

그림 11.14 완벽한 직원이란 없다.

된다. 결론적으로 표적 직원의 니즈를 이해하고 가치 제안을 올바르게 해야 한다.

적합한 사람 선발하기 사실 완벽한 직원이란 개념은 존재하지 않는다(그림 11.14). 각각의 업무는 각기 다른 능력과 스타일, 성격을 가진 직원으로 채워지기 마련이다. 다른 브랜드는 다른 성격을 가지고 있으며, 좋은 직원-브랜드 간 적합성은 자연스럽게 회사가 가지고 있는 이미지를 지지하는 서비스를 전달하게 된다. 결과적으로 고객은 직원의 행동이 진정성이 있다고 인식하게 된다.[23] 직원 모집과 선별 과정에서는 외적으로 좋은 직원-브랜드 적합성을 알아내도록 고안되어야 한다.[24] 이는 다음을 통해 가능하다.

- 외적으로 핵심 브랜드 속성과 회사 포지셔닝을 보여주고 잠재 지원자에게 회사와 지원자가 적합한지 생각해볼 수 있도록 직원 모집 광고를 이용한다.
- 브랜드 가치를 전달하고 직원이 적합성을 스스로 평가할 수 있도록 선별 방법을 고안한다.
- 채용자에게 적극적으로 브랜드 적합성과 잠재적인 부적합 정도를 확인하게 한다.

예를 들면, 월트디즈니컴퍼니(Walt Disney Company) 같은 경우 직원을 평가할 때 잠재적인 브랜드 적합성을 평가하며(마법 같고, 재미있으며, 행복한가?), 전방에서 일하는 것이 어울릴지 아니면 후방에서 일하는 것이 어울릴지를 평가한다. 예를 들면, (출연배우라고 알려진) 전방에서 일하는 직무는 그에 맞는 용모나 성격, 능력 등을 가지고 있기 마련이다.

그렇다면 무엇이 눈에 띄는 서비스를 할 수 있도록 만드는가? 이는 누구한테 배운다고 해서 가능한 일이 아니다. 고성과자를 관찰한 연구에 따르면 에너지, 매력성, 상세 오리엔테이션, 직업윤리, 단정함의 정도는 개개인이 지닌 고유의 타고난 능력 중 하나이며, 직업 훈련이나 인센티브는 이를 단순히 강화할 수 있을 따름이다.[25] 그리고 인적자원 관리자들은 좋은 매너, 미소 짓기와 아이컨택하는 것을 가르칠 수 있지만, 따뜻함은 가르칠 수 없다는 것을 알아야 한다. 현실적인 결론은 서비스 기업이 본질적으로 따뜻한 성격을 지닌 적합한 지원자를 선발하는 기준을 확실하게 해야 한다는 것이다. 짐 콜린스는 "적합한 직원은 성격과 태도에서 자연스럽게 확장해서 회사에서 희망하는 행동을 보여주며, 어떤 제어와 보상 시스템과는 관

련이 없다"고 강조한다.[26]

논리적인 결론은 서비스 기업이 적합한 지원자를 끌어들이고 선발하는 데 큰 관심을 헌신해야 한다는 것이다. 우수 기업은 직원의 능력을 이끌어내고 유지하여 최고의 재능으로 향상시키기 위해 직원 분석을 사용한다. 직원 분석은 고객 분석과 유사하다. 예를 들어, 직원 분석은 누가 뛰어난 수행자인지 예측하는 데 사용된다. 서비스 기업은 또한 적절한 자리에 적절한 직원을 배치시키기 위해 직원 분석을 사용할 수 있다. 데이터 분석의 목적 외에 기업과 주어진 자리에 적절한 지원자를 확인시키는 데 도움을 줄 수 있다. 그리고 심지어는 적합하지 않은 지원자를 거부하는 일에도 중요한 도움을 준다.

최고의 후보자를 찾아내는 방법[27]

탁월한 서비스 기업은 인력 시장에서 유능한 지원자를 찾아내는 그들만의 몇 가지 방법을 가지고 있다. 이런 접근법은 지원자 부적합 지원자 선별하기, 지원자 면접하기, 행동 관찰, 성격검사 실시, 지원자에게 미리 업무를 체험할 수 있는 기회를 주는 방법이 있다.

부적합한 지원자 찾아내기 선별 과정은 비용이 많이 들고 인사관리 부서는 단일 채용공고에 수백명의 지원서를 받는다. 비용을 줄이는 한 가지 방법은 채용 과정에 들어가기 전에 지원자를 걸러내는 것이다. 이 접근법은 처음 선별을 위해 짧은 온라인 기본 심리검사를 이용한다. 이러한 검사는 가장 덜 적합한 지원자를 골라 제거하고 조금 더 나은 자질을 갖춘 지원자 풀을 남기며, 다음 선별 과정으로 가는 비용을 줄이는 데 효율적이다.

예를 들면, 영국의 한 큰 슈퍼마켓 체인점은 짧은 맞춤형 온라인 상황 판단 테스트를 실시하여 이력서를 검토하기 전에 가장 덜 적합한 지원자를 골라낸다. 남은 지원자들은 더 나은 자격을 갖추고 있으므로 성공적인 채용에 실시되는 평균 면접 횟수가 6회에서 2회로 줄어들어 7만 3,000시간의 관리시간을 절약할 수 있었다.[28]

Stockfour/Shutterstock

그림 11.15 나와 비슷한 사람을 선호하는 경향이 개입될까?

다양하고 구조화된 면접 고용 결정을 향상시키기 위해서 성공적인 채용 담당자는 해당 직무가 필요로 하는 것과 관련된 구조화된 면접을 이용한다. 이 경우 둘 이상의 면접관을 이용하는데, 일반적으로 면접자는 한 사람에 대해 여러 사람이 평가한다는 사실을 인지할 때 좀 더 신중하게 판단하려는 경향을 보이기 때문이다. 둘 이상의 면접관이 평가하는 것은 '나와 비슷한 사람'을 선호하는 경향을 감소시킨다. 우리는 일반적으로 나와 비슷한 사람을 선호하기 때문이다(그림 11.15).

지원자 행동 관찰 유능한 직원을 골라내는 방법에는 지원자를 평가할 때 그들이 하는 말이 아닌 하는 행동을 보고 평가하는 방법이 있다. UCLA 브루인스(Bruins)의 전설적인 농구 코치인 존 우든(John Wooden)은 다음과 같이 말했다. "네가 할 줄 아는 것을 말로 하지 말고 직접 행동으로 보여라. 말이 많은 사람 중 실제로 행동으로 옮기는 사람은 드물다."[29] 지원자의 행동은 기업 측이 보유한 평가센터 테스트나 행동 시뮬레이션 등을 통해 직간접적으로 평가된다. 또한 지원자의 과거 행동은 앞으로의 행동을 평가하는 데 좋은 척도이다. 우수 서비스 직원상을 받은 사람, 고객으로부터 많은 칭찬 편지를 받은 사람, 과거 동료로부터 좋은 평가를 받은 사람을 고용하라(그림 11.16).

"제럴드는 집단 안에서 다른 사람들과 협력하여 일을 잘 수행합니다. 당신의 3학년 성적표보다 더 최근의 추천서는 없습니까?"

그림 11.16 추천서는 과거의 행동을 평가하기 위한 좋은 방법이다.

성격검사 실시 많은 경영자는 성격을 기준으로 직원을 고용한다. 성격검사는 특정 직무와 관련된 특징을 알아내는 데 도움을 준다. 예를 들면, 고객을 다루는 데 필요한 의지, 동료에 대한 예의, 재치와 생각의 깊이, 고객의 니즈에 대한 민감성, 정확하고 유쾌한 커뮤니케이션 능력을 측정할 수 있다. 활기차고 행복한 사람을 고용하는 것이 낫다. 고객은 더 만족하고 있는 직원에게 서비스를 받을 때 더 높은 만족도를 보고한다. 연구에서 상황을 다루는 능력에 있어서 근면함과 자신의 상황 대처 능력에 대한 신념 같은 특정한 특성은 결과적으로 직원 성과와 서비스 품질을 우수하게 만드는 경향이 있다. 그러한 검사에 기반한 직원 고용 결정은 특히 적합하지 않은 지원자를 확인하고 거절하는 데 정확한 경향이 있다.[30]

예로 리츠칼튼호텔그룹(Ritz-Carlton Hotels Group)을 들 수 있는데, 이 기업은 특정한 서비스 업무를 잘 수행할 수 있는 경향을 지닌 직원을 선별하기 위해 직원의 성격 프로파일을 이용한다. 직원은 서비스 맥락에서 일하기 적합한 성격을 가졌는지에 기반하여 채용된다. 선뜻 짓는 미소와 남을 기꺼이 도우려는 것, 여러 가지 일을 할 수 있는 능력 같은 특성은 가르칠 수 없는 것이다. 리츠칼튼밀레니아싱가포르(Ritz-Carlton Millenia Singapore) 호텔의 주니어급 컨시어지 직무에 지원한 사람의 경험에 따르면 다음과 같은 사실을 알아야 한다. "오직 진실만을 말하세요. 그들은 전문가이고, 당신이 거짓을 말하는지 진실을 말하는지 충분히 구분해낼 수 있습니다." 그녀는 이에 덧붙여 다음과 같이 말했다.

> 그날, 그들은 저에게 사람을 돕는 것을 좋아하는지, 정리정돈을 하는 사람인지, 웃음이 많은 사람인지에 대해 물었습니다. 저는 이 질문들에 모두 "예, 예, 예"라고 대답했습니다. 하지만 여기에 제 실제 삶의 예를 덧붙여 대답했어야 했습니다. 첫 번째 질문 같은 경우 제가 도왔던 사람들에 대한 예를 들면서 왜 도움을 필요로 했는지 등을 덧붙였어야 했습니다. 이러한 질문은 중요하지 않게 여겼던 일까지 기억하게 했습니다. 예를 들면, 성격이 어떤지를 보여주기 위해 각기 다른 언어로 안부 묻는 법을 배웠던 것과 같은 일들까지 말입니다.[31]

집중 면접 기반 심리검사를 하지 않고, 비용 효과적인 온라인 검사 키트도 사용할 수 있다. 여기 지원자들은 검사에 들어가서 웹 기반 질문지에 응답한다. 미래 고용자는 분석, 지원자들의 적합성과 고용 추천서를 받는다. 이런 검사를 개발하고 실시하는 것은 더 적합한 직원을 찾기 위해 서비스 산업에서 중요해질 것이다. 이런 검사 상품의 앞서가는 글로벌 공급업체인 SHL은 150개국 이상의 1만 개가 넘는 기관에 서비스를 제공한다.[32]

B Christopher/Alamy Stock Photo

그림 11.17 오봉팽은 최종 면접 전에 지원자들이 실제 직무에 대해 경험을 하게 한다.

지원자에게 직무에 대한 실질적인 사전 정보 제공하기[33] 채용 과정에서 기업은 지원자에게 실질적인 직무에 관한 정보를 제공해주어야 한다. 실질적으로 '직업을 체험할 수 있는 기회'를 제공해줌으로써 해당 업무에 어울리는지 아닌지를 선별해내야 한다. 동시에 기업은 지원자가 실제 직무에 어떻게 반응하는지 또한 살펴보아야 한다. 어떤 지원자는 업무가 자신에게 맞지 않는다고 판단되면 이를 포기할 것이다. 프랑스 카페 베이커리 체인점 중 하나인 오봉팽(Au Bon Pain)은 최종 면접에 앞서 지원자에게 2일간의 유급 업무 체험 기회를 준다. 이를 통해 기업은 지원자의 실제 직무 능력을 살펴볼 수 있고, 반대로 지원자는 스스로 업무 환경이나 적성 적합도를 알아볼 수 있다(그림 11.17).

서비스인사이트 11.1을 참고하여 사우스웨스트 항공(Southwest Airlines)은 어떻게 면접과 선별 도구를 결합하여 수많은 지원자 풀에서 적합한 지원자를 알아냈는지 알아보자.

학습목표 6

훈련이 필요한 서비스 직무를 담당하는 직원이 있는 주요 분야를 설명한다.

서비스 직원을 적극적으로 훈련시켜라

기업이 우수한 직원을 고용했다면 훈련에 대한 투자는 뛰어난 성과를 낼 수 있다. 직원을 위한 훌륭한 경력 개발 프로그램은 직원이 존중과 보살핌을 받는다는 느낌을 갖게 해준다. 리더십 전문가인 피터 배클룬드(Peter Baeklund)는 널리 알려진 다음 인용구에서 교육이 얼마나 중요한지 강조한다. "CFO가 CEO에게 '만약 우리가 직원 능력 개발에 투자했는데 그들이 회사를 떠나면 어떻게 될까요?'라고 질문하자 CEO는 다음과 같이 답했다. '우리가 투자를 하지 않았을 때 직원들이 남아 있다면 어떤 일이 일어날까요?'" 서비스 챔피언은 직원 훈련에서 언어, 비용, 행동을 통해 교육에 대한 강한 의지를 보여준다. 예를 들어, 애플(Apple) 매장의 직원은 고객과 교류하는 방법, 부정적인 방식보다 긍정적인 말로 표현하는 방법, 고객이 감정적으로 반응할 때 대처하는 방법에 관해 집중적인 훈련을 받는다. 직원은 단순히 물건만 판매하는 것이 아니라 고객의 문제를 해결하도록 도와야 한다.[34] 벤저민 슈나이더(Benjamin Schneider)와 데이비드 보언(David Bowen)은 다음과 같이 말한다. "다양하고 경쟁력 있는 지원자 풀을 만들고, 그 인력풀에서 가장 적합한 사람을 고용하기 위한 효과적인 기술을 활용하며, 그런 후에 직원을 훈련시키는 것은 어느 시장에서나 매우 성공적일 것이다."[35]

훈련 내용 서비스 직원에게 훈련이 필요한 주요 3가지 부분이 있다.

- **조직 문화, 목표, 전략** 새로운 고용은 강하게 시작하라. 교육은 기업의 핵심 전략에 정서적 몰입을 집중시키고, 서비스 우수성, 책임감, 공동체 정신, 상호 존중, 정직, 진실성에 대한 몰입 같은 핵심 가치를 촉진시켜야 한다. 관리자는 특정 직무보다 오히려 '무엇'을,

SERVICE INSIGHTS 11.1

사우스웨스트 항공의 채용

사우스웨스트 항공은 적합한 태도와 기업 성격에 맞는 인성을 가진 사람을 채용한다. 유머는 중요한 열쇠이다. 사우스웨스트 항공의 전설적인 전 CEO이자 회장이었던 허브 켈러허(Herb Kelleher)는 "비행이 정말로 재미있었으면 좋겠습니다"라고 말했다. "우리는 태도를 봅니다. 이를 테면, 스스로를 너무 심각하게 생각하지 않는 유머감각이 있는 사람이요. 해야 할 업무는 무엇이든 훈련시킬 것이지만, 사우스웨스트 항공에서 타고난 태도까지 바꿀 수는 없습니다." 사우스웨스트 항공에서 기본적으로 지속되는 원칙은 적합한 정신을 지닌 사람을 채용하는 것이다. 사우스웨스트 항공은 타자 지향적이고 외향적인 사람, 즉 열심히 일하고 동시에 즐거운 시간을 보내는 대가족의 일원이 될 수 있는 사람을 찾는다.

면접에 대한 사우스웨스트 항공의 고된 접근 방식은 경험을 바탕으로 계속 발전하고 있다. 이는 아마도 승무원을 선발하는 데 가장 혁신적인 방법일 것이다. 지원자들은 회사에서 하루 동안 그룹으로 모이는 것으로 시작한다. 채용 담당자는 지원자들이 서로 얼마나 잘 상호작용하는지 관찰한다. 이러한 관찰을 할 또 다른 기회는 점심시간이다.

그다음에는 개인 면접이 이어진다. 각 지원자는 하루 동안 3가지 일대일 '행동 유형' 면접을 한다. 주어진 업무 범위 내에서 슈퍼바이저와 동료들에게 받은 의견을 바탕으로, 면접관은 각 직위에 대해 8~10가지 차원을 목표로 삼는다. 승무원의 경우 적극성, 동정심, 유연성, 민첩성, 신실성, 고객 서비스 지향, 팀 플레이어로서의 성향을 포함할 수 있다. 유머조차도 '시험'된다. 예비 직원은 일반적으로 다음과 같은 질문을 받는다. "최근 작업 환경에서 어떤 유머를 사용했는지 말해주세요. 어려운 상황을 벗어나기 위해 유머를 어떻게 사용했는지 말해주세요."

사우스웨스트 항공은 이상적인 면접이란 지원자를 편안하게 만드는 것을 목표로 하는 '대화'라고 설명한다. "첫 번째 면접은 약간 딱딱한 경향이 있고, 두 번째는 편안하게 하며, 세 번째에서는 지원자들이 더 많은 걸 이야기해줍니다. 그런 환경에서는 거짓을 말하는 게 진짜로 어렵습니다." 세 번째 면접관은 낮에는 지원자에 대해 논의하지 않지만 편견의 위험을 줄이기 위해서 나중에 노트를 비교한다.

적합한 태도를 지닌 사람을 선택하는 데 도움을 주기 위해 사우스웨스트 항공은 (같이 근무할 수 있는 미래 지원자의) 슈퍼바이저와 동료를 초대하여 함께 심층 면접과 선출 과정에 참여하게 한다. 이러한 방법으로 기존 직원들은 ('누가 이런 바보를 채용했는지' 궁금해하기보다는) 신입 사원을 모니터링하고 그들이 직장에서 성공할 수 있도록 도와야 한다는 책임감을 가진다. 좀 더 특이하게도 사우스웨스트 항공은 자사의 상용 고객을 초청하여 승무원 채용 초기 면접에 참여시키고 승객이 무엇에 가치를 두는지 지원자들에게 알려준다.

면접팀은 준비할 수 있는 충분한 시간을 주고 잠재 직원들에게 자신에 대한 5분짜리 프레젠테이션을 준비하게 한다. 발표를 하는 동안 면접관은 발표자를 지켜보기만 하는 것이 아니다. 그들은 또한 청중을 관찰하여 어떤 지원자가 프레젠테이션을 작성하는 데 시간을 사용하고 있는지, 누가 잠재적인 동료를 열정적으로 응원하고 지원하는지 확인한다. 사우스웨스트 항공의 눈길을 사로잡는 사람은 자신의 발표자료를 다듬느라 고 다른 사람이 무슨 발표를 하는지 안 듣는 사람이 아니라 이기적이지 않은 사람이며, 팀 동료를 응원하는 사람일 것이다.

적합한 태도를 지닌 사람을 고용하면서 회사는 사람들에게 보이지 않는 품질인 소위 사우스웨스트 정신(Southwest Spirit)을 강화할 수 있을 것이다. 그들은 필요한 것을 얻기 위해 일할 것이고 언제라도 필요하면 더 노력할 자세를 지니고 있을 것이다. 사우스웨스트 항공은 직원을 위해 더 노력하고 있으며, 비용 절감을 위해 2004년 3개 도시의 예약센터를 폐쇄하기로 결정한 이후에도 직원을 해고하지 않았다. COVID-19 위기에서 항공 여행이 황폐해졌을 때조차도 회장이자 CEO인 개리 켈리(Gary Kelly)는 다음과 같이 선언했다. "회사는 적어도 2020년 말까지 무급휴직, 해고, 임금 인하, 복지 축소를 할 생각이 없습니다." 결국 사우스웨스 항공은 COVID-19가 장기화되면서 직원들을 해고해야 했지만, 오직 7%만이 해고되었으며, 이는 다른 항공사에 비하면 상당히 적은 수이다. 경영진은 항공사의 문화가 핵심 경쟁력이라는 사실을 알고 있다.

출처: Kevin Freiberg and Jackie Freiberg, *Nuts! Southwest Airlines' Crazy Recipe for Business and Personal Success* (New York: Broadway Books, 1997): 64-69; Barney Gimbel, "Southwest's New Flight Plan," *Fortune*, May 16, 2005: 93-98; Lucas Manfredi, "Southwest CEO: No Layoffs, Furloughs on Oct. 1," https://www.foxbusiness.com/markets/southwest-ceo-no-layoffs-furloughsoct-1 , July 26, 2020, accessed on September 26, 2020.

MindStudio/Pearson Education Ltd

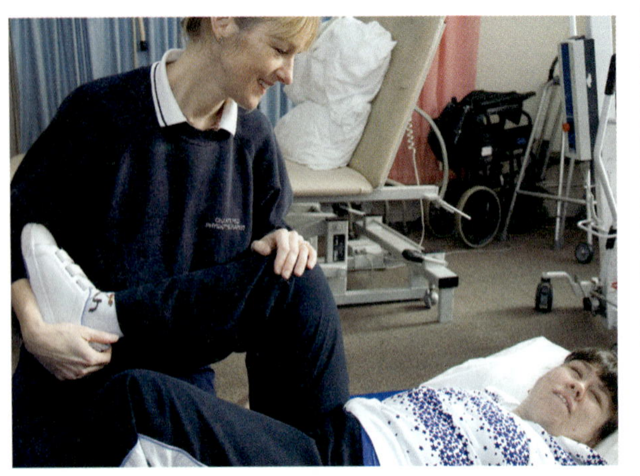

그림 11.18 한 물리치료사가 고객에게 기술적 숙련도뿐만 아니라 온화하고 친근한 미소까지도 선사한다.

Kadmy/123RF

그림 11.19 하드웨어 상점에서 영업사원이 램프 고정구를 고르는 고객이 선택하는 것을 도와주고 있다.

'왜', '어떻게'에 초점을 맞춰 교육한다.[36] 예를 들면, 디즈니랜드의 신규 입사자는 '디즈니대학교 오리엔테이션(Disney University Orientation)'을 다니게 된다. 이 오리엔테이션은 기업의 역사와 철학, 출연배우가 수행해야 할 서비스 수준, 디즈니랜드 경영에 관한 자세한 논의로 시작된다.[37]

- **대인관계와 기술력** 대인관계는 서비스 직무 전반에 걸쳐 영향을 끼친다. 대인관계에는 눈을 맞추는 방법이나 타인의 말을 경청하는 태도라든지, 바디랭귀지 혹은 얼굴을 통한 감정표현 같은 시각적인 의사소통 능력이 포함된다. 기술력 같은 경우 일련의 업무 처리 과정(예: 반품을 관리하는 법), 기기장치(예: 마무리 작업 시 사용되는 기계나 자동입출금기를 사용하는 방법), 고객을 상대하는 데 필요한 규칙이나 원칙 등에 관한 지식이 포함된다. 기술력과 대인관계는 둘 다 함께 필요하다. 둘 중 하나만 갖추었다고 하여 업무를 잘 수행한다고 보기는 어렵다(그림 11.18).[38]
- **제품/서비스에 대한 지식** 지식이 풍부한 직원은 서비스 품질의 중요한 측면이다. 그들은 상품 특징을 효과적으로 설명할 수 있어야 하고, 제품을 올바르게 배치해야 한다. 예를 들어, 애플 매장에서는 고객들이 직접 체험할 수 있도록 모든 제품이 진열되어 있다. 직원은 제품 특징, 사용법을 비롯하여 유지보수, 서비스 묶음 등과 같은 서비스의 다른 면에 대한 질문에도 대답할 수 있어야 한다(그림 11.19).

행동을 다듬기 위한 훈련 강화 훈련을 통해 관찰 가능한 행동 변화가 나타나야 한다. 학습은 더 똑똑해지는 것뿐만 아니라 주로 행동을 바꾸고 좀 더 나은 결정을 내릴 수 있게 한다. 이를 성취하기 위해서는 연습과 강화가 필요하다. 슈퍼바이저는 규칙적으로 학습목표를 설정하고 따라올 수 있게 하는 중요한 역할을 한다(예: 최근 불만사항과 칭찬을 통해 얻은 주요 교훈을 강화하기 위해 직원과 회의를 한다; 그림 11.20).

지속적인 강화의 또 다른 예는 리츠칼튼(Ritz-Carlton) 방식이다(그림 11.21). 리츠칼튼 골드 스탠다드(Ritz-Carlton Gold Standards)에는 신조, 좌우명, 서비스의 3단계와 12가지 서

비스 가치가 포함된 고객을 위한 핵심 상품과 서비스 요구사항을 담았다.[39]

처음 3가지 가치는 '리츠칼튼 신비(Ritz-Carlton Mystique)'와 관련이 있다. 그들은 고객의 니즈와 필요에 세심한 주의를 기울이고 독특하고 기억에 남는 개별적인 고객 경험을 제공함으로써 고객과 강력하고 평생 지속되는 관계를 구축한다는 목표를 제시한다. 4~9의 가치는 개별적인 목표 설정 및 역할 수행, 혁신을 통한 리츠칼튼 경험 홍보, 고객 문제해결에 대한 책임, 팀워크, 개인적 성장, 참여, 몰두 등 직원의 전문적 성장과 관련이 있다. 서비스 가치 10, 11, 12는 직원의 발표, 보안 문제, 안전 및 청결과 같은 기능적 가치를 나타낸다. 12가지 가치는 직원과 고객 참여가 모두 이루어져야 달성할 수 있다고 예상된다.[40]

Stuart Cox/Pearson Education Ltd

그림 11.20 슈퍼바이저의 아침 브리핑은 효과적인 훈련 기회이다.

리츠칼튼의 보스턴커먼 호텔(Boston Common Hotel)에서 근무하는 훈련 및 개발 부서 전 디렉터인 팀 커크패트릭(Tim Kirkpatrick)은 다음과 같이 말한다. "골드 스탠다드는 당신의 이름표와 마찬가지로, 우리 유니폼의 일부입니다. 하지만 실행에 옮기기 전까지는 그저 얇은 카드에 불과할 뿐이라는 점을 명심하세요."[41] 매일 아침 브리핑은 직원들을 강화하기 위해 스탠다드와 직접적으로 관련된 토론을 한다. 이런 토론의 목적은 직원들의 마음 한 가운데에 리츠칼튼의 철학을 유지하기 위함이다.

America/Alamy Stock Photo

그림 11.21 리츠칼튼 리조트의 호화로운 장식은 고객의 기대에 부응하겠지만, '리츠칼튼 경험'은 기대를 훨씬 뛰어넘는다.

일선 직원 전문화 훈련과 교육을 통해 일선에서 근무하는 직원을 전문화하고, 중요하지 않은 낮은 직급에 종사한다는 일반적인 (자기) 이미지에서 벗어나게 할 수 있다. 잘 훈련된 직원은 전문가처럼 생각하고 행동한다. 음식이나 요리, 와인, 식사자리에서의 예절, 고객과 효과적으로 소통하는 방법(심지어 불평하는 고객까지)을 아는 웨이터는 스스로 큰 자존감을 가지고 있으며 동시에 고객에게 존중받을 수 있다. 그러므로 훈련과 내부 커뮤니케이션은 인간관계 갈등과 일선 직원들에게 활력을 주는 데 상당히 효과적이다.

서비스 문화와 행동을 형성하는 내부 커뮤니케이션

학습목표 7

내부 마케팅과 커뮤니케이션의 역할을 이해한다.

강력한 훈련 플랫폼과 더불어 커뮤니케이션은 서비스 문화를 형성하고 직원에게 메시지를 전달하는 중요한 역할을 한다. 서비스 리더는 서비스 문화를 만들고, 내부 마케팅에서부터 훈련, 핵심 원칙, 회사 행사, 축하 행사에 이르기까지 다양한 도구를 사용하여 서비스 문화를 구축한다. 직원에게 전하는 내부 커뮤니케이션(종종 **내부 마케팅**이라고도 한다)은 특정한 서비스 가치를 만드는 기업 문화를 유지하고 양성하는 데 필수적인 역할을 한다.

잘 계획된 내부 마케팅 활동은 가끔은 전 세계적으로 폭넓게 운영되는 대규모 서비스 기업에 특히 필요하다. 본사에서 멀리 떨어진 곳에서 일하는 직원들도 새로운 정책, 서비스 기능 변경, 새로운 품질 계획에 대한 정보를 지속적으로 받을 필요가 있다. 팀 정신을 육성하고 국경을 넘어 공통의 기업 목표를 지원하기 위해 커뮤니케이션이 필요할 수도 있다. 시티은행(Citibank), 에어캐나다(Air Canada), 메리어트(Marriott), 스타벅스(Starbucks) 같은 기업의 직원들은 다양한 문화권에서 다양한 언어를 사용하고 있지만 일관된 수준의 서비스를 제공하기 위해 협력해야 한다. 모든 해외지점이 통일된 목표를 유지하는 것은 도전적인 일이다.

효과적인 내부 커뮤니케이션은 효율적이고 만족스러운 서비스 제공을 보장하는 데 도움이 되는 훌륭한 보완 교육 도구로, 생산적이고 조화로운 업무 관계를 성취하고, 직원의 신뢰, 존중, 충성도를 구축한다. 일반적으로 내부 뉴스레터와 잡지, 비디오, 인트라넷, 이메일, 대면 브리핑, 전시, 상품, 표창 프로그램을 활용한 프로모션 캠페인 등이 미디어로 사용된다.

학습목표 8

많은 일선 직원에게 임파워먼트가 중요한 이유를 이해한다.

일선에서의 임파워먼트[42]

선호하는 고용주가 되어 적합한 후보자를 선택하고 이들을 잘 교육한 이후의 단계는 일선에 권한을 부여(임파워먼트)하며 직무 범위를 뛰어넘을 수 있는 적극적인 고객 서비스 성과를 보여주도록 격려하는 것이다. 눈에 띄게 훌륭한 서비스를 제공하는 대부분의 기업은 고객의 하루를 행복하게 만들거나 고객의 피해를 줄이기 위해 추가적인 작업을 통해 실패한 서비스를 극복한 직원들의 전설적인 이야기를 가지고 있다. 이러한 일을 가능하게 하려면 직원에게 권한을 부여해야 한다. 예를 들면, 미국에 있는 고급 백화점인 노드스트롬(Nordstrom)은 직원들이 올바른 일을 할 수 있도록 교육하고 신뢰하며 그렇게 할 수 있는 권한을 부여한다. 직원 안내서에는 "모든 상황에서 당신이 할 수 있는 최고의 판단을 하라"는 단 한 가지 규칙이 있다.[43]

그러나 고객을 위해 추가적인 일을 하는 것과 직원이 불필요하게 종종 불법적으로 지불 영수증을 면제하거나 매장의 만족도 점수를 높이기 위해 공짜로 주거나 잘못된 행동을 하는 고객과의 마찰을 피하는 '서비스 직원 절도' 사이에는 미묘한 차이가 있다(13장의 불량 고객 참조).[44] 서비스 직원이 자기 주도적이고 좋은 판단력을 가지고 있는 것이 중요하다. 일선 직원은 고객과 직접 대면하는 경우가 많기 때문이다. 그러므로 관리자는 직원의 행동을 면밀하게 관찰하기 어렵다.[45]

많은 서비스 기업이 직원에게 더 큰 재량권을 제공한다(그리고 판단력을 어떻게 사용하는지 훈련한다). 그러면 직원은 슈퍼바이저에게 허락을 구하는 데 시간을 허비하기보다 현장에서 더 우수한 서비스를 제공한다. 임파워먼트는 일선 직원에게 서비스 문제에 대한 해결책을 찾고 맞춤형 서비스를 제공하는 데 적절한 판단을 내릴 수 있게 해주는 것처럼 보인다. 그러므로 높은 수준의 임파워먼트는 높은 수준의 고객 만족과 연결되어 있다는 연구 결과는 결코 놀랍지 않다.[46]

높은 수준의 임파워먼트는 언제 주어져야 적절한가 옹호자들은 경영진이 상대적으로 표준화된 시스템을 설계하고 직원들이 좁은 지침 내에서 작업을 수행하는 '생산 라인' 접근법보다 임파워먼트(권한 부여) 접근법으로 동기부여된 직원이 만족스러운 고객을 생성할 가능성이 더 높다고 주장한다. 그러나 데이비드 보언과 에드워드 롤러(Edward Lawler)는 상황에 따라 다른 해결책이 필요할 수 있다고 제안한다. 그들은 다음과 같이 말한다. "임파워먼트 접근법과 생산 라인 접근법은 각자 장점이 있습니다. … 그리고 … 각각은 특정 상황에 적합합니다. 핵심은 직원과 고객 모두의 니즈를 가장 잘 충족하는 관리 접근 방식을 선택하는 것입니다." 모든 직원이 임파워먼트를 바라는 것은 아니며, 많은 직원은 직장에서 개인의 성장을 추구하지도 않는다. 그들은 자신의 주도권을 사용하기보다는 특정 지침을 따라 근무하는 것을 선호할지도 모른다. 한 연구는 조직이나 환경 속에서 다음과 같은 조건이 이루어질 경우 임파워먼트 전략이 가장 적절할 수 있다는 것을 보여준다.

- ▶ 차별화를 근간으로 개인적이고 맞춤화된 서비스를 제공하는 기업
- ▶ 단기 거래보다는 고객과 확장된 관계를 구축하려는 기업
- ▶ 일상적인 관례를 따르지 않고 복잡한 기술을 사용하는 조직
- ▶ 일상적이지 않은 일에서 종종 서비스 실패가 일어나고 시스템을 벗어나 계산할 수 없을 경우, 즉 일선 직원이 서비스를 회복하기 위해 빠른 반응을 보여야 할 경우
- ▶ 경영 환경이 예측하기 어려울 경우와 놀라운 일이 예상될 경우
- ▶ 현재 관리자가 직원이 조직과 고객 모두의 이익을 위해 독립적으로 결정하도록 하는 데 편안함을 느끼는 경우
- ▶ 직원은 업무 환경에서 자신의 기술을 성장시키고 심화하려는 강한 욕구를 가지고 있으며, 다른 사람들과 함께 일하는 데 관심이 있고, 좋은 대인 관계 및 그룹 프로세스 기술을 갖추고 있을 경우[47]

일선 직원을 임파워먼트하기 위한 필수 조건 직원 관리에 대한 생산 라인 접근법은 조직 설계 및 관리가 잘 정립된 **통제** 모델을 기반으로 하고 있다. 여기에는 명확하게 잘 정의된 역할, 하향 통제 시스템, 계층적 피라미드 구조, 경영진이 가장 잘 안다는 것을 가정한다. 임파워먼트 접근법은 대조적으로 **참여**(또는 헌신) 모델을 기반으로 한다. 적절하게 사회화되고, 훈련되었으며, 정보를 제공받았다면 직원은 비즈니스 운영에 현명한 결정을 내리며 좋은 아이디어를 생각해낸다. 또한 이 모델은 직원이 효과적으로 일을 수행하고 자기 통제와 자기 주도가 가능하며 내적으로 동기부여가 되어 있다고 가정한다.

슈나이더와 보언은 "임파워먼트란 단순히 '일선 직원에게 자유를 주는 것' 또는 '정책 메뉴얼을 던져 버리라는 것'이 아닙니다. 조직 전반에 걸쳐 위에서 아래로 4가지 핵심 요소를 체계적으로 재분배하는 것이 필요합니다"라고 강조한다.[48] 이는 다음과 같다.

- ▶ 조직, 팀, 개인 업무 성과에 대한 **정보**(예: 운영 결과와 경쟁적인 성과 수치)
- ▶ 직원이 이해할 수 있도록 도와주고 조직, 팀, 개인 업무 성과에 공헌할 수 있는 **지식**(예: 문제해결 능력)
- ▶ 업무 과정과 상부 지시(예: 품질 관리 업무와 자체 관리팀)에 영향을 주는 결정을 할 수 있는 **권한** 부여와 미시적 수준에서의 거래별 결정(예: 맞춤형과 서비스 회복과 관련된 결정)
- ▶ 조직, 팀, 개인 업무 성과에 기반한 **보상**(예: 보너스, 이익 분배, 주식옵션)

통제 모델에서는 4가지 특징 모두 조직의 상층부에 집중되어 있다. 반면에 관여 모델에는

이러한 특징이 조직의 하층부에 내려가 있다. 예를 들면, 레스토랑에서는 종종 직원들의 근무조를 관리직이 스케줄을 만들거나, 더 나쁜 것은 제일 생산성이 낮은 직원을 가장 이익이 많이 나는 근무조에서 근무하게 하는 것이다. 이러한 문제를 모두 해결하기 위해 보스턴에 있는 레스토랑 체인점 낫유어애버리지조스(Not Your Average Joe's)는 모든 임파워먼트의 4가지 특징을 일선 직원들에게 부여했다. 이 레스토랑은 각 서버의 판매 및 고객 만족도 데이터(팁 및 앱 평점으로 측정)를 추적하고 전달하는 성과 평가 시스템을 개발했다(정보와 지식 제공). 이제 직원들은 성과 순위에 따라 선호하는 근무조와 레스토랑 섹션을 셀프서비스 온라인 시스템을 통해 스스로 선택할 수 있다(의사결정권과 보상 제공). 이런 시스템은 고성과자에게 임파워먼트와 보상을 주며 성과 문화를 조성하고 각 레스토랑 매니저가 3~5시간이 걸리던 주별 직무 스케줄을 짜는 업무를 덜어주고 레스토랑의 수익성을 높인다.[49]

직원 관여의 단계 임파워먼트와 생산 라인 접근법은 스펙트럼의 양쪽 끝에 위치해 있다. 일선 직원에게 부여되는 정보, 지식, 권한, 보상 같은 직원 관여도를 높이는 정도가 반영되어 있다. 관리직은 비즈니스 모델을 위해 임파워먼트의 적절한 정도를 결정할 필요가 있다. 임파워먼트는 다음과 같은 단계로 나눌 수 있다.

- ▶ 제안 수준 관여(suggestion involvement) 정형화된 프로그램을 통해 직원에게 추천하도록 권한을 부여한다. 한 예로 생산 라인 접근 방식의 원형이라고 묘사되는 맥도날드(McDonald's)는 일선 직원에게 귀를 많이 기울인다. 맥도날드 직원이 에그 맥머핀을 만드는 것에서부터 빵에 손자국을 남기지 않고 햄버거를 포장하는 방법까지 다양한 것을 만들어냈다는 사실을 알고 있었는가?
- ▶ 직무 수준 관여(job involvement) 직무 내용을 드라마틱하게 공개하는 것을 말한다. 직무는 직원이 더 다양한 범위의 기술을 사용할 수 있도록 재설계된다. 직원들은 이러한 형태의 권한 부여에 수반되는 추가 요구사항에 대처하기 위해 교육이 필요하다. 또한 슈퍼바이저는 그룹 지도하는 것에서 업무 성과를 지원하는 방향으로 바뀌어야 한다.
- ▶ 높은 수준 관여(high involvement) 최하층의 직원에게도 기업 전체적인 성과에 관여를 하고 있는 느낌이 들게 한다. 정보는 공유된다. 직원은 팀워크와 문제해결, 기업 운영 능력을 개발한다. 그들은 작업 단위의 관리 결정에 참여하고 조직을 위한 배움과 혁신의 원천이 된다.[50]

일반 상식과 유연성을 권하는 높은 수준 관여를 실시하는 기업의 예로는 사우스웨스트 항공이 있다. 이 기업은 직원을 믿고 그들에게 자유와 권한을 주었다. 항공사는 유연하지 못한 업무 규칙과 딱딱한 업무 내용을 없애고 직원들이 직무에 대한 주인의식을 가질 수 있게 하며 '공식적인' 책임감과 관계없이 비행기가 정해진 시간에 떠날 수 있게 했다. 직원들이 필요할 때는 서로 돕는 유연성을 가지도록 했다. 결과적으로 그들은 '무슨 일이 있더라도' 정신을 갖게 되었다. 사우스웨스트 항공의 조종사와 정비사는 승강대 직원이 짐을 싣는 것을 도와주기도 한다. 항공기가 지연될 경우 조종사가 휠체어를 탄 승객을 돕거나 승무원을 도와 항공권을 확인하거나 심지어 항공기의 실내를 청소하는 일도 드물지 않다. 게다가 사우스웨스트 항공의 직원은 정해지지 않았더라도 고객에게 최선이 되는 일이라면 어떠한 일이든지 한다.

고성과 서비스 제공팀 만들기

 학습목표 9

높은 성과를 올리는 서비스 제공팀을 만드는 방법을 설명한다.

팀은 "공통의 목적, 일련의 성과 목표 및 상호 책임을 지는 접근 방식을 가진 보완적인 소수의 사람들"이라고 정의된다.[51] 많은 서비스의 본질은 원활한 고객 서비스를 제공하기 위해 기능 전반에 걸쳐 팀으로 일해야 한다.

전통적으로 많은 회사는 기능적 구조로 조직되어 있었다. 예를 들면, 한 부서는 컨설팅과 판매를 하고(예: 휴대폰으로 가입 계약을 판매하는 것), 다른 부서는 고객 서비스를 담당하며(예: 부가가치 서비스 활용, 가입 계획 변경), 또 다른 부서는 비용을 청구한다. 이런 구조는 내부 서비스팀 직원이 직접 고객을 만날 수 없다. 부진한 부서 간 팀워크, 느린 서비스와 많은 오류를 의미한다. 고객은 서비스 문제가 있을 때 쉽게 균열 사이에 떨어지게 된다(그림 11.22).

서비스 팀워크의 힘 팀, 훈련, 임파워먼트는 서로 밀접하게 연관되어 있다. 효과적인 팀과 리더는 팀 구성원 간의 커뮤니케이션, 지식 공유 및 조정을 촉진한다.[52] 소규모의 독립된 단위에서 작업하는 서비스팀은 더 많은 책임을 갖게 되며, 전통적으로 조직된 고객 서비스 작업 단위보다는 더 많은 책임을 맡고 감독이 덜 필요하다. 게다가 팀은 슈퍼바이저보다 더 높은 성과 목표를 설정하는 경우가 많다. 좋은 팀 내에서는 성과에 대한 압박이 높다.[53]

일부 학자들은 '개인적 스타'를 채용하는 데 너무 많은 중점을 두고 있으며, 좋은 팀 능력과 협력할 동기를 갖춘 직원을 채용하는 데는 너무 적은 관심을 기울인다고 느끼기까지 한다. 스탠퍼드대학교 교수인 찰스 오렐리(Charles O'Reilly)와 제프리 페퍼(Jeffrey Pfeffer)는 사람들이 팀에서 얼마나 일을 잘하는가는 얼마나 좋은 사람인지만큼 중요하며, 뛰어난 팀워크를 통해 스타들이 다른 사람들보다 뛰어난 성과를 낼 수 있다고 강조한다.[54]

팀 능력과 동기부여는 다양한 유형의 서비스, 특히 전문적인 역할을 수행하는 개인이 참여하는 서비스를 효과적으로 전달하는 데 매우 중요하다. 예를 들면, 건강 관리 서비스는 많은 전문가의 효과적인 팀워크에 상당히 많은 부분을 의존하고 있다(그림 11.23).

그림 11.22 효과적인 내부 커뮤니케이션은 폭넓게 분산되어 매장 전반에 통일된 기업 문화를 강화할 수 있다.

성공적인 서비스 전달팀 구조 팀이 잘 기능하도록 만드는 것은 쉽지 않다. 만약 직원들이 팀워크를 위한 준비가 되어 있지 않고 팀 구조가 적절하게 준비되지 않았다면 회사는 처음부터 팀워크에서 요구하는 경쟁력이 결여된 열정적인 팀원을 보유할 위험을 초래한다. 팀워크 능력에는 오직 협동심만 포함된 것이 아니다. 다른 사람의 이야기에 대한 경청, 코칭, 다른 사람에게 도움과 용기를 주는 능력이 필요할 뿐만이 아니라 어떻게 다른 점을 이해할 수 있는지, 서로 어려운 진실을 이야기하고 어려운 질문을 하는 것도 포함된다. 이 모든 것에는 훈련이 필요하다. 또한 경영진은 팀을 성공으로 이끄는 구조

그림 11.23 팀 내 협력 부족은 회사에 문제를 야기시킨다.

를 설정해야 한다. 다음과 같은 것이 필요하다.

- 팀이 성취해야 할 것을 명확히 한다. 목표는 명확히 하고 팀 구성원 간에 공유되어야 한다.
- 주의 깊게 팀 구성원을 선택한다. 성과 달성을 위한 모든 기술은 팀 내에 근간이 되어 이루어져야 한다.
- 팀과 팀 구성원을 모니터링하고 피드백을 준다. 이는 조직 내에서 개인의 목표를 조정하게 도와준다.
- 팀 구성원에게 이루어야 할 목표를 계속 알려주고 성과에 대해 보상한다.
- 기업의 전반적인 목표를 성취하기 위해 다른 관리자와 함께 행동한다(자세한 내용은 다음 절 참조).

학습목표 10
부서 간 및 기능 분야 간 팀을 통합하는 방법을 알아본다.

부서별 그리고 기능 부서 간 통합된 팀

서비스 제공팀이 잘 작동하더라도 다양한 부서와 기능 영역의 개인과 팀이 서로 충돌하는 회사를 많이 볼 수 있다. 마케터는 자신의 역할이 고객에게 매력적인 상품을 소개하고 판매 욕구를 자극하며 회사 상품을 제안하면서 지속적으로 부가가치를 올리는 것이라고 보고 있을 것이다. 하지만 운영관리자는 서비스 제약(예: 직원, 장비)의 현실을 반영하고 비용을 통제하기 위해 '추가'를 줄이는 것이 자신의 업무라고 생각할 수 있다. 인적자원 관리 부서에서는 직원 수와 임금을 통제하기를 원하고, IT 부서에서는 많은 서비스 프로세스의 정보 근간을 통제하는 경우가 많기 때문에 변화하는 수요로 인해 어려움을 겪고 있다.

서비스 관리의 과제는 다양한 부서와 기능 영역이 서로 협력하도록 해야 한다는 것이다. 부서 간 갈등을 줄이고 장벽을 허물 수 있는 방법은 다음과 같다.

- 다양한 부서와 기능 영역에 직원들이 내부적으로 전환할 수 있게 한다. 직원들이 좀 더 전체적인 관점을 보고 다양한 부서에서 보는 다양한 관점에서 문제를 이해할 수 있게 한다.
- 부서 간 및 기능 프로젝트 팀을 만든다(예: 새로운 서비스 개발 또는 고객 서비스 프로세스 재설계).
- 부서 간 및 기능 간 서비스 제공팀을 만든다.
- '서비스 경험 관리' 책임 부서를 만든다. 목적, 프로세스, 부서 간 활동을 통합한다.[55]
- 내부 마케팅, 훈련, 통합 프로그램을 수행한다(다음 사우스웨스트 항공의 예시 참조).
- 최고경영진은 모든 부서 간 중요한 목표가 통합되어 있는지 명확해지도록 헌신한다.

강력한 기업 문화와 기능 부서 간 통합의 좋은 사례로 사우스웨스트 항공이 있으며, 이들은 지속적으로 새롭고 창조적인 방법으로 기업 문화를 강화한다. 사우스웨스트 항공의 문화위원회는 가족적인 회사 문화를 만드는 데 열정적인 사람들이다. 위원회는 승무원, 예약 직원, 최고경영진까지 모든 직원을 대표한다. 한 참가자는 다음과 같이 말했다. "문화위원회는 유력인사로 구성된 것이 아닙니다. 위원회는 직원들의 마음으로 만들어졌습니다." 문화위원회는 권력을 얻으려 나온 것이 아니다. 사우스웨스트 정신으로 회사 문화의 토대와 직원들을 연결시킨다. 위원회는 사우스웨스트 항공의 핵심 가치를 위해 무대 뒤에서 일한다. 사우스웨스트 항공의 문화를 강화하기 위해 개최된 행사의 예시는 다음과 같다.

- **내 신발로 1마일 걷기** 이 프로그램은 사우스웨스트 항공 직원들이 다른 직원의 업무에 대해 감사한 마음을 갖게 하는 데 도움을 준다. 직원들은 쉬는 날 다른 부서에 방문하여 '걷기'를 최소 6시간 동안 하도록 요청받는다. 참가자들은 전환 가능한 왕복패스를 경험하는 것뿐만 아니라 선의와 더 높은 의욕으로 보상받는다.
- **현장에서의 하루** 이 활동은 1년 내내 회사에서 실천되고 있다. 예를 들면, 최고커뮤니케이션 담당자인 배리 터커(Barri Tucker)는 3일 동안 승무원 업무에 참여했다. 이 경험은 터커가 새로운 각도로 회사를 경험할 수 있게 해줬고, 고객들에게 직접 의견을 들을 수 있었다. 그녀는 이 경험이 사우스웨스트 항공의 일선 직원을 지원하는 최고경영진에게 얼마나 중요한지 알 수 있었다.
- **도움의 손길** 사우스웨스트 항공은 유나이티드(United)의 셔틀(Shuttle)과 직접 경쟁하는 도시 직원들의 부담을 덜어주는 시스템으로 봉사자를 파견한다. 이는 모멘텀과 경쟁 지역에서 일하는 직원들에게 힘을 줄 수 있을 뿐만 아니라 사우스웨스트 항공 직원의 투지 회복에 도움을 줄 수 있다.[56]

직원에게 동기부여와 활력 불어넣기[57]

 **학습목표 11**

서비스 직원이 우수한 서비스를 제공하고, 생산성을 높일 수 있도록 동기부여하고 활력을 제공하는 방법을 알아본다.

기업이 적합한 사람을 채용하여 잘 훈련시키고 권한을 부여해주며 효과적인 서비스 전달팀에 배치하면 그들이 좋은 서비스를 전달할 것이라고 어떻게 보장할 수 있겠는가? 직원 성과는 능력과 동기부여의 함수이다. 효과적으로 고용하고, 효과적으로 훈련하며, 권한을 부여해주는 것은 기업에 능력 있는 인력을 제공한다. 그리고 성과 평가와 보상 시스템은 직원을 동기부여하는 핵심이다. 효율적으로 고품질 서비스를 제공하는 직원을 반드시 격려하고 보상해주어야 한다. 좋은 서비스를 제공하는 직원에게 동기부여와 보상은 근속하게 하는 효과적인 방법이다(그림 11.24). 직원은 진실로 뛰어난 서비스 제공자로 승진하고 고객 수준에서 서비스를 전달하지 못하는 직원은 해고된다는 것을 빨리 깨닫게 될 것이다.

그러나 성공적이지 못한 서비스 사업은 보상의 전 범위를 효과적으로 사용하지 못한다. 대부분의 기업은 보상을 금전적인 것으로 생각하지만, 이는 효과적으로 동기부여하지 못한다. 합리적으로 공평해 보이는 수준을 넘어 높은 임금을 주는 것은 단기적인 동기부여 효과밖에 낼 수 없다. 지속적으로 얻을 수 있는 성과에 기반을 둔 보너스가 계속되어야만 좀 더 지속적인 효과가 있다. 보너스에서 금전적인 보상 이외에 지속적인 보상이 될 수 있는 것은 바로 직무 내용 그 자체, 인정과 피드백, 목표 달성이다.

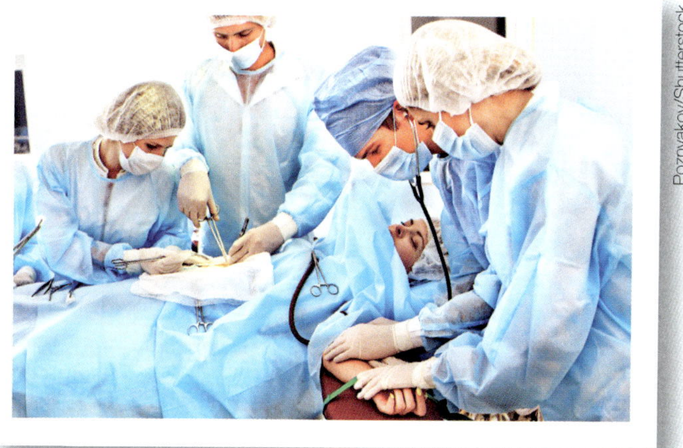
Poznyakov/Shutterstock

그림 11.24 의료수술팀은 특히 큰 노력이 필요한 조건 속에서 업무를 수행한다.

직무 내용 사람들은 자신이 훌륭한 일을 하고 있다고 생각할 때 동기부여가 되고 만족한다. 좋은 감정을 스스로 느끼고 그 감정을 더 강하게 느끼고 싶어 한다. 이러한 사실은 직무가 다음과 같을 때 해당된다.

- ▶ 직무는 다양한 활동을 가지고 있어야 한다.
- ▶ 업무의 '전체' 완성과 확인 가능한 부분이 필요하다.
- ▶ 타인의 삶에 영향을 준다는 점이 중요하다고 간주된다.
- ▶ 자율성과 유연성이 따른다.
- ▶ 직원이 일을 얼마나 잘 수행했는지에 대해 직접적이고 명확한 피드백이 제공되어야 한다(예: 감사하는 고객들과 판매 성과).

피드백과 인정 인간은 사회적 존재이며, 고객, 동료, 상사 등 주변 사람들로부터 받는 인정과 피드백을 통해 조직에 대한 정체성과 소속감을 얻는다. 만약 직원이 우수한 서비스에 대해 인정받고 감사를 받게 된다면 계속해서 우수한 서비스를 지속적으로 제공할 것이다. 월별로 포상을 주는 경우 일을 잘한 직원에게 주어지는 '이 달의 직원'과 같은 상은 탁월한 성과를 인정하여 높은 동기를 부여할 수 있다.

긍정적인 감정은 전파된다. 직원은 일하는 시간과 다른 사람들에게 긍정적인 영향을 미칠 수 있는 직무 환경에서 일할 때 크게 동기부여되고 만족한다. 그래서 직원을 최종사용자와 만나는 곳에 배치하여 그들이 고객으로부터 긍정적인 피드백을 듣게 하는 것은 매우 동기부여가 될 수 있다.[58] 일선 직원들이 단순히 고객 사진을 보거나 고객과 함께한 특별한 경험담을 읽는 경우에도 긍정적인 효과가 관찰되었다.[59]

목표 달성 커뮤니케이션이 잘되고, 구체적이며, 어렵지만 달성 가능한 목표는 직원이 받아들일 수 있는 강력한 동기부여가 될 수 있다. 직원은 에너지를 집중시킬 수 있고 결과적으로 목표가 없거나 불명확하거나(예: '최선을 다하라') 성취 불가능한 목표일 때보다 더 강력한 성과가 나타난다.

효과적인 목표 설정을 위한 중요한 점은 다음과 같다.

- ▶ 목표는 중요하고 성취가 가능하다고 여겨질 때 그 자체로 하나의 보상이 된다.
- ▶ 목표 달성은 공식적인 성과 평가의 일환으로 보너스, 피드백, 표창 등 보상을 제공하기 위한 기초로 사용될 수 있다. 피드백과 동료들의 인정은 금전적 보상을 지급하는 것보다 더 빠르고, 비용이 저렴하며, 더 효과적일 수 있다. 직원의 자기효능감을 높여준다는 장점도 있다.
- ▶ 구체적이고 어려운 서비스 직원의 목표는 공식적으로 설정되어야 받아들일 수 있다. 목표는 반드시 구체적이어야 하지만, 무형일 수도 있다(예: 직원의 친절 등급 향상).
- ▶ 목표 달성 및 진행 상황 보고(피드백)는 직원의 자존감을 충족시키기 위해 공개적으로 이루어져야 한다.
- ▶ 목표를 성취하기 위한 수단을 구체화하는 것은 대부분 불필요하다. 목표를 추구하는 동

안 진행 상황에 대한 피드백은 교정 기능을 수행한다. 따라서 목표 추구는 다른 보상이 없더라도 목표 달성으로 이어질 것이다.

오렐리와 페퍼는 일부 기업이 진입장벽이나 독점 기술 같은 일반적인 경쟁우위 없이 경쟁이 치열한 산업에서 장기간에 걸쳐 성공할 수 있었는지에 대해 심층 연구를 수행했다. 그들은 이들 회사가 인재 확보 전쟁에서 승리한 것이 아니라(매우 신중하게 채용했음에도 불구하고) 조직에 이미 보유하고 있는 '인재를 충분히 활용하고 사람들에게 동기를 부여함으로써' 성공했다고 결론지었다.[60]

서비스 문화, 기후, 리더십

지금까지는 서비스 기업에서 인적자원의 기본사항에 대해 논의했다. 이제 조직 내에서 효과적인 서비스 문화를 양성하는 리더의 역할에 대해 이야기할 것이다. 서비스 문화와 서비스 기후를 정의하면서 시작하자.

서비스 중심 문화 만들기[61]

서비스 중심 문화가 무엇인지 이해한다.

서비스 우수성을 제공하기 위해 노력하는 기업에는 회사 전략과 일치하도록 경영진이 지속적으로 강화하고 개발하는 강력한 서비스 문화가 필요하다. **조직 문화**는 조직의 행동을 안내하고 기본 가정과 가치에 관한 것으로, 다음 내용을 포함한다.

- 조직에서 중요한 것이 무엇인지에 대한 공유된 인식과 테마
- 무엇이 옳고 그렇지 않은지에 대한 공유된 가치
- 무엇이 가능하고 가능하지 않은지에 대한 공유된 이해
- 이러한 믿음이 중요한 이유에 대한 공유된 믿음과 가정
- 공유된 작업 스타일과 다른 사람들과의 관계

레너드 베리(Leonard Berry)는 서비스 문화의 정의를 다음 두 가지로 요약한다.[62]

- 조직에서 중요한 것이 **무엇**인지에 대한 공유된 인식
- 그러한 것들이 중요한 **이유**에 대한 공유된 가치와 믿음

서비스 제공자에게 영감을 주고 활력을 불어넣으며 안내하는 가치를 갖춘 서비스 문화를 조성하는 것은 리더의 책임이다.

서비스 기후[63]

학습목표 13

서비스 기후와 문화의 차이점을 이해하며, 서비스를 위한 기후의 결정 요인을 설명한다.

문화는 더욱 포괄적이고 가치에 초점을 맞추고 있지만, 조직 분위기는 느껴지고 볼 수 있는 조직 문화의 일부이다. 직원은 회사와 리더가 말하는 것보다 무엇을 하는지 주목함으로써 무엇이 중요한지 이해하게 된다. 그들은 회사의 인적자원, 운영, 마케팅, IT 정책, 관행 및 절차에 대해 매일 겪는 경험을 바탕으로 자신의 인식을 형성한다. 그들이 경험하는 것은 문화이

다. 더 구체적인 측면에서 해석하면 직원이 경험할 수 있는 것이다. 이는 결국 직원의 행동과 고객 결과를 주도한다. 간단히 말해 서비스 기후는 특정 환경에서 지원과 보상을 받는 관행, 절차 및 행동 유형에 대한 직원들의 공유된 인식을 나타낸다.

조직 내 기후는 반드시 특정한 것과 연관되어야 한다. 예를 들어, 서비스, 지원, 혁신, 안전 같은 영역과 관련되어야 한다. 단일 조직 내에서는 종종 여러 기후(분위기)가 공존한다. 서비스 기후의 필수적인 특징으로는 명확한 마케팅 목표와 우수한 고객 가치 또는 서비스 품질 제공에 대해 최선을 다하는 노력을 포함한다.[64]

학습목표 14
서비스 조직에서 효과적인 리더의 자질을 설명한다.

서비스 조직에서 효과적인 리더의 자질

리더는 서비스를 위한 문화와 기후를 창조해야 할 책임이 있다. 일부 리더가 다른 사람들보다 원하는 문화와 기후를 창조하고 강화하는 데 더 효과적인 이유는 무엇인가?

많은 해설자가 리더에 대한 주제로 글을 썼다. 그것은 그 자체 내에서 서비스로서 설명되기도 했다. 월마트(Walmart)의 창업자인 샘 월튼(Sam Walton)은 '서번트 리더'로서 봉사하는 관리자의 역할을 강조했다. 서비스 조직의 효과적인 리더의 자질은 다음과 같다.[65]

- ▶ 리더는 자신의 사업을 사랑해야 한다. 비즈니스에 대한 흥미는 다른 사람들에게 비즈니스 운영 기술과 비밀을 전수하도록 격려할 것이다.
- ▶ 많은 뛰어난 리더는 서비스 우수성 및 성과와 관련된 핵심 가치 설정을 하고 움직인다. 서비스 품질은 성공을 위한 핵심 토대가 된다고 간주한다.
- ▶ 리더는 반드시 서비스를 제공하는 직원의 역할이 중요한 부분이라는 것을 인식해야 한다. 서비스 리더는 그들을 위해 일하는 사람들을 믿어야 할 필요가 있으며 그 사람들과 대화를 나누면서 특별한 관심을 가져야 한다.
- ▶ 효과적인 리더는 결정 과정에서 독단적으로 판단하기보다는 훌륭한 질문을 하고 팀으로부터 답변을 얻는다.
- ▶ 리더는 반드시 팀 내에서 기대되는 행동을 하는 롤모델이 되어야 한다.
- ▶ 효과적인 리더는 다른 사람들이 쉽게 이해할 수 있는 방식으로 그들과 대화를 하는 재능이 있다. 리더는 직원을 이해하고 어려운 개념조차도 모두가 이해할 수 있는 쉬운 용어를 사용해서 대화하는 것이 좋다. 효과적인 커뮤니케이션은 조직에 영감을 부여하고 성공으로 이끄는 핵심 기술이다.
- ▶ 마지막으로 효과적인 리더는 강렬한 직업적 의지, 맹렬한 결의, 다른 사람에게 공을 돌리고 비난을 받아들이며 개인적으로 겸손해야 한다.

연구 결과에 따르면 기본에 대한 지속적인 관리와 끝없는 세부사항이 강력한 서비스 기후를 조성하는 것으로 나타났다. 서비스 품질에 대한 헌신을 보여주고, 높은 기준을 설정하며, 장애물을 인식 및 제거하고, 이를 수행하는 데 필요한 자원의 사용을 보장하는 리더는 강력한 서비스 환경을 조성한다. 이러한 기본적인 리더십 스타일은 평범해 보이지만, '평범의 중요성'을 인식하고 회사 직원들에게 영감을 주고 동기부여를 할 수 있는 강력한 서비스 비전을 보여줘야 한다.[66]

성공적인 리더의 특징 중 하나는 기본에 충실하고 다른 직원과 관리자들이 기대하는 행동

SERVICE INSIGHTS 11.2

병원장이 롤모델의 힘을 배우다

보스턴에 있는 베스이스라엘 병원(Beth Israel Hospital, 현재 Beth Israel-Deaconess Medical Center)의 회장으로 30년간 근무한 미첼 T. 라브킨(Mitchell T. Rabkin) 의학박사는 정기적으로 병원 모든 부서에 비공식적인 방문을 하는 것으로 알려져 있다. 그는 다음과 같이 말한다. "걸어 다니면서 경영에 대해서 많이 배웁니다. 그리고 보게 될 것입니다. 다른 병원에 방문해서 CEO의 안내를 받을 때 그 CEO가 다른 사람들과 어떻게 교류하는지, 그때마다 어떤 바디랭귀지를 사용하는지를요. 롤모델링으로서 중요한 것은 더 표면적으로 잘 드러나는 것입니다." 이 점을 강조하면서 라브킨 박사는 다음과 같은 이야기를 즐겨했다.

> 사람들은 당신과 다른 사람들이 행동하는 방식을 보고 행동하는 법을 배운다. 베스이스라엘의 예시로 지금은 사실이 아닌 것 같지만 실제 있었던 일로, 땅바닥에 있는 쓰레기에 대한 이야기이다.
>
> 우리 이사 중 한 사람이자 제이어사(Zayre Corporation)의 회장이었던 고(故) 맥스 펠드버그(Max Feldberg)가 어느 날 함께 병원을 거닐자고 요청했다. 그리고 질문했다. "왜 환자돌봄실 바닥에 많은 종이가 흩뿌려져 있다고 생각하시나요?"
>
> "글쎄요. 사람들이 줍지 않기 때문이겠지요."라고 나는 대답했다.
>
> 그는 말했다. "봅시다. 당신은 과학자입니다. 우리는 실험을 할 것입니다. 이 바닥에 쭈그리고 앉아서 모든 종이조각을 주울 것입니다. 그리고 위층으로 올라갑시다. 또 다른 병실에도 통계적으로 비슷하게 종이가 있을 텐데, 거기서는 아무것도 줍지 맙시다."
>
> 그래서 이 72세의 늙은 남자와 나는 바닥에 있는 쓰레기를 줍고, 다른 쪽에서는 아무것도 하지 않았다. 10분 뒤에 돌아가자 1층에 있던 남아있던 모든 쓰레기는 눈에 보이지 않았고 아무것도 없었으며 단숨에 바뀌었다.
>
> 그리고 그는 나에게 이야기했다. "보세요. 이것은 사람들이 줍지 않았기 때문이 아닙니다. 당신이 쓰레기를 줍지 않았기 때문이에요. 당신이 바닥에 쭈그리고 앉아서 종이를 줍지 않는 멋부리는 사람이라면 다른 사람들은 왜 그래야 하지요?"

출처: Christopher Lovelock, *Product Plus: How Product+Service = Competitive Advantage* (New York: McGraw-Hill, 1994).

을 하는 롤모델이라는 것이다. 종종 '발로 뛰는 경영'으로 알려진 접근이 요구된다.[67] 허브 켈러허가 사우스웨스트 항공의 CEO였을 때 새벽 2시에 사우스웨스트 항공 정비 격납고에 불쑥 나타나거나 가끔 승무원으로 일하는 그녀와 마주쳐도 아무도 놀라워하지 않았다. 주변을 돌아보는 것은 회사 운영의 여러 영역을 정기적으로(때로는 예고 없이) 방문하는 것을 의미한다. 이러한 접근은 후방뿐만 아니라 일선 운영에 대해 통찰력을 준다. 리더는 직원과 고객 모두를 만날 수 있으며 관찰할 수 있다. 그리고 기업 전략이 일선에서 어떻게 구현되는지 확인할 수 있다. 주기적으로 이런 접근법은 리더에게 회사 전략에 변화가 필요하다는 것을 알아차릴 수 있는 기회를 준다. 현장에서 CEO를 만났다면 서비스 직원에게 동기부여가 될 수 있으며, 좋은 서비스의 롤모델을 보여줄 수 있는 기회를 준다. 서비스인사이트 11.2에서는 대형 병원 CEO가 임기 초기에 롤모델의 힘을 어떻게 배웠는지 설명한다.

전체 조직을 일선에 집중하기

 **학습목표 15**

다른 리더십 스타일을 이해하고, 롤모델링의 중요성을 깨달으며, 모든 조직을 일선 직무에 집중시킨다.

강력한 서비스 문화는 전체 조직을 일선에 초점을 집중하는 문화이다. 조직은 서비스 대면에서 무슨 일이 일어났는지에 따라 오늘뿐만 아니라 내일의 수익률에도 상당히 많은 영향을 받

그림 11.25 사람들은 목표 성취에 집중할 때 동기부여가 되고 활력이 넘친다.

기 때문에 일선이 비즈니스의 생명줄이라는 것을 이해해야 한다. 서비스에 대한 열정이 있는 회사의 최고경영진은 정보를 얻고 적극적으로 참여함으로써 일선이 그들에게 매우 중요하다는 것을 보여준다. 그들은 정기적으로 일선 직원 및 고객들과 함께 이야기하고 협력하면서 이를 달성한다. 렌터카 회사 허츠(Hertz)의 전 CEO인 마크 프리소라(Mark Frissora)는 다음과 같이 표현했다.

> 나는 사람들이 "CEO로서 비즈니스의 일상적인 운영에 지나치게 관여하면 안 된다"고 말하는 것을 자주 듣습니다. 내 대답은 다음과 같습니다. "전략을 세우는 중이므로 비즈니스에 '많이 관여'해야 합니다. 비즈니스를 이해하고 있지 않다면 나는 나쁜 관리자이자 리더로서 실패한 것입니다." 리더가 실제 비즈니스가 일어나는 곳에서 많은 시간을 보내는 것이 중요합니다.[68]

실제로 많은 경영자가 고객을 응대하는 일선에서 많은 시간을 보내고 있다. 예를 들면, 디즈니월드의 경영진은 거리 청소, 아이스크림 판매, 놀이기구 요원 근무 같은 일선 직원의 일로 매년 2주를 보내면서 일선에서 실제로 무슨 일이 일어나는지 더 잘 이해할 수 있다.[69] 서비스 리더는 큰 그림에 관심이 있을 뿐만이 아니라 서비스 세부사항에 초점을 맞추기도 한다. 그들은 다른 경쟁사들은 사소하다고 생각하는 것에서 기회를 본다. 그리고 회사에서 작은 것들을 다루는 방법이 모든 것을 다룰 수 있는 방법의 분위기를 설정할 수 있다고 믿는다.

자포스(Zappos)는 본사에 고용된 모든 사람이 콜센터 직원('고객 충성도팀')과 동일한 교육을 받게 하여 모든 신입 직원을 일선에 집중시킨다. 회사에 고용된 모든 회계사, 변호사, 소프트웨어 개발자도 직위에 관계없이 똑같은 훈련 프로그램을 거친다. 회사의 역사, 고객 서비스의 중요성, 회사의 장기적 비전, 회사 문화에 대한 자포스의 철학을 교육하는 4주간의 프로그램이 진행된다. 이 훈련이 끝나면 모든 신규 직원들은 2주 동안 콜센터에서 고객의 전

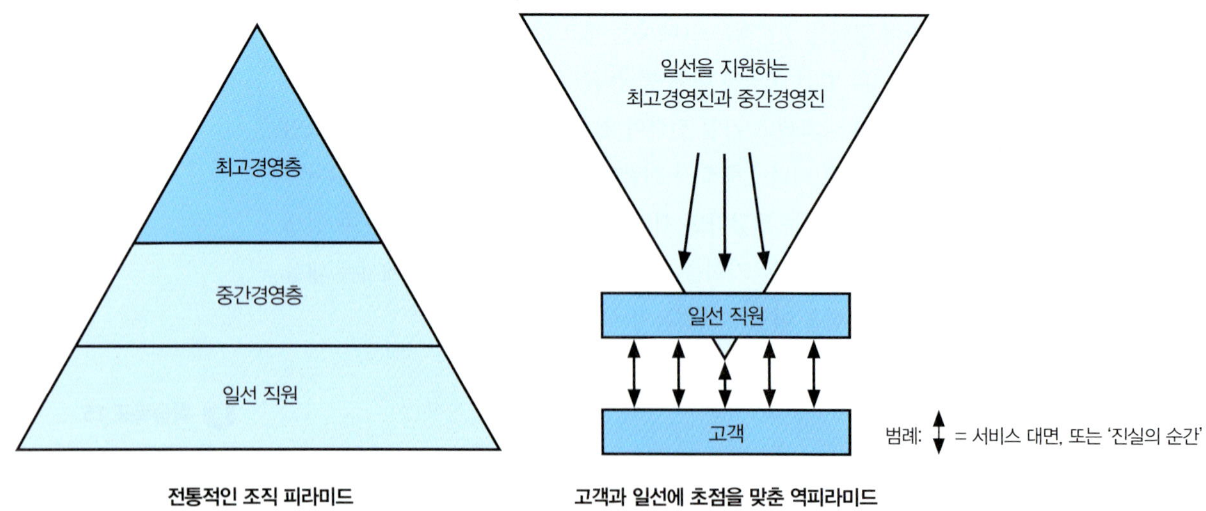

그림 11.26 조직 역피라미드

화를 응대하게 된다. 전 CEO 토니 셰이(Tony Hsieh)는 다음과 같이 말한다. "고객 서비스는 한 부서의 일이 아니라는 믿음에서 시작됩니다. 회사 전체가 해야 합니다."[70] 결국에 많은 서비스 이슈는 일선 직원이 무엇을 해서 일어난 일이 아니라 IT, 로지스틱스, 운영, 재정, 법률 부서, 위기 관리, 인사 관리 같은 행정 부서에서 발생한다.[71]

그림 11.26은 일선의 중요성을 강조하는 역피라미드를 보여준다. 최고경영진과 중간경영진의 역할은 고객에게 서비스 우수성을 제공하는 일을 하는 일선을 지원하는 것임을 증명한다.

요약

학습목표 1 서비스 직원은 다음과 같은 이유로 서비스 기업의 성공을 위해 매우 중요하다. 서비스 직원은 다음과 같은 의미를 지닌다.

- 생산의 핵심이다.
- 고객의 시각에서 서비스 직원은 서비스 기업을 대표한다.
- 브랜드 약속을 전달하기 때문에 브랜드의 핵심이다.
- 판매, 교차 판매, 상향 판매를 창출한다.
- 일선 서비스 운영에서 생산성의 핵심 동력이다.
- 고객 충성도의 원천이다.
- 일선 운영의 생산성을 결정한다.

학습목표 2 일선 직원의 업무는 어렵고 피곤한 일이다. 다음과 같은 성격을 지닌 기업-고객 경계에서 근무하기 때문이다.

- 조직-고객 갈등
- 개인-역할 갈등
- 고객 간 갈등
- 감정 노동과 정서적 스트레스

학습목표 3 기업의 실패, 평범, 성공하는 과정을 묘사하기 위해 일선 서비스 직원과 고객이 포함된 3가지 유형의 순환을 활용했다.

- 실패의 순환은 낮은 임금과 높은 이직 전략을 포함한다. 이에 따라 상당한 고객 불만족 및 이탈이 발생하여 결과적으로 영업 이윤이 감소하게 된다.
- 평범의 순환은 고용 보장을 제공하지만 직무 범위가 그리 넓지 않은 대규모 관료형 조직에서 흔히 발견된다. 고객에게 서비스를 잘 제공하더라도 인센티브는 없다.
- 성공적인 서비스 기업은 성공의 순환을 따른다. 성공의 순환에서 직원은 만족하고 생산적이며, 그 결과 고객의 만족도와 충성도가 증가한다. 증가된 이익으로 적합한 일선 직원의 채용, 개발, 동기부여에 투자할 수 있다.

학습목표 4 서비스 인재 순환은 서비스 기업의 성공적인 인재 개발 전략을 위한 지침이며, 서비스 기업이 성공의 순환으로 이동하도록 도와준다. 서비스 인재 순환을 실행하면 훌륭한 고객 서비스를 전달할 수 있을 뿐만 아니라 서비스 기업에 생산적으로 동기부여된 직원을 확보할 수 있다. 4가지 핵심 처방이 있다.

- 적합한 사람 고용하기
- 일선 직원이 할 수 있게 하기
- 일선 직원을 동기부여하고 활기를 불어넣기
- 서비스 기후를 강화하고 말한 것을 실천하며 일선을 강조하고 지원하기

학습목표 5 적합한 직원을 채용하기 위해 서비스 기업은 자사 조직이나 특정 서비스에 적합한 사람들을 선택하고 고용할 필요가 있다. 인재개발의 베스트 사례는 많은 산업에서 고용 시장의 경쟁이 치열하다는 사실을 인식하는 것에서부터 시작된다. 인재를 확보하기 위해 기업은 다음을 수행해야 한다.

- 기업이 구직자에게 선호되도록 하라. 또한 결과적으로 고용 시장의 우수한 인력에게 다수의 구직 신청을 받을 수 있게 한다.
- 신중한 채용은 직무와 기업 문화에 적합한 직원의 선발을 보증한다. 관찰, 성격검사, 구조화된 면접과 현실적인 직무 정보 제공, 관찰, 성격검사, 현실적인 직무 면접 같은 검증 방법을 사용하여 가장 적합한 직원을 선발한다.

학습목표 6 ① 조직 문화, 목표와 전략, ② 대인관계와 기술력, ③ 제품/서비스 지식에 대해 광범위하고 심도 있는 훈련을 시행한다.

학습목표 7 회사의 서비스 문화와 회사 내에 모든 직원에게 메시지를 전달하기 위해 내부 커뮤니케이션(내부 마케팅)을 이용한다. 내부 커뮤니케이션 도구의 효과적인 믹스를 사용한다(예: 이메일, 잡지, 비디오, 브리핑, 전시를 이용한 홍보 캠페인, 금전적 보상, 표창 프로그램).

학습목표 8 일선 직원이 고객 니즈와 예상치 못한 상황이나 서비스 실패에 유연하게 반응할 수 있도록 임파워먼트를 하라. 임파워먼트와 교육 훈련은 좋은 서비스가 제공될 수 있도록 직원에게 권한, 기술, 자신감을 부여한다.

- 임파워먼트는 비즈니스 모델과 고객 니즈를 위해 적절한 수준으로 설정되어야 한다. 생산 라인 접근법은 낮은 수준의 임파워먼트가 요구되며, 더 복잡하고 맞춤형 서비스를 제공해야 할 경우 높은 수준의 결정 권한을 부여하고 높은 기준의 서비스를 설정한다.
- 임파워먼트는 체계적으로 4가지 특징, 즉 ① 조직, 팀, 개인 성과에 대한 정보, ② 직원의 이해를 돕는 지식과 업무 성과 공헌, ③ 결정할 수 있는 권한, ④ 성과 기반 보상을 전달한다.

학습목표 9 처음부터 끝까지 훌륭한 서비스를 고객에게 전달할 수 있는 효과적인 (종종 부서 간) 서비스 전달팀이 되도록 일선 직원들을 조직한다.

학습목표 10 부서 간 및 기능 영역 간 서비스 제공팀을 통합한다. 성공을 위해 마케팅, 운영, 인사 관리, IT 부서가 긴밀하게 협력할 수 있도록 잘 조정하는 방식으로 통합할 필요가 있다. 통합은 다양한 기능의 주요 결과 및 목표이며 양립할 수 있을 뿐만 아니라 상호 보완적이다.

- 통합을 개선할 수 있는 방법은 ① 부서 간 내부 전환, ② 복합 기능 프로젝트 팀, ③ 복합 기능 서비스 제공팀, ④ 목표, 과정, 부서 간 활동을 통합하는 직원 임명하기, ⑤ 훈련, 내부 마케팅과 캠페인(예: '내 신발로 1마일 걷기', '현장에서의 하루'), ⑥ 모든 기능 부서의 중요한 목표를 통합할 수 있는 관리자의 헌신이다.

학습목표 11 마지막으로 임금, 성과급, 직무 만족, 피드백, 목표 달성 인정에 이르는 전체적 보상 체계로 직원에게 활기를 주고 동기부여한다.

학습목표 12 조직 행동을 안내하는 서비스 문화의 기본 가정과 가치의 설명은 두 가지로 줄일 수 있다.

- 조직에 무엇이 중요한지 공유된 인식
- 이런 것들이 중요한 이유에 대한 공유된 가치와 믿음

서비스 중심 문화의 본질적인 특징은 우월한 가치와 서비스 우수성을 제공하는 것이 중요하다는 강한 믿음이다. 이는 직원이 회사의 목표를 이해하고 목표한 결과에 이끌도록 지지하게 만든다.

모범적인 리더는 고객에게 초점을 맞추고, 서비스 직원에게 영감을 주고, 활기를 주고, 이끄는 가치를 지닌 서비스 문화를 조성하며, 강력하고 통합적인 효과를 이해한다.

학습목표 13 서비스 기후는 문화의 표면층이다. 기후는 직원이 경험할 수 있는 좀 더 구체적인 측면을 보여준다. 여기에는 정책, 실행, 인사 관리 과정, 운영, 마케팅, IT가 포함된다. 기후는 조직에서 보상을 받는 실무와 직장 내 행동에 대한 직원의 공유된 인식을 대표한다.

학습목표 14 서비스 리더는 다음과 같은 자질을 갖춰야 한다.

- 회사를 사랑한다
- 조직에 전할 서비스 우수성 및 성과와 관련된 일련의 핵심 가치를 갖춘다
- 자신을 위해 일하는 직원에게 강한 믿음을 가지고 일선 직원의 중요성을 인정한다.
- 팀을 위한 중요한 질문을 하고 답을 얻는 능력을 갖춘다.
- 팀이 기대하는 행동을 하는 롤모델이 되는 능력을 갖춘다.
- 리더들이 조직에 영감을 주고 성공할 수 있도록 하는 효과적인 커뮤니케이션 능력을 갖춘다.

학습목표 15 기본과 세부사항에 초점을 맞춘 리더십 유형은 서비스를 위한 강한 기후를 창조한다. 리더는 품질에 대한 헌신, 높은 기준 설정, 방해물 인지 및 제거, 이를 수행하는 데 필요한 자원 가능성을 보장해야 한다.

강한 서비스 문화는 일선에 초점을 맞춰야 한다. 리더는 일선에서 일어나는 일이 자신에게 매우 중요하다는 것을 행동으로 보여준다. 최고경영진과 중간경영진의 역할은 고객에게 서비스 우수성을 제공하는 일선을 지원하는 것이다.

학습 키워드

학습목표 1
- 서비스 우수성
- 브랜드
- 고객 충성도
- 개인 맞춤화된 관계
- 생산성
- 일선 직원
- 서비스 기업
- 서비스-수익 사슬
- 차별성
- 서비스 가치
- 사람
- 경쟁력

학습목표 2
- 경계 관리
- 감정 노동
- 고객 간 갈등
- 조직-고객 갈등
- 개인-역할 갈등
- 조직 행동
- 역할 스트레스
- 역할 갈등
- 두 상사 딜레마
- 서비스 착취

학습목표 3
- 고객 실패의 순환
- 실패의 순환
- 평범의 순환
- 성공의 순환
- 직원 실패의 순환
- 비용
- 미래 수익

학습목표 4
- 인적자원 관리
- 서비스 인재 순환 주기

학습목표 5
- 다양하고 구조화된 면접
- 지원자 행동 관찰
- 성격검사
- 적합한 사람
- 채용공고
- 직원 분석
- 직업을 체험할 수 있는 기회
- 직원-브랜드 적합성
- 선별 방법
- 가치 제안
- 노동 시장

학습목표 6
- 대인관계 기술
- 조직 문화
- 제품 지식
- 서비스 지식
- 기술력
- 훈련
- 정서적 몰입
- 경력 개발 프로그램

학습목표 7
- 내부 커뮤니케이션
- 일선 직원 전문화
- 내부 마케팅

학습목표 8
- 직원 관여
- 직원 자기 주도
- 임파워먼트
- 생산 라인 접근법
- 높은 수준 관여
- 직무 수준 관여
- 제안 수준 관여
- 통제 모델
- 관여 모델
- 서비스 직원 절도
- 권한

- 정보
- 보상
- 지식

학습목표 9

- 목표
- 효과적인 팀워크
- 피드백
- 서비스 제공팀
- 목표 성취

학습목표 10

- 기능 부서
- 부서
- 팀 통합
- 서비스 경험 관리
- 기능 간 팀
- 부서 간 팀

학습목표 11

- 활력
- 직원 업무 성과
- 성과 평가
- 직무 내용
- 동기부여
- 인정

학습목표 12

- 서비스 중심 문화

학습목표 13

- 조직 내 기후

학습목표 14

- 리더십

학습목표 15

- 조직 역피라미드
- 리더십 스타일
- 기본 요소 관리

서비스 마케팅 용어를 얼마나 잘 알고 있나요? 퀴즈를 풀어보세요!

본문을 참조하지 않고도 기억할 수 있는 각 키워드에 대해 1점을 매기고 점수를 합산하여 서비스 마케터라고 불릴 자격을 갖추었는지 확인하세요.

점수

01~15	서비스 마케팅이 여러분에게 해악을 끼치나요?
16~30	밤늦도록 공부가 필요합니다.
31~45	학기 내내 여러분이 무엇을 하지 않았는지 알고 있습니다.
46~60	거의 도달하려고 합니다.
61~75	바로 마케터로 출발하세요.
76~90	여러분의 이름을 딴 마케팅 콘셉트가 나와야 합니다.

서비스 마케팅 연습문제

1. 서비스 기업에서 서비스 인력이 중요한 이유는 무엇인가?
2. 감정 노동이란 무엇인가? 특정 직업에 있는 직원에게 스트레스를 유발하는 원인에 대해 설명하라. 설명을 위해 적합한 예를 사용하라.
3. 실패의 순환을 성공의 순환으로 바꾸기 위해 회사가 무너뜨려야 할 주요 방해 요인은 무엇인가? 그리고 평범의 순환에 있는 회사는 어떻게 해야 다음 과정으로 나아갈 수 있는가?
4. 직원 채용과 훈련, 지속적인 동기부여가 고객 만족에 있어서 (a) 레스토랑, (b) 항공사, (c) 병원, (d) 컨설팅 회사 같은 조직에 긍정적인 영향을 미치는 5가지 방법을 나열하라.
5. 서비스 인재 순환 주기의 주된 요소에 대해 서술하라.
6. 결과적으로 노동 시장에서 최고 잠재력 있는 후보자로부터 많은 지원을 받을 수 있는 선호되는 고용주가 되기 위해 서비스 회사는 무엇을 해야 하는가?
7. 회사는 어떻게 하면 많은 수의 지원자 중 가장 적합한 후보자를 고를 수 있는가?
8. 서비스 회사가 해야 할 주된 훈련 유형은 무엇인가?
9. (a) 항공사, (b) 레스토랑, (c) 고객센터가 성공적인 서비스팀이 되려면 필요한 요인은 무엇인가?
10. 직원 임파워먼트 전략을 선호하는 요인은 무엇인가?
11. 일선 직원이 서비스 우수성과 생산성을 달성할 수 있도록 효과적으로 동기부여하려면 어떻게 해야 하는가?
12. 서비스 우수성과 생산성을 강조하는 강한 서비스 문화를 구축하려면 기업은 어떻게 해야 하는가?
13. 조직 문화, 서비스 기후, 리더십의 관계는 무엇인가?
14. 롤모델이 되는 것이 서비스 리더에게 바람직한 자질인 이유는 무엇인가?

서비스 마케팅 응용문제

1. 한 항공사에서 비행기 좌석에 앉아 있는 작은 소년이 테디베어를 안고 있는 그림을 보여주는 승무원 채용공고를 냈다. 헤드라인에는 다음과 같은 문구가 있었다. "소년의 엄마는 낯선 사람들과 말하지 말라고 했다. 그러면 소년은 점심으로 무엇을 먹었나?" 해당 광고를 보고 다음과 같이 생각하는 성격 유형에 대해 설명하라.
   (a) 지원하고 싶을 정도로 매력적이다.
   (b) 지원하고 싶지 않다.
2. 잘 알고 있는 성공적인 서비스 회사와 실패한 서비스 회사를 선택하여 서비스 인재 주기를 사용하여 진단해보라. 이 두 회사 각각에 어떤 조언을 하겠는가?
3. 잘 알고 있는 두 회사 즉, 서비스를 위한 매우 좋은 기후를 가진 조직과 매우 좋지 않은 서비스 기후를 가진 조직을 생각해보라. 그러한 기후를 형성하는 요인을 설명하라. 가장 많은 공헌을 하는 요인은 무엇인가? 그 이유는 무엇인가?
4. 주요 케이블 서비스 회사의 고객센터 직원에게 경계 관리 문제를 유발할 가능성이 높은 이슈는 무엇인가? 4개의 이슈를 선택하고 운영과 마케팅을 조정하여 세 그룹(즉 고객 포함)을 위해 만족스러운 결과를 얻을 수 있는 방법을 설명하라.
5. (a) 항공사, (b) 레스토랑, (c) 고객센터에서 서비스팀이 성공하는 데 필요한 요인을 알아보라.
6. 서비스 조직의 성공에 중요한 역할을 한 사람의 리더십 기술을 프로파일링해보고 중요하다고 생각하는 개인의 특징을 알아보라.

미주

1. Adapted from Leonard L. Berry, Discovering the Soul of Service: The Nine Drivers of Sustainable Business Success (New York: The Free Press, 1999), pp. 156–159.

2. For research on how to strategically align front line employees and their behaviors with a firm's brand positioning to strengthen brand equity, see Nancy J. Sirianni, Mary Jo Bitner, Stephen W. Brown, and Naomi Mandel, "Branded Service Encounters: Strategically Aligning Employee Behavior with the Brand Positioning," Journal of Marketing 77(6) (2013): 108–123.

There is a large body of research that documents how and why employees have such a strong impact on customers' satisfaction and future behaviors. See Liliana L. Bove and Lester W. Johnson, "Customer Relationships with Service Personnel: Do We Measure Closeness, Quality or Strength?" Journal of Business Research 54 (2001): 189–197; Magnus Söderlund and Sara Rosengren, "Revisiting the Smiling Service Worker and Customer Satisfaction," International Journal of Service Industry Management 19(5) (2008): 552–574; Anat Rafaeli, Lital Ziklik, and Lorna Doucet, "The Impact of Call Center Employees' Customer Orientation Behaviors and Service Quality," Journal of Service Research 10(3) (2008): 239–255.

3. The following study established the link between extra-role effort and customer satisfaction: Carmen Barroso Castro, Enrique Martín Armario, and David Martín Ruiz, "The Influence of Employee Organizational Citizenship Behavior on Customer Loyalty," International Journal of Service Industry Management 15(1) (2004): 27–53.

4. James L. Heskett, Thomas O. Jones, Gary W. Loveman, W. Earl Sasser Jr., and Leonard A. Schlesinger, "Putting the Service Profit Chain to Work," Harvard Business Review 72 (March–April 1994): 164–174. For a meta-analysis confirming the links of the service-profit chain, see Jens Hogreve, Anja Iseke, Klaus Derfuss, and Tönnjes Eller, "The Service-Profit Chain: A Meta-Analytic Test of a Comprehensive Theoretical Framework," Journal of Marketing 81(3): 41–61.

5. Benjamin Schneider and David E. Bowen, "The Service Organization: Human Resources Management Is Crucial," Organizational Dynamics 21(4) (Spring 1993): 39–52.

6. Phil Catelinet, "Just a Little Excitement on My Flight Today" (August 9, 2010), http://www.fiveguysproductions.com/2010/08/just-little-excitement-on-my-flight.html, accessed October 9, 2020.

7. Benjamin Schneider and David E. Bowen, "Boundary-Spanning Role Employees and the Service Encounter: Some Guidelines for Management and Research," in J.A. Czepiel, M.R. Solomon, and C.F. Surprenant (eds.), The Service Encounter (Lexington, MA: Lexington Books, 1985), pp. 127–148.

8. Vaikakalathur Shankar Mahesh and Anand Kasturi, "Improving Call Centre Agent Performance: A UK–India Study Based on the Agents' Point of View," International Journal of Service Industry Management 17(2) (2006): 136–157.

9. Patrick Meyer, Julia M. Jonas, and Angela Roth, "Frontline Employees' Acceptance of and Resistance to Service Robots in Stationary Retail: An Exploratory Interview Study," Journal of Service Management Research 4(1) (2020): 21–34; Sonja Christ-Brendemühl and Mario Schaarschmidt, "Frontline Backlash: Service Employees' Deviance from Digital Processes," Journal of Services Marketing 33(7) (2019): 936–945; Mahesh Subramony, Karen Holcombe Ehrhart, Markus Groth, Brooks C. Holtom, Danielle D. van Jaarsveld, Dana Yagil, Tiffany Darabi, David Walker, David E. Bowen, Raymond P. Fisk, Christian Grönroos, and Jochen Wirtz, "Accelerating Employee-Related Scholarship in Service Management: Research Streams, Propositions, and Commentaries," Journal of Service Management 28(5) (2017): 837–865.

Note that AI can also reduce employee stress by making their tasks easier, see Alexander P. Henkel, Stefano Bromuri, Deniz Iren, and Visara Urovi, "Half Human, Half Machine—Augmenting Service Employees with AI for Interpersonal Emotion Regulation," Journal of Service Management 31(2) (2020): 247–265.

10. Arlie R. Hochschild, The Managed Heart: Commercialization of Human Feeling (Berkeley: University of California Press, 1983).

11. Panikkos Constanti and Paul Gibbs, "Emotional Labor and Surplus Value: The Case of Holiday 'Reps'," The Service Industries Journal 25 (January 2005): 103–116.

12. Arlie Hochschild, "Emotional Labor in the Friendly Skies," Psychology Today (June 1982): 13–15.

13. Michel Rod and Nicholas J. Ashill, "Symptoms of Burnout and Service Recovery Performance," Managing Service Quality 19(1) (2009): 60–84; Jody L. Crosno, Shannon B. Rinaldo, Hulda G. Black, and Scott W. Kelley, "Half Full or Half Empty: The Role of Optimism in Boundary-Spanning Positions," Journal of Service Research 11(3) (2009): 295–309.

14. Dan Moshavi and James R. Terbord, "The Job Satisfaction and Performance of Contingent and Regular Customer Service Representatives: A Human Capital Perspective," International Journal of Service Industry Management 13(4) (2002): 333–347.

15. Mahesh and Kasturi, "Improving Call Centre Agent Performance," 136–157.

16. The terms "Cycle of Failure" and "Cycle of Success" were coined by Leonard L. Schlesinger and James L. Heskett, "Breaking the Cycle of Failure in Services," Sloan Management Review (Spring 1991): 17–28. The term "Cycle of Mediocrity" comes from Christopher H. Lovelock, "Managing Services: The Human Factor," in W. J. Glynn and J. G. Barnes (eds.), Understanding Services Management (Chichester, UK: John Wiley & Sons, 1995), p. 228.

17. Schlesinger and Heskett, "Breaking the Cycle of Failure," pp. 17–28.

18. Jim Collins, Good to Great: Why Some Companies Make the Leap... and Others Don't (HarperBusiness, 2001).

19. Tor W. Andreassen and Even J. Lanseng, "Service Differentiation: A Self-Image Congruency Perspective on Brand Building in the Labor Market," Journal of Service Management 21(2) (2010): 212–236.

20. Kathleen A. Keeling, Peter J. McGoldrick, and Henna Sadhu, "Staff Word-of-Mouth (SWOM) and Retail Employee Recruitment," Journal of Retailing 89(1) (2013): 88–104.

21. www.glassdoor.com, accessed March 5, 2022.

22. Charles A. O'Reilly III and Jeffrey Pfeffer, Hidden Value: How Great Companies Achieve Extraordinary Results with Ordinary People (Boston, Massachusetts: Harvard Business School Press, 2000): 1.

23. Nancy J. Sirianni, Mary Jo Bitner, Stephen W. Brown, and Naomi Mandel, "Branded Service Encounters: Strategically Aligning Employee Behavior with the Brand Positioning," Journal of Marketing 77(6) (2013): 108–123; Birgit Löndorf and Adamantios Diamantopoulos, "Internal Branding: Social Identity and Social Exchange Perspectives on Turning Employees into Brand Champions," Journal of Service Research 17(3) (2014): 310–325.

24. Scott A. Hurrell and Dora Scholarios, "'The People Make the Brand': Reducing Social Skills Gaps through Person-Brand Fit and Human Resource Management Practices," Journal of Service Research 17(1) (2014): 54–67.

25. Bill Fromm and Len Schlesinger, The Real Heroes of Business (New York: Currency Doubleday, 1994), pp. 315–316.

26. Jim Collins, "Turning Goals into Results: The Power of Catalytic Mechanisms," Harvard Business Review (July–August 1999): 77.

27. Parts of this section were adapted from Benjamin Schneider and David E. Bowen, Winning the Service Game (Boston, MA: Harvard Business School Press, 1995), pp. 115–126.

28. John E.G. Bateson, Jochen Wirtz, Eugene F. Burke, and Carly J. Vaughan, "Sifting to Efficiently Select the Right Service Employees," Organizational Dynamics 43 (2014): 312–320; John E.G. Bateson, Jochen Wirtz, Eugene F. Burke, and Carly J. Vaughan, "When Hiring, First Test, and Then Interview," Harvard Business Review 91(11) (2013): 34.

29. John Wooden, A Lifetime of Observations and Reflections on and off the *Court* (Chicago: Lincolnwood, 1997), p. 66.

30. Tom J. Brown, John C. Mowen, D. Todd Donovan, and Jane W. Licata, "The Customer Orientation of Service Workers: Personality Trait Effects on Self and Supervisor Performance Ratings," Journal of Marketing Research 39(1) (2002): 110–119; John E. G. Bateson, Jochen Wirtz, Eugene F. Burke, and Carly J. Vaughan, "Sifting to Efficiently Select the Right Service Employees," Organizational Dynamics 43 (2014): 312–320.

31. Serene Goh, "All the Right Staff," and Arlina Arshad, "Putting Your Personality to the Test," The Straits Times, Singapore (September 5, 2001), H1.

32. Have a look at its website to see the tests that are available: https://www.shl.com, accessed on March 5, 2022.

33. This section was adapted from Leonard L. Berry, On Great Service: A

Framework for Action (New York: The Free Press, 1995), pp. 181–182.
34. Yukari Iwatani Kane and Ian Sherr, "Secrets from Apple's Genius Bar: Full Loyalty, No Negativity," Wall Street Journal (June 15, 2011), http://www.wsj.com/articles/SB10001424052702304563104576364071955678908, accessed March 5, 2022.
35. Schneider and Bowen, Winning the Service Game, p. 131.
36. Berry, Discovering the Soul of Service, p. 161; Pep Simo, Mihaela Enache, Jose M. Sallan, and Vicenc Fernandez, "Relations between Organizational Commitment and Focal and Discretionary Behaviors," The Service Industries Journal 34(5) (2014): 422–438.
37. Disney Institute, Be Our Guest: Perfecting the Art of Customer Service, updated edition (Disney Enterprises, 2011).
38. David A. Tansik, "Managing Human Resource Issues for High Contact Service Personnel," in D.E. Bowen, R.B. Chase, T.G. Cummings, and associates (eds.), Service Management Effectiveness (San Francisco: Jossey-Bass, 1990), pp. 152–176; Kelly M. Wilder, Joel E. Collier, and Donald C. Barnes, "Tailoring to Customers' Needs: Understanding How to Promote an Adaptive Service Experience with Frontline Employees," Journal of Service Research 17(4) (2014): 446–459.
39. The Ritz Carlton Gold Standards can be viewed at www.ritzcarlton.com/en/about/gold-standards.
40. Joseph A. Mitchelli, The New Gold Standard: 5 Leadership Principles for Creating a Legendary Customer Experience Courtesy of The Ritz-Carton Hotel Company (McGraw Hill, 2008), pp. 61–66, and pp. 191–197.
41. Paul Hemp, "My Week as a Room-Service Waiter at the Ritz," Harvard Business Review 80 (June 2002): 8–11.
42. Parts of this section are based on David E. Bowen and Edward E. Lawler III, "The Empowerment of Service Workers: What, Why, How and When," Sloan Management Review (Spring 1992): 32–39.
43. Robert Spector and Patrick D. McCarthy, The Nordstrom Way to Customer Service Excellence: The Handbook for Becoming the "Nordstrom" of Your Industry, 2nd edition (New York: John Wiley & Sons, 2012).
44. Michael K. Brady, Clay M. Voorhees, and Michael J. Brusco, "Service Sweethearting: Its Antecedents and Customer Consequences," Journal of Marketing 76(2) (2012): 81–98.
45. Dana Yagil, "The Relationship of Customer Satisfaction and Service Workers' Perceived Control: Examination of Three Models," International Journal of Service Industry Management 13(4) (2002): 382–398.
46. Graham L. Bradley and Beverley A. Sparks, "Customer Reactions to Staff Empowerment: Mediators and Moderators," Journal of Applied Social Psychology 30(5) (2000): 991–1012.
47. Bowen and Lawler, "The Empowerment of Service Workers": 32–39.
48. Schneider and Bowen, Winning the Service Game, p. 250.
49. The system is described in Serguei Netessine and Valery Yakubovich, "The Darwinian Workplace," Harvard Business Review 90 (May 2012): 25–28; Karan Girotra and Serguei Netessine, "Four Paths to Business Model Innovation: The Secret to Success Lies in Who Makes the Decisions When and Why," Harvard Business Review 92(7–8) (2014): 96–103.
50. Jun Ye, Detelina Marionova, and Jagdip Singh, "Bottom-Up Learning in Marketing Frontlines: Conceptualization, Processes, and Consequences," Journal of the Academy of Marketing Science 40(6) (2012): 821–844.
51. Jon R. Katzenbach and Douglas K. Smith, "The Discipline of Teams," Harvard Business Review (March–April 1993): 112.
52. For the effects and drivers of alignment between leaders and their service delivery teams, see Alexander Benlian, "Are We Aligned... Enough? The Effects of Perceptual Congruence between Service Teams and Their Leaders on Team Performance," Journal of Service Research 17(2) (2014): 212–228.
53. Berry, On Great Service, p. 131.
54. O'Reilly and Pfeffer, Hidden Value, p. 9.
55. Robert J. Kwortnik, Jr., and Gary M. Thompson, "Unifying Service Marketing and Operations with Service Experience Management," Journal of Service Research 11(4) (2009): 389–406.
56. Adapted from Kevin Freiberg and Jackie Freiberg, Nuts! Southwest Airlines' Crazy Recipe for Business and Personal Success (New York: Broadway Books, 1997), pp. 165–168.
57. This section is based on Schneider and Bowen, Winning the Service Game, pp. 145–173.
58. Linda Nasr, Jamie Burton, Thorsten Gruber, and Jan Kitshoff, "Exploring the Impact of Customer Feedback on the Well-Being of Service Entities: A TSR Perspective," Journal of Service Management 25(4) (2014): 531–555.
59. Adam M. Grant, "How Customers Can Rally Your Troops," Harvard Business Review (June 2011): 96–103; Linda Nasr, Jamie Burton, and Thorsten Gruber, "Developing a Deeper Understanding of Positive Customer Feedback." Journal of Services Marketing 32(2) (2018): 142–160; Rebecca M. Guidice, and Brian R. Kinard, "Delight Spirals: The Cause and Consequence of Employee Perceived Customer Delight," Journal of Service Theory and Practice 30(2) (2020): 149–170; Stijn M. J. van Osselaer, Christoph Fuchs, Martin Schreier, and Stefano Puntoni, "The Power of Personal," Journal of Retailing 96(1) (2020): 88–100.
60. O'Reilly and Pfeffer, Hidden Value, p. 232.
61. This section is based in part on Schneider and Bowen, Winning the Service Game; Benjamin Schneider and David E. Bowen, "A Service Climate Synthesis and Future Research Agenda," Journal of Service Research 17(1) (2014): 5–22.
62. Berry, On Great Service, pp. 236–237; Leonard L. Berry and Kent D. Seltman, Management Lessons from Mayo Clinic: Inside One of the World's Most Admired Service Organizations (McGraw Hill, 2008).
63. For an excellent review of the extant service-climate literature and related constructs, see Bowen and Schneider, "Service Climate Synthesis and Future Research Agenda," pp. 5–22.
64. Hans Kasper, "Culture and Leadership in Market-Oriented Service Organisations," European Journal of Marketing 36(9–10) (2002): 1047–1057; Ronald A. Clark, Michael D. Hartline, and Keith C. Jones, "The Effects of Leadership Style on Hotel Employees' Commitment to Service Quality," Cornell Hospitality Quarterly 50(2) (2009): 209–231.
65. Drawn from several sources, including Leonard L. Berry, Discovering the Soul of Service, pp. 44, 47; J. Hamm, "The Five Messages Leaders Must Manage," Harvard Business Review (May 2006): 115–123; D. Blagg and S. Young, "What Makes a Leader?" Harvard Business School Bulletin (February 2001), pp. 31–36; Jim Collins, "Level 5 Leadership: The Triumph of Humility and Fierce Resolve," Harvard Business Review (January 2001), pp. 66–76; Hung Trong Hoang, Sally Rao Hill, Vinh Nhat Lu, and Susan Freeman, "Drivers of Service Climate: An Emerging Market Perspective," Journal of Services Marketing 32(4) (2018): 476-492; Flavia Cavazotte, Valter Moreno, and Luis Cesar Chehab Lasmar, "Enabling Customer Satisfaction in Call Center Teams: The Role of Transformational Leadership in the Service-Profit Chain," The Service Industries Journal 40(5–6) (2020): 380–393; Xiao-Yu Liu and Yongmei Liu, "The Service Smile Chain: Linking Leader Emotions to Customer Outcomes," The Service Industries Journal 40(5–6) (2020), pp. 415–435.
66. Heskett et al., "Putting the Service Profit Chain to Work": 164.
67. Thomas J. Peters and Robert H. Waterman, In Search of Excellence (New York: Harper & Row, 1982), p. 122.
68. Rik Kirkland, "Leading in the 21st Century: An Interview with Hertz CEO Mark Frissora," McKinsey Quarterly (November 2013).
69. Catherine DeVrye, Good Service Is Good Business (Upper Saddle River, NJ: Prentice Hall, 2000), p. 11.
70. Tony Hsieh, Delivering Happiness: A Path to Profits, Passion and Purpose (New York: Business Plus, 2010), p. 153.
71. Jochen Wirtz and Ron Kaufman, "Revolutionizing Customer Service," Harvard Business Review 94(4) (2016): 26–27

PART IV

ESM 프레임워크

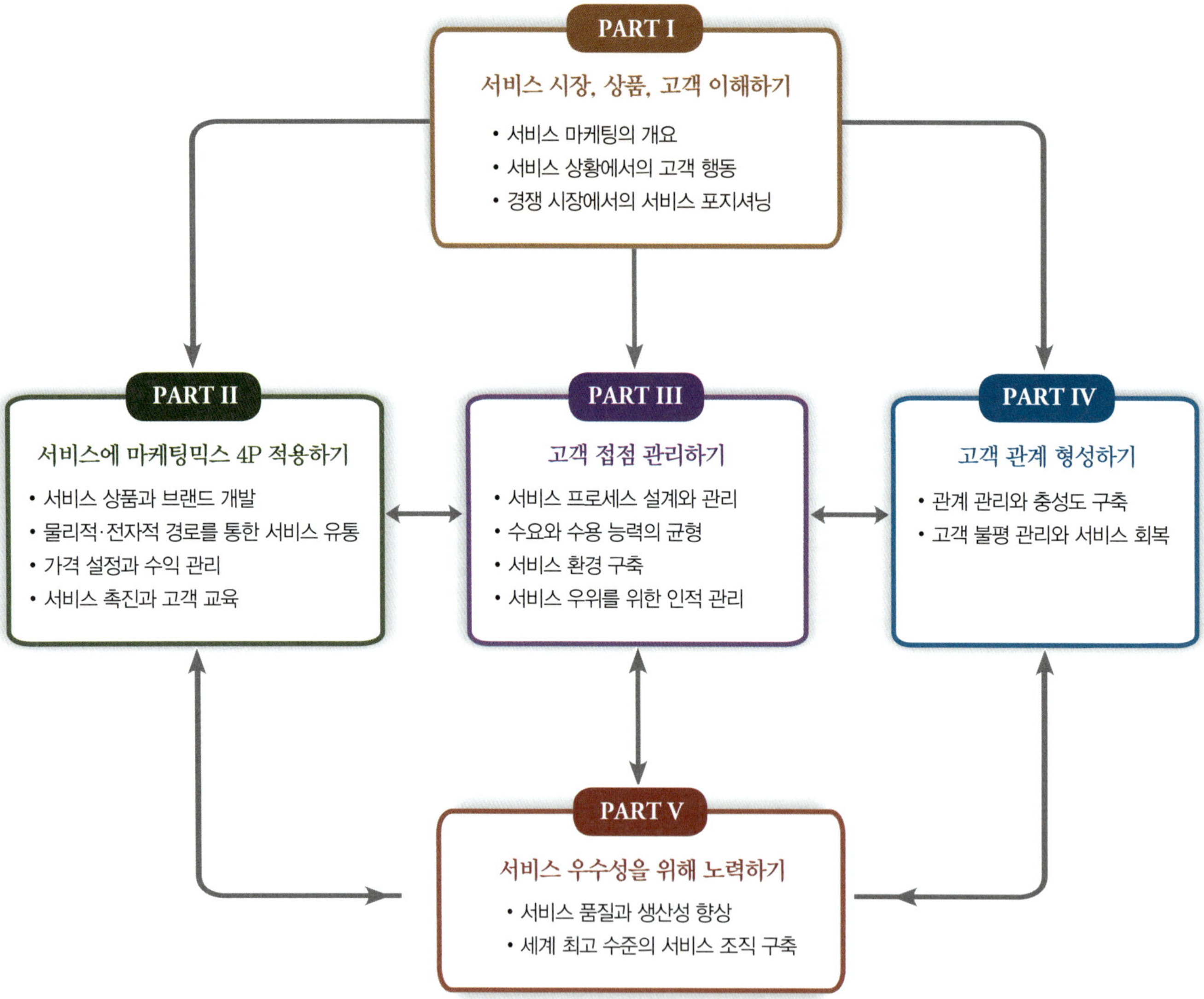

PART I

서비스 시장, 상품, 고객 이해하기

- 서비스 마케팅의 개요
- 서비스 상황에서의 고객 행동
- 경쟁 시장에서의 서비스 포지셔닝

PART II

서비스에 마케팅믹스 4P 적용하기

- 서비스 상품과 브랜드 개발
- 물리적·전자적 경로를 통한 서비스 유통
- 가격 설정과 수익 관리
- 서비스 촉진과 고객 교육

PART III

고객 접점 관리하기

- 서비스 프로세스 설계와 관리
- 수요와 수용 능력의 균형
- 서비스 환경 구축
- 서비스 우위를 위한 인적 관리

PART IV

고객 관계 형성하기

- 관계 관리와 충성도 구축
- 고객 불평 관리와 서비스 회복

PART V

서비스 우수성을 위해 노력하기

- 서비스 품질과 생산성 향상
- 세계 최고 수준의 서비스 조직 구축

고객 관계 형성하기

충성도 구축을 통해 고객 관계를 형성하고, 장기적 수익을 위해 고객 불만족을 효과적으로 관리하며, 서비스 회복하는 것을 중점적으로 다루는 4부는 2개 장으로 구성되어 있다.

12장 관계 관리와 충성도 구축

적절한 세분 시장에서 고객과의 관계를 구축하여 이윤을 창출하고, 충성도 바퀴를 조직 프레임워크로 활용하여 충성도를 구축하고 강화하는 방법을 주로 다룬다. 이어 고객 관계 관리(CRM) 시스템에 대해 논의하며 마무리한다.

13장 고객 불평 관리와 서비스 회복

서비스와 관련된 고객의 니즈와 행동을 이해하는 기초를 제공한다. 또한 고객이 서비스 대안을 검색 및 평가하고, 구매를 결정하고, 서비스 접점을 경험하고 반응하며, 서비스 성과를 평가하고, 충성도를 개발하는 3단계 서비스 소비 모델을 설명한다.

CHAPTER 12

관계 관리와 충성도 구축

학습목표

- 01 충성도는 서비스 회사의 수익을 창출하는 데 중요한 역할을 한다는 것을 이해한다.
- 02 충성 고객의 평생 가치를 계산한다.
- 03 고객이 특정 서비스 기업에 충성도를 보이는 이유를 이해한다.
- 04 충성 고객을 개발하기 위한 기반으로서 충성도 바퀴의 핵심 전략을 알아본다.
- 05 서비스 기업이 적절한 고객을 목표로 하는 것이 중요한 이유를 파악한다.
- 06 고객 기반을 관리하고 충성도를 구축하기 위해 서비스 등급을 이용한다.
- 07 만족도와 충성도의 관계를 이해한다.
- 08 교차 판매와 묶음 판매를 통해 깊은 관계를 형성할 수 있는 방법을 이해한다.
- 09 고객 충성도를 강화하기 위한 금전적인 보상과 비금전적인 보상의 역할을 이해한다.
- 10 충성도를 강화하기 위한 사회적 유대, 고객화 유대, 구조적 유대의 힘에 대해 높이 평가한다.
- 11 고객이 경쟁사로 전환하는 원인은 무엇이며, 이러한 전환을 줄이는 방안은 무엇인지 이해한다.
- 12 충성도 프로그램과 고객 관계 관리(CRM) 시스템이 충성도 전략을 실행할 때 중요한 이유를 알아본다.
- 13 맞춤화된 서비스를 전달하고 충성도를 형성하는 데 CRM 시스템의 역할을 이해한다.

NejronV123RF

도입 사례

시저스 엔터테인먼트의 고객 관계 경영[1]

세계에서 가장 큰 게임회사인 시저스 엔터테인먼트(Caesars Entertainment, 전 하라스 엔터테인먼트)는 주요 브랜드인 하라스(Harrah's), 시저즈(Caesar's), 홀스슈(Horseshoe), 및 카지노 계열인 런던클럽(London Clubs)을 보유하고 있다. 그리고 매우 정교한 충성도 프로그램을 이용하는 업계 선두 주자이다. 하라스는 게임 업계 최초로 고객층에 따른 충성도 프로그램을 만든 회사이다. 현재 시저스 엔터테인먼트의 다른 브랜드와 함께 이 프로그램에는 거의 모든 시설과 서비스가 통합되어 있다. 6단계의 고객 등급이 있으며, 고객이 높은 단계에 있을수록 혜택이 증가한다. 고객은 게임 테이블, 레스토랑, 호텔의 선물가게 및 쇼 같은 회사 전체의 모든 공간에서 카드를 사용하고 포인트를 얻는다. 모은 포인트는 고객의 충성도 단계를 결정하며 현금, 상품, 숙박, 쇼 티켓, 휴가 등에 사용할 수 있다.

시저스 엔터테인먼트의 특별한 점은 충성도 프로그램 자체가 아니라 고객이 포인트를 얻기 위해 카드를 사용할 때 수집된 정보를 활용하는 것이다. 이 회사는 고객을 총체적 관점에서 관리하기 위해 카지노 관리, 호텔 예약, 이벤트에 이르는 모든 데이터를 연결시켰다. 이는 고객의 대한 총체적인 관점을 가질 수 있다. 이제 회사는 1,000만 명 이상의 고객에 대한 세부적인 정보가 있는 데이터를 가지고 있으며 개별 고객의 선호도와 행동을 알고 있다. 고객이 각각의 게임에 지출하는 금액부터 좋아하는 음식과 음료, 엔터테인먼트, 숙박 유형까지 다양한 정보에 대해 알고 있다. 고객에 대한 정보는 실시간으로 수집된다.

시저스 엔터테인먼트는 이러한 데이터를 마케팅과 현장에서 고객 서비스를 위해 이용한다. 예를 들어, 다이아몬드카드 소지자가 278번의 슬롯머신에서 서비스 신호를 보내면 시저스의 관계자는 "존스 씨, 혹시 무슨 문제가 있습니까?"라고 질문하며, 고객의 요청에 대응하기 위해 서버에서 발생한 시간을 추적한다. 또 다른 예는 고객이 잭팟을 터뜨리면 승리를 축하하기 위해 맞춤형 보상을 할 수도 있다. 시저스는 또한 고객이 특정 저녁에 최대 게임 한도에 도달하는 시점과 게임을 중단할 가능성이 있는 시점을 알고 있다. 한도에 도달하기 바로 직전에 시저스는 좌석이 남아 있는 대폭 할인된 쇼 티켓에 대해 문자메시지는 제공할 수 있다. 이는 고객이 계속 점포 내에 (더 많은 돈을 소비하도록 격려하며) 있게 만들며, 게임을 그만두고 싶을 때 특별한 대우를 받음으로써 가치를 느끼게 해줄 것이다. 이는 동시에 시저스의 쇼와 레스토랑의 이용을 촉진시킨다.

마찬가지로 고객이 시저스 콜센터에 전화할 때 직원은 고객의 선호도와 소비 습관에 대한 정보를 실시간으로 확인할 수 있다. 직원은 교차판매 또는 상향 판매를 통해 가치 있는 고객에게 맞춤형 프로모션을 제공할 수 있다. 시저스는 전체 고객을 동시에 표적으로 하는 일괄식 프로모션을 실시하지는 않는다. 시저스의 전 회장이자 CEO인 개리 로브먼(Gary Loveman)은 이를 '이익을 잠식하는 악몽'이라고 표현한다. 대신 각기 다른 고객에게 적절한 인센티브를 제공하는 표적화된 프로모션을 사용하며, 또한 이 프로모션의 성공을 구체적인 금액으로 측정하고, 더 나아가 향후 개선하여 캠페인을 정교하게 만들기 위해 통제 집단을 사용한다.

데이터에 기반한 CRM을 통해 시저스는 각각 고객과의 상호관계를 개별적이며 차별화가 가능한 관계로 만든다. 결과적으로 하라스라는 첫 브랜드의 보상 프로그램에서 카드 소지 고객의 지출 비중을 34%(CRM 프로그램이 처음 실행되었을 때)에서 50% 이상으로 증가시켰다.

Comaniciu Dan/Shutterstock

그림 12.1 시저스의 고객 관계 발전을 위한 테크놀로지 혁신은 잭팟을 터뜨렸다.

Pictures Colour Library/Alamy Stock Photo

그림 12.2 도박 중독자부터 가볍게 도박을 하는 사람까지 하라스의 반짝이는 불빛은 고객 만족을 약속한다.

PART IV

회사 수익을 위한 고객 충성도의 중요성

- 높은 구매력, 지출 점유율, 교차 구매
- 고객 서비스 비용 감소
- 긍정적인 입소문 효과와 추천
- 낮은 가격 민감도
- 오랜 기간 획득 비용의 분할 상환

가치 분석과 충성도 동인

가치 분석

- 고객 생애 가치 계산
- 실제와 잠재 고객 가치의 차이 분석

충성도 동인

- 자신감 혜택
- 사회적 혜택
- 특별 대우 혜택

고객 충성도 전략: 충성도 바퀴

충성도를 위한 토대

- 적합한 고객층을 목표로 정하고 고객 요구사항에 회사의 능력을 맞춘다.
- 단순히 양적인 부분만이 아닌 가치를 찾는다.
- 회사에 가장 가치 있는 고객에 집중하고 자원을 활용하기 위해 고객층을 분류한다.
- 행동적 충성도(지출 점유율)과 태도적 충성도(마음 점유율)에서 승리하도록 높은 품질의 서비스를 제공한다.

충성도 유대

- 묶음 판매와 교차 판매를 통해 깊은 관계를 만든다.
- 충성도 보상을 제공한다.
  - 금전적 보상(물질적 혜택; 예: 포인트, 마일리지 적립, 무료 업그레이드)
  - 비금전적 혜택(비물질적 혜택; 예: 대기 우선권, 업그레이드, 우선 체크인, 특별한 인정과 감사, 암묵적인 서비스 보증)
- 상위 충성도 유대
  - 사회적 유대
  - 고객화 유대
  - 구조적 유대

고객 이탈 줄이기

- 이탈 분석
- 주요 이탈 요인 설명하기
- 효과적인 불만사항 관리와 서비스 회복
- 전환 비용 증가
  - 부가가치(충성도 유대 참조)를 통한 긍정적인 전환 비용
  - 계약상의 그리고 다른 고착 전략(예: 조기 취소 비용)

고객 충성도 전략을 가능하게 하는 것: 일선 직원과 고객 담당자

일선 직원

고객 담당자

멤버십 타입 관계

- 거래를 위한 충성도 프로그램의 성취: 타입 서비스
- 충성도 프로그램은 모든 채널, 지점, 생산 라인을 아울러 고객에 대한 통합된 관점을 촉진시키고 고객에 고유한 식별자를 부여한다.

CRM 시스템

- 전략 발전(예: 고객 전략, 표적 세분화 포함, 고객 분류, 충성도 유대 설계)
- 고객을 위한 가치 창출(예: 고객화 및 우선순위 서비스 제공)
- 회사를 위한 가치 창출(예: 지출 점유율을 높이고 서비스 비용을 낮춤)
- 다중 채널 통합(예: 통합된 고객 접점 제공)
- 정보 관리(예: 모든 접점에 대한 고객 정보 전달)
- 전략의 성과 평가

그림 12.3 고객 관계 관리와 충성도를 구축하기 위한 조직화된 프레임워크

고객 충성도 탐색

▶ 학습목표 1

충성도는 서비스 회사의 수익을 창출하는 데 중요한 역할을 한다는 것을 이해한다.

'적절한' 고객의 표적화, 습득, 유지는 대부분 성공한 서비스 기업의 핵심이다. 3장에서는 세분화와 포지셔닝에 대해 살펴보았다. 이 장에서는 특히 선택된 세분화 그룹에 있는 바람직하고 충성도가 높은 고객에 초점을 맞추고, 계획된 관계 마케팅 전략을 통해 충성도를 구축하고 유지하는 것의 중요성을 강조할 것이다. 목적은 관계를 구축하고 충성 고객으로 발전시킴으로써 미래에 기업을 더욱더 성장시키는 데 있다. 그림 12.3은 이 장의 조직화된 구조를 보여준다.

고객 충성도가 기업 수익에 중요한 이유

고객 충성도는 기업의 성장 및 수익과 관련되어 있다. 첫째, 새는 바가지(leaky bucket) 이론에서는 기업이 지속적으로 고객을 잃는다고 말한다. 성장하기 위해서 비즈니스는 잃는 고객보다 더 많은 고객을 확보해야 하며, 고객 충성도를 높여(즉 고객 이탈 줄이기) 성장에 큰 영향을 줄 수 있다. 그림 12.4에서 회사 B는 회사 A보다 이탈률을 줄임으로써 회사 크기가 2배로 증가된 것을 보여준다.

둘째, 고객 충성도는 기업 수익성에 영향을 미친다. 『로열티 경영(The Loyalty Effect)』의 저자인 프레더릭 라이히헬드(Frederick Reichheld)와 이 분야의 유명한 연구자들은 다음과 같이 말한다. "일부 회사들은 고객이 연금이라고 생각한다."[2] 그러나 기업에게 충성 고객이란 수년 동안 지속적인 수익의 원천이라는 뜻이다. 충성 고객은 수익 측면에서 얼마나 가치가 있을까? 이전 연구에서 프레더릭 라이히헬드와 얼 새서(Earl Sasser)는 다양한 서비스 사업의 고객당 수익을 분석했다. 고객은 기업과 관계를 유지한 햇수에 따라 구분되었다. 이 연구 결과에서 한 기업과 오랫동안 관계를 지속한 고객일수록 기업에 더 많은 수익을 주는 것으로 확인되었다. 일부 산업군에서 고객당 매년 단위 수익의 증가를 쉽게 비교하기 위해 5년 단위로

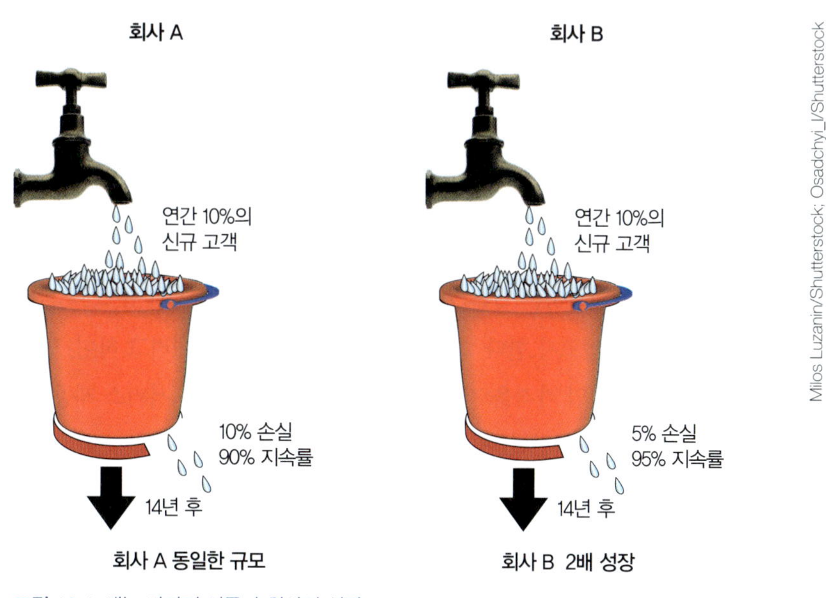

그림 12.4 새는 바가지 이론과 회사의 성장

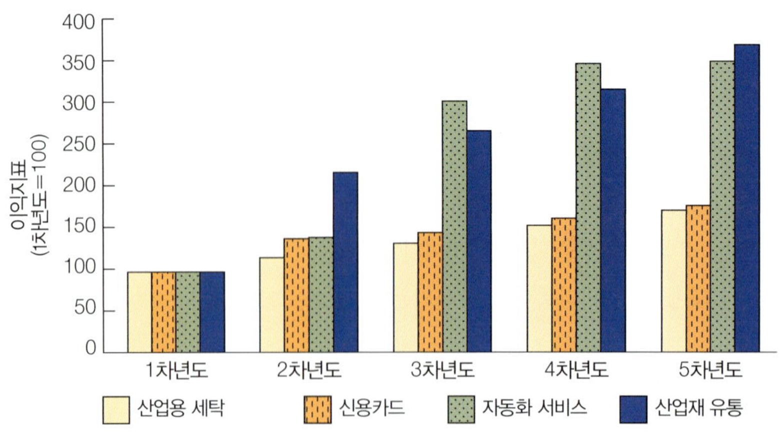

그림 12.5 시간 경과에 따라 고객이 발생시키는 수익

출처: Frederick F. Reichheld and W. Earl Sasser, Jr.,"Zero Defections: Quality Comes to Services," © 1990 Harvard Business School.

표시된 내용이 그림 12.5에 요약되어 있다. 연구 대상 산업군(괄호 안의 숫자는 첫해 고객으로부터의 평균 수익)은 세탁(144달러), 신용카드(30달러), 자동차 서비스업(25달러), 유통업(45달러)이다.

이러한 이익 성장의 근간에는 회사가 점진적인 이익을 창출하는 데 도움이 되는 몇 가지 요소가 있다. 다음은 7년 후의 크기 순서로 나열된 요인이다.[3]

1. **구매(또는 신용카드, 잔고 수준) 증가로 인한 수익** 시간이 지나면서 기업 고객은 규모가 커지고 더 많은 수량을 구매해야 한다. 개인 고객 역시 가족 수가 늘어나거나 더 부유해지면서 구매가 증가한다. 두 유형의 고객 모두 고품질 서비스를 제공하는 선호 공급업체에게 구매를 강화할 의지를 보일 수 있다.[4]

2. **고객 서비스 비용 절감에 의한 수익** 고객의 경험이 증가할수록 공급업체에 대한 요구사항은 줄어든다(예: 정보와 지원에 대한 필요가 줄어들며, 스스로 서비스를 충족시킨다). 그들은 또한 운영 과정과 관련된 일에서 실수가 적을 것이다. 이러한 점은 생산성 향상에 기여한다.

3. **다른 고객의 추천에서 오는 수익** 긍정적인 입소문에 의한 추천은 무료영업 및 무료광고와 같은 것으로, 이러한 활동에 투자하는 돈을 절약하게 해준다.

4. **프리미엄 가격을 허용하는 낮은 가격 민감도로 인한 수익** 신규 고객은 홍보 성격의 할인을 통해 이득을 얻고자 한다. 그러나 오랜 고객은 정가를 내려고 하며, 만족 수준이 높을 경우에는 프리미엄 가격을 지불하려 한다.[5] 게다가 고객은 서비스 제공업체를 신뢰할 때 더 많은 금액을 지불한다(예: 피크 기간 또는 빠른 작업을 위해).

5. **장기간 거래로 인한 획득 비용 상각** 더 나아가 이런 구매자를 유인할 선불 비용은 오랜 기간으로 상각될 수 있다. 이런 고객 획득 비용은 상당하며 할인 비용, 광고, 프로모션 비용, 고객 관리를 위한 행정적 비용도 포함될 수 있다.

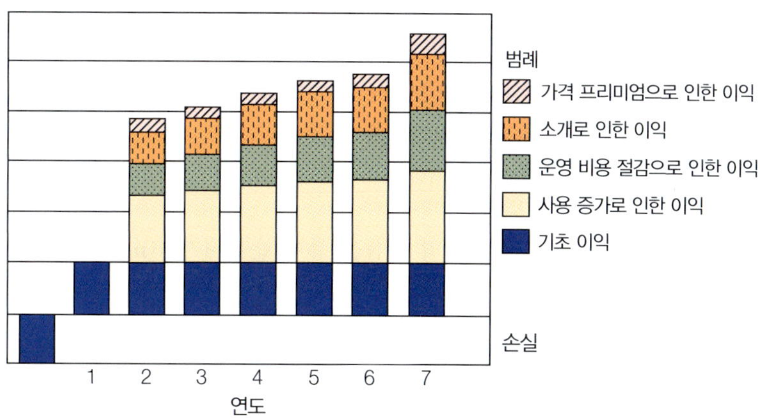

그림 12.6 고객은 왜 시간이 경과함에 따라 수익을 만들어내는가?

출처: Frederick F. Reichheld and W. Earl Sasser, Jr., "Zero Defections: Quality Comes to Services," © 1990 Harvard Business School.

그림 12.6은 19개의 서로 다른 상품군(재화 및 서비스)에 대한 조사를 기반으로, 7년 동안 앞서 언급한 4가지 요소의 상대적인 기여 정도를 보여준다. 라이히헬드는 앞서 언급한 고객 충성도로 인한 경제적인 이점이 경쟁업체보다 더 많은 수익을 창출하는 이유를 설명해준다고 주장했다. 이에 대한 대답으로 라이히헬드와 새서는 회사가 모든 고객이 이익을 가져올 수 있는 비즈니스 관리를 설명하기 위해 무결점을 위한 비즈니스 관리의 개념을 유행시켰다.[6]

충성 고객의 가치 평가

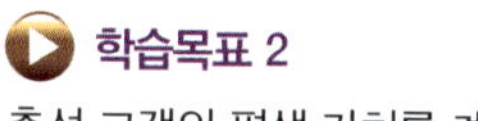
학습목표 2
충성 고객의 평생 가치를 계산한다.

일을 하면서 직면할 도전적인 일 중에 하나는 미래 수익을 예측하기 위해 고객 생애 주기의 다양한 시점에서 다양하게 세분화된 시장의 고객에게 서비스를 제공하는 것과 관련된 비용 및 수익을 결정하고 미래 수익성을 예측하는 것이다. 고객 가치를 계산하는 방법에 대한 통찰력을 얻으려면 '고객 생애 가치 계산을 위한 평가지'를 참고하자.[7]

고객 생애 가치 계산을 위한 평가지

고객 가치를 계산하는 것은 다양한 가정에 의존하는 부정확한 과학이다. 이러한 가정이 어떻게 결과에 영향을 주는지 알고 싶을 것이다. 만약 ① 개별적 기록이 보관되어 있지 않거나, ② 관련 계정이 너무 커서 모든 계정 관련 비용이 개별적으로 문서화되거나 배분되어 있지 않다면, 일반적으로 고객당 수익을 추적하는 일은 비용을 추적하는 일보다 수월하다.

획득 수익에서 획득 비용의 차감

개인에 대한 계정이 있다면 최초 신청(가입)과 최초 구매(적절하다면)가 기록되어 있어야 한다. 반대로 비용은 평균적인 자료를 사용한다. 예를 들어, 신규 고객을 획득하는 마케팅 비용은 같은 기간에 획득된 신규 고객의 수로 같은 기간에 사용된 전체 비용(광고, 촉진, 판매 등)을 나눔으로써 얻을 수 있다. 고객 획득은 비용을 사용한 동일 기간에만 이루어지지 않고 다른 기간까지도 연장될 수 있는데, 이 경우 신규 고객 획득에 지출된 마케팅 비용과 고객 획득에 따른 수익 간의 이월 효과(a lagged effect)를 고려해야 한다. 적절하다면 신용 조회를 위한 비용은 모든 신청자가 신용 기준을 넘는 것이 아니기 때문에 신청자의 수가 아닌 신규 고객의 수로 나누어서 구할 수 있다. 계정 설정 비용도 대부분의 조직에서 평균을 사용한다.

연간 수익과 비용

연간 판매, 계정 비용, 서비스 비용이 개인 계정을 기준으로 잘 문서화되어 있다면 계정 수익 흐름(추천으로 얻은 고객 획득 계정은 제외)은 쉽게 확인할 수 있다. 가장 우선적으로 할 일은 기업과 관계를 가진 기간을 기준으로 고객을 세분화하는 것이다. 기업 기록의 정확도에 따라 이 범주에서의 연간 비용은 직접적으로 개인 계정 고객에게 배분되거나 이 연령 범주의 모든 계정 고객의 평균을 사용할 수도 있다.

추천 가치

추천 가치를 계산하는 일에는 다양한 가정이 요구된다. 시작하기 전에 ① 신규 고객의 몇 퍼센트가 다른 고객의 추천으로부터 영향을 받았는지, ② 또 다른 마케팅으로부터 기업이 고객의 관심을 끌었는지를 알기 위해 조사할 필요가 있다. 이 2개의 항목으로부터 모든 신규 고객의 몇 퍼센트가 추천에 의한 것인지를 추정해볼 수 있다.

순현재가치

미래의 수익 흐름을 통해 순현재가치(net present value, NPV)를 계산하려면 적합한 연간할인율(미래 물가상승률을 반영할 수 있다)을 선택해야 한다. 또한 획득한 신규 고객이 장기적으로 어느 정도 관계를 지속해나갈 것인지도 추정해야 한다. 고객의 순현재가치는 추정된 관계 기간 동안 할인율로 수익을 할인한 연간 기대수익의 합으로, 향후 매년 적절하게 할인된다.

신규 획득			1차년도	2차년도	3차년도	n년도
초기 수익		**연간 수익**				
신청 비용[a]	______	연간 계정 비용[a]	______	______	______	______
초기 구매[a]	______	판매	______	______	______	______
		서비스 비용[a]	______	______	______	______
		추천 가치[b]	______	______	______	______
총수익	______		______	______	______	______
초기 비용	______	**연간 비용**				
마케팅	______	계정 관리 비용	______	______	______	______
신용 조회 비용[a]	______	판매 원가	______	______	______	______
계정 설정 비용[a]	______	상각 비용(예: 대손)	______	______	______	______
비용 합계	______		______	______	______	______
순이익(순손실)	______		______	______	______	______

a. 적용 가능한 경우

b. 추천의 가치는 광고, 프로모션, 판매 수수료보다 추천인을 가지고 있는 획득 비용에 바탕을 둘 수 있다.

실제 고객과 잠재 고객 가치 간 차이

이익을 추구하는 회사에 고객의 잠재적 수익성은 마케팅 전략에서 중요한 역할을 해야 한다. 앨런 그랜트(Alan Grant)와 레너드 슐레진저(Leonard Schlesinger)는 다음과 같이 말한다. "고객 관계의 최고 잠재적 수익성을 성취하는 것이 모든 비즈니스의 기본 목표가 되어야 합니다. 보수적인 추정법을 사용하더라도 대부분 기업의 현재 성과와 모든 잠재적 성과의 격차는 엄청납니다."[8] 그들은 고객의 실제와 잠재적 가치 간 격차에 대한 분석을 제안한다.

▶ 각 표적 세분 시장에 있는 고객의 현재 구매 행동은 어떠한가? ① 회사에서 제공하는 모든 서비스를 구매하는 것, ② 경쟁사에서 어떤 구매도 하지 않는 것, ③ 정가를 주고 구매하는 것과 같은 이상적인 행동 프로파일을 보여준다면 회사에 판매와 수익에 어떤 영

향을 주는가?

- 평균적으로 고객은 얼마나 오래 회사와 함께하는가? 만약 고객이 일생 동안 고객으로 남아 있다면 어떤 결과가 일어날까?

관리자의 일은 고객이 이탈하는 이유를 알아내고 수정안을 실행하며 고객 충성도를 높이기 위해 마케팅 프로그램(지출 점유율, 상향 판매, 교차 판매 포함)을 설계하고 실행하는 것이다. 고객 기반과 고객 충성도를 적극적으로 관리하는 것을 **고객 자산 관리**라고 한다.[9]

고객이 충성하는 이유

학습목표 3

고객이 특정 서비스 기업에 충성도를 보이는 이유를 이해한다.

충성 고객이 서비스 기업에게 얼마나 중요한지 이해한 후 고객을 충성하도록 만드는 것은 무엇인지 확인해보자. 고객은 어떤 회사에 대해서도 자동적으로 충성하지 않는다. 회사 상품을 지속적으로 구입하고, 이후에도 회사 고객으로 있어야 하는 이유를 오히려 고객에게 알려줄 필요가 있다.

그러면 고객이 서비스 기업과 확장된 관계를 통해 얻는 혜택은 무엇인가? 이런 관계는 개인 고객에게 더 큰 자신감을 불러일으키고, 사회적 혜택을 제공하며, 특별 대우를 제공하는 등의 긍정적인 효과를 통해 가치를 창출할 수 있다.[10]

- 확신 혜택에는 고객이 서비스 제공자에 대한 신뢰를 가지며 서비스 제공자의 성과가 정확할 것이라는 더 강한 믿음, 확립된 관계에서 뭔가 잘못될 위험이 적다는 느낌 등이 포함된다. 고객은 무엇을 기대해야 할지 알고 있기 때문에 구매할 때 불안감을 덜 느낀다. 다음의 고객 의견은 고객이 이러한 혜택을 표현하는 방법을 보여준다. "제가 무엇을 얻을 수 있는지 알고 있습니다. 새 레스토랑에 가는 것보다 원래 가던 레스토랑에 가면 음식 맛이 좋을 것이라는 사실을 확신할 수 있습니다." 그리고 "일단 사람들이 편안함을 느끼면 다른 치과의사를 찾으려고 하지 않을 것입니다."
- 사회적 혜택은 고객과 직원 사이에 서로 인식하여 이름을 알거나, 우정을 쌓거나, 사회관계적 측면에서 즐거움을 얻는 것 등이 포함된다. 다음 고객의 말은 이러한 내용을 보여준다. "저는 그 헤어스타일리스트 좋아해요. … 그는 정말 재미있고 언제나 유쾌한 농담을 많이 해요. 이제 친구 같아요."
- 특별 대우 혜택은 대부분의 고객은 이용할 수 없는 특별 상품에 대한 할인, 더 나은 가격, 추가 서비스, 대기 시 우선순위, 더 빠른 서비스를 받는 것이다. 이러한 혜택에 관련된 고객은 다음과 같이 말한다. "그냥 방문한 고객보다 더 나은 서비스를 받을 수 있습니다. … 우리는 사장님과 개인적으로 알고 지내기 때문에 지속적으로 같은 자동차 수리점에 방문합니다. … 우리가 언제든 방문할 수 있게 해줍니다.", "종종 가격을 할인해 줍니다. 작은 빵집을 아침마다 가는데, 매일 방문할 때마다 머핀을 공짜로 주시면서 '좋은 손님이시네요. 오늘은 우리가 드리는 거예요'라고 합니다."

이러한 혜택을 제공하는 방법과 충성도 바퀴를 사용하여 고객 충성도를 높이기 위한 가치 제안을 생성하는 방법에 대해 체계적으로 생각할 수 있는 방법을 논의할 것이다.

학습목표 4
충성 고객을 개발하기 위한 기반으로서 충성도 바퀴의 핵심 전략을 알아본다.

충성도 바퀴

고객 충성도를 구축하는 일은 어렵다. 여러분이 충성도를 가지고 있다고 생각하는 모든 서비스 기업을 떠올려보라. 아마도 극소수의 회사만이 떠오를 것이다. 기업은 엄청난 금액과 노력을 브랜드 충성도 구축을 위해 쏟고 있지만, 진정한 고객 충성도를 구축하기는 어렵다. 고객 충성도 구축 방법을 떠올려보기 위한 기본 프레임워크로 그림 12.7에 있는 충성도 바퀴를 사용할 것이다.

충성도를 위한 기반 구축하기

이번 절에서는 소수의 바람직한 세분 시장에 집중하고 전반적인 관계 마케팅 전략을 통해 고객의 충성도를 구축하고 유지시키는 것의 중요성을 강조한다.

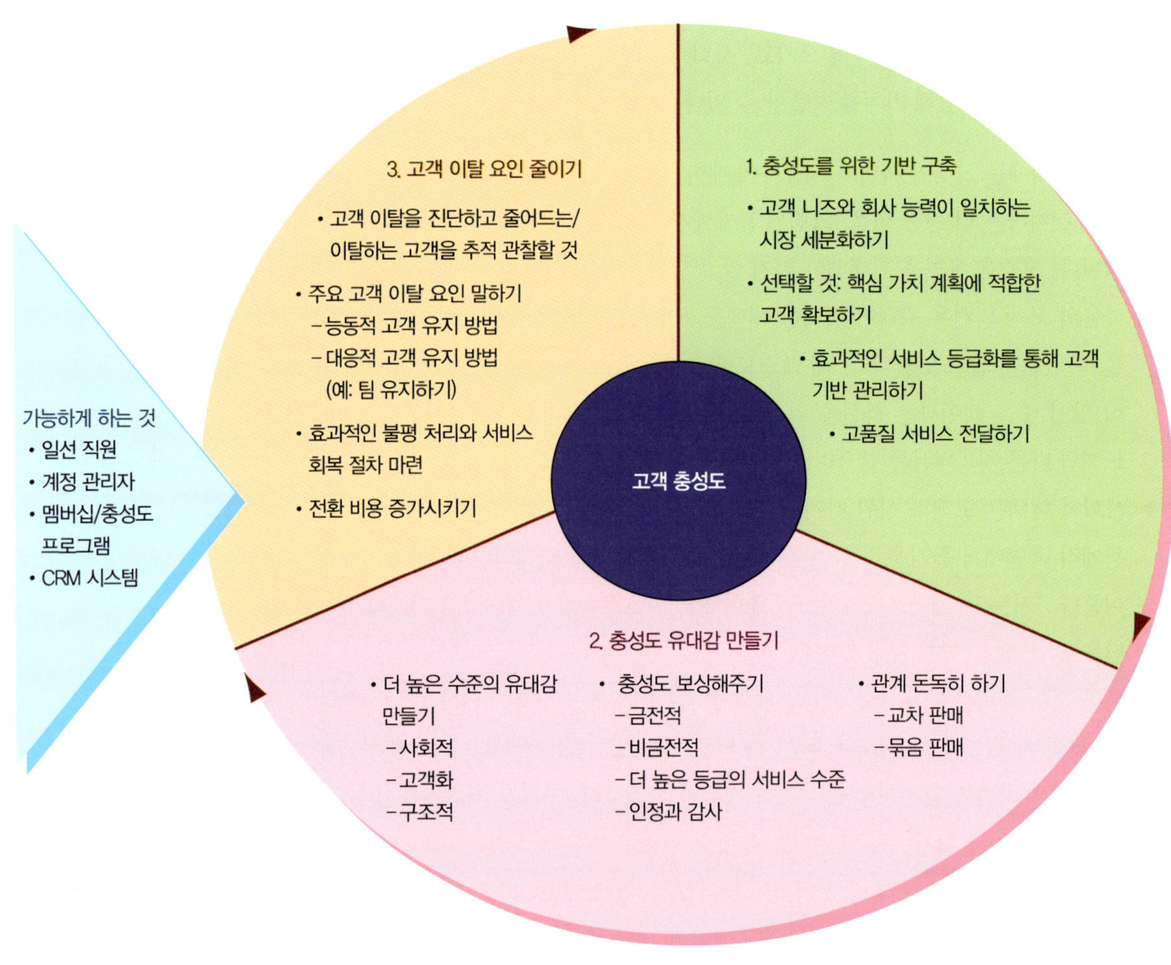

그림 12.7 충성도 바퀴

적절한 고객을 표적으로 삼기

학습목표 5

서비스 기업이 적절한 고객을 목표로 하는 것이 중요한 이유를 파악한다.

충성도 관리는 고객의 니즈와 기업의 능력을 조화시키기 위해 시장을 세분화하는 것에서부터 시작된다. "누구를 상대해야 하는가?"라는 질문은 모든 서비스 기업에서 정기적으로 생각해 봐야 한다. 기업은 세분화한 표적 고객을 주의해서 선택하고, 이들에게 기업이 제공할 수 있는 것과 잘 대응을 시켜야 한다. 경영자는 고객이 신속함, 품질, 서비스 가능 시간, 동시에 많은 고객을 충당할 수 있는 기업의 능력, 물리적인 특성, 서비스 시설의 외관 같은 운영 요소와 관련해서 어떠한 니즈를 느끼는지 유심히 고려해봐야 한다.

선도적인 서비스 기업은 적절한 고객층을 확보하는 데 까다롭다(즉 진실하고 특별한 가치를 전달할 수 있도록 설계된 회사를 이용하는 고객). 적절한 고객을 확보하면 장기간 수익을 얻을 수 있고, 추천을 통해 지속적인 성장을 이룰 수 있다. 이는 또한 고마운 고객을 대할 때 직원의 일상 업무가 향상되므로 직원 만족도도 높아질 수 있다. 기업의 역량과 강점을 고객의 니즈와 일치시켜 고객을 신중하게 표적화한 결과는 기업이 제공하는 것을 가치 있게 여기는 고객에게 서비스 우수성을 제공하는 것이어야 한다.

그림 12.8 고객의 기대를 넘어설 수 있는 회사가 고객 충성도를 얻을 수 있다.

양이 아닌 가치를 추구할 것

수많은 회사가 아직까지도 각각 고객의 가치에 대해 충분히 주의를 기울이지 않고, 고객의 숫자에 초점을 맞추고 있다.[11] 글로벌 호텔 체인의 예를 보면, 상위 2%의 고객에서 30%의 수익이 창출되었다.[12] 대체적으로 구매 빈도가 높은 고객과 구매량이 많은 고객은 일반 고객보다 더 수익성이 높다. 로저 할로웰(Roger Hallowell)은 은행 분야에서 이러한 점을 지적했다.

> 은행을 이용하는 고객 중에는 의심의 여지없이 은행이 제공할 수 있는 서비스 수준과 가격을 고려할 때 만족할 수 없거나 은행 활동(공급하는 수익에 비해 자원을 사용하는 방식)을 고려할 때 수익성이 전혀 없는 개인이 있습니다. 모든 은행은 수익성 있는 방식으로 경쟁사보다 더 나은 요구사항을 충족할 수 있는 고객만을 대상으로 하고 서비스를 제공하는 것이 현명할 것입니다. 이들은 해당 은행에 장기간 머물 가능성이 가장 높거나, 여러 상품과 서비스를 구매하거나, 친구와 친척에게 해당 은행을 추천하거나, 은행 주주에게 더 나은 수익의 원천이 될 수 있습니다.[13]

고객 확보에 강하게 집중하고 선택적인 기업은 (오히려 신규 고객의 획득에 집중하는 선택적이지 않은 기업보다) 장기간에 걸쳐서 빠른 성장을 보이는 경향이 있다. 서비스인사이트 12.1은 뮤추얼펀드 업계의 선두주자인 뱅가드(Vanguard) 그룹이 어떻게 적절한 고객을 유인하고, 보유하기 위해 상품을 만들며 가격을 책정하는지 보여주고 있다. 또한 고객 관계는 서비스 상품을 구매하는 것으로 정의하면 안 된다. 엄격하게 최저 가격(대부분의 시장에서는 소수)을 기준으로 구매하는 서비스 고객은 관계 마케팅의 좋은 대상이 아니다. 이들은 거래 가

SERVICE INSIGHTS 12.1

뱅가드는 '적절하지 않은' 고객은 확보하지 않는다

뱅가드 그룹은 뮤추얼펀드 업계에서 성장하는 리더로, 2022년에 자산총액 7조 2,000억 달러의 뮤추얼펀드를 보유하고 있으며, 사업 모델에서 적절한 고객을 주의 깊게 표적으로 하여 자산을 구축했다. 신상품 점유율은 거의 25%로 자산 혹은 시장 점유율을 반영했다. 신규 매출의 높은 시장 점유율과 매우 낮은 상환 점유율(펀드에서 고객 이탈)은 순 현금 흐름에서 55%의 시장 점유율(신규 매출에서 상환을 뺀 부분)을 얻을 수 있게 했으며, 이를 통해 업계에서 가장 빠르게 성장하는 뮤추얼펀드가 되었다.

뱅가드는 어떻게 이렇게 낮은 수준의 상환율을 성취하게 되었는가? 비밀은 조심스러운 획득과 '적절한' 고객을 확보하게 도와주는 상품과 가격 전략에 있다.

뱅가드의 창업자인 존 보글(John Bogle)은 인덱스펀드의 품질과 더 낮은 수준의 관리 비용이 결국에는 더 높은 대가로 돌아올 것이라고 믿었다. 그는 뱅가드의 고객에게 거래하지 않고(인덱스펀드는 그들이 설계한 시장에 고정되어 있음), 영업 인력을 두지 않으며, 경쟁업체가 사용하는 광고 비용의 오직 일부만을 지출함으로써 낮은 수준의 수수료를 청구했다. 비용을 낮게 유지하는 또 다른 중요한 방법은 장기 투자를 하지 않는 고객을 확보하는 일을 장려하지 않았다는 점이다.

보글은 뱅가드가 달성한 높은 고객 충성도가 고객 보상에 크게 집중했기 때문이라고 말했다. "저는 매처럼 그들을 지켜보았습니다." 그는 뱅가드의 고객 확보 전략이 제대로 진행되고 있는지 확인하기 위해 신규 판매보다 이를 더 주의 깊게 분석했다. 낮은 상환율은 회사가 충성도가 높고 장기적인 투자를 할 수 있는 적절한 고객을 끌어들였다는 것을 의미했다. 안정적인 충성 고객층이 뱅가드에게 비용적인 이득을 불러온 열쇠이다. 보글의 까탈스러움은 전설이 되었다. 그는 부적절한 고객을 찾아내고 아주 세밀하게 개인적인 상환율을 면밀하게 조사했다. 공공기관의 투자자가 불과 9개월 전에 사들였던 인덱스펀드를 2,500만 달러 상환하자, 그는 이러한 고객 확보를 시스템의 실패라고 여겼다. 그는 "우리는 단기 투자자를 원하지 않습니다. 그들은 장기 투자자를 희생시키면서 게임을 망치고 있습니다"라고 설명했다. 그는 뱅가드인덱스트러스트(vanguard Index Trust)에 보낸 서신의 마지막 부분에서 "우리는 단기 투자 고객이 다른 곳에서 투자 기회를 찾도록 고무시켜야 합니다"라고 반복했다.

뱅가드의 적절한 고객을 획득하기 위한 이러한 조심성과 주의는 유명하다. 예를 들어, 뱅가드는 4,000만 달러를 투자하려던 공공기관 투자자를 거절한 적이 있는데, 몇 주 내에 이 고객이 투자를 번복함으로써 기존 고객에게 손실을 끼칠 것이라고 예상되었기 때문이다. 잠재 고객은 뱅가드의 CEO에게 불만을 토로했고, CEO는 이 결정을 지지했을 뿐만 아니라 이를 자신의 팀이 고객을 선택해야 하는 이유를 강조하는 기회로 활용했다.

Kristoffer Tripplaar/Alamy Stock Photo

더욱이 뱅가드는 펀드를 구입하려는 적극적인 고객을 무마시키기 위해 기존 업계 관행을 변화시켰다. 예를 들어, 뱅가드는 인덱스펀드의 경우 전화 이체를 허용하지 않았다. 일부 펀드에는 환매 수수료가 추가되었고, 기존 고객을 희생하여 신규 계좌에 보조금을 지급하는 표준 관행은 회사의 핵심 투자자 기반에 대한 불충성으로 간주되어 거부되었다. 이러한 상품과 가격 정책은 중견 주식 거래인을 떠나가게 만들었지만, 장기 투자자에게는 매우 매력적인 펀드로 여겨졌다.

결국 뱅가드의 가격은 충성 고객에게 보상하기 위해 책정되었다. 펀드에서 투자자는 일회성 수수료를 선불로 지불해야 한다. 이는 모든 현재 투자자에게 새 주식 판매에 드는 관리 비용을 보상하기 위해 자금(뱅가드가 아님)에 사용된다. 본질적으로 이 수수료는 장기 투자자에게 보조금을 지급하고 단기 투자자에게 불이익을 준다. 또 다른 새로운 가격 책정 접근 방식은 충성도가 높은 투자자를 위한 애드미럴(Admiral) 주식을 발행한 것인데, 이는 보통주보다 비용 수수료가 낮다(연간 0.18% 대신 0.15%).

출처: Frederick F. Reichheld, *Loyalty Rules! How Today's Leaders Build Lasting Relationships* (Boston, MA: Harvard Business School Press, 2001), pp. 24-29, 84-87, 144-145; John C. Bogle, *Don't Count On It! Reflections on Investment Illusions, Capitalism, "Mutual" Funds, Indexing, Entrepreneurship, Idealism, and Heroes* (New Jersey: John Wiley & Sons, 2011); Jochen Wirtz and Valarie Zeithaml, "Cost-Effective Service Excellence", *Journal of the Academy of Marketing Science* 46(1) (2018): 59-80 ; https://en.wikipedia.org/ wiki/The_Vanguard_Group , accessed on March 7, 2022.

능성이 높고 지속적으로 최저 가격을 추구하며 브랜드를 쉽게 전환한다.

하지만 관리자는 '적절한 고객'이 항상 지출이 많은 고객이라고 가정해서는 안 된다. 서비스 비즈니스 모델에 따르면 적절한 고객은 다른 공급업체가 제대로 서비스를 제공하지 못하는 대규모 그룹에서 나올 수 있다. 많은 회사는 이전에 충분히 '가치 있다'고 생각하지 않았던 기존 기업들이 무시했던 고객 세분화에 서비스를 제공하는 성공적인 전략을 구축했다. 예를 들어 엔터프라이즈렌트어카(Enterprise Rent-A Car)는 일시적인 차량 교체를 원하는 고객을 표적화함으로써 주 경쟁자들이 표적으로 하는 전통적인 여행자용 세분 시장을 피했다. 찰스 슈왑(Charles Schwab)은 소매 주식 구매자에 집중했고, 페이첵스(Paychex)는 소기업에 인적자원 관리와 급여 서비스를 제공한다.[14]

효과적인 서비스의 등급화를 통해 고객 기반 관리하기

학습목표 6
고객 기반을 관리하고 충성도를 구축하기 위해 서비스 등급을 이용한다.

마케터는 고객과의 관계를 유지하고, 향상시키고, 중단하기 위해 전략적 접근을 채택해야 한다. 고객 유지는 고객과 기업 간의 상호 이익을 위해 고객과 회사 사이의 장기적이고 비용 효율적인 연계를 필요로 한다. 그러나 이러한 노력은 표적으로 삼는 모든 고객에 대해 같은 수준으로 필요한 것은 아니다. 한 연구에서는 최고 등급 고객에게 회사의 자원을 집중함으로써 고객 수익성과 매출 이익률이 증가될 수 있다는 것을 확인했다.[15] 더욱이 다른 고객층은 종종 다른 서비스 기대와 니즈를 가진다. 다른 수익성 단계에서 고객의 니즈를 이해하고 그들의 서비스 수준에 따라 적응하는 것은 서비스 기업에 중요하다.[16]

서비스 상품 범주는 가치 수준을 반영하여 구분할 수 있으며(예: 항공사에서 퍼스트, 비즈니스, 이코노미 클래스; 4장 참조), 고객을 그룹으로 나눌 수 있다. 다음 예시에서 서비스 층은 고객과 그들의 니즈(가격, 편안함, 속도 같은 민감도와 관련된 변수 포함), 인구통계학적 변수 같은 구별할 수 있는 개인 프로파일에 따라 다른 그룹의 수익성에 기여한 정보를 반영하여 구분한다. 다음의 4단계 피라미드를 통해 이러한 원리를 설명한다(그림 12.9).

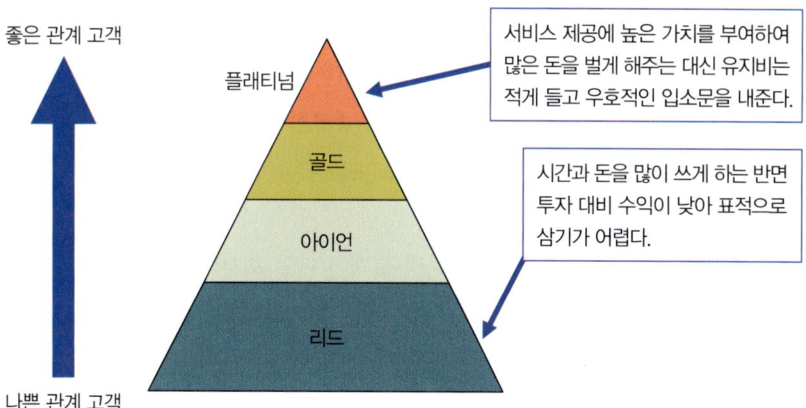

그림 12.9 고객 피라미드

출처: ©Sage Publications. Originally published in Valerie A. Zeithaml, Roland T. Rust, and Katherine N. Lemon "The Customer Pyramid: Creating and Serving Profitable Customers," *California Management Review* 43, no. 4 (Summer 2001), Figure 1: 118–142.

- ▶ 플래티넘(platinum) 기업의 고객 중 극소수를 차지한다. 이들의 구매력은 높으며, 기업의 수익에 많은 기여를 한다. 이 고객층은 보통 가격 민감도는 낮으나, 서비스에 대해서는 가장 높은 기대 수준을 가지고 있다. 이들은 새로운 서비스를 위한 투자와 시도를 기꺼이 한다.
- ▶ 골드(gold) 플래티넘 고객층보다 수적으로 많다. 그러나 각각의 개별 고객은 플래티넘 고객에 비교하여 수익에는 기여가 낮다. 이들은 상대적으로 좀 더 가격에 민감하며 회사에 기여하는 정도가 낮다.
- ▶ 아이언(iron) 고객층의 대부분을 차지한다. 고객 수 측면에서 기업이 규모의 경제를 이룬다고 할 수 있다. 이들 고객층은 기업이 플래티넘 및 골드 고객층을 위해 필요한 특정한 수용 수준과 인프라 구조를 구축하고 유지하기 위해 중요하다. 그러나 이 고객층은 대부분 최저 수준으로 수익을 준다고 할 수 있다. 이들의 업계 내 수준은 특별 대우를 받을 만한 것이 아니다.
- ▶ 리드(lead) 회사에 낮은 수익을 주는 경향이 있다. 그러나 이들은 종종 아이언 고객층과 같은 수준의 서비스를 요구한다. 그러므로 회사의 관점에서 이들은 손실을 초래하는 고객층이라 할 수 있다.

고객 등급의 명확한 성격은 비즈니스 분야별로, 같은 분야라도 회사별로 다양하다. 서비스 인사이트 12.2에서는 마케팅 연구 산업을 설명하고 있다.

고객 등급은 전형적으로 수익성과 서비스 니즈를 바탕으로 구분된다. 서비스의 등급화는 기업이 서로 다른 고객 집단에 대해 서비스와 서비스의 수준을 달리 한다는 것을 의미한다. 예를 들면, 플래티넘 고객층은 다른 고객층에게는 가능하지 않은 예외적인 혜택을 받고 있다. 플래티넘 및 골드 고객은 경쟁사가 가장 탐내는 고객층이기 때문에, 이들이 충성도를 유지할 수 있는 혜택을 주어야 한다.

4개의 고객층에 구매량 높이기, 서비스 유형 업그레이드하기, 교차 판매 서비스하기 등 마케팅 전략을 이용할 수 있다. 하지만 이런 마케팅 전략은 다른 고객층의 고객 니즈, 구매자 사용 행동, 소비 패턴이 종종 매우 다르기 때문에 다른 결과를 보여준다.

피라미드의 하위를 차지하는 리드 고객층은 두 가지로 선택할 수 있다. 기업은 리드 고객층을 아이언 고객층으로 이동시킬지 또는 기업과의 관계를 종료할지 선택해야 한다. 이동은 상향 판매, 교차 판매, 기본 비용 처리, 가격 증대, 서비스 비용을 줄이는 것과 같은 통합 전략을 이용하면 가능하다. 예를 들면, 수익이 특정 수준으로 발생되었을 때 비용 잔액 또는 비용의 부과를 면제해주는 것은, 여러 공급업체와 거래하던 고객이 단일 회사와 거래하도록 장려할 수 있다. 리드 고객층에서 아이언 고객층으로 옮겨가는 다른 방법은 고객이 낮은 가격에 서비스 전달 채널을 사용하도록 고무시키는 것이다. 예를 들어, 리드 고객층에게 면대면 상담에서는 비용이 부과되지만, 전자 채널을 사용할 경우에는 비용이 부과되지 않는다. 휴대폰 산업에서 사용량이 적은 휴대폰 사용자의 경우 회사가 비용청구서를 보내고 지불을 요구하는 과정이 필요 없는 선불 프로그램을 사용할 수 있다. 이러한 방법은 또한 기업이 채무로 인해 위험에 처하는 것을 줄여준다.

SERVICE INSIGHTS 12.2

시장 리서치 기관의 고객 등급화

고객 등급화는 미국의 선도적인 시장 조사 기관이 고객을 더 잘 이해하는 데 도움이 되었다. 기관은 **플래티넘 고객층**을 해당 연도 동안 일정량의 연구 작업을 계획할 의향이 있을 뿐만 아니라 프로젝트의 시기, 범위, 성격에 전념할 수 있는 대규모 고객으로 정의했다. 이를 통해 연구 회사의 수용 능력 관리 및 프로젝트 계획이 훨씬 쉬워졌다. 이러한 고객층에게 판매된 프로젝트의 인수 비용은 프로젝트 가치의 2~5%에 불과하다(대규모 제안 작업 및 프로젝트별 입찰이 필요한 고객의 경우 최대 25%에 달하는 것과 비교된다). 플래티넘 고객은 또한 새로운 서비스를 시도하고 선호하는 제공업체로부터 더 다양한 서비스를 구매하려는 의지가 더 컸다. 이들 고객은 일반적으로 기관의 업무에 매우 만족했으며 잠재적인 신규 고객을 위한 참고 자료 역할을 기꺼이 수행했다.

골드 고객층은 플래티넘 고객층과 비슷한 프로파일을 가지고 있지만, 좀 더 가격에 민감하며, 여러 회사를 비교해서 자신의 예산에 맞는 소비를 하는 것을 선호한다. 골드 고객층은 수년간 고객으로 있지만 기관에서 좀 더 나은 서비스 품질과 회사 자원 배분의 우선순위를 두고자 하는 연구에는 헌신하려는 의지는 보이지 않았다.

아이언 고객층은 프로젝트 단위의 연구 및 위탁 작업에 적당한 금액을 지출했다. 이러한 고객은 모든 프로젝트에 대해 여러 회사에 제안 요청(RFP)을 보내는 경향이 있었기 때문에 판매 비용이 높았다. 그들은 최저 가격을 추구했으며 기관이 고품질 작업을 수행할 충분한 시간을 주지 않는 경우가 많았다.

리드 고객층은 '빠르고 나쁜' 경향이 있는 고립된 저비용 프로젝트만을 추구했다. 리서치 회사에서 적절하게 기술을 적용하거나 부가가치를 높일 기회가 적었다. 고객은 전형적으로 여러 회사를 초대하여 견적을 요청했기 때문에 판매 비용이 높았다. 더 나아가 이러한 회사는 리서치를 진행하거나 리서치 기관에서 일한 경험이 적으며, 하나의 프로젝트를 위해 여러 번의 미팅을 하거나 제안서를 여러 번 수정해야 하는 경우가 많았다. 리드 계정은 연구 작업을 잘 이해하지 못했기 때문에 유지 관리 비용이 많이 드는 경향이 있었다. 그들은 프로젝트 매개변수, 범위, 결과물을 도중에 변경하는 경우가 많았으며, 연구 기관이 모든 재작업 비용을 부담할 것으로 기대했다. 이런 관계의 수익성은 더 낮아지게 된다.

출처: Valarie A. Zeithaml, Roland T. Rust, and Katharine N. Lemon, "The Customer Pyramid: Creating and Serving Profitable Customers," *California Management Review* 43(4) (Summer 2001): 127–128.

고객 이동 전략이 가능하지 않다면 마지막은 그런 고객 계정을 박탈하거나 종료시키는 것이다. 고객과의 관계 종료는 기업이 모든 기존 고객과의 관계가 가치 있게 유지되지 않는다는 사실을 깨달을 때 발생한다.[17] 일부 관계는 형성보다는 유지하는 데 비용이 더 많이 들이기 때문에 더 이상 기업에게 수익성을 가져다주지 않을지도 모른다. 어떤 고객의 경우 회사의 전략이 변했거나 고객의 행동과 니즈가 변했기 때문에 더 이상 회사의 전략이 적합하지 않다. 서비스 기업은 정기적으로 고객 포트폴리오를 분석하면서 성공적이지 못한 관계를 끝내는 것을 고려할 수 있다. 물론 합법적이고 윤리적으로 고려해서 어떤 조치를 취할 것인지 결정한다.

고객 만족과 서비스 품질은 충성도를 위한 전제 조건이다

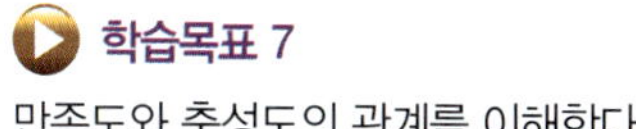

만족도와 충성도의 관계를 이해한다.

진정한 충성도를 위한 기반은 고객 만족에 달려 있다. 상품 혹은 서비스에 매우 만족하거나 즐거워하는 고객은 기업에 대해 충성도가 높은 신봉자가 되기 쉽다. 그들은 한 공급업체에서 구매를 지속하며, 긍정적 입소문을 퍼뜨린다. 반면 불만족은 고객을 기업으로부터 멀어지게 만들며, 전환 행동을 하게 하는 주요 요소이다.

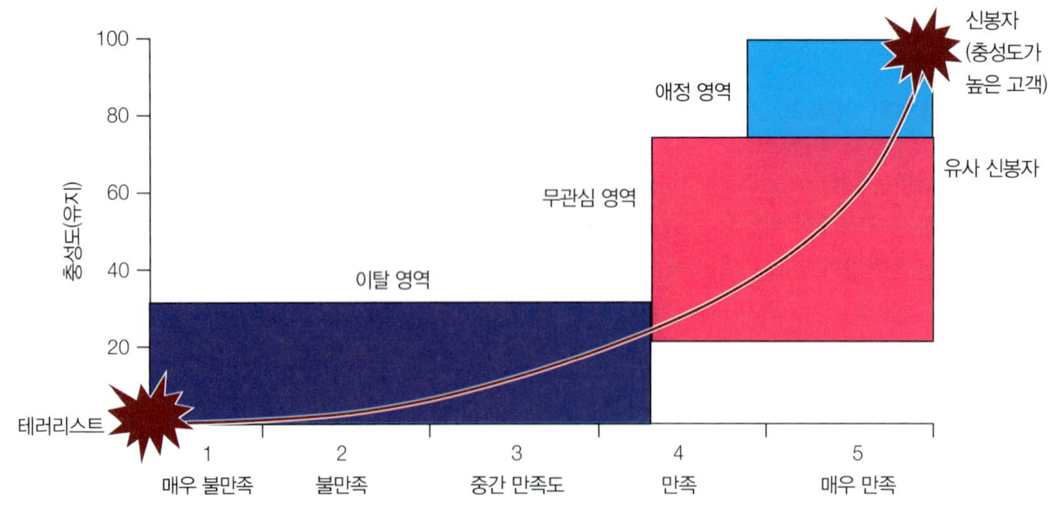

그림 12.10 고객 만족–충성도 관계

출처: T. O. Jones and W. E. Sasser Jr., "Why Satisfied Customers Defect," © 1995 Harvard Business School.

고객 만족–충성도의 관계는 크게 3가지 영역인 이탈, 무관심, 애정(그림 12.10)으로 나누어볼 수 있다. **이탈 영역**은 낮은 만족 수준에서 일어난다. 고객은 전환 비용이 높거나, 다른 선택이 없는 경우가 아니면 전환하고자 할 것이다. 특히 불만족한 그리고 '갇힌' 고객은 서비스 제공업체에 대한 부정적인 소문을 많이 늘어놓은 '테러리스트'가 될 수도 있다.[18] **무관심 영역**은 만족 수준이 중간 정도이다. 이런 고객은 더 좋은 선택 조건을 발견하면 기꺼이 전환하려 한다. 마지막으로 **애정 영역**은 만족도가 매우 높은 수준으로, 이런 고객은 다른 서비스 제공업체에게는 보이지 않는 높은 수준의 충성도를 보인다. 고객은 공공연하게 기업에 대해 칭찬하며, 다른 사람에게 소개하므로 '신봉자'(충성도가 높은 고객)로 묘사되기도 한다.

진정한 충성도는 종종 행동적 충성도와 태도적 충성도, 또는 대체적으로 '지출 점유율'과 '마음 지분율'로 결합하여 정의된다. 행동적 충성도는 재구매, 높은 지출 점유율, 긍정적인 구전을 보여준다. 태도적 충성도는 회사에 감정적인 애정을 가지고 서비스와 브랜드를 진심으로 좋아하는 것이다.

만족도는 필요한 것이지만 진정한 고객 충성도로 이끄는 원인이 아니라는 점이 중요하다. 만족도 자체는 충성 행동의 많은 부분을 설명하지 않는다. 전환 비용, 회사의 경쟁력 있는 포지션(예: 만약 회사가 다른 대체 서비스업체보다 더 나은 전제 가치를 제공한다면[19] 전환하는 것이 별로 의미가 없다), 그리고 충성도 유대감(다음 내용 참조)과 같은 다른 요인이 결합하여 이해되어야 한다.[20]

고객과 충성도 유대를 만들기 위한 전략

고객 세분화와 적합한 고객을 유치하는 것, 서비스를 등급화하는 것, 높은 수준의 고객 만족을 전달하는 것을 적절히 조화시키는 것은 그림 12.7의 충성도 바퀴에 나타난 고객 충성도를 만들기 위한 기초라 할 수 있다. 그러나 고객과의 충성도 유대를 발전시키기 위해 다양한 전략이 필요하다. 충성도 유대를 만들기 위한 전략은 ① 교차 판매와 묶음 판매를 통한 관계 강화, ② 충성도 프로그램과 보상 만들기, ③ 사회적, 구조적, 고객화 유대와 같은 더 높은 수준의 유대를 포함한다.[21]

이 3가지 전략에 대해 논의하자.

관계 심화하기

학습목표 8

교차 판매와 묶음 판매를 통해 깊은 관계를 형성할 수 있는 방법을 이해한다.

고객과 더 가까워지기 위해 기업은 묶음 판매 또는 교차 판매를 사용하여 관계를 강화할 수 있다. 예를 들어, 은행은 한 가정에 가능한 한 많은 금융 상품을 팔려고 한다. 어떤 가정이 동일한 은행의 계좌, 신용카드, 예금 계좌, 은행 금고, 자동차 대출, 집 담보 등과 같은 것을 가지고 있다면 관계는 매우 강화된 것으로, 다른 은행으로의 전환은 어렵다. 따라서 고객은 은행에 매우 불만족한 경우가 아니면 쉽게 전환하지 않는다.

동일한 회사로부터 많은 특정한 서비스를 공급받을 경우 고객에게는 부가가치가 있다. 일반적으로 원스톱 쇼핑은 다양한 공급업체로부터 개별 서비스를 구입하는 것보다 더 편리하고 덜 혼란스럽다.

금전적 및 비금전적 보상을 통한 충성도 고취

학습목표 9

고객 충성도를 강화하기 위한 금전적인 보상과 비금전적인 보상의 역할을 이해한다.

오직 한 공급업체와 거래하는 고객은 극소수이다. 이런 경향은 특히 본래 서비스 거래가 지속적으로 이루어지는 경우(자동차보험)보다 거래가 분리된 경우(자동차 렌트)에 해당한다. 여러 예에서 볼 수 있듯이 고객은 몇몇 브랜드에 충성도를 보이지만(때로는 '일부다처식 충성도'라 한다) 다른 브랜드는 기피한다. 여기서 마케팅 목표는 다른 브랜드 대비 우리 브랜드에 대한 고객의 선호를 강화하고, 그 서비스 범주에 대해 고객의 소비 비중을 높이는 것이라 할 수 있다(이를 증가하는 '지출 점유율'이라고 부르기도 한다). 잘 설계된 충성도 프로그램을 통해 보상 유대를 기반으로 한 지출 점유율을 증가시키는 목표를 달성할 수 있다.[22] 구매 빈도, 구매 가치, 혹은 두 가지 결합을 제공하는 인센티브는 고객 유대의 기본 수준을 나타낸다. 이러한 보상은 사실상 **금전적**이거나 **비금전적**일 수 있다.

금전적 보상 금전적 보상은 금전적 가치(financial reward, 또는 hard benefit)를 가지는 고객 인센티브이다. 이는 구매 할인, 마일리지(그림 12.11) 같은 충성도 보상 프로그램을 포함하고, 일부 신용카드 회사는 캐시백 프로그램을 제공한다.

마케터는 행동의 일반적인 패턴을 바꾸는 충성도 프로그램의 잠재성을 평가하기 위해 3가지 심리적인 영향을 시험해야 한다.[23]

▶ **브랜드 충성도 대 거래 충성도** 고객은 충성도 프로그램 자체보다 핵심 서비스(또는 브랜드)에 어느 정도 충성하는가? 마케터는 직접적으로 전제 가치와 의문이 드

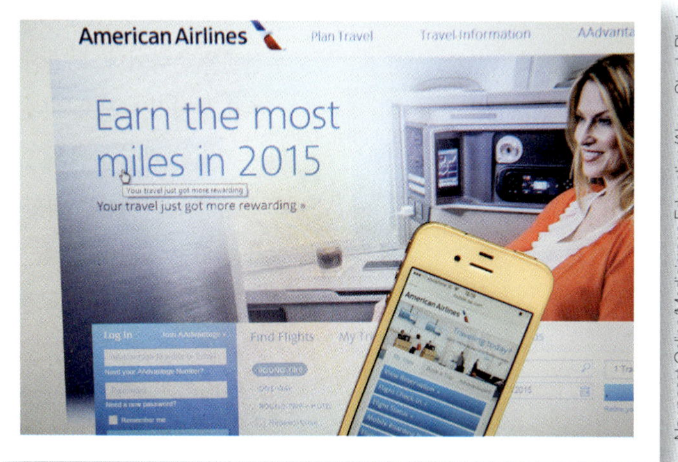

Newscast Online/Medicimage Education/Alamy Stock Photo

그림 12.11 아메리칸 항공사는 매력적인 충성도 프로그램을 하기 위해 노력한다.

는 서비스의 포지셔닝을 지원하고 충성도 프로그램에 초점을 맞춰야 한다.

- **구매자가 보상에 가치를 느끼는 정도** 여러 요소가 고객에게 제공되는 충성도 프로그램의 가치를 결정한다. ① 교환 보상의 현금 가치(고객이 물건을 구매해야 한다면), ② 보상 중에서 선택의 범위(예: 하나의 혜택보다는 여러 혜택 중에서 선택), ③ 보상의 열망적인 가치(현금보다 고객이 보통 잘 구매하지 않지만 매력적으로 느낄 수 있는 이국적인 상품으로 보상), ④ 보상을 획득하는 데 필요한 사용량이 특정 고객이 이용할 수 있는 범위에 있는지, ⑤ 프로그램을 이용하거나 교환을 하는 것이 쉬운지, ⑥ 프로그램에 소속되고 포인트를 쌓는 것의 심리적인 혜택이 그러한 요소이다.
- **시기** 지연된 만족은 충성도 프로그램의 매력을 약하게 할 수 있다. 하나의 해결책은 고객에게 계정 상태를 주기적으로 보내는 것이다. 중요한 단계가 진행되고 포인트가 앞으로 채워졌을 때 받을 수 있는 혜택을 프로모션할 수 있다.

물론 잘 설계된 보상 프로그램만으로는 매력적인 고객을 유지하는 데 충분하지 않다. 기업이 제공하는 서비스 품질에 만족하지 못하거나, 다른 서비스 제공업체로부터 더 나은 품질의 서비스를 받을 수 있다면 고객은 충성도를 빠르게 잃을 것이다. 어떤 서비스 기업도 높은 품질과 가치를 대신하기 위해 보상 프로그램을 이용해서는 안 된다. 때때로 고객이 기업에게 원하는 것은 단지 기본 서비스를 잘 수행하고, 그들의 니즈를 만족시키며, 신속하고 간편하게 문제를 해결하는 것이다. 그렇다면 고객은 충성할 것이다.[24]

고객은 충성도와 고객 호감도를 창출하는 대신 불만족을 낳는 금전적 보상 프로그램에 좌절하게 될 수도 있다. 이는 ① 고객이 잔액이 낮거나 거래 규모가 작아서 보상 프로그램에서 제외되었다고 느끼는 경우, ② 보상이 너무 작고 가치가 없는 경우, ③ 피크 시즌 중이라서 충성도 포인트를 교환할 수 없는 경우, ④ 상환 과정이 너무 고질적이고 시간 낭비인 경우가 있을 수 있다.[25] 어떤 고객은 이미 너무 많은 충성도 카드를 지갑이나 휴대폰 앱으로 가지고 있어 관심이 없을 수 있다(특히 이런 카드가 고객에게 가치가 적다고 생각할 경우).

비금전적 보상 비금전적 보상(non-financial reward, 또는 soft benefit)은 금전적인 개념으로, 직접적으로 전환될 수 없는 이익을 제공한다. 충성도 프로그램 회원에게 콜센터 대기의 우선권을 준다거나, 특별한 서비스를 받을 수 있게 해주는 것이 그 예이다.

주요 무형적 보상으로는 특별히 알아봐주는 것, 감사의 표시도 포함된다. 고객은 니즈에 대한 추가적인 관심을 가치 있게 여기고, 높은 단계의 충성도 프로그램 회원에게 제공되는 서비스 보증을 고마워하는 경향이 있다. 높은 등급의 충성도 프로그램 고객은 암묵적인 서비스 보상을 즐기는 경향이 있다. 서비스가 잘못되었을 때 일선 직원은 가장 중요한 고객에게 더 많은 관심을 가지게 되고 고객의 만족과 서비스 회복을 위해 노력한다.

많은 충성도 프로그램은 또한 엘리트 그룹(도입 사례에서 시저스 엔터테인먼트의 세븐스타 카드 회원)에 속한다고 느끼고, 특별한 대우를 즐기는 높은 단계의 고객에게 주요 이익을 제공한다. 특히 등급 충성도 프로그램은 고객이 선호하는 서비스 업체에 지출률을 높여 다음 높은 단계의 멤버십 등급이 되려고 하는 강력한 인센티브와 동기를 제공한다.

특히 높은 단계의 서비스 수준과 연결되어 있는 비금전적 보상은 전형적으로 금전적 보상

SERVICE INSIGHTS 12.3

단순한 사용 빈도가 아닌, 사용 가치에 대해 보답하는 브리티시 항공

고객의 사용량을 마일리지로 계산하는 보통의 항공 마일리지 프로그램과 다르게 브리티시 항공(British Airways, BA)의 이그제큐티브 클럽(Executive Club) 회원은 항공여행 보상으로 에어 마일리지와 BA의 실버 또는 골드 회원 포인트를 함께 제공한다. 아메리칸 항공(American Airlines), 콴타스 항공(Qantas), 캐세이퍼시픽 항공(Cathay Pacific) 및 다른 여러 항공사와 함께 '원월드(OneWorld)'라는 항공연합이 만들어지면서, 이그제큐티브 회원은 다른 파트너 항공사를 이용하더라도 마일리지(그리고 포인트)를 얻을 수 있다.

실버카드와 골드카드 소유자는 예약 우선권과 더 높은 수준의 기내 서비스를 받는 것 같은 특별한 혜택이 있다. 예를 들어, 골드 회원은 이코노미 클래스 티켓으로 여행하더라도 체크인할 때 퍼스트 클래스 기준으로 서비스받으며, 퍼스트 클래스 공항 라운지도 사용할 수 있다. 그러나 마일리지는 36개월간 축적되고(이후에는 사라짐), 자격은 획득 후 12개월만 유효하다. 이는 특별한 권한을 매년 다시 획득해야 함을 의미한다. 회원 등급을 부여하는 목적은 다른 여러 항공 프로그램에 가입하기보다는 브리티시 항공으로 여행하도록 독려하려는 것이다. 2개 이상의 항공사에서 골드 등급(또는 이에 상응하는 등급)을 받을 수 있을 만큼 자주 여행하는 승객은 드물다.

포인트는 서비스 등급에 따라서도 다르게 주어진다. 장거리 여행에 대해서는 단거리 여행보다 더 많은 포인트가 주어진다. 그러나 염가 판매 티켓에 대해서는 더 낮은 마일리지가 주어지거나 아예 주어지지 않기도 한다. 비즈니스 클래스로 여행하는 경우 더 높은 가격에 구입한 티켓에 대한 보상으로, 이코노미 클래스를 이용하는 경우보다 2.5배의 마일리지를 얻으며, 퍼스트 클래스로 여행하는 경우 3배의 마일리지를 얻는다.

항공사가 무료 업그레이드를 약속하는 것은 아니지만 브리티시 항공의 이그제큐티브 클럽 회원은 다른 승객보다 이와 같은 승급을 더 많이 받는 편이다. 이때 회원 등급은 중요하게 고려된다. 다른 항공사와는 달리 브리티시 항공은 낮은 등급의 좌석이 초과 예약됨으로써 승급이 이루어지는 경우를 제한한다. 그들은 고객이 더 싼 항공권을 구입하고 자동적으로 더 좋은 좌석을 얻을 수 있다고 믿는 것을 원하지 않는다.

브리티시 항공은 같은 주소에 등록된 가족 계정을 만들고 최대 6명의 가족이 등록할 수 있게 했다. 이 계정을 통해서 가족 마일리지를 쌓을 수 있고 모아서 마일리지를 쓸 수 있게 했다.

출처: "Executive Club Benefits," British Airways website; https://www.britishairways.com/en-gb/executive-club/tiers-and-benefits/compare-the-tiers, March 7, 2022.

보다 더 영향력이 있다. 높은 단계의 서비스는 고객을 위해 많은 가치를 창출할 수 있다. 금전적 보상과는 다르게 비금전적 보상은 직접적으로 기업의 핵심 서비스와 관련이 있고, 고객의 경험과 가치 인식을 향상시킨다. 예를 들어, 호텔의 관점에서는 사은품으로 충성도 포인트를 보완하는 것은 고객 경험에 있어서 의미가 없다. 그러나 예약 우선권, 빠른 체크인, 늦은 체크아웃, 업그레이드, 고객이 특별한 관심을 받는 것, 숙박하는 동안 고객을 더 즐겁게 만들어주는 것은 고객이 다시 이 호텔을 방문하게 만든다.[26]

서비스인사이트 12.3은 어떻게 브리티시 항공이 이그제큐티브 클럽을 효과적으로 금전적 및 비금전적 충성도 보상을 효과적으로 결합하여 설계했는지 사례를 보여준다.

작은 회사는 정식 충성도 프로그램을 운영할 수 없지만, 여전히 효과적인 유대관계를 가질 수 있다. 예를 들면, 주기적으로 자주 오는 고객에게 고마움을 표시하는 작은 선물을 제공하거나 레스토랑이라면 고객이 좋아하는 테이블을 예약해주거나, 특별한 관심을 주는 등의 비공식적인 충성도 보상을 이용할 수 있다.

학습목표 10

충성도를 강화하기 위한 사회적 유대, 고객화 유대, 구조적 유대의 힘에 대해 높이 평가한다.

더 높은 수준의 유대 구축하기

보상 기반 유대의 한 가지 목적은 고객이 단일 공급업체에서 구입하는 것을 확실히 하거나, 적어도 다량 구입하게 하기 위함이다. 그러나 보상을 기반으로 한 충성도 프로그램은 상대적으로 다른 공급업체가 모방하기 쉽기 때문에, 지속 가능한 경쟁우위를 제공할 수는 없다. 대조적으로 더 높은 수준의 유대는 장기적인 경쟁우위를 제공한다. 다음으로 3가지 형태의 높은 수준의 유대인 ① 사회적 유대, ② 고객화 유대, ③ 구조적 유대에 대해 이야기해보자.

사회적 유대 주로 공급업체와 고객 사이의 개인적인 관계에 기반을 둔다. 사회적 유대는 금전적 유대보다도 더 쌓기 힘들며 쌓는 데 더 오래 걸리지만, 다른 공급업체가 이를 모방하기는 더 힘들다. 고객과 사회적 유대를 쌓은 기업은 장기적 관계를 구축하기 좋다. 이러한 유대에는 충성도를 설명하는 데 중요한, 신뢰라는 요소가 있다.[27] 컨트리클럽이나 교육 환경 같은 곳에서 고객 사이에 공유된 관계(그림 12.12) 또는 경험을 포함한 사회적 유대가 있을 경우 이것이 충성도를 만드는 데 중요 역할을 할 수 있다.[28]

stylephotographs/123RF

그림 12.12 지식 수준이 높고 카리스마 있는 강사는 학생과 사회적 유대를 형성하는 데 도움을 준다.

고객화 유대 서비스 공급업체가 충성 고객에게 차별화된 서비스를 공급하는 데 성공했을 때 만들어진다. 예를 들어, 스타벅스의 직원은 단골 고객의 선호를 알고, 그에 따라 서비스를 맞춤화하도록 유도하고 있다(그림 12.13). 여러 대규모 호텔 체인은 충성도 프로그램 자료를 기반으로, 고객의 선호를 확인한다. 고객에게 특화된 서비스를 제공하는 회사는 더 많은 충성 고객을 보유하기 쉽다. 예를 들어, 호텔에 도착하면 고객은 자신의 개별화된 니즈가 이미 충족되었음을 확인한다. 선호되는 룸타입(예: 흡연실 대 비흡연실) 및 침대 타입(예: 트윈 사이즈 또는 킹 사이즈)부터 좋아하는 베개, 아침에 읽고 싶은 신문사까지 맞춤형으로 제공된다. 다른 많은 혜택 중에서 세계적인 호텔 체인의 충성도 프로그램은 조깅신발과 정확한 사이즈의 옷까지도 준비된다.[29] 이러한 특별한 서비스에 익숙해진 고객은 즉시 비슷한 수준으로 맞출 수 없는 다른 서비스 제공업체에 적응하기 어렵다(새로운 서비스 공급업체는 누군가의 니즈와 선호를 익히는 데 시간이 필요하다).[30]

B.O'Kane/Alamy Stock Photo

그림 12.13 스타벅스 직원은 고객의 선호사항을 배우도록 격려받는다.

구조적 유대 주로 기업 대 기업(B2B)의 상황에서 나타난다. 구조적 유대는 고객이 행동을 공급업체의 과정에 맞춰 조정하는 방식으로 고객을 기업에 연결시키는 것이다. 이러한 상황에서 경쟁업체가 고객을 빼앗기는 어렵다. 프로젝트 합작 투자, 정보 처리 수단의 공유 등이 예이다.

구조적 유대는 기업 대 고객(B2C) 관계에서도 형성될 수 있다. 예를 들면, 렌터카 회사는 여행객에게 차를 수령한 곳과 반납한 곳, 렌터카의 종류, 보험, 주소, 신용카드 정보 등 과거 다녀온 여행의 세부사항에 대해 알아볼 수 있는 고객 맞춤형 계정을 회사의 웹사이트와 모바일 앱에서 만들 수 있는 기회를 제공한다. 이런 정보는 새로운 예약을 더 간소화한다.

이러한 모든 유대가 고객과 회사를 더 가깝게 만들 뿐만 아니라 고객이 원하는 확신 혜택과 사회적이고 특별한 혜택을 제공한다는 사실을 이해했는가? 일반적으로 유대는 고객을 위한 가치를 생산하지 않고는 장기적으로 효과를 발휘하지 못한다.

고객 이탈을 줄이기 위한 전략

학습목표 11

고객이 경쟁사로 전환하는 원인은 무엇이며, 이러한 전환을 줄이는 방안은 무엇인지 이해한다.

지금까지는 충성도의 유인책(driver)은 무엇이며, 고객을 회사와 가깝게 만들 방법에 대해 논의했다. 여기서는 보완적 접근으로 고객 이탈의 요인이 무엇인지 이해하고, 이를 줄이는 방법을 모색한다.

고객 이탈 분석과 감소하는 고객 계정 감소 모니터링

첫 단계는 고객 전환(switching)의 원인을 이해하는 것이다. 여러 서비스 분야에서 규모가 큰 연구를 실시하여 다른 공급업체로 전환하는 고객의 주요 이유에 대해 분석했다(그림 12.14).[31]

- 핵심 서비스에 대한 실패(44%의 응답자)
- 서비스에 대한 불만족(34%)

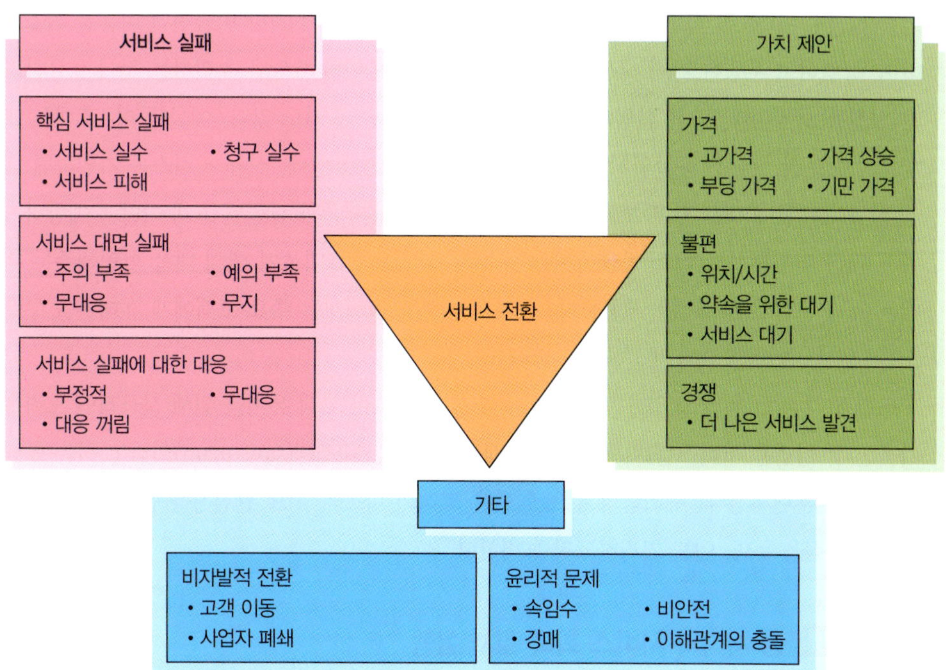

그림 12.14 무엇이 고객을 서비스 회사에서 멀어지게 만드는가?

출처: *Journal of Marketing*, American Marketing Association; American Marketing Society; National Association of Marketing Teachers, reproduced with permission of American Marketing Association.

- ▶ 고가 또는 정직하지 못한 가격(30%)
- ▶ 시간 및 장소 지연으로 인한 불편함(21%)
- ▶ 서비스 실패에 대한 불성실한 응답(17%)

많은 응답자가 불만족스러웠던 서비스의 회복 과정 이후 이어진 또 다른 서비스 실패, 즉 연속적인 사건이 있은 이후 공급업체의 교체를 결정했다. 고객 서비스 전환의 다른 중요한 요인은 현재 서비스 제공업체에 대한 전반적인 불만족과 다른 서비스 업체와 비교해서 중요한 요소에 대해 우수하지 못한 서비스를 제공한다는 고객의 인식인 것으로 나타났다.[32]

진보적인 서비스 기업은 소위 고객 이탈 진단이라는 것을 정기적으로 시행한다. 고객 정보 중 서비스를 전환하거나 거래가 감소하는 고객에 대해 분석한다(고객이 서비스를 취소할 경우 고객센터의 직원은 고객이 이탈하는 이유를 이해하기 위한 몇 개의 짧은 질문을 한다). 그리고 제3의 리서치 회사를 통해 이전 고객에 대해 심층 인터뷰를 하는 것은 고객 이탈의 요인을 이해하는 데 역시 도움이 된다.[33]

흥미롭게도 어떤 기업은 심지어 개인 계좌의 이탈을 예측하고자 한다. 예를 들어, 휴대폰 서비스 공급업체는 이탈 알림 시스템을 사용한다. 이러한 시스템은 개인 고객 계좌에서 활동을 계속 추적한다. 목적은 고객의 전환 시기를 예측하는 것이다. 위험한 상태에 처한 주요 계좌가 표시되어 있고, 상품권 보내기 혹은 서비스 안내원이 고객과의 관계에 대해 확인하기 같은 노력을 통해 고객을 유지하게 하고, 필요할 시 시정 조치를 한다.[34]

주된 이탈 요인

그림 12.14는 고품질 서비스를 제공하고(14장 참조), 불편함과 기타 비금전적 비용을 최소화하며, 공정하고 투명한 가격 책정(6장 참조)으로 고객의 이탈 요인을 처리하는 것이 중요하다는 사실을 보여준다. 또한 산업에 따른 특정 고객의 이탈 요인도 많다. 예를 들어, 휴대폰 교체는 이동통신 서비스 공급업체의 서비스 이탈이 주요 이유인데, 신규 서비스를 가입하면 대개 신규 휴대폰에 대해 많은 보조금을 주기 때문이다. 휴대폰과 관련된 고객 이탈을 예방하기 위해 많은 이동통신 서비스 공급업체는 정기적으로 신규 휴대폰에 대해 대폭 할인해주는 휴대폰 교체 관련 프로그램을 제공한다. 심지어 어떤 공급업체는 주요 고객에게 휴대폰을 무료 또는 포인트 차감을 통해 제공하기도 한다.

또한 고객 이탈 예방을 위한 측정뿐 아니라 많은 회사는 고객 유지를 위해 적극적인 노력을 기울인다. 기업은 서비스를 취소하려는 고객을 상대하는 **구조팀**(save team)이라고 하는 콜센터 직원을 훈련시킨다. 구조팀의 주요 역할은 고객의 니즈와 주요 관심사를 듣고, 고객 이탈 방지에 중점을 두며, 이를 처리하고자 노력한다.

효과적인 불평 처리와 서비스 회복 절차 실행

효과적인 불평 관리와 훌륭한 서비스 회복은 기업에 대해 불만족한 고객을 유지시키는 데 중심이 된다. 관리가 잘되는 회사는 고객이 문제에 대해 편하게 말할 수 있으며, 회사는 적절한 서비스 회복 전략으로 응대한다. 이러한 방법으로 고객은 만족한 상태로 남을 것이며, 업체

전환 의향이 줄어들 것이다.[35] 이러한 불만을 어떻게 효과적으로 관리하는 방법에 대해서는 13장에서 다룰 것이다.

전환 비용의 증가

고객 이탈을 줄이는 또 다른 방법은 전환 비용(switching cost)을 높이는 것이다.[36] 많은 서비스는 기본적으로 전환 비용이 든다. 예를 들어, 고객은 주요 은행의 계정을 다른 곳으로 바꾸는 데 시간과 노력이 필요하며, 특히 체크카드, 신용카드 및 다른 은행 서비스가 계정과 연계되어 있을 때 이와 같은 노력이 더욱 요구된다. 또한 많은 고객은 새로운 서비스 업체의 상품과 관련 절차에 대해 배우지 않는다.[37] 회사는 고객의 편의성, 고객화, 우선순위를 높여 고객에게 부가가치를 높임으로써 전환 비용을 더 높일 수 있다('긍정적인 전환 비용' 또는 '고착 전략'이라고 한다). 이러한 전략은 다음에 논의할 강도 높은 '고착 전략'보다는 태도적 충성도 및 행동적 충성도를 발생시킬 때 더 효과적이다.[38]

강도 높은 고착 전략은 전환 비용이라고도 하며, 전환할 경우 계약성 벌금이 발생한다. 전환 비용은 또한 교체에 대한 계약 불이행으로 발생할 수 있는데, 예를 들어 다른 금융회사로 주식과 보증금을 옮기기 위해 중개회사에 교체수수료를 지불해야 할 수 있다. 전화 서비스 회사는 계약 기간을 취소할 경우 종종 계약성 벌금을 부과한다. 그러나 기업은 고객을 볼모로 잡은 것처럼 보이지 않기 위해 주의를 기울일 필요가 있다. 높은 수준의 전환 장벽과 저품질 서비스를 제공하는 회사는 고객에게 나쁜 인상과 입소문 효과를 발생시킬 수 있다. 어느 순간 마지막 지푸라기라도 잡는 심정으로 고객은 전환 비용이 발생하더라도 다른 서비스 공급업체로 서비스 업체를 옮긴다. 대체적으로 고객은 계약이 끝나면 서비스 공급업체를 전환할 수 있는 기회를 얻는다.[39]

고객 충성도 전략의 조력자

 **학습목표 12**

충성도 프로그램과 고객 관계 관리(CRM) 시스템이 충성도 전략을 실행할 때 중요한 이유를 알아본다.

충성도 바퀴에서 논의한 바와 같이 대부분의 전략에는 고객을 깊게 이해하는 것이 필요하다. 고객 충성도 전략의 조력자(enabler)는 고객을 이해할 수 있게 도와주고 충성도 프로그램, CRM 시스템, 계정 관리자, 일선 직원을 통해 '멤버십 유형'을 만드는 것도 포함된다. 이런 조력자에 대해 논의하기 전에 하나의 거래를 성사시키기 위한 의도로 설계된 전략(예: 거래 마케팅) 및 고객과 확장된 관계를 만들려고 설계된 전략(예: 관계 마케팅)의 기본적인 차이점에 초점을 맞춰보자.

거래 마케팅의 고객 충성도

거래는 두 사람 간 가치 교환이 일어나는 하나의 사건이다. 하나의 거래 또는 일련의 거래가 반드시 관계를 구성하는 것은 아니며, 당사자 간의 상호 인식과 지식이 필요하다. 고객과 공급업체 간의 거래가 본질적으로 개별적이고 익명이며 고객의 구매 내역에 대한 장기 기록이 유지되지 않고 고객과 직원 간의 상호 인식이 거의 또는 전혀 없는 경우 의미 있는 마케팅 관계가 존재한다고 말할 수 없다. 이는 각 구매 및 사용이 별개로 구분되는 많은 서비스(여객 운송 및 음식 서비스부터 영화관 방문까지)에 해당된다.

거래 마케팅에서 고객 충성도 전략은 주로 시장 세분화, 고객 요구사항과 기업 역량의 일치, 고품질 서비스 제공과 같은 충성도 바퀴의 기본 전략에 중점을 두어야 한다.

관계 마케팅

관계 마케팅은 고객과 확장된 관계를 만들기 위해 설계된 마케팅 활동의 유형을 설명하고자 널리 사용되었다. 이상적으로 회사와 고객 모두 더 깊이 참여하고 높은 부가가치를 교환하는 데 관심을 가지고 있다. 기업은 향후 구매할 의사도 없고 그럴 필요도 없는 일부 고객과 거래를 할 수 있지만, 다른 고객을 충성도의 사다리 위로 끌어올리기 위해 열심히 노력해야 한다.[40]

관계 마케팅은 멤버십 유형의 관계를 필요로 한다. 다음은 본질적으로 멤버십 유형관계를 가지고 있는 어떤 서비스 산업에 내용을 보여준다. 반면에 다른 회사들은 이런 유형을 만들기 위해 열심히 노력해야 한다.

충성도 전략을 위해 조력자로서 '멤버십 유형' 관계 만들기

고객과의 현재 관계의 본질은 몇 가지 질문을 통해 분석할 수 있다. 첫째, 공급업체는 전화 구독, 은행, 주치의 같은 고객과 공식적인 '멤버십' 관계에 들어갔는가? 또는 관계가 정의되지 않았는가? 둘째, 서비스는 보험, 방송, 경찰 보호와 같이 지속적으로 제공되는가? 아니면 개별적으로 각각 거래 내용과 거래 청구서를 발행하는가? 표 12.1에는 각 범주의 예시와 함께 이런 범주의 결과가 있는 매트릭스를 보여준다. **멤버십 관계**는 두 관계에서 특별한 혜택을 찾아볼 수 있는 회사와 확인 가능한 고객의 공식적인 관계이다.

개별 거래는 기본적으로 서비스 공급업체가 '익명' 고객에게 서비스를 제공하고 대가를 받는 것이다. 서비스의 유형은 레스토랑, 영화, 신발 수선 등이 있다. 이런 서비스를 제공하는

표 12.1 고객과의 관계

서비스 기관과 고객 간의 관계 유형		
서비스 전달의 본질	멤버십 관계	공식적인 관계 없음
지속적인 서비스 제공	• 보험 • 케이블 구독 • 대학 등록 • 은행	• 라디오 방송국 • 경찰 보호 • 등대 • 공공 고속도로
개별 거래	• 극장 연속 구독 • 출퇴근 티켓 • 보증 기간 수리 • 주치의 건강검진	• 차 렌탈 • 메일 서비스 • 고속도로 톨게이트 • 공중전화 • 영화관 • 레스토랑

마케터의 문제는 서비스 유형 기관과 달리 고객이 누구인지 그리고 각 고객이 받는 서비스가 무엇인지 알 수 있는 정보가 적다는 점이다. 개별 거래를 판매하는 회사의 관리자는 관계를 형성하려는 노력이 적다.

미용실과 같은 작은 서비스 업체는 자주오는 '단골 손님'의 니즈와 선호도를 기억하면서 환대한다. 고객의 니즈, 선호도, 구매 행동의 공식적인 기록은 작은 회사에서도 유용하다. 직원이 서비스를 제공할 때 똑같은 질문을 반복하지 않도록 도와주고 고객에게 맞춤형 서비스를 제공할 수 있게 해주며 향후 고객의 니즈를 예측할 수 있게 해준다.

상당히 많은 고객을 보유한 큰 규모의 회사는 자사에 등록한 고객에게 추가 혜택을 제공하면서 거래할 때마다 점점 관계를 형성할 수 있다. 충성도 프로그램을 운영하면 현재 어떤 고객이 이용하는지 그리고 서비스 거래 내역과 선호도를 파악할 수 있다. 이러한 정보는 매우 가치 있는데, 고객화 서비스 전달과 세분화 및 서비스 등급화를 가능하게 해주기 때문이다.

초보자는 충성도 포인트를 충성도 프로그램과 동일시하는 경향이 있다. 그러나 고객과 회사 모두를 위한 충성도 프로그램의 가장 가치 있는 부분은 회사의 충성도 전략이 제공하는 다른 모든 혜택이다. 충성도 바퀴에서 논의한 것처럼 핵심 서비스(우선순위부터 고객화까지)를 강화하는 충성도 프로그램의 혜택은 가장 높은 가치를 가지고 있다. 다음과 같이 질문할 수 있다. 그렇다면 회사는 왜 포인트 적립을 그만두고 다른 혜택에 초점을 맞추지 않는가? 이에 대한 답은 소비자 심리와 관련이 있다. 회원 등록, 앱 설치, 정보 제공, 충성도 카드를 가지고 다니려면 우리 모두에게 약간의 인센티브가 필요하다. 회사가 매장(종종 여러 국가에 걸쳐), 채널, 서비스 등에 걸쳐 시스템 전반에 대한 정보를 얻으려면 신뢰할 수 있는 유일한 고유 식별자는 일반적으로 충성도 카드(또는 카드번호) 또는 휴대폰번호와 연결된 모바일 앱이다. 이름, 여권번호, 주소 등 기타 모든 고유 식별자는 이름과 주소의 철자가 틀리거나 여권번호가 변경될 수 있으므로 문제가 있다. 그러므로 고객이 가입하고 예약, 체크인, 구매 등을 할 때 충성도 프로그램 회원번호(카드 또는 모바일 앱)를 통해 자신을 식별하게 하는 일에 약간의 인센티브로 충성도 프로그램의 포인트(또는 항공 마일리지)를 적립해 주는 것이 좋다. 그러나 실제 고객(및 회사) 혜택은 충성도 바퀴에 설명된 다른 유대관계를 통해 전달된다.

물론 충성도 프로그램과 충성도 전략이 제공되어야 하며, 이는 일반적으로 관련 정보를 파악 및 분석하여 일선 직원과 계정 관리 관리자(B2B상에서 또는 가장 높은 고객 등급)에게 전달되는 CRM 시스템을 통해 이루어진다. 11장에서 일선 직원에 대해 논의를 했으며, 충성도 전략을 전달하는 CRM 시스템의 역할은 다음 장에서 논의한다.

고객 관계 관리

 **학습목표 13**

맞춤화된 서비스를 전달하고 충성도를 형성하는 데 CRM 시스템의 역할을 이해한다.

서비스 마케터는 예전부터 관계 관리의 효과를 이해했으며, 특정 업계에서는 이를 수십 년간 활용해왔다. 예를 들면, 길모퉁이의 잡화점, 동네 자동차 수리점, 자산이 많은 고객을 대하는 은행 등이 있다. 고객 관계 관리(customer relationship management, CRM)를 떠올려보면 비용이 많이 들고 복잡한 IT 시스템과 인프라 구조가 떠오른다. 그러나 실제로 고객 관계 관리는 고객과의 관계를 구축하고 유지하는 것과 관련된 전체적인 절차라 할 수 있다.[41] 이는 충성도 바퀴의 성공적인 수행을 가능하게 해주는 것으로 보여야 한다. 더 전략적인 관점에서 다루기 전에 우선 CRM 시스템을 살펴보자.

CRM의 일반적인 목적

많은 회사는 수많은 고객(때때로 1,000만 명 이상)이 있으며 지리적으로도 다양하고 많은 서비스 접점(예: 은행 창구, 콜센터 직원, 셀프서비스 기계, 모바일 앱, 웹사이트)을 가지고 있다. 하나의 큰 시설에 고객이 두 번 연속으로 방문했을 때 동일한 서비스 직원에게 서비스를 받는 일은 거의 없다. 역사적으로 관리자들은 이런 상황에서 관계 마케팅을 실행할 수 있는 도구가 부족했다. 오늘날 CRM 시스템은 AI를 이용하여 영향력이 더 커졌으며, 고객 정보가 파악되고 여러 고객 접점에서 고객 정보를 수집하여 전달할 수 있다. 이는 결과적으로 서비스 향상과 고객 가치 증대를 위한 것과 관련될 수 있다. 고객화와 맞춤형으로 증가된 커뮤니케이션은 더 높은 수준의 충성도로 이어진다. 회사의 관점에서 볼 때 CRM 시스템은 회사가 고객을 더 잘 이해하고 세분화하고 등급화하게 도와준다. 또한 표적 고객에 대해 더 나은 홍보와 교차 판매를 가능하게 하며, 이탈 우려가 있는 고객의 신호, 즉 고객 이탈에 대한 신호체계 역할까지 한다. 다음은 CRM 적용에 대한 가장 일반적인 사항이다.

- **데이터 수집** 시스템은 연락 정보, 인구통계학적 정보, 구입 기록, 서비스 선호도 같은 고객 정보를 모은다.
- **데이터 분석** 데이터는 회사가 정한 기준에 따라 시스템에 의해 분석되고 범주화된다. 이는 고객을 등급화하고, 각 고객 등급에 따라 서비스 전달을 특화할 수 있게 한다.
- **영업 인력의 자동화** 영업 지시, 교차 판매 및 상향 판매 기회가 효과적으로 확인되고 전달될 수 있다. 전체 영업망은 밀접한 영업을 가능하게 하며, 또한 영업 서비스는 CRM 시스템을 통해 추적될 수 있다.
- **마케팅 자동화** 고객 데이터를 잘 찾아낼 수 있으므로 기업이 시장에서 목표를 찾는 것을 가능하게 해준다. 좋은 CRM 시스템은 충성도 및 고객 유지 프로그램을 통해 기업의 일대일 마케팅과 비용 절감을 가능하게 돕는다. 이는 마케팅 지출에서 투자수익률(ROI)을 증가시킨다. CRM 체계는 또한 마케팅 캠페인에 대한 고객 응답 분석을 통해 얼마나 캠페인이 효용성이 있는지 판단하게 해준다
- **콜센터 자동화** 콜센터 직원은 손쉽게 고객에게 접근할 수 있으며, 이는 모든 고객에 대한 서비스 수준을 향상시킬 수 있다. 또한 전화 거는 사람의 아이디와 회원번호는 콜센터에서 고객 등급을 확인할 수 있게 해주며, 고객 등급에 따라 서비스를 특화할 수 있다. 예를 들어, 플래티넘 고객의 기다리는 시간은 짧게 설정할 수 있다.

통합적 CRM 전략은 무엇을 포함하는가[42]

CRM은 기술적으로 보기보다는 수익 개발과 고객 관계 관리에 중점을 둔 시스템으로 봐야 한다. 그림 12.15는 CRM 전략에 포함되어야 할 5가지 핵심 과정에 대한 통합적인 프레임워크를 보여준다.

1. **전략 개발**　회사의 비전, 업계 동향 및 경쟁사에 대한 분석을 포함하는 비즈니스 전략에 대한 평가이다. 비즈니스 전략은 일반적으로 최고경영자의 책임이다. CRM이 기업의 성과에 긍정적인 영향을 미치기 위해서는 고객 관계 관리를 위한 기업의 전략이 중요하다.[43] 그러므로 비즈니스 전략은 표적 고객의 선택, 고객의 등급화, 충성도 설계, 고객 이탈 관리 등을 포함한 고객 전략 개발의 지침이 되어야 한다(충성도 바퀴 참조).

2. **가치 창출**　비즈니스 전략과 고객 전략을 고객과 회사를 위한 구체적인 가치 제안으로 변환하는 작업이 포함된다. 고객을 위해 창출된 가치는 우대 고객층에 대한 서비스, 보상 체계 및 고객화와 맞춤화로 인해 전달될 수 있는 모든 혜택을 포함한다. 기업을 위해 생성된 가치는 고객 확보 및 유지 비용의 절감, 고객의 지출 점유율 상승, 고객 응대 비용 절감 등을 포함한다. 예를 들면, 운전면허증, 청구서 수신 주소, 신용카드 세부정보, 자동차 및 보험 선호도에 대한 정보를 자동차 렌탈 회사의 CRM 시스템에 저장하면 예약할 때마다 정보를 기입할 필요 없이 편리해지는 혜택을 받을 수 있다. CRM은 기업과

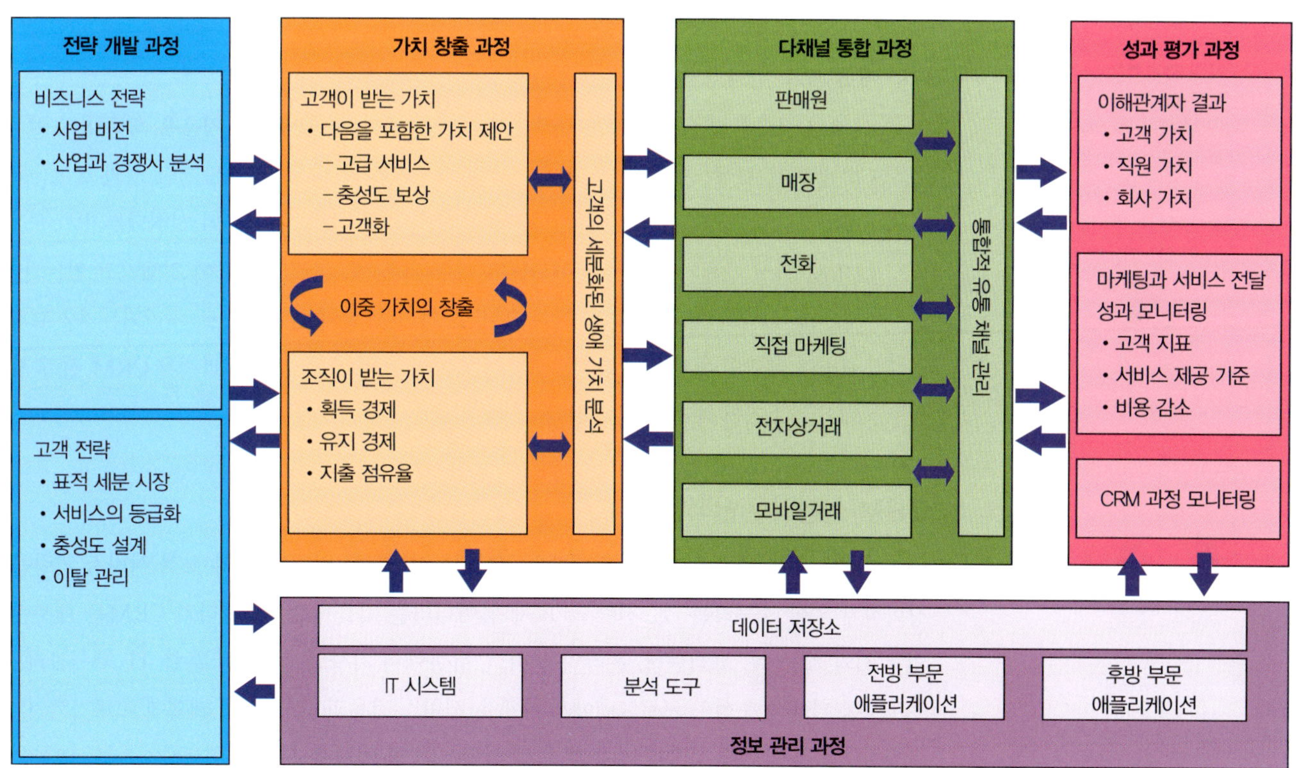

그림 12.15 CRM 전략을 위한 통합적인 설계도

출처: *Journal of Marketing*, American Marketing Association; American Marketing Society; National Association of Marketing Teachers, reproduced with permission of American Marketing Association.

Michaeljung/Shutterstock

그림 12.16 항공사의 셀프 체크인은 항공사 CRM 시스템으로 통합이 요구되는 서비스 접점 장소라 할 수 있다.

고객이 서로 윈윈 상황일 때 가장 성공적이다.[44]

3. **유통 경로의 통합** 대부분의 서비스 기업은 다양한 유통 채널을 통해 고객과 교류한다. 이는 많은 잠재적인 접점을 거쳐서 고객에게 전달되기 위해, 그리고 고객화 및 맞춤화가 가능한 통합된 고객 접점을 제공하기 위한 도전이 된다. CRM 채널의 통합은 이러한 어려움을 다룬다.

4. **정보 관리** 다양한 채널을 통한 서비스 전달은 다양한 접점(그림 12.16)에서 모든 채널(또는 고객이 직접하는 셀프서비스에서)로 고객 정보를 수집하고 통합할 수 있는 기업의 능력에 의존한다. 정보 관리 과정은 다음을 포함한다.
   - 모든 고객 데이터를 포함할 수 있는 데이터 저장소
   - IT 시스템
   - 데이터 마이닝 패키지 같은 분석 도구
   - 캠페인 관리 분석, 신용평가, 고객 프로파일링, 고객 이탈 알림 체계와 같은 특정 응용 패키지
   - 고객과 직접 대면하는 활동, 영업 직원의 자동화, 콜센터 관리 응용과 같은 접점 사무 부문의 애플리케이션
   - 내부 고객과 관련된 지원, 물류, 조달 및 금융 과정과 관련된 후방 부문의 애플리케이션

5. **성과 평가** 3가지 중요한 질문에 초점을 맞추어야 한다.
   - CRM 전략은 핵심 이해관계자(예: 고객, 직원, 회사)에 대해 가치 창출을 제공하는가?
   - 마케팅 목표(예: 고객 확보, 지출 비중, 고객 만족 유지)와 서비스 전달 성과 목표(예: 대기 시간과 같은 콜센터 서비스의 기준, 탈퇴, 최초 문제해결률)가 성취되는가?
   - CRM 과정 자체가 기대 수준에 이르고 있는가? (예: 관련된 전략이 정해지고 있는가? 고객과 회사의 가치가 창출되는가? 정보 관리 과정이 효과적으로 처리되는가? 고객 서비스 채널의 통합은 효과적으로 달성되고 있는가?) 성과 평가 과정은 CRM 전략 자체의 지속적인 개선을 해야 한다.

CRM 실행의 일반적인 실패[45]

불행하게도 과거 많은 CRM은 실패했다. 그들은 시스템이 단지 기업의 고객 서비스 역량을 강화하기 위한 도구라는 것, 전략 그 자체가 아니라는 것을 잊는다. 게다가 CRM은 대부분의 부서와 기능(예: 고객센터, 온라인 서비스, 유통에서 지사 운영, 고객 훈련, IT 부서까지), 프로그램(판매와 충성도 프로그램에서 새로운 서비스 적용과 교차 판매 계획에 이르기까지), 과정(예: 모든 방법을 동원한 신용 대출 승인에서 불평 처리와 서비스 회복까지)에도 영향을 미친다. 넓은 범위의 CRM 영역은 이를 시행하고 올바르게 이해시키는 데 어려움을 준다. 다른 불행한 현실은 CRM 실행의 성공을 결정하는 것이 약한 연결고리에 있다는 점이다. CRM

실패의 공통적인 이유는 다음과 같다.

- **CRM을 기술에 기반한 것이라고 보는 것** CRM의 중점을 기술로 보고, 상위 관리 부서나 마케팅 부서가 아닌 IT 부서가 중심이 되어 CRM 전략을 수행하게 하기 쉽다. 결과적으로 수행하는 동안 고객과 시장에 대한 이해 및 방향성을 자주 상실하게 된다.
- **고객 중심 사고의 부족** 많은 기업이 전달 가능한 전 채널을 통해 가치 있는 고객을 위해 향상된 서비스를 전달하려는 목표 없이 CRM을 수행한다.
- **고객 생애 가치(LTV)에 대한 부족한 이해** 많은 회사의 마케팅은 각 고객마다 상당히 많이 다른 수익성을 고려하도록 충분히 구조화되지 않았다.
- **비즈니스 프로세스 재설계 실패** 고객 서비스와 비영업 부문 과정에 대한 재설계 없이는 CRM을 성공적으로 수행하기 힘들다. CRM의 실패가 많은 이유는 고객 중심적인 CRM 수행에 적합하도록 과정을 재정비하기보다는 현존하는 과정에 맞게 CRM을 실행하고자 했기 때문이다. 재설계는 경영자와 직원 모두의 관여 및 지원에 대한 변화를 요구한다.
- **데이터 통합의 어려움에 대한 과소평가** 기업은 일반적으로 조직 내에 통합되지 않은 고객 데이터를 통합하는 데 자주 실패한다. 그러나 CRM의 가능성을 모두 이용하기 위한 핵심은 고객 정보를 필요로 하는 모든 직원에게 실시간으로 고객 관련 지식을 전달할 수 있게 하는 것이다.
- **최고경영층의 부적절한 지원** 최고경영진의 주도권과 적극적인 참여가 없으면 CRM의 전략적 의도는 구현 후에도 유지되지 않을 것이다.

마지막으로 CRM이 고객에게 해로운 방법으로 이용된다고 믿는다면 기업은 CRM 전략으로 위기에 처할 수 있다.[46] 예를 들어, 고객이 공정하게 대우받지 못한다고 느끼는 경우(매력적인 가격과 홍보를 제공받지 못한 경우도 포함. 이를 테면, 신규 고객에게는 제공하면서 기존 고객에게는 제공되지 않는 가격 및 홍보 서비스)와 잠재적인 개인 사생활과 관련된 경우도 있다.

CRM을 제대로 실행하는 방법

수백만 달러가 투입된 CRM 프로젝트가 실패했다는 끔찍한 이야기가 많이 들리지만, 많은 회사는 CRM을 점점 더 제대로 실행하고 있다. 더 이상 CRM은 블랙홀이 아닌 기업의 성공을 위한 단계를 구축하는 기초가 되고 있다.[47] 그림 12.15에 나타낸 CRM 모델의 구현을 통해 전체 사업을 변화시키는 대신 서비스 기업은 고객 관계 주기에서 명확하게 정의된 문제에 집중해야만 한다. 이렇게 범위가 좁혀진 CRM 전략은 보다 개선될 수 있는 기회를 제공하며, 이를 잘 실행하면 시간이 흐름에 따라 회사 전체로 확대될 수 있다.[48] CRM은 회사와 고객이 윈윈일 때 대부분 성공적으

Nomad_Soul/Shutterstock

그림 12.17 CRM은 기업이 고객과 양방향 채널을 만드는 데 도움을 준다.

로 보인다. 그러므로 관리자는 잠재적인 CRM 시스템 실행을 위한 고객 관계 전략을 정의할 때 이런 핵심 이슈를 논의해야 한다.

1. 우리의 가치 제안은 고객 충성도가 증가함에 따라 어떻게 변화해야 하는가?
2. 어느 정도의 고객화 또는 일대일 마케팅과 서비스 전달이 적절하고 이익이 되는가?
3. 기존 고객의 지출 비중을 증가시킴으로써 증가되는 이윤은 얼마인가? 고객층이 변화함에 따라 이는 얼마나 변화하는가?
4. 현재 CRM에 얼마나 많은 시간과 자원을 할애할 수 있는가?
5. CRM에 대해 믿는다면 과거에는 왜 이런 방향에 대해 더 고려해보지 못했는가? 오늘날에는 기술적인 부분을 제외하고 고객 관계에서 무엇을 향상시킬 수 있는가?[49]

이런 질문에 대한 대답은 CRM 시스템이 한 시점에서 최상의 투자나 가장 좋은 우선 대안은 아니라는 결론에 도달할 수도 있을 것이다. 어떠한 경우든 시스템은 전략을 구사하기 위한 하나의 도구에 지나지 않으며, 따라서 전략을 전달하기 위해 맞춤화시켜야 한다는 점을 강조한다.

요약

학습목표 1 고객 충성도는 서비스 기업의 이윤 창출의 주요 원천이다. 충성 고객으로부터의 이익은 ① 구매 증가, ② 운영 비용 절감, ③ 신규 고객 소개, ④ 가격 프리미엄 등으로부터 창출된다. 고객 획득 비용은 오랜 기간에 걸쳐 분할 상환된다.

학습목표 2 고객의 수익 기여를 제대로 이해하기 위해 기업은 고객 생애 가치를 계산할 수 있어야 한다. 생애 가치 계산은 ① 고객 획득 비용, ② 수익 구조, ③ 서비스 비용, ④ 고객의 예상 유지기간, ⑤ 미래 현금 흐름의 할인율 등을 고려해야 한다.

학습목표 3 고객은 자신에게 혜택이 있는 경우에만 충성도를 보인다. 고개이 충성도를 보임으로써 원하는 혜택은 다음과 같다.

- **확신 혜택**: 문제가 발생할 위험이 적다는 느낌과 제공업체를 신뢰하는 능력을 포함한다.
- **사회적 혜택**: 서비스 제공업체가 고객의 이름을 알고, 우호적인 관계를 맺으며, 사회관계적 측면을 즐기는 것 등을 포함한다.
- **특별 대우 혜택**: 더 나은 가격, 추가적인 서비스, 우선권 혜택 등이 있다.

학습목표 4 고객 충성도를 구축하는 것은 쉽지 않다. 충성도 바퀴는 기업이 충성도를 구축하는 방법에 대한 체계적인 프레임워크를 제공한다. 프레임워크는 연속하는 3가지 요소를 가지고 있다.

- 우선 기업은 **충성도 기반**을 구축해야 하며, 이것이 없으면 충성도를 얻을 수 없다. 기반은 충성도가 높은 고객에게 확신 혜택을 제공한다.
- 기반이 생기면 기업은 관계를 굳건히 하기 위해서 **충성도 유대**를 만들 수 있다. 충성도 혜택은 사회적 혜택 및 특별 대우 혜택을 제공한다.
- 마지막으로 충성도에 초점을 맞추는 것과 별개로 기업은 고객 이탈을 줄여야 한다.

학습목표 5 시장을 세분화하고 **적절한 고객을** 목표로 한다. 기업은 표적 세분 시장을 신중하게 선택하고, 기업이 가장 잘할 수 있는 서비스 활동과 조화시켜야 한다. 기업은 단순히 고객 수 같은 고객의 양적 측면보다 질적 측면인 고객 가치에 집중해야 한다.

학습목표 6 고객을 서로 다른 가치 등급(플래티넘, 골드, 아이언, 리드)으로 분류하는 **서비스 등급**에 따라 고객을 관리한다. 이는 각 서비스 등급에 적합한 전략을 수립하게 해준다. 더 높은 등급은 기업에게 더 높은 가치를 제공하지만, 더 높은 수준의 서비스를 요구한다. 낮은 서비스 등급 고객을 위해 고객 수 증대, 가격 인상, 서비스 비용 축소, 수익이 안 나오는 관계의 정리 등에 집중해야 한다.

학습목표 7 충성도 구축은 고객 만족 여부에 달려 있음을 이해해야 한다. 고객 만족과 충성도와의 관계는 이탈, 무관심, 애정이라는 3가지 영역으로 구분할 수 있다. 애정 영역에 있으면서 충분히 만족한 고객만이 진정으로 충성도를 가질 것이다. 진정한 충성도는 행동적 충성도(지출 점유율과 입소문)와 태도적 충성도(마음 지분율) 모두를 포함한다.

충성도 유대는 고객과의 관계 구축에 사용되며, 3가지 유형이 있다. ① 교차 판매와 묶음 판매를 통한 관계 강화, ② 충성도 프로그램과 보상 만들기, ③ 사회적, 구조적, 고객화 유대와 같은 더 높은 수준의 유대를 포함한다.

학습목표 8 교차 판매 및 묶음 판매는 선환을 더 어렵게 하고 원스탑 쇼핑을 가능하게 함으로써 편의성을 증가시킨다.

학습목표 9 충성도 프로그램은 금전적 보상(예: 고객 포인트)이나 비금전적 보상(예: 상위 등급 서비스, 감사 인사)을 통한 지출 점유율을 높이는 것이 목적이다.

학습목표 10 상위 수준의 유대관계는 사회적 유대, 고객화 유대, 구조적 유대를 포함한다. 이러한 유대관계는 보상 기반의 유대관계 대비 경쟁사가 모방하기 어렵다.

학습목표 11 충성도 바퀴의 마지막 단계는 고객 이탈 요인이 무엇이며, 이러한 이탈 요인을 체계적으로 줄이는 방법을 이해하는 것이다.

- 고객 이탈의 일반적인 원인에는 핵심 서비스 실패 및 불만족, 기만적이고 불공평한 가격 책정, 불편함, 서비스 실패에 대한 불성실한 대응, 공급업체가 최고의 대체 업체에 비해 주요 속성에 대한 성과가 열등하다는 전반적인 인식 등이 있다.
- 고객이 이탈하는 것을 막으려면 ① 기업은 주요 원인을 분석하고, ② 불평 처리 및 서비스 회복 과정을 잘 관리하며, ③ 고객의 '긍정적인' 전환 비용을 증가시켜야 한다.

학습목표 12 충성도 바퀴에서 논의되는 대부분의 전략은 충성도를 적극적으로 향상시키기 위해 고객에 대한 심층적인 이해가 필요하다. 예를 들어, 기업이 개별 고객의 소비 행동을 알지 못하면 서비스 등급화, 맞춤화, 고객화, 이탈 관리를 적용할 수 없다. 이런 경우에는 '멤버십' 관계가 필요하다. 충성도 프로그램, 앱, CRM 시스템을 통해 거래형 서비스에 대해서도 생성할 수 있다.

학습목표 13 마지막으로 CRM 시스템은 충성도 바퀴의 성공적인 구현을 가능하게 해야 한다. CRM 시스템은 기업이 여러 서비스 전달 채널을 통해 다수의 고객에게 서비스를 제공해야 할 때 특히 유용하다. 효과적인 CRM 전략은 5가지 주요 과정으로 구성된다.

- 전략 개발: 표적 시장 선정, 서비스 등급 결정, 충성도에 따른 보상 방법 설계 등
- 가치 창출: 등급화된 서비스와 충성도 프로그램(예: 대기 우선순위, 업그레이드 서비스)을 통해 고객에게 혜택을 제공
- 유통 경로의 통합: 다수의 다른 서비스 제공 채널(예: 웹사이트, 앱, 오프라인 매장)을 통합한 고객 접점 제공
- 정보 관리: 데이터 저장, 분석 도구(예: 캠페인 관리 분석, 고객 이탈 알림 시스템), 일선 부서와 지원 부서 프로그램 등을 포함)
- 성과 평가: 다음과 같은 3가지 질문을 강조
  ① CRM이 고객과 기업 모두에게 가치를 창출하는가?
  ② CRM의 마케팅 목표는 달성되었는가?
  ③ CRM 시스템은 기대한 만큼 실행되었는가?
- 성과 평가는 CRM 전략과 시스템의 지속적 개선으로 이어져야 한다.

학습 키워드

학습목표 1

- 고객 충성도
- 가격 프리미엄
- 수익성
- 추천
- 분할 상환
- 구매
- 지출 점유율
- 고객 서비스 비용
- 가격 민감도
- 무결점
- 획득 비용

학습목표 2

- 실제 고객 가치
- 고객 생애 주기
- 고객 생애 가치
- 잠재 고객 가치
- 고객 자산 관리

학습목표 3

- 확신 혜택
- 사회적 혜택
- 특별 대우 혜택

학습목표 4

- 충성도 기반 구축
- 충성도 유대감 만들기
- 이탈 요인 줄이기
- 충성도 바퀴

학습목표 5

- 관계 마케팅
- 가치 탐색
- 표적 시장 선정
- 고객 확보

학습목표 6

- 고객 기반
- 고객 이동
- 고객 피라미드
- 고객 유지
- 골드
- 아이언
- 리드
- 플래티넘
- 서비스 등급화
- 고객 관계 종료

학습목표 7

- 고객 만족
- 만족-충성도 관계
- 서비스 품질
- 애정 영역
- 이탈 영역
- 무관심 영역
- 마음 지분율
- 태도적 충성도
- 행동적 충성도

학습목표 8

- 관계 심화
- 교차 판매
- 묶음 판매

학습목표 9

- 일부다처식 충성도
- 물질적 혜택
- 금전적 보상
- 비금전적 보상
- 충성도 프로그램
- 시기
- 비물질적 혜택

학습목표 10

- 고객화 유대
- 높은 수준의 유대

- 사회적 유대
- 구조적 유대

학습목표 11

- 이탈 진단
- 이탈 요인
- 이탈 관리
- 불평 처리
- 고객 이탈
- 고객 계정 감소
- 서비스 회복

- 전환 비용
- 이탈 알림 시스템

학습목표 12

- 고객 충성도 전략의 조력자
- 멤버십 관계
- 거래 마케팅

학습목표 13

- CRM 적용
- CRM 실행
- CRM 전략
- CRM 시스템
- 고객 생애 가치
- 고객 관계 관리
- 데이터 통합
- CRM 실패
- 정보 관리
- 유통 경로의 통합
- 성과 평가
- 전략 개발
- 가치 창출

서비스 마케팅
용어를 얼마나
잘 알고 있나요?
퀴즈를 풀어보세요!

본문을 참조하지 않고도 기억할 수 있는 각 키워드에 대해 1점을 매기고 점수를 합산하여 서비스 마케터라고 불릴 자격을 갖추었는지 확인하세요.

점수

01~14 서비스 마케팅이 여러분에게 해악을 끼치나요?
15~28 밤늦도록 공부가 필요합니다.
29~42 학기 내내 여러분이 무엇을 하지 않았는지 알고 있습니다.
43~56 거의 도달하려고 합니다.
57~70 바로 마케터로 출발하세요.
71~86 여러분의 이름을 딴 마케팅 콘셉트가 나와야 합니다.

서비스 마케팅 연습문제

1. 고객 충성도가 서비스 기업의 수익성을 위해 중요한 요인인 이유는 무엇인가?
2. 성공적인 CRM을 위해 '적절한 고객'을 목표로 삼는 것이 중요한 이유는 무엇인가?
3. 고객의 생애 가치(LTV)를 계산하는 방법은 무엇인가?
4. 충성도 바퀴에 설명된 다양한 전략을 서로 연관시킬 수 있는 방법은 무엇인가?
5. 기업이 충성도를 위한 기반을 구축하는 이유는 무엇인가?
6. 서비스 등급화란 무엇인가? 서비스 등급이 사용되는 이유는 무엇이며, 이것이 기업과 고객을 위해 어떠한 의미가 있는지 설명해보라.
7. 고객 유대를 만들고 고객과 장기적인 관계를 구축하는 주요 방법에 대해 확인해보라.
8. 핵심 서비스(예: 항공 마일리지)와 관련이 없는 보상을 제공하는 것보다 핵심 서비스(예: 고객화, 거래 편의성, 서비스 우선순위)와 관련 있는 혜택이 일반적으로 더 효과적으로 충성도를 형성하는 이유는 무엇인가?
9. 효과적인 충성도 전략에서 이탈 관리의 역할은 무엇인가? 그리고 고객 이탈을 이해하고 줄이기 위한 도구는 무엇인가?
10. 고객 충성도 전략을 위해 충성도 프로그램은 중요한 이유는 무엇인가?
11. 고객 관계 전략을 제공하기 위한 CRM의 역할은 무엇인가?

서비스 마케팅 응용문제

1. 정기적으로 구매하는 서비스 기업 3군데를 선택하여 각 기업을 위해 다음 문장을 완성해보라. "나는 이 기업에 충성도가 있다. 왜냐하면…."
2. 응용문제 1에서 (a) 고객으로서의 당신과 (b) 각 기업의 성과에 대해 어떤 결론을 도출할 수 있는가? 이들 기업 중 충성도를 확보한 방식을 통해 지속 가능한 경쟁우위를 개발한 기업이 있는지 평가해보라.
3. 과거에 여러 번 이용했지만 지금은 더이상 구매하지 않는(또는 곧 가지 않을 계획인) 두 서비스 기업을 알아보자. 다음 문장을 완성해보자. "나는 고객으로서 이 회사를 이용하는 것(또는 곧 이용하는 것을 그만 둘 것)을 그만둘 것이다. 왜냐하면…."
4. 응용문제 3에서 당신과 회사에 대해 고찰해보면 어떤 결론이 나오는가? 각 회사는 어떻게 해야 당신의 이탈을 막을 수 있는가?
5. 다른 서비스 기업을 각각 선택하고 2개의 충성도 프로그램의 장점과 단점을 평가해보라. 각 프로그램을 어떻게 하면 더 개선시킬 수 있는지 평가해보라.
6. 설문지를 설계하여 두 가지 충성도 프로그램에 대한 설문조사를 실시해보라. 첫 번째는 특정한 회사에 대한 같은 반 친구들과 그들의 가족이 충성도를 유지할 수 있는 멤버십/충성도 프로그램에 대한 것이어야 한다. 두 번째는 고객에게 잘 인지되지 못하고 부가가치가 없다고 여겨지는 충성도 프로그램에 관련된 것이어야 한다. '처음 등록하게 된 동기는 무엇입니까?', '이 프로그램을 이용한 이유는 무엇입니까?', '프로그램에 참여함으로써 구매/사용 행동이 어떤 식으로든 바뀌었습니까?', '경쟁 공급업체를 이용할 가능성이 줄어들었습니까?', '보상 제도에 대해 어떻게 생각하십니까?', '서비스를 이용할 때 프로그램 멤버십이 즉각적인 혜택을 준 적이 있습니까?', '이 충성도 프로그램에서 가장 마음에 드는 점 3가지는 무엇입니까?', '가장 좋아하지 않는 것은 무엇입니까?', '어떤 점을 개선하는 것이 좋겠습니까?' 같은 개방형 질문을 사용하라.
7. 두 회사의 CRM 시스템을 실행하고 있는 서비스 직원과 연락해보라. 직원에게 이런 시스템을 사용한 경험과 CRM 시스템이 (a) 고객을 좀 더 이해하는 데 도움을 주었는지, (b) 고객의 서비스 경험을 개선시키고 있는지에 대해 질문하라. 회사의 CRM 시스템에 대한 잠재적인 우려사항과 개선점에 대해 질문하라.

미주

1. James L. Heskett, W. Earl Sasser Jr., and Joe Wheeler, The Ownership Quotient (Boston: Harvard Business Press, 2008), pp. 9–13; https://www.caesars.com/myrewards/benefits-overview, accessed March 7, 2022.
2. Frederick F. Reichheld and Thomas Teal, The Loyalty Effect (Boston: Harvard Business School Press, 1996).
3. The first four factors were proposed by Frederick F. Reichheld and W. Earl Sasser Jr., "Zero Defections: Quality Comes to Services," Harvard Business Review (October 1990): 105–111. The fifth factor was added by the authors of this book.
4. Share of wallet (SOW) refers to the percentage of a customer's total spending on a product category that is captured by a business. For example, if a customer spends a total of $6,000 per annum on air travel, of which $2,400 goes to airline A, then airline A's share of wallet is 40%.
5. Christian Homburg, Nicole Koschate, and Wayne D. Hoyer, "Do Satisfied Customers Really Pay More? A Study of the Relationship between Customer Satisfaction and Willingness to Pay," Journal of Marketing 69 (April 2005): 84–96.
6. Reichheld and Sasser, "Zero Defections": 105–111.
7. For a discussion on how to evaluate the customer base of a firm, see Sunil Gupta, Donald R. Lehmann, and Jennifer Ames Stuart, "Valuing Customers," Journal of Marketing Research 41(1) (2004): 7–18.
8. Alan W. H. Grant and Leonard H. Schlesinger, "Realize Your Customer's Full Profit Potential," Harvard Business Review 73 (September–October 1995): 59–75. See also Nicolas Glady and Christophe Croux, "Predicting Customer Wallet without Survey Data," Journal of Service Research 11(3) (2009): 219–231.
9. Ruth Bolton, Katherine N. Lemon, and Peter C. Verhoef, "The Theoretical Underpinnings of Customer Asset Management: A Framework and Propositions for Future Research," Journal of the Academy of Marketing Science 32(3) (2004): 271–292.
10. Kevin P. Gwinner, Dwayne D. Gremler, and Mary Jo Bitner, "Relational Benefits in Services Industries: The Customer's Perspective," Journal of the Academy of Marketing Science 26(2) (1998): 101–114. The customer comments shown in the next paragraphs in the main text were taken from this study.
11. Yuping Liu, "The Long-Term Impact of Loyalty Programs on Consumer Purchase Behavior and Loyalty," Journal of Marketing 71(4) (October 2007): 19–35.
12. Mark R. Vondrasek, "Redefining Service Innovation at Starwood," McKinsey Quarterly (February 2015).
13. Roger Hallowell, "The Relationships of Customer Satisfaction, Customer Loyalty, and Profitability: An Empirical Study," International Journal of Service Industry Management 7(4) (1996): 27–42.
14. David Rosenblum, Doug Tomlinson, and Larry Scott, "Bottom-Feeding for Blockbuster Business," Harvard Business Review (March 2003): 52–59.
15. Christian Homburg, Mathias Droll, and Dirk Totzek, "Customer Prioritization: Does It Pay Off, and How Should It Be Implemented?" Journal of Marketing 72(5) (2008): 110–130.
16. Valarie A. Zeithaml, Roland T. Rust, and Katharine N. Lemon, "The Customer Pyramid: Creating and Serving Profitable Customers," California Management Review 43(4) (Summer 2001): 118–142.
17. Vikras Mittal, Matthew Sarkees, and Feisal Murshed, "The Right Way to Manage Unprofitable Customers," Harvard Business Review (April 2008): 95–102; Hui Feng, Neil A Morgan, and Lopo L. Rego, "The Impact of Unprofitable Customer Management Strategies on Shareholder Value," Journal of the Academy of Marketing Science 48(2) (2020): 246–269.
18. Florian V. Wangenheim, "Postswitching Negative Word of Mouth," Journal of Service Research 8(1) (2005): 67–78.
19. Absolute satisfaction scores are less important in determining loyalty behaviors than being seen as the best or preferred provider. See Timothy L. Keiningham, Lerzan Aksoy, Alexander Buoye, and Bruce Cooil, "Customer Loyalty Isn't Enough. Grow Your Share-of-Wallet," Harvard Business Review 89(10) (2011): 29–31; Timothy L. Keiningham, Lerzan Aksoy, Luke Williams, and Alexander Buoye, The Wallet Allocation Rule: Winning the Battle for Share (Hoboken, New Jersey: John Wiley & Sons, 2015).
20. For a review of the satisfaction–loyalty link, see V. Kumar, Ilaria Dalla Pozza, and Jaishankar Ganesh, "Revisiting the Satisfaction–Loyalty Relationship: Empirical Generalizations and Directions for Further Research," Journal of Retailing 89(3) (2013): 246–262.
21. Leonard L. Berry and A. Parasuraman, "Three Levels of Relationship Marketing," in Marketing Services: Competing through Quality (New York: The Free Press, 1991), pp. 136–142; Valarie A. Zeithaml, Mary Jo Bitner, and Dwayne D. Gremler, Chapter 7, Services Marketing, 6th ed. (New York: McGraw-Hill, 2012).
22. Heiner Evanschitzky, B. Ramaseshan, David M. Woisetschlager, Verena Richelsen, Markus Blut, and Christof Backhaus, "Consequences of Customer Loyalty to the Loyalty Program and to the Company," Journal of the Academy of Marketing Science 40(5) (2012): 625–638; Michael Lewis, "The Influence of Loyalty Programs and Short-Term Promotions on Customer Retention," Journal of Marketing Research 41 (August 2004): 281–292; Jochen Wirtz, Anna S. Mattila, and May Oo Lwin, "How Effective Are Loyalty Reward Programs in Driving Share-of-Wallet?" Journal of Service Research 9(4) (2007): 327–334.
23. Grahame Dowling and Mark Uncles, "Do Customer Loyalty Programs Really Work?" Sloan Management Review 38(4) (1997): 71–82. Furthermore, developing differentiated loyalty programs can be an additional strategy to tie customers closer to the firm; see Alina Nastasoiu and Mark Vandenbosch, "Competing with Loyalty: How to Design Successful Customer Loyalty Reward Programs," Business Horizons 62(2) (2019): 207–214.
24. Matthew Dixon, Karen Freeman, and Nicholas Toman, "Stop Trying to Delight Your Customers," Harvard Business Review (July–August 2010): 116–122.
25. Bernd Stauss, Maxie Schmidt, and Adreas Schoeler, "Customer Frustration in Loyalty Programs," International Journal of Service Industry Management 16(3) (2005): 229–252; B. Ramaseshan and Robyn Ouschan, "Investigating Status Demotion in Hierarchical Loyalty Programs," Journal of Services Marketing 31(6) (2017): 650–661.
26. Concrete benefits related to the core service (e.g., priority early check-in and priority wait listing) are more effective in driving customer gratitude and sales growth than status elevation without concrete benefits (i.e., the status is mostly symbolic). The latter can have a negative effect on profitability as it is more likely to increase customer entitlement perceptions, which in turn result in higher service costs. See Hauke A. Wetzel, Maik Hammerschmidt, and Alex R. Zablah, "Gratitude versus Entitlement: A Dual Process Model of the Profitability Implications of Customer Prioritization," Journal of Marketing 78(2) (2014): 1–19.
27. Paolo Guenzi, Michael D. Johnson, and Sandro Castaldo, "A Comprehensive Model of Customer Trust in Two Retail Stores," Journal of Service Management 20(3) (2009): 290–316; Dwayne Ball, Pedro S. Coelho, and Manuel J. Vilares, "Service Personalization and Loyalty," Journal of Services Marketing 20(6) (2006): 391–403.
28. Mark S. Rosenbaum, Amy L. Ostrom, and Ronald Kuntze, "Loyalty Programs and a Sense of Community," Journal of Services Marketing 19(4) (2005): 222–233.
29. https://www.fairmont.com/fpc/benefits, accessed July 20, 2015.
30. Rick Ferguson and Kelly Hlavinka, "The Long Tail of Loyalty: How Personalized Dialogue and Customized Rewards Will Change Marketing Forever," Journal of Consumer Marketing 23(6) (2006): 357–361.
31. Susan M. Keaveney, "Customer Switching Behavior in Service Industries: An Exploratory Study," Journal of Marketing 59 (April 1995): 71–82.
32. Jochen Wirtz, Ping Xiao, Jeongwen Chiang, and Naresh Malhotra, "Contrasting Switching Intent and Switching Behavior in Contractual Service Settings," Journal of Retailing 90(4) (2014): 463–480.
33. For a more detailed discussion of situation-specific switching behavior, re-

fer to Inger Roos, Bo Edvardsson, and Anders Gustafsson, "Customer Switching Patterns in Competitive and Noncompetitive Service Industries," Journal of Service Research 6(3) (2004): 256–271.
34. Ali Tamaddoni, Stanislav Stakhovych, and Michael Ewing, "Comparing Churn Prediction Techniques and Assessing Their Performance: A Contingent Perspective," Journal of Service Research 19(2) (2016): 123–141.
35. Gianfranco Walsh, Keith Dinnie, and Klaus-Peter Wiedmann, "How Do Corporate Reputation and Customer Satisfaction Impact Customer Defection? A Study of Private Energy Customers in Germany," Journal of Services Marketing 20(6) (2006): 412–420.
36. Jonathan Lee, Janghyuk Lee, and Lawrence Feick, "The Impact of Switching Costs on the Consumer Satisfaction–Loyalty Link: Mobile Phone Service in France," Journal of Services Marketing 15(1) (2001): 35–48; Shun Yin Lam, Venkatesh Shankar, M. Krishna Erramilli, and Bvsan Murthy, "Customer Value, Satisfaction, Loyalty, and Switching Costs: An Illustration from a Business-to-Business Service Context," Journal of the Academy of Marketing Science 32(3) (2004): 293–311; Michael A. Jones, Kristy E. Reynolds, David L. Mothersbaugh, and Sharon Beatty, "The Positive and Negative Effects of Switching Costs on Relational Outcomes," Journal of Service Research 9(4) (2007): 335–355; Dahlia El-Manstrly, "Enhancing Customer Loyalty: Critical Switching Cost Factors," Journal of Service Management 27(2) (2016): 144–169.
37. Simon J. Bell, Seigyoung Auh, and Karen Smalley, "Customer Relationship Dynamics: Service Quality and Customer Loyalty in the Context of Varying Levels of Customer Expertise and Switching Costs," Journal of the Academy of Marketing Science 33(2) (2005): 169–183; Markus Blut, Sharon E. Beatty, Heiner Evanschitzky, and Christian Brock, "The Impact of Service Characteristics on the Switching Cost–Customer Loyalty Link," Journal of Retailing 90(2) (2014): 275–290; David M. Gray, Steven D'Alessandro, Lester W. Johnson, and Leanne Carter (2017), "Inertia in Services: Causes and Consequences for Switching," Journal of Services Marketing 31(6): 485–498.
38. Arvind Malhotra and Claudia Kubowicz Malhotra, "Exploring Mobile Switching Behavior of U.S. Mobile Service Customers," Journal of Services Marketing 27(1) (2013): 13–24; Liane Nagengast, Heiner Evanschitzky, Markus Blut, and Thomas Rudolph, "New Insights in the Moderating Effect of Switching Costs on the Satisfaction–Repurchase Behavior Link," Journal of Retailing 90(3) (2014): 408–427.
39. Lesley White and Venkat Yanamandram, "Why Customers Stay: Reasons and Consequences of Inertia in Financial Services," International Journal of Service Industry Management 14(3) (2004): 183–194.
40. Johnson and Selnes proposed a typology of exchange relationships that included "strangers," "acquaintances," "friends," and "partners" and derived implications for customer portfolio management. For details, see Michael D. Johnson and Fred Selnes, "Customer Portfolio Management: Towards a Dynamic Theory of Exchange Relationships," Journal of Marketing 68(2) (2002): 1–17.
41. For an overview on CRM, see V. Kumar and Werner J. Reinartz, Customer Relationship Management: A Database Approach (Hoboken, New Jersey: John Wiley & Sons, 2006); V. Kumar, Sarang Sunder, and B. Ramaseshan, "Analyzing the Diffusion of Global Customer Relationship Management: A Cross-Regional Modeling Framework," Journal of International Marketing 19(1) (2011): 23–39; Barak Libai, Yakov Bart, Sonja Gensler, Charles F. Hofacker, Andreas Kaplan, Kim Kötterheinrich, and Eike Benjamin Kroll, "Brave New Word? On AI and the Management of Customer Relationships," Journal of Interactive Marketing 51, Issue C (2020): 44–56.
42. This section is adapted from Adrian Payne and Pennie Frow, "A Strategic Framework for Customer Relationship Management," Journal of Marketing 69 (October 2005): 167–176.
43. Martin Reimann, Oliver Schilke, and Jacquelyn S. Thomas, "Customer Relationship Management and Firm Performance: The Mediating Role of Business Strategy," Journal of the Academy of Marketing Science 38(3) (2010): 326–346. The authors found that the effect of CRM is fully mediated by the two basic strategic postures of firms: differentiation versus cost leadership. Furthermore, their study found that the effects of CRM on differentiation are stronger in highly commoditized industries than in highly differentiated industries.
44. William Boulding, Richard Staelin, Michael Ehret, and Wesley J. Johnston, "A Customer Relationship Management Roadmap: What Is Known, Potential Pitfalls, and Where to Go," Journal of Marketing 69(4) (2005): 155–166.
45. This section is based on Sudhir H. Kale, "CRM Failure and the Seven Deadly Sins," Marketing Management (September–October 2004): 42–46.
46. Boulding et al., "A Customer Relationship Management Roadmap," 155–166.
47. Darrell K. Rigby and Dianne Ledingham, "CRM Done Right," Harvard Business Review (November 2004): 118–129.
48. Rigby and Ledingham, "CRM Done Right": 118–129.
49. Darrell K. Rigby, Frederick F. Reichheld, and Phil Schefter, "Avoid the Four Perils of CRM," Harvard Business Review (February 2002): 108

CHAPTER 13

고객 불평 관리와 서비스 회복

학습목표

01 서비스 실패에 대한 반응으로 고객이 취할 수 있는 행동을 알아본다.

02 고객이 불평하는 이유를 이해한다.

03 고객이 불만을 제기할 때 회사에 기대하는 것이 무엇인지 파악한다.

04 효과적인 서비스 회복에 대해 고객이 어떻게 반응하는지 이해한다.

05 서비스 패러독스를 설명한다.

06 효과적인 서비스 회복 시스템의 원칙을 알아본다.

07 불만을 제기하는 고객을 대응하고 서비스 실패로부터 회복하는 방법에 대한 일선 직원의 지침을 알아본다.

08 서비스 보증의 힘을 인식한다.

09 효과적인 서비스 보증을 설계하는 방법을 이해한다.

10 기업이 서비스 보증을 제공해서는 안 되는 경우를 알아본다.

11 7가지 불량 고객의 유형과 그들을 효과적으로 관리하는 기법을 이해한다.

Mark Waugh/Alamy Stock Photo

도입 사례

너무 조금, 너무 늦게: 제트블루의 서비스 회복[1]

미국 동부 해안에 지독한 눈보라가 치고 있었다. 뉴욕의 존F.케네디 국제공항에서 제트블루(JetBlue) 소속 비행기 기내에 수백 명의 승객이 11시간 동안 갇혀 있었다. 승객들은 분노했다. 비행기에서 승객이 내릴 수 있는 어떠한 조치도 취해지지 않았다. 심지어 제트블루는 6일 동안 1,000편이 넘는 항공기 운항을 취소했고, 이로 인해 많은 승객이 오도 가도 못 하게 방치되었다. 이 사건으로 인해 가장 강력한 고객 서비스 브랜드가 되기 위해 제트블루가 했었던 많은 활동의 긍정적 효과가 사라져 버렸다. 제트블루는 원래 「비즈니스위크(Business Week)」가 선정한 상위 25개 고객 서비스 선도 기업 4위를 차지할 예정이었으나, 이 사건으로 인해 순위 하락이 불가피하게 되었다. 무슨 일이 벌어졌던 것일까?

제트블루에는 어떠한 서비스 회복 계획도 존재하지 않았다. 조종사도, 승무원도, 심지어 공항 관리 직원조차도 승객을 비행기에서 내리게 할 권한이 없었다. 승객에게 환불 조치를 취하고 쿠폰을 제공했으나, 이러한 행위는 승객의 분노를 잠재우기에 너무도 부족했다.

당시 제트블루의 CEO였던 데이비드 닐먼(David Neeleman)은 회사 데이터베이스에 있는 모든 고객에게 개인 이메일을 보내 문제의 원인을 설명하고, 깊은 사과와 자사의 서비스 회복 노력에 대해 자세히 설명했다. 심지어 그는 밤늦은 시간에 TV에 출연하여 더 나은 대처 계획을 수립하지 못했음을 시인하며 사과했다. 그러나 제트블루의 훼손된 명성을 회복하기 위해서는 해야 할 일이 많이 남아 있었다.

제트블루는 새로운 고객 권리 장전(Customer Bill of Rights)을 시작으로 서두르지 않고 자사의 명성을 재구축했다. 이 권리 장전에 따르면 비행기 운항이 연기되는 상황에서 항공사는 고객에게 쿠폰을 제공하거나 반환해야 함을 의무로 명시하고 있다. 닐먼은 또한 승무원의 위치를 파악하고 필요한 경우 공항에 본사의 훈련된 직원을 투입시키기 위해 정보 시스템을 교체했다. 이러한 모든 활동은 고객 서비스 선도 기업의 자리를 잃은 제트블루가 이전의 영광을 되찾기 위한 일이었다. 제트블루는 J.D.파워에서 수행하는 고객 서비스 우수 기업 리스트에 다시 올랐으며, 수년 연속 이를 유지할 수 있었다. 이를 통해 마침내 고객들이 제트블루의 서비스 실패를 용서하고, 우수한 서비스를 제공하려는 그들의 노력을 인정했음을 알 수 있다.

Gregg DeGuire/WireImage/Getty Images

그림 13.1 새로운 고객 권리 장전과 심슨가족을 이용한 홍보 활동은 고객들을 다시 회복하기 위한 수단이다.

Patti McConville/Alamy Stock Photo

그림 13.2 우수한 고객 서비스에 대한 제트블루의 명성은 얼음폭풍우가 준비되어 있지 않은 항공사를 덮치면서 일시적으로 훼손되었다.

서비스 실패에 대한 고객의 대응

- 공개 행동 취하기(기업에 불평하거나 제삼자에게 불평하며/또는 법적 조치 취하기)
- 개인 행동 취하기(공급업체 변경, 부정적인 입소문 퍼뜨리기)
- 아무런 조치 취하지 않기

불만 제기 이후 고객 기대

고객은 3가지 요소에 따라 공정한 처리를 기대한다.

- 절차적 정의: 고객은 편리하고 빠르며 유연한 서비스 회복 과정을 기대한다.
- 상호작용적 정의: 회복 노력은 진실되고 정직하며 공손하다고 인식되어야 한다.
- 결과적 정의: 보상은 고객의 손실과 겪은 불편을 반영해야 한다.

효과적인 서비스 회복에 대한 고객의 반응

- 전환을 피하고 기업에 대한 신뢰를 회복한다.
- 서비스 회복 패러독스: 탁월한 회복은 서비스가 약속대로 제공된 경우보다 더 높은 만족도와 충성도를 가져올 수 있다.

고객의 불평

고객은 왜 불평하는가?

- 원상회복하거나 보상받기 위해
- 분노를 토로하기 위해
- 서비스를 개선하기 위해
- 이타적인 이유

불만을 가진 고객 중 어느 정도가 불평하는가?

- 5~10%
- 가치가 낮고 참여도가 낮은 서비스의 경우 불평 비율이 훨씬 낮을 수 있다.

불만을 가진 고객이 불평하지 않는 이유는 무엇인가?

- 시간과 노력이 필요해서
- 보상이 불확실해서
- 불평하면 불쾌할 수 있기 때문

누가 가장 많이 불평할 가능성이 높은가?

- 높은 사회경제적 계급의 고객
- 상품 지식이 더 많은 고객

고객은 어디에서 불평하는가?

- 대다수의 불평은 서비스 제공 지점에서 이루어진다(직접 만나거나, 전화, 채팅).
- 이메일, 소셜 미디어, 웹사이트, 편지를 통해 전송되는 불평은 소수에 불과하다.

효과적인 서비스 회복 시스템의 원칙

- 고객이 피드백을 제공하기 쉽게 만들고 불만장벽을 낮춘다.
- 효과적인 서비스 회복을 가능하게 하려면 ① 적극적으로, ② 계획적으로, ③ 훈련을 통해, ④ 권한을 부여한다.
- 적절한 보상 수준은 기업의 ① 위치, ② 서비스 실패의 심각성, ③ 고객의 중요성을 기준으로 설정하고 '적절한 관대함'을 목표로 설정한다.
- 불평 고객 대응 방법
  - 신속하게 대응하기
  - 고객의 감정을 인정하기
  - 논쟁하지 않기
  - 이해를 표현하기
  - 사실을 명확히 하기
  - 고객에게 의심에 대한 혜택을 제공하기
  - 문제해결을 위한 단계 제안하기
  - 고객에게 계속해서 정보 제공하기
  - 보상을 고려하기
  - 고객의 호의를 되찾기 위해 노력하기
  - 서비스 시스템을 개선하기

서비스 보증

- 전문적인 불평 처리 및 서비스 회복을 제도화한다.
- 프로세스 개선을 촉진한다.
- ① 무조건적인, ② 이해하기 쉬운, ③ 의미 있는, ④ 쉽게 적용 가능한, ⑤ 쉽게 청구 가능한, ⑥ 신뢰성 있는 보증서를 만들도록 설계한다.
- ① 우수한 평판, ② 서비스 품질이 낮은 평판, ③ 외부 요인(예: 날씨)으로 인해 통제 불가능한 품질을 가진 기업에는 적합하지 않다.

불량 고객

기업에 문제를 일으키는 고객 유형으로, 다음과 같이 7가지 유형으로 나눌 수 있다.

1. 사기꾼형
2. 도둑형
3. 규칙위반형
4. 싸움꾼형
5. 불화형
6. 파괴형
7. 신용불량형

- 불량 고객은 기업에 문제를 일으키며 다른 고객의 서비스 체험을 망칠 수 있다.
- 기업은 이들의 행동을 추적하고 관리해야 하며, 최후의 수단으로 이들을 기업의 블랙리스트에 올릴 수도 있다.

그림 13.3 불평 관리와 서비스 회복 체계 관리

고객 불평 행동

서비스 품질과 서비스 생산성에 가장 중요한 원칙은 아마도 "처음부터 제대로 하라!"일 것이다. 그러나 실수는 언제나 발생하고, 가끔은 도입 사례에서 살펴본 제트블루의 사건처럼 기업이 어쩔 수 없는 일도 발생할 수 있다. 서비스 상호작용의 많은 '진실의 순간'은 고장에 취약하다. 실시간 성능, 고객 참여 및 상품 일부로서의 인적 특성 같은 독특한 서비스의 특성은 서비스 실패의 가능성을 크게 높인다. 불평을 처리하고 문제를 해결하는 기업의 능력은 고객 충성도를 구축할지 여부나 고객이 다른 곳으로 이탈할지 여부를 결정하는 데 자주 영향을 미친다. 이 장의 개요는 그림 13.3에서 볼 수 있다.

서비스 실패에 대한 다양한 고객 반응

학습목표 1

서비스 실패에 대한 반응으로 고객이 취할 수 있는 행동을 알아본다.

일부 서비스에 대해 항상 만족하지 못하고 있을 가능성이 높다. 이러한 서비스에 대한 불만이 있을 때 어떻게 대응하는가? 직원에게 비공식으로 불평하거나 관리자와 이야기하려고 하는가, 아니면 공식적으로 불만을 제기하려고 하는가? 아니면 그저 혼자 어두운 생각을 품으며 친구와 가족에게 불평하고 다음에 유사한 서비스가 필요한 경우 대체 업체를 선택하는가?

나쁜 서비스에 대해 기업에 불평하지 않기로 결정한 경우도 있을 텐데 그러한 사람은 당신 혼자만이 아닐 것이다. 전 세계적으로 수행된 연구에 따르면 대다수의 사람들은 불평하지 않기로 결정하는데, 특히 그런 행동이 아무런 도움이 되지 않을 것으로 생각할 때 더 그렇다. 그림 13.4는 서비스 실패에 대한 고객 반응으로 3가지 주요 행동 방식을 제안한다.

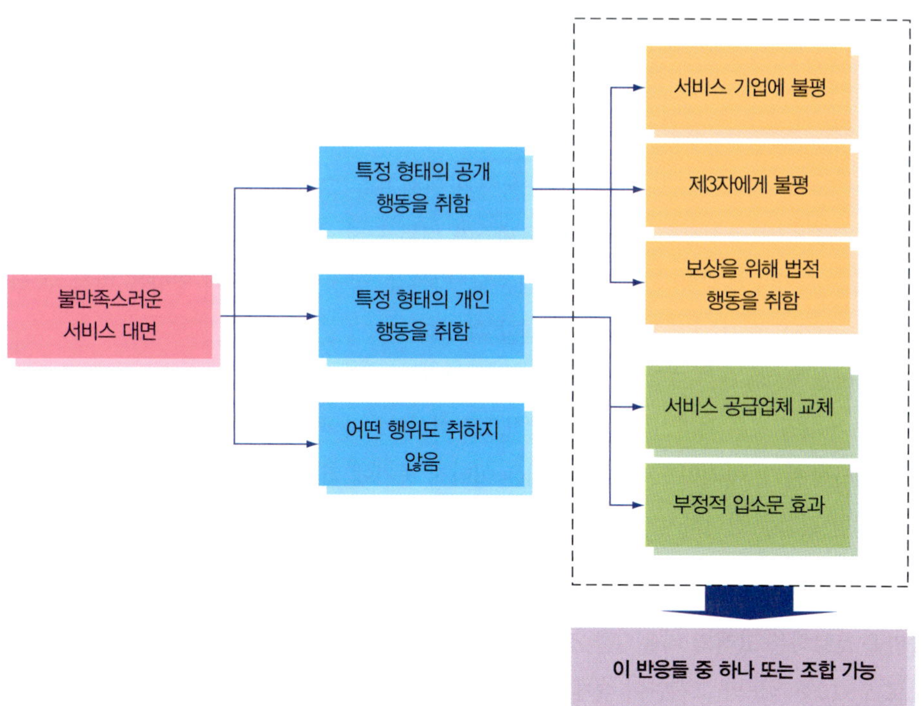

그림 13.4 서비스 실패에 대한 고객 반응의 범주

그림 13.5 온라인 서비스 상호작용에서 볼 수 있듯이 일부 고객은 단지 실망만하고 불평하기 위한 어떤 행동도 취하지 않는다.

1. 몇 가지 형태의 공개 행동을 취한다(예: 기업이나 제3자, 즉 고객 지원 단체나 소비자 문제 및 규제 기관, 심지어 민사 또는 형사 법원에 불평 제기).
2. 몇 가지 형태의 개인 행동을 취한다(예: 공급업체 포기).
3. 아무런 조치를 취하지 않는다(그림 13.5).

고객은 앞에서 제시한 다양한 불평 행동 중 하나 또는 여러 조합으로 구성된 행위를 취할 수 있음을 기억하는 것이 중요하다. 관리자는 고객 이탈의 효과가 해당 고객의 향후 수익 흐름 손실에만 그치지 않을 수 있음을 인식할 필요가 있다. 화가 난 고객은 종종 많은 다른 고객에게 자신이 처했던 문제를 전한다. 인터넷 게시판에 불만족한 고객이 불평 정보를 올리거나 해당 조직에서 체험한 불쾌한 경험을 말하기 위해 웹사이트를 구축함으로써 수천 명의 다른 사람에게 영향을 미칠 수 있게 되었다.[2]

학습목표 2
고객이 불평하는 이유를 이해한다.

서비스 실패에 대한 고객 반응의 이해

불만 고객과 불평 고객에게 효과적으로 대응하기 위해 관리자는 다음과 같은 의문점에서 출발하여 불평 행동의 핵심 요소를 이해해야 한다.

고객이 불평하는 이유 일반적으로 고객 불평 행동 연구에는 불평에 대한 4가지 중요한 이유가 제시되어 있다.

1. **보상 획득**: 종종 고객은 반품 요청, 보상 등과 같은 경제적 손실을 회복하거나 해당 서비스를 다시 제공받기 위해 불평한다. 이때 경제적 손실 회복과 서비스의 반복된 제공은 동시에 추구될 수도 있다.
2. **분노 표출**: 일부 고객은 자존심을 회복하기 위해 또는(그리고) 자신의 분노와 좌절을 표출하기 위해 불평한다. 서비스 프로세스가 너무 규정 중심이고 불합리한 경우 또는 서비스 직원이 무례할 경우 고객의 자존심, 자존감, 공정성에 부정적 영향을 미칠 수 있다. 고객은 화가 나서 감정적으로 변할 수 있다.
3. **서비스 개선에 대한 도움**: 고객이 특정 서비스(예 : 대학, 동창회, 중요 금융 거래처)에 깊게 관여될 경우 서비스 개선에 자발적으로 기여하고자 적극적으로 피드백을 준다.
4. **이타적 동기**: 마지막으로 일부 고객은 이타적 동기에 기반한다. 그들은 다른 고객이 동일한 결점을 경험하지 않도록 노력하며, 문제에 주의를 기울이지 않으면 다른 이들에게 어려움을 야기할 것이라는 생각에 착잡해할 수 있다.

불만을 토로하는 고객의 비율 한 조사 결과에 따르면 서비스 실패를 경험한 고객 중 평균적으로 5~10% 정도의 고객만이 실제로 불만을 제기한다.[3] 이 책의 저자 중 한 사람은 대중버스 회사가 접수한 불평 정보를 분석했다. 분석 결과 100만 번의 승차에 대해 단 3개의 불평만이 존재했다. 하루 두 번의 승차를 경험한다고 가정하고 한 사람이 100만 번의 승차를 하려면

1,370년이 필요하다(대략 27번의 생애 주기). 다르게 표현하면 대중 버스 회사의 서비스가 우수하지 않더라도 불평 비율은 믿기 힘들 정도로 낮다.

불만족 고객이 불평하지 않는 이유 불평하지 않는 불만족 고객은 편지를 쓰거나 이메일을 보내거나 양식을 채우거나 전화하기 위해 시간을 낭비하고 싶어 하지 않는다. 특히 불만족을 발생시킨 서비스가 어떤 노력을 기울일 정도로 중요하지 않을 경우 더욱 그러한 경향을 보인다. 많은 고객은 불평을 해도 별 소득이 없을 것이라고 생각한다. 그들은 누구도 자신의 문제에 관심을 갖거나 기꺼이 그러한 문제를 해결하고자 하지 않는다고 생각한다. 문제가 발생했을 때 단지 어디로 가야 할지 또는 무엇을 해야 할지 모르기 때문에 불만을 제기하지 않는 경우도 있다. 뿐만 아니라 많은 사람은 불만을 표현하는 것을 불쾌해하고 대면을 두려워한다. 특히 불만이 친구나 앞으로 계속 소통해야 할 상황에 관련된 경우에는 더욱 그렇다(그림 13.6 참조).[4]

그림 13.6 고객은 종종 불만을 제기하는 것을 어렵고 불쾌하다고 생각한다.

불평할 가능성이 높은 고객 시장 조사 결과 사회적·경제적 지위가 높은 사람이 그렇지 않은 사람에 비해 불평할 가능성이 높은 것으로 나타났다. 교육 수준이 높고, 소득이 많으며, 사회적 참여도가 높은 사람은 문제에 직면했을 때 이에 대해 언급할 자신감, 지식, 동기부여의 수준이 높은 것으로 나타났다.[5]

불평을 제기하는 장소 기존 연구에 따르면 대다수의 고객 불만은 서비스를 받는 장소에서 발생한다. 이 책의 저자 중 한 사람은 최근 고객 피드백 시스템을 개발하고 실행하기 위한 컨설팅 프로젝트를 수행했다. 그는 고객 피드백의 99% 이상이 면대면 혹은 고객서비스센터의 전화통화를 통해 이루어진다고 밝혔다. 모든 고객 불만의 오직 1% 이하만이 이메일, 서신, 피드백 카드로 이루어진다. 항공사 승객들을 대상으로 한 설문조사에서 식사에 불만을 가진 응답자 중 실제로 불만을 제기한 사람은 3%에 불과했고, 그들은 모두 승무원에게 불만을 제기했다. 회사 본사나 소비자 상담실에 불만을 제기한 사람은 아무도 없었다.[6] 자신의 분노나 욕구불만을 분출하는 것이 주요 목적인 고객은 상호적이지 않은 방법(예: 소셜 미디어 페이지, 웹사이트, 이메일)을 통해 불평하는 경향이 있고, 문제가 수정되기를 원하는 고객은 면대면이나 전화통화 같은 상호적인 방법을 이용한다.[7]

실제로 관리자는 응대하는 일선 직원이 수집한 고객 불평을 듣지 못하는 경우가 많다. 고객 불평을 위한 공식적인 고객 피드백 시스템이 없다면 아주 일부의 불평만이 본부에 전달된다. 이미 다른 불평 채널을 사용했는데도 문제가 해결되지 않을 경우 불만족한 고객은 온라인상의 공개적인 불평으로 전환하는 경향이 있다. 이는 '이중 이탈'이 된다. 첫 번째는 서비스 성과에서 불만족이 야기되었으며, 그다음에는 문제해결에서 실패한 것이다.[8]

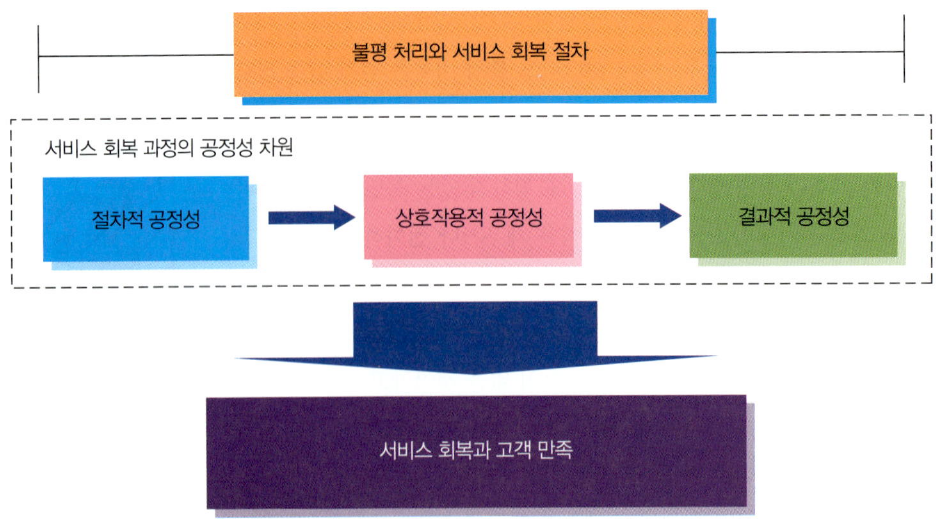

그림 13.7 서비스 회복 과정에서 지각된 공정성의 3가지 차원

학습목표 3
고객이 불만을 제기할 때 회사에 기대하는 것이 무엇인지 파악한다.

불만을 제기한 고객이 기대하는 것은 무엇인가

서비스 실패가 일어났을 때 고객은 공정하게 처리되기를 기대한다. 그러나 최근 연구들은 많은 고객이 공정하게 대우받지 못했을 뿐만 아니라 충분한 보상을 받지도 못했다고 느낀다고 주장한다. 이 경우 고객의 반응은 즉각적이고, 감정적이며, 지속된다. 반대로 공정하다고 지각되는 결과는 고객 만족에 긍정적인 영향을 준다. 서비스 회복에 대한 만족의 85%는 3가지 공정성의 영역에서 기인한다(그림 13.7).[9]

- **절차적 공정성** 서비스가 회복되기 위해 모든 고객이 거쳐야 하는 정책 및 규정과 관련되어 있다. 고객은 기업이 책임을 다할 것을 기대하는데, 이는 공정한 과정의 첫 번째 핵심이다. 시스템의 유연성과 함께 서비스 회복을 위한 고객의 노력을 고려하는 편리하고 대응력이 뛰어난 회복 과정이 뒤따라야 한다.
- **상호작용적 공정성** 서비스 회복을 담당하는 직원과 고객에 대한 그들의 행동을 포함한다. 직원이 실패에 대한 설명을 제공하고 문제해결을 위해 노력하는 것이 중요하다. 더 나아가 회복 노력은 진실되고 정직하며 공손하다고 인식되어야 한다.
- **결과적 공정성** 서비스 실패로 발생하는 불편함과 손실에 대해 고객이 받게 되는 보상과 관련되어 있다. 여기에는 서비스 실패 자체에 대한 보상뿐아니라 서비스 회복의 과정에 소요한 시간, 노력, 에너지에 대한 보상도 포함되어야 한다.

학습목표 4
효과적인 서비스 회복에 대해 고객이 어떻게 반응하는지 이해한다.

효과적인 서비스 회복에 대한 고객 반응

고객 불평을 다룬 기사 중에 "하나님 불평자를 주셔서 감사합니다"라는 제목의 기사가 있다. 그 기사에는 성공한 관리자가 다음과 같이 외치는 내용이 실렸다. "불만족한 고객이 전화를 해서 다행이네요! 오히려 아무런 말씀이 없는 고객이 더 걱정됩니다."[10] 불평하지 않는 고객은 기업에게 문제를 수정하거나(일부 기업은 문제가 있다는 것을 알지도 못한다) 고객과의 관계를 회복하거나 미래의 만족을 개선할 기회를 주지 못한다.

서비스 회복은 기업이 서비스 실패 후에 문제를 해결하고 고객의 선의를 유지하기 위한 체계적인 노력이다. 서비스 회복 노력은 고객 만족과 충성도를 획득(회복)하는 데 중요한 역할을 한다.[11] 고객 만족과 서비스 품질에 대한 기업의 의지는 광고로 약속할 수 없으며, 고객에게 문제가 생겼을 때 대응하는 방법에서 나타난다. 불평은 서비스 직원의 고객 서비스에 대한 헌신에 부정적인 영향은 주지만, 서비스와 직무에 긍정적인 태도를 가진 직원은 고객을 돕고, 고객의 불평을 개선의 잠재적인 원천으로 보고 추가적인 방법을 탐색하는 경향이 있다.[12]

고객 충성도에 대한 효과적인 서비스 회복의 영향

불평이 만족스럽게 해결될 경우 이전에는 충성스럽지 않았던 고객이 충성 고객이 될 가능성이 매우 높다. TARP 리서치 회사는 고객이 불만족스럽거나 중요한 문제가 있었지만 불만을 제기하지 않는 경우 그 기업의 다른 상품을 재구매할 의사가 단지 9%에 불과하다는 것을 발견했다. 고객 불만족에 대한 처리가 불가능했더라도 고객이 만족할 만큼 해결하지 못한 경우 재구매율은 19%로 상승했다. 고객 불평이 고객 만족으로까지 이어졌다면 고객 유지율은 54%까지 상승했다. 문제가 주로 현장에서 빠르게 해결되는 경우 고객 유지율은 최대 82%까지 나타난다.[13]

불만 고객이 이탈했을 때 기업은 해당 고객과의 향후 거래 기회를 잃는 것보다 더 큰 손실을 입는다. 그 고객에게 얻을 수 있는 장기적인 이익을 잃을 수 있으며, 심지어 부정적인 입소문 정보로 다른 고객도 해당 기업과 거래하지 않는 결과를 초래할 수 있다. 결론적으로 불평 관리는 비용 중심적인 것이 아니라 이익 중심적인 것으로 이해해야 한다는 것이다. 그러나 많은 기업은 아직 장기적인 이윤을 보호하기 위해 서비스 회복에 투자하는 것이 이득이라는 사실을 이해하지 못하고 있다.[14]

서비스 회복 패러독스

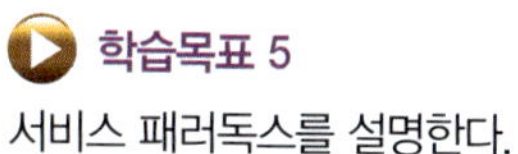

아무런 문제가 없었던 고객보다 서비스 실패를 경험한 뒤 문제가 해결되어 완전히 만족한 고객이 향후에 더 많이 재구매하는 현상을 **서비스 회복 패러독스**(service recovery paradox)라고 한다.[15] 예를 들어, 체크인 카운터에 도착한 승객이 과다 예약으로 인해 좌석 확약을 받았지만 좌석이 없다는 것을 발견할 경우 서비스를 회복하기 위해 승객에게 추가 요금 없이 비즈니스 등급으로 승급해준다면 고객은 문제가 발생되기 이전보다 더욱 기쁘게 느끼며 만족하게 된다.

중요한 것은 서비스 회복 패러독스가 항상 적용되는 것은 아니라는 점이다.[16] 예를 들어, 소매 은행 분야의 반복된 서비스 실패에 관한 연구에서 서비스 회복 패러독스는 처음 서비스 실패에 대해 고객이 완전한 만족으로 회복된 경우에만 적용되었다.[17] 그러나 두 번째 서비스 실패가 발생하면 패러독스는 사라졌다. 이는 고객이 기업을 한 번은 용서할 수 있지만 실패가 계속 발생하면 실망할 수 있다는 사실을 나타낸다. 연구는 또한 매우 좋은 회복을 경험한 후에는 고객의 기대가 높아지는 것을 보여주었는데(즉 미래의 실패에 대한 동일한 회복 표준을 기대하기 시작했다), 이는 기억해두어야 할 중요한 점이다.

서비스 실패의 심각성과 '회복 가능성'도 고객이 서비스 회복 과정에서 기쁨을 얻는 여부를 결정할 수 있다. 망친 결혼사진이나 엉망이 된 휴가, 또는 서비스 장비로 인한 심각한 부상의 결과를 없앨 수는 없다. 이러한 상황에서는 가장 전문적인 서비스 회복이 진행되더라도 누구라도 실제로 기쁠 것이라고 상상하기 어렵다. 이와는 대조적으로 호텔 예약이 사라진 경우 회복이 더 좋은 객실로의 업그레이드라면 고객은 일반적으로 기쁨을 느끼며, 심지어 미래에 또 다른 예약 오류를 바랄 수도 있다.

물론 가장 좋은 전략은 처음에 바로 올바르게 하는 것이다. 마이클 하그로브(Michael Hargrove)는 다음과 같이 말했다. "서비스 회복은 원치 않았던 기회로, 서비스 실패를 바꾸는 것이다."[18] 그러나 유감스럽게도 경험적 증거에 따르면 고객의 약 40~60% 정도가 서비스 회복 프로세스에 불만족을 표명했다.[19]

학습목표 6
효과적인 서비스 회복 시스템의 원칙을 알아본다.

효과적인 서비스 회복 시스템의 원칙

관리자는 기존 고객이 귀중한 자산 기반이라는 것을 인식하고, 고객 유지를 위해 불만족스러운 경험 이후 서비스 회복을 위한 효과적인 절차를 개발해야 한다. 효과적인 서비스 회복 제공을 위한 다음 3가지 지침이 될 원칙을 논의해보자. ① 고객이 피드백하기 쉽게 한다. ② 효과적인 서비스 회복을 위한 시스템을 구축한다. ③ 적정한 보상 수준을 결정한다. 네 번째 원칙은 고객 피드백으로부터 배워서 서비스를 개선하는 것이며, 이 원칙은 14장의 고객 피드백 시스템 상황에서 논의할 것이다.

고객이 피드백하기 쉽게 하기

불만족한 고객이 서비스 실패에 대해 불평하게 하려면 관리자는 어떻게 해야 하는가? 가장 좋은 방법은 고객이 불평하지 않는 이유를 파악하는 것이다. 표 13.1에서는 앞서 불평하지 않는 이유를 극복하기 위해 취할 수 있는 일반적인 단계를 볼 수 있다. 많은 기업이 불만 수집

표 13.1 고객 불평에 대한 장애를 줄이는 전략

불만족 고객의 불평 토로 장애 요인	이러한 장애 요인을 줄이기 위한 전략
불편함 • 정확한 불평 수단을 찾기 어려움 • 불평 시 추가적 노력 필요	피드백하기 쉽고 편하게 하기 • 고객과 커뮤니케이션을 하는 경우 언제나 직통 전화번호, 이메일, 우편주소 공지
애매모호한 결말 • 기업의 문제 검토 활동이 진행되는지에 대한 불확실함	피드백을 진지하게 받아들였다는 것을 확실히 하기 • 적절한 장소에서 비스 회복 절차를 갖추고 고객에게 알림 • 고객 피드백에 근거한 서비스 개선점을 부각시킴
불쾌함 • 무시당하는 것에 대한 두려움 • 말다툼에 대한 두려움 • 당황	피드백 경험을 긍정적으로 만들기 • 고객의 피드백에 감사를 표현 • 접점 직원이 고객과 싸우지 않도록 훈련시킴 • 익명성 허용

절차를 개선하기 위해 특별한 무료 전화(그림 13.8은 하지 말아야 할 예제에 대해 유머러스하게 보여준다)를 추가하거나 웹사이트와 소셜 미디어 페이지에 링크를 제공하는 등의 노력을 기울이고 있다. 고객과의 소통에서 일부 기업은 "당신이 말했고, 우리가 응답했습니다"라는 구호 아래 고객 피드백을 기반으로 한 서비스 개선 사례를 강조하기도 한다.

"이 대화는 교육 목적으로 녹음될 수 있으며, 연례 사무실 파티를 위한 재미있는 믹스로 사용될 수 있습니다."

그림 13.8 불평 고객을 상대하지 않는 방법

효과적인 서비스 회복을 위한 시스템 구축하기

서비스 실패나 발생할 수 있는 어떤 문제든 회복하려면 결단의 표현 이상이 필요하다. 헌신, 계획, 명확한 지침이 필요하다. 세부적으로 효과적인 서비스 회복 절차인 ① 적극적 서비스 회복 절차, ② 계획된 서비스 회복 절차, ③ 훈련된 서비스 회복 절차, ④ 권한위임된 서비스 회복 절차가 있다.

적극적 서비스 회복 절차 서비스 회복은 고객이 불평하기 전에 준비되어 있어야 하며, 적극적이어야 한다. 서비스 직원은 고객의 불만족 신호를 느낄 수 있어야 하며, 고객이 문제를 겪고 있는지 물어봐야 한다. 예를 들면, 웨이터는 식사를 절반만 먹고 멈춘 고객에게 다음과 같이 물어볼 수 있다. "선생님, 혹시 문제가 있었나요?" 고객은 다음과 같이 말할 수 있다. "괜찮아요. 전 별로 배고프지가 않네요." 혹은 "이 스테이크는 웰던인데 제가 주문한 것은 미디움 스테이크였어요. 별로 마음에 들지 않네요." 두 번째 대답은 고객이 불만족한 상태에서 식당을 나가 다시는 오지 않게 하는 결과를 낳지 않고, 웨이터에게 서비스 회복의 기회를 준다.

계획된 서비스 회복 절차 서비스 실패, 특히 정기적으로 발생하고 시스템 외부에서 설계할 수 없는 실패에 대해서는 회복 계획이 미리 개발되어 있어야 한다.[20] 여행 산업과 호텔 산업에서는 수익 관리 관행으로 가끔 초과 예약이 발생한다. 이로 인해 여행자는 예약했으나 비행기에 탑승하지 못하거나, 예약한 호텔 방에 입실하지 못하는 경우가 발생한다. 일선 직원의 작업을 간소화하기 위해 기업은 가장 흔한 서비스 문제(예: 예약 초과)를 식별한 다음, 직원이 따라갈 솔루션 세트를 개발해야 한다. 접점 센터에서는 고객 서비스 담당자가 서비스 회복 상황에서 이끌어가는 대본을 준비한다.

어떤 경우든 문제는 일어날 것이다.
문제를 해결하는 방법이 고객을 다시 찾게 만든다.

그림 13.9 일반적인 서비스 문제에 대해 잘 개발된 솔루션 세트는 회복 프로세스를 향상시킬 수 있다.

훈련된 서비스 회복 절차 고객으로서 서비스 실패 지점에서는 상황이 예상대로 전개되지 않아 금세 불안감을 느낄 수 있다. 그래서 직원에게 도움을 청하지만 직원은 도울 의지와 능력이 있는가? 일상적인 서비스 실패에 대한 회복 솔루션 세트(예: 서비스인사이트 13.1의 호텔 사례) 및 일반적이지 않은 서비스 실패에 대한 효과적인 교육은

SERVICE INSIGHTS 13.1

효과적인 서비스 회복 행동

호텔 로비는 황량하다. 보스턴에 소재한 메리어트롱워프 호텔(Marriott Long Wharf Hotel)에서는 야간 매니저와 예정보다 늦은 손님의 대화를 우연히 듣는 것이 어렵지 않다.

"예, 존스 박사님, 당신이 방문하실 걸 알고 있었습니다. 저희 호텔에서 3일 머무르실 계획이시죠? 말씀드리기 죄송하지만 손님, 저희는 오늘 밤 예약이 꽉 차 있습니다. 다른 손님들이 많이 퇴실하실 거라 예상했는데, 퇴실하지 않으셨어요. 내일 미팅이 어디신가요?"

박사는 어디서 미팅이 열리는지 말했다.

"옴니파커하우스 근처네요! 여기서 멀지 않은 곳에 있답니다. 제가 전화해서 오늘 머무실 방을 잡아드리겠습니다. 잠시만 기다려주세요."

몇 분 뒤 프런트 안내원은 좋은 소식과 함께 돌아왔다.

"옴니파커하우스에 손님이 머무실 방을 찾았다고 합니다. 그리고 물론 저희가 계산할 겁니다. 여기 호텔로 손님의 전화가 오면 모두 전해드리겠습니다. 여기에서의 상황 설명과 손님의 입실을 위한 편지가 있습니다. 제 명함도 있으니, 만약 문제가 발생될 경우 이 프론트 데스크로 전화주시면 저와 통화하실 수 있으실 겁니다."

박사의 분노는 점점 누그러지고 있었다. 그러나 여기서 그치지 않았다. 직원은 돈을 넣는 서랍 쪽으로 갔다. "여기 50달러입니다. 여기서 옴니파커하우스까지 가실 택시비와 내일 아침 여기로 돌아오시는 비용으로 충분하실 겁니다. 내일 밤은 아무 문제도 없습니다. 오늘 밤만 이런 일이 생긴 겁니다. 그리고 이건 내일 아침 5층에서 유럽식 아침식사를 하실 수 있는 초대권입니다. 그리고 다시 한번 이런 일이 생겨서 죄송합니다."

박사가 걸어 나가는 동안 야간 매니저는 프런트 안내원에게 부탁했다. "15분 뒤에 별문제 없이 잘 도착하셨는지 저 손님께 확인 전화 부탁드려요."

일주일 뒤 그 도시에 있는 호텔이 여전히 성수기일 때 그때의 고객이 택시를 타고 지난번 호텔로 가는 길이었다. 가는 동안 그는 동료에게 그가 일주일 전 겪은 훌륭한 서비스 회복 에피소드에 대해 이야기했다. 두 사람은 그 호텔에 도착했고 입실을 위해서 안내 데스크로 향했다.

그들은 예상치 못한 소식을 접했다. "신사 여러분, 죄송합니다. 이틀 동안 여기 머물 예정이셨다는 걸 압니다. 하지만 오늘 밤은 만실이네요. 내일 미팅 장소는 어디신가요?"

그 호텔에 머물 의도였던 그들은 자신들의 향후 일정에 대해 알려주며 후회하는 듯한 눈빛을 교환했다. "메리디안 근처네요. 제가 전화해보고 빈 방이 있는지 알아봐 드리겠습니다. 시간이 오래 걸리지 않을 겁니다." 직원이 멀리 걸어가자 지난번에 이 일을 겪었던 사람이 말했다. "장담하건대 편지랑 명함 가지고 올 거야."

아니나 다를까, 프런트 직원은 해결책을 가지고 돌아왔다. 로봇 같은 대본은 아니었지만 지난주에 경험했던 모든 요소가 그대로였다. 지난주에 방문했던 사람은 지난주에 있었던 일이 프런트 직원의 결단이라고 생각했었으나, 그것은 잘 짜인 특정 종류의 고객 불평에 대한 계획된 응대였다는 사실을 깨달았다.

출처: Ron Zemke and Chip R. Bell, *Knock Your Socks off Service Recovery* (New York: AMACOM, 2000), pp. 59–60.

일선 직원에게 자신감과 능력을 구축하게 해준다. 그들은 고객의 고통을 기쁨으로 바꿀 수 있다.

권한위임된 서비스 회복 절차 서비스 회복 노력은 유연해야 하며 직원은 판단력과 커뮤니케이션 기술을 사용하여 불만을 표현하는 고객을 만족시킬 솔루션 개발에 권한을 가지고 있어야 한다. 특히 기업이 개발하고 교육한 솔루션 세트가 없을 만한 일반적이지 않은 실패의 경우 이는 더욱 중요하다. 직원은 서비스 문제를 신속히 해결하고 고객의 호의를 되찾기 위해 결정을 내릴 수 있어야 한다. 온라인에서의 공개적인 불만 표현이 계속해서 인기를 끌고 있으므로, 직원은 온라인에서 응답할 권한을 가질 필요가 있다. 예를 들어, 트윗 형태의 불만이 있

을 경우 직원은 해당 문제를 해결하기 위한 트윗을 다시 보낼 수 있어야 한다.[21]

보상을 얼마나 해야 하는가

서비스 실패가 발생했을 때 기업은 보상을 얼마나 해야 하는가? 다음의 일반적인 사항은 이런 질문에 대한 답을 얻는 데 도움을 줄 수 있다.

- **기업의 포지셔닝은 어떠한가?** 우수한 서비스 기업으로 알려졌고 서비스 품질에서 높은 프리미엄이 있다고 평가된다면, 고객은 서비스 실패가 드물 것이라고 예상한다. 이런 경우 기업은 발생한 일부 실패를 회복하기 위해 매우 많은 노력을 기울여야만 하고 더 큰 가치의 무언가를 제공할 수 있도록 준비해야 한다. 하지만 기업 간 차이가 별로 없는 시장의 경우 고객은 무료 커피나 디저트 정도를 보상으로 여길 것이다.
- **서비스 실패가 얼마나 심각한가?** 일반적인 지침은 "범죄에 맞게 처벌하라"이다. 고객은 비교적 중요하지 않은 불편함의 경우 적은 보상을 기대한다(종종 진정한 사과로도 충분하다). 하지만 시간, 노력, 성가심, 걱정으로 인한 더욱 큰 손실이 있는 경우 더 많은 보상을 기대한다.
- **영향력 있는 고객은 누구인가?** 장기 고객과 서비스 구매를 위해 많은 지출을 하는 고객은 많은 보상을 기대하며, 해당 기업의 전체적인 성과에 영향을 미치기 때문에 그만한 가치가 있다. 뜨내기 고객은 일반적으로 적게 요구하고, 해당 기업의 수익에 대한 공헌도도 낮다. 그래서 이들 뜨내기 고객에게는 적게 보상해도 되지만, 공정하게 할 필요는 있다. 첫 번째 구매한 고객을 공정하게 대우하면 반복 구매자가 될 가능성은 얼마든지 있다.

서비스 실패 보상에 대한 전반적인 원칙은 '적절한 관대함'이어야 한다. 인색하게 인식되면 상처에 소금을 뿌리는 것과 같으며, 기업은 아마 최소한의 보상보다 사과하는 것이 나을 것이다. 지나치게 관대한 보상은 비용이 많이 들 뿐만 아니라 고객은 직원과 비즈니스에 대한 영향을 걱정할 수 있으며, 비즈니스의 건전성에 의문을 제기할 수 있다. 또한 공정한 보상을 제공할 때와 비교해 지나친 관대함으로 인해 고객의 재구매율이 높아지지 않는 것으로 보인다.[22] 고객이 진정 원하는 것은 종종 서비스 문제에 대한 만족스러운 해결이며, 복잡한 보상은 필요하지 않을 수 있다.[23] 또한 지나치게 관대한 평판은 부정직한 고객들이 의도적으로 서비스 실패를 '찾아내려는' 동기를 부여하는 위험이 있다.

불평 고객 관리

학습목표 7

불만을 제기하는 고객을 대응하고 서비스 실패로부터 회복하는 방법에 대한 일선 직원의 지침을 알아본다.

고객은 불평을 하기까지 문제를 해결하기 위한 시도의 실패를 경험했을 가능성이 있다. 이는 종종 자체 서비스 옵션, 웹사이트 FAQ, 챗봇, 콜센터에서 고객 서비스 담당자와의 상담 같은 시도를 포함한다.[24] 이러한 반복된 시도는 좌절을 가져올 수 있다. 따라서 관리자와 일선 직원은 고객, 특히 종종 잘못이 없는 서비스 직원에 대해 거부감을 느끼는 고객들과의 대응에 대비해야 한다. 이 장 후반부에서는 불량 고객에 대해 논의할 것이다.

SERVICE INSIGHTS 13.2

일선 직원을 위한 지침: 불평 고객에 대한 대응 및 서비스 실패에 대한 회복 방법

1. **빠르게 행동한다.** 서비스 전달 과정에서 불평이 생겼다면 완전한 회복을 위해 시간이 매우 중요하다. 서비스 접점이 아닌 곳에서 불평이 생긴 경우 많은 기업이 24시간 안에 혹은 더 빨리 응답하고자 한다.
2. **고객의 감정을 이해한다.** 암묵적으로 또는 명시적으로 이루어져야 한다(예: "당신이 왜 화가 났는지 이해합니다"). 이는 정서적 연대감을 향상시키며, 문제가 있는 관계를 회복하기 위한 1단계이다.
3. **고객과 논쟁하지 않는다.** 불평 고객에 대한 대응의 첫 번째 목적은 기업과 고객 모두가 수용할 수 있는 해결 방법에 도달하기 위한 정보를 획득하는 것이다. 고객이 잘못되었다는 것을 증명하려거나 논쟁하는 것은 바람직하지 않다. 논쟁은 고객의 소리를 듣는 것에 도움이 되지 않으며, 드문 경우에나 고객의 화를 누그러뜨릴 뿐이다.
4. **고객 입장에서 문제를 이해한다는 것을 보여준다.** 고객의 시각으로 상황을 보는 것은 그들이 무엇이 잘못된 것이라고 생각하는지와 왜 그들이 화가 났는지 이해할 수 있는 유일한 방법이다. 서비스 직원은 성급한 단정을 하지 말아야 한다.
5. **사실을 확인하고 원인을 파악한다.** 서비스 실패는 고객에 대한 오해, 제3자의 잘못된 행동의 결과로 생길 수 있다. 만약 서비스 직원이 잘못했다면, 고객의 신뢰와 이해를 얻기 위해 즉시 사과해야 한다. 고객이 당신을 더 용서할수록 보상에 대한 기대는 더 낮을 것이다. 마치 스스로 방어하려는 것처럼 행동하면 안 된다. 그러한 행동은 해당 조직이 뭔가 숨기고 있거나, 상황에 대해 철저하게 조사할 의사가 없어 보이는 것으로 보일 수 있다.
6. **고객이 유리하게 해석한다.** 모든 고객이 진실된 것도 아니고 모든 불평이 사실인 것도 아니다. 하지만 고객이 불평할 때 근거가 타당한 불평을 하는 고객처럼 대해야 한다. 적어도 그것이 사실이 아니란 것이 비로소 입증될 때까지는 그렇다. 금전적으로 연관되어 있다면(보험 배상금이나 잠재적인 소송의 경우와 같이) 주의 깊은 조사가 수행되어야 한다. 만약 연관된 금액이 적다면 환불이나 다른 보상에 대한 논쟁의 가치가 없을 것이다. 그러나 해당 고객이 과거에도 의심스러운 불평을 한 사실이 있다면, 이전 기록을 확인해보는 것도 좋은 방법이다.
7. **문제해결을 위해 필요한 단계를 제시한다.** 만약 문제해결이 즉시 가능하지 않다면 기업이 문제를 해결하기 위해 어떤 절차를 실행할 것인지를 고객에게 알려야 한다. 이는 문제해결을 위해 소요되는 시간을 예상하게 해준다(따라서 기업은 과대약속을 하지 않도록 주의해야 한다).

"누가 '불만족이란 없어'를 대기 음악으로 골랐지?"

8. **고객이 진행 과정에 대해 알 수 있게 한다.** 모르는 상태로 있는 것을 좋아하는 사람은 없다. 불확실성은 사람이 걱정하고 스트레스를 받게 하는 원인이다. 그러므로 어떻게 되어가는지에 관한 정보를 정기적으로 알 수 있게 해야 한다.
9. **보상한다.** 고객이 지불한 만큼의 서비스 성과를 얻지 못한다면 혹은 서비스 실패로 인해 시간과 돈이 소요되거나 심각한 불편함을 느꼈다면, 금전적인 지급이나 기타 다른 보상이 있어야 한다(예: 항공권의 업그레이드나 레스토랑에서의 무료 디저트). 이런 유형의 서비스 회복은 화가 난 고객의 법적 행동을 줄일 수 있다.
10. **고객 호의를 회복하기 위해 지속적으로 노력한다.** 고객이 실망했을 때 가장 어려운 일 중 하나가 그들의 신뢰를 회복하는 것과 관계를 유지하는 것이다. 기업은 고객이 부정적인 입소문을 내지 않도록 해야 하며, 향후에 같은 실수를 반복하지 않기 위한 행동이 취해질 것임을 불평 고객이 알게 해야 한다. 특별한 회복 노력은 고객 충성도와 긍정적인 입소문 효과를 창출할 수 있다.
11. **시스템에 대한 자가 진단과 개선을 위해 노력한다.** 고객의 이탈 후 우연한 실수에 의한 것인지 시스템 문제로 인한 것인지 확인해봐야 한다. 모든 불평을 전체 서비스 시스템의 개선을 위해 이용한다. 그 실수가 고객의 오해에서 비롯되었다 할지라도 이는 커뮤니케이션의 일부분이 효율적이지 않았다는 것을 의미한다.

일선 직원이 이러한 상황에 대처하려면 훈련 및 현장에서의 사고력과 결합된 우수한 상호작용 기술이 중요하다. 서비스인사이트 13.2에서 효과적인 문제해결과 서비스 실패로부터의 회복을 위한 지침을 볼 수 있다. 이러한 지침은 화가 난 고객을 진정시키고, 그들이 공정하고 만족스러운 해결 방법을 제공하기 위해 설계되었다.

서비스 보증

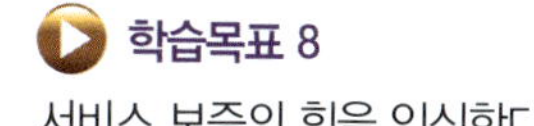

학습목표 8

서비스 보증의 힘을 인식한다.

고객 중심의 기업은 전문적인 불평 처리 및 효과적인 서비스 회복을 제도화하는 방법으로 서비스 보증(service guarantees)을 활용한다. 서비스 보증은 서비스 전달이 일정한 기준에 도달하지 못한 경우 손쉬운 교환, 환불, 할부 등의 한 가지 또는 그 이상의 보상을 받게 하는 것이다. 잘 설계된 서비스 보증은 효과적인 서비스 회복을 촉진할 뿐만 아니라 서비스 실패로부터 학습하고, 이를 토대로 후속 시스템 개선을 보증하는 관행을 제도화한다.[25]

서비스 보증의 힘

서비스 보증은 다음에 제시된 이유 때문에 서비스 품질 향상을 위한 강력한 도구이다.[26]

1. 기업에게 서비스의 개별 요소에 대한 고객의 니즈와 기대를 정확하게 파악할 수 있게 해준다.
2. 명확한 기준을 설정하여 해당 기업이 표방하는 바를 고객과 직원에게 전달하는 역할을 한다. 저품질 서비스에 대한 보상은 재무 비용을 초래하므로 관리자는 보증을 심각하게 고려하게 된다.
3. 의미 있는 고객의 피드백과 그러한 피드백에 근거한 행동이 이루어질 수 있도록 시스템이 개발되게 한다.
4. 서비스 조직이 실패하는 이유에 대해 알려주며, 잠재적인 실패 요소를 파악하고, 또한 극복하게 한다.
5. 구매결정에 대한 위험을 감소시키고, 장기 충성도를 구축함으로써 '마케팅 근육(marketing muscle)'을 만들어준다.

고객 관점에서 서비스 보증의 핵심 기능은 구매와 관련된 위험을 감소시키는 것이다.[27] 보증의 존재는 고객이 불만을 표현하는 데 더 수월하게 하고 더 가능하게 할 수도 있다. 고객은 일선 직원이 문제를 해결하고 적절한 보상을 제공할 준비가 되어 있을 것이라고 기대할 것이다.

서비스 보증의 이점은 햄프턴인(Hampton Inn)의 100% 만족 보증("100% 만족하지 못하셨다면 돈을 내지 마세요", 그림 13.11 참조)의 경우에서 분명하게 확인할 수 있다. 많은 고객은 호텔에서 만족할 것임을 알기 때문에 햄프턴인에 머물 것을 택한다.

Lee Lorenz/The New Yorker Collection/The Cartoon Bank

그림 13.10 우수한 커뮤니케이션 능력, 교육, 신속한 사고는 일선 직원의 필수 덕목이다.

sep120/Stockimo/Alamy Stock Photo

그림 13.11 햄프턴인의 광고에는 "100% 만족 보장"이 포함된다.

학습목표 9

효과적인 서비스 보증을 설계하는 방법을 이해한다.

서비스 보증의 설계 방법

어떤 보증은 단순하고 무조건적이다. 또 어떤 서비스 보증은 변호사가 작성한 것처럼 보이는 것도 있으며, 많은 제약을 포함하기도 한다. 이상적으로 서비스 보장은 다음 기준을 충족하도록 설계되어야 한다.[28]

Zoom Team/Shutterstock

그림 13.12 고객에게 명확한 서비스 품질의 인상을 남기기 위해 보증은 무조건적이며 의미 있고, 신뢰성 있으며, 쉽게 이해되고, 활용 가능하며, 징수 가능해야 한다.

1. **무조건적인 보증**: 보증을 통해 약속했다면 조건이 없어야 하고, 고객이 놀랄 만한 요소가 있어서는 안 된다.
2. **이해와 의사소통이 쉬운 보증**: 보증에서 얻을 수 있는 이익을 고객이 명확하게 알 수 있어야 한다.
3. **고객에게 중요한 보증**: 보증은 고객에게 중요한 것이어야 하고, 보상은 서비스 실패를 보상하고도 남을 정도여야 한다.
4. **요청하기 쉬운 보증**: 보증은 고객이 요청하기 쉬워야 한다.
5. **받기 쉬운 보증**: 서비스 실패가 발생하면 고객은 문제 없이 쉽게 보증을 받을 수 있어야 한다.
6. **확실한 보증**: 보증은 믿을 수 있어야 한다(그림 13.12).

완전한 만족은 보증할 수 있는 최선인가

일반적으로 완전한 만족을 보증하는 것이 최상의 설계로 간주되었다. 그러나 이러한 보증과 관련된 모호성은 고객이 지각하는 가치를 낮추는 원인이 될 수 있다고 한다. 예를 들어, 고객은 "만족이란 무엇인가?" 또는 "서비스 기업에 잘못이 없더라도 불만족할 때 보증을 신청할 수 있는가?" 같은 질문을 던질 수 있다.[29] 속성별 보증(예: 24시간 이내 배송 보장)은 매우 구체적이어서 모호성에 시달리지 않는다. 그러나 보상이 포괄적이지 않아 매력을 제한하기도 한다. '통합 보증'이라고 불리는 만족과 속성별 보증의 혼합 버전은 이러한 문제를 해결할 수 있다. 이는 만족적인 보증의 넓은 범위를 속성별 성능 기준의 낮은 불확실성과 결합하는 것이다. 통합 보증이 순수한 만족 또는 속성별 보증 설계보다 우수한 것으로 나타났다. 특정 성능 기준은 보장되지만(예: 제시간 배송), 통합 보증의 만족 보증은 고객이 서비스의 다른 어떤 측면에도 만족하지 않을 경우에 적용한다. 통합 보증의 예로, 한 컨설팅 회사가 성장을 촉진하기 위해 다음과 같은 보증을 사용했다. 회사는 "보고서를 일정에 맞추고 높은 품질 기준 및 제안서에 개요가 제시된 내용에 따라 제공할 것입니다. 이 보증에 따라 제때 제공하지 못하거나 당사 작업의 어떤 측면에 불만족하실 경우 최종 지불에서 공정하게 간주되는 금액을 공제할 수 있습니다"라고 약속했다.[30]

학습목표 10

기업이 서비스 보증을 제공해서는 안 되는 경우를 알아본다.

서비스 보증의 도입은 항상 유익한가

관리자는 서비스 보증을 도입할지 여부를 결정할 때 기업의 강점과 약점을 주의 깊게 생각해야 한다. 보증이 적합하지 않은 상황도 많다.[31]

- 서비스 우수성에 이미 강력한 평판을 가진 기업은 보증이 필요하지 않을 수 있다. 사실

이는 이미지와 불일치할 수 있어 시장을 혼란스럽게 할 수 있다. 오히려 최고로 꼽히는 서비스 기업은 서비스 보증을 제공하지 않아도 올바른 일을 하는 것이 기대될 것이다.

- ▶ 반면에 현재 서비스가 부족한 기업은 먼저 보증되는 수준을 넘는 품질을 개선해야 한다. 그렇지 않으면 너무 많은 고객이 보증을 요청하게 되어 기업에 심각한 비용 문제를 야기할 수 있다.
- ▶ 외부 힘으로 인해 품질을 통제할 수 없는 서비스 기업은 보증을 고려하는 것이 어리석을 수 있다. 예를 들어, 암트랙(Amtrak)이 철도 인프라를 충분히 제어하지 못해 상당한 환불금을 지불하고 있음을 인지하자, 정시에 운영되지 않는 열차 서비스의 경우 요금 환불을 포함한 서비스 보증을 철회해야 했다.
- ▶ 고객이 서비스 구매 및 사용과 관련하여 금전, 개인 또는 생리적인 위험을 별로 느끼지 않는 시장에서는 보증이 거의 가치를 추가하지 않지만 설계, 실행, 관리에는 여전히 비용이 들 수 있다.

악의적이고 기회주의적인 고객 행동 방지

전문적인 불평 처리와 서비스 회복의 중요성에 대해 논의하는 동안 모든 불평이 진실한 것은 아니라는 사실을 알아야 한다. 기업이 '관대한' 서비스 회복 정책을 보유하고 있거나 보증을 제공할 경우 일부 고객은 그러한 기업의 호의를 악용할 가능성도 항상 존재한다. 또한 불평하는 모든 고객이 옳은 것은 아니며, 정당하지 않은 측면도 존재한다. 사실 그중 일부 고객은 다른 고객의 불평의 원인일 수 있다. 그런 사람을 **불량 고객**(jaycustomer)이라고 한다.

모든 서비스에는 일부 불량 고객이 존재한다. 불량 고객은 바람직하지는 않다. 최선은 기업이 처음부터 그들을 끌어들이지 않는 것이다. 최악의 경우 기업은 그들의 고의적인 행동을 통제하거나 예방할 필요가 있다. 먼저 어떻게 대응할지 논의하기 전에 불쾌한 고객의 주요 유형을 먼저 알아보자.

불량 고객의 7가지 유형[32]

 **학습목표 11**

7가지 불량 고객의 유형과 그들을 효과적으로 관리하는 기법을 이해한다.

불량 고객을 7개의 광범위한 그룹으로 나누고 포괄적인 명칭으로 지정했는데, 많은 고객 담당자들이 자신만의 특별한 용어를 생각해냈다.

사기꾼형 서비스 회복 정책 및 서비스 보증의 악용을 목적으로 보상 편지를 쓰는 일부터 보험 요구를 위조하거나 부풀리고, '워드로빙(wardrobing, 위장 구매)'하는 것(예: 마음껏 구매하고 사용한 옷을 반환하는 것)을 포함하여 고객이 서비스 기업을 속이는 많은 방법이 있다. 다음의 인용글이 이런 고객을 잘 설명해준다.

> 호텔에 입실하고서 "고객이 100% 만족하지 않으며 환불이 가능하다"는 보증을 제공한다는 사실을 알아차렸다. 나는 그것을 악용할 기회를 놓칠 수 없었고, 퇴실하면서 직원에게 자동차 소리 때문에 한숨도 못 잤으니 환불해줄 것을 요구했다. 그들은 환불해주었고 어떠한 질문도 하

지 않았다. 이런 기업은 스스로 좀 더 주의를 기울일 필요가 있다.[33]

> 나는 서비스가 너무 느리다, 너무 빠르다, 너무 뜨겁다, 너무 차갑다, 너무 밝다, 너무 어둡다, 너무 친절하다, 너무 인간미 없다, 너무 공공연하다, 너무 개인적이다 등 갖가지 이유를 대며 불평했다. 영수증을 동봉한 편지를 보내서 관례적인 사과편지와 선물 쿠폰을 받을 수 있다면, 내가 한 불평이 사실인지 아닌지는 중요하지 않다.[34]

기업은 고객이 불만족을 위장한 고객인지 정말 불만족한 고객인지 쉽게 구분할 수 없다. 이런 종류의 고객 속임수를 어떻게 처리할 것인지에 대해서는 이 절 마지막 부분에서 논의할 것이다.

도둑형 이 유형의 불량 고객은 상품과 서비스의 가격을 지불할 의도 없이 상품과 서비스를 훔치는 유형이다. 가게 좀도둑질은 소매점의 가장 큰 문제이다. 전문기술을 가진 도둑은 전력 미터기를 우회해 전력을 이용하고, 전화를 무료로 이용하며, 일반 케이블 TV 공급을 우회해 이용하기도 한다. 대중교통 무임승차, 영화관에 몰래 들어가는 행위, 레스토랑에서 음식을 먹고 지불하지 않는 일은 많은 사람이 알고 있는 도둑형 고객의 행동이다. 도난을 방지하거나 도둑을 잡기 위해, 또는 그들을 법정에 세우기 위해 필요한 1단계는 절도 행위 방법을 파악하는 것이다. 그러나 관리자는 정직한 고객의 서비스 경험을 저하시켜 소외시키지 않도록 노력해야 한다. 단지 비용을 지불하는 것을 잠시 망각한 정직한 고객도 있다는 사실을 기업은 반드시 고려해야 한다.

규칙위반형 대개의 경우 서비스가 제공되는 단계별로 직원과 고객이 따라야 하는 규칙이 필요하다. 공공기관은 건강과 안전을 목적으로 이러한 규칙 중 일부를 규정한다. 비행기 여행을 할 때 지켜야 하는 안전보장을 위한 규칙이 좋은 예가 될 것이다.

그림 13.13 위험하게 스키를 타는 사람은 다른 사람을 위험에 빠뜨릴 수 있으므로 단속할 필요가 있는 규칙위반자이다.

Dmitry Kalinovsky/Shutterstock

서비스 제공자가 규정한 규칙은 서비스 시스템이 원활하게 운영되고, 직원에 대한 부당한 요구를 피하며, 제품과 설비의 남용을 막고, 개별 고객이 부적절한 행동을 하는 것을 막기 위함이다. 예를 들면, 스키 리조트는 조심성 없이 스키를 타는 사람으로 인해 곤란한 상황이다. 스키 타는 사람들이 서로 부딪힐 경우 심각한 상처를 입을 수 있고 심지어 죽을 수도 있다. 따라서 스키장 순찰대원은 종종 단속하는 역할을 해야 한다. 위험한 운전자들이 운전면허증을 취소당할 수 있는 것처럼 위험하게 스키 타는 사람은 그들의 스키 리프트 티켓을 잃을 수 있다(그림 13.13).

많은 규칙을 만들수록 그에 따른 위험도 증가한다. 규칙은 적을수록 중요한 규칙이 더욱 명확해질 수 있다.

싸움꾼형 가게나 공항, 호텔이나 레스토랑 같은 곳에서 이런 사람을 본 적이 있을 것이다. 이 유형의 사람은 화가 나서 소리를 지르거나 욕설, 위협, 악담을 하기도 한다. 서비스 제공자는 자신에게 책임이 없는 경우에도 종종 욕을 먹는다. 서비스 직원이 문제를 해결할 만한 힘이 부족하면 싸움을 좋아하는 고객은 더욱 미친 듯이 날뛴다. 심지어 신체적인 공격까지도 일삼는다. 불행히도 화가 난 고객이 서비스 직원에게 소리를 지를 경우 때때로 서비스 직원도 고객에게 화를 내며 반응한다. 이는 논쟁으로 이어질 수 있으며, 문제해결의 가능성을 줄일 수 있다(그림 13.14).

Xalanx/123RF

그림 13.14 고객과 서비스 직원의 대치는 쉽게 상황이 악화될 수 있다.

서비스 직원은 공격적인 고객이 아무말도 듣지 않을 때 어떻게 해야 할까? 공공장소에서 주요한 목표는 해당 고객을 다른 고객에게서 격리시키는 것이다. 가끔 관리자는 고객과 서비스 직원 사이의 싸움을 해결할 수도 있다. 고객이 직원을 신체적으로 공격한다면 보안 경비원이나 경찰을 데려와야 한다.

전화상의 무례함은 다른 문제를 가지고 있다. 전화상으로 직원에게 계속해서 소리 지르는 고객을 처리하는 한 가지 방법은 "이런 대화는 우리에게 아무 도움이 되지 않습니다. 고객님께서 제 말씀을 이해하셨을 때 제가 다시 전화드리는 것이 어떻겠습니까?"라고 분명하게 말하는 것이다. 대부분 생각할 시간을 가지는 것이 반드시 필요하다.

불화형 다른 고객(종종 자신의 가족)과 논쟁(심지어 싸움까지)을 벌이는 사람은 싸움꾼형의 하위 범주를 구성하며, 이들은 소위 불화형 고객이다. 직원이 돕고자 할 경우 상황이 해결되기도 하지만, 때로는 더 악화될 수도 있다. 어떤 상황은 자세한 분석이 필요하고, 대응에 대해 심사숙고할 필요가 있다. 좋은 레스토랑에서 고객이 음식 때문에 싸울 수 있는데(그렇다, 이런 일이 종종 일어난다), 대부분 신속한 대응이 필요하다. 서비스 관리자는 이런 상황에서 즉각적으로 판단하여 빠르게 대처해야 한다.

Used with permission by Randy Glasbergen

그림 13.15 고객을 가족처럼 대우하는 것이 항상 서비스 관리자가 할 수 있는 최선의 대응은 아니다.

Dmitry Kalinovsky/123RF

그림 13.16 정교한 감시 시스템을 설치하는 것은 사람들의 파괴 행동을 막을 수 있다.

파괴형 은행 현금인출기에 청량음료를 쏟거나 벽면과 외벽에 낙서를 하거나 담배로 카펫, 테이블보, 침대커버를 상하게 만들거나 버스 좌석을 손상시키거나 호텔 가구를 파괴하거나 자동차를 손상시키거나 유리를 깨고 직물을 찢는 등 파괴 수준에 대한 목록은 끝이 없다.

서비스 시설 파괴 행위에 대한 최선의 해결책은 예방이다. 보안을 개선하면 일부 파괴 행동을 막을 수 있다(그림 13.16). 훌륭한 조명 장치와 개방형 설계 역시 파괴 행동을 막는 방법이다. 기업은 서비스 시설과 장비를 보호하기 위해 보호 커버와 파손 방지용 표면 처리를 할 수 있다. 고객이 적절하게 서비스 시설이나 장비를 사용하는 법을 교육시키는 것도 부주의한 처리나 잘못 사용할 가능성을 감소시킬 수 있다. 마지막으로 보안 유지 비용이나 고객에 의해 발생한 손상을 배상할 것에 동의하는 계약서에 고객이 서명하게 하는 것도 한 방법일 수 있다.

신용불량형 서비스 이용 금액에 대한 지불을 연기하는 사람을 말한다. 파괴형 고객의 경우와 마찬가지로 예방 활동이 사후 대처보다 낫다. 첫 번째 최선책으로 점점 많은 기업이 선불제를 고집한다. 티켓 판매 같은 형태가 좋은 예이다. 직접 마케팅 조직은 주문을 받을 경우 신용카드 번호를 물어볼 수 있다. 두 번째 최선책은 서비스 완료 시 고객에게 즉시 계산서를 주는 것이다. 계산서가 우편으로 청구된다면 고객 마음속에 해당 서비스가 아직 생생하게 남아 있을 때 최대한 빨리 보내는 것이 좋다.

고객은 지불을 지체하는 데 충분한 이유가 있을 수 있고, 외상 거래가 가능할 수도 있다. 또 생각해볼 만한 다른 관점이 있을 수도 있다. 고객의 문제가 일시적이라면 관계 유지를 통한 장기적인 가치가 있을 수 있다. 지불 연기를 용인함으로써 고객의 호의와 입소문 효과를 창출할 수도 있다. 장기적 관계를 창출하고 유지하는 것이 회사의 목표라면 고객의 문제해결을 위해 고민할 필요가 있다.

고객의 부정행위에 대한 대응

부정직한 고객은 회사에서 도난, 서비스 비용 지불 거부, 가짜 불만, 고의적으로 서비스 실패를 초래하거나 진정한 서비스 실패 시 손실을 과대 계산할 수 있다. 그러한 행위로부터 기업이 스스로를 보호하기 위해 어떤 방법을 취할 수 있을까?

"미심쩍다면 고객을 믿어야 한다"는 것이 전제되어야 한다. 하지만 서비스인사이트 13.3의 내용처럼 기업은 고객이 서비스 보증을 얼마나 자주 요청하는지에 대한 지속적인 추적을 통해 데이터베이스를 구축해야 한다. 예를 들면, 아시아의 한 항공사는 고객이 비행에서 여행가방을 연속적으로 3번 분실했음을 발견했다. 이런 일이 실제로 발생할 가능성은 아마 로또에 당첨될 확률보다도 낮을 것이므로 서비스 직원은 이 사람을 주의했다. 그가 다음 여행에서 여행가방을 맡겼을 때 직원은 가방을 맡기는 순간부터 목적지에서 수화물 분실신고센터, 짐을

SERVICE INSIGHTS 13.3

부정 고객에 대한 철저한 조사

보증 추적 시스템의 한 부분으로써, 햄프턴인은 부정행위를 하는 것처럼 보이는 고객(지불한 숙박요금을 환불받기 위해 반복적으로 서비스 보증을 요청하며, 이러한 요청을 위해 가명을 이용하거나 다양한 불만족 문제를 제기하는 고객)을 확인하는 방법을 개발했다. 서비스 보증에 대해 빈번하게 요청하는 고객에 대해 햄프턴인의 고객지원팀이 차별적이고 지속적으로 조사한다. 가능하면 상급 관리자들은 이런 고객에게 그들의 최근 숙박 서비스에 대해 묻는 전화를 한다. 다음과 같은 대화가 이루어진다. "안녕하세요, 존 씨. 저는 햄프턴인의 고객 지원 이사입니다. 저는 고객님께서 지난번 저희 호텔을 방문했을 때 4가지 점 때문에 불편하셨던 것으로 알고 있습니다. 저희가 제공한 서비스 보증을 검토하고자 어떤 문제가 있었는지 확인하기 위해 이렇게 전화를 드렸습니다."

이 경우 일반적인 반응은 침묵이다. 본사에서 어떻게 그들의 문제에 대해 알 수 있었는지에 대한 의문 때문에 종종 침묵이 잇따른다. 종종 해프닝이 벌어지기도 한다. 17번의 서비스 보증을 요청했던 한 사람에게 악의 없이 질문했다. "당신이 여행할 때 가장 머물고 싶은 곳이 어디신가요?" 그러자 고객이 대답했다. "햄프턴인이요." 열광적인 대답이었다. 전화를 한 임원은 말했다. "하지만 지난 17번의 방문 전체 기록에서 고객님께서 100% 만족 보증을 신청하셨던 것으로 확인되는데요" 하고 묻자 "그래서 좋아하는 겁니다"라고 고객이 말했다(그는 장거리 트럭 기사인 것으로 확인되었다).

출처: Christopher W. Hart and Elizabeth Long, *Extraordinary Guarantees* (New York: AMACOM, 1997).

찾는 순간까지 그 가방을 비디오 촬영했다. 여행자가 또 여행가방을 잃어버린 것을 보고하기 위해 수하물 분실신고센터로 가는 동안 그의 친구가 여행가방을 가져간 것으로 확인되었다. 이번에 그와 친구를 기다리고 있는 것은 경찰이었다.

또 다른 예로 콘티넨탈 항공(Continental Airlines)은 45개 별도의 고객 데이터베이스를 하나의 데이터웨어하우스로 만들어 서비스를 개선하고 나아가 고객의 부정행위를 탐지했다. 그 항공사는 한 고객이 무려 12개월 동안 20회의 비상티켓을 받은 사실을 찾아냈다.

고객의 부정행위를 효과적으로 찾아내기 위해 모든 보상 지불, 서비스 회복, 반품, 기타 특별한 상황에서 고객에게 주어진 혜택에 대한 중앙 데이터베이스를 유지하는 것이 필요하다(그러한 거래는 지점이나 지사에서 보관될 것이 아니라 중앙화된 시스템에서 보관되어야 한다). 따라서 비정상적인 거래를 찾아내기 위해 부서별, 채널별 고객 데이터를 병합하는 것이 중요하다.[35]

한 연구는 어떤 방법으로든지 불공정하게 대우를 받았다고 생각하는 고객은(공정성에 관한 앞의 논의 참조) 기업의 서비스 회복 노력을 더욱 이용하는 경향이 있다고 주장한다. 또한 고객은 작은 기업보다 큰 기업에서 더 자주 이용하는 경향이 있다. 이는 고객이 큰 기업에 서비스 회복 비용을 감당할 능력이 더 있다고 생각하기 때문이다. 게다가 일회성 고객은 충성 고객보다 더욱 사기꾼이 되는 경향이 있으며, 서비스 직원과 개인적인 관계가 없는 고객은 서비스 회복 정책을 더 이용하는 경향이 있다.

서비스 보증은 서비스 회복의 비용으로 사용되며, 보증 비용은 (10%든 또는 100%의 환불 보증이든 간에) 고객 부정행위에 영향을 주지 못하는 것으로 나타났다. 또한 서비스의 품질이

만족스러웠던 때와 크게 비교된다면 고객은 부정행위를 주저하게 된다는 것이다.[36]

이러한 발견은 다음과 같은 시사점을 준다.

1. 서비스 회복 절차가 공정함을 보장해야 한다.
2. 규모가 큰 기업은 고객이 부정행위를 할 가능성이 높음을 인식해서 강력한 탐지 시스템을 구축해야 한다.
3. 대규모 보상 청구에 대해 기업은 계층별 승인 구조를 도입할 수 있다. 최초 연락 담당의 일선 직원은 특정 수준까지의 보상을 제안할 권한이 있어야 한다. 고객이 더 많은 보상을 요구할 경우 청구를 확대해야 한다. 이는 추가적인 번거로움과 노력을 수반하기 때문에 심각하지 않거나 부당한 청구를 걸러낼 수 있다.[37]
4. 관리자는 서비스 보증과 관련된 큰 지불금이 부정행위를 증가시킬 것이란 걱정 없이 100% 환불 가능한 보증이나 관대한 서비스 회복 정책을 실행하고, 이를 통해 더 큰 마케팅 이득을 얻을 수 있다.
5. 보증은 정기적인 고객에게 제공될 수 있으며, 충성도 프로그램의 일부로 최상위 고객에게도 제공할 수 있다. 이들은 기업과 가진 관계를 감사하게 생각하며, 따라서 서비스 보증을 어기기를 원하지 않을 것이다.
6. 진정한 서비스 우수성을 제공하는 기업은 평균적인 서비스를 제공하는 기업보다 고민할 것이 적다.

요약

학습목표 1 고객이 만족하지 않을 경우 몇 가지 대안이 있다.

- 공개 행동(예: 기업이나 제3자에 불만을 제기하거나 법적 조치)
- 개인 행동(예: 다른 공급업체로 전환하거나 부정적인 입소문 내기)
- 아무런 행동을 취하지 않음

학습목표 2 불평 행동을 효과적으로 처리하기 위해 기업은 고객이 왜 불평하는지, 그들이 어떤 처리를 기대하는지 이해할 필요가 있다.

- 고객이 불평하는 이유를 크게 4가지로 구분할 수 있다. ① 배상 또는 보상을 받기 위해, ② 분노를 표현하기 위해, ③ 서비스 개선에 도움을 주기 위해, ④ 동일한 문제의 재발 방지를 통해 다른 고객을 배려하기 위해서이다.
- 실제로 대부분의 불만족 고객은 불평하지 않는다. 고객은 어디에서 불평해야 할지 모를 수도 있고, 또 어떤 고객은 불평하는 것이 번거롭거나 불쾌하다고 느낄 수도 있으며, 자신의 노력이 소용 없을 것이라고 생각한다.
- 빈번하게 불평하는 고객의 교육 수준은 높은 경향이 있으며, 주로 소득이 높고, 사회적으로 높은 지위에 있으며, 보다 높은 수준의 상품 지식을 보유하고 있다.
- 고객은 서비스 제공 단계에서 가장 높은 확률로 불만을 표현한다(직접 대면 및 전화). 이메일, 소셜 미디어, 웹사이트, 편지 같은 다른 채널을 통한 불평은 매우 적은 비율을 차지한다.

학습목표 3 고객이 불만을 제기하면 기업은 다음과 같은 3가지 차원의 공정성에 따라 불평을 처리해주기를 기대한다.

- 절차적 공정성: 고객은 해당 기업이 편리하고, 신속하며, 유연한 방식의 서비스 회복 프로세스를 보유하고 있을 것을 기대한다.
- 상호작용적 공정성: 고객은 문제를 해결하는 정직한 설

명, 문제해결을 위한 진심이 담긴 노력, 공정하고 공손한 처리를 기대한다.

- 결과적 공정성: 고객은 서비스 실패로 발생된 손실과 번거로움에 기초한 보상을 기대한다.

학습목표 4 많은 경우 효과적인 서비스 회복은 고객의 거래선 교체를 피할 수 있고, 기업에 대한 신뢰를 강화할 수 있다. 고객 불평은 기업에게 문제를 수정할 수 있는 기회를 주는 것이며, 관계를 회복해주고, 향후의 만족을 개선해준다. 따라서 서비스 회복은 가치 있는 고객을 유지할 수 있는 중요한 기회라고 할 수 있다.

학습목표 5 처음부터 문제가 없었던 고객보다 서비스 실패 후에 탁월한 서비스 회복을 경험한 고객이 상대적으로 더 만족하는 현상을 서비스 회복 패러독스라고 한다. 그러나 이러한 현상이 항상 발생하는 것은 아니다. 비용이 수반되는 서비스 회복보다 처음부터 제대로 하는 것이 가장 좋은 방법이다.

학습목표 6 효과적인 서비스 회복 시스템은 고객이 피드백하기 쉬워야 한다.

- 효과적인 서비스 회복 시스템은 적극적이고, 미리 계획되어 있어야 하며, 충분히 교육받았고, 권한이 부여된 직원이 필요하다.
- 효과적인 서비스 회복 시스템은 서비스 실패를 위한 보상을 제공해야 한다. 서비스 실패의 보상은 기업의 서비스가 우수하다고 평가받는 경우, 서비스 실패가 심각한 경우, 해당 고객이 더 귀중한 경우 등에 더 높은 수준으로 제공해야 한다.

학습목표 7 고객 불평과 서비스 회복을 처리하는 지침은 다음과 같다.

① 빠르게 행동한다.
② 고객의 감정을 이해한다.
③ 고객과 논쟁하지 않는다.
④ 고객 입장에서 문제를 이해한다는 것을 보여준다.
⑤ 사실을 확인하고 원인을 파악한다.
⑥ 고객에게 유리하게 해석한다.
⑦ 문제해결을 위해 필요한 단계를 제시한다.
⑧ 고객이 진행 과정에 대해 알 수 있게 한다.
⑨ 보상한다.
⑩ 고객의 호의를 회복하기 위해 지속적으로 노력한다.
⑪ 시스템에 대한 자가 진단과 개선을 위해 노력한다.

학습목표 8 서비스 보증은 전문적인 불평 처리와 서비스 회복에 대해 제도화할 수 있는 강력한 방법이다. 서비스 보증은 기업의 명확한 표준을 설정하고, 고객의 지각된 위험을 감소시켜주며, 장기 충성도를 구축할 수 있다.

학습목표 9 서비스 보증은 ① 무조건적이어야 하고, ② 이해하고 커뮤니케이션하기 쉬워야 하며, ③ 고객에게 의미 있어야 하고, ④ 적용하기 쉬워야 하며, ⑤ 받기 쉬워야 하고, ⑥ 믿을 만해야 한다.

학습목표 10 모든 기업이 서비스 보증의 혜택을 얻는 것은 아니다. 구체적으로 다음과 같은 경우 서비스 보증을 제공하는 데 신중해야 한다. ① 서비스 우수성으로 이미 명성이 있을 경우, ② 서비스 품질이 너무 낮아서 개선부터 해야 할 경우, ③ 외부 요인으로 인해 서비스 품질에 대한 통제가 어려울 경우, ④ 서비스 구매 시 지각된 위험이 낮을 경우이다.

학습목표 11 모든 불평 고객이 정직한 것은 아니다. 일부 고객은 단지 기업을 이용할 수도 있다. 이런 고객을 불량 고객이라 부른다.

- 이 유형의 고객은 7가지로, 사기꾼형, 도둑형, 규칙위반형, 싸움꾼형, 불화형, 파괴형, 신용불량형으로 구분할 수 있다.
- 불량 고객의 개별 유형은 기업에게 다양한 문제를 발생시키고, 다른 고객의 경험을 불쾌하게 만들 수 있다. 따라서 기업은 불량 고객이 해당 기업을 이용하지 못하도록 블랙리스트를 만들어 그들의 행동을 관리할 필요가 있다.

학습 키워드

학습목표 1
- 불평
- 비구매
- 무행위
- 공개 행동
- 개인 행동
- 서비스 실패

학습목표 2
- 이중 이탈
- 분노
- 보상
- 다른 고객에 대한 배려
- 고객 불평
- 고객 피드백 시스템
- 불만족 고객
- 상호적인 방법
- 상호적이지 않은 방법
- 온라인상의 공개적인 불평
- 회복
- 사회경제적 수준

학습목표 3
- 절차적 공정성
- 상호작용적 공정성
- 결과적 공정성
- 지각된 공정성

학습목표 4
- 불평 처리
- 고객 만족
- 충성도
- 서비스 회복

학습목표 5
- 완전한 만족
- 반복된 서비스 실패
- 서비스 회복 패러독스

학습목표 6
- 영향력 있는 고객
- 불만 수집 절차
- 고객 불평에 대한 장애
- 권한
- 공정한 보상
- 피드백
- 회복 계획
- 지나치게 관대한 보상
- 계획된
- 포지셔닝
- 적극적
- 수익 관리 관행
- 서비스 회복 시스템
- 심각한 서비스 실패
- 훈련된

학습목표 7
- 불평 고객
- 효과적인 문제해결

학습목표 8
- 마케팅 근육
- 지각된 위험
- 서비스 보증
- 표준

학습목표 9
- 통합 보증
- 속성별 보증
- 요청하기 쉬운 보증
- 받기 쉬운 보증
- 이해와 의사소통이 쉬운 보증
- 고객에게 중요한 보증
- 확실한 보증
- 무조건적인 보증

학습목표 10
- 서비스 우수성
- 서비스 품질

학습목표 11
- 100% 환불 가능한 보증
- 고객 부정행위
- 지불 연기
- 직원 도움
- 고객 속임수
- 위장 불만족
- 불량 고객
- 악용
- 신체적인 공격
- 무례함
- 좀도둑질
- 사기꾼형
- 도둑형
- 규칙위반형
- 싸움꾼형
- 불화형
- 파괴형
- 신용불량형

서비스 마케팅 용어를 얼마나 잘 알고 있나요? 퀴즈를 풀어보세요!

본문을 참조하지 않고도 기억할 수 있는 각 키워드에 대해 1점을 매기고 점수를 합산하여 서비스 마케터라고 불릴 자격을 갖추었는지 확인하세요.

점수

01~12	서비스 마케팅이 여러분에게 해악을 끼치나요?
13~24	밤늦도록 공부가 필요합니다.
25~36	학기 내내 여러분이 무엇을 하지 않았는지 알고 있습니다.
37~48	거의 도달하려고 합니다.
49~60	바로 마케터로 출발하세요.
61~73	여러분의 이름을 딴 마케팅 콘셉트가 나와야 합니다.

서비스 마케팅 연습문제

1. 일반적으로 고객은 서비스 실패에 어떻게 반응하는가?
2. 불만족 고객 중 불평하지 않는 고객이 존재하는 이유는 무엇인가? 고객이 불평할 때 그들은 해당 기업에게 무엇을 기대하는가?
3. 기업은 왜 불만족 고객이 불평하기를 원하는가?
4. 서비스 회복 패러독스란 무엇인가? 주로 어떤 상황에서 서비스 패러독스가 발생하는가? 또 언제 이러한 현상이 발생하지 않는가?
5. 기업은 불평 고객이 쉽게 불평하도록 무엇을 할 수 있는가?
6. 서비스 회복 전략이 성과를 내는 데 적극적이고, 계획적이며, 잘 훈련된 직원이 필요하고, 직원에게 권한을 부여해야 하는 이유는 무엇인가?
7. 서비스 실패에 대한 보상은 어느 정도여야 하는가?
8. 서비스 보증은 어떻게 설계되어야 하는가?
9. 서비스 보증을 도입하는 것이 적합하지 않은 상황은 어떤 상황인가?
10. 불량 고객의 7가지 유형은 무엇이며, 서비스 기업은 불량 고객의 행동에 어떻게 대응할 수 있는가?

서비스 마케팅 응용문제

1. 만족스럽지 못했던 서비스 경험을 생각해보라. 불만을 제기했는가? 그렇게 행동한 이유는 무엇인가? 불만을 제기하지 않았다면 그 이유는 무엇인가?
2. 불만사항에 대한 기업의 대응으로 인해 최근 가장 만족했던 경험은 언제인가? 어떤 일이었으며, 만족한 이유는 무엇인가?
3. (a) 지역 저축은행, (b) 주요 국립은행, (c) 고액 자산가 고객을 위한 사설 은행에서 수표발행을 잘못했을 경우 적절한 서비스 회복 정책은 무엇인가? 근거를 설명하고 대안 서비스 회복 정책의 경제적 비용을 계산해보라.
4. 지각된 위험이 높은 서비스에 대한 효과적인 서비스 보증을 설계해보라. (a) 왜 그리고 어떻게 이 보증이 잠재 고객들의 지각된 위험을 감소시킬 것이며, (b) 이미 해당 기업의 고객이기 때문에 낮은 수준의 위험을 인식할 가능성이 높은 기존 고객이 이 보증을 제공받는 것을 기꺼이 받아들이는 이유를 설명하라.
5. 보상은 얼마나 관대해야 하는가? 다음 사건을 검토하고 의견을 제시하라. 그런 다음 각 옵션을 평가하고 각각에 대한 의견을 제시하라. 마지막으로 권장하는 옵션을 선택하고 결정에 대해 설명하라.

   "새우 칵테일의 절반이 얼어 있었습니다. 웨이터는 사과하고 저녁 식대를 받지 않았습니다"라는 고객의 매우 만족스러운 서비스 회복에 대한 반응이 있다. 다음의 레스토랑 체인이 설정할 수 있는 서비스 회복 정책의 범위를 고려하고, 각 정책의 비용을 추정해보라.

   옵션 1: 미소 지어 사과하고, 새우 칵테일을 해동하고, 되돌려주며, 다시 미소 지어 사과한다.

   옵션 2: 미소 지어 사과하고, 새로운 새우 칵테일로 교체하고, 다시 미소 지어 사과한다.

   옵션 3: 미소 지어 사과하고, 새우 칵테일을 교체하고, 무료 커피 또는 디저트를 제공한다.

   옵션 4: 미소 지어 사과하고, 새우 칵테일을 교체하고, 80달러에 해당하는 식사 전체의 청구서를 면제한다.

   옵션 5: 미소 지어 사과하고, 새우 칵테일을 교체하고, 3개월 내에 사용할 수 있는 80달러 상당의 다른 저녁 식사에 대한 바우처를 제공한다.
6. 서비스를 선택하여 불량 고객이 할 수 있는 행동을 확인해보라. 불량 고객의 행동을 최소화하거나 통제하려면 서비스 프로세스를 어떻게 설계해야 하는가?

미주

1. "An Extraordinary Stumble at JetBlue," Business Week, March 5, 2007, http://www.bloomberg.com/bw/stories/2007-03-04/an-extraordinary-stumble-at-jetblue, accessed March 16, 2022.
2. Roger Bougie, Rik Pieters, and Marcel Zeelenberg, "Angry Customers Don't Come Back, They Get Back: The Experience and Behavioral Implications of Anger and Dissatisfaction in Service," Journal of the Academy of Marketing Science 31(4) (2003): 377–393; Florian V. Wangenheim, "Postswitching Negative Word of Mouth," Journal of Service Research 8(1) (2005): 67–78.
3. Stephen S. Tax and Stephen W. Brown, "Recovering and Learning from Service Failure," Sloan Management Review 49(1) (Fall 1998): 75–88.
4. Jean-Charles Chebat, Moshe Davidow, and Isabelle Codjovi, "Silent Voices: Why Some Dissatisfied Consumers Fail to Complain," Journal of Service Research 7(4) (2005): 328–342; Nancy Stephens and Kevin P. Gwinner, "Why Don't Some People Complain? A Cognitive-Emotive Process Model of Consumer Complaining Behavior," Journal of the Academy of Marketing Science 26(3) (1998): 172–189; Kelli Bodey and Debra Grace, "Segmenting Service 'Complainers' and 'Non-Complainers' on the Basis of Consumer Characters," Journal of Services Marketing 20(3) (2006): 178–187.
5. Nancy Stephens, "Complaining," in Teresa A. Swartz and Dawn Iacobucci (eds.), Handbook of Services Marketing and Management (Thousand Oaks, California: Sage Publications, 2000), p. 291; Alex M. Susskind, "Communication Richness: Why Some Guest Complaints Go Right to the Top—and Others Don't," Cornell Hospitality Quarterly 56(3) (2015): 320–331.
6. John Goodman, "Basic Facts on Customer Complaint Behavior and the Impact of Service on the Bottom Line," Competitive Advantage (June 1999): 1–5.
7. Anna Mattila and Jochen Wirtz, "Consumer Complaining to Firms: The Determinants of Channel Choice," Journal of Services Marketing 18(2) (2004): 147–155; Kaisa Snellman and Tiina Vihtkari, "Customer Complaining Behavior in Technology-Based Service Encounters," International Journal of Service Industry Management 14(2) (2003): 217–231; Terri Shapiro and Jennifer Nieman-Gonder, "Effect of Communication Mode in Justice-Based Service Recovery," Managing Service Quality 16(2) (2006): 124–144.
8. Thomas M. Tripp and Yany Gregoire, "When Unhappy Customers Strike Back on the Internet," MIT Sloan Management Review 52(3) (Spring 2011): 37–44; Sven Tuzovic, "Frequent (Flier) Frustration and the Dark Side of Word-of-Web: Exploring Online Dysfunctional Behavior in Online Feedback Forums," Journal of Services Marketing 24(6) (2010): 446–457.
9. Tax and Brown, "Recovering and Learning from Service Failure": 75–88. For meta-analyses and reviews of the effects of fairness on consumer responses, see Chiara Orsingher, Sara Valentini, and Matteo de Angelis, "A Meta-Analysis of Satisfaction with Complaint Handling in Services," Journal of the Academy of Marketing Science 38(2) (2010): 169–186; Katja Gelbrich and Holger Roschk, "A Meta-Analysis of Organisational Complaint Handling and Customer Responses," Journal of Service Research 14(1) (2011): 24–43.
10. Oren Harari, "Thank Heavens for Complainers," Management Review (March 1997): 25–29.
11. Tom DeWitt, Doan T. Nguyen, and Roger Marshall, "Exploring Customer Loyalty Following Service Recovery," Journal of Service Research 10(3) (2008): 269–281.
12. Simon J. Bell and James A. Luddington, "Coping with Customer Complaints," Journal of Service Research 8(3) (February 2006): 221–233.
13. Technical Assistance Research Programs Institute (TARP), Consumer Complaint Handling in America: An Update Study, Part II (Washington DC: TARP and U.S. Office of Consumer Affairs, April 1986). Since this study, Customer Care Measurement & Consulting (CCMC) and the W.P. Carey School of Business, Arizona State University (ASU), have conducted follow-on studies, known as the "Customer Rage Studies," to explore important, emerging trends in customer complaining behavior and service recovery. For highlights of the latest study, "The 2020 Customer Rage Study," see https://research.wpcarey.asu.edu/services-leadership/research/research-initiatives/customer-rage/, accessed on March 16, 2022.
14. For a comprehensive treatment of all aspects of effective complaint management, see Bernd Stauss and Wolfgang Seidel, Complaint Management: The Heart of CRM (Mason, Ohio: Thomson, 2004), and Janelle Barlow and Claus Møller, A Complaint Is a Gift, 2nd edition (San Francisco, CA: Berrett-Koehler Publishers, 2008).
15. Celso Augusto de Matos, Jorge Luiz Henrique, and Carlos Alberto Vargas Rossi, "Service Recovery Paradox: A Meta-Analysis," Journal of Service Research 10(1) (2007): 60–77; Randi Priluck and Vishal Lala, "The Impact of the Recovery Paradox on Retailer-Customer Relationships," Managing Service Quality 19(1) (2009): 42–59.
16. Stefan Michel and Matthew L. Meuter, "The Service Recovery Paradox: True but Overrated?" International Journal of Service Industry Management 19(4) (2008): 441–457.
17. James G. Maxham III and Richard G. Netemeyer, "A Longitudinal Study of Complaining Customers' Evaluations of Multiple Service Failures and Recovery Efforts," Journal of Marketing 66(4) (2002): 57–72.
18. Michael Hargrove, cited in Ron Kaufman, Up Your Service! (Singapore: Ron Kaufman Plc. Ltd., 2005), p. 225.
19. Tax and Brown, "Recovering and Learning from Service Failure": 75–88; Stephen S. Tax, Stephen W. Brown, and Murali Chandrashekaran, "Customer Evaluation of Service Complaint Experiences: Implications for Relationship Marketing," Journal of Marketing 62(2) (Spring 1998): 60–76.
20. Christian Homburg and Andreas Fürst, "How Organizational Complaint Handling Drives Customer Loyalty: An Analysis of the Mechanistic and the Organic Approach," Journal of Marketing 69 (July 2005): 95–114.
21. Josh Bernoff and Ted Schadler, "Empowered," Harvard Business Review (July–August 2010): 95–101.
22. Rhonda Mack, Rene Mueller, John Crotts, and Amanda Broderick, "Perceptions, Corrections and Defections: Implications for Service Recovery in the Restaurant Industry," Managing Service Quality 10(6) (2000): 339–346.
23. Matthew Dixon, Karen Freeman, and Nicholas Toman, "Stop Trying to Delight Your Customers: To Really Win Their Loyalty, Forget the Bells and Whistles and Just Solve Their Problems," Harvard Business Review 88(7–8) (2010): 116–122.
24. Yves Van Vaerenbergh, Dorottya Varga, Arne De Keyser, and Chiara Orsingher, "The Service Recovery Journey: Conceptualization, Integration, and Directions for Further Research," Journal of Service Research 22(2) (2019): 103–119.
25. For an excellent review of extant academic literature on service guarantees, see Jens Hogreve and Dwayne D. Gremler, "Twenty Years of Service Guarantee Research," Journal of Service Research 11(4) (2009): 322–343. For an integrative model of the impacts of a service guarantee on customers and the firm, see Jochen Wirtz, "Development of a Service Guarantee Model," Asia Pacific Journal of Management 15(1) (1998): 51–75.
26. Christopher W.L. Hart, "The Power of Unconditional Service Guarantees," Harvard Business Review (July–August 1988): 54–62.
27. L.A. Tucci and J. Talaga, "Service Guarantees and Consumers' Evaluation of Services," Journal of Services Marketing 11(1) (1997): 10–18; Amy Ostrom and Dawn Iacobucci, "The Effect of Guarantees on Consumers' Evaluation of Services," Journal of Services Marketing 12(5) (1998): 362–378.
28. Hart, "The Power of Unconditional Service Guarantees": 55–56.
29. Gordon H. McDougall, Terence Levesque, and Peter VanderPlaat, "Designing the Service Guarantee: Unconditional or Specific?" Journal of Services Marketing 12(4) (1998): 278–293; Jochen Wirtz, "Development of a Service Guarantee Model," Asia Pacific Journal of Management 15(1) (1998): 51–75.
30. Jochen Wirtz and Doreen Kum, "Designing Service Guarantees: Is Full Satisfaction the Best You Can Guarantee?," Journal of Services Marketing 15(4) (2001): 282–299.
31. Amy L. Ostrom and Christopher Hart, "Service Guarantee: Research and Practice," in T. Schwartz and D. Iacobucci (eds.), Handbook of Services Marketing and Management (Thousand Oaks, California: Sage Publications, 2000), pp. 299–316; Jochen Wirtz, Doreen Kum, and Khai Sheang Lee, "Should a Firm with a Reputation for Outstanding Service Quality Offer a

Service Guarantee?," Journal of Services Marketing 14(6) (2000): 502–512.
32. This section is adapted and updated from Christopher Lovelock, Chapter 15, in Product Plus (New York: McGraw-Hill, 1994). For an additional discussion of jaycustomers, see Leonard L. Berry and Kathleen Seiders, "Serving Unfair Customers," Business Horizons 51(1) (2008): 29–37.
33. Kate L. Reynolds and Lloyd C. Harris, "When Service Failure Is Not Service Failure: An Exploration of the Forms and Motives of 'Illegitimate' Customer Complaining," Journal of Services Marketing 19(5) (2005): 326.
34. Kate L. Reynolds and Lloyd C. Harris, "Jaycustomer Behavior: An Exploration of Types and Motives in the Hospitality Industry," Journal of Services Marketing 18(5) (2004): 339.
35. Jill Griffin, "What Your Worst Customers Teach You about Loyalty," *MarketingProfs* (January 24, 2006), http://www.marketingprofs.com/6/griffin5.asp, accessed March 16, 2022.
36. Jochen Wirtz and Doreen Kum, "Consumer Cheating on Service Guarantees," Journal of the Academy of Marketing Science 32(2) (2004): 159–175; Jochen Wirtz and Janet R. McColl-Kennedy, "Opportunistic Customer Claiming During Service Recovery," Journal of the Academy of Marketing Science 38 (2010): 654–675.
37. Anthony Dukes and Yi Zhu, "Why Customer Service Frustrates Customers: Using a Tiered Organizational Structure to Exploit Hassle Costs," Marketing Science 38(3) (2019): 500–515.

PART V

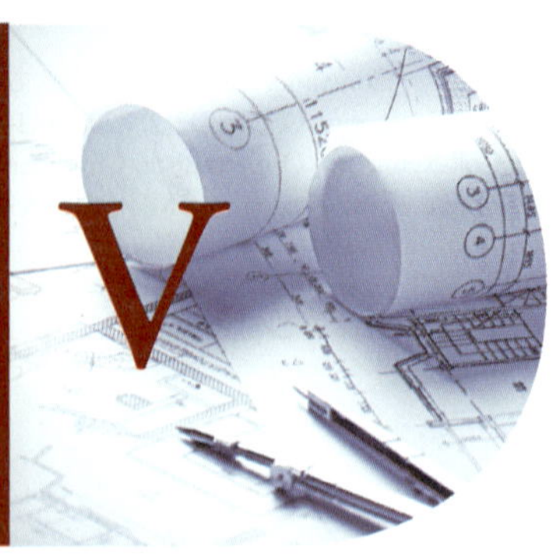

ESM 프레임워크

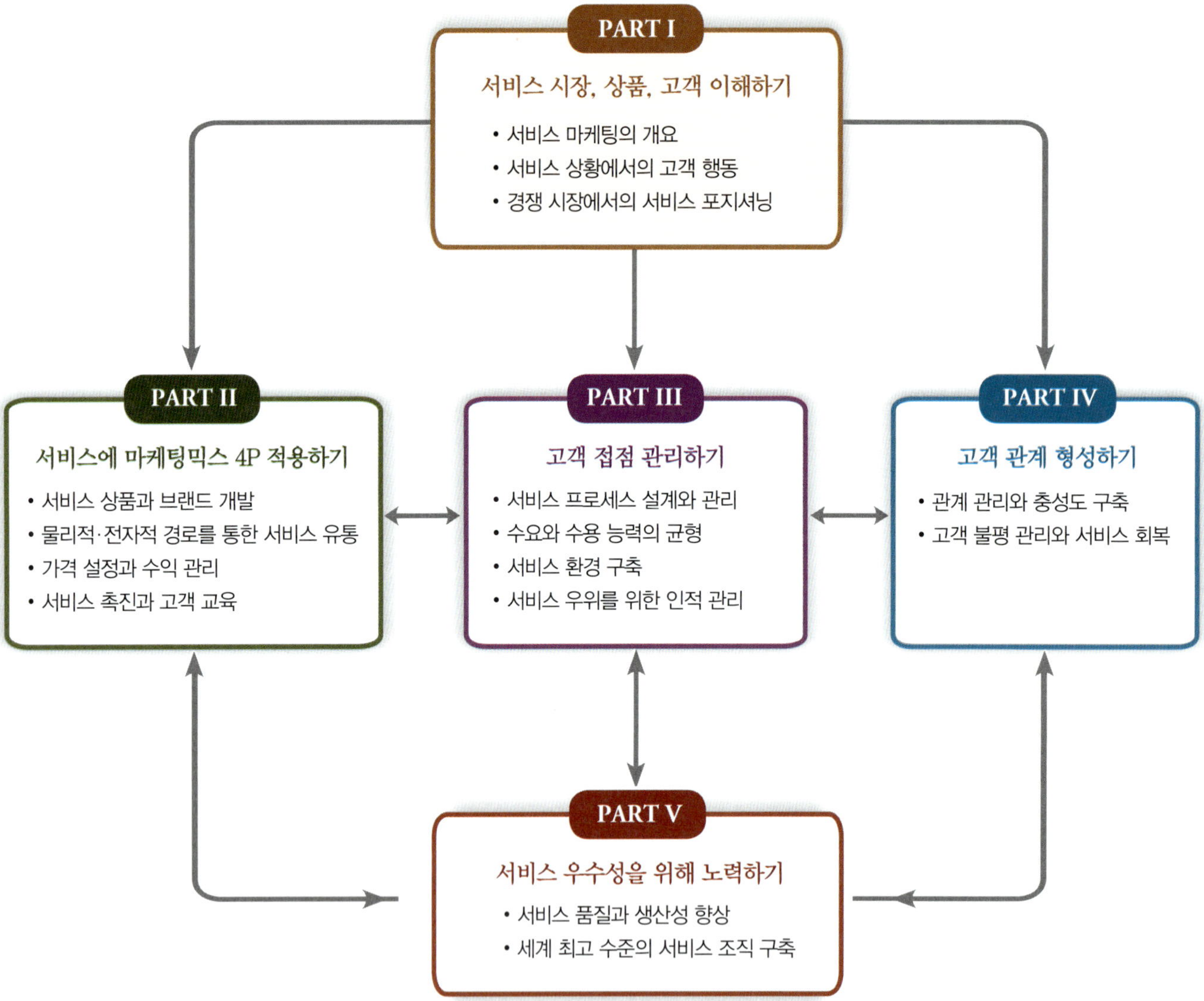

PART I

서비스 시장, 상품, 고객 이해하기

- 서비스 마케팅의 개요
- 서비스 상황에서의 고객 행동
- 경쟁 시장에서의 서비스 포지셔닝

PART II

서비스에 마케팅믹스 4P 적용하기

- 서비스 상품과 브랜드 개발
- 물리적·전자적 경로를 통한 서비스 유통
- 가격 설정과 수익 관리
- 서비스 촉진과 고객 교육

PART III

고객 접점 관리하기

- 서비스 프로세스 설계와 관리
- 수요와 수용 능력의 균형
- 서비스 환경 구축
- 서비스 우위를 위한 인적 관리

PART IV

고객 관계 형성하기

- 관계 관리와 충성도 구축
- 고객 불평 관리와 서비스 회복

PART V

서비스 우수성을 위해 노력하기

- 서비스 품질과 생산성 향상
- 세계 최고 수준의 서비스 조직 구축

서비스 우수성을 위해 노력하기

서비스 품질과 생산성, 기업이 서비스 리더십을 획득하는 방법을 주로 다루는 5부는 2개의 장으로 구성되어 있다.

14장 서비스 품질과 생산성 향상

생산성과 품질을 다룬다. 생산성과 품질은 모두 서비스의 금전적 성공에 필수적 요소이다. 서비스 품질, 갭 모델(gaps model)을 활용한 품질 문제점 분석, 그리고 품질 차이를 없애기 위한 전략에 대한 고찰 등을 다루며, 고객으로부터 체계적으로 청취하고 학습할 수 있는 효과적인 도구인 고객 피드백 시스템을 소개한다. 생산성은 비용 절감과 관련이 있다. 또한 생산성 향상 기법에 대해 논의한다.

15장 세계 최고 수준의 서비스 조직 구축

고객 만족이 재무 성과와 주주 가치에 미치는 영향에 대한 논의로 시작한다. 또한 세계적 수준의 서비스 조직의 특성을 다루며, 서비스 성과의 4가지 수준(서비스 실패, 서비스 어중이, 서비스 전문가, 서비스 리더)을 소개한다. 조직의 성과 수준을 평가하는 데 도움이 되는 평가 도구를 제하며, 서비스 조직을 더 높은 수준의 성과로 전환하는 방법에 대해 논의한다. 또한 비용 효율적인 서비스 우수성을 달성하기 위한 3가지 전략적 경로에 대한 논의로 마무리된다.

CHAPTER 14

서비스 품질과 생산성 향상

학습목표

- 01 서비스 품질, 생산성, 수익성의 관계를 설명한다.
- 02 서비스 품질에 대한 다양한 관점을 파악한다.
- 03 서비스 품질 문제를 진단하고 해결하기 위해 갭 모델을 사용하는 방법을 알아본다.
- 04 서비스 품질에 대한 명시적 및 묵시적 측정을 구분한다.
- 05 효과적인 고객 피드백 시스템의 공통적인 목표를 설명한다.
- 06 고객 피드백을 수집하는 방법을 설명한다.
- 07 서비스 품질의 명시적 측정 방법과 관리 체계를 파악한다.
- 08 서비스 문제를 분석하는 데 적합한 방법을 선택한다.
- 09 품질 수익률을 이해하고 최적의 신뢰성 수준을 결정한다.
- 10 서비스 생산성을 정의하고, 이를 측정하는 방법을 알아본다.
- 11 생산성, 효율성, 효과성의 차이를 이해한다.
- 12 서비스 생산성 향상의 핵심 방법을 알아본다.
- 13 생산성 향상이 품질과 가치에 어떤 영향을 미치는지 알아본다.
- 14 고객 서비스 프로세스의 품질과 생산성을 향상시키기 위해 모든 도구를 통합하는 방법을 이해한다.
- 15 TQM, ISO 9000, 6시그마, 말콤볼드리지, EFQM 접근 방법이 서비스 품질과 생산성 관리 및 향상에 어떻게 관련되는지 설명한다.

도입 사례

어느 페리 운영 기업의 서비스 품질 향상[1]

영국과 아일랜드 및 여러 유럽 국가를 뱃길로 연결해주는 회사인 시링크브리티시페리(Sealink British Ferries)의 서비스 품질은 형편없었다. 시링크는 선박의 운영적 측면에만 집중하는 하향식의 군대 체계를 사용했고, 고객 경험의 품질에 대해서는 관심 밖이었다. 시링크는 스웨덴 기업인 스테나라인(Stena Line)에 인수되었다. 스테나는 현재 가장 큰 카페리(Car ferry) 회사 중 하나이다. 시링크와 대조적으로 스테나는 서비스 품질에 대해 지속적으로 관리하는 총괄 부서가 있었다.

인수되기 전 시링크는 여객 운송의 정확성이나 신뢰성을 중요하게 생각하지 않았고, 그래서 운송이 자주 지연되었다. 고객의 불만은 무시되었고, 고객 서비스 관련 관리자들은 해당 불만 상황을 개선하기 위한 별다른 노력을 하지 않았다. 인수되고 난 후 이러한 상황은 변하기 시작했다. 개별적인 문제에만 신경 쓰느라 발생했던 출항 및 입항 시간의 지연과 같은 문제를 해결했다. 예를 들면, 개별 노선마다 모든 운영 담당자는 스스로 관리자의 역할을 수행했으며, 다양한 측면의 개선에 대해 주인의식을 갖게 되었다. 그들은 출항 지연의 이유와 함께 각각의 항해에 관해 자세히 기록했고, 또한 경쟁 여객 운송업체의 성과에 대해서도 지속적으로 정보를 수집했다. 이런 방법으로 다른 직위에 있는 직원끼리 서로 밀접히 연결되었다. 고객 서비스 담당 직원 또한 경험을 통해 지속적으로 학습했다. 2년이 경과된 후 해당 항로의 스테나 선박은 거의 100% 시간을 엄수하면서 운영되었다.

선상 서비스는 다른 방식으로 개선되었다. 과거 고객 서비스 관리자의 업무는 고객보다는 직원의 편의성을 위한 것이었다. 예를 들어, 서비스에 대한 고객 수요가 가장 많을 때 직원은 식사를 하고 있었다. 한 조사자는 다음과 같이 기록했다. "모든 편의시설이 폐점될 때 선상에서 처음 30분과 마지막 30분 동안 고객은 무시되었다. … 고객은 스스로 알아서 배 안을 다니도록 방치되었다. … 직원은 단지 고객이 직접적으로 요구하거나, 직원의 주의를 끌기 위해 노력할 경우에만 응대했다."

개별 선상 업무를 담당하는 직원은 서비스 품질과 생산성 향상을 위한 특정 영역을 선택해야 했고, 개별 영역과 관련된 소그룹으로 작업해야 했다. 초기 몇몇 팀은 다른 팀보다 성공적이었기 때문에 개별 선박마다 서비스 수준이 상이했다. 시간이 흐르면서 관리자는 서로의 성공과 실패로부터 습득한 아이디어와 경험을 공유했고, 이를 통해 개별 선박이 개선할 수 있게 되었다. 초기 2년 동안 모든 여객선에서 일관성 있는 서비스 수준을 달성하는 궁극적인 성공에 기여하는 핵심적인 변화가 일어났다. 2006년부터 직원들이 함께 거의 1,500개의 개선 아이디어를 제공했다.

2022년까지 스테나라인은 17개의 노선에서 37척의 선박을 운항하고, 매년 대략 760만 명 이상의 승객과 170만 대의 차량을 수송하는 세계 최대 페리운항사 중 하나가 되었다. 스테나는 모든 해상운송 시장에서 선두 기업이 되었다. 회사의 주안점은 일정한 서비스와 생산성 향상이다. 회사의 웹사이트에는 다음과 같은 글이 게재되어 있다.

> 고객이 여행, 휴가, 기분전환, 화물 운송을 위해 스테나라인을 선택할 때 최선의 경험을 할 수 있게 해야 한다. 초점은 고객 가치를 창출하는 새로운 혁신적인 상품과 서비스를 개발하여 굳건히 서비스 개선을 계속하는 것이다.

Stephen Barnes/Transport/Alamy Stock Photo

서비스 품질과 생산성의 통합

- 품질과 생산성은 고객과 기업을 위한 가치 창출의 두 가지 경로이다.
- 서비스 품질과 생산성은 서로 다른 요소의 수익성에 미치는 효과를 강화하거나 독립적이거나 심지어 방해하기도 한다.

서비스 품질이란 무엇인가?

- 고객이 정의함
- 지속적으로 고객 기대를 충족시키거나 초과함

갭 모델

이 모델은 갭 분석을 통하여 거시적 수준에서 품질 문제의 원인을 확인하도록 도와준다.

- 갭 1: 서비스 지식 갭
- 갭 2: 서비스 정책 갭
- 갭 3: 서비스 전달 갭
- 갭 4: 커뮤니케이션 갭
- 갭 5: 서비스 지각 갭
- 갭 6: 서비스 품질 갭

각 갭은 명백한 원인이 있다. 각 갭의 원인을 해결하기 위한 방법에 관한 방법이 제공된다.

서비스 품질 측정

고객 피드백

- '암묵적 척도'로 지칭

목적

- 성과를 평가하고 벤치마크한다.
- 강점을 확고히 하고 약점을 개선하여 성과를 향상시킨다.
- 고객 중심 서비스 문화와 변화의 문화를 창출한다.

신뢰성 있고 행동할 수 있는 피드백을 얻기 위한 도구들의 조합은 다음을 포함한다.

- 시장 조사, 피드백 카드, 온라인/모바일 메시지, 불평과 칭찬
- 미스터리 쇼핑
- 표적 집단과 서비스 검토
- 온라인 후기와 토론

운영 척도

- '명시적 척도'로 지칭
- 프로세스와 결과 척도
- 셀 수 있고, 시간을 잴 수 있거나 측정할 수 있는 프로세스 활동과 결과와 관련됨(예: 시스템 가동시간, 정시 출발, 서비스 대응시간, 실패율)

분석과 보고

- 일선에 매일 아침 브리핑
- 프로세스 책임자와 서비스 팀에게 월간 서비스 성과 업데이트
- 중간 관리층과 프로세스 책임자에게 분기별 서비스 성과 리뷰
- 최고경영진과 기업 전체에 연간 서비스 성과 보고

서비스 품질 문제 분석

분석 도구

- 근본 원인 분석을 시행하기 위한 피시본 다이어그램
- 핵심 실패점과 근본 원인을 확인하기 위한 파레토 분석
- 청사진

품질 수익률

- 품질 선도의 비용과 수익 평가
- 중요성-성과 매트릭스
- 신뢰도의 최적 수준은 서비스 회복 비용에 달려 있다.

서비스 생산성을 정의하고 측정하고 개선하기

서비스 생산성을 정의하고 측정하기

- 생산성: 산출/투입
- 효율성: 표준과 비교(즉 '일을 올바로 하기')
- 효과성: 목표와 비교(즉 '옳은 일을 하기')
- 이 3가지 모두 균형을 이루어야 한다.

생산성 향상 전략

- 일반적인 생산성 전략(즉 '같은 일을 더 잘, 더 빨리, 더 저렴한 비용으로 하기'와 인텔리전트 자동화를 포함한 기술의 전개)
- 고객 주도의 접근 방법(예: 수요시간의 이동, 저비용 전달 채널의 이용과 셀프서비스)
- 제3자에게 아웃소싱
- 생산성 향상의 잠재적인 고객에 대한 의미를 모니터링하기

서비스 품질과 생산성 향상에 대한 체계적인 접근 방법

서비스 프로세스 향상에 대한 9단계 접근 방법

1. 개선을 위한 우선순위 프로세스 결정
2. 다음의 목표를 설정한다.
   (a) 고객 만족, (b) 불량품, (c) 주기시간,
   (d) 생산성 향상
3. 품질의 핵심 요소를 확인한다.
4. 프로세스 성과를 평가한다.
5. 품질 갭을 확인한다.
6. 갭의 근본 원인을 확인한다.
7. 프로세스 성과를 향상시킨다.
8. 통제하고 미세 조정한다.
9. 다시 시작한다. 그 여정은 목적지가 된다….

널리 사용되는 조직 전체적인 체계적 접근 방법

- 전사적 품질 관리(TQM)
- ISO 9000인증
- 6시그마(DMAIC 포함)
- 말콤볼드리지와 EFQM 접근 방법

그림 14.1 서비스 품질과 생산성 향상

서비스 품질과 생산성 전략의 통합

▶ 학습목표 1

서비스 품질, 생산성, 수익성의 관계를 설명한다.

앞서 제시된 스테나라인의 사례는 서비스 품질과 생산성에 대한 개선이 어떻게 침체하는 기업의 성과를 반전시킬 수 있는지를 보여준다. 이 장에서는 서비스 품질과 생산성이 고객과 기업 모두를 위한 가치 창출의 중요한 두 경로임을 알게 될 것이다. 이 장의 개요는 그림 14.1에 제시되어 있다. 서비스 품질, 생산성, 수익성의 관계에 대해 더 깊이 살펴보자.

서비스 품질, 생산성, 수익성[2]

서비스 생산성과 고객 만족(즉 서비스 품질), 수익성의 개별적인 관계는 그림 14.2에 나타나 있다. 개별적인 연결을 살펴보면 높은 서비스 품질과 그에 따른 높은 고객 만족은 높은 재구매, 지출 점유율, 추천을 통해 수익을 향상시킨다는 것을 알 수 있다. 마찬가지로 원가가 감소하여 생산성이 높아지면 수익성도 높아진다.

생산성과 고객 만족의 관계는 더 복잡하다. 서비스 생산성-고객 만족의 상충성(trade-off)이라는 일반적인 개념이 있다. 그러나 생산성, 서비스 품질, 수익성이 상충되지만 생산성 향상과 고객 만족이 일치하는 사례가 있다. 예를 들면, 서비스 기업이 고객 서비스 프로세스를 더 간소화하고 빠르고 간편하게 한다면 생산성과 고객 만족이 모두 향상되고, 이는 수익성에 직간접적으로 긍정적인 효과를 미친다. 한 예로 셀프서비스 요거트 상점에서 다중 고객 접점 직원을 대체하려고 상대적으로 값비싸고 사용하기 쉬운 셀프서비스 기계를 들여오는 것을 들 수 있다.

이에 대비하여 생산성 향상이 고객이 좋아하지 않는 서비스 경험을 유발한다면 고객 만족은 하락할 것이다. 예를 들면, 대학 교수의 생산성을 증가시키려고 수강인원을 2배로 늘리거나 승객 수를 증가시키기 위해 기차 출발 빈도를 감소시킨다면, 이는 모두 고객 경험에 부정적인 결과를 가져올 수 있다. 이러한 경우 생산성 향상은 수익성에 즉각적이고 직접적으로 긍정적인 효과를 가져온다. 그러나 이는 중장기적으로 고객 충성도와 추천을 감소시킬 가능성이 높다.

마찬가지로 고객 만족을 향상시키기 위해 설계된 마케팅 전략은 운영과 인적자원에 대한 영향을 충분히 고려하지 않는다면 비용이 많이 들고 문제를 발생시킨다. 예를 들면, 승객의

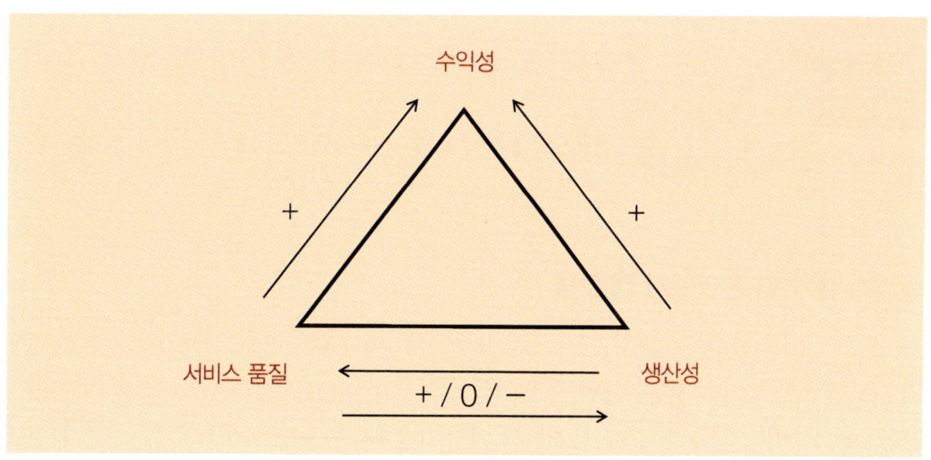

그림 14.2 서비스 품질-생산성-수익성의 삼각형

편의를 위해 기차 운행 횟수를 늘리면 고객 충성도를 통해 중장기적으로 수익성에 직접적으로 긍정적인 효과를 가져올 것이다. 그러나 이러한 변화는 생산성 감소로 인해 즉각적으로 간접적인 부정적 효과를 가져올 것이다. 두 경우 모두 수익성에 대한 순 효과는 직접적인 효과와 간접적인 효과의 상대적인 영향에 달려 있다.

마지막으로 일부 품질 향상은 생산성에 어떠한 영향을 주지 못할 수도 있고(예: 전방 업무의 프로세스 개선이 운영 비용을 변화시키지 못한다), 그 반대인 경우(예: 후방 업무 운영의 효율성 개선이 고객 접점에 어떠한 영향을 주지 못한다)도 발생할 수 있다. 이러한 경우 수익성에 대한 생산성의 긍정적인 효과 또는 품질 향상의 긍정적인 효과 중 하나만을 가져온다.

따라서 생산성과 고객 만족의 관계는 긍정적, 중립적 또는 부정적일 수 있다. 넓은 의미에서 품질은 고객 측면에서 창출된 이득에 집중하고, 생산성은 기업에서 발생한 재무적 비용을 말한다. 이 두 가지 초점이 적절하게 통합되지 않는다면 충돌이 발생할 수 있다. 요점은 서비스 품질과 생산성 향상을 위한 전략은 개별적이기보다는 함께 고려되어야 한다는 것이다. 생산성으로 전환하기 전에 서비스 품질을 향상시키는 방법을 살펴보자.

학습목표 2

서비스 품질에 대한 다양한 관점을 파악한다.

서비스 품질이란 무엇인가

서비스 품질이란 무엇을 의미하는가? 품질에 대한 공통적인 관점은 제조 기반의 접근 방법을 포함하는데, 이는 주로 공학 및 제조 실무와 관련된 것이고, 전형적으로 어떤 허용 수준 내에서 측정 가능한 표준에 대비한 전달을 의미한다(예: 자동차 제조에서 이음새 용접에 대한 허용 수준). 이 책에서는 사용자 관점에서 서비스 품질이란 고객의 기대를 일관성 있게 만족시키거나 초과하는 성과의 높은 표준으로 정의한다(고객 관점의 서비스 품질에 관한 상세한 논의는 2장 참조). 서비스 품질은 관리하기 어려울 수 있다(그림 14.3).

그림 14.3 까다로운 손님의 경우 서비스 품질을 관리하기 어렵다.

서비스 품질 문제에 대한 확인 및 개선

서비스 품질이 무엇인지 이해하고 서비스 품질 문제의 확인 및 개선에 유용한 모델을 알아보자.

학습목표 3

서비스 품질 문제를 진단하고 해결하기 위해 갭 모델을 사용하는 방법을 알아본다.

서비스 설계 및 전달에서 갭 모델

서비스 조직에서 발생할 수 있는 5가지 갭이 있는데, 이들 갭은 여섯 번째이자 가장 중요한 갭은 고객이 서비스에 대해 기대한 것과 그들이 제공받았다고 생각하는 성과와의 차이이다. 그림 14.4는 서비스 성과의 설계 및 전달의 여러 지점에서 발생할 수 있는 6가지 갭을 확인하는 프레임워크를 보여준다.[3]

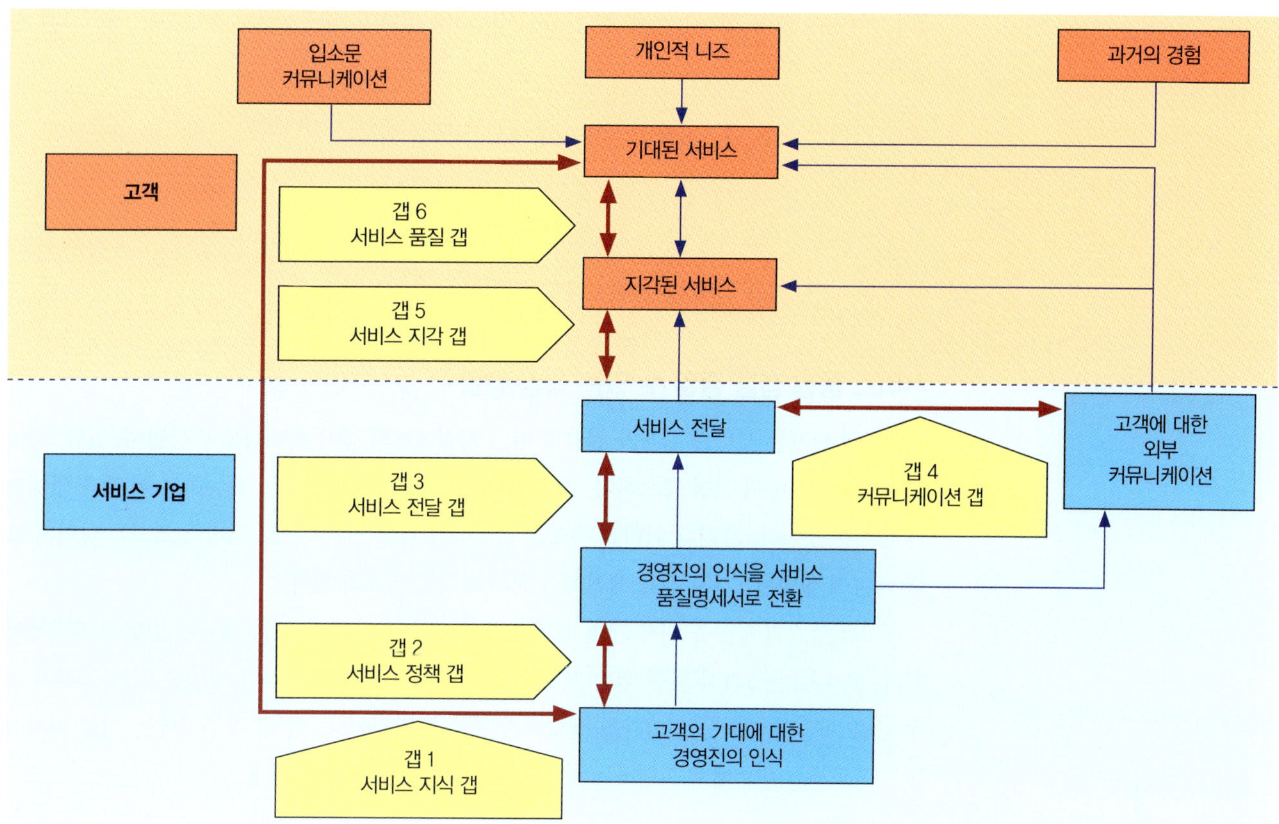

그림 14.4 상품 및 서비스에서 물리적 요소와 무형 요소의 상대적 가치

출처: Valarie A. Zeithaml, A. Parasuraman, and Leonard L. Berry, *Delivering Service Quality: Balancing Customer Perceptions and Expectations*, New York: The Free Press, 1990, pg. 46.

갭 1: 서비스 지식 갭 고위 경영진이 인식하는 고객의 기대와 고객이 실제로 필요로 하고 기대하는 것과의 차이이다.

갭 2: 서비스 정책 갭 고객 기대에 대한 경영자의 인식과 서비스 전달을 위해 그들이 설정한 서비스 기준과의 차이이다. 고객의 기대가 제대로 반영되지 않은 정책적 의사결정이 이루어질 경우 발생하는 갭으로서, 통상적으로 이러한 갭의 발생은 비용과 실행 가능성으로부터 기인한다.

갭 3: 서비스 전달 갭 서비스 기준과 이러한 기준에 근거한 서비스 전달팀의 실행 성과와의 차이이다.

갭 4: 커뮤니케이션 갭 기업의 커뮤니케이션과 실제 고객에게 전달되는 서비스의 차이이다. 이 갭은 하위 2개의 갭으로 인해 발생한다.[4] 첫 번째, **내부** 커뮤니케이션 차이는 제품의 특성 및 성능, 서비스 품질에 대해 기업 광고의 전달 내용 및 판매 직원이 생각하는 내용의 차이와 서비스 품질 수준과 해당 기업이 제공할 수 있는 수준과의 차이이다. 두 번째, **외부** 커뮤니케이션 갭(과대약속 갭)은 매출로 평가받는 광고와 판매 직원에 의해 발생할 수 있다. 이러한 갭은 매출 발생을 위한 과대약속으로 이어질 수 있다.

갭 5: 서비스 지각 갭 실제로 전달되는 서비스와 고객이 전달받았다고 느끼는 서비스의 차이이다.

갭 6: 서비스 품질 갭 고객의 서비스에 대한 기대와 실제로 전달되는 서비스에 대한 고객 인식의 차이이다.

이 모델에서 갭 1, 갭 5, 갭 6은 고객과 조직의 외적인 갭이며, 갭 2, 갭 3, 갭 4는 조직 내에서 부서 간, 기능 간에 발생하는 내적인 갭이다.

서비스 품질 갭을 줄일 수 있는 핵심 방법

고객과의 관계는 서비스 설계와 전달의 어느 지점에서의 갭에 의해서도 손상될 수 있다. 서비스 품질 갭(갭 6)이 가장 중요하다. 서비스 품질 향상의 주요 목표는 가능하면 이 갭을 없애거나 줄이는 것이다. 그러나 이러한 목표를 달성하기 위해 일반적으로 서비스 조직은 나머지 그림 14.4에 설명된 5가지 갭을 제거하기 위해 노력할 필요가 있다.

서비스 품질의 향상을 위해 개별 갭의 발생 원인을 파악한 후 갭을 제거할 방법을 개발해야 한다. 표 14.1은 5가지 품질 갭을 제거하는 방법을 요약한다. 이러한 방법은 어느 조직의 특정 갭을 어떻게 제거할 것인가를 생각하기 좋은 출발점이다. 이 장 후반부에는 이를 미시적 또는 프로세스 수준에서 실행하는 방법의 세부사항을 논의할 것이다.

표 14.1 서비스 품질 갭 제거를 위한 제안

갭 1: 서비스 지식 갭
제안: 고객이 기대하는 것을 경영자가 알게 한다. • 만족 연구, 불평과 칭찬 내용 분석, 고객 패널 조사 및 출구 조사 등을 포함하는 효과적인 고객 피드백 시스템을 운영한다. • 고객과 경영진 사이의 상호작용을 증대한다(예: 경영진의 일일 현장 경험과 고객센터에서 전화 응대 등의 프로그램). • 일선 직원과 경영진 사이의 커뮤니케이션을 촉진하고 격려한다.
갭 2: 서비스 정책 갭
제안: 고객의 니즈와 기대에 기반한 바람직한 서비스 상품, 프로세스, 표준을 구축한다. • 바람직한 서비스 상품과 서비스 프로세스를 구축한다. – 서비스 상품과 고객 서비스 프로세스 설계 및 재설계 시 정밀하고 체계적이며 고객 중심적인 프로세스를 활용한다. – 기계적 기술(hard technology)을 접촉 및 업무 방식의 향상(비기계적 기술, soft technology)으로 대체하는 데 일관성과 신뢰성 향상을 위해 반복적인 업무 과업을 표준화하고 잠재적으로 자동화한다. • 모든 업무 단위별로 측정 가능한 고객 지향적 서비스 표준을 설정하고 공유하며 강화한다. – 고객의 기대를 충족하기 위해 도전적이고 현실적이며 분명하게 설계된 일련의 명확한 서비스 품질 목표를 서비스 전달의 모든 단계별로 설정한다. – 직원이 목표, 기준, 우선순위를 이해하고 수용하게 한다. • 고객 기대에 부응하는 다양한 서비스 상품을 개발한다. – 필요에 따라 고객이 스스로 세분화할 수 있도록 프리미엄 상품, 표준 상품, 경제적 상품 등의 다양한 상품을 고려한다. – 가격 수준별로 다양한 수준의 서비스를 고객에게 제공한다.
갭 3: 서비스 전달 갭
제안: 서비스 성과가 표준을 충족하게 한다. • 서비스팀이 서비스 표준을 충족하도록 동기부여한다. – 직원과 업무의 적합성을 고려하여 채용한다. 해당 업무를 잘 수행하기 위해 필요한 능력과 기술을 보유한 직원을 선발한다.

- 특히 스트레스가 많은 상황에서 고객을 응대하기 위한 대인관계 기술을 포함하여 할당된 직무를 효과적으로 수행하기 위해 필요한 다양한 기계적 및 비기계적 기술을 직원에게 훈련시킨다.
- 직원의 역할을 명확화하고 업무가 고객 만족에 얼마나 기여하는지 알게 한다. 고객의 기대와 인식, 문제점에 대해 교육시킨다.
- 고객 대상 서비스 전달과 효과적인 서비스 회복을 포함한 문제해결에 관련된 서비스팀을 교차 기능적으로 구축한다.
- 조직의 의사결정권을 하위 계층으로 부여함으로써 현장의 관리자와 직원에게 권한을 부여한다.
- 성과를 측정하고, 정기적인 피드백을 제공하며, 품질 목표를 달성한 개별 직원과 관리자를 포함하여 고객 서비스팀의 성과를 보상한다.

• 바람직한 기술, 설비, 지원 프로세스와 수용 능력을 보유한다.
- 성과 향상을 위해 가장 적합한 기술과 설비를 선택한다.
- 내부 지원 업무(예: 재무, 법무, IT 서비스)를 담당하는 직원이 일선 직원과 같은 내부 고객에게 높은 수준의 서비스를 제공하게 한다.
- 수용 능력에 따라 수요를 조절한다.

• 서비스 품질 향상을 위해 고객을 관리한다.
- 고객이 서비스 전달에서 자신의 역할과 책임을 효과적으로 수행할 수 있도록 교육한다.

• 효과적으로 서비스 전달에 참여하는 중간업체와 외부 기관을 제휴시킨다.
- 중간업체(예: 고객센터나 항공사 체크인 카운터의 외주 서비스 전달)와 목표, 서비스 성과, 비용, 보상을 제휴시킨다.
- 서비스 품질을 모니터링하고 인센티브를 준다.

갭 4: 커뮤니케이션 갭

제안: 커뮤니케이션한 약속이 현실적이고, 이러한 약속을 고객이 제대로 이해하게 하여 기업의 내부와 외부의 커뮤니케이션 갭을 제거한다.

• 커뮤니케이션 내용이 현실적인 고객 기대에 부합되게 하고 판매 및 마케팅 커뮤니케이션을 담당하는 관리자에게 해당 서비스 기업의 운영 역량에 대해 교육시킨다.
- 새로운 커뮤니케이션 프로그램 개발 과정에 일선 인력과 운영 직원을 참여시킨다.
- 고객이 광고와 커뮤니케이션에 노출되기 전에 서비스 담당자가 검토하게 한다.
- 판매 인력이 고객과의 대면 만남에 운영 인력을 함께 동반하도록 한다.
- 마케팅, 운영, IT, 인적자원 관리 등과 같은 기능 사이의 통합 및 이해 강화, 다양한 지역에서의 서비스 전달 표준화를 위해 내부적으로 교육적이고 동기를 부여하는 캠페인을 개발한다.

• 영업팀의 인센티브와 서비스 제공팀의 인센티브를 조정한다. 이렇게 하면 영업팀이 판매 창출에만 집중하고(예: 과도한 약속으로) 고객 만족을 무시하는 문제(예: 실망스러운 기대)를 피할 수 있다.

• 약속을 명확하게 하고 커뮤니케이션 내용에 대한 고객 이해를 관리한다.
- 실제로 실행하기 전에 표적 고객이 기업의 의도대로 해석하는지(그렇지 않다면 수정하고 재검증) 모든 커뮤니케이션(예: 광고, 브로슈어, 판매 대본, 웹사이트와 SNS의 내용)을 사전에 검증한다. 고객에게 광고할 내용이 고객에게 가장 중요한 서비스 특성을 반영하는지 확인한다. 고객에게 가능한 사항 및 가능하지 않은 사항과 이유를 알려준다.
- 서비스 성과에서 제약 요소에 대한 이유를 즉각적으로 파악하여 설명하고, 기업이 통제할 수 없는 것을 강조한다.
- 합의 또는 계약 시 포함되는 업무와 성과 수준을 미리 문서화한다.

갭 5: 서비스 지각 갭

제안: 전달된 서비스 품질을 유형화하고 커뮤니케이션한다.

• 서비스 품질을 유형화하고, 고객에게 전달된 서비스 품질에 대해 알린다.
- 서비스의 수준과 일치하는 서비스 환경과 물리적 단서를 개발한다.
- 복잡하고 믿을 수 있는 성격인 서비스의 경우 서비스 전달 과정에서 고객에게 무엇이 제공되는지 알게 하고, 고객이 받은 서비스의 품질을 평가할 수 있게 한다.
- 서비스 전달 이후 특정 청구서와 관련하여 어떤 작업을 수행했는지 간단하게 설명한다.
- 물리적 단서를 제공한다(예: 수리를 위해 제거된 파손된 부품을 고객에게 보여준다).

갭 6: 서비스 품질 갭

제안: 고객의 기대를 지속적으로 충족시키거나 초과하기 위해 갭 1~5를 제거한다.

• 갭 6은 나머지 모든 갭의 산출물로부터 누적된 결과이다. 갭 1~5를 잘 관리하면 갭 6은 제거될 것이다.

출처 Valarie A. Zeithaml, A. Parasuraman, and Leonard L. Berry, Chapters 4-7, *Delivering Service Quality: Balancing Customer Perceptions and Expectations* (New York: The Free Press, 1990); and Valarie A. Zeithaml, Mary Jo Bitner, and Dwayne D. Gremler, Chapter 2, *Services Marketing: Integrating Customer Focus across the Firm*, 7th edition (New York: McGraw-Hill, 2017). The remaining prescriptions were developed by the author.

서비스 품질의 측정

일반적으로 측정되지 않는 것은 관리되지 않는다. 측정 없이는 서비스 품질 갭의 존재 여부뿐 아니라 그 갭이 어디에 존재하는지, 그러한 품질 갭을 개선하기 위해 어떠한 행동을 취해야 하는지 알 수 없다.

학습목표 4

서비스 품질에 대한 명시적 및 묵시적 측정을 구분한다.

서비스 품질 측정의 명시적 방법과 묵시적 방법

서비스 품질에 대해 고객이 정의하는 기준과 척도는 묵시적(soft) 방법과 명시적(hard) 방법으로 구분할 수 있다. 묵시적 기준과 측정은 관찰보다는 고객과의 대화를 통해 수집되어야 한다. 묵시적 기준은 고객 만족의 획득을 위해 직원에게 방향, 지침, 피드백을 제공하는 것이고, 고객의 지각과 신념을 측정함으로써 정량화할 수 있다. SERVQUAL(2장 참조)은 세련된 묵시적 측정 시스템의 예시이며, 이 장의 후반에서는 고객 피드백 도구에 어떻게 활용되는지 살펴볼 것이다.

명시적 기준과 측정은 횟수를 세거나 시간을 재거나 측정할 수 있는 프로세스 행동이다. 이러한 척도로는 정확하게 처리된 주문 건수, 특정 과업을 완수하는 데 필요한 시간, 고객이 서비스 프로세스의 특정 단계에서 대기하는 시간 등이 있다. 서비스 마케터는 서비스 품질의 운영 척도가 고객의 니즈와 욕구도 반영하도록 해야 한다(그림 14.5).

Dmitry Kalinovsky/123RF

그림 14.5 서비스 품질의 기준과 척도는 정확하게 처리된 주문 건수를 포함한다.

고객 피드백으로부터 학습[5]

기업은 서비스 품질의 묵시적 기준을 활용하여 성과를 어떻게 측정할 수 있는가? 다른 유형의 척도로 가기 전에 먼저 측정의 목표를 살펴보자.

학습목표 5

효과적인 고객 피드백 시스템의 공통적인 목표를 설명한다.

효과적인 고객 피드백 시스템의 핵심 목표

찰스 다윈(Charles Darwin)은 "살아남는 종은 가장 강한 종도, 가장 영리한 종도 아니며, 변화에 가장 잘 적응하는 종이다"라고 기록한 바 있다. 이와 유사하게 더욱 경쟁이 치열해지는 시장 상황에서 기업 최고의 경쟁우위는 경쟁보다 빠른 학습과 변화라고 할 수 있다.[6]

고객 피드백 시스템(customer feedback system, CFS)은 고객 주도의 학습 조직이 되는 데 핵심 입력 요소이고, 효과적인 고객 피드백 시스템은 신속한 학습을 촉진한다. 고객 피드백 시스템의 목표는 다음 3가지 핵심 범주로 분류된다.

1. **서비스 품질과 성과에 대한 평가 및 벤치마킹** "고객을 어떻게 만족시킬 것인가?"라는 질문에 대답하는 것이 목표이다. 이 목표는 주요 경쟁사와 비교해 기업이 얼마나 잘 수행했는지, 지난 해(월 혹은 분기) 대비 어떤 성과를 냈는지, 그다음 연도에 어디에 있기

를 원하는지에 대해 학습해야만 달성할 수 있다. 보통 다른 부서(지점, 팀, 서비스 상품, 경쟁업체)와 비교하는 것은 특히 결과가 보상에 연계되어 있을 때 관리자와 서비스 직원을 격려하여 성과를 향상시키는 것이 목적이다.

2. **고객 주도적 학습과 향상** "무엇이 고객을 만족 또는 불만족시키는가?"와 "유지해야 하는 강점은 무엇이고, 어떤 점을 어떻게 향상시킬 필요가 있는가?"에 대한 대답이 이 영역에서의 목표이다. 기업의 서비스 개선 방향을 정하기 위해 상품, 프로세스, 정책에 대한 보다 상세한 정보가 필요하다.

3. **고객 지향적인 서비스 문화 창조** 여기서의 목표는 '고객의 소리(voice of customer)'를 가져와 조직이 고객 니즈와 고객 만족에 집중하도록 하는 것과 조직 전체적으로 서비스 품질을 중시하는 문화가 형성되도록 하는 것과 관련되어 있다. 또한 계속적인 향상과 변화의 문화를 증진하는 것도 포함한다.

고객 피드백 수집 도구의 조합적 활용

고객 피드백을 수집하는 방법을 설명한다.

정보 획득과 학습을 위해 기업은 어떠한 수단을 이용할 수 있는가? 미국의 대표적인 성악가이자 소프라노인 르네 플레밍(Renée Fleming)은 다음과 같이 말했다. "성악가는 불행히도 스스로의 노래를 들을 수 없습니다. 당신의 소리는 당신이 듣는 것과 완전히 다르답니다. 우리는 외부에서 온 다른 사람의 귀가 필요합니다." 마찬가지로 기업은 고객의 소리를 들어야 한다. 표 14.2는 전형적으로 사용되는 피드백 도구와 다양한 요구사항에 대한 충족 정도에 대해 개략적으로 나타내고 있다. 서비스 마케터는 개별 도구마다 나름대로의 강점과 약점이 있다는 것을 인지하고, 필요한 정보를 전달하는 다양한 고객 피드백 수집 도구를 조합해야 한다. 레너드 베리(Leonard Berry)와 A. 파라수라만(A. Parasuraman)은 다음과 같이 말했다. "접근 방법의 결합을 통해 기업은 개별 접근 방법의 장점을 활용하고 약점을 보완할 수 있다."[7]

전체적인 시장 조사, 연간 조사, 거래 조사 일반적으로 **전체적인 시장 조사**(total market survey)와 **연간 조사**(annual survey)는 모든 중요한 고객 서비스 프로세스와 상품에 대한 만족을 측정한다.[8] 측정 수준은 통상적으로 상위 개념에 해당하는 수준이며, 기업의 전반적 사항에 대한 총체적 만족에 대한 포괄 지수 또는 지표를 얻는 것을 목표로 한다. 이러한 전반적 지표는 고객이 얼마나 만족하는지에 대해서는 말해줄 수 있지만, 그들이 왜 만족하거나 불만족하는지에 대해서는 말해주지 않는다. 개별적 프로세스나 상품에 대한 정보 파악을 하기에는 설문지 문항 수에 한계가 있다. 예를 들면, 일반적으로 은행에는 30~50가지 핵심 고객 프로세스가 존재한다(예: 자동차 대출 신청에서부터 창구 직원을 통한 현금 예금과 온라인 뱅킹까지). 순전히 프로세스의 숫자 때문에 많은 조사는 각 프로세스상 단지 하나 혹은 두 가지에 대한 설문 문항이 포함되지만(예: 우리의 ATM 기기 서비스에 대해 얼마나 만족하십니까?), 보다 많은 구체적인 사항은 다룰 수 없다.

반대로 인터셉트 조사라고도 하는 **거래 조사**(transactional survey)는 일반적으로 고객이

표 14.2 핵심적인 고객 피드백 수집 도구의 강점과 약점

수집 도구	측정 수준(단계)			피드백 도구 특성			
	기업	프로세스	특정 거래	실행 가능성	대표성/신뢰성	직접 학습	비용 효과성
전체적인 시장 조사(경쟁사 포함)	●	○	○	○	●	○	○
전반적인 만족에 대한 연간 조사	●	◑	○	○	●	○	○
거래 조사	◑	●	●	●	●	◑	○
자동 평가 시스템 (예: 앱 평가, 메시지 기반)	◑	●	●	●	◑	◑	●
자발적인 고객 피드백 (예: 불만사항, 소셜 미디어)	◑	◑	●	●	◑	●	●
제3자(소셜) 미디어에서의 온라인 후기와 토론	◑	◑	●	●	◑	●	●
미스터리 쇼핑	○	◑	●	●	○	●	○
표적 집단 토론	○	◑	●	●	○	●	○
서비스 검토	○	◑	●	●	○	●	◑

범례: ● 필요조건의 완전한 충족, ◑ 적당히 충족, ○ 거의 충족 시키지 않음

출처: Jochen Wirtz and Monica Tomlin, "Institutionalizing Customer-driven Learning through Fully Integrated Customer Feedback Systems," *Managing Service Quality* 10(4): 210, © 2000 Emerald Group Publishing Ltd.

특정 거래를 완료 후 수행된다(그림 14.6). 이러한 시점에 만약 시간이 허락된다면 고객에게 해당 프로세스에 대한 깊이 있는 정보를 수집할 수 있다. 은행의 경우 ATM 서비스의 모든 핵심 속성과 측면이 거래 조사에 포함될 수 있으며, '가장 선호함', '가장 선호하지 않음', '개선안 제안' 등의 몇몇 개방형 질문을 포함한다. 이러한 피드백은 보다 실행이 가능하고, 해당 프로세스에서 고객이 만족하거나 불만족하는 이유를 알 수 있으며, 고객 만족을 향상시킬 방법을 보여준다.

Brian A Jackson/Shutterstock

그림 14.6 거래 조사는 일반적으로 서비스 전달 후 시행된다.

많은 시장 조사 회사는 비용 효율적인 이메일을 기반으로 한 거래 조사 도구를 제공한다. 예를 들면, 고객이 호텔에서 체크아웃을 하고 나면 온라인 설문 조사 링크와 함께 자동화된 이메일이나 문자를 받는다. 그다음 월간 온라인 리포트가 자동으로 생성되어 모든 수준의 호텔 그룹, 체인 내 개별 호텔, 개별 호텔의 각 부서(예: 프론트 데스크, 객실, 룸서비스, 레스토랑, 스파, 피트니스)에 전달된다. 그러한 솔루션은 완전히 자동화되어 있어서 적은 비용(대형 체인 내 각 호텔당 월 100달러 수준)으로 제공될 수 있다.

3가지 모든 조사 방법은 적절하게 설계되었을 경우 대표성을 가

지고 신뢰할 수 있다. 대표성과 신뢰성은 다음과 같은 사항이 필요하다.

1. 품질 목표와 관련하여 기업, 프로세스, 지점, 개인에 대한 정확한 평가가 필요하다. 표본이 대표성과 신뢰성을 가진다는 것은 중요한데, 시간이 지남에 따라 또는 경쟁업체 대비하여 품질 점수상의 관찰된 변화가 표본 오류 그리고/또는 무작위 오류 때문이 아님을 확인하기 위함이다.
2. 개별 서비스 직원, 서비스 전달팀, 지점, 그리고/또는 프로세스에 대한 평가, 특히 인센티브 지급 체계가 이러한 측정에 따라 운영될 때 필요하다. 평가체계는 특히 조사 결과가 나쁠 경우 직원이 해당 결과를 믿고 받아들이려면 완벽해야 한다.

자동 평가 시스템 앱, 문자, 전자 터미널 기반의 거래 조사 도구는 대량의 특정 서비스 거래에 공통적으로 사용된다. 이러한 강력하고 저비용의 도구는 고객이 앱, 온라인 형식과 문자를 이용하여 피드백을 보내는 기회를 제공한다. 예를 들면, 우버(Uber)나 리프트(Lyft) 같은 공유 운송 기업은 운전사와 승객을 평가하는 완전 자동화된 앱 기반의 시스템을 사용한다. 유사하게 터치스크린 터미널의 거래 시점 평가는 거래가 발생한 직후 핵심 속성에 관한 고객 만족도 측정을 가능하게 한다. 서비스 직원이 서비스 터미널에 로그인하고 로그아웃하면서 데이터 수집, 분석, 보고가 완전히 자동화되고, 비용 효율적이며, 분석을 서비스 직원 개개인으로 세분화할 수 있다.

이러한 평가는 프로세스 품질의 좋은 지표이며, 잘된 것과 잘되지 못한 것에 대한 구체적인 피드백을 준다. 그러나 감동하거나 매우 불만족하는 고객은 응답자들 중 과도하게 대표되기 쉬운데, 이는 이러한 도구의 신뢰성과 대표성에 영향을 준다.

자발적인 고객 피드백 고객의 불평, 칭찬, 제안은 품질에 대한 지속적인 파악과 서비스 설계와 전달에 필요한 개선점 도출에 활용할 수 있다.

피드백 카드와 마찬가지로 자발적인 피드백은 전반적인 고객 만족도를 측정할 수 있는 신뢰할 만한 수단은 아니지만, 개선 아이디어로 활용할 수 있다. 만약 피드백 수집의 목표가 벤치마킹이나 직원 평가라기보다 개선사항을 파악하기 위한 것이라면, 신뢰성과 대표성은 필요하지 않고 불평/칭찬이나 표적 집단과 같은 보다 정성적인 도구만으로도 일반적으로 충분하다.

고객의 상세한 불평, 칭찬 내용, 통화 내역, 직원의 직접적인 피드백은 고객이 원하는 것을 내부적으로 전달하는 훌륭한 도구일 뿐만 아니라 모든 직원과 경영진이 고객에게 직접 '귀 기울이게' 한다. 그러한 학습은 '임상적' 통계와 보고서보다 서비스 직원의 생각과 고객 중심주의 형성에 훨씬 강력하다. 예를 들면, 싱가포르 항공(Singapore Airlines)은 월간 사보에 고객 불평과 칭찬 내용을 발췌하여 싣는다. 서비스에 대해 의견을 제시하는 고객을 보는 것은 직원에게 깊은 인상을 남겨주어 지속적인 서비스 향상

그림 14.7 거래 지점 단말기들은 전 세계의 공항, 호텔, 정부 부처 사무실에서 보편화되고 있다.

을 할 수 있도록 도와준다.

불평, 제안, 질문 등을 의미 있는 자료로 활용하기 위해 이들 정보를 일종의 중앙 처리 시스템으로 보낸 후 기록, 분류, 분석 과정을 거쳐야 한다. 이러한 과정은 고객의 피드백을 적시적소에서 파악하여 중앙처리 시스템으로 보고하는 시스템을 필요로 한다. 일부 기업은 간단한 인트라넷을 활용하여 직원들이 받은 모든 피드백을 기록한다. 그러한 행동을 조정하는 것은 입력 지점이 많기 때문에 쉬운 문제는 아니다. 여기에는 고객과 면대면, 전화, 우편, 이메일, 다른 문자를 통해 접촉하는 일선 직원, 공급업체를 대행하는 유통업체, 보통 후방에서 근무하지만 더 상위의 직원을 찾는 고객을 접촉하는 관리자들이 포함된다.

제3자(소셜) 미디어에서의 온라인 후기와 토론 사용자 제작 콘텐츠와 데이터는 기업과 경쟁업체의 품질 인식에 풍부한 인사이트를 제공한다. 그들은 또한 점점 더 개략적으로 이러한 비교가 시간에 걸쳐 어떻게 변화하는가를 보여준다. 포스팅과 자동 텍스트 분석의 정서 분석은 고객 인식의 변화에 대한 실시간 인사이트를 준다. 한 연구에서 밝혔듯이 온라인 정서를 모니터링하는 일은 오프라인 브랜드 추적 조사와 주가의 선도적인 지표라는 것이 입증되었다. 빅데이터 애널리틱스와 결합된 온라인 모니터링 도구는 실시간 정보 감지를 가능하게 한다. 사용자 제작 콘텐츠는 점점 더 자연 언어 프로세싱, 이미지 프로세싱, 사회적 지오태깅(social geotagging)과 위치 매핑(geo-mapping) 같은 기법을 활용하여 분석된다.[9]

그러나 이러한 분석은 조사와 표적 그룹 같은 보다 전통적인 도구를 확대하는 것으로 보인다. 다음의 예를 보자. 고품질 고가격의 테이크아웃 음식 사업(grab-and-go-food business)은 높은 성장률을 보여주었는데(고객은 스스로 제공하는 음식을 좋아한다는 것을 의미), 온라인 후기는 이에 대해 비판적이었고(예: "여유 돈이 있다면 더 나빠질 수 있다", "가격이 심각하게 엉망이다"), 주요 후기 사이트에서의 평가는 별점 5점 중 3점에 불과했다.

공동 소유주 중 한 사람이 이러한 사이트의 주요 평가자들과 회의에 참석했는데, 놀랍게도 그들은 30대 이상의 전문직인 고객층과 전혀 다른 모습이었다. 회의에 참석한 평가자들은 주로 20대이고, 후기를 쓸 충분한 시간이 있으며, 주요 고객층보다 덜 부유하게 보였다. 그 공동 소유주는 이러한 평가자들과의 대화에서 그들이 가격에 매우 민감하고 프리미엄 음식에 대해 고가격을 지불할 용의가 없으며, 이것이 후기의 색깔을 결정한 확실한 요인이었다는 것을 알게 되었다. 사실 그들은 그 음식을 좋아했지만, 가격이 너무 비싸다고 느껴서 그 회사를 깎아내린 것이었다. 이 기업의 경영진은 이러한 발견에 대응하여 전통적인 표적 집단에 투자를 확대해 핵심 시장의 니즈에 확실히 반응하고자 했다.[10]

기업의 핵심 고객 세분화가 온라인에 후기를 올리는 사람들과 다르다고 예상되면 온라인 사용자 제작 콘텐츠에 너무 많이 의존하지 않는 것이 특히 중요해 보인다. 뿐만 아니라 온라인 평가자들은 극단적으로 긍정적이거나 부정적인 후기로 편향되는 경향이 있고, 악의적인 소셜봇(social bot)은 진정한 고객의 소리를 심각하게 왜곡할 수 있다.[11]

서비스 피드백 카드, 온라인 형태, 모바일 메시지 이는 고객에게 피드백 카드, 온라인 형태, 이메일, 문자나 앱을 제공하여 중앙 고객 피드백센터로 피드백을 보낼 수 있게 하는 강력하고 비용이 저렴한 방법이다(그림 14.8). 예를 들어, 피드백 카드나 QR 코드는 개별 가계대출 승인 편지나 각 병원 청구서에 첨부될 수 있다. 피드백 카드는 프로세스 품질에 대한 훌륭한 지표로 활용될 수 있으며, 잘된 것과 잘되지 못한 것의 구체적인 피드백으로도 활용될 수 있다. 하지만 매우 만족하거나 불만족한 응답자의 응답에는 오류가 있을 수 있으며, 결과적으로 이 측정 도구의 대표성과 신뢰성을 저해할 수 있다.

그림 14.8 문자 발송의 광범위한 사용을 통해 편리하게 모바일 피드백을 얻을 수 있다.

미스터리 쇼핑 서비스 기업은 종종 일선 직원이 바람직한 행동을 하고 있는지를 확인하는 방법으로 이 방법을 활용한다(서비스인사이트 14.1 참조). 은행, 유통업체, 렌터카 회사, 호텔은 미스터리 쇼퍼(위장 고객)를 적극적으로 사용하는 산업이다. 일반적으로 위장 고객의 전화나 방문 횟수가 적기 때문에 개별적인 조사의 신뢰성과 대표성은 낮다. 예를 들면, 글로벌 호텔 체인의 중앙 예약실은 조사 회사를 임명하여 대규모 월간 미스터리 전화통화 고객 조사를 실시함으로써 전화 판매 프로세스와 관련하여 판매원 개인의 기능을 평가한다. 다양한 상품의 포지셔닝, 상향 판매, 다른 범주 상품의 판매, 계약 완료 같은 행동이 측정된다. 이 조사는 또한 '따뜻하고 친절한 응대'와 '통화 고객과의 관계 형성'의 차원에서 통화 품질을 살펴본다. 미스터리 쇼핑은 코칭, 훈련, 성과 평가에 대한 실행 가능성이 높고 심층적인 인사이트를 제공해준다.

미스터리 통화나 방문이 소수이기 때문에 어떠한 개인 조사도 신뢰성이 있거나 대표성이 있는 것은 아니다. 그러나 만약 특정 직원이 지속적으로 높은 수준(혹은 낮은 수준)의 서비스를 제공한다면 관리자는 미스터리 쇼핑을 활용해서 해당 직원에 대해 합리적인 신뢰도를 가지고 판단할 수 있다.

표적 집단 토론 및 서비스 검토 이 두 가지 도구는 잠재적 서비스 개선과 아이디어에 중대한 통찰력을 제공한다. 일반적으로 표적 집단 토론에서 활용되는 집단은 사용자들의 니즈를 심층적으로 이해하고자 핵심 고객층 또는 사용자 그룹으로 구성된다. 서비스 검토는 주로 연 1회 실시하고, 기업의 가장 중요한 B2B 고객과 심층 면대면 인터뷰로 진행된다(그림 14.9). 일반적으로 기업의 최고경영자는 고객을 방문하여 전년도에 기업이 얼마나 잘했는지, 그리고 유지되거나 변경해야 하는 부분 등에 대한 이슈를 토론한다. 조직으로 복귀한 최고경영자는 고객 관리 담당자와 고객의 피드백에 대해 토론하고, 향후 고객 관리와 고객 서비스 니즈에 대응하는 세부방안을 마련하여 고객에게 우편으로 제공한다.

그림 14.9 중요 B2B 고객과 함께 진행되는 서비스 검토

서비스 검토는 탁월한 학습 기회(특히 모든 고객의 후기가 취합되고 분석될 경우)를 제외할 뿐만 아니라 최우수 고객의 유지 및 서비스 회복 잠재력에 있어서도 효과적이다.

SERVICE INSIGHTS 14.1

품질관리 조사관으로서의 고객?

미스터리 쇼핑은 일선 직원이 바람직하고 훈련된 행동을 보이는지와 구체적인 서비스 절차를 따르는지 점검하는 데 좋은 수단이다. 그러나 이러한 목적을 위해 고객 설문을 활용하지 말아야 한다. 고객 경험 및 서비스 문화 전문가인 론 코프먼(Ron Kaufman)은 다음과 같은 서비스 경험을 기술했다.

"우리는 공항에서 호텔 리무진을 이용해서 이동하면서 놀라운 경험을 했습니다. 운전사는 매우 친절했습니다. 그는 시원한 타월과 음료수를 주었고, 음악을 선곡할 수 있게 해주었으며, 날씨에 대한 이야기를 해주었고, 에어컨을 켜주어 쾌적한 이동을 가능하게 해주었습니다. 그의 미소와 상냥함은 너무나 대단했습니다!"

"호텔에 도착한 후 체크인을 하며 카드를 제시했습니다. 그러자 카운터 직원이 양식을 작성하게 했습니다." 양식은 다음과 같다.

리무진 설문 조사

우리의 품질 표준이 지속적으로 적절하게 수행될 수 있게 하기 위해 리무진 서비스에 대한 당신의 피드백을 받고자 합니다.

1. 공항에서 우리 직원이 마중했습니까?	예/아니요
2. 시원한 타월을 받았습니까?	예/아니요
3. 시원한 음료를 받았습니까?	예/아니요
4. 음악 선곡이 가능했습니까?	예/아니요
5. 에어컨에 대한 당신의 의견을 물었습니까?	예/아니요
6. 운전사가 안전속도로 운전했습니까?	예/아니요

객실 번호: ________

리무진 번호: ________

날짜: ________

코프먼은 다음과 같은 내용을 이어서 말했다. "양식을 읽자마다 모든 좋은 기분이 사라졌습니다. 그 운전사의 열정은 가식으로 느껴졌습니다. 우리에 대한 배려는 따라야 할 체크리스트였고 그의 상냥함은 단지 표준을 충족시키는 행위였습니다. 나는 그 호텔의 품질 관리 조사관이 된 느낌이었고, 기분이 좋지 않았습니다. 내 의견이 궁금했다면 나를 조사관이 아닌 조언자로 만들어야 했습니다. 이렇게 물었어야 했습니다. 공항에서 호텔까지 이동하면서 무엇이 가장 좋았습니까? (나는 호텔의 훌륭한 운전사를 말했을 것이다.) 공항에서 호텔까지의 이동을 더욱 즐겁게 하려면 무엇이 더 필요할까요? (나는 차 안에서 Wi-Fi를 사용할 수 있게 해달라고 말했을 것이다.)"

Nyul/123RF

출처: Copyright © 2009 Ron Kaufman. Used with permission.

고객 피드백의 분석, 보고, 공유

기업이 적절한 실무자(또는 실행 부서)에게 정보를 전달할 수 없는 경우 피드백 도구 선택과 고객 피드백 수집은 의미가 없다. 따라서 지속적인 향상과 학습을 독려하기 위해 보고 시스템은 고객 피드백과 피드백 분석 내용을 일선 직원, 프로세스 소유자, 지점이나 각 부서의 관리자와 최고경영진에게 전달해야 한다. 그림 14.10은 조직의 다른 핵심 이해관계자에게 전달되는 정보의 유형에 관한 개요를 보여준다. 이는 또한 여러 도구가 어떻게 서로 보완하는지를 예시한다. 최상위 도구는 시간의 경과에 따라 그리고 경쟁업체에 대비하여 벤치마킹을 제공함으로써 어떤 평가가 상승하거나 하락하는지 그리고 그 서비스를 어떻게 개선할 수 있는지

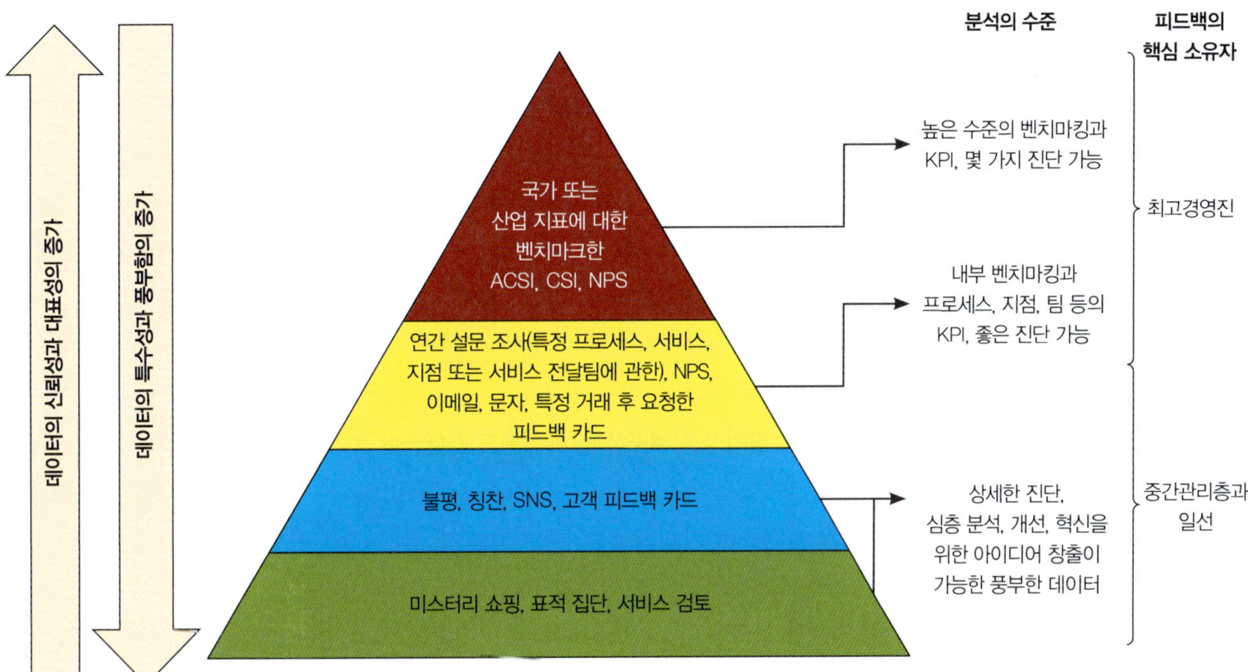

그림 14.10 보고의 도구를 경영관리층 수준에 위치시킨다.

에 관한 인사이트와 아이디어를 확인하는 데 도움을 준다.

고객 접점에서의 피드백 시스템은 불평과 칭찬에 즉각적이어야 한다. 실제로 많은 서비스 기업에서 불평과 칭찬, 그리고 제안이 매일 아침 브리핑에서 직원들과 논의되고 있다. 추가적으로 다음과 같이 서비스 관리와 팀의 학습을 위해 필요한 정보를 제공하는 세 종류의 서비스 성과 보고 방법을 제시한다.

- 월간 서비스 성과 업데이트는 고객 의견과 진행 중인 프로세스의 성과에 대해 시기 적절한 피드백을 프로세스 관리자에게 제공한다. 여기서 피드백은 프로세스 관리자에게 전달되고, 그 후 서비스 전달팀과 이 피드백에 대해 토론한다.
- 분기 서비스 성과 검토는 프로세스 관리자와 지점 혹은 부서 관리자에게 프로세스 성과와 서비스 품질과 관련된 정보를 제공한다.
- 연간 서비스 성과 보고는 기업의 서비스에 대한 고객 만족도와 관련하여 현재 상황과 장기적 동향의 대표적인 평가를 최고경영자에게 보여준다.

보고서는 주요 지표 중심으로 담당자가 행동을 취할 수 있도록 이해하기 쉽게 설명을 붙여서 간결하고 읽기 쉽게 만들어야 한다. 고객 피드백에 추가적으로 이러한 보고서는 또한 핵심적인 운영 척도를 담아야 한다(다음 절 참조).

학습목표 7

서비스 품질의 명시적 측정 방법과 관리 체계를 파악한다.

서비스 품질의 명시적 측정 방법

앞서 묵시적 서비스 품질 측정을 수집하는 다양한 도구에 대해 알아보았으니, 좀 더 세부적인 명시적 측정 방법에 대해 알아보자. 명시적 측정 방법은 주로 운영상의 프로세스 또는 성과에 대한 것이고, 실제 가동시간과 서비스 응답시간, 실패율 같은 데이터를 포함한다. 복잡한 서비스 운영 상황의 여러 다양한 지점에서 일부 서비스 품질의 측정이 이루어진다. 고객 동선에 관한 많은 명시적 데이터는 고객센터, 자동 대기 시스템(예: 지점), 점점 더 많은 고객이 지니고 다니는 IoT 디바이스(예: 디즈니의 매직밴드나 호텔 객실카드)뿐 아니라 장비에 부착된 IoT 디바이스에 의해 생성된다. 예를 들면, 디즈니월드 리조트의 매직밴드(MagicBand)는 고객에게 큰 편의성을 제공하고, 매직밴드로 디즈니 호텔 객실의 문을 열 수 있고, 테마파크와 워터파크에 입장할 수 있으며, 패스트패스+(FastPass+) 입구에서 체크인할 수 있고, 디즈니포토패스(Disney PhotoPass)의 이미지를 자신의 계정에 연결할 수 있으며, 음식과 상품 지불을 호텔 객실에 청구하고, 심지어 디즈니월드 리조트에 머무는 동안 그 고객만을 위해 개인화된 특별한 놀라움을 선사하는 마법을 더해준다. 디즈니의 IoT는 고객 경험을 극적으로 향상시키면서 분석할 만한 풍부한 데이터를 제공한다.

디즈니 리조트 같은 복잡한 서비스 운영시설에서는 서비스 품질의 다양한 척도가 많은 다양한 지점에서 기록될 것이다. 고객이 서비스 전달 프로세스에 깊이 관여하지 않는 저접촉 서비스 상황에서는 많은 운영 척도가 고객에게 이차적인 효과만을 미치는 후방 활동에 적용된다.

페덱스(FedEx)는 고객에게 영향을 미치는 모든 핵심 활동을 포함한 전사적인 서비스 품질 지표가 필요하다는 것을 이해한 최초의 서비스 기업 중 하나였다. 고위 관리자들은 종합적인 단일 지표의 정기적인 개발을 통해 페덱스의 전사적인 품질 향상이 가능하길 희망했다. 페덱스는 목표를 백분율로 나타내는 것이 위험하다는 사실을 인지했는데, 이는 기업이 자기 만족에 그칠 수도 있기 때문이다. 매일 수백만 개의 소포를 수송하는 페덱스 같은 대기업에서는 99.9% 정시 배달(이는 1,000개의 소포 중 하나의 지연 배송을 의미) 또는 화물 수송기의 99.999% 안전 배송이라는 목표는 끔찍한 문제를 야기할 수도 있다. 그래서 페덱스는 이러한 목표치를 대신해서 무사고를 기준점으로 활용하여 서비스 품질을 측정하기로 결정했다(서비스인사이트 14.2 참조).

어느 고위 임원진은 다음과 같이 말했다.

> 서비스 실패 유형을 검토할 때 각 유형이 발생한 빈도 수와 서비스 품질을 개선하려는 이유를 검토해야만 서비스 품질이 향상됩니다. 우리의 비결은 품질 실패를 절대적인 수치로 표시하는 것이었습니다. 그렇게 하여 매일 발생하는 12개의 다른 사건과 각각 사건의 숫자에 가중치를 곱하는 서비스 품질지수(Service Quality Index, SQI; 'sky'로 발음)를 개발했습니다. … 이 가중치는 고객의 분노 정도(페덱스에 불만을 표출하는 것으로 확인)에 근거합니다.[12]

명시적 측정 측면에서 성과를 어떻게 나타낼 수 있는가? **관리도**(control chart)는 주어진 기간 동안 명시적 측정 방법을 통해 성과를 나타낼 수 있는 하나의 쉬운 방법이다. 관리도는 개별 변수나 전체 지수를 모니터링하고 전달하기 위해 사용되는데, 시각적으로 추세를 쉽게 확

SERVICE INSIGHTS 14.2

페덱스의 고객의 소리 경청 접근법

페덱스의 사장이자 회장 겸 최고경영자인 프레더릭 W.스미스(Frederick W.Smith)는 다음과 같이 선언했다. "우리는 서비스 품질이 수학적으로 측정되어야 한다고 믿습니다." 페덱스는 품질 목표를 명확히 하는 것에 전념해왔는데, 그런 목표에 반하는 진행사항을 계속적으로 측정해왔다. 이는 품질에 대해 페덱스가 접근하는 기초를 다지게 되었다.

페덱스는 처음에 모든 상호작용 및 거래에 대한 100% 고객 만족과 처리되는 모든 배송에 대한 100% 서비스 성과라는 두 가지 야심 찬 품질 목표를 설정했다. 고객 만족도는 정시 배송 비율로 측정되었으며, 이는 전체 배송 중 정시 배송된 수를 백분율로 나타낸다. 그러나 정시 배송 비율은 고객 만족도와 동의어가 아닌 내부 기준이었다는 사실을 알게 되었다.

고객 불평을 체계적으로 분류한 이후 페덱스는 CEO인 스미스가 '공포의 위계(Hierarchy of Horrors)'라 부르는 8가지, 즉 ① 잘못된 배달 날짜, ② 적정한 날, 늦은 배달, ③ 수령되지 않음, ④ 제품 분실, ⑤ 고객에게 틀린 정보 제공, ⑥ 계산서 및 문서 작업 오류, ⑦ 직원 수행 실패, ⑧ 제품 손상의 가장 일상적인 고객 불평 목록을 개발할 수 있었다. 이 목록은 페덱스가 고객 피드백 서비스를 위해 만든 것이다.

표 14.3 페덱스의 서비스 품질지수(SQI)의 구성

실패 유형	가중 요인×발생 수=일수(daily point)
늦은 배송-옳은 날	1
늦은 배송-틀린 날	5
응답하지 못한 요구 추적	1
반복 불평	5
배송 증서 분실	1
송장 수정	1
수령 실패	10
소포 분실	10
소포 훼손	10
비행 연착(분)	5
라벨 분실 소포	5
포기 연락	1
총실패점수(SQI)	

페덱스는 '공포의 위계' 목록을 개선하여 서비스 품질지수(Service Quality Indicator, SQI)를 개발했는데, 이는 고객 관점에서 서비스 품질과 만족도를 12가지 항목으로 측정하는 방법이다. 개별 항목의 처음 값에 고객이 평가한 개별 항목에 대한 심각함을 의미하는 가중치를 곱한다(표 14.3 참조). 그다음 그날의 지수를 산출하기 위해 모두 합산한다. 총 SQI와 12가지 항목은 매일 지속적으로 계산된다.

전년도 전체 실패 발생률을 감소시키는 것을 기준으로 일일 평균 SQI에 대한 연간 목표가 설정된다. SQI의 개별 구성 요소에 대한 지속적인 관리를 위해 페덱스는 12개의 품질 행동 팀을 구성했다. 해당 팀들은 관찰된 문제점의 근본적인 원인을 파악하고 개선해야 한다.

SQI에는 절차와 서비스, 고객의 우선사항에 대한 변경사항이 꾸준히 반영되었음에도 불구하고 페덱스는 추가적인 피드백을 얻기 위해 고객 만족도 조사, 온라인 모니터링, 심층적인 임시 연구 등의 다양한 방법을 활용하고 있다.

이런 다양한 고객 피드백 측정에서 얻은 정보는 페덱스가 산업 내 선두 기업의 지위를 유지하는 것과 유명한 말콤볼드리지(Malcolm Baldridge) 국가품질상(National Quality Award)을 수상하는 데 커다란 역할을 했다.

Carolyn Jenkins/Alamy Stock Photo

출처: "Blueprints for Service Quality: The Federal Express Approach," *AMA Management Briefing*(New York: American Management Association, 1991), 51-64; Madan Birla, *FedEx Delivers: How the World's Leading Shipping Company Keeps Innovating and Outperforming the Competition*(Wiley, 2013), ISBN-13: 978-0471715795

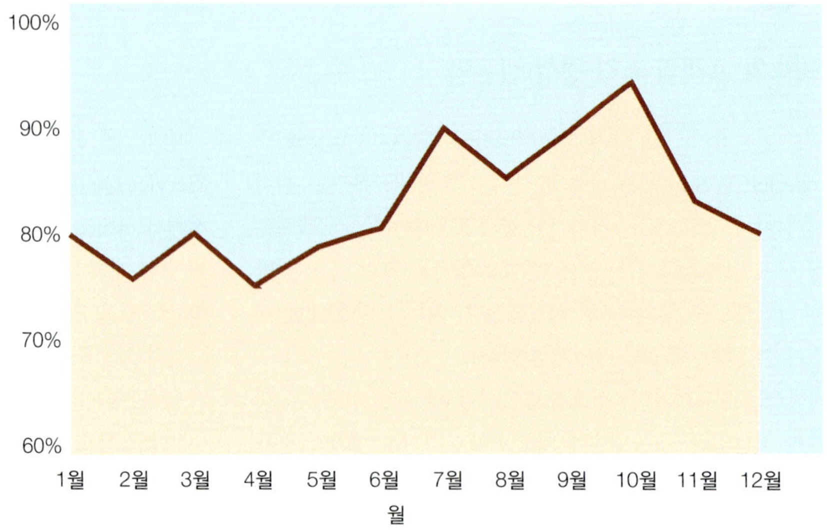

그림 14.11 출발시간에서 15분 이내에 출발하는 비행기를 백분율로 나타내는 출발 지연에 대한 관리도

인할 수 있다. 그림 14.11은 중요한 명시적 기준인 정시 출발에 대한 항공사의 성과를 보여준다. 도표의 추세를 보면 성과가 꾸준하지 않고 매우 만족스러운 것은 아니기 때문에, 이러한 성과는 경영진에게 문제로 제기되어야 한다. 물론 관리도는 근거가 되는 데이터와 동등하게 여겨진다.

학습목표 8
서비스 문제를 분석하는 데 적합한 방법을 선택한다.

서비스 품질 문제의 분석 및 전달을 위한 도구

묵시적이고 명시적인 측정 방법을 활용하여 서비스 품질을 평가한 후에 기존 서비스 품질의 문제에 대한 공통 원인을 파악하고 수정 조치를 취할 수 있는 방법에는 무엇이 있는가? 어떤 문제가 통제 가능한 내부적인 요인에 의해 발생될 때는 그 문제가 재발되는 것에 대한 변명이 통하지 않는다. 결국 서비스 실패 이후에도 고객 신용을 유지하는 방법은 "지속적으로 재발 방지를 위해 힘쓸 것입니다!" 같은 약속을 지키는 데 달려 있다. 예방을 목표로 하고, 구체적인 서비스 품질 문제에서 근본 원인을 발견하기 위한 도구를 간단히 살펴보자.

근본 원인 분석: 피시본 다이어그램

인과관계 분석은 일본의 품질전문가인 이시카와 카오루가 처음 개발한 방법을 활용한다. 직원과 관리자는 특정 문제를 야기할지도 모르는 모든 가능한 원인을 브레인스토밍 과정을 통해 파악한다. 그리고 그 원인은 인과관계 차트인 피시본 다이어그램(fishbone diagram)에 5가지 차원, 즉 장비, 인력, 원료(자재), 절차, 기타 중 하나로 분류한다. 피시본 다이어그램은 생김새 때문에 붙여진 이름이다. 이 기법은 제조업에서 처음 사용되었으며 최근에는 서비스 산업에서도 사용된다.

서비스 조직에서는 이 도구를 더 잘 적용하기 위해 5가지 차원이 아닌 8가지 차원의 확장된 프레임워크를 사용한다. '인력' 차원은 전방 인력이나 후방 인력으로 구분할 수 있는데, 이는 전방 서비스 문제가 주로 고객에 의해 직접적으로 경험되는 반면, 후방 서비스 실패는 파급 효과를 통해 더욱 간접적으로 나타나는 경향이 있음을 강조한다.

'정보'는 '절차'와 분리되어 있는데, 이는 많은 서비스 문제가 정보 부족에서 야기된다는 사실을 보여준다. 예를 들면, 이런 실패는 전방 인력이 필요한 정보를 즉시 입수할 수 없거나, 고객에게 언제, 무엇을 해야 하는지 알리지 않기 때문에 일어나곤 한다.

'고객'은 근본 원인의 또 하나의 원천이 된다. 고접촉 서비스 상황에서는 고객이 전방 운영에 관여한다. 고객이 자신의 역할을 올바로 하지 않는다면 서비스 생산성을 감소시키거나 자신과 다른 고객에게까지 품질 문제를 야기할 수도 있다. 예를 들면, 고객이 짐을 직접 화물로 실어야 하는데 크기가 큰 여행가방을 가지고 출발시간이 다 되어서 비행기에 탑승하려고 한다면 이륙이 지연될 것이다. 그림 14.13은 비행기 출발 지연의 27가지 발생 가능한 원인을 보여준다.[13]

일단 비행 지연을 유발할 수 있는 모든 주요 원인이 확인되면 실제로 각 원인이 비행기 지연에 얼마나 많은 영향을 주는지 평가하는 것이 필요하다. 이는 다음에 논의할 파레토(Pareto) 분석과 함께 빈도수 활용에서 입증할 것이다.

그림 14.12 서비스 실패의 근본 원인은 항상 명백하거나 분석을 요구하지는 않는다.

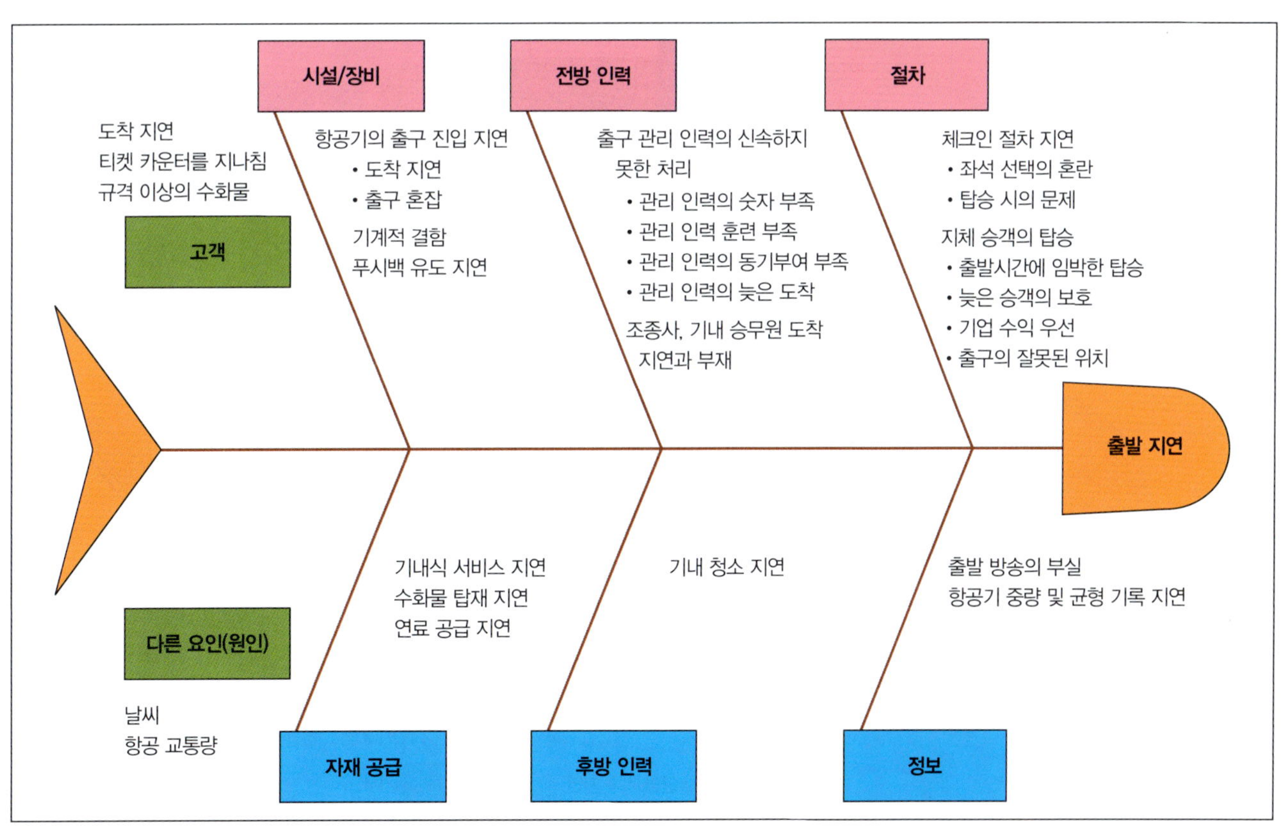

그림 14.13 비행 출발 지연의 인과관계 차트

파레토 분석

파레토 분석(Pareto analysis, 처음 개발한 이탈리아 경제학자의 이름에서 유래)은 관측 결과의 주요 원인을 명확히 하며, 중요사항을 사소한 것과 분리하여 서비스 기업이 가장 중요한 영역에서 개선 노력을 집중할 수 있도록 도움을 준다. 이러한 유형의 분석은 소위 80/20 법칙을 기반으로 하는데, 파레토 분석은 단지 20%의 인과 변수(예: 피시본 다이어그램에서 정의된 가능한 원인의 수)가 한 변수의 80% 값(예: 서비스 실패 횟수)을 야기한다는 것을 자주 밝

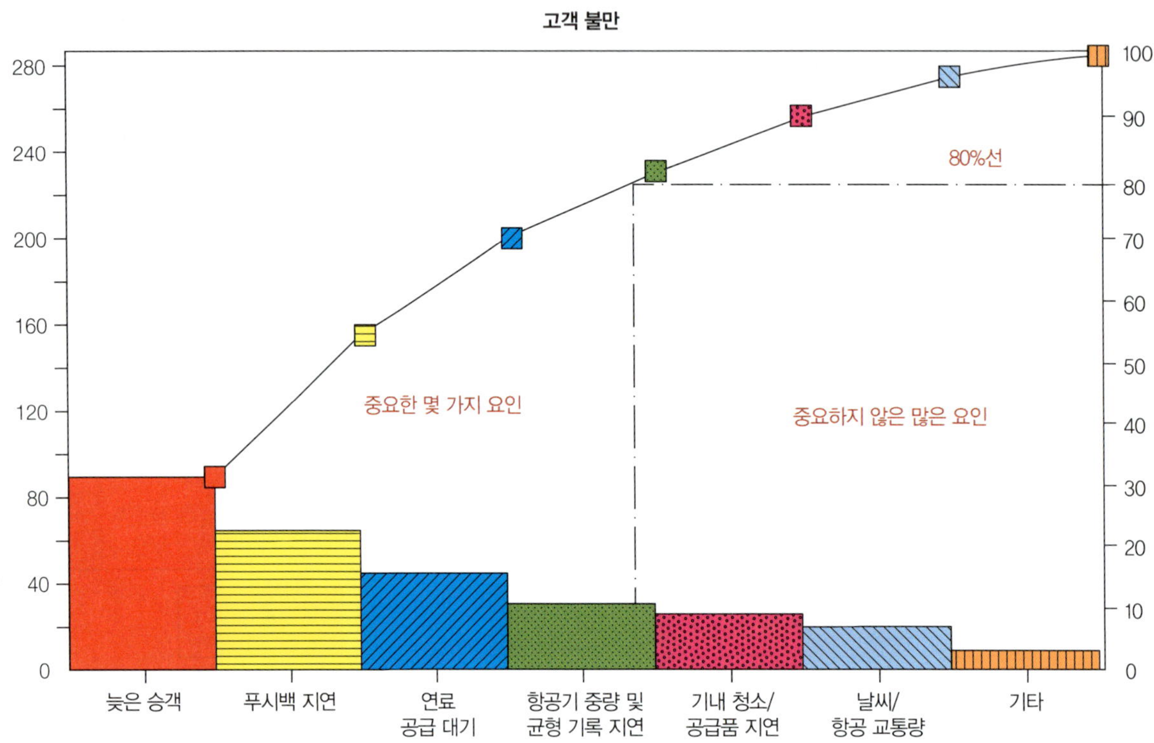

그림 14.14 비행 출발 지연의 파레토 분석

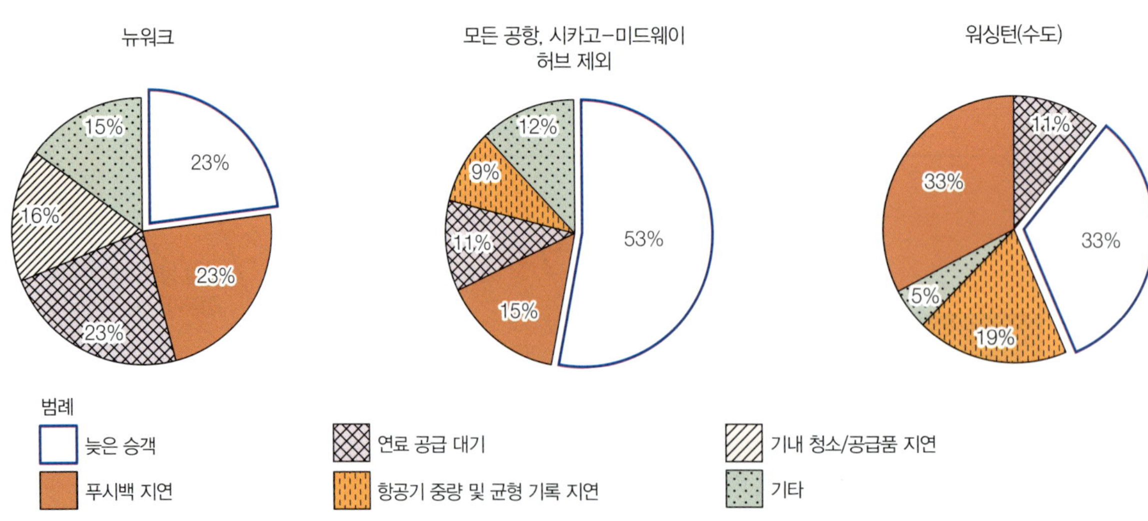

그림 14.15 비행 출발 지연의 원인 분석

혀내곤 하기 때문이다. 피시본 다이어그램과 파레토 분석을 함께 활용하여 서비스 실패의 주요 원인을 파악할 수 있다.

한 항공사의 사례에서 조사 결과에 따르면 공항에서 출발 지연의 82%는 모든 지연 요소 가운데 단 4가지(15%)에 의해서만 발생했다(그림 14.14). 사실 출발 지연의 30% 이상이 한 가지 요소인 승객의 늦은 탑승(즉 공식적인 탑승 마감 시간 이후에 탑승 수속하는 승객을 비행기에 탑승시키려는 상황)으로 인해 발생했다. 하지만 추가 분석에서 지연 원인은 공항마다 유의미하게 다른 것으로 나타났다(그림 14.15). 이러한 발견은 각 공항팀이 개선을 위한 다른 우선순위를 설정해야 함을 시사한다.

서비스 청사진: 서비스 실패 지점을 파악하는 강력한 도구

피시본 다이어그램과 파레토 분석은 서비스 품질 문제의 원인과 중요성에 대해 알려준다. 서비스 청사진(blueprint)은 서비스 프로세스에서 정확히 어디에서 문제가 발생되었는지 상세히 알려준다. 8장에서 설명한 바와 같이 잘 만들어진 청사진은 ① 고객이 서비스 제공자, 서비스 시설 및 장비와 접해서 경험하는 일련의 전방 단계 상호작용과 ② 고객에게 보이지 않고 서비스 경험의 일부가 아닌 후방 지원 단계 활동을 보여줌으로써 서비스 전달 프로세스를 시각화할 수 있게 한다.

서비스 청사진은 서비스 실패가 가장 발생하기 쉬운 잠재적 실패 지점을 확인하고, 한 지점의 실패가 어떻게 프로세스의 다음 단계에서 파급 효과를 일으키는지를 이해하는 데 도움을 준다. 청사진의 실패점에서 빈도수를 계수하여 관리자는 가장 빈번하게 발생하여 긴급한 주의를 요하는 특정 유형의 실패를 확인할 수 있다. 어떤 것이 어디에서 잘못되었는가를 아는 것이 서비스 품질 문제를 예방하는 중요한 첫째 단계이다. 이를 통해 서비스 프로세스 재설계팀이 그런 실패 요소를 시스템에서 제거할 수 있다.

한 가지 바람직한 해결책은 실패 요소를 시스템에서 제거하는 것이다(이를 접근하는 방법에 관한 포카요케 기법은 8장 참조). 쉽게 프로세스에서 제거할 수 없거나 쉽게 예방할 수 없는 실패(예: 날씨 또는 공공 인프라에 관련된 문제)의 경우 해결책은 비상시 대책과 서비스 회복 지침의 개발을 위주로 삼을 수 있다(서비스 회복 정책과 절차의 설계 방법은 13장 참조).

품질 수익률

 **학습목표 9**

품질 수익률을 이해하고 최적의 신뢰성 수준을 결정한다.

이제는 구체적인 품질 문제를 상세히 이해할 수 있고, 8장에서 배운 대로 개선된 서비스 프로세스를 설계하거나 재설계하는 방법을 활용할 수 있다. 하지만 품질 향상과 관련된 재무적 의미를 이해하지 못했다면 아직 미흡한 수준이다. 많은 기업은 서비스 품질을 개선하기 위해 많은 노력을 기울였다. 하지만 그중 상당수는 결과에 실망했다. 심지어 서비스 품질 향상으로 유명한 기업조차도 때때로 재무상의 어려움을 겪었다. 부분적인 이유는 기업이 고객의 가치를 인정하지 않거나 심지어 인식조차 하지 못한 품질 향상에 너무 많은 지출을 했기 때문일 수도 있다. 그와 같은 결과는 서비스 품질 프로그램의 잘못된 또는 불완전한 실행이라는 측면을 암시해준다.

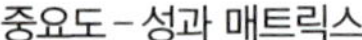

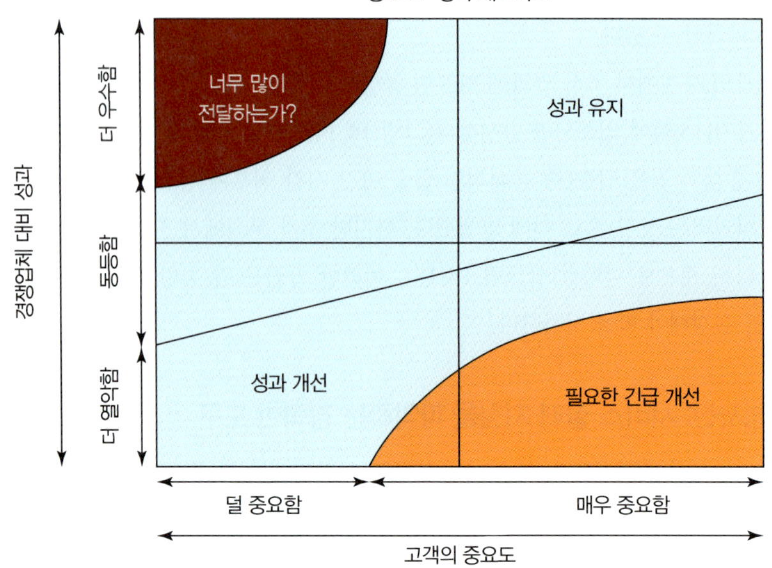

그림 14.16 중요성–성과 매트릭스는 기업의 서비스 성과를 경쟁업체와 고객 니즈와 비교한다.

품질 선도의 비용 및 수익에 대한 평가

품질 수익률(return-on-quality, ROQ) 접근법은 품질 선도의 비용과 수익을 평가한다. 이 접근법은 다음의 가정에 근거한다. ① 품질은 투자이다. ② 품질 노력은 반드시 재무적으로 적합해야 한다. ③ 서비스 품질에 너무 많이 지출할 수 있다. ④ 모든 서비스 품질 관련 지출이 똑같이 정당화되는 것은 아니다.[14] 따라서 품질 향상을 위한 지출은 예상되는 수익성 증가와 반드시 관련되어야 한다.

새로운 품질 향상 노력이 적합한지 확인하기 위해 비용을 먼저 산정하고, 그다음 고객이 어떻게 반응할 것인지 예측해야 한다. 기록 관리가 잘되어 있다면 기업은 여러 지점에서의 서비스 경험을 조사할 수 있고, 특정한 서비스 품질 개선과 수익 사이의 관계의 강도를 판단할 수 있다(서비스인사이트 14.3 참조). 고객 만족과 구매 행동에 가장 큰 효과가 있는 개선을 확인할 수 있는 방법에는 중요성–성과 매트릭스(importance-performance matrix, 그림 14.16 참조), 종합 만족도에 가장 높은 효과를 나타내는 속성을 결정하는 다중회귀 분석, 개선 우선순위에 관해 고객에게 직접 질문하는(예: "개선한다면 최우선적인 4가지는 무엇입니까?") 한계효용 분석(marginal utility analysis, MUA) 등이 있다.[15]

신뢰도의 최적 수준 결정

어느 수준까지 서비스 신뢰도를 향상해야 하는가? 서비스 품질이 빈약한 기업의 경우 서비스 향상에 비교적 적은 투자를 하더라도 신뢰도를 크게 높이는 경우가 종종 발생한다. 그림 14.17에 나타나 있듯이 서비스 실패를 줄이기 위한 초기 투자는 흔히 극적인 결과를 가져온다. 그러나 일정 수준이 되면 투자의 효과는 줄어들고, 더 많은 향상을 위해 투자의 증가 또는 엄청난 투자까지 요구된다. 그렇다면 어느 수준의 신뢰도가 적절한 목표인가?

SERVICE INSIGHTS 14.3

홀리데이인의 시설 품질과 객실 수익률

호텔 산업에서 서비스 품질과 재무 성과 사이의 관계를 찾아내기 위해 셰릴 카임즈(Sheryl Kimes)는 미국과 캐나다에 있는 홀리데이인(Holiday Inn)의 1,135개 체인점에서 품질 및 운영 성과에 대한 3년간의 데이터를 수집하여 분석했다.

서비스 품질의 지표는 호텔 본사의 품질 보증 보고서에 근거했다. 이 품질 보증 보고서의 자료는 반년마다 조사되고 공개되지 않는데, 여러 지역에 순환 배치되어 각 호텔의 다양한 품질 요소를 검열하고 평가하는 전문적인 품질검사원이 작성한다. 셰릴 카임즈는 12가지 게스트룸(침실과 화장실)에 관한 두 가지와 공용지역에 관한 10가지(예: 외관, 로비, 공중 화장실, 식당 시설, 라운지 시설, 복도, 모임 장소, 레크리에이션 장소, 주방, 창고 영역 등) 품질 차원을 활용했다. 각 품질 차원은 주로 통과하거나 낙제할 수 있는 10~12가지 개별항목을 포함한다. 검사원은 각 차원마다 결함의 수와 호텔 전체의 총결함 수를 기록한다.

또한 홀리데이인은 모든 체인에서 이용 가능한 객실 수익(revenue per available room, RevPAR)을 데이터로 제공했다. 지역 상황에 따른 차이를 줄이기 위해 카임즈는 미국과 캐나다에 있는 수천 개의 호텔에서 수집한 판매 및 수익통계를 분석했다. 이 데이터를 통해 카임즈는 개별 홀리데이인의 중간 규모 경쟁사의 객실 수익을 계산할 수 있었고, 결과적으로 모든 홀리데이인에서 유사한 객실 수익을 산출해낼 수 있었다. 그 당시 하루 평균 객실 요금은 약 50달러 정도였다.

연구 목적 차원에서 만약 한 호텔이 어떤 영역에서 최소 한 목록에 결함이 있다면, 이는 그 영역에 '결함이 있다'고 간주된다. 이는 호텔의 결함 수가 늘어나면 객실 수익은 감소한다는 것을 나타낸다. 외부 시설, 게스트룸, 고객 화장실이 객실 수익에 매우 큰 영향력을 주는 품질 차원으로 나타났다. 객실 수익의 통계에서 단 한 가지 결함조차도 현저한 수익 감소의 결과를 초래했다. 하지만 모든 3가지 차원의 결함이 조합된다면 시간의 흐름에 따라 객실 수익에 더욱 큰 영향을 주는 것으로 나타났다. 카임즈는 결함이 있는 호텔의 연평균 수익이 결함이 없는 호텔과 비교하여 총 20만 4,400달러의 손실이 있었음을 밝혀냈다.

품질 수익률(ROQ)의 관점에서 본다면 내부 관리 및 유지와 예방 관리를 위한 지출은 주로 호텔 외관, 객실 및 욕실 측면에서 증가하는 것이 바람직하다.

Ian Dagnall/Alamy Stock Photo

출처: Sheryl E. Kimes, "The Relationship between Product Quality and Revenue per Available Room at Holiday Inn," *Journal of Service Research* 2 (November 1999): 138–144.

일반적으로 서비스 회복 비용은 불만족한 고객의 비용보다 낮은데, 이는 점진적인 서비스 개선 비용이 서비스 회복 비용(실패의 실제 비용)과 같을 때까지 신뢰도를 증가시켜야 한다는 전략을 제시한다. 이 전략대로 한다면 결국 100% 실패 없는 서비스가 되겠지만, 기업은 여전히 잘 계획된 서비스를 제공하고, 실패가 발생한 경우 서비스 회복에 대해 보증함으로써 표적 고객의 100% 만족을 목표로 한다.

생산성의 정의 및 측정

학습목표 10

서비스 생산성을 정의하고, 이를 측정하는 방법을 알아본다.

역사적으로 서비스는 생산성 성장에서 제조업에 뒤처져 있었다. 그러나 매킨지글로벌인스티

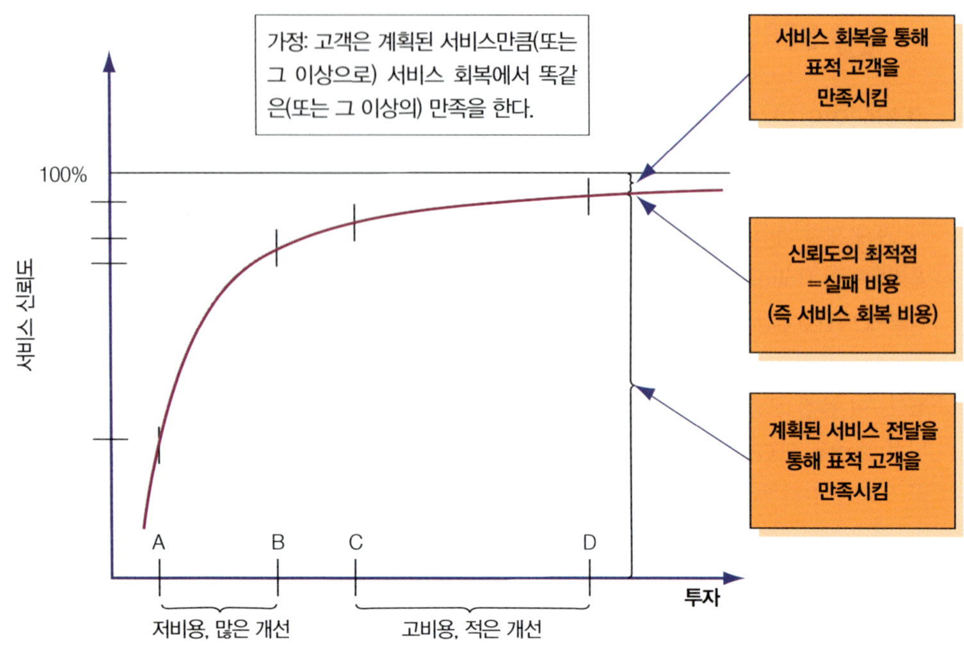

그림 14.17 서비스 신뢰도 개선은 어느 시점부터 비경제적인가?

튜트(McKinsey Global Institute)의 연구에 따르면 2000년 이후 미국의 노동 생산성 성장에 가장 크게 기여한 산업 7개 중 5개가 서비스 산업이라고 한다. 이러한 산업은 소매 및 도매 유통, 금융과 보험, 관리 지원 서비스, 과학적/기술적 서비스이다.[16] 명백히 기술의 발전은 생산성의 극적인 향상을 가능하게 한다. 품질과 생산성 향상 전략을 분리하기보다 함께 보는 것이 필요하다고 이 장의 도입부에서 강조했다. 기업은 장기수익성을 향상시키기 위해 품질에 대한 경험을 보다 효율적으로 전달할 필요가 있다. 먼저 생산성의 정의와 측정 방법에 대해 논의해보자.

서비스 차원에서 생산성의 정의

간단히 정의하면 생산성은 사용된 투입량 대비 생산된 산출량을 측정하는 것이다. 따라서 생산성 향상은 투입량 대비 산출량의 증가에 비례한다. 이러한 증가는 일정한 산출량을 생산하면서 투입량을 줄이거나, 주어진 일정 투입량으로 산출량을 증가시킴으로써 개선할 수 있다.

서비스 산업에서 '투입'이 의미하는 것은 무엇인가? 투입은 사업의 성격에 따라 다양하며 노동력, 원자재, 에너지, 자본(토지, 건물, 장비, 정보 시스템, 금융 자산으로 구성)을 포함할 수 있다. 서비스 성과의 무형성은 제조업의 생산성보다 서비스 산업의 생산성의 측정을 더 어렵게 만든다(그림 14.18).

GLASBERGEN

"만약 우리의 연속적인 ARS에 대해 견딜 수 없어서 소리 지르거나 뛰쳐나가고 싶으시면, 44번을 누르세요. 기분이 나아져서 계속하고 싶으시다면 45번을 누르세요…."

그림 14.18 기업의 생산성 향상으로 인해 고객이 서비스 직원과 쉽게 대화할 수 없다면 고객 불만을 초래할 수 있다.

생산성 측정

흔히 결과물을 정의하기 어렵기 때문에 서비스의 생산성을 측정하는 일은 어렵다. 병원과 같이 사람을 대상으로 하는 서비스 상황에서 1년 이상 치료받는 환자 수나 병원의 '통계 조사' 또는 평균 병상 점유율을 확인할 수 있다. 하지만 암과 같은 종양 제거, 당뇨병 치료, 혹은 부러진 뼈를 고정시키는 것과 같은 다른 형태의 의료 활동을 계산에 어떻게 넣을 수 있는가? 환자 간의 차이는 어떠한가? 매우 예측 가능한 결과를 가져오는 표준화된 의료 절차는 수치상 상대적으로 적다.

측정 과업은 사물을 대상으로 하는 서비스에서 더 단순해질 수 있다. 대부분 투입과 산출은 쉽게 측정할 수 있는 준제조 분야 운영에서 제공되기 때문이다. 자동차 오일이나 자동차 타이어를 교체하는 정비소, 제한적이고 단순한 메뉴를 제공하는 패스트푸드점을 예로 들 수 있다. 그러나 자동차 정비사가 누수 부위를 찾아서 수리해야 하는 경우, 또는 다양하고 탁월한 요리로 유명한 프랑스 레스토랑과 거래하는 경우에는 측정 과업은 더 복잡해진다.

이러한 보다 상세한 고려사항과는 별도로 노동 생산성(예: 직원당 수익, 직원당 부가가치, 직원당 서비스 제공 고객 수 등)과 자산 생산성(예: 자산 수익률)은 상위 수준의 생산성을 측정하기 위해 자주 사용되는 척도이다.

서비스 효율성, 생산성, 효과성

학습목표 11

생산성, 효율싱, 효과성의 차이를 이해한다.

생산성이라는 주제를 다루기 위해서는 생산성, 효율성, 효과성을 구별해야 한다.[17] **생산성**은 투입에 대한 산출의 재무적 가치이다(예: 노동 및 자산 생산성). **효율성**은 주로 시간에 근거한 표준과의 비교 값을 의미한다. 예를 들어, 직원이 특정한 업무를 수행하는 데 산업 평균 또는 어떤 다른 표준과 대비하여 얼마나 시간이 걸리는가? 그 과업이 빨리 완수될수록 효율성은 높아진다. **효과성**은 조직의 목표와 원하는 결과(통상 고객 만족 포함)를 달성하는 정도로 정의할 수 있다. 피터 드러커(Peter Drucker)는 이를 "효율성은 일을 올바로 하는 것이고, 효과성은 옳은 일을 하는 것이다"라고 간결하게 표현했다.

생산성과 효율성 측정의 전통적 방법은 성과(outcome)보다 산출(output)과 벤치마킹에 초점을 맞춘다. 이는 생산성과 효율성이 강조되고, 효과성은 등한시된다는 의미이다. 예를 들어, 화물 운송에서 늦게 배송된 화물의 생산량 1톤은 생산성 목적으로는 정시 배달된 유사한 수송과 같은 방식으로 취급된다. 이와 비슷하게 시간당 3명의 고객을 응대하는 미용사를 생각해보자. 고객과의 대화를 줄이고 서둘러서 15분마다 한 고객을 응대해 산출을 증가시킬 수 있다. 헤어컷 자체는 이전과 같이 좋을지라도 전달 프로세스는 기능적으로 품질이 떨어진다고 인식되어 고객은 전체적인 서비스 경험을 덜 긍정적으로 평가하게 될 것이다(그림 14.19). 이 사례에서 생산성과 효율성은 달성되었으나 효과성은 그렇지 않다.

장기적으로 고객이 원하는 결과물을 지속적으로 전달하는 데 더 효과적인 조직은 산출에 대해 높은 가격을 결정할 수 있고, 충성적이고 수익성 있는 고객 기반을 구축할 수 있다. 따라서 생산성과 효율성 이외에 효과성과 산출을 강조할 필요가 있다.

그림 14.19 어느 미용사가 대화를 적게 하여 일의 속도를 높이려 한다면 헤어컷과 함께 대화를 기대한 고객은 그 전달 프로세스가 좋지 않다고 생각할 수 있다.

서비스 생산성 향상

다양한 서비스 분야에서의 경쟁 심화는 기업이 생산성 향상 방법을 찾도록 지속적으로 강요한다.[18] 여기에서는 생산성을 높이기 위한 다양한 방법과 원천에 대해 살펴보자.

학습목표 12

서비스 생산성 향상의 핵심 방법을 알아본다.

일반적인 생산성 향상 전략

전통적으로 운영 관리자는 서비스 생산성 향상을 담당해왔고, 그들의 초점은 "더 좋게, 더 빠르게, 더 낮은 비용으로" 동일한 산출을 달성하는 것으로 요약할 수 있다. 그들은 일반적으로 다음과 같은 사항에 집중한다.

- 프로세스의 모든 단계에서 비용을 신중하게 관리한다. 많은 고위 관리자가 "원가는 손톱과 같다. 정기적으로 잘라내야 한다"라는 말에 동의한다.
- 원자재와 노동의 낭비를 감소시킨다(서비스인사이트 14.4 참조).
- 보다 빠르게, 더 잘, 더 효율적으로 일하도록 직원을 훈련하고 동기를 부여한다.
- 서비스 담당자가 취할 수 있는 업무 범위를 확장한다. 이로써 가장 적합한 장소에 직원을 배치하여 병목 지점과 작업을 중단하는 시간 낭비를 제거할 수 있다.
- 고객 서비스 프로세스를 더욱 생산적이고 더 효과적으로 재설계한다(예: 린 6시그마).
- 보다 빠르고 더 높은 품질 수준으로 일할 수 있도록 직원에게 기계, 장비, 기술, 인텔리전트 자동화와 애널리틱스를 제공한다.
- 기존에 고임금의 숙련된 개인이 수행했던 업무를 준전문가가 수행할 수 있도록 도와주는 전문가 시스템을 설치한다.
- 자동화 기계, 인텔리전트 자동화, 서비스 로봇과 고객이 작동할 수 있는 셀프서비스 기술(SST)로 서비스 인력을 대체한다.[19]
- 서비스 수준을 분류하여 더 중요한 고객에게 자원 배분을 더 잘하게 한다.
- 공급과 수요의 균형을 더 잘 이루고 수용 능력을 최고 수준보다는 평균 수준에 맞추어 설비 활용도를 향상시킨다.
- 외부 업체에 의해 더 원가 효율적으로 제공할 수 있는 비핵심적인 활동은 외주를 준다.

Robert Kneschke/Shutterstock

그림 14.20 긴 대기시간은 종종 서비스 프로세스 재설계가 필요하다는 사실을 나타낸다.

생산성 향상은 작은 단계부터 접근할 수 있지만, 획기적인 향상은 주로 전체적인 고객 서비스 프로세스의 재설계를 필요로 한다. 예를 들면, 보통 의료 산업에서와 같이 고객이 인내할 수 없을 정도로 긴 대기시간이 발생할 때가 서비스 프로세스 재설계를 할 때이다(그림 14.20). 서비스 프로세스 재설계는 8장에서 자세히 다루었다.

생산성 향상을 위한 고객 주도적 방법

고객이 서비스 생산 프로세스에 더 깊이 관여하는 상황이라면 운영 관리자는 고객의 투입을

SERVICE INSIGHTS 14.4

병원의 노동 및 장비 낭비 감소시키기

플로리다에 있는 마틴헬스시스템 병원(Martin Health System hospital)에는 반복하여 발생하는 문제가 있었는데, 바로 응급실의 간호사가 환자에게 정맥(IV) 펌프를 제때 찾아올 수 없다는 것이었다. 마틴팀은 린(Lean) 품질 개선 철학에 동의하면서 반복되는 문제를 분석하고 근본 원인 분석을 실시했다. 간호사들은 장비를 찾는 데 평균적으로 38분을 소비하여 이미 바쁜 일정에서 환자 간호를 위한 귀한 시간을 빼앗기고 있었다. 심지어 몇몇 간호사는 필요할 때 신속하게 쓰기 위해 장비를 비축하여 장비가 부족하다는 잘못된 인식을 갖게 했다. 그러나 분석에 따르면 병원에는 병상당 1.2개의 여분의 정맥(IV) 펌프가 있었다. 정작 부족했던 것은 간호사가 필요할 때 그 장비를 확보할 수 있는 효율적인 시스템이었다.

해결책은 간호병동에 필요한 장비를 비축하는 '장비 슈퍼마켓'을 개발하여 구현하는 것이었다. 진열대를 색깔로 표시하여 한눈에 필요한 것이 무엇인지 확인할 수 있게 했다. 초록색은 '적절한 공급', 노란색은 '곧 다시 채울 것', 빨간색은 '즉시 재입고할 것'을 나타낸다. 이러한 재설계된 시스템은 효과적으로 간호사들이 장비를 찾으러 낭비하는 시간을 제거하고, 비축하는 행동도 중단시켰다. 간호 서비스 품질과 간호 업무 참여도를 개선하고, 장비 비용은 감소했다.

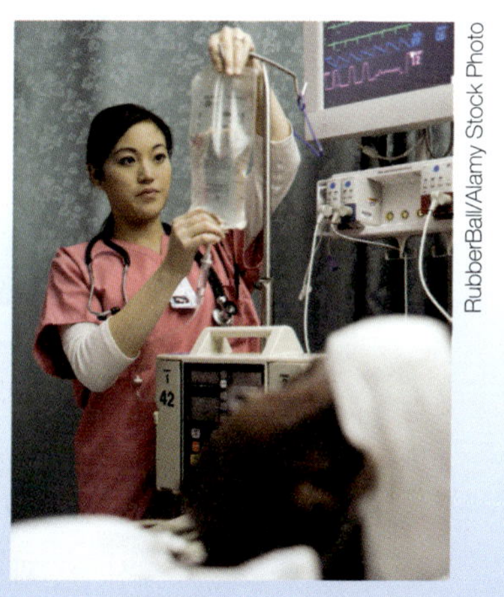

RubberBall/Alamy Stock Photo

출처 : Leonard L. Berry, "Service Innovation Is Urgent in Healthcare," *AMS Review* 9(1) (2019): 78-92 ; John S. Toussaint and Leonard L. Berry, "The Promise of Lean in Healthcare," *Mayo Clinic Proceedings* 88(1) (2013): 74-82

보다 생산적으로 만들 수 있는 방법에 대해 심사숙고해야 한다. 마케터는 고객을 더 생산적인 방식으로 행동할 수 있도록 만드는 마케팅 전략을 생각해봐야 한다. 이러한 몇 가지 방법을 소개한다.

- **고객 수요의 시점을 변경한다.** 고객이 성수기가 아닌 때 서비스를 이용하도록 격려하고 인센티브를 제공함으로써 관리자는 생산 자산을 더 효율적으로 활용하고 더 좋은 서비스를 제공할 수 있다. 수익 관리 전략은 6장에서 살펴보았고, 공급량 변경이 제한된 서비스 산업에서 수요 관리와 관련된 이슈는 9장에서 상세히 논의되었다.
- **고객을 서비스 생산에 더 관여시킨다.** 거래를 인터넷, 챗봇, 앱, 셀프서비스 같은 더욱 비용 효과적인 서비스 전달 채널로 이전하는 것은 생산성을 향상시킨다. 많은 기술 혁신을 통해 기존의 서비스 직원이 수행했던 업무를 고객이 수행할 수 있도록 설계한다(그림 14.21). 서비스 공동 생산자로서 더 적극적인 역할을 하는 고객에 관련된 이슈는 8장의 서비스 프로세스 설계의 맥락에서 상세히 논의되었다.
- **고객에게 제3자를 이용하도록 요청한다.** 몇 가지 예에서 볼 수 있듯이 관리자는 하나 또는 몇몇 서비스 지원 기능을 제3자에게 위임함으로써 서비스 생산성을 향상시킬 수 있다. 전문적인 중개업체는 핵심 서비스 제공업체보다 해당 업무를 더 저렴하게 수행할

D'ean Bertoncelj/Shutterstock

그림 14.21 신용카드 판독기를 이용하는 셀프 주유는 주유소의 생산성을 증대시켰다.

수 있는 규모의 경제 효과를 누릴 수도 있다. 이는 서비스 담당자가 자신의 전문 분야에서 품질과 생산성에 초점을 맞추게 할 수 있다.

학습목표 13
생산성 향상이 품질과 가치에 어떤 영향을 미치는지 알아본다.

생산성 향상은 품질과 가치에 어떻게 영향을 주는가

자원 투입은 고객이 바라는 성과를 산출하는 데 활용되어야 한다. 이는 특히 부서 상호 간의 그리고 지리적 경계를 넘는 프로세스뿐 아니라 서비스 운영의 전방과 후방 영역을 연결하는 프로세스에서 중요하다. 따라서 기업의 생산성이 향상됨에 따른 고객 경험에 미치는 영향을 검토해야 한다(이 장의 초반에 서비스 품질-생산성-수익성의 삼각형에 관한 논의 참조).

생산성 향상을 위한 전방 부서의 노력 고객 접촉이 많은 서비스에서 많은 생산성 향상 효과는 상당히 가시적인 효과를 낸다. 어떤 변화는 단순히 고객의 수용을 필요로 한다. 또 어떤 변화는 고객의 행동 변화를 필요로 한다. 상당한 변화가 발생한다면, 첫 번째로 어떻게 고객이 반응할지 확인하기 위해 시장 조사를 실시해야 한다. 고객에게 미치는 영향을 고려하지 않는다면 기업은 사업상의 손실과 예상되는 생산성 향상을 기대할 수 없을 것이다(고객이 서비스 프로세스의 변화를 꺼리는 것을 관리하고 극복하는 방법에 관해서는 8장 참조).

후방 부서의 변화가 고객에게 미치는 영향 후방 부서의 변화에 대한 마케팅적 의미는 고객에게 직접적으로 영향을 미치거나 고객이 알아챌 수 있는지에 달려 있다. 항공사 수리 직원이 임금 상승이나 원자재 비용 상승을 수반하지 않고 보다 빠르게 제트엔진을 수리하는 절차를 개발할 경우 고객의 서비스 경험에는 아무런 영향을 주지 않지만 생산성 향상을 얻을 수 있다.

하지만 다른 후방 부서의 변화는 전방으로 확장되거나 고객에게 영향을 주는 파급 효과가 있을 수 있다. 마케터는 이러한 후방 변화를 계속 추적하여 그 파급 효과를 확인하고, 이러한 변화에 대해 고객을 준비시켜야 한다. 예를 들면, 은행에서 IT 시스템을 변경하면 월간명세서가 달라질 수 있다. 고객이 이런 변화를 쉽게 알아차릴 수 있다면 이에 대한 설명이 필요할 수도 있다. 새로 발급된 명세서를 휴대폰에서 더 잘 볼 수 있으며 읽고 이해하기가 더 쉽다면 이런 변화는 서비스 향상으로 여겨질 만한 가치가 있을 것이다.

비용 절감 전략에 대한 주의사항 신기술이 필요하지 않은 상황에서 서비스 생산성 향상은

SERVICE INSIGHTS 14.5

생체인식: 생산성과 고객 편의성을 주도하는 최첨단 기술

서비스 산업에서의 극심한 경쟁 압력과 극도로 낮은 판매 수익은 품질 향상을 위해 기업이 비용을 투자하는 것을 매우 어렵게 만든다. 그러나 서비스 품질과 효율성을 동시에 향상시키는 방법을 찾는 비결은 언제나 존재한다. 인터넷과 서비스 앱은 과거에 많은 기업이 비용 효과적으로 서비스 우수성을 실행하도록 도움을 주었고, 이러한 비용 효과적인 서비스 우수성은 금융 서비스업, 도서 및 음반 소매업, 여행 대행업 같은 산업을 변화시켰다. 생체인식은 서비스 분야에서 더 나은 서비스와 생산성을 추진할 차세대 주요 기술이 되고 있다.

생체인식은 신체적 특징이나 개인의 특성에 기초하여 개인의 신분을 증명하는 것이다. 신체적 특징은 지문, 얼굴인식, 손의 형상이나 홍채 구조를 포함한다. 특성은 서명의 형태, 타이핑 패턴, 음성인식을 포함한다. 생체인식은 당신이 아는 것(비밀번호나 개인정보의 일부)이나 당신이 가지고 있는 것(카드 키, 스마트카드, 기타 증표)보다 훨씬 편리하고 안전하다. 당신의 생체인식은 잊어버리거나, 잃어버리거나, 복제되거나, 대여되거나, 도둑맞을 위험이 없다.

생체인식의 응용 범위는 서비스 시설(디즈니월드에서 시즌 입장권을 가진 사람에게 출입을 허용할 때 활용)에 접근 통제, 콜센터에서의 음성인식[찰스슈왑(Charles Schwab)에서 빠르고 불편 없이 고객을 확인할 수 있게 사용], 셀프서비스로 은행의 안전한 예금 금고에 접근[하와이 은행(Bank of Hawai)에서 이용], 학교에서 도서관 책 대출과 급식 계정에 결제(아이의 지문 스캔에 기반)까지 다양하다. 이 모든 애플리케이션에서 생체인식은 기업에게는 비용을 절감해주면서 고객 경험을 향상시켜준다.

생체인식은 매우 흥미로운 애플리케이션을 만들면서도 일반적으로 더 안전하다. 그러나 잘못 취급된다면 잠재적인 피해는

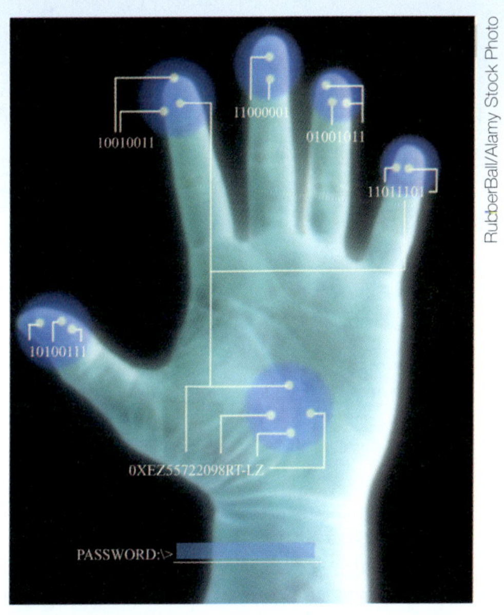

그림 14.22 고객은 자신의 생체인식을 잊거나 잃어버릴 수 없다.

훨씬 더 심각할 것이다. 생체인식은 심지어 복제될 수 있다. 손상된 비밀번호를 재지정하는 것은 번거로운 일일 뿐만 아니라 누군가 당신의 지문이나 망막의 디지털 버전을 훔친다면 무슨 일이 벌어질까? 생체인식은 위험이 가장 높은 애플리케이션에 대한 추가적인 보안 기능으로 보완될 것이다. 미래의 서비스 혁신이 어디에서 서비스 기업과 그 고객에게 최고의 가치를 증진할 수 있는가를 보여줄 것이다.

출처: Jochen Wirtz and Loizos Heracleous, "Biometrics Meets Services," *Harvard Business Review*(February 2005): 48–49; Jochen Wirtz and Loizos Heracleous, "Biometrics—The Next Frontier in Service Excellence, Productivity and Security in the Service Sector," *Managing Service Quality* 16(1) (2006): 12–22; *The Economist*, "Internet Security: Kill or Cure"(September 7, 2013): 52; https://www.nec.com/en/global/solutions/biometrics/index.html, March 21, 2022.

노동 비용의 감소와 낭비의 제거에 집중하는 경향이 있다. 전방 직원 채용의 감소는 나머지 직원이 더 빠르고 열심히 일해야 하는 것을 의미하거나 바쁜 시간에 신속하게 고객을 상대할 직원이 충분하지 않다는 것을 의미한다. 직원이 단기간에 더 빠르게 일할 수도 있겠지만, 장기간 그렇게 일할 수 있는 직원은 거의 없다. 한번에 2~3가지 업무를 하려고 하는 직원(예: 면대면 고객을 응대하면서 동시에 전화 응대를 하는 직원)은 각각의 업무를 제대로 하지 못할 것이다. 지나친 스트레스는 불만족과 좌절감을 야기하는데, 특히 고객 니즈를 만족시키는 것과 경영진의 생산성 목표를 달성하려는 것 사이에 붙잡혀 있는 고객 접점 직원들 사이에서 그렇다.

생산성의 비약적인 향상과 동시에 서비스 품질을 강화로 이어지는 서비스 프로세스 재설계의 기회를 찾는 일은 보다 좋은 방법이다. AI가 결합된 생체인식(biometrics)은 이 두 가지를 모두 가능하게 할 수 있는 신기술이 될 것이다(서비스인사이트 14.5 참조).

학습목표 14

고객 서비스 프로세스의 품질과 생산성을 향상시키기 위해 모든 도구를 통합하는 방법을 이해한다.

서비스 품질과 생산성 향상에 대한 통합적이고 체계적인 접근 방법

이제까지 서비스 품질과 생산성 향상 방법에 관한 많은 도구와 개념을 논의했다. 표 14.4는 그러한 핵심 도구를 통합하여 일반적 9단계 프레임워크를 제시함으로써 하나의 고객 서비스 프로세스의 품질과 생산성 향상을 위한 접근 방법을 구조화하는 데 사용할 수 있다. 이러한 프로젝트는 보통 경험 많은 내부 팀 또는 외부 컨설턴트가 수행한다. 그러나 어떤 프로세스의 계속적인 향상은 (9단계에 설명된 대로) 전형적으로 프로세스 책임자의 책임이다.

학습목표 15

TQM, ISO 9000, 6시그마, 말콤볼드리지, EFQM 접근 방법이 서비스 품질과 생산성 관리 및 향상에 어떻게 관련되는지 설명한다.

서비스 품질과 생산성 향상에 대한 체계적인 접근 방법

서비스 기업이 고객, 서비스 품질, 생산성에 집중하는 전사적인 문화를 달성하도록 도와주는 체계적인 접근 방법이 있다. 실제로 이 장에서 도입된 많은 아이디어, 도구, 개념은 이러한 접근 방법에서 기인한 것이다.

전사적 품질 관리(Total Quality Management, TQM)는 일본에서 처음 개발되었는데, 제조업에서 지속적인 개선에 대한 아마도 가장 널리 알려진 접근 방법으로, 서비스 기업에서도 사용된다. TQM은 조직을 도와 서비스 우수성을 성취하고, 생산성을 증가시키며, 혁신적인 프로세스 향상을 통해 계속적으로 가치를 창출할 수 있게 한다.[20] 이 장에서 논의된 관리도, 파레토 분석, 청사진, 피시본 다이어그램 등의 많은 도구는 TQM에서 생성된 것이다.

ISO 9000 인증[21]은 품질 관리에 관한 모든 것으로, 한 기업의 품질 관리 시스템의 독립적인 평가와 인증을 제공하기 위한 요구사항, 정의, 지침, 관련 표준을 포함한다. ISO 9000은 많은 TQM 도구를 사용하고 참여 기업에 그것을 내재화한다. ISO 9000은 또한 W. 에드워즈 데밍(W. Edwards Deming)의 PDCA 주기(즉 계획-실행-평가-개선 주기)를 사용한다.

6시그마(Six Sigma)는 대량의 프로세스를 보유한 많은 서비스 기업이 불량과 주기시간을 감소시키고 생산성을 향상하기 위해 기꺼이 받아들이고 있다.[22] 통계적으로 6시그마는 100만 번의 기회 중 불과 3.4번 불량인 품질 수준을 달성하는 것을 의미한다. 이 목표가 어느 정도

표 14.4 고객 서비스 프로세스 향상에 대한 통합적인 9단계 접근 방법

단계	목표	적용 가능한 도구
1	개선과 재설계를 위한 우선순위 프로세스 결정	• 프로세스 발생 빈도와 프로세스당 불평 수를 이용하여 우선순위 프로세스를 확인한다. • 우선순위 매트릭스(실행 용이성 대 잠재적 영향)를 사용하여 서비스 향상 주도를 시작할 '쉬운 목표(low-hanging fruit)'를 확인한다.
2	최종 목록에 오른 프로세스에 대한 목표 설정 ① 고객 만족 ② 불량품 ③ 주기시간 ④ 생산성 향상	• 경쟁사 대비 내부적으로 최고 및 세계 수준을 벤치마크하여 4가지 모든 우선순위를 결정한다. • 성과의 목표 수준을 결정한다(예: 그러한 4가지 우선순위에서 산업의 최고가 되려고 하는가 아니면 산업 평균이 되려고 하는가?). • 프로젝트 차트를 이용하여 고객 서비스 프로세스 재설계 프로젝트의 목표를 공식화한다.
3	우선순위 서비스 프로세스 품질의 핵심적 요소를 확인하고 고객 니즈와 기대를 결정한다.	• 청사진을 이용하여 고객 동선의 모든 접점과 가시선을 확인하여 프로세스의 고객 관점을 이해한다. • 각 접점에 대해 고객의 눈에 비치는 품질의 의미를 결정한다[예: 2장의 서비스 품질의 5가지 차원을 이용하여 모든 중요 영역을 포함하고, 고객 피드백(불평과 불만의 내용을 분석하여 고객 감동과 혐오의 동인을 이해하는 것 포함)을 검토하고 표적 집단 인터뷰를 시행한다].
4	프로세스 성과를 평가한다.	• 명시적 척도 및 운영 프로세스 척도(예: 주기시간, 고객 대기시간, 1회성 해결 등)를 검토한다. • 프로세스 성과(예: 특정 프로세스의 고객 만족도 조사)를 측정한다. • 일선 직원을 면담하여 잘 작동되는 것, 작동되지 않는 것, 긴급한 개선이 필요한 것을 확인한다.
5	성과 부족과 품질 갭을 확인한다.	• 프로세스 성과 척도에 대비한 프로세스에 대한 고객 니즈와 욕구를 확인하여 중요 성과와 품질 갭을 결정한다. • 주요 성과 갭(예: 서비스 실패와 불만의 빈도 수를 서비스 청사진에 표기)을 확인한다.
6	품질 갭의 근본 원인을 확인한다.	• 갭 모델을 이용하여 고객 서비스 품질 인식에서 모든 가능한 갭을 파악한다. • TQM 도구를 이용하여 특정 갭을 심층 분석한다(예: 파레토 분석을 이용하여 어떤 실패점에 집중해야 하는지 이해하고, 피시본 다이어그램을 이용하여 핵심 실패점의 정확한 원인을 확인하며, 다시 파레토 분석을 이용하여 프로세스 설계를 통해 제거해야 할 주요 근본 원인을 확인한다).
7	프로세스 성과를 향상시킨다.	• 갭 모델의 처방을 이용하여 6가지 갭을 각각 제거한다(표 14.1 참조). • 고객 서비스 설계와 재설계 도구를 이용한다(실패점을 포카요케를 사용하여 설계를 통해 시스템으로부터 제거하는 방법에 대해서는 8장 참조). • 설계를 통해 시스템으로부터 제거할 수 없는 실패점의 서비스 회복을 계획한다(즉 선제적, 사전에 계획하는, 훈련하는, 권한을 부여하는 것; 13장 참조).
8	프로세스 향상을 위해 통제하고 계속 미세 조정한다.	• 운영 척도와 고객 피드백을 이용하여 재설계된 프로세스의 성과를 모니터링한다. • 새로운 높은 성과 수준에서 일상적인 프로세스로 만든다. • 프로세스 책임자에 요청하여 증대하는 개선을 통해 프로세스를 미세 조정한다[예: 카이젠(kaizen) 또는 다른 도구를 사용하여 프로세스팀이 책임을 맡고 있는 프로세스를 모니터링하고 계속 개선한다].
9	다시 시작한다. 여정은 목적지가 된다.	• 고객 중심성, 프로세스 향상, 고객 서비스 프로세스의 작동과 재설계에 의한 변화의 문화를 창조하고, 고객 주도의 학습 조직이 된다.

로 까다로운가 이해하기 위해 우편 배달을 생각해보자. 우편 서비스가 99%의 정확성으로 배달된다면 30만 번의 배달에서 3,000개를 정확하게 배달하지 못한 것이다. 그러나 6시그마 성과 수준으로 달성한다면 오직 1개만이 정확하게 배달되지 못한 것이다. 비즈니스 프로세스를 분석하고 개선하기 위한 가장 널리 알려진 6시그마 개선 도구는 표 14.5의 DMAIC(Define-Measure-Analyze-Improve-Control) 모델이다.

말콤볼드리지 국가품질상(Malcolm Baldrige National Quality Award, MBNQA)은 품질

표 14.5 프로세스 분석과 재설계에 DMAIC 모델 적용하기

	프로세스 개선	프로세스 설계/재설계
정의	• 문제를 확인한다. • 요구사항을 정의한다. • 목표를 설정한다.	• 특정한 또는 광범위한 문제를 확인한다. • 목표를 정의하고/비전을 변경한다. • 범위와 고객 요구사항을 명확히 한다.
측정	• 문제/프로세스를 입증한다. • 문제/목표를 다듬는다. • 핵심 단계/투입을 측정한다.	• 요구사항에 대한 성과를 측정한다. • 프로세스 효율성 데이터를 수집한다.
분석	• 인과관계 가설을 개발한다. • 근본 원인을 확인한다. • 가설을 입증한다.	• 최선의 실무를 확인한다. • 프로세스 설계를 평가한다. • 요구사항을 다듬는다.
개선	• 근본 원인을 해결하는 아이디어를 개발한다. • 해결책을 검증한다. • 결과를 측정한다.	• 새로운 프로세스를 설계한다. • 새로운 프로세스, 구조와 시스템을 실행한다.
통제	• 성과를 유지하기 위해 척도를 확립한다. • 문제를 필요한 대로 수정한다.	• 성과를 유지하기 위해 척도와 검토를 확립한다. • 필요한 대로 문제를 수정한다.

출처: P. Pande, R. P. Neuman, and R. R. Cavanagh, *The Six Sigma Way* (New York: McGraw-Hill, 2000).

관리에서 최선의 실무(best practice)를 촉진하고 미국 기업 중 품질 성취를 인정하고 홍보하려는 목적으로 NIST(National Institute of Standards and Technology)가 개발했다. 미국 외 다른 나라들도 유사한 품질상을 가지고 있는데, 가장 널리 사용되는 것은 EFQM(European Foundation for Quality Management) 접근 방법이다.[23]

이러한 상을 받은 주요 기업에는 프라이스워터하우스쿠퍼스(PricewaterhouseCoopers), 리츠칼튼(Ritz-Carlton), 페덱스, 위스콘신대학교, 제록스비즈니스서비스(Xerox Business Services), 보잉에어로스페이스서포트(Boeing Aerospace Support), 캐터필러파이낸셜서비스 기업(Caterpillar Financial Services Corp), AT&T가 있다.

말콤볼드리지(Malcolm Baldrige) 모델은 기업을 7가지 영역에서 평가한다.

1. 서비스 품질 문화에 대한 리더십의 몰입
2. 개선을 위한 우선순위 계획. 여기에는 서비스 표준, 성과 목표, 고객 만족, 불량품, 주기 시간, 생산성도 포함된다.
3. 조직이 전략과 운영의 지표를 수집하고, 측정하고, 분석하고, 보고하도록 도와주는 정보와 분석
4. 기업이 서비스 우수성을 전달할 수 있게 하는 인적자원 관리. 적합한 직원 채용, 개발, 관여, 권한부여, 동기부여를 포함한다.
5. 프로세스 관리. 모니터링, 계속적인 개선, 프로세스 재설계를 포함한다.
6. 고객과 시장 초점. 이는 기업이 고객의 요구사항과 기대를 결정하도록 허용한다.
7. 비즈니스 결과[24]

기업은 어떤 접근 방법을 채택해야 하는가

앞서 살펴본 대로 기업의 서비스 품질과 생산성을 체계적으로 향상시키는 데 다양한 접근 방법이 있다. TQM, ISO 9000, 말콤볼드리지 모델, 6시그마 중에서 기업은 접근 방법을 채택해야 하는가? 이러한 접근 방법은 상호 보완적이고 상호 기초가 되어 더 발전할 수 있다고 보는 것이 최선이다. TQM은 다른 수준의 복잡성에 적용할 수 있고, 흐름도, 빈도 차트, 피시본 다이어그램 같은 기본적인 도구는 아마 모든 서비스 기업이 채택할 것이다. 6시그마와 ISO 9000은 다음 수준의 몰입과 복잡성에 적합하며, 프로세스 개선과 성과 표준 적응에 초점을 둔다. 그다음으로 말콤볼드리지 모델과 EFQM 접근법이 있는데, 이들은 조직 탁월성을 위한 종합적인 프레임워크를 제공해준다.

어느 하나의 접근 방법은 고객의 니즈를 이해하고, 프로세스를 분석하며, 서비스 품질과 생산성을 향상시키기 위한 유용한 프레임워크일 수 있다. 기업은 자사의 니즈와 정교화의 희망 수준에 따라 특정 프로그램을 선택할 수 있다. 각 프로그램은 강점이 있으며, 기업은 한 가지 이상의 프로그램을 이용하여 추가적인 혜택을 얻을 수 있다. 예를 들면, ISO 9000 프로그램은 절차를 표준화하고 프로세스를 문서화하기 위해 이용할 수 있다. 6시그마와 말콤볼드리지 프로그램은 프로세스를 개선하고 조직 전체에 걸쳐 성과 향상에 집중하기 위해 사용할 수 있다.

핵심 성공 요인은 특정 품질 개선 프로그램이 전체 비즈니스 전략에 얼마나 적합한가이다. 서비스 챔피언들은 서비스 품질 관리에서의 최선의 실무를 조직 문화의 핵심으로 만든다.[25] NIST는 말콤볼드리지상 프로그램을 조직하고 있는데, 볼드리지 인덱스(Baldrige Index)'라고 하는 말콤볼드리지상 수상자들의 색인을 가지고 있다. 그 수상자들은 S&P 500 인덱스(S&P 500 index)보다 항상 성과가 좋다고 관찰되었다.[26]

그러나 아이러니하게도 그 상을 두 번이나 수상한 6시그마의 개척자인 모토로라(Motorola)는 재정적으로 어려움을 겪었고, 시장점유율을 잃어버렸다. 게다가 이러한 프로그램 중 하나를 동료 압박(peer pressure) 또는 단지 마케팅 도구로서 실행하는 기업은 이러한 프로그램을 중요한 발전 도구로 간주하는 기업보다 성공할 가능성이 적다.[27] 분명히 성공을 당연한 것으로 받아들여서는 안 된다. 변화하는 시장, 기술과 환경을 따라가는 몰입, 실행, 끊임없는 개선이 지속적인 성공의 열쇠이다(그림 14.23).

iofoto/123RF

그림 14.23 몰입, 실행, 끊임없는 개선이 변화하는 시장, 기술과 환경의 도전을 정면으로 대응할 때 성공의 가능성은 커진다.

요약

학습목표 1 품질과 생산성은 고객과 기업의 가치를 창출하기 위해 동시에 향상되어야 할 쌍둥이 경로이다. 그러나 생산성과 고객 만족(그리고 수익성에 순 효과)의 관계는 긍정적, 중립적, 부정적일 수 있으므로 주의 깊게 관리할 필요가 있다.

학습목표 2 서비스 품질의 정의는 다양하다. 이 책에서는 고객 기대를 만족시키거나 초과하는 서비스 품질의 고객 중심적인 정의를 채택했다.

학습목표 3 서비스 품질 문제를 진단하고 해결하는 중요한 도구가 바로 갭 모델이다. 다음과 같은 6가지 갭이 있다.

- 갭 1: 서비스 지식 갭
- 갭 2: 서비스 정책 갭
- 갭 3: 서비스 전달 갭
- 갭 4: 커뮤니케이션 갭
- 갭 5: 서비스 지각 갭
- 갭 6: 서비스 품질 갭(이것이 가장 중요한 갭으로, 갭 6을 해결하려면 먼저 다른 5개의 갭을 해결해야 한다.)

각 갭의 잠재적인 원인을 요약하고 이러한 원인을 해결하기 위한 일반적인 방법을 제시했다. 이러한 방법은 조직 전체적인 관점을 가진다.

학습목표 4 서비스 품질에 대한 측정 방법에는 명시적 및 묵시적 측정 방법이 존재한다. 묵시적 측정 방법은 주로 고객과 직원으로부터의 인식과 피드백에 근거한다. 명시적 측정 방법은 프로세스 및 결과와 관련된다.

학습목표 5 고객의 피드백(즉 대부분 묵시적 척도)은 고객 피드백 시스템(CFS)을 통해 체계적으로 수집되어야 한다. 고객 피드백 시스템의 목적은 다음 3가지로 분류할 수 있다.

- 서비스 품질과 성과에 대한 평가 및 벤치마킹
- 고객 주도적인 학습과 향상
- 고객 지향적 서비스 문화와 변화의 문화 창조

학습목표 6 기업이 고객 피드백을 수집하기 위해 활용할 수 있는 다양한 도구가 있으며, 다음과 같다. ① 전체 시장 조사(경쟁사 포함), ② 전반적인 만족도 연간 조사, ③ 거래 조사, ④ 앱과 문자에 기반한 자동 평가 시스템, ⑤ 자발적인 고객 피드백(예: 칭찬과 불평), ⑥ 제3자(SNS) 미디어의 온라인 후기와 토론, ⑦ 미스터리 쇼핑, ⑧ 표적 집단 토론, ⑨ 서비스 검토가 그것이다.

- 보고 시스템은 수집하고 분석된 피드백을 관련된 실행 부서로 전달하기 위해 필요하다.

학습목표 7 명시적 측정 방법은 운영 프로세스와 결과에 관한 것으로, 셀 수 있고, 시간을 측정하며, 관찰할 수 있다. 관리도는 구체적인 품질 표준에 맞춰 명시적 측정 방법으로 성과를 나타내는 간단한 방법이다.

학습목표 8 서비스 품질 문제를 분석하고 대처하는 핵심 도구는 다음과 같다.

- **피시본 다이어그램**: 품질 문제의 원인 파악
- **파레토 분석**: 품질 문제의 빈도 평가 및 가장 공통적인 원인의 파악
- **서비스 청사진**: 고객 서비스 동선에서 실패점의 정확한 위치 파악 및 프로세스의 재설계에 도움

학습목표 9 서비스 품질 향상은 재무적 의미도 가지고 있다. 품질 수익률(ROQ)은 품질 선도에 대한 편익과 비용을 평가하는 수단이다. 기업은 증분의 향상이 서비스 회복의 비용(실패의 실제 비용)과 일치하는 점까지 서비스 신뢰도을 증가시켜야 한다. 서비스 실패가 발생하면 고객이 만족하는 서비스 회복을 받아야 한다.

학습목표 10 생산성은 사용된 투입량에 대한 산출량을 측정한다. 이 비율의 향상은 주어진 산출량을 창출하기 위해 요구되는 자원을 줄이거나 주어진 투입 수준으로부터 얻는 산출을 증가시켜서 달성할 수 있다. 핵심적인 투입은 산업에 따라 변하고 노동, 원자재, 에너지와 자산을 포함할 수 있다.

학습목표 11 다음 3가지를 구분하는 것이 중요하다.

- 생산성은 사용된 투입량에 대한 산출량으로 측정된다(예: 투입/산출 비율).
- 효율성은 일반적으로 시간 기반이며, 산업 평균과 같은 기준과 비교한다(예: 전달 속도).
- 효과성은 한 기업이 고객 만족과 같은 목표 달성 정도를 의미한다.

생산성과 효율성은 효과성에서 분리될 수 없다. 보다 생산적이고 효율적이고 효과적으로 지속적인 고객 만족을 제공하기 위해 노력하는 기업은 경쟁사보다 성공할 것이다.

학습목표 12 생산성을 향상시키는 일반적인 방법은 다음과 같다.

- 프로세스의 모든 단계의 비용을 통제한다.
- 원자재와 노동의 낭비를 절감한다.
- 직원이 보다 생산적으로 일하도록 훈련 생산시설과 수요를 조화시킨다.
- 병목 지점과 낭비적인 작업 중단 시간을 줄이기 위해 직원의 업무 범위를 확장한다.
- 고객 서비스 프로세스를 보다 생산적이고 더 효과적으로 재설계한다.
- 직원이 보다 빠르고 더 높은 품질 수준으로 일할 수 있도록 기계, 장비, 기술, 인텔리전트 자동화와 애널리틱스를 사용한다.
- 이전에 고임금의 전문가가 하던 업무를 준전문가가 실행할 수 있게 도와주는 전문가 시스템을 도입한다.
- 자동화 기계, 인텔리전트 자동화, 서비스 로봇과 고객이 작동할 수 있는 셀프서비스 기술(SST)로 서비스 인력을 대체한다.
- 더 중요한 고객에게 자원 배분을 더 잘하도록 서비스 수준을 분류한다.
- 설비 활용도를 향상시킨다.
- 외부 업체가 더 원가 효율적으로 제공할 수 있는 비핵심적인 활동은 외주를 준다.

생산성 향상을 위한 고객 주도적 방법은 다음과 같다.

- 수요와 공급의 더 좋은 균형을 위해 고객의 수요 시점을 전환한다.
- 저비용의 서비스 전달 채널 사용을 권장하고 기계, 서비스 로봇, 셀프서비스로 인력을 대체한다.
- 고객이 서비스 전달 부분에서 비용 효과적인 제3자를 이용하게 한다.

학습목표 13 생산성 향상이 이뤄지고 있을 때 기업은 전방과 후방의 개선이 모두 서비스 품질과 고객의 경험에 영향을 줄 수 있다는 것을 명심해야 한다.

학습목표 14 고객 서비스 프로세스 향상을 위해 9단계 접근 방법이 이용될 수 있다.

- 개선을 위한 우선순위의 프로세스를 결정한다(예: 프로세스 발생 빈도, 고객불만 수, 우선순위 매트릭스 활용).
- 고객 만족, 불량, 주기시간, 생산성 향상을 위한 목표를 설정한다(예: 벤치마킹과 프로젝트 차트 활용).
- 품질의 핵심 요소를 파악한다(예: 접점을 파악하기 위한 청사진과 고객의 눈에 비치는 품질의 의미를 이해하기 위해 고객과 직원의 피드백과 함께 서비스 품질의 5가지 차원 활용).
- 프로세스 성과를 평가한다(예: 명시적 운영 프로세스 척도와 묵시적 고객 피드백 척도 활용).
- 성과 부족과 품질 갭을 파악한다(예: 프로세스 성과에 대비하여 고객 니즈와 욕구를 파악하고, 서비스 프로세스가 정확히 어디서 실패하는지 이해하기 위해 서비스 실패의 빈도수를 서비스 청사진에 표기).
- 품질 갭의 근본 원인을 파악한다(예: 갭 모델을 이용하여 모든 가능한 갭의 원인을 파악하고, 피시본 다이어그램 같은 TQM 도구, 파레토 차트, 서비스 청사진을 이용하여 특정 갭의 정확한 원인 파악).
- 프로세스 성과를 향상시킨다(예: 갭 모델의 처방을 이용하여 품질 부족을 처리하고, 8장에서 논의한 고객 서비스 프로세스 재설계 도구와 13장에서 설명한 서비스 회복의 계획 활용).
- 통제하고 미세 조정한다(재설계된 프로세스의 성과를 모니터링하고 계속적으로 미세 조정).
- 다시 시작한다. 그 여정이 목적지가 된다.

학습목표 15 TQM, ISO 9000, 6시그마, 말콤볼드리지 접근 방법(MBA), EFQM 접근 방법 등은 서비스 품질과 생산성 관리와 향상에서 체계적이고 종종 상호 보완적인 접근이다. 이들은 이 장에서 논의된 많은 도구를 통합한다.

학습 키워드

학습목표 1
- 수익성
- 생산성
- 서비스 품질
- 재구매
- 고객 만족
- 고객 충성도
- 지출 점유율
- 추천
- 고객 서비스 프로세스
- 고객 경험

학습목표 2
- 고객 기대
- 성과

학습목표 3
- 서비스 지식 갭
- 서비스 정책 갭
- 서비스 전달 갭
- 외부 커뮤니케이션 갭
- 내부 커뮤니케이션 갭
- 서비스 지각 갭
- 서비스 품질 갭
- 갭 모델
- 서비스 설계
- 서비스 회복
- 중간업체
- 서비스 전달

학습목표 4
- 명시적 척도
- 명시적 기준
- 묵시적 척도
- 묵시적 기준

학습목표 5
- 평가
- 벤치마킹
- 고객 피드백 시스템
- 고객 주도적 개선
- 고객 주도적 학습
- 고객 지향적인 서비스 문화

학습목표 6
- 연간 조사
- 고객 피드백 수집 도구
- 피드백 시스템
- 표적 집단 토론
- 미스터리 쇼핑
- 서비스 피드백 카드
- 서비스 성과 보고
- 서비스 성과 검토
- 서비스 성과 업데이트
- 서비스 검토
- 전체 시장 조사
- 거래 조사
- 자발적인 고객 피드백
- 대표성
- 신뢰성

학습목표 7
- 무사고
- 운영 프로세스
- 관리도
- 서비스 품질지수(SQI)
- 가동시간
- 실패율
- 서비스 응답시간

학습목표 8
- 서비스 청사진
- 인과관계 분석
- 피시본 다이어그램
- 파레토 분석

- 근본 원인 분석
- 서비스 품질 문제
- 정보 부족
- 실패점

학습목표 9
- 수익 평가
- 비용 평가
- 품질 개선
- 품질 선도
- 품질 수익률
- 서비스 신뢰도

학습목표 10
- 노동 생산성
- 투입
- 자산 생산성
- 사람을 대상으로 하는 서비스
- 사물을 대상으로 하는 서비스
- 산출

학습목표 11
- 효과성
- 효율성

학습목표 12
- 수용 능력 활용
- 분류
- 훈련
- 외주
- 낭비 감소
- 제3자
- 비용 통제
- 셀프서비스 기술(SST)

학습목표 13
- 후방 부서의 변화
- 생체인식
- 비용 절감 전략
- 전방 부서의 변화
- 신체적 특징
- 특성

학습목표 14
- 우선순위 매트릭스
- 프로세스 성과
- 가시선
- 고객 서비스 프로세스 개선
- 주기시간
- 우선순위 프로세스
- 성과 부족

학습목표 15
- EFQM
- DMAIC 모델
- ISO 9000 인증
- 말콤볼드리지 모델
- 6시그마
- 전사적 품질 관리(TQM)
- PDCA 주기

서비스 마케팅 용어를 얼마나 잘 알고 있나요? 퀴즈를 풀어보세요!

본문을 참조하지 않고도 기억할 수 있는 각 키워드에 대해 1점을 매기고 점수를 합산하여 서비스 마케터라고 불릴 자격을 갖추었는지 확인하세요.

점수

01~17 서비스 마케팅이 여러분에게 해악을 끼치나요?
18~34 밤늦도록 공부가 필요합니다.
35~51 학기 내내 여러분이 무엇을 하지 않았는지 알고 있습니다.
52~68 거의 도달하려고 합니다.
69~85 바로 마케터로 출발하세요.
86~106 여러분의 이름을 딴 마케팅 콘셉트가 나와야 합니다.

서비스 마케팅 연습문제

1. 서비스 품질, 생산성, 수익성의 관계는 무엇인가?
2. 서비스 품질에서 발생 가능한 갭은 무엇이고, 서비스 마케터가 그 갭을 줄이기 위해 취할 수 있는 방도는 무엇인가?
3. 서비스 품질에서 묵시적 측정 방법과 명시적인 측정 방법이 필요한 이유는 무엇인가?
4. 고객 피드백 시스템의 주요 목적은 무엇인가?
5. 핵심적인 고객 피드백 수집 도구는 무엇인가? 각 도구의 강점과 약점은 무엇인가?
6. 서비스 기업이 서비스 품질 문제를 분석하고 대처하기 위해 사용하는 주요 도구는 무엇인가?
7. 제조 기업보다 서비스 기업의 생산성을 측정하기 어려운 이유는 무엇인가?
8. 고객 서비스 프로세스의 품질과 생산성 향상을 위한 9단계 접근 방법에서 모든 도구를 통합하는 방법은 무엇인가?
9. TQM, ISO 9000, 6시그마, 말콤볼드리지, EFQM 접근법 같은 개념은 서비스 품질과 생산성의 관리 및 향상에 어떻게 연관되어 있는가?

서비스 마케팅 응용문제

1. 서비스 고객으로서 최근의 경험을 생각해보자. 서비스 품질의 어떤 차원에서 당신의 기대와 서비스 성과의 지각 사이에 큰 갭을 가장 자주 경험했는가? 근본적인 원인이 무엇이라고 생각하는가? 품질을 개선하기 위해 경영진은 어떤 방도를 취해야 하는가?
2. 고객 피드백 양식과 도구(고객 피드백 카드, 설문지, 온라인 양식, 앱)를 수집하고, 효과적인 고객 피드백 시스템의 주요 목표를 달성하는 데 그러한 도구를 사용하여 수집된 정보를 어떻게 사용할 수 있는지 설명해보라.
3. 대형 피자 레스토랑의 서비스 품질, 생산성, 수익성을 모니터링하기 위해 어떤 핵심 척도가 사용될 수 있는가? 구체적으로 관리 비용을 고려하는 기업에게 어떤 척도를 추천하겠는가? 누가 그 결과에 대한 어떤 피드백을 받아야 하는가? 그 이유는 무엇인가? 지점 수준의 직원 급여의 일부분을 어떤 척도에 근거하게 하겠는가? 그 이유는 무엇인가?
4. 고객으로서 이용하는 적어도 3개의 서비스 조직의 생산성을 향상시키도록 어떤 방법으로 도움을 주겠는가? 각 서비스의 어떤 독특한 특성이 이러한 조치를 가능하게 만드는가?
5. 문헌 검색을 하여 서비스 기업에서 ISO 9000 또는 (린) 6시그마의 성공적인 실행을 위한 중요한 요인을 확인해보라.

1. Adapted from Audrey Gilmore, "Service Marketing Management Competencies: A Ferry Company Example," International Journal of Service Industry Management 9(1) (1998): 74–92; www.stenaline.com, accessed November 23, 2020; "Stena Line," Wikipedia, https://en.wikipedia.org/wiki/Stena_Line, accessed March 21, 2022.
2. This section was adapted from Jochen Wirtz and Valarie Zeithaml, "Cost-Effective Service Excellence," Journal of the Academy of Marketing Science 46(1) (2018): 59–80; and Jochen Wirtz, Chapter 14, "Strategic Pathways to Cost-Effective Service Excellence," in Eileen Bridges and Kendra Fowler (eds.), The Routledge Handbook of Service Research Insights and Ideas (Abingdon-on-Thames, UK: Routledge, 2020), pp. 423-440.
3. A. Parasuraman, Valarie A. Zeithaml, and Leonard L. Berry, "A Conceptual Model of Service Quality and Its Implications for Future Research," Journal of Marketing 49 (Fall 1985): 41–50; Valarie A. Zeithaml, Leonard L. Berry, and A. Parasuraman, "Communication and Control Processes in the Delivery of Services," Journal of Marketing 52 (April 1988): 36–58.
4. The sub-gaps in this model are based on the 7-gaps model in Christopher Lovelock, Product Plus: How Product + Service = Competitive Advantage (New York: McGraw-Hill, 1994), p. 112.
5. This section is based partially on Jochen Wirtz and Monica Tomlin, "Institutionalizing Customer-Driven Learning through Fully Integrated Customer Feedback Systems," Managing Service Quality 10(4) (2000): 205–215.
6. W.E. Baker and J.M. Sinkula, "The Synergistic Effect of Market Orientation and Learning Orientation on Organizational Performance," Journal of the Academy of Marketing Science 27(4) (1999): 411–427.
7. Leonard L. Berry and A. Parasuraman provide an excellent overview of all key research approaches discussed in this section plus a number of other tools in their paper, "Listening to the Customer: The Concept of a Service Quality Information System," Sloan Management Review 38 (Spring 1997): 65–76.
8. For a discussion on suitable satisfaction measures, see Jochen Wirtz and Lee Meng Chung, "An Examination of the Quality and Context-Specific Applicability of Commonly Used Customer Satisfaction Measures," Journal of Service Research 5 (May 2003): 345–355.
9. Maria Holmlund, Yves Van Vaerenbergh, Robert Ciuchita, Annika Ravald, Panagiotis Sarantopoulos, Francisco Villarroel Ordenes, and Mohamed Zaki, "Customer Experience Management in the Age of Big Data Analytics: A Strategic Framework," Journal of Business Research 116 (August 2020): 356–365; Hsiu-Yuan Tsao, Ming-Yi Chen, Colin Campbell, and Sean Sands, "Estimating Numerical Scale Ratings from Text-Based Service Reviews," Journal of Service Management 31(2) (2020): 187–202.
10. Duncan Simester, "When You Shouldn't Listen to Your Critics," Harvard Business Review 89(6) (2011): 42.
11. Saram Han and Chris K. Anderson, "Customer Motivation and Response Bias in Online Reviews," Cornell Hospitality Quarterly 61(2) (2020): 142–153; Xia Liu, "A Big Data Approach to Examining Social Bots on Twitter," Journal of Services Marketing 33(4) (2019): 369–379.
12. Comments by Thomas R. Oliver, then senior vice president, sales and customer service, Federal Express, as reported in Christopher H. Lovelock, Federal Express: Quality Improvement Program (Lausanne: International Institute for Management Development, 1990).
13. These categories and the research data that follow have been adapted from information in D. Daryl Wyckoff, "New Tools for Achieving Service Quality," Cornell Hotel and Restaurant Administration Quarterly (August–September 2001): 25–38.
14. Roland T. Rust, Anthony J. Zahonik, and Timothy L. Keiningham, "Return on Quality (ROQ): Making Service Quality Financially Accountable," Journal of Marketing 59 (April 1995): 58–70; Roland T. Rust, Christine Moorman, and Peter R. Dickson, "Getting Return on Quality: Revenue Expansion, Cost Reduction, or Both?," Journal of Marketing 66 (October 2002): 7–24.
15. Marginal utility analysis was found to outperform analyses based on importance-performance and regression analyses; see Donald R. Bacon, "Understanding Priorities for Service Attribute Improvement," Journal of Service Research 15(2) (2012): 199–214.
16. Martin Neil Baily, Diana Farrell, and Jaana Remes, "Where U.S. Productivity Is Growing," McKinsey Quarterly 2 (2006): 10–12.
17. Kenneth J. Klassen, Randolph M. Russell, and James J. Chrisman, "Efficiency and Productivity Measures for High Contact Services," Service Industries Journal 18 (October 1998): 1–18. For a review and discussion on service productivity, see Christian Grönroos and Katri Ojasalo, "Service Productivity: Towards a Conceptualization of the Transformation of Inputs into Economic Results in Services," Journal of Business Research 57(4) (2004): 414–423.
18. For a more in-depth discussion on service productivity, refer to Cynthia Karen Swank, "The Lean Service Machine," Harvard Business Review 81(10) (2003): 123–129.
19. For further reading on intelligent automation and service robots, see Pascal Bornet, Ian Barkin, and Jochen Wirtz, Intelligent Automation—Learn How to Harness Artificial Intelligence to Boost Business & Make Our World More Human (2021), https://intelligentautomationbook.com; Jochen Wirtz, Paul Patterson, Werner Kunz, Thorsten Gruber, Vinh Nhat Lu, Stefanie Paluch, and Antje Martins, "Brave New World: Service Robots in the Frontline," Journal of Service Management 29(5) (2018): 907–931, https://doi.org/10.1108/JOSM-04-2018-0119.
20. C. Mele and M. Colurcio, "The Evolving Path of TQM: Towards Business Excellence and Stakeholder Value," International Journal of Quality and Reliability Management 23(5) (2006): 464–489; C. Mele, "The Synergic Relationship between TQM and Marketing in Creating Customer Value," Managing Service Quality 17(3) (2007): 240–258.
21. See the official website of the International Organization for Standardization (ISO) for detailed information on ISO: http://www.iso.org. The ISO 9000 family of standards is described at https://www.iso.org/iso-9001-quality-management.html, and an introduction is provided in the following publication: ISO Central Secretariat, Selection and Use of the ISO 9000 Family of Standards (2016), ISBN: 978-92-67-10656-4 (this book can be downloaded for free from the ISO 9000 website at https://www.iso.org/files/live/sites/isoorg/files/store/en/PUB100208.pdf, accessed March 21, 2022).
22. Jim Biolos, "Six Sigma Meets the Service Economy," Harvard Business Review 80 (November 2002): 3–5. For a literature review of the use of Lean Six Sigma in service organizations, see Vijaya Sunder M., L.S. Ganesh, and Rahul Marathe, "A Morphological Analysis of Research Literature on Lean Six Sigma for Services," International Journal of Operations & Production Management 38(1) (2018): 149–182.
23. The official website for the Malcolm Baldrige Award is https://www.nist.gov/baldrige. The official website for the European Foundation for Quality Management (EFQM) is https://www.efqm.org/, and an overview of the EFQM model is provided at https://www.efqm.org/index.php/efqm-model/download-your-free-short-copy-of-the-efqm-model/, all accessed on March 21, 2022.
24. Allan Shirks, William B. Weeks, and Annie Stein, "Baldrige-Based Quality Awards: Veterans Health Administration's 3-Year Experience," Quality Management in Health Care 10(3) (2002): 47–54; National Institute of Standards and Technology, "Baldrige FAQs," http://www.nist.gov/baldrige/about/baldrige_faqs.cfm, accessed September 1, 2015.
25. Cathy A. Enz and Judy A. Siguaw, "Best Practices in Service Quality," Cornell Hotel and Restaurant Administration Quarterly (October 2000): 20–29.
26. Eight NIST Stock Investment Study (Gaithersburg, USA: National Institute of Standards and Technology, March 2002).
27. Gavin Dick, Kevin Gallimore, and Jane C. Brown, "ISO 9000 and Quality Emphasis: An Empirical Study of Front-Room and Back-Room Dominated Service Industries," International Journal of Service Industry Management 12(2) (2001): 114–136; Adrian Hughes and David N. Halsall, "Comparison of the 14 Deadly Diseases and the Business Excellence Model," Total Quality Management 13(2) (2002): 255–263.

CHAPTER 15

세계 최고 수준의 서비스 조직 구축

학습목표

01 고객 중심주의가 수익성과 주주 가치에 미치는 장기적인 영향을 파악한다.

02 상대적 고객 만족도와 지출 점유율의 관계를 파악하고, 지불 할당 규칙을 숙지한다.

03 세계적 수준의 서비스 조직의 특성을 알고, 서비스 성과의 4가지 수준을 숙지한다.

04 서비스 기업을 서비스 실패 기업에서 서비스 선도 기업으로 전환하는 데 필요한 것이 무엇인지 이해한다.

05 조직이 비용 효율적인 서비스 우수성(CESE)을 달성할 수 있는 3가지 전략적 경로를 숙지한다.

06 CESE의 이중 문화 전략과 그 실행 과제를 이해한다.

07 CESE를 달성하기 위한 운영 관리 접근 방식을 숙지한다.

08 비교적 쉽게 CESE를 구현할 수 있는 서비스 공장 집중 전략을 이해한다.

09 CESE를 향한 경로와 관련된 비즈니스 모델 고려 사항을 이해한다.

TippaPatt/Shutterstock

우수한 재무 성과로 이어지는 고객 만족
- 만족도와 재무적 성과 간의 연관성에 대한 실증적 증거
- 경쟁사 대비 상대적 만족도는 고객의 지출 점유율을 확보하는 열쇠이다.

4가지 수준의 서비스 성과
- 마케팅, 운영, HR의 성과가 서비스 성과 수준을 결정한다. 서비스 기업은 4가지 성과 수준으로 분류할 수 있다.
  1. 서비스 실패 기업
  2. 서비스 어중이 기업
  3. 서비스 전문가 기업
  4. 서비스 리더 기업

두 가지 일반적인 전략
- 저비용 전략: 표준화된 우수한 품질과 가격 대비 가치를 제공한다.
- 서비스 우수성 전략: 가격 프리미엄이 추가된 고품질의 맞춤형 서비스를 제공한다.
- 이 두 가지를 결합하기는 어렵지만, 일부 획기적인 조직은 비용 효율적인 서비스 우수성 전략을 결합하여 달성했다.

비용 효율적인 서비스 우수성(CESE)을 향한 3가지 경로

이중 문화 전략
- 커뮤니케이션, 교육, 보상 시스템으로 강화된 '양손잡이' 논리, 초점 및 역할 모델링을 사용하는 리더십 양손잡이 전략
- 상황에 따른 양손잡이 리더십은 직원 개개인의 의사 결정을 이끈다.
- 직원의 동의를 얻는 일은 어려울 수 있으며 신뢰할 수 있는 '결집된 외침'이 필요하다.

운영 관리 접근 방식
- 3가지 도구를 사용하여 (종종 고객이 발생시키는) 프로세스 변동성을 줄여 시스템과 기술을 안정적으로 배치할 수 있게 한다. 여기에는 다음 내용이 포함된다.
  1. 후방 업무(백오피스)의 완충 및 산업화, 고비용의 전방 업무(프론트 오피스)에서 산업화된 후방 업무로 활동 전환
  2. 고객 선택권, 상호작용 유연성 및 접촉 감소를 통한 서비스 모듈화. 이를 통해 전방 업무에도 시스템과 기술을 배치할 수 있다.
  3. SST, 로봇 공학 및 AI를 배치
- 3가지 도구는 각각 서로를 기반으로 구되어 각 단계가 다음 단계의 구현을 용이하게 한다.

집중형 서비스 공장 전략
- 서비스 우수성 문화와 결합하여 특정 고객 세분 시장의 정확한 니즈를 충족하는 단일 솔루션 맞춤화
- 고객으로 인한 변동성을 최소화하고 고객에게 고도로 표준화된 단일의 우수한 서비스 제공
- 비교적 쉽게 구현할 수 있다.

그림 15.1 혁신적인 서비스 조직이 되기 위한 경로

개요

이제 이 책의 거의 마지막 장에 이르렀으며, 아마도 서비스 마케팅 과정의 마지막에 이르렀을 것이다. 이 마지막 장에서는 지금까지 공부한 많은 주제를 통합하고, 세계적 수준의 서비스 조직이 어떤 모습인지에 대한 개요를 제공한다. 또한 서비스 리더가 될 때의 재정적 영향과 비용 효율적인 서비스 우수성을 달성하기 위한 3가지 전략적 경로에 대해서도 논의한다. 개요는 그림 15.1을 참조하라. 특히 이 장은 많은 관심을 가지고 살펴봐야 한다.

고객 만족과 기업 성과

 **학습목표 1**

고객 중심주의가 수익성과 주주 가치에 미치는 장기적인 영향을 파악한다.

이 책의 철학은 고객 중심주의와 장기적인 핵심 전략으로서 고객을 위한 가치 창출이다. 이러한 관점은 서비스-수익 사슬, 성공의 순환, 서비스 인재 순환 주기, 충성도 바퀴, 갭 모델 등 이 책에서 배운 많은 핵심 개념과 모델에 스며들어 있다. 따라서 장기적인 관점, 고객 중심주의, 그 결과 높은 고객 만족도가 재무적으로 성과를 낸다는 증거로 이 마지막 장을 시작하는

SERVICE INSIGHTS 15.1

고객 만족과 월스트리트: 높은 수익률과 낮은 리스크

기업의 고객 만족도가 주가와 관련이 있을까? 클레스 포넬(Claes Fornell)과 동료들은 이 질문에 답하고자 했다. 보다 구체적으로 그들은 고객 만족에 대한 투자가 초과 주식 수익률로 이어졌는지(그림 15.2), 만약 그렇다면 (금융 이론에서 예측하는 것처럼) 이러한 수익이 더 높은 리스크와 관련이 있는지 연구했다.

연구진은 가상의 과거(back-dated) 포트폴리오와 몇 년 동안 실시간으로 주식 시장의 성과를 추적한 실제 포트폴리오 등 두 가지 주식 포트폴리오를 구축했다. 두 포트폴리오 모두 미국 고객 만족도 지수(ACSI)로 측정한 고객 만족도 평가에서 좋은 성적을 거둔 기업들로만 구성되었다.

ACSI 기반 포트폴리오는 1년에 한 번씩 연간 ACSI 결과가 발표되는 날에 한 번씩 재조정되었다. 고객 만족도 평가에서 상위 20%에 속하는 기업만 포함되었으며, 다음과 같은 경우 기업은 유지되었다. 기업은 전년도에 이미 상위 20%에 속해 있으면 유지되거나 상위 20%에 진입하기 위해 만족도 순위가 향상되면 포트폴리오에 추가되었다. 20% 컷오프 아래로 떨어진 회사는 제외되었다(sold). 두 포트폴리오의 수익률과 리스크를 측정한 다음 위험 조정 수익률을 S&P 500 및 NASDAQ과 같은 광범위한 시장 지수와 비교했다.

이 결과는 관리자와 투자자 모두에게 충격적이었다. 포넬과 동료들은 ACSI 기반 포트폴리오가 시장 벤치마크 지수보다 상당히 높은 위험 조정 수익률을 생성하고 시장을 능가한다는 사실을 발견했다.

그러나 단순히 ACSI 지수에 대한 최신 데이터를 발표한다고 해서 효율적 시장 이론이 예상한 대로 주가가 즉각적으로 움직이지는 않았다. 대신 기업이 다른 결과(수익 데이터 또는 고객 만족도 변화에 뒤처질 수 있는 기타 '어려운' 사실)를 발표함에 따라 주가는 시간이 지나면서 천천히 조정되는 것처럼 보였다. 소매업에 대한 최근 연구에서도 이러한 시차가 확인되었다. 고객 만족도의 증가는 운영 개선 및 수익성 향상보다 운영 개선과 수익 또한 고객 만족도 증가보다 뒤처지는 것으로 나타났다. 따라서 서비스 선도 기업(챔피언)이 되려면 장기적인 관점이 필요하다.[1]

이후 연구에서 포넬과 동료들은 이러한 연구 결과를 바탕으로 ACSI 데이터에 기반한 포트폴리오가 15년 동안 S&P 500 지수를 크게 상회하고 위험 조정 비정상 수익률(risk-adjusted abnormal returns)을 제공한다는 사실을 다시 확인했다.

이러한 결과는 주식 시장의 불완전성을 나타내지만, 고객 만족도가 높을수록 현금 흐름의 수준과 안정성이 향상된다는 마케팅 분야의 연구 결과와도 일치한다. 마케터에게 두 연구의 결과는 고객 관계 관리에 대한 투자(또는 회계사에게는 '비용')와 그로 인해 창출되는 현금 흐름이 회사 및 주주의 가치 창출에 기본이 된다는 사실을 확인시켜준다.

결과는 설득력이 있지만 향후 ACSI 발표에서 고객 만족도가 크게 상승한 기업에 투자하여 이러한 명백한 시장의 비효율성을 이용하려는 경우에는 주의해야 한다. 효율적인 시장은 빠르게 학습하기 때문에 향후 ACSI 발표에 따라 주가가 움직이는 것을 보면 이런 일이 일어났다는 것을 알 수 있다. ACSI에 대한 자세한 내용은 www.theacsi.org에서 확인할 수 있다.

ene/Shutterstock

그림 15.2 고객 만족도 데이터가 시장을 능가하는 데 도움이 될 수 있는가?

출처: Claes Fornell, Sunil Mithas, Forrest V. Morgeson III, and M. S. Krishnan, "Customer Satisfaction and Stock Prices: High Returns, Low Risk," *Journal of Marketing* 70 (January 2006): 3–14; Claes Fornell, Forrest V. Morgeson III, and G. Thomas M. Hult, "Stock Returns on Customer Satisfaction Do Beat the Market: Gauging the Effect of a Marketing Intangible," *Journal of Marketing* 80 (September 2016): 92–107.

것은 당연하다.

고객 만족 수준과 기업의 서비스 제공 및 전반적인 기업 성과 간 전략적 연관성에 대한 설득력 있는 증거는 많다. 예를 들어, 미국 고객 만족도 지수(American Customer Satisfaction Index, ACSI) 점수가 높고 상승 중인 기업의 15년간 누적 수익률은 518%인 반면, S&P 500 전체는 31% 상승에 그쳤다.[2] 즉 고객을 위해 더 많은 가치를 창출함으로써(만족도 증가로 측정) 기업은 소유주를 위해 더 많은 가치를 창출한다(서비스인사이트 15.1 참조).

고객 만족도와 지출 할당 규칙

학습목표 2

상대적 고객 만족도와 지출 점유율의 관계를 파악하고, 지불 할당 규칙을 숙지한다.

이전 절에서는 기업 수준에서 전반적인 고객 만족도가 높고 점수가 상승하는 기업이 그렇지 않은 기업보다 더 높은 성과를 낸다는 강력한 증거를 제시했다. 높은 만족도가 성과로 이어지려면 고객 행동에 영향을 미쳐야 하는데, 지출 점유율은 기업의 매출 및 시장 점유율과 직접적인 관련이 있으므로 가장 중요하다.

많은 기업이 개별 고객 수준에서 만족도를 측정하지만, 이를 지출 점유율과 연결시키는 데는 거의 성공하지 못했다. 티모시 케이닝햄(Timothy Keiningham), 레르잔 액소이(Lerzan Aksoy), 알렉산더 부이에(Alexander Buoye)와 동료들이 이 문제를 연구한 결과, 고객이 돈을 어디에 지출하는지를 결정하는 것은 상대적 만족도(즉 고객이 경쟁사보다 자사의 제안에 더 만족하는가?), 즉 절대적 수준(즉 고객이 10점 만점에 9점이라는 우수한 평점을 줄 수 있지만 경쟁사 중 하나를 10점 만점으로 평가한다면 이는 높은 지출 점유율로 해석되지 않는다)이라는 것을 발견했다. 즉 고객 만족도 측면에서 상위권을 차지하는 것이 중요하며, 이는 곧 높은 지출 점유율로 직결된다. 서비스인사이트 15.2에 설명된 지출 할당 규칙을 사용하여 각 고객에 대한 지출 점유율을 계산할 수 있다.

세계 최고 수준의 서비스 조직 만들기

학습목표 3

세계적 수준의 서비스 조직의 특성을 알고, 서비스 성과의 4가지 수준을 숙지한다.

선도적(breakthrough) 서비스 조직을 어떻게 설명할 수 있을까? 수십 년 동안 서비스 마케팅 분야에서 일하면서 저자들은 선도적 서비스 조직이 되고 이를 유지하기 위해서는 여러 가지 특성이 필요하지만 충분하지는 않다는 것을 관찰했다. 이제 보다 포괄적인 분석을 통해 ① 기업을 4가지 성과 수준으로 분류하는 방법과 ② 성과 사다리(performance ladder)를 올라갈 수 있는 방법을 살펴보자.

실패 기업에서 선도 기업까지: 서비스 성과의 4가지 수준

서비스 리더십은 단일 영역에서의 뛰어난 성과를 기반으로 하는 것이 아니라 여러 차원에 걸친 우수성을 반영한다. 이러한 성과 스펙트럼을 파악하기 위해서는 앞서 설명한 3가지 기능 영역(마케팅, 운영, 인적자원) 각각에서 조직을 평가해야 한다. 표 15.2는 서비스 실행자를 실패 기업(loser), 어중이 기업(non-entity), 전문가 기업(professional), 리더 기업(leader)으

SERVICE INSIGHTS 15.2

지출 점유율 예측을 위한 지출 할당 규칙의 활용

15개국 20개 산업의 650개 브랜드를 대상으로 7만 9,543명의 소비자를 대상으로 한 조사를 포함한 일련의 학술 연구에 따르면, 고객의 지출 점유율을 높이는 데 궁극적으로 중요한 것은 만족도 점수 자체가 아니라 고객이 사용하는 모든 브랜드 중에서 해당 브랜드가 차지하는 순위이다. 이러한 연구 흐름을 바탕으로 티모시 케이닝햄, 레르잔 액소이, 알렉산더 부이에와 동료들은 지출 점유율을 계산하는 과학적이면서도 간단한 방법을 개발했으며, 이를 지출 할당 규칙(WAR)이라고 부른다.

다음 예는 이 방법을 사용하는 방법을 보여준다. 재닛과 존이라는 두 고객은 모두 '자사 브랜드'에 대한 만족도를 9점(10점 만점)으로 평가했다고 가정해보겠다. 대부분의 기업은 10점 척도에서 9점을 매우 좋은 점수로 간주할 것이다. 그러나 재닛과 존이 사용하는 다른 브랜드에 대한 평가를 모두 이해하지 못하면 지출 점유율을 예측하거나 추정하는 것은 사실상 불가능하다. 표 15.1에서 볼 수 있듯이 두 사람이 사용하는 브랜드에 대한 점수의 상대적 순위에 따라 지출 점유율이 크게 달라진다. 존의 경우 9점이 최고 점수이다. 재닛의 경우 9점은 최하위이다. (참고: 평가가 동점일 경우 순위가 평균화되므로 2위와 3위가 동점일 경우 두 브랜드의 순위는 2.5가 된다.)

브랜드 순위와 지출 점유율 간의 관계는 ① 고객이 사용하는 브랜드의 상대적 순위와 ② 고객이 사용하는 브랜드 수라는 두 가지 요소로 예측할 수 있는 명확한 패턴을 따른다. WAR을 사용하여 이 두 가지 정보를 결합하면 다음과 같이 신뢰할 수 있고 정확한 지출 점유율 예측을 계산할 수 있다.

$$\text{지출 점유율} = \left(1 - \frac{\text{순위}}{\text{브랜드 수} + 1}\right) \times \left(1 - \frac{2}{\text{브랜드 수}}\right)$$

순위 = 고객이 다른 브랜드와 비교하여 브랜드에 부여하는 상대적 위치이며, 고객이 해당 범주에서 사용하는 브랜드

브랜드 수 = 고객이 범주에서 사용하는 브랜드의 총수

이 예시에서 WAR을 사용하면 절대적인 만족도 점수가 동일함에도 불구하고 재닛의 경우 25%, 존의 경우 50%로 지출 점유율이 크게 달라진다.

다음은 재닛의 만족도 평점 9가 WAR을 사용하여 25%의 예상 지출 점유율로 변환되는 방법을 보여준다. 재닛은 3개의 브랜드를 사용하며, 그중 하나는 10점, 다른 2개는 9점으로 평가한다. 10점으로 평가된 브랜드는 분명히 1위이다. 다른 두 브랜드는 동률이므로, 동률이 아니었을 경우 순위의 평균을 구한다. 이 경우 평균은 2와 3(즉 2.5)이다. WAR을 사용하여 이 브랜드에 대한 재닛의 지출 점유율은 다음과 같다.

$$\left(1 - \frac{2.5}{3+1}\right) \times \left(\frac{2}{3}\right) = .25$$

WAR 연구를 수행할 때는 응답자에게 단순히 사용하는 브랜드에 순위를 매기도록 요청하기보다는 만족도 등급을 순위로 변환하는 것이 중요하다. 그 이유는 브랜드 순위를 매기도록 요청할 때 응답자들은 종종 억지로 뚜렷한 순위를 매기는 반

표 15.1 브랜드의 상대적 만족도

고객	만족도 / 순위	브랜드	경쟁사 A	경쟁사 B	지출 점유율
재닛	만족도	9 ← 일치함	→ 9	10	25%
	순위	2.5	2.5	1	
존	만족도	9	7	8	50%
	순위	1	3	2	

면, 실제로는 위의 예에서 볼 수 있듯이 많은 브랜드가 고객의 마음속에 '동점'을 이루고 있기 때문이다. 만족도 등급을 순위로 변환하면 응답자는 고객이 실제로는 기본적으로 동일하다고 생각하는 브랜드에 대한 선호도를 인위적으로 구분하기보다는 동등(parity)하다는 인식을 표현할 수 있다.

마지막으로 상대적 만족도(즉 순위)에 초점을 맞추면 기업이 지출 점유율을 높일 수 있는 방법(key driver, 핵심 동인 분석)을 파악하는 데도 영향을 미친다. 연구에 따르면 기업의 만족도를 높이는 요인은 기업의 순위를 높이는 요인과는 다른 것으로 나타났다. 고객은 모든 브랜드를 사용하는 타당한 이유가 있으며, 순위에 변화가 없는 절대 만족도 점수의 변화는 지출 점유율에 영향을 미치지 않을 것으로 예상되므로, 핵심 동인 분석은 단순히 기업의 만족도 점수를 높이는 것이 아니라 경쟁업체 대비 순위 변화를 달성할 수 있는 방법에 초점을 맞춰야 한다.

출처: Timothy L. Keiningham, Lerzan Aksoy, Alexander J. Buoye,and Bruce Cooil, "Customer Loyalty Isn't Enough. Grow Your Share of Wallet," *Harvard Business Review* 89 (October 2011): 29-31 ; Timothy L. Keiningham, Lerzan Aksoy, Luke Williams, and Alexander J. Buoye, *The Wallet Allocation Rule: Winning the Battle for Share*, (New York, NY: John Wiley & Sons, 2015); Keiningham, Timothy L., Bruce Cooil, Edward C. Malthouse, Alexander J. Buoye, Lerzan Aksoy, Arne De Keyser, and Bart Larivière, "Perceptions Are Relative: An Examination of the Relationship between Relative Satisfaction Metrics and Share of Wallet," *Journal of Service Management* 26(1) (2015): 2-43 ; Alexander Buoye, Timothy L. Keiningham, Luke Williams, and Lerzan Aksoy, "Understanding What It Takes to Be Number 1," in Jay Kandampully (ed.), *Customer Experience Management: Enhancing Experience and Value through Service Management* (Dubuque, IA: Kendall Hunt Publishing Company, 2014), pp. 327-345.

로 분류한다.[3] 각 수준에는 12개 차원에 걸쳐 일반적인 조직에 대한 간략한 설명이 있다.

마케팅 기능에서는 마케팅의 역할, 경쟁의 매력, 고객 프로필, 서비스 품질에 대해 살펴본다. 운영 기능에서는 운영의 구성 요소, 서비스 전달(전방), 후방 운영, 생산성, 새로운 기술 도입에 초점을 맞춘다. 마지막으로 인적자원 기능에서는 인적자원 관리, 노동력 및 일선 관리의 역할을 검토한다. 물론 이러한 차원과 기능 간에는 중복되는 부분이 있다. 또한 산업별로, 그리고 전달 체계별로 일부 차원의 상대적 중요도에 차이가 있을 수 있다. 예를 들어, 인적자원 관리는 대면 접촉이 많은 서비스에서 더 중요한 전략적 역할을 하는 경향이 있다. 이 전반적인 서비스 성과 프레임워크의 목표는 서비스 리더의 성과가 우수한 조직은 어떻게 성과를 내는지, 성과가 저조한 조직은 무엇을 바꿔야 하는지에 대한 시사점을 도출하는 것이다.

특정 산업에 속한 회사를 심층적으로 평가하려면 표 15.2를 출발점으로 삼는 것이 유용할 수 있다. 일부 요소를 수정하여 맞춤형 평가 도구를 만들 수 있다.

서비스 실패 기업 고객, 직원, 관리자의 관점에서 볼 때 최하위권에 속하며 마케팅, 운영, 인적자원 관리에 실패한다. 고객은 성과 이외의 다른 이유(일반적으로 실행 가능한 대안이 없기 때문)로 이러한 기업을 애용하지 않는다. 이러한 조직의 관리자는 서비스 전달을 필요악으로 간주할 수도 있다. 신기술은 강압에 의해서만 도입되며, 관심이 없는 직원은 성과의 제약이 된다.

서비스 어중이 기업 아직 성과가 많이 부족하지만 서비스 어중이 기업은 패자의 최악의 특징을 제거했다. 어중이 기업은 비용 절감이 표준화를 통해 가능하다는 전통적 운영 방식을 가지고 있다. 이들의 마케팅 전략은 정교하지 않으며, 인적자원과 운영의 역할은 각각 '적당히 하는 것이 좋다'와 '망가지지 않으면 고치지 않는다'는 철학으로 요약할 수 있다. 관리자는 품질 개선 및 기타 목표에 대해 이야기할 수는 있지만 명확한 우선순위를 설정하여 명확한 방향

표 15.2 서비스 성과의 4가지 수준

수준	1. 서비스 실패 기업	2. 서비스 어중이 기업
	마케팅 기능	
마케팅 역할	• 전술적 역할만 수행한다. • 광고 및 프로모션에 집중하지 않는다. • 상품 또는 가격 결정에 관여하지 않는다.	• 판매와 매스커뮤니케이션을 혼합하여 사용하고, 단순한 세분화 전략을 사용한다. • 가격 할인 및 프로모션을 선택적으로 활용한다. • 기본적인 만족도 조사를 실시하고 표로 작성한다.
경쟁우위적인 매력	• 고객은 실적 이외의 이유로 기업과 거래한다.	• 고객은 회사를 찾지도 피하지도 않는다.
고객 구성	• 구체적이지 않다. • 최저가로 제공되는 대량 판매 시장	• 하나 혹은 소수의 세분 시장에서 기본적인 니즈를 이해한다.
서비스 품질	• 변동성이 매우 크며, 종종 불만족스럽다. • 운영상의 급한 일에 매달린다.	• 어느 정도 고객의 기대를 충족시킨다. • 1~2가지 핵심에 대해서만 일관적이다.
	운영 기능	
운영의 역할	• 민감 • 비용 편향적	• 주요 라인 기능은 상품을 생성 및 제공하고, 생산성의 핵심으로 표준화 및 기술에 초점을 맞추며, 내부적인 관점에서 품질을 정의한다.
서비스 전달 (전방 단계)	• 필요악 위치 및 일정은 고객의 선호도와 무관하며, 이를 무시하는 경우가 많다.	• '고장 나지 않으면 고치지 않는다'는 전통을 고수한다. • 고객을 위한 엄격한 규칙이 있다. • 배송의 각 단계가 독립적으로 운영된다. • 자주 잘못 설계된 셀프서비스 기술을 광범위하게 사용한다.
후방 운영	• 전방으로부터 단절된다. • 부속품으로 취급한다(큰 조직 속의 하찮은 일원).	• 개별 조직에서 분리된 채 개별적으로 전방에 대한 전달 기능에 기여한다. • 고객에 정통하지 않다.
생산성	• 막연함 • 관리자는 예산 집행의 실패에 대해 처벌을 받는다.	• 표준화 기반 • 예산보다 낮은 비용 유지 시 보상을 제공한다.
신기술의 도입	• 후기 채택자, 강제적, 생존에 필요한 경우	• 비용 절감이 정당화될 경우는 대세에 따른다.
	인적자원 기능	
인적자원 역할	• 직무에 필요한 최소한의 기술 요건을 충족하는 직원을 저비용으로 공급한다.	• 역량 있는 직원을 채용하고 교육한다.

3. 서비스 전문가 기업	4. 서비스 리더 기업	평가 점수
마케팅 기능		
• 경쟁사에 대한 명확한 포지셔닝 전략을 보유한다. • 약속을 명확히 하고 고객을 교육하기 위해 차별화된 호소력을 가진 집중적인 커뮤니케이션을 사용한다. • 가치에 기반한 가격을 책정한다. • 고객 사용 모니터링 및 충성도 프로그램을 운영한다. • 다양한 조사 기법을 사용하여 고객 만족도를 측정하고 서비스 개선을 위한 아이디어를 얻는다. • 운영팀과 협력하여 새로운 배송 시스템을 도입한다.	• 마케팅 기술로 알려진 특정 세분 시장에서의 혁신적 리더 • 상품/프로세스 수준의 브랜드 • 정교한 분석을 수행하고 고급 AI를 사용하여 맞춤형 개인화 일대일 마케팅 및 사전 예방적 계정 관리를 달성한다. • 최첨단 리서치 기법 사용 • 개념 테스트, 관찰 및 선도 고객을 신제품 개발에 투입한다. • 운영/인적자원 부서와 긴밀히 협력한다.	
• 고객은 고객의 기대에 부응하는 지속적인 평판을 바탕으로 이 회사를 찾는다.	• 회사 이름이 곧 서비스 우수성의 대명사이다. • 고객을 만족시키는 능력은 경쟁업체가 충족할 수 없는 수준으로 기대치를 높인다.	
• 다양한 니즈와 회사에 대한 가치가 명확하게 이해되는 개인 그룹이다.	• 개인은 새로운 서비스 기회에 대한 잠재력과 혁신을 촉진할 수 있는 능력 등 회사에 대한 미래 가치를 기준으로 선발 및 유지된다.	
• 여러 측면에서 고객의 기대치를 일관되게 충족하거나 초과한다.	• 고객의 기대치를 새로운 차원으로 끌어올린다. • 지속적으로 개선한다.	
	소계	
운영 기능		
• 경쟁 전략에서 전략적 역할을 수행한다. • 지능형 자동화를 사용하여 고객 편의와 만족을 제공한다. • 생산성과 고객 정의 품질 간의 잠재적 상쇄를 인식한다. • 아웃소싱 의향 • 경쟁 기업의 아이디어와 위협을 모니터링한다.	• 혁신, 집중력, 우수성을 인정받은 기업 • 마케팅 및 인사 관리와 동등한 파트너 • 지능형 자동화 분야의 리더 • 사내 연구 역량과 학계와의 지속적인 실험을 통한 연구 역량을 보유하고 있다.	
• 전통이 아닌 고객 만족을 추구한다. • 새로운 접근 방식과 신기술을 기꺼이 수용하고 맞춤화한다. • 속도, 편의성, 편안함을 강조한다.	• 고객 중심으로 구성된 원활한 배송 프로세스 • 직원은 자신이 누구에게 서비스를 제공하는지 알고 있다. • 지속적인 개선에 집중한다. • 최첨단 기술을 도입한다.	
• 프로세스는 전방 활동과 명시적으로 연결된다. • 외부 고객에게 서비스를 제공하는 '내부 고객'에게 서비스를 제공하는 것으로 역할을 인식한다.	• 지리적으로 멀리 떨어져 있어도 전방 업무와 긴밀하게 통합된다. • 자신의 역할이 외부 고객에게 서비스를 제공하는 전체 프로세스와 어떤 관련이 있는지 이해한다. • 지속적인 대화	
• 후방 활동 재설계에 집중한다. • 고객의 서비스 경험을 저하시킬 수 있는 생산성 향상을 방지한다. • 지속적인 프로세스 및 기술 개선으로 효율성을 향상한다.	• 품질 수익률의 개념을 이해한다. • 생산성 향상을 위해 고객의 참여를 적극적으로 모색한다. • 새로운 프로세스 및 기술에 대한 지속적인 테스트를 진행한다.	
• IT가 고객을 위한 서비스를 개선하고 경쟁력을 제공할 것을 약속하는 초기 사용자(얼리 어답터)	• 기술 리더와 협력하여 선점 우위를 창출하는 새로운 애플리케이션을 개발한다. • 경쟁업체가 따라올 수 없는 수준의 성과를 추구한다.	
	소계	
인적자원 기능		
• 선별적인 채용과 지속적인 교육에 투자한다. • 직원과 긴밀한 관계를 유지하며 진급이 용이하다. • 직장 생활의 질을 높이기 위해 노력한다.	• 직원의 자질을 전략적 장점으로 간주한다. • 일하기 좋은 회사로 인정받고 있다. • HR은 최고경영진이 문화를 육성할 수 있도록 지원한다.	

수준	1. 서비스 실패 기업	2. 서비스 어중이 기업
인적자원 기능		
인력	• 부정적 제약: 저성과자, 무관심, 불충실함	• 적절한 자원, 절차를 따르지만 영감이 없다. • 종종 높은 이직률
일선 관리	• 작업자 통제	• 프로세스 제어

을 제시하거나 직원의 존경과 헌신을 얻지 못한다(그림 15.3). 이러한 기업 중 일부는 주어진 시장 내에서 부실한 방식으로 경쟁하는 경우가 많으며, 다른 기업과 구별하기 어려울 수 있다. 주기적인 가격 할인은 신규 고객을 유치하기 위한 주요 수단인 경향이 있다.

서비스 전문가 기업 일반 기업과 다른 리그에 속하며 명확한 시장 포지셔닝 전략을 가지고 있다. 표적 세분 시장에 포함된 고객은 고객 만족에 대한 명성을 믿고 이런 기업을 찾는다. 마케팅은 목표로 했던 커뮤니케이션을 활용하고, 가격은 고객에 제공할 수 있는 가치를 근거로 책정한다. 리서치를 통해 고객 만족도를 측정하고 서비스 개선을 위한 아이디어를 얻으며, 운영과 마케팅이 협력하여 새로운 전달 시스템을 도입하고, 생산성과 고객이 정의한 품질 사이의 상쇄가 있음을 인식한다. 후방과 전방 활동 사이에는 분명한 연결고리가 있고, 어중이 기업보다 인적자원 관리에 대해 훨씬 더 적극적이며 투자 지향적인 접근 방식을 가지고 있다.

서비스 리더 기업 각 업계에서 최고로 인정받는 최고의 서비스 조직으로, 서비스 전문가 기업도 훌륭하지만 서비스 리더 기업은 훨씬 더 뛰어나다. 서비스 리더 기업으로는 아마존(Amazon), 매킨지(McKinsey), 리츠칼튼(Ritz Carlton), 사우스웨스트 항공(Southwest Airlines), 스타벅스(Starbucks), 자포스(Zappos)를 떠올릴 수 있다. 이들 회사의 이름은 서비스 우수성과 고객 만족의 대명사이다. 서비스 리더 기업은 경영의 각 기능 영역에서 혁신뿐만 아니라 이 3가지 기능 간의 탁월한 내부 커뮤니케이션 및 조정 능력으로 인정받는다. 후자는 상대적으로 수평적 조직 구조와 광범위한 팀 활용의 결과인 경우가 많다. 따라서 서비스 전달은 고객을 중심으로 구성된 원활한 프로세스이다.

그림 15.3 전통적인 운영 사고방식에서는 경영진이 혁신적인 목표를 주장하더라도 개선할 수 없거나 개선할 의지가 없을 수 있다.

서비스 리더 기업의 마케팅 활동은 고객에 대한 전략적 통찰력을 제공하는 고객 관계 관리(CRM) 시스템을 광범위하게 활용하며, 이는 종종 일대일 기반으로 이루어진다. 개념 테스트, 관찰, 주요 고객과의 접촉은 이전에는 인식하지 못했던 니즈에 대응하는 새롭고 획기적인 서비스를 개발하는 데 사용된다. 운영 전문가는 전 세계의 기술 리더와 협력하여 선도자 이점(first-mover advantage)을 창출하

3. 서비스 전문가 기업	4. 서비스 리더 기업	평가 점수
인적자원 기능		
• 동기를 부여하며 근면성실하다. • 절차 선택에 어느 정도 재량권을 허용한다. • 제안 활동을 제공한다.	• 혁신적이고 권한을 부여한다. • 충성심이 강하고 회사의 가치와 목표에 헌신한다. • 절차를 만든다.	
• 고객의 의견을 경청한다. • 서비스 직원을 코칭하고 촉진한다.	• 최고경영진을 위한 새로운 아이디어의 원천 • 서비스 직원의 경력 개발과 회사 가치를 향상시키는 멘토	
	소계	
	전체 점수	

범례: 평가 대상 조직의 성과 수준에 따라 각 영역에 '1'에서 '4'까지 점수를 매긴다. 각 기능의 점수를 평균한 다음, 각 기능의 점수를 평균하여 총평가점수를 구한다. '3.5점 이상'은 우수한 성과를, '2.5~3.4점'은 양호한 성과를, '1.5~2.4점'은 보통에서 미흡한 성과를, '1.4점 이하'는 매우 미흡한 성과를 나타낸다.

참고: 이 프레임워크는 리처드 체이스(Richard Chase)와 로버트 헤이즈(Robert Hayes)의 서비스 운영 관리 연구에서 영감을 받아 확장한 것이다.

고, 경쟁업체가 오랫동안 도달할 수 없는 수준까지 실행 수준을 높일 수 있다. 고위 경영진은 직원의 자질을 중요한 경쟁우위 요소로 인정한다. 인적자원 관리 부서는 서비스 지향 문화를 구축 및 유지하고, 최고의 인재를 유치하고 유지하는 작업을 간소화하는 뛰어난 업무 환경을 조성하는 데 주력한다(그림 15.4).[4] 직원은 회사의 가치와 목표에 헌신한다. 또한 직원은 적극적으로 참여하고 권한을 부여받으며 변화를 빠르게 수용하기 때문에 새로운 아이디어의 지속적인 원천이 되고 지속적인 업무 향상을 주도한다.

EDHAR/Shutterstock

그림 15.4 서비스 우수성은 팀을 효과적으로 활용함으로써 뒷받침되는 경우가 많다.

더 높은 수준의 성과로 나아가기

거의 모든 기업이 서비스 리더 기업이 되기를 원한다. 고객의 충성도를 얻고 싶고, 고객이 자사에 대해 좋은 말을 해주기를 바란다. 이러한 목표를 달성할 수 있다면 시장 점유율, 주주 가치, 지역사회에서의 명성도 높일 수 있으므로 더 높은 수준의 성과로 이동해야 하는 강력한 이유가 된다. 이러한 관점은 널리 받아들여지고 있으며, 대부분의 시장에서 마케팅, 운영, 정보기술(IT), 인적자원 관리 기능을 개선하고 조정하려는 의도적인 노력을 통해 성과 사다리를 올라가는 기업을 찾을 수 있다. 이를 통해 보다 유리한 경쟁우위를 확보하고 고객 만족도를 높일 수 있다.

학습목표 4
서비스 기업을 서비스 실패 기업에서 서비스 선도 기업으로 전환하는 데 필요한 것이 무엇인지 이해한다.

이를 위해서는 조직의 모든 계층에 있는 인적 리더가 서비스 기업이 올바른 방향으로 나아가고, 올바른 전략적 우선순위를 설정하며, 관련 전략이 조직 전체에서 실행되도록 보장해야 한다. 이 책의 여러 장에서 이러한 목표를 달성하는 방법에 대해 논의했다. 이제 조직에서 변화의 주체가 되는 데 도움이 되는 도구, 개념, 이론을 갖추게 되었다. 아직 논의해야 할 것은 목표를 달성하기 위한 높은 수준의 전략이다.

가장 일반적인 두 가지 전략은 비용 또는 서비스 우수성에 중점을 두는 것으로, 저비용 전

서비스 우수성을 위한 문화

이중 문화 전략

고객 접점 변경 없음 /소량 변경

- 리더십 양손잡이와 상황적 양손잡이를 통해 조직 전체가 CESE에 집중할 수 있게 한다. 구조적 양손잡이는 보조적인 역할을 할 수 있다.
- 직원이 이중 문화 전략에 동의할 수 있는 신뢰할 수 있는 근거가 필요하다.
- 일반적인 생산성 전략과 도구를 극단적으로 사용하여 더 적은 투입으로 동일한 산출물을 달성하기 위해 다음을 포함한다.
  - 엄격한 비용 관리
  - 직원 교육 및 동기부여를 통해 더 빠르고, 더 좋고, 더 효율적이며, 더 낮은 비용으로 일할 수 있도록 지원
  - 수용 능력 활용도 향상(즉 최적화 된 공급 및 수요 관리)
  - 고객 서비스 프로세스 재설계(예: 린 6 시그마)
  - 시스템 및 기술 사용 강화(예: 생체인식)
  - 비핵심 활동 아웃소싱
  - 더 나은 자원 할당을 위한 서비스 등급화

예: 싱가포르 항공, 리스토란테 도

프로세스 변동성을 줄이기 위한 운영 관리 접근 방식

완충 및 전방 업무 제거하기

실시간 응답성 및 유연성 감소

- 전방 업무와 후방 업무의 활동을 분리하고 완충하여 후방 업무를 격리한다.
- 후방 업무의 산업화
- 비효율적인 전방 업무에서 후방 업무로 활동 전환
- 활용
  - 플랜트 내 플랜트 및 개별적으로 집중된 두 가지 운영의 완충, 전방 업무는 고객 만족과 판매에 집중, 후방 업무는 생산성과 낮은 오류율에 집중
  - 후방 업무를 산업화하기 위한 시스템 및 기술

예: 싱가포르 국립 도서관 위원회의 도서 보관함 및 물품 보관소

서비스 모듈화

고객 선택권 축소

- 서비스 프로세스에 대한 고객 입력을 줄여 변동성을 줄인다.
- 서비스 및 기능의 모듈화를 통해 구현이 가능하다.
- 활용
  - 프로세스 다양성 및 복잡성 감소
  - 어려운 상품 및 서비스 수준 선택
  - 시스템 및 기술 산업화를 위한 전방 업무

예: 구글의 독립형 상품

셀프서비스 기술(SST)

고객 접촉 감소

- 서비스 생산 시스템에서 고객 접점 감소
- 활용
  - 고객과 일선 직원의 상호작용을 대체하는 셀프서비스 기술
  - 엄격한 고객 대본
  - 서비스 로봇(물리적 및 가상적 형태) 및 AI

예: USSA, 뱅가드, 챗봇

운영 관리 접근 방식은 고객의 니즈와 필요를 신중하게 고려해야 한다. 즉 고객이 고객 접점 및 옵션 제공의 변화에 만족해야 한다.

이중 문화 전략과 함께 추구할 수 있다.

집중형 서비스 공장

고도로 표준화된 서비스 제공

- 서비스 제공 및 제공 프로세스의 표준화 및 산업화
- 활용
  - 표준 옵션이 거의 없고 유연성 및 고객화가 거의 없는 표준화된 상품 제공
  - 전방 업무에서도 서비스 프로세스를 표준화 및 산업화
  - 서비스 모델에 정확히 부합하는 고객 세분 시장의 엄격한 선택
  - 엄격한 고객 대본을 통한 서비스 프로세스의 표준화된 고객 입력

이중 문화 전략과 함께 추진 가능

예: 숄다이스 병원, 나라야나 헬스, 제트블루, 핀테크

그림 15.5 사후 서비스 우수성(CESE)을 달성하기 위한 전략적 경로

출처: Jochen Wirtz and Valarie Zeithaml, "Cost-Effective Service Excellence," *Journal of the Academy of Marketing Science*, 46(1) (2018): 59–80, https://link.springer.com/article/10.1007/s11747-017-0560-7.

략을 따르는 조직은 중앙 집중식, 표준화 및 자동화된 프로세스를 실행하여 비용을 최소화하는 동시에 낮은 가격을 통해 규모와 높은 시장 점유율을 구축하는 것을 목표로 한다. 고객은 비용 대비 뛰어난 가치를 제공하는 양질의 표준 서비스에 만족한다.

서비스 우수성 전략을 따르는 기업은 고객을 깊이 이해하고, 고객의 니즈와 요청에 매우 민감하게 반응하며, 일반적으로 소규모 세분 시장을 대상으로 높은 가격대의 고품질 맞춤형 서비스 상품을 제공하는 경향이 있다.[5] 이 두 가지 전략은 각각 다른 조직 시스템, 구조 및 문화를 필요로 하기 때문에 결합하기 어렵다. 따라서 두 가지를 동시에 추구하는 것은 어려운 일이 될 수 있다.[6] 그럼에도 불구하고 비용 효율성과 서비스 우수성이라는 두 가지 전략을 동시에 달성한 몇 개의 선도적인 서비스 기업을 살펴보겠다.

비용 효율적인 서비스 우수성[7]

학습목표 5

조직이 비용 효율적인 서비스 우수성(CESE)을 달성할 수 있는 3가지 전략적 경로를 숙지한다.

조직이 비용 효율적인 서비스 우수성(cost-effective service excellence, CESE)을 달성하기 위해 취하는 3가지 전략적 경로는 이중 문화 전략, 운영 관리 접근 방식, 집중형 서비스 공장 전략이다(개요는 그림 15.5 참조). 이러한 전략적 경로는 성공적으로 CESE를 달성한 조직을 나열한 표 15.3에서와 같이 함께 사용할 수도 있다. 표 15.4는 이러한 조직이 CESE를 구현한 방법을 예시한 것이다.

이중 문화 전략

학습목표 6

CESE의 이중 문화 전략과 그 실행 과제를 이해한다.

CESE의 첫 번째 경로는 서비스 우수성과 생산성을 동시에 추구하는 데 조직 전체의 초점을 맞추고 두 가지를 기업 문화의 필수적인 부분으로 만드는 이중 문화 전략(dual-culture

표 15.3 CESE 서비스의 우수성을 위한 조직의 전략적 경로

CESE를 달성한 조직	이중 문화 전략	운영 관리 접근 방식	집중형 서비스 공장
싱가포르 항공 리스토란테 도	●	○	○
싱가포르 국립도서관위원회, 구글, USAA	○	●	○
숄다이스 병원, 제트블루	○	○	●
뱅가드, 아마존	●	●	○
나라야나 헬스	●	○	●
전략/도구 사용: ● 광범위, ○ 조금/전혀 없음			

참고: 코딩은 조직이 속한 산업 및 조직에 따라 다르다. 이 표는 다음과 같은 사례 분석을 기반으로 한다. Jochen Wirtz and Valarie Zeithaml, "Cost-Effective Service Excellence," *Journal of the Academy of Marketing Science* 46(1) (2018): 59-80 A descriptions of how these organizations achieved CESE is provided in the electronic supplementary materials at https://link.springer.com/article/10.1007/s11747-017-0560-7 (scroll to the end of the document; the link is provided just before the "Rights and Permissions" section).

표 15.4 조직이 CESE를 달성한 방법의 예

조직	CESE 전략	전략 실행의 예
리스토란테 도	이중 문화 전략	리스토란테 도는 이탈리아 북부에 위치한 레스토랑으로, 미슐랭 스타 레스토랑의 음식을 합리적인 가격에 제공한다는 목표로 이중 문화를 내재화하여 경쟁사 대비 약 3분의 1 이하의 가격을 책정했다. 이 레스토랑은 탁월함을 추구하고 디테일에 세심한 주의를 기울여 식사 경험과 음식의 품질에 중점을 두었다. 예를 들면 다음과 같다. • 최고 품질의 식재료를 사용하고 의욕이 강한 셰프가 있다. • 셰프들은 고객에게 서빙하고 대화를 나누며 조리 방법을 설명하여 뛰어난 식사 경험과 요리에 대한 감상을 이끌어내는 동시에 직원 만족도를 높였다. • 창업자는 크레마의 농도가 깨지지 않도록 가운데에 구멍이 뚫린 에스프레소 스푼과 같이 식사 경험을 향상시키는 여러 가지 식사 도구를 설계했다. 또 다른 하나는 포크, 나이프, 스푼이 결합된 파스파트아웃(passepartout)으로, 모든 재료를 함께 집어 맛볼 수 있다. 동시에 레스토랑은 비용 절감을 위해 운영의 모든 측면을 검토하고 다음과 같은 조치를 취했다. • 셰프가 직접 음식을 서빙하고 웨이터를 두지 않아 인건비를 크게 절감했다. • 이국적이고 값비싼 식재료 대신 해당 지역의 고품질 제철 식재료 위주로 사용했다. • 와인 리스트를 경쟁사 대비 절반 수준인 180개 SKU로 줄였다. • 교체 및 청소 비용을 줄이기 위해 잘 깨지지 않는 유리잔과 접시를 선택했다. • 시내에서 20km 떨어진 곳에 임대료가 저렴한 위치를 선택했으며, 임대료는 밀라노 중심가에 있는 레스토랑과 비슷한 수준으로 책정했다. • 다른 미슐랭 스타 레스토랑과 달리 단가를 낮추기 위해 점심과 저녁에 영업하고, 저녁 예약시간을 오후 7시 30분, 8시 30분, 9시 30분으로 고정해 저녁에 최대 두 번의 테이블 회전이 가능하도록 함으로써 좌석당 비용을 줄였다. • 포크, 스푼, 나이프가 결합된 식기류를 설계하여 설비, 인건비, 설거지 비용을 절감했다. • 바닥 접시 및 테이블 매트와 같은 불필요한 품목을 피하여 파손, 청소 및 세척 비용을 줄였다.
아마존	이중 문화 전략	아마존은 강력한 고객 중심 문화를 바탕으로 우수한 서비스와 극도의 비용 절감을 동시에 추구했다. 이러한 이중 문화의 근거는 고객에게 우수한 서비스와 가능한 최저 가격을 제공하기 위해서였다. 이 전략은 다음과 같은 방법을 통해 구현되었다. • 최고경영진의 역할 모델링: 아마존의 창립자이자 CEO인 제프 베조스(Jeff Bezos)는 검소하고 고객에게 중요하지 않은 지출은 하지 않는 것으로 유명했다. 동시에 그는 극도로 고객 중심적이었으며 불안해하는 직원에게 고객 불만에 대한 즉각적인 해결책을 요구하기도 했다. • 아마존의 신성한 리더십(sacrosanct leadership) 원칙에는 검소함도 포함되었다. "우리는 고객에게 중요하지 않은 일에는 돈을 쓰지 않으려고 노력합니다. 검소함은 풍부함(resourcefulness), 자급자족(self-sufficiency), 발명(invention)을 낳습니다. 직원 수, 예산 규모, 고정 비용에 대한 가산점은 없습니다." • 다음은 아마존의 극단적인 비용 의식에 대한 몇 가지 예이다. – 직원 보상 및 보너스를 최소화하여 직원 근속 기간 연장을 위해 이월되도록 설계한다. – 주차 보조금 지급을 피하기 위해 대중교통을 이용할 수 있는 저비용 충전식 카드를 제공한다. – 식비 보조금을 지급하지 않고 자동판매기만 사용 가능하게 한다. – 신규 직원에게 최소한의 물품만 제공하고 퇴사 시 반납하게 한다. – 모든 직원이 이코노미 클래스를 이용한다. – 회의실 테이블로 값싼 목재 책상을 사용한다.
	운영 관리 접근 방식	아마존의 비즈니스 모델은 다음 사항에 중점을 두고 인터넷 기반으로 구축되었다. • 모듈식 서비스(즉 몇 가지 명확한 옵션이 있는 고도로 구조화된 프로세스)를 통해 촉진된 SST(검색, 선택, 결제, 계정 관리 및 리뷰 포함) • 최소한의 전방 업무(대부분 웹사이트이지만, 수령 및 반품을 위한 고도로 자동화된 소매점과 셀프서비스 사물함도 몇 개 운영)와 점점 더 자동화되고 있는 고효율 주문 처리 서비스를 실행할 수 있는 거의 완전 완충된 후방 업무가 있다.
뱅가드 그룹	이중 문화 전략	뱅가드는 세계 최대 규모의 펀드 운용사 중 하나로, 회원을 위한 투자 성과와 서비스 우수성에 집중해왔다. 그들은 서비스가 최고 품질 수준에서 결함 없이 수행되어야 한다고 강조한다. 전략의 첫 번째 항목은 "가능한 한 가장 낮은 비용으로 최고 품질의 투자자 서비스를 제공하는 것"이며, 이를 통해 전략을 달성할 수 있었다.

조직	CESE 전략	전략 실행의 예
뱅가드 그룹	이중 문화 전략	• 고위 경영진은 강력한 롤모델을 보여준다. 예를 들어, 뱅가드의 설립자이자 전 CEO인 존 보글(John Bogle)은 직원과 펀드 보유자에게 잘못된 신호를 줄 수 있는 개인 제트기 대신 이코노미 클래스를 이용하고 5성급 호텔에 투숙하지 않았다. • 유통 및 마케팅을 포함한 운영의 모든 측면으로 비용의 집중을 강력하게 확장한다. 예를 들면 다음과 같다. – 유통업체를 사용하지 않고 수수료를 지급하지 않는다. – 시장 점유율은 구매가 아니라 획득해야 한다는 생각으로 광고를 많이 하지 않는다. – 입소문과 홍보에 의존한다. • 검소함의 가치는 조직 전체에서 분명하게 드러났다. 예를 들어, 유명 애널리스트인 메이블 유(Mabel Yu)는 2008~2009년 금융 위기가 닥쳤을 때 뱅가드가 트리플 A 등급의 복합 모기지 기반 증권에 투자하지 않기로 결정하여 수십억 달러의 손실을 피하는 데 중요한 역할을 했다. 존 보글은 뱅가드의 문화에 따라 구내식당에서 5달러짜리 점심 쿠폰으로 축하하는 전통에 따라 점심식사를 대접했다. 유는 "그는 매우 검소한 사람이기 때문에 저는 그의 방식대로 하고 싶었습니다"라고 말했다.[8] • 공정한 직원 보상을 제공하는 것을 "가장 어려운 과제 중 하나"로 생각했지만 "현실적이고 경쟁력 있는 급여"를 제공하는 것을 목표로 삼았다. 직원 보상 및 복리후생은 엄격하게 통제되었다. 예를 들면 다음과 같다. – 상여금과 급여 인상폭이 더 작아지도록 직무 범주를 재구성하고, 하위 직급의 직원이 자격을 갖추기 더 어려워지도록 보너스 제도를 변경했다. – 보너스가 적거나 전혀 없고 경기 침체기에 해고될 수 있는 수천 명의 급여 근로자를 시간제 근로자로 전환했다. • 고객 소유 구조(즉 뱅가드는 펀드가 소유하고 펀드 주주가 소유)는 강도 높은 비용 집중의 근거를 제공했으며, 직원에게 검소함의 필요성에 공감하는 이유를 제공했다.
	운영 관리 접근 방식	• 지점이 없고 주로 인터넷, 앱, 전화, 메일에 의존하여 고객과 소통한다. • 불필요한 비용을 모두 제거하기 위해 프로세스를 자동화하고 간소화하는 데 집중하고, 제2캠퍼스 건설을 취소하는 대신 자동화 및 프로세스 간소화에 집중한다. • 자동화된 인터넷 기반 투자 플랫폼인 개인 어드바이저 서비스(Personal Advisor Service, PAS)를 사용하여 각 고객과 재정 고문과의 관계를 강화했다. PAS는 포트폴리오 분석을 통해 투자 전략을 고객의 재무 목표와 일치시키고, 고객의 재무 계획을 생성하는 데 필요한 시간을 획기적으로 단축하는 동시에 자문 품질을 향상시켰다(즉 비용 절감). • 투자 관리 비용이 거의 들지 않고 후방 업무가 적은 패시브 펀드(인덱스 펀드)에 집중했다. • 장기 투자자에 초점을 맞추고 단기 거래를 억제하는 가격 정책을 시행하여 고객 서비스, 관리 및 거래 비용을 절감했다.
구글	운영 관리 접근 방식 (esp. SST)	• 대부분의 상품은 개발자와 사용자의 복잡성을 피하기 위해 '독립형'으로 설계되었으며, 구글은 이를 '스위스 군용칼(Swiss Army Knife)' 접근 방식(즉 하나의 도구로 하나의 목적에 사용)이라고도 불렀다. • 뛰어난 사용자 경험을 제공하는 확장 가능한 솔루션에 극도로 집중하고, SST를 통해 이를 촉진했다. 수익을 창출하는 서비스 상호작용과 거래조차도 대부분 자동화되어 SST를 통해 제공되었기 때문에 구글의 일반적인 광고주는 실제 직원과 접촉하지 않았다. • 서비스 관련 문제해결은 대부분 온라인 도움말 도구, 웹마스터 도구, 웹마스터 동영상, 포럼, 블로그, 온라인 사용자 커뮤니티에서 제공하는 기타 형태의 지원 등 구글이 제공하거나 구글이 촉진하는 SST 및 SST 플랫폼을 통해 제공되었다.
나라야나 헬스	이중 문화 전략	• 나라야나 헬스는 인도 최고의 개방형 심장수술 전문병원이다. 수술의 질에 극도로 집중하고 성공률과 혁신(예: 선구적인 개방형 심장수술)에 중점을 둔다. • 극도로 비용에 민감한 문화를 가지고 있는데, 예는 다음과 같다. – 의사와 고위 관리자는 매일 전날의 비용을 자세히 설명하는 문자 메시지를 받아 비용 절감의 필요성을 계속 인식한다. 의약품, 소모품, 검사에 관한 의사결정이 환자 치료 비용에 어떤 영향을 미치는지 알면 더 신중하게 결정할 수 있다는 생각에서 비롯된 것이다. 또한 직원이 비용 절감 및 프로세스 개선을 위한 아이디어를 제안하도록 동기를 부여했다. – 의사는 자신의 병원과 그룹 내 21개 병원의 성과 데이터를 비교하여 모범 사례를 공유하도록 장려했다. – 일회용 제품으로 판매되는 의료 기기의 일상적인 재사용[예: 심장박동 수술에 사용되는 160달러짜리 강철 클램프(steel clamp)는 멸균 처리 후 50~80회 재사용].

조직	CESE 전략	전략 실행의 예
나라야나 헬스	이중 문화 전략	–장비와 수술실의 활용도를 극대화하여 하루 20시간(청소에 4시간 소요) 동안 수술에 사용했다. –수술이 대규모 시설의 일부 병원에 집중되어 높은 활용도, 낮은 단가, 학습과 혁신이 가능했다. –특히 장비 및 소모품에 대해 공급업체와 치열한 협상을 벌여 인도에서 가장 큰 두 병원이 인도 전체 개심술의 약 12%를 수행한다는 지위를 활용했다. –인도 마이소르에 위치한 새 병원은 스마트 설계를 통해 700만 달러의 예산으로 건설되었으며, 이는 인도 내 초특급 전문병원으로는 최저 수준이다. • 고위 경영진은 낮은 가격을 유지하여 인도의 가장 가난한 사람들에게 선진 의료 서비스를 제공한다는 사명감으로 극도의 비용 절감 의식을 내부에 전달했다(부유한 환자가 가난한 환자에게 교차 보조금을 지급하고 전체 비용을 낮추면 더 넓은 범위의 의료 서비스를 제공할 수 있음).
	집중형 서비스 공장	• 개심술에 집중하여 병원을 '생산 라인화'하고 절차를 산업화했으며, 많은 서비스 프로세스와 환자 세분화가 얽혀 있는 종합병원을 짓는 것은 엄청나게 복잡하고 비용이 많이 들며 동일한 품질의 결과물을 얻지 못할 것이라고 판단했다. • 일반 의사는 전문의가 되고, 전문의는 초전문의(super specialist)가 되도록 장려하고, 간호사는 더 숙련된 전문간호사(미국의 전문간호사와 유사)로 진출하도록 훈련시켰다.

출처 : Jochen Wirtz and Valarie Zeithaml, "Cost-Effective Service Excellence," *Journal of the Academy of Marketing Science* 46(1) (2018): 59–80. https://link.springer.com/article/10.1007/s11747-017-0560-7.

strategy)이다. 이러한 접근 방식을 통해 서비스를 유연화하고 맞춤화할 수 있으며, 서비스 제공 범위가 넓어질 수 있다. 이러한 유형의 서비스는 비효율적인 경향이 있지만, 이중 문화 접근 방식은 양손잡이 조직 접근 방식을 통해 생산성을 달성한다. 여기서 양손잡이는 상충되는 목표를 동시에 추구할 수 있는 조직의 직원 능력과 관련이 있다. 리더십 양손잡이(leadership ambidexterity)와 상황적 양손잡이(contextual ambidexterity)는 조직이 서로 다른, 종종 상충하는 전략적 목표를 동시에 추구할 수 있는 방법을 연구하는 데 중요한 접근 방식이다.

리더십 양손잡이 이중 문화 접근 방식에서는 리더가 상충되는 요구를 추구하고 통합하며 '양자택일' 논리가 아닌 '둘 다'를 내재화하도록 조직을 결집하는 것이 필수적이다.[9] 이러한 관점을 통해 리더는 어긋나는 요구에 조직이 집중하고 활력을 불어넣을 수 있는 시스템을 마련하고, 양손잡이 행동의 롤모델을 제시하며, 내부 커뮤니케이션, 교육, 보상, 인정을 통해 이를 강화할 수 있다.[10]

예를 들어, 아마존의 CEO인 제프 베조스는 고객의 요구를 최우선으로 생각하는 것으로 유명하다. 그는 고객의 불만을 받으면 화를 내는 것으로 악명이 높았으며, 불안해하는 직원에게 즉시 해결책을 찾으라고 요구했다. 동시에 그는 고객을 자극하지 않는 일이라면 무엇이든 검소하게 처리하는 롤모델을 제시하고 강조했다. '고객에 대한 집착'과 '검소함'은 아마존의 핵심 가치였다. 세계 최대 펀드 운용사 중 하나인 뱅가드의 설립자이자 전 CEO인 존 보글은 "최저 비용으로 최고 품질의 투자자 서비스를 제공한다"는 회사의 전략을 강조했다.[11] 뱅가드는 채용 시에도 '검소함의 필요성을 이해하고 공감하는 팀원'을 찾으며 검소함을 강조했다.[12]

인도에서 전문병원 체인을 운영하는 나라야나 헬스의 설립자이자 회장인 데비 셰티(Devi Shetty) 박사는 "나라야나 헬스에서는 오래전에 '품질을 원하면 비용을 지불해야 한다'는 개념이 사라졌다"고 말했다.[13] 비용 의식을 고취하고 팀원들이 비용 절감 및 프로세스 개선 아이디어를 창출하도록 동기를 부여하기 위해 고위 직원들은 매일 전날의 비용을 자세히 설명하는 문자 메시지를 보낸다. 마찬가지로 리스토란테 도의 창립자이자 수석 셰프인 다비데 올다니(Davide Oldani) 셰프는 미슐랭 스타 레스토랑을 더 많은 사람이 이용할 수 있도록 가격을 낮게 유지하는 데 열정적이었고, 이를 팀원들에게 지속적으로 전달했다.

상황적 양손잡이 상황적 양손잡이는 언제 서비스 우수성에 집중해야 하는지, 언제 비용 효율성을 강조해야 하는지, 그리고 이상적으로는 두 가지 목표를 시너지 효과를 내며 통합하는 방법에 대한 직원의 사고와 의사결정에 영향을 미친다. 두 가지 목표가 일치하는 경우가 많으며, 동시에 추구할 수 있지만 때로는 절충점을 찾아야 할 때도 있다. 직원은 이러한 결정을 내리는 방법을 알아야 하며, 내재화된 이중 문화는 이러한 거버넌스 메커니즘(governance mechanism)을 제공한다. 예를 들어, 싱가포르 항공은 일등석에 크루그 그랑 퀴베(Krug Grande Cuvée)와 돔 페리뇽(Dom Pérignon)이라는 두 가지 브랜드의 샴페인을 제공했다. 비용을 최소화하기 위해 승무원은 승객이 특별히 다른 브랜드를 요청하지 않는 한 병이 열려 있는 샴페인을 제공했다. 너무 작아서 줄일 수 없는 비용은 없었다.

Subhash Sharma/ZUMAPRESS.com/Alamy Stock Photo

그림 15.6 방갈로르에 위치한 나라야나 흐루달라야 병원의 회장인 데비 셰티 박사는 인도의 소외계층을 위해 검소함을 활용하고 있다.

나라야나 헬스는 수술의 품질과 성공률에 집중했다. 하지만 외과의사들은 일회용 제품으로 판매되는 의료 기기의 일상적인 재사용을 통해 비용을 절감할 수 있는 방법을 병원 네트워크 전체에서 지속적으로 검토하고 아이디어를 창출했다. 예를 들어, 개심수술에 사용된 160달러짜리 강철 클램프는 멸균 처리하여 최대 80회까지 재사용했다.

마찬가지로 아마존은 고객에게 가치를 더하지 않는 비용을 줄이도록 직원을 독려했다. 아마존의 리더십 원칙은 다음과 같다. "검소함, 즉 우리는 고객에게 중요하지 않은 일에 돈을 쓰지 않으려고 노력합니다. 검소함은 풍부함, 자급자족, 발명을 낳습니다."[14] 이러한 사례에서 알 수 있듯이 리더십과 상황적 유연성은 서로 밀접하게 연관되어 있다.

직원 동의 이중 문화 전략은 직원에게 부담을 줄 수 있기 때문에 실행하기 어렵다. 외부적으로는 훌륭한 서비스를 제공하면서 동시에 내부적으로는 비용에 매우 민감하게 반응하는 것은 직관적이지 않은 것 같다. 이러한 비용 의식과 검소함은 종종 급여와 복리후생에도 영향을 미친다(예: 아마존의 모든 직원이 이코노미 클래스 이용). 직원이 이중 문화 전략에 기꺼이 가입하려면 강력한 근거가 필요하다. 즉 조직은 직원의 동의를 얻기 위해 신뢰할 수 있는 '결집된 외침(rallying cry)'이 필요하다. 최고의 고객 가치 제공(아마존), 직원이 구성원을 위해 일한다는 점 강조(뱅가드), 미슐랭 스타급 음식을 저렴하게 제공(리스토란테 도), 자선 단체 지원(나라야나 헬스) 등이 이러한 결집의 예가 될 수 있다.

운영 관리 접근 방식

 **학습목표 7**

CESE를 달성하기 위한 운영 관리 접근 방식을 숙지한다.

두 번째 전략인 운영 관리 접근 방식은 프로세스의 변동성을 줄이는 데 사용되는 도구 조합을 이용하여 CESE를 제공하기 위해 시스템과 기술을 점점 더 많이 이용할 수 있게 한다. 주요 도구에는 ① 후방 업무 완충 및 산업화와 값비싼 전방 업무에서 산업화된 후방 업무로 활동 전환, ② 고객 선택권 축소를 통한 서비스 모듈화, ③ SST, 서비스 로봇, AI 활용 등을 포함한다. 이러한 전략은 프로세스 변동성을 줄여 생산성과 서비스 우수성의 잠재적 충돌을 감소시킨다.

첫째, 고객과의 접촉이 적은 시스템은 산업화가 더 쉬우며 후방 업무와 전방 업무를 분리하고 완충하면 후방 업무의 생산성을 높일 수 있다. 후방 업무는 고객으로 인한 변동성 없이 운영될 수 있기 때문이다. 그런 다음 기업은 기술과 시스템을 이용하여 훨씬 더 비용 효율적인 방식으로 후방 업무를 운영할 수 있다. 후방 업무는 생산성과 프로세스 품질에 집중하고 전방 업무는 고객 만족과 판매에 집중할 수 있다. 이러한 '플랜트 내 플랜트(plant-within-a plant)' 접근 방식은 일반적으로 전반적으로 생산성을 높이고 서비스 품질을 개선하는 결과를 가져온다.

둘째, 서비스를 모듈화하여 고객 선택권, 상호작용의 유연성, 전방 업무 내 접촉을 줄임으로써 전방 업무를 더욱 간소화하고 변동성을 낮출 수 있다. 이렇게 하면 전방 업무에 시스템과 기술을 더 많이 배치할 수 있다.

마지막으로 프로세스와 제품이 모듈화되고 복잡성이 낮아지면 셀프서비스 기술(SST), 로보틱스 및 AI의 이용이 더 쉬워진다.

이론적으로는 이 3가지 도구를 개별적으로 추구할 수도 있지만, 서로를 기반으로 ① 후방 업무를 분리하고 산업화하여 비용이 많이 드는 전방에서 기계화된 후방 업무로 활동을 전환하며, ② 서비스를 모듈화하고, ③ SST, 로봇 및 AI를 사용하는 단계로 자연스럽게 이어지는 경향이 있으며, 각 단계는 다음 단계의 구현을 쉽게 하고 함께 사용되는 접근 방식을 유도한다(그림 15.7).

예를 들어, 뱅가드는 고객 서비스 프로세스를 분리하고 모듈화한 다음 셀프서비스 플랫폼으로 옮겼다. 지점이 없고 인터넷, 앱, 전화, 메일에 거의 전적으로 의존하여 고객과 소통했으며, 그 결과 일반적인 뱅가드 고객은 조직과 직접 접촉할 필요가 거의 없었다. 심지어 개인적인 상호작용도 기술을 통해 강화되었다. 예를 들어, 개인 자문 서비스(Personal Advisor Service)는 분석을 사용하여 고객의 투자 전략과 재무 목표를 일치시킴으로써 고객 서비스 시간을 획기적으로 단축하는 동시에 자문 품질을 향상시켰다.

ifeelstock/Alamy Stock Photo

그림 15.7 판매 및 AI 큐레이션 상품 제공을 통해 아마존은 고객의 비용 절감 효과를 높이고 충성도를 구축할 수 있다.

아마존은 전방 업무를 최소한으로 줄였다. 아마존의 비즈니스 모델은 인터넷 사용과 모듈식 서비스(즉 몇 가지 명확한 옵션이 있는 고도로 구조화된 프로세스)와 강력한 분석(예: 추천을 위한)을 통해 촉진된 SST(예: 검색, 선택, 결제, 계정 관리, 리뷰)의 광범위한 사용을 기반으로 구축되었다. 매우 효율적인 주문 처리 서비스를 실행할 수 있는 거의 완벽하게 완충되고 산업화된 후방 업무를 갖추고 있었다.

요약하면 운영 관리 접근 방식은 3가지 도구를 사용하여 고객으로 인한 프로세스 변동성을 줄이고 기술과 시스템을 더 광범위하게 이용할 수 있도록 함으로써 효율성을 높인다. 이중 문화 접근 방식과 달리 운영 관리 접근 방식은 고객 접점의 변경이 필요하며 고객 선택권, 상호작용 유연성 및 접촉을 줄이는 경향이 있다.

집중형 서비스 공장 전략

▶ 학습목표 8

비교적 쉽게 CESE를 구현할 수 있는 서비스 공장 집중 전략을 이해한다.

세 번째 경로는 특정 세분 시장의 정확한 니즈에 단일 솔루션을 맞춤화하는 집중형 서비스 공장 전략(focused service factory strategy)이다. 집중형 공장의 단순성, 반복성, 동질성, 경험은 역량을 창출하며, "집중형 공장은 복잡한 공장에 비해 생산량, 판매량, 경쟁우위를 빠르게 확보할 수 있다."[15] 집중형 공장은 특히 고객으로 인한 변동성을 최소화하고, 고객이 고도로 표준화된 우수한 단일 서비스 제공을 받을 수 있는 서비스 맥락에서 매우 효과적이다. 서비스 우수성 문화와 결합된 집중형 서비스 공장 접근 방식은 CESE를 달성하는 비교적 쉬운 방법이다(집중형 서비스 공장 전략의 작동 방식은 그림 15.8 참조).

예를 들어, 나라야나 헬스는 심장수술에 집중했다. 종합병원에 비해 고도로 표적화된 비즈니스 모델을 추구했다. 이러한 집중을 통해 수술 품질, 학습, 혁신에 집중할 수 있었다(예: 심장박동 개심술의 선구자). 일부 병원(대규모 시설을 갖춘)에서 수술을 중앙 집중화함으로써 수술실과 장비의 활용도를 높여 단가를 낮출 수 있었고, 유사한 수술의 양이 많기 때문에 상세한 분석과 지속적인 개선이 가능했다. 의사들은 22개 병원의 벤치마킹 데이터를 받아 모범 사례를 공유하도록 장려되었다.

또 다른 예로 저비용의 고품질, 운영이 간편한 지점 간 항공 서비스를 제공한 제트블루가 있다. 이 항공사는 제한된 기종으로 구성된 젊은 항공기로 집중적인 운영을 지원하여 유지보수 비용을 낮췄다. 또한 항공기 활용도를 높이기 위해 장거리 야간 항공편을 운항했다. 이 운영 모델은 좌석 마일당 비용은 낮지만 풀서비스 항공사나 다른 저가 항공사보다 더 높은 품질의 서비스를 제공할 수 있게 했다. 마지막으로 많은 앱 기반 및 온라인 서비스는 고객 중심 서비스 모델을 따르며, 이를 통해 좁게 정의된 세분 시장에 고도로 표준화되고 긴밀하게 설계된 솔루션을 제공한다. 예를 들어, 여행자 보험이나 국제 송금과 같은 특정 금융 니즈를 해결하는 핀테크가 있다.

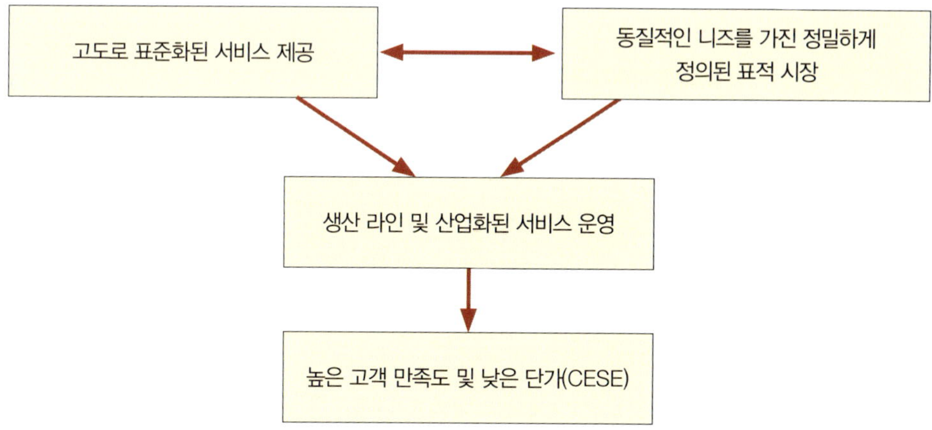

그림 15.8 기업이 집중형 서비스 공장 전략을 사용하여 CESE를 달성하는 방법

출처: Jochen Wirtz, Chapter 14, "Strategic Pathways to Cost-Effective Service Excellence," in Eileen Bridges and Kendra Fowler (eds.), *The Routledge Handbook of Service Research Insights and Ideas*. (Abingdon-on-Thames, United Kingdom: Routledge, 2020), pp. 423–440.

 학습목표 9

CESE를 향한 경로와 관련된 비즈니스 모델 고려사항을 이해한다.

CESE 경로에 기반한 비즈니스 모델

3가지 핵심 전략 중 이중 문화 전략은 실행하기 가장 어려워 보인다. 서비스 직원은 당연히 서비스 우수성에 초점을 맞추지만 비용 효율성은 더 어렵다. 이중 문화 방식을 사용하려면 고위 경영진이 비용에 초점을 맞춰야 하는 이유를 설득력 있게 설명할 수 있어야 한다. 고위 경영진은 비용 의식과 서비스 우수성 문화를 동시에 조성해야 하지만, 경쟁 심화와 비용 압박에 대비해 점점 더 높은 수준의 품질을 유지하면서 효율성을 높일 새로운 방법을 모색해야 한다.

조직이 운영 관리 접근 방식 또는 집중형 서비스 공장 전략을 추구할 때 시스템과 기술은 생산성과 비용 효율성을 비즈니스 모델에 고정시킨다. 직원은 비용과 생산성 향상에 지나치게 집중할 필요 없이 서비스 우수성에 집중할 수 있다. 따라서 운영 관리 접근 방식과 집중형 서비스 공장 전략은 이중 문화 전략보다 구현하기가 더 쉽다.

주어진 비즈니스 모델 내에서도 관리자는 옵션, 유연성, 고객화, 추가 상품, 기능 제공에 따른 비용 문제를 인식해야 한다. 복잡성과 변동성은 기하급수적으로 증가하여 잠재적 생산성 수준을 낮추는 동시에 우수성을 제공하기 더 어렵게 만든다. 따라서 비즈니스 모델, 시설, 개별 프로세스에 얼마나 많은 변동성을 포함해야 하는지는 중요한 전략적 결정이다.

예를 들어, 나라야나 헬스는 서비스 프로세스와 환자 세분 시장이 상호 연결된 종합병원을 건설하지 않기로 결정했는데, 이는 동일한 품질의 결과물이 나오지 않고, 복잡하고 비용이 많이 들었기 때문이다. 대신 심장수술, 신경수술, 위수술 등을 위한 별도의 시설을 구축했다. 원칙은 간단하다. 단일 세분 시장에 단일 상품만 제공하는 전문가와 다양한 고객의 니즈를 충족해야 하는 제너럴리스트 중 누가 더 빠르고, 더 생산적이고, 더 나은 서비스를 제공할 수 있을까? 서비스가 집중형 서비스 공장의 요구사항에 부합한다면 일반적으로 집중형 서비스 공장이 우위를 점할 것이다.

그렇다면 풀서비스형(full service type) 비즈니스 모델은 무엇에 중점을 두어야 하는가? 병원을 예로 들면, 종합병원의 핵심 역량에는 응급 상황과 불확실성이 높은 복잡한 케이스가 포함되어야 한다. 예를 들어, 심장질환이나 당뇨병 같은 추가 질환을 앓고 있는 고령 환자가 포함된 고관절 치환술은 서비스 공장 또는 운영 관리 접근 방식으로는 추진하기 어려울 수 있다. 토론토의 써니브룩홀랜드센터(Sunnybrooke Holland Centre)가 좋은 예이다. 이 센터는 집중형 서비스 공장에서 '깨끗한' 케이스를 처리했지만 고관절, 무릎 또는 기타 정형외과 케이스가 추가 질환으로 인해 복잡해지면 종합병원 자매 캠퍼스인 써니브룩 건강과학 센터에서 처리했다.

Piotr Swat/Alamy Stock Photo

그림 15.9 대출 서비스 앱 탈라와 같은 핀테크는 특정 금융 니즈를 해결한다.

이 장에서 논의한 프레임워크는 서비스 비즈니스 모델을 바라볼 수 있는 전략적 시각을 제공한다. 18세기 산업혁명 때 장인에서 대량 생산으로 전환된 것과 유사하게 모듈형 서비스, SST, 로봇공학, AI, 앱, 집중형 서비스 공장 기반 비즈니스 모델로의 전환이 가속화될 가능성이 높다. 제조업에서와 마찬가지로 장인 정신에 기반한 비즈니스 모델은 계속해서 실행 가능한 비즈니스 모델을 제공하겠지만, 높은 가격을 지불해야 한다. 그러나 서비스 로봇과 AI의 도입이 증가함에 따라 모든 서비스의 대중 시장(mass market)은 운영 관리 접근 방식과 집중형 서비스 공장 전략으로 전환될 가능성이 높다. 많은 서비스가 정보에 기반을 두고 있어 적은 비용으로 대규모로 제공할 수 있으며, 대면 접촉이 필요한 많은 서비스(예: 수술, 물리치료)는 서비스 품질과 생산성 측면에서 타의 추종을 불허하는 집중형 서비스 공장을 통해 제공할 수 있다.[16]

결론 및 마무리

드디어 이 책의 마지막 부분에 도달했다. 이 책이 여러분의 기대를 뛰어넘어 서비스 마케팅(및 관리)에 대한 새로운 통찰력을 제공하고 성공에 필요한 도구와 기술을 제공했기를 바란다. 조직을 혁신하고 서비스 리더십을 유지하는 것은 아무리 뛰어난 리더라 할지라도 쉬운 일이 아니다. 이 책을 통해 여러분이 모든 서비스 조직에서 더욱 효과적인 마케터이자 리더가 되는 데 도움이 되기를 바란다. 또한 필요한 지식, 이해, 통찰력뿐만 아니라 기업이 서비스 리더십으로 나아가는 데 필요한 신념과 태도도 갖추게 되었기를 바란다.

"무엇을 해야 할지 모르는 것이 아니라 알고 있는 것을 실천하는 것이다"라는 토니 로빈스(Tony Robins)의 명언을 마지막으로 인용하며, 이 책을 마무리한다. 끝으로 배운 것을 적용하는 데 즐거움과 성취감, 성공을 기원한다.

요약

학습목표 1 서비스 리더가 장기적인 관점과 고객 중심주의를 채택하면 재정적으로 성과를 거둘 수 있다. 높은 고객 만족도(조직의 동종 그룹과 비교)가 우수한 재무적 수익으로 이어진다는 확실한 경험적 증거가 있다.

학습목표 2 고객의 지출 점유율을 결정하는 것은 절대적인 만족도가 아니라 상대적 순위이다.

- 구체적으로 고객의 지출 점유율은 ① 고객이 사용하는 브랜드의 상대적 만족도 순위와, ② 해당 고객이 사용하는 브랜드 수로 예측할 수 있다. 지출 할당 규칙(WAR)에서 이 두 가지 정보를 결합하면 지출 점유율에 대한 신뢰할 수 있고 정확한 예측을 계산할 수 있다.
- WAR의 중요한 시사점 중 하나는 단순히 기업의 만족도 점수가 높아진다고 해서 경쟁사 대비 순위가 바뀌지 않는다면 지출 점유율이 높아지지 않는다는 것이다.

학습목표 3 서비스 성과에는 4가지 수준이 있으며, 마지막 두 가지 수준만 이 책의 핵심 교훈을 따른다.

- 서비스 실패 기업: 마케팅, 운영, 인적자원 관리 분야에서 성과가 저조한 기업이다. 서비스 실패 기업이 살아남는 이유는 독과점 상황에서는 고객이 그 기업에서 구매하는 것 말고는 선택의 여지가 거의 없기 때문이다.
- 서비스 어중이 기업: 성과는 많이 부족하지만 서비스 실패 기업의 최악의 특징만큼은 제거했다.
- 서비스 전문가 기업: 명확한 시장 포지션을 가지고 있으며, 기업이 선정한 세분 시장의 고객은 기대에 부응하는 지속적인 평판을 바탕으로 이들을 찾는다. 이들은 마케팅, 운영, 인적자원 관리 분야에서 뛰어난 성과를 거두며 각 기능이 긴밀하게 통합되어 있다.
- 서비스 리더 기업: 각 업계에서 최고로 인정받는 매우 선도적인 서비스 챔피언으로, 이들의 기업명은 서비스 우수성과 고객 만족 능력의 대명사이다.

표 15.1의 3가지 기능 영역에 따라 서비스 리더 기업의 설명과 행동을 전문가 기업, 어중이 기업, 실패 기업과 대조해 보았다. 서비스 리더십은 여러 차원에서 높은 성과를 요구한다. 여기에는 정교한 마케팅 활용, 직원 관리 및 동기부여, 서비스 품질 및 생산성의 지속적인 개선이 포함될 수 있다.

학습목표 4 서비스 기업이 올바른 방향으로 나아가고 관련 전략이 조직 전체에서 실행되게 하려면 조직의 모든 계층에 있는 인적 리더가 필요하다.

- 이 책의 여러 장에서는 정확히 이러한 방법에 대해 설명한다. 이제 조직에서 변화의 주체가 되는 데 도움이 되는 도구, 개념, 이론을 갖추게 되었다.
- 전략적 수준에서 가장 일반적인 두 가지 전략은 비용 또는 서비스 우수성에 초점을 맞추는 것이다.
- 저비용 전략은 중앙 집중식, 표준화 및 자동화된 프로세스를 실행하여 비용을 최소화하는 동시에 규모를 구축하는 것을 목표로 한다. 고객은 비용 대비 우수한 가치를 제공하는 양질의 표준 서비스를 통해 만족할 수 있다.
- 서비스 우수성 전략은 고객에 대한 깊은 이해, 고객의 니즈와 요청에 대한 대응, 고품질의 맞춤형 서비스를 기반으로 하며 일반적으로 소규모 세분 시장을 위해 가격 프리미엄을 지불하고 제공된다.
- 두 가지 전략을 결합하는 것은 어렵다. 그럼에도 불구하고 비용 효율성과 서비스 우수성이라는 두 가지 전략을 동시에 달성한 획기적인 서비스 조직이 몇 군데 있다.

학습목표 5 조직이 비용 효율적인 서비스 우수성(CESE)을 달성하기 위해 취하는 전략적 경로에는 3가지가 있다.

- 이중 문화 전략
- 운영 관리 접근 방식
- 집중형 서비스 공장 전략

이러한 전략은 조합하여 사용할 수 있다.

학습목표 6 이중 문화 전략은 조직 전체가 서비스 우수성과 생산성을 동시에 추구하는 데 초점을 맞추고 이 두 가지를 조직 문화의 필수적인 부분으로 만든다. 이 접근 방식은 양손잡이 조직 접근 방식을 사용한다.

- **리더십 양손잡이**는 리더가 조직에 '양자택일' 논리가 아닌 '둘 다'의 논리를 내재화하도록 유도한다. 이를 통해 리더는 비용 효율성과 서비스 우수성이라는 잠재적으로 상충되는 요구에 조직이 집중하고 활력을 불어넣을 수 있는 시스템을 마련하고, 양손잡이 행동의 롤모델이 되며, 내부 커뮤니케이션, 교육, 보상, 인정을 통해 이를 강화할 수 있다.
- **상황적 양손잡이**는 서비스 우수성에 집중해야 할 때와 비용 효율성을 강조해야 할 때, 그리고 이상적으로는 두 가지 목표를 시너지 효과를 내며 통합하는 방법에 대한 개별 직원의 사고와 의사결정에 영향을 미친다.
- **이중 문화 전략**은 직원에게 부담을 줄 수 있으므로 실행하기 어렵다. 외부적으로는 훌륭한 서비스를 제공하면서 동시에 내부적으로는 인색한 태도를 보이는 것은 직관적이지 않을 수 있으며, 조직은 직원의 동의를 얻기 위해 신뢰할 수 있는 '결집된 외침' 또는 근거가 필요하다(예: "미슐랭 스타급 음식을 저렴하게 제공한다" 또는 "자선단체를 지원한다" 등).

학습목표 7 운영 관리 접근 방식은 시스템과 기술을 활용할 수 있도록 프로세스 변동성을 줄이기 위해 여러 도구를 조합하여 활용하며, 이러한 도구에는 다음이 포함된다.

- 후방 업무를 완충하고 산업화하며, 비용이 많이 드는 전방 업무에서 산업화된 후방 업무로 활동을 전환한다. 완충된 후방 업무는 산업화하기 더 쉽다.
- 고객 선택권, 상호작용 유연성, 접촉 감소를 통해 서비스를 모듈화하여 전방 업무에 시스템 및 기술 활용을 늘릴 수 있다.
- 프로세스와 제품이 모듈화되고 복잡성이 낮아지면 셀프서비스 기술(SST), 로보틱스 및 AI의 활용이 더 쉬워진다.

이 세 3가지 도구는 서로를 기반으로 구축되며, 각 단계를 구현하면 다음 단계의 구현이 쉬워진다.

학습목표 8 집중형 서비스 공장 전략은 서비스 우수성 문화와 결합하여 특정 고객 세분 시장의 정확한 니즈를 충족하는 단일 솔루션을 맞춤화한다. 이를 통해 고객으로 인한 변동성을 최소화하고 고객은 고도로 표준화된 우수한 단일 서비스를 제공받게 된다. 이 전략은 비교적 쉽게 CESE를 달성할 수 있는 방법이다.

학습목표 9 3가지 핵심 전략 중 이중 문화 전략은 실행하기 가장 어려운 전략이다. 서비스 우수성은 서비스 직원의 자연스러운 초점이지만 비용 효율성은 이루기 더 어렵다.

운영 관리 접근 방식과 집중형 서비스 공장 전략은 생산성과 비용 효율성을 비즈니스 모델에 고착화시켜 직원이 비용과 생산성 향상에 크게 집중하지 않고도 서비스 우수성에 집중할 수 있게 한다. 따라서 운영 관리 접근 방식과 집중형 서비스 공장 전략을 더 쉽게 구현할 수 있다.

서비스 로봇과 AI의 활용이 증가함에 따라 운영 관리 및 서비스 공장 기반 비즈니스 모델로의 전환이 가속화될 것이다.

학습 키워드

학습목표 1
- 고객 중심주의
- 장기적인 관점
- 고객 만족도
- 기업 성과
- 투자수익률(ROI)
- 미국 고객 만족도 지수(ACSI)

학습목표 2
- 상대적 만족도
- 지출 점유율
- 자출 할당 규칙(WAR)

학습목표 3
- 성과 사다리
- 운영
- 성과 수준
- 마케팅
- 세계적 수준의 서비스 조직
- 경쟁적 매력
- 인적자원
- 고객 프로필
- 일선 관리
- 서비스 제공
- 후방 업무 프로세스
- 서비스 실패 기업
- 고객 관계 관리(CRM)
- 서비스 전문가 기업
- 서비스 어중이 기업
- 서비스 리더 기업

학습목표 4
- 주주 가치
- 시장 점유율
- 인적 리더
- 지역사회 명성도
- 전략적 우선순위

학습목표 5
- 비용 효율적인 서비스 우수성(CESE)
- 운영 관리

학습목표 6
- 상황적 양손잡이
- 이중 문화
- 직원 참여
- 리더십 양손잡이

학습목표 7
- 완충
- 산업화
- 고객과의 접촉이 적은 시스템
- 모듈화
- 셀프서비스 기술(SST)

학습목표 8
- 집중형 서비스 공장

학습목표 9
- 비용 효율성
- 풀서비스형 비즈니스 모델

서비스 마케팅 용어를 얼마나 잘 알고 있나요? 퀴즈를 풀어보세요!

본문을 참조하지 않고도 기억할 수 있는 각 키워드에 대해 1점을 매기고 점수를 합산하여 서비스 마케터라고 불릴 자격을 갖추었는지 확인하세요.

점수

01~07 서비스 마케팅이 여러분에게 해악을 끼치나요?
08~14 밤늦도록 공부가 필요합니다.
15~21 학기 내내 여러분이 무엇을 하지 않았는지 알고 있습니다.
22~28 거의 도달하려고 합니다.
29~35 바로 마케터로 출발하세요.
36~44 여러분의 이름을 딴 마케팅 콘셉트가 나와야 합니다.

서비스 마케팅 연습문제

1. 고객 만족도 개선이 주주의 재무 수익률 향상으로 이어진다는 증거가 있는가?
2. 고객 만족도는 고객의 지출 점유율과 어떻게 연결되는가?
3. 4가지 서비스 수준은 어떻게 정의되는가? 서비스 경험을 바탕으로 각 범주에 해당하는 기업의 예를 제시하라.
4. 저비용 전략과 서비스 우수성 전략에 대해 설명하라. 두 가지를 결합하기 어려운 이유를 설명하라.
5. 조직이 비용 효율적인 서비스 우수성(CESE)을 달성하기 위해 취할 수 있는 3가지 전략적 경로는 무엇인가?
6. 이중 문화 전략에 사용되는 양손잡이 조직 접근 방식에 대해 설명하라. 이러한 접근법을 실행하기 어려운 이유를 설명하라.
7. ① 후방 업무 완충 및 산업화, 전방 업무에서 후방 업무로의 활동 전환, ② 전방 업무의 서비스 모듈화, ③ 셀프서비스 기술(SST), 로봇공학 및 AI의 활용의 3가지 운영 관리 도구에 대해 설명하라.
8. 집중형 서비스 공장 전략을 설명하고, 이 전략을 비교적 쉽게 구현할 수 있는 이유를 설명하라.

서비스 마케팅 응용문제

1. 2개 이상의 회사를 이용하는 서비스 산업을 생각해보라(예: 차량 공유, 패스트푸드점, 식료품 소매점). 이용하는 업체가 니즈를 얼마나 잘 충족시켜주는지의 기준으로 평가한 다음, 각 업체에 지출하는 비율을 추정해보라. 이제 단순히 해당 서비스 범주에 대해 한 회사만 이용하는 대신, 각기 다른 회사를 사용하여 니즈를 충족시키는 이유가 무엇인지 생각해보라. 각 회사가 해당 범주에서 함께 사용하는 다른 회사와 무엇이 다른지, 그리고 이러한 차별화 요소가 어떻게 지출 점유율을 높이는지 파악하라. 그런 다음 지출 점유율이 낮은 업체에게 어떻게 하면 더 높은 점유율을 확보할 수 있는지 조언하라.
2. 잘 아는 회사를 선택하고 마케팅 문헌 리뷰, 웹사이트, 회사 간행물, 블로그 게시물 등의 출처에서 추가 정보를 얻고, 표 15.1에 표시된 서비스 수행 스펙트럼에서 해당 기업이 어디에 속한다고 생각하는지 파악하여 가능한 한 많은 서비스 수행 측면에서 해당 기업을 평가하라.
3. 이중 문화 전략을 따르고 있다고 생각되는 대규모 조직을 파악하고, 이 조직이 이 전략을 어떻게 구현했는지 공개된 자료를 검토하고 이 장의 검토 결과를 제시하라. 어떤 추가적인 통찰력을 얻었는가?
4. 서비스 운영을 자세히 살펴보고 ① 후방 업무의 완충 및 산업화, 전방 업무에서 후방 업무로의 활동 전환, ② 전방 업무의 서비스 모듈화, ③ SST, 로봇공학 및 AI의 활용의 3가지 운영 관리 도구가 구현될 수 있는지 여부와 그 방법을 평가하라.
5. 집중형 서비스 공장 전략을 따르는 두 조직, 즉 사람에 대한 처리 서비스(예: 전문 클리닉)와 정보 처리 서비스(예: 핀테크)를 제공하는 조직을 각각 하나씩 찾고, 이러한 기업이 전체 서비스를 제공하는 경쟁사(예: 두 예시에서 종합병원과 은행)에 비해 비용 측면에서 정확히 어떤 장점이 있는지 분석하라.
6. 이 책에서 배운 모든 내용을 바탕으로 서비스 조직 성공의 핵심 동인은 무엇이라고 생각하는가? 서비스 조직의 중요한 성공 동인을 설명하는 통합적 인과관계 모델을 개발해보라.

미주

1. The authors estimated that a 20% increase in operational investments to improve service resulted in an immediate drop in operating profits. However, the very next year, there was an increase in profit that amounted to twice the drop experienced in the year of investment. See Heiner Evanschitzky, Florian V. Wangenheim, and Nancy V. Wünderlich, "Perils of Managing the Service Profit Chain: The Role of Time Lags and Feedback Loops," Journal of Retailing 88(3) (2012): 356–366.
2. Claes Fornell, Forrest V. Morgeson III, and G. Thomas M. Hult, "Stock Returns on Customer Satisfaction Do Beat the Market: Gauging the Effect of a Marketing Intangible," Journal of Marketing 80 (September 2016): 92–107.
3. The operations perspective was originally developed by Richard B. Chase and Robert H. Hayes, "Beefing Up Operations in Service Firms," Sloan Management Review (Fall 1991): 15–26. The framework showed in this chapter has been significantly extended and updated to incorporate the marketing and HR functions.
4. Claudia H. Deutsch, "Management: Companies Scramble to Fill Shoes at the Top," The New York Times, nytimes.com (accessed November 1, 2000).
5. For how to build successful low-cost or high-differentiation service strategies, see Alex Hill, Richard Cuthbertson, Benjamin Laker, and Steve Brown, "Service Fitness Ladders: Improving Business Performance in Low Cost and Differentiated Markets," International Journal of Operations & Productions Management 37(10) (2017): 1266–1303.
6. For research on the performance of cost- versus quality-focused strategies, see Vikas Mittal, Eugene W. Anderson, Akin Sayrak, and Pandu Tadikamalla, "Dual Emphasis and the Long-Term Financial Impact of Customer Satisfaction," Marketing Science 24(4) (2005): 544–555; Roland T. Rust, Christine Moorman, and Jacqueline van Beuningen, "Quality Mental Model Convergence and Business Performance," International Journal of Research in Marketing 33(1) (2016): 155–171.
7. This section is based on Jochen Wirtz and Valarie Zeithaml, "Cost-Effective Service Excellence," Journal of the Academy of Marketing Science 46(1) (2018): 59–80, https://link.springer.com/article/10.1007/s11747-017-0560-7; Jochen Wirtz, "Organizational Ambidexterity: Cost-Effective Service Excellence, Service Robots, and Artificial Intelligence," Organizational Dynamics 49(3) (2020): 1–9, https://doi.org/10.1016/j.orgdyn.2019.04.005; Jochen Wirtz, "Cost-Effective Service Excellence in Healthcare," AMS Review 9(1–2) (2019): 98–104; Jochen Wirtz, Chapter 14, "Strategic Pathways to Cost-Effective Service Excellence," in Eileen Bridges and Kendra Fowler (eds.), The Routledge Handbook of Service Research Insights and Ideas (Abingdon-on-Thames, UK: Routledge, 2020), pp. 423–440.
8. Thomas H. Davenport and Book Manville, Judgment Calls: 12 Stories of Big Decisions and the Teams That Got Them Right (Boston: Harvard Business Review Press, 2012), p. 157.
9. James C. Collins and Jerry I. Porras, Built to Last: Successful Habits of Visionary Companies (New York: HarperCollins, 1994), pp. 43–45; Wendy K. Smith, Marianne W. Lewis, and Michael L. Tushman, "'Both/And' Leadership: Don't Worry So Much about Being Consistent," Harvard Business Review 94(5) (2016): 62–70.
10. Cristina B. Gibson and Julian Birkinshaw, "The Antecedents, Consequences, and Mediating Role of Organizational Ambidexterity," Academy of Management Journal 47(2) (2004): 209–226.
11. John C. Bogle, Character Counts: The Creation and Building of The Vanguard Group (New York: McGraw-Hill, 2002), p. 138.
12. James L Heskett, W. Earl Sasser, Jr., and Leonard A. Schlesinger, What Great Service Leaders Know & Do (Oakland: Berrett-Koehler Publishers, 2015), p. 77.
13. Global Health and Travel, "Dr. Devi Shetty: Maverick, Crusader, and Caregiver," (2014), p. 44.
14. Brad Stone, The Everything Store: Jeff Bezos and the Age of Amazon (New York: Little, Brown and Company, 2013), p. 333.
15. Wickham Skinner, "The Focused Service Factory," Harvard Business Review 52(3) (1974): 116.
16. Jochen Wirtz, Chapter 14: "Strategic Pathways to Cost-Effective Service Excellence," pp. 423–440.

찾아보기